Mosche Dajan · Die Mission meines Lebens

Mosche Dajan

Die Mission meines Lebens

Bericht über die
ägyptisch-israelischen
Friedensverhandlungen
1977–1979

C. Bertelsmann Verlag

Die englische Originalausgabe ist unter dem Titel
"Quest for Peace" im Verlag
George Weidenfeld & Nicolson Ltd., London, erschienen.
Aus dem Englischen übersetzt von Günther Danehl.
Karten gezeichnet von A. Böhm

 · 5 4 3 2 1
Gesamtherstellung Mohndruck Graphische Betriebe GmbH, Gütersloh
ISBN 3-570-01373-1 · Printed in Germany

Inhalt

1.
Die Ernennung

Am Vormittag des 21. Mai 1977, einem Samstag, bot Menachem Begin mir telefonisch an, als Außenminister in das Kabinett einzutreten. Seine Partei, neunundzwanzig Jahre lang in der Opposition, hatte bei den in jenem Monat abgehaltenen Wahlen einen verblüffenden Sieg errungen, und Begin würde an der Spitze der nächsten Koalitionsregierung stehen. Meine eigene Partei, die Arbeiterpartei, seit der Staatsgründung 1948 ununterbrochen an der Macht, hatte eine Niederlage erlitten. Ich selber war über einen Listenplatz der Arbeiterpartei ins Parlament gelangt. Für Begins Vorgehen – einem Mitglied der Opposition eine Schlüsselposition in seiner Regierung anzubieten – gab es keinen Präzedenzfall.

Ich erwiderte, ich wolle mir seinen Vorschlag überlegen und meine Antwort drei Tage später – also am Dienstag – geben, vorausgesetzt, er könne mir auf zwei politische Fragen sofort verbindlich antworten. Die eine betraf die Souveränität Israels; ich war dagegen, diese auf die im Sechs-Tage-Krieg von 1967 eroberten Gebiete auszudehnen, die jetzt von uns verwaltet wurden. Begin gab mir eine befriedigende Antwort.

Der zweite Punkt betraf mein Mandat. Ich war auf der Liste der Arbeiterpartei in die Knesset gewählt worden, und es war zu überlegen, ob ich der Partei meinen Sitz zurückgeben sollte. Dies war zwar kein ungeschriebenes Gesetz, ich durfte mein Mandat auch behalten, doch wollte das bedacht sein. Begin erwiderte, sein Vorschlag, mich ins Kabinett aufzunehmen, ziele keineswegs darauf ab, eine weitere Stimme für die Koalition zu gewinnen. Sein Angebot würde auch dann gelten, wenn ich mein Mandat niederlegte. Im übrigen verlange die Geschäftsordnung der Knesset nicht, daß ein Kabinettsmitglied Mandatsträger sein muß.

Damit endete unser Telefongespräch.

Der innere Kampf, den ich in den nun folgenden drei Tagen

auszufechten hatte, war der schwerste meines Lebens. Sollte ich Begins Angebot annehmen? Verließ ich meine Partei und trat in die Regierung unserer Gegner ein, so bedeutete das den endgültigen Bruch mit den mir noch verbliebenen Parteifreunden. Behielt ich außerdem noch mein Mandat, ließ es also nicht an die Arbeiterpartei zurückfallen, würde man mir unehrenhaftes Verhalten gegenüber den Wählern und Verrat an meiner Partei vorwerfen. Was nützte es mir, daß vor mir schon andere Abgeordnete der Arbeiterpartei so gehandelt hatten, als sie die Partei verließen und ihr Mandat als Unabhängige ausübten. Mordechai Ben Porat, Jonah Kesse, Liova Eliav und Channa Lamdan mochte so etwas verziehen werden, aber nicht mir. Eltern, deren Söhne im Jom-Kippur-Krieg gefallen waren, würden neuerlich gegen mich demonstrieren. War ihr Verhalten schon in der Vergangenheit nicht ganz frei von politischen Beweggründen gewesen, so würden diese jetzt eindeutig im Vordergrund stehen. Aus allen Richtungen würde man mich mit Dreck bewerfen.

Und weiter: Würde ich mich mit den Männern in Begins Kabinett vertragen? Würden wir eine gemeinsame Sprache finden? Zwar stand ich Begin in Fragen der Politik damals näher als der Führung der Arbeiterpartei, doch volles Einverständnis herrschte keineswegs. Was meine gesellschaftlichen Überzeugungen betraf, so hing ich mit allen Fasern meines Herzens an der sozialistischen Siedlerbewegung. Wie also sollte ich meinen Teil der Verantwortung in einer Regierung Begin tragen, wenn unsere sozialen Anschauungen so unterschiedlich waren?

Was mich schließlich bewog, sein Angebot anzunehmen, war die Überzeugung, als Außenminister in der Regierung erheblichen Einfluß auf den Kurs ausüben zu können, den Israel steuern mußte, um eine Friedensregelung mit den arabischen Nachbarstaaten, den palästinensischen Bewohnern Judäas, Samarias (der West Bank) und des Gazastreifens zu erreichen. Würde ich jedoch wirklich so viel Einfluß haben? Hatte ich Begin, den Arabern und den Amerikanern denn überzeugende Vorschläge zu machen?

Die Stimmung daheim in Zahala war gedrückt. Die Tage schienen wie immer abzulaufen, doch ich grübelte in den zweiundsiebzig Stunden, die jenem Telefongespräch folgten, ununterbrochen darüber nach, was ich Begin antworten sollte. Ich fragte Rahel, meine Frau, nach ihrer Meinung. Sie erwiderte, dies sei in der Tat eine schwere Entscheidung, doch würde ich gewiß das Richtige tun. Was sie wirklich meinte, stand in ihren Augen zu lesen: Sie hätte es vorgezogen, wenn ich dieses Amt mit seiner schweren Verantwortung nicht annehmen würde. Auch wollte sie es nicht noch einmal erleben, daß man mich öffentlich schmähte, wie es nach dem Jom-Kippur-Krieg geschehen war, obwohl der Agranat-Ausschuß mich voll rehabilitiert und die Schuld am Versagen dem Generalstabschef und mehreren hohen Offizieren zur Last gelegt hatte.

Diese sehr persönliche Seite der Sache war mir selbstverständlich ebenfalls gegenwärtig, doch was mich hauptsächlich bewegte, war die Frage, ob ich die Lage richtig einschätzte. Mir schien, daß Israel sich einer ganzen Reihe höchst gravierender Umstände gegenübersah. Ich hielt Sadat für aufrichtig, als er seine Bereitschaft, zur Friedenskonferenz nach Genf zu kommen, bekundete, weil ich glaubte, daß der ägyptische Präsident ehrlich den Frieden wolle. Das hatte ich auch unverblümt in der Knesset und anderswo in der Öffentlichkeit gesagt. Aber stimmte das? Wenn ich recht hatte, konnten sehr wohl schon in naher Zukunft die Grenzen Israels dauerhaft festgelegt werden. Beim Abschluß eines Friedensvertrages würden die USA unbedingt mitwirken müssen, die Beziehungen zwischen den Vereinigten Staaten und Israel würden ebenso auf dem Prüfstand stehen wie die zwischen den Juden in Amerika und im Staate Israel.

Würden wir uns tatsächlich auf den Frieden zubewegen, so drängte sich eine weitere Frage auf: Hatte ich feste Vorstellungen von den damit zusammenhängenden Problemen und konnte ich sie in praktische Vorschläge umsetzen, die Begin akzeptieren würde? Als Begin und ich zehn Jahre zuvor unter Levi Eschkol in der großen Koalition von 1967 Ministerkollegen waren – man hatte uns am Vorabend des Sechs-Tage-Krieges beide aufgefordert, ins Kabinett einzutreten –, waren unsere Ansichten in bezug auf die Grenzen zu Ägypten und Syrien gemäßigter als jene der Arbeiterpartei. Wir fanden beide, daß bei Grenzverhandlungen mit diesen Ländern die nationalen Interessen aller Beteiligten berücksichtigt werden müßten. Was die Grenze mit Ägypten betraf, so galt unser Hauptinteresse der Sicherheit und der ungehinderten Durchfahrt durch den Golf von Eilat. Die Grenze mit Syrien sollte so verlaufen, daß auch hier unsere Sicherheit sowie der Schutz der Jordanquellen gewährleistet waren. Das Problem der West Bank wollten Begin und ich anders behandelt wissen als die Arbeiterpartei, die als Lösung einen territorialen Kompromiß vorsah: nämlich die Aufteilung dieses Gebietes zwischen dem Königreich Jordanien und Israel. Dagegen hätten wir nichts einzuwenden gehabt, wenn der Vorschlag von den Arabern gekommen wäre. So aber sagten wir, daß wir ihn ernsthaft erwägen wollten, richtig schien uns ein solches Vorgehen jedoch nicht. In der Wahlplattform der Likud hatte es nun geheißen, Israel solle die Souveränität über das ganze Gebiet »zwischen dem Mittelmeer und dem Jordan« ausüben. Mir hingegen schwebte eine Regelung vor, die auf einer Koexistenz beruhte und davon absah, daß die eine Seite der anderen ihre Souveränität aufzwang.

Schon vor Jahren, als ich noch Generalstabschef der Armee war, und später, als Landwirtschaftsminister unter Ben Gurion und Verteidigungsminister unter Levi Eschkol und Golda Meïr, hatte ich mich nie damit begnügt, Fragen zu stellen und Anweisungen zu verlangen. Ob es um Staatsgeschäfte politischer oder militärischer Art ging, immer machte ich eigene Vorschläge. Manchmal wurden sie akzeptiert, manchmal nicht, aber nie war ich der Meinung, daß irgendwer – nicht einmal Ben Gurion, den ich mehr verehrte als jeden anderen unserer Staatsmänner – unsere Probleme besser erkennen und lösen könne als ich, und folglich fühlte ich mich nie von der Verantwortung entbunden, jenen Kurs abzustecken, den ich selbst für den richtigen hielt.

So vertraute ich denn auch jetzt meiner Urteilskraft, glaubte fest daran, daß meine politische Bewertung der Lage richtig sei. Israel standen Entscheidungen von großer Tragweite bevor, und nur wenn ich an den Entscheidungsprozessen mitwirkte, konnte ich Einfluß auf die Regierungspolitik ausüben.

Am Montag nach unserem Telefongespräch erkrankte Begin. Das verabredete Treffen, bei dem ich ihn meine Entscheidung wissen lassen sollte, mußte also an seinem Krankenbett im Ichilov-Krankenhaus stattfinden. Sein Arzt bat mich, es kurz zu machen, und das tat ich auch. Ich wollte wissen, wie er zu einigen politischen Fragen stand, die für mich von grundlegender Bedeutung waren und die im Kabinett mit Sicherheit zu einer Kontroverse führen mußten, falls ich das Außenministerium übernahm.

Zum einen handelte es sich um das Problem der Souveränität,

worüber wir ja schon telefonisch gesprochen hatten. Ich muß an dieser Stelle etwas ausholen. Am Telefon hatte ich ihn daran erinnert, daß wir uns ja bereits vor den Wahlen darüber unterhalten hatten, ob ich nicht für seinen Likud-Block (Einigungspartei) kandidieren wolle. Er wußte damals, was kein Geheimnis war, daß ich von der Arbeiterpartei und einigen ihrer neuen Führer enttäuscht war. Seit ich gemeinsam mit Ben Gurion im Juni 1965 aus ihr ausgetreten war und wir unsere eigene Rafi-Partei gegründet hatten, waren meine Beziehungen zur Arbeiterpartei nicht die besten. Ein halbes Jahr nach dem Sechs-Tage-Krieg schloß sich die Rafi-Partei – mit Ausnahme Ben Gurions – dann wieder der Arbeiterpartei an, und ich gehörte den Regierungen von Levi Eschkol und Golda Meïr an. Als Golda Meïr im April 1974 zurücktrat, legte auch ich mein Amt nieder. Ich schloß mich auch nicht der neuen Arbeiterkoalition an, die im Juni 1974 unter Jitzhak Rabin zustande kam. Am Vorabend der Wahlen von 1977 hatten mich dann Beauftragte Begins gefragt, ob ich nicht bei ihnen mitmachen wolle.

Ich wäre dazu bereit, sagte ich, wenn im Wahlprogramm der Likud klargestellt werde, daß Israel seine Souveränität nicht auf die verwalteten Gebiete ausdehnt, solange mit den arabischen Staaten Friedensverhandlungen geführt werden.

Als ich an jenem Samstagvormittag am Telefon darauf zu sprechen kam, unterbrach mich Begin: Das seien doch alte Geschichten. Ganz und gar nicht, entgegnete ich, er habe damals meine Forderung abgelehnt, und ich habe deshalb nicht für die Likud kandidiert. Dieses Thema werde todsicher wieder zur Sprache kommen, und ich hätte meine Ansicht nicht geändert. Das müsse er also bedenken, wenn er mir ein Ministeramt anbiete. Begin erinnerte mich daran, daß er nach jenem Gespräch vor den Wahlen schließlich einer Formel zugestimmt habe, die lautete, Israels Souveränität werde nicht auf die verwalteten Gebiete ausgedehnt, »während« Friedensverhandlungen im Gange seien. Sein »während« und mein »solange als« waren also das einzige, was uns trennte, und ich sah da beim besten Willen keinen Unterschied. Doch vor den Wahlen hatte mir kein Mensch etwas von dieser Formel gesagt. Begin erklärte das mit einem technischen Versehen. Weil mir nichts daran lag, in alten Geschichten zu stöbern, fragte ich nur, ob ich davon ausgehen dürfe, daß diese Formel für seine neue Regierung verbindlich sei. Dies hatte er mir am Telefon bestätigt. Jetzt, am

Krankenbett, bekräftigte ich noch einmal mein Einverständnis mit seiner Formulierung über die Souveränität, doch müsse sie veröffentlicht werden. Ich wollte mich dabei auf ihn berufen. Er war damit einverstanden.

Nun kam ich auf die Friedenskonferenz in Genf zu sprechen, die während der Amtszeit der vorigen Regierung begonnen hatte. Ob er, Begin, damit einverstanden sei, unsere bisherige Position zu vertreten, derzufolge beide Seiten ohne Vorbedingungen teilnehmen sollten, und daß als Grundlage für Friedensverhandlungen die Resolution 242 des UN-Sicherheitsrates dienen solle? Zu meiner Verblüffung stimmte Begin nicht nur zu, er betonte auch eigens, seine Regierung werde alle internationalen Verpflichtungen erfüllen, die frühere Regierungen eingegangen seien.

Ein weiterer Punkt, der erörtert werden mußte, war die Erhaltung des Status quo für die Araber in den verwalteten Gebieten. Begin war damit einverstanden, daß sie weiterhin ihre Vertreter ins jordanische Parlament nach Amman entsandten und durch Amman auch finanzielle Unterstützung von seiten arabischer Staaten erhielten.

Der vierte Punkt wurde ebenfalls zu meiner Zufriedenheit beantwortet: Begin wollte ebenso wie die Regierungen Meïr und Rabin organisierte jüdische Gottesdienste in Haram esch-Scherif untersagen, jener islamischen Andachtsstätte auf dem Fundament des heiligen jüdischen Tempels, den Salomo im 10. Jahrhundert v. Chr. hatte errichten lassen. Auch an den religiösen Bräuchen der Juden und Moslems im Patriarchengrab von Hebron sollte nichts geändert werden, da das Grab, über dessen Grotten eine Synagoge und eine Moschee errichtet sind, beiden Religionen heilig ist.

Der Arzt wurde nun ungeduldig und drängte mich, Schluß zu machen. Also sagte ich zu Begin, ich nähme die Berufung ins Amt des Außenministers an, und wir einigten uns auf eine kurze amtliche Verlautbarung: »Begin hat Dajan aufgefordert, seinem Kabinett als Außenminister beizutreten, und Dajan hat prinzipiell zugestimmt.«

Auf die amtliche Verlautbarung folgten die erwarteten Verleumdungen. Leitartikel, Leserzuschriften, Briefe an mich mißbilligten meine Entscheidung. Rahel wurde still und verschlossen. Ihr war anzumerken, wie schwer sie daran trug. Ich hatte nichts anderes erwartet und nahm es daher weniger tragisch. Außerdem war ich durch frühere Erfahrungen abgehärtet. Ich zog mich in mich selbst zurück, sperrte die Außenwelt gleichsam aus. Der Aufforderung, meine Handlungsweise zu erläutern, kam ich nur ungern nach.

Immerhin trat ich im Fernsehen auf, gab etliche Zeitungsinterviews, beantwortete einige Privatbriefe, darunter einen von Jehuda Tubin, einem Kibbuznik aus Bet Zera im Jordantal. Wir korrespondierten seit Jahren miteinander und hatten uns gelegentlich auch zu politischen Gesprächen getroffen. Sein langer Brief an mich war voller Beschimpfungen und Verleumdungen. Immerhin kannte ich ihn als einen grundehrlichen Mann, und mir war klar, daß viele das dachten, was er nun über mein Ausscheiden aus der Partei und meinen Übertritt zur Opposition schrieb. Hier folgt ein Teil meiner Antwort:

»Ich habe Begins Angebot angenommen, weil mir der Mut fehlt, mich vor den Belästigungen, den Kränkungen, den Erniedrigungen und der Isolierung zu drücken, die ich durch meine Zusage über mich und meine Familie bringe. Mir ging es einzig und allein darum, was unserem Land und unserem Volk bevorsteht, nämlich, daß Grenzen und Gestalt Israels in absehbarer Zeit festgelegt werden ... Kommt es mit den Arabern nicht zu einer Friedensregelung, kann dies sehr wohl den Krieg bedeuten. Wäre eine Regierung Begin ohne mich für Israel besser? Besteht nicht, wenn ich ihr beitrete, eine Chance, unsere Ziele zu erreichen, wie ich sie sehe? Kenne ich eine Lösung für unseren Konflikt mit den Arabern, und bin ich in einer solchen Regierung fähig, entsprechend meinen Einsichten zu handeln? Wenn man die letzte Frage bejahen kann, sollte ich dann gleichwohl Begins Angebot ausschlagen?

Doch warum fortfahren? Der Ton Deines Briefes zeigt mir, daß Du mir nur ›Karrierismus‹ und ›Ruhmsucht‹ und ich weiß nicht, was noch unterstellst.«

Ich erwiderte auch den Brief von Gad Jacobi, einem der Führer der Arbeiterpartei, der sich hauptsächlich aus der Sicht der Partei mit meiner Handlungsweise befaßte. Auch er sparte selbstverständlich nicht mit Tadel und erklärte umständlich, inwiefern ich das Ethos der Partei befleckt habe. Ich schrieb ihm eine knappe Antwort:

»Ich vermisse erstaunlicherweise ein ganz bestimmtes Wort in Deinem Brief, nämlich ›Israel‹. Das allein nämlich erklärt meine Handlungsweise, nur Israels wegen habe ich Begins Angebot akzeptiert. Ich war der Meinung, daß für jedermann ebenso deutlich sichtbar ist wie für mich, in welch ernste Lage Israel zu geraten droht. Selbstverständlich kann ich das nicht mit absoluter Sicherheit sagen – eine ausführliche Erläuterung möchte ich mir sparen –, und es ist denkbar, daß Du und Deine Freunde recht haben, wenn Ihr glaubt, daß nichts wichtiger sei als die Aufrechterhaltung des Normalzustandes innerhalb der Partei und der Fraktion.

Tatsache scheint mir aber, daß eine israelische Regierung unter Begin (mit seinen politischen Auffassungen, seiner Persönlichkeit, seinen engsten Mitarbeitern) in Verbindung mit der Haltung der USA gegenüber dem israelisch-arabischen Konflikt sowie die militärische, politische und wirtschaftliche Macht der Araber Israel in eine Lage gebracht haben, die den kritischen Tagen von 1948 in nichts nachsteht, die Entscheidungen verlangt, welche unsere Grenzen und noch vieles mehr betreffen ...

Die Frage, die ich mir selbst beantworten mußte, lautete, ob das Eingehen auf Begins Vorschlag, die Zusammenarbeit mit ihm die Lage Israels konkret verbessern würde, eher jedenfalls als die Ablehnung dieses Angebotes, die jemand anderen auf den Posten des Außenministers gebracht hätte.

Mag sein, Du hast recht, wenn Du sagst, ich hätte ablehnen sollen, doch würde das voraussetzen, daß ich die Dinge anders sehe, als ich es tue, oder daß mir Israel weniger am Herzen läge ...«

Die formale Prozedur, die auf meinen Entschluß folgte, war einfach. Ich teilte der Arbeiterpartei meinen Austritt mit; mein Mandat in der Knesset legte ich nicht nieder. Ich ersuchte und erhielt vielmehr vom Geschäftsordnungsausschuß den »hergebrachten Status einer Ein-Mann-Partei«.

Begin komplettierte sein Kabinett und stellte es am 20. Juni 1977 der Knesset zur Bestätigung vor. Die Koalitionsregierung wurde gebildet von der Likud, die fünfundvierzig der hundertundzwanzig Abgeordneten stellte, von zwölf Nationalreligiösen, vier Abgeordneten der Agudat Jisrael und von mir. Einige Wochen später trat auch die Demokratische Partei mit fünfzehn Abgeordneten der Koalition bei.

Nach der üblichen Debatte wurde der neuen Regierung mit dreiundsechzig gegen dreiundfünfzig Stimmen das Vertrauen ausgesprochen. Sodann traten der Ministerpräsident und die Minister, einer nach dem anderen ans Rednerpult, sprachen den Amtseid und begaben sich auf ihre Plätze am Kabinettstisch inmitten des Plenarsaales.

Die der Abstimmung vorangegangene Debatte war unmittelbar auf die Antrittserklärung des Ministerpräsidenten gefolgt, in welcher er seine Minister vorgestellt und das Programm seiner Regierung in groben Zügen umrissen hatte. Nach ihm sprach der Führer der Opposition, es folgten die Sprecher der anderen Parteien. Ich überlegte derweil, ob ich mich ebenfalls zu Wort melden solle; eine Verpflichtung dazu bestand weder für mich noch für die anderen Kabinettskollegen, und als Ein-Mann-Partei konnte ich mich sehr wohl jeder Äußerung enthalten. Begin hatte ich zuvor gesagt, daß es ungewiß sei, ob ich mich an der Debatte beteiligen würde.

Vor Beginn der Sitzung hatte ich von mehreren Seiten gehört, daß oppositionelle Abgeordnete die Absicht hatten, mich, falls ich das Wort ergreife, demonstrativ zu stören, ja, es hieß sogar, in diesem Fall sei mit dem Auszug der Mitglieder der Ma'arach-Gruppierung der Arbeiterpartei aus dem Saal zu rechnen. Ein Gerücht lautete dann sogar, man wolle mich durch Zwischenrufe an der Leistung meines Amtseides hindern. Bei diesem Stand der Dinge fanden meine Freunde es geraten, daß ich mich nicht zu Wort melde; sie meinten, ich solle mich einige Wochen still verhalten, bis die Gemüter sich beruhigt hätten.

Vielleicht wäre ich ihrem Rat gefolgt, wäre mir nicht der Gedanke gekommen, daß ich damit nur einer schwierigen und unerfreulichen Situation aus dem Wege gehe. Ich nahm mir also vor, in die Debatte einzugreifen, komme, was da wolle. Schwierigkeiten muß man ins Auge blicken, man darf ihnen nicht ausweichen.

Ich bereitete also meine Rede sorgfältig vor, ja, ich versicherte mich zuvor noch einmal bei Begin, daß ich in den schon erwähnten zwei Fragen von politischer Brisanz seine Ansichten richtig verstanden habe – wenngleich ich ja nur in meinem eigenen Namen, für mich als Ein-Mann-Partei reden würde –, nämlich, daß Israel, wie von der alten Regierung zugesichert, auf der Grundlage der UN-Resolution 242 an der Genfer Friedenskonferenz teilnehmen und nicht den Versuch machen wolle, die von uns verwalteten Gebiete zu annektieren, solange wir mit unseren Nachbarstaaten Friedensverhandlungen führten. Die Regierung brauchte, um einen solchen Schritt zu unternehmen, mindestens einundsechzig der insgesamt hundertundzwanzig Stimmen der Knesset, und kein Minister war gezwungen, für eine entsprechende Regierungsvorlage zu stimmen.

Als ich zu reden begann, verließ kein Abgeordneter den Saal, doch anfangs konnte ich keinen einzigen Satz ungestört zu Ende bringen. Man unterbrach mit System. Von den Bänken der Arbeiterpartei wurde mir immer wieder zugebrüllt: »Mandat niederlegen!«, »Schande!«, »Zurücktreten!« Insbesondere tat sich die linksextreme Mapam dabei hervor. Am lautesten lärmten allerdings die Mitglieder der winzigen Scheli-Partei, deren Führer als Abgeordneter der Arbeiterpartei in die Knesset gewählt worden war, die Partei dann verlassen, sein Mandat aber behalten hatte!

Obwohl dies alles andere als angemessen war, fuhr ich unbeeindruckt in meiner Rede fort. Ich zog mich ganz in mich selbst zurück, ein Zustand, den ich sehr gut aus dem Krieg kannte, wenn ich mich während des Gefechtes zwingen mußte, die Realität ohne jede Emotion einzuschätzen. Was da in der Knesset vorging, geschah wie in einem Nebel, ich empfand es als ebenso unwirklich wie das Einschlagen von Granaten in unmittelbarer Nähe an der Front.

Der Tenor meiner Rede war die ernste Lage, in der sich nach meiner Einschätzung Israel befand. Vermutlich würden bald die Entscheidungen über unsere Staatsgrenzen fallen. In einer solchen Phase mußten wir einen breiten Konsens herstellen. Doch so objektiv gerechtfertigt mir meine Darstellung der Lage auch erschien, die unablässig wiederholten Rufe »Zurücktreten!« hatten zur Folge, daß ich mich dann doch fragte: War es gut und richtig, in die Regierung Begin einzutreten?

Was dieser Schritt insgesamt bedeutete, wußte ich wohl besser als alle meine Kritiker. Mir war klar, daß ich von den bevorstehenden Gesprächen in Washington nicht mit einem Lorbeerkranz zurückkehren würde. Mein Amt als Außenminister verschaffte mir nur einen einzigen Vorzug: Ich würde Gelegenheit haben, für die Zukunft Israels zu kämpfen. In meinen Augen hätte eine Weigerung, diese Chance wahrzunehmen, bedeutet, mich vor der wichtigsten Auseinandersetzung seit Bestehen unseres Staates zu drücken.

Daß dies alles auch mein Privatleben beeinflussen würde, war mir durchaus bewußt. Ich isolierte mich damit von meinen früheren Freunden, schloß mich aus jenem Kreise aus, dem ich angehört hatte. Mich eng an meine neuen politischen Mitarbeiter anzuschließen, beabsichtigte ich keinen Moment, trotzdem trennte ich mich unwiderruflich von den Gefährten in der Arbeiterpartei. Daß mich diese Veränderung meines gesellschaftlichen und privaten Lebens gleichgültig gelassen hätte, kann ich wahrlich nicht behaupten. Doch als ich da am Rednerpult der Knesset stand, Zielscheibe feindseliger Blicke und wütender Anwürfe, fiel es mir trotz allem nicht schwer, alles zu sagen, was ich mir vorgenommen hatte, denn die Überzeugung, den richtigen Weg eingeschlagen zu haben, blieb unverändert.

Eine Woche nach diesen Formalitäten im Parlament und kurz vor der ersten Kabinettssitzung versammelten sich die neuen Regierungsmitglieder im Amtssitz des Staatspräsidenten, um ihm vorgestellt zu werden. Es war eine kurze und mir bereits vertraute Zeremonie. Der Staatspräsident wünschte uns alles Gute, der Ministerpräsident dankte, man schüttelte sich die Hände, hob die Gläser und stellte sich dann für das offizielle Foto im Halbkreis auf, der Staatspräsident mit dem Ministerpräsidenten in der Mitte. Der Gesundheitsminister Schostak wollte mich näher an den Ministerpräsidenten heranschieben, doch blieb ich lieber ganz außen am Rande neben Ezer Weizman und Arik Scharon. Mit ihnen stand ich, ungeachtet der politischen Meinungsverschiedenheiten, die uns trennten, persönlich gut. Wir drei waren jahrelang in der Armee gewesen, hatten in allen Kriegen unseres Staates und an allen Fronten gemeinsam gekämpft.

Staatspräsident Ephraim Katzir meinte, ihm habe gefallen, daß ich in der Knesset gesagt habe, wir könnten uns nach Lust und Laune streiten und uns jede beliebige politische Haarspalterei leisten, *sobald* die Araber sich mit der von der Arbeiterpartei vorgeschlagenen Teilung der West Bank einverstanden erklärt hätten, daß wir bis dahin allerdings einig bleiben müßten. Er habe die Zwischenrufe gehört, mit denen man mich unterbrochen hatte, doch daran, daß ich recht hätte, änderten sie nichts. Während er das sagte, fragte ich mich im stillen, ob er nicht sah oder nicht sehen wollte, daß das einzige Ziel der Oppositionsparteien der Sturz der Regierung Begin sei, auch wenn dies nur auf Kosten des Landes möglich wäre.

Als das Kabinett zum erstenmal zusammentrat, stellte ich

fest, daß man mir den Platz gegenüber dem Premierminister zugeteilt hatte. Hier hatte ich auch schon früher gesessen. Hauptpunkte der Tagesordnung waren die Lageberichte des Verteidigungsministers und des Außenministers. Ich beschränkte mich bei dieser ersten Sitzung auf unsere Beziehungen zu den USA und die bevorstehende Reise Begins nach Amerika.

Die Sitzung wurde zügig geleitet, allerdings herrschte eine gewisse Verkrampftheit. Begin ist ein guter Vorsitzer. Er spricht zusammenhängend und ohne Umschweife und verlangt von anderen dasselbe. Weniger gefiel mir, daß die Minister sich offenbar nicht trauten, Begin zu widersprechen, selbst wenn sie anderer Meinung waren. So etwa ordnete Begin an – und das war beileibe kein Vorschlag! –, alle Minister hätten montags und dienstags an den Sitzungen des Parlaments teilzunehmen, und zwar nicht, um bei Abstimmungen in der Knesset jederzeit über eine Mehrheit zu verfügen, sondern um der Öffentlichkeit, die die Sitzungen am Fernsehen verfolgte und kritisch auf die vielen leeren Plätze von Abgeordneten und Regierungsmitgliedern reagierte, den Eindruck zu vermitteln, hier werde jetzt gearbeitet. Ich schob Begin einen Zettel zu: Seine Anweisung sei nicht praktikabel. Weil mittwochs die Fragestunde im Parlament sei, müßten etliche Minister auch an dieser teilnehmen. Wenn man zu diesen drei Sitzungstagen im Parlament noch die für Kabinettssitzungen vorgesehenen Sonntage rechne, bleibe den Ministern keine Zeit mehr, ihre Verwaltungsaufgaben wahrzunehmen. Ich schlug vor, die Hälfte der Minister möge montags, die andere Hälfte dienstags in der Knesset sein. Das akzeptierte Begin anstandslos, und alle waren erleichtert.

Ein weiterer Vorschlag, den ich auf jener ersten Sitzung machte (obwohl die Sache nicht in mein Ressort fiel), wurde ebenfalls angenommen. Ich riet davon ab, gewisse interne Arbeitskonflikte bei der El-Al, der staatlichen Luftverkehrsgesellschaft, durch amtliche Verordnung beizulegen, weil ich das für übereilt und auch kurzsichtig hielt. Der Eingriff hätte unweigerlich zu Komplikationen zwischen Gewerkschaftsbund und den Beschäftigten der El-Al geführt.

Man darf nicht vergessen, daß in dieser Regierung fast lauter Neulinge saßen. Sie mußten lernen, die Vorschläge, die sie dem Kabinett unterbreiteten, gründlicher zu durchdenken, anderenfalls konnte das schlimme Folgen haben. Das traf auch auf Begin selbst zu: Er befaßte sich nicht immer intensiv genug mit den anfallenden Themen. Mag sein, daß er gerade deshalb aufmerksam zuhörte, wenn andere sprachen, und gelegentlich durchaus bereit war, anders zu entscheiden, als er ursprünglich vorgehabt hatte.

Zusammensetzung und Charakter dieser Regierung waren das völlige Gegenteil jener Regierungen, in denen ich zuvor mitgearbeitet hatte, und doch fühlte ich mich in dieser Runde weder fremd noch unbehaglich. Allerdings spürte ich auch keine freudige Erregung, als ich wieder am Kabinettstisch Platz nahm.

Einige Tage vor dieser ersten Kabinettssitzung hatte Begin mich gebeten, die Grundsätze niederzulegen, nach denen meiner Ansicht nach die Friedensverhandlungen mit den Arabern geführt werden sollten, da er ein solches Memorandum zur Vorbereitung auf die Genfer Friedenskonferenz brauchte. Der UN-Sicherheitsrat hatte jene vieldiskutierte Resolution 338 angenommen, welche zur unverzüglichen Aufnahme von Verhandlungen zwischen Israel und den arabischen Staaten aufforderte, und die Betroffenen hatten zugestimmt. Vertreter der USA und der Sowjetunion sollten sich den Vorsitz teilen, als Tagungsort war Genf vorgesehen. US-Präsident Carter drängte darauf, daß die Teilnehmerstaaten ihre Vertreter so schnell wie möglich zu dieser Konferenz entsandten, und sowohl Begin als auch ich meinten, der zu einem Friedensvertrag führende Prozeß könne schon in allernächster Zeit seinen Anfang nehmen.

Bei der Abfassung des Memorandums mußte ich mich für eine von zwei Möglichkeiten entscheiden: Sollte ich optimale Forderungen stellen, also das verlangen, was uns als Ideallösung vorschwebte, oder nur die Mindestbedingungen anführen, unter denen für Israel ein dauerhafter und gerechter Friede gerade noch denkbar war? Ich entschied mich für den zweiten Weg, dafür, dem Ministerpräsidenten ehrlich zu sagen, was ich für unbedingt erforderlich hielt, und ihm keine Vorschläge zu unterbreiten, von denen ich annehmen mußte, daß sie für die Araber nicht akzeptabel seien.

Dies betraf vor allem Syrien. Ich hielt es für ausgeschlossen, daß die Syrer, die nationalistischsten aller Araber, die sich überdies der Unterstützung der Sowjetunion erfreuten, aus der Güte ihrer Herzen zustimmen könnten, wenn die Golanhöhen zu einem Teil des israelischen Staatsgebietes würden. Der Golan ist nicht mit der Halbinsel Sinai zu vergleichen. Schon vor dem Krieg von 1967 war er besiedelt, und zwar von etwa sechzigtausend ländlichen Bewohnern, die jetzt unweit von Damaskus in Flüchtlingslagern hausten. Seither waren von uns Siedlungen im Golan angelegt worden, und dies verpflichtete uns, ein Abkommen mit den Syrern anzustreben, falls wir jemals mit diesem Staat Frieden schließen wollten.

Ich vermutete, daß Begin ebensowenig wie seine Vorgänger im Amt – Eschkol, Golda Meïr und Rabin – meine Ansichten teilen würde, und doch war es meine Pflicht, ihm offen zu sagen, wie ich die Dinge beurteilte.

Am 24. Juni 1977 hatte ich meine zusammenfassende Lagebeurteilung beendet und schickte sie dem Premier. Es waren alles Punkte, die mit Sicherheit in Genf zur Sprache kommen mußten, und weil sie auch in den darauffolgenden drei Jahren wieder und wieder behandelt wurden – einige sogar noch heute –, halte ich es für nützlich, sie hier aufzuführen, denn sie bilden gleichsam den Hintergrund der späteren Entwicklungen.

Ein dauerhafter Friede mit den Arabern – so ließ ich Begin wissen – setze eine Einigung über mehrere höchst komplexe Sachverhalte voraus: Vor allem mußte der endgültige Verlauf der Grenzen mit den vier uns benachbarten arabischen Staaten geklärt werden, sodann war ein spezielles Abkommen für Jerusalem erforderlich, und geklärt werden mußte auch die Frage der Ansiedlung der palästinensischen Flüchtlinge. Ferner mußte die künftige Staatsangehörigkeit der Bewohner des Gazastreifens und ihr staatsrechtliches Verhältnis zu den arabischen Ländern geregelt werden und der Status der West-Bank-Bewohner im Hinblick auf Jordanien. Ich hielt es für ausgeschlossen, alle diese Probleme gleichzeitig, sozusagen in einem einzigen Durchgang, zu lösen. Allein die Untersuchung des Flüchtlingsproblems würde viel Zeit in Anspruch nehmen, und noch mehr Zeit würde vergehen, um eine eventuelle Lösung in die Praxis umzusetzen, falls überhaupt eine zu finden war, auf die sich alle einigen konnten. Ich schlug Begin deshalb vor, seine Bereitschaft erkennen zu lassen, jeden dieser Punkte gegebenenfalls gesondert zu behandeln, und denkbare Regelungen nicht aufzuschieben, nur weil die Verhandlungen an anderer Stelle stockten.

Ich wies ihn darauf hin, daß Fälle vorstellbar wären, in denen vorgeschlagene Regelungen ihren Wert erst einige Zeit nach ihrer Ausführung erweisen würden. Ein gutes Beispiel hierfür sei die Wiedereröffnung des Suezkanals in Übereinstimmung mit dem Truppenentflechtungsabkommen, das wir nach dem Jom-Kippur-Krieg mit Ägypten unterzeichnet hatten. Man erwartete damals, daß die Städte in der Kanalzone wieder aufgebaut, daß die Industrieanlagen errichtet, ein Zustand der Normalität, eine Zone des Friedens entlang der Demarkationslinie zwischen den ägyptischen und den israelischen Truppen auf der Sinaihalbinsel entstehen würden. Doch die Signaturen unter einem Dokument reichten nicht aus, dies zu bewirken. Es mußten Jahre vergehen, bevor wir feststellen konnten, daß das Geplante auch Wirklichkeit geworden war. Vorteilhafter erschien mir daher eine phasenweise Erfüllung von Abkommen, wobei die Inangriffnahme der nächsten Phase abhängig wäre vom Gelingen der vorangegangenen. Es sei, so fügte ich an, in der gegebenen Situation vermutlich unmöglich, eine endgültige Friedensregelung zu finden. Bestenfalls ließe sich, wenn wir alle Fronten im Auge behielten, die Beendigung des Kriegszustandes erreichen. Doch dürfe uns eine derartige Teilvereinbarung nicht dazu verleiten, Territorium preiszugeben, das wir für einen dauerhaften Friedensschluß durchaus zu opfern bereit sein könnten.

Sodann erwähnte ich das Thema Sicherheitsgarantien seitens der USA. Mehrere amerikanische Sprecher hatten etwas in dieser Richtung verlauten lassen, aber nur sehr vage und unbestimmt. Ich bezweifle, schrieb ich dem Premierminister, daß die USA die Bürde eines verbindlichen, langfristigen Beistandspaktes auf sich nehmen würden. Allerdings hielte ich es für einen unerhörten Glücksfall für Israel, wenn es doch dazu käme.

Mir war durchaus klar, daß die Amerikaner uns damit einen Köder vorhielten, der uns zur Herausgabe der eroberten Gebiete bewegen sollte. Ich ging auf die Chancen eines solchen Handels nicht näher ein, sondern schrieb nur, ein etwaiger Beistandspakt zwischen den USA und Israel könne gegebenenfalls einen wesentlichen Bestandteil einer israelisch-arabischen Friedensregelung darstellen, das Thema als solches sei also durchaus wert, gründlich bedacht zu werden.

Was die Grenzziehung zwischen Israel und Ägypten betraf, so lag das Interesse Israels in der ungehinderten Durchfahrt durch das Rote Meer und den Golf von Eilat, in gewissen Grenzkorrekturen und in der Errichtung einer Pufferzone auf dem Sinai. Militärisch gesehen boten sich Entmilitarisierung, Verringerung der Streitkräfte oder Kontrolle durch UN-Truppen an. Die Grenzkorrekturen sollten die Flugplätze von Eitan und Etzion unweit der Negev-Sinai-Grenze mit einem angemessenen Umland auf israelischen Territorium belassen, ebenso die jüdischen Siedlungen innerhalb des Einzugsgebietes von Rafah. Dies bedeutete, daß Israel einen Streifen Landes kontrollieren würde, der vom Mittelmeer bis Eilat, westlich der bestehenden Grenze, reichte.

Um die ungehinderte Schiffahrt zu ermöglichen, schlug ich vor, nicht von vornherein Bedingungen zu stellen, sondern erst anzuhören, was die anderen vorzuschlagen hätten. Im Falle eines endgültigen Friedensschlusses hielt ich es für ratsam, entlang der Westküste des Golfes von Eilat Militärposten zu belassen, die einen mehrere Meilen breiten Streifen Landes zwischen Eilat und Scharm el-Scheich kontrollieren sollten.

Die Grenzziehung zwischen Israel und Syrien müßte auf andere Weise angegangen werden. Israels Interesse lag hier im Schutz der Jordanquellen und der landwirtschaftlichen Siedlungen im nördlichen Galiläa. Die nach 1967 auf den Golanhöhen entstandenen jüdischen Siedlungen erschwerten hier die Lage. Ich schlug vor, bei Verhandlungen mit Syrien einzig den Schutz der Quellen und der alten Siedlungen zu erörtern und syrische Vorschläge dazu anzuhören. Bei Grenzfestlegungen sollte Israel lediglich auf Militärstützpunkte auf dem Hermon und den Golanhöhen bestehen – selbstverständlich dies im Rahmen eines dauerhaften Friedensschlusses.

Die Palästinaflüchtlinge waren der nächste Programmpunkt. Hier dreht sich alles darum, daß man sie irgendwo fest ansiedelt. Die politischen und militärischen Führungskräfte der Palästinenser sind keine Bewohner der West Bank oder des Gazastreifens, sondern in der PLO organisierte Flüchtlinge.

Die Gesamtzahl der Flüchtlinge beläuft sich auf etwa eine Million, etwa die Hälfte davon lebt in Jordanien, dreihunderttausend im Libanon, rund hundertneunzigtausend im Gazastreifen. Der Status eines Flüchtlings wird durch drei Faktoren bestimmt: Er hat keine Staatsbürgerschaft, er bewohnt ein Flüchtlingslager und ist damit als unterprivilegiert gekennzeichnet; er hat weder Arbeit noch eine Arbeitserlaubnis. Ein Flüchtling, der arbeitet, verliert offiziell den Anspruch auf Unterstützung durch die internationalen Hilfsorganisationen.

Die Flüchtlinge in Jordanien hatten sowohl die jordanische Staatsbürgerschaft als auch Arbeit. Ihr einziges Problem war, aus den Flüchtlingslagern heraus- und in brauchbare Wohnungen hineinzukommen, was die Errichtung von Wohnsiedlungen erforderte, wie man sie in allen jordanischen Ortschaften sieht. Meines Wissens war die jordanische Regierung äußerst interessiert daran, dies in die Tat umzusetzen, und hatte deshalb bereits die Amerikaner um Hilfe gebeten. Den Jordaniern war vor allem deshalb so an einer derartigen Lösung des Flüchtlingsproblems gelegen, weil sie die Ereignisse des »Schwarzen September« noch nicht vergessen hatten. Arafats PLO war damals zu mächtig geworden, buchstäblich ein Staat im Staate. Deshalb kam es im September 1970 zwischen der PLO und der jordanischen Armee zu einem regelrechten Krieg, in dem die PLO geschlagen und aus dem Lande gejagt wurde. Sie floh in den Libanon.

Falls die fünfhunderttausend Flüchtlinge als jordanische Bürger anerkannt würden, dürfte sich der Eindruck festigen, daß die Palästinenser in Jordanien eine Heimstatt gefunden haben. Damit würden auch die Beziehungen zwischen Jordanien und den Bewohnern der West Bank und des Gazastreifens geklärt werden. Ich schlug dem Premier daher vor, unsererseits die dauerhafte Ansiedlung der schon in Jordanien befindlichen Flüchtlinge zu unterstützen.

Der Unterschied zwischen den Flüchtlingen im Gazastreifen und denen in Jordanien lag darin, daß ersteren eine Staatsangehörigkeit fehlte. Sie besaßen außer einer örtlichen Kennkarte keine Ausweispapiere. Die meisten lebten in Lagern. Alle jedoch hatten Arbeit, teils in Israel, teils auf der West Bank oder im Gazastreifen selbst. Eine Möglichkeit, sie anderswo anzusiedeln, sah ich nicht. Ich empfahl daher, für sie auf dem Gebiet, das sie derzeit bewohnten, geeignete Wohnsiedlungen zu errichten. Was ihre Staatsbürgerschaft betraf, so riet ich dazu, diese Frage zunächst auszuklammern. Die israelische Staatsangehörigkeit lehnten sie ab. Sollte es zu einem Friedensvertrag oder auch nur zu einem Übergangsabkommen mit Jordanien kommen, hätten sie vielleicht die Möglichkeit, nach dem Muster der Palästinenser auf der West Bank jordanische Bürger zu werden.

Die Flüchtlinge im Libanon besaßen keine Staatsbürgerschaft, etliche hatten allerdings jordanische Papiere. Die meisten wohnten zwar in Lagern, aber es gab Arbeit im Lande. Ich schlug vor, ihnen ein Dauerwohnrecht im Libanon zu gewähren oder sie in andere arabische Staaten auswandern zu lassen. In jedem Falle aber sollten sie finanziell entschädigt werden.

Die endgültige Ansiedlung der Flüchtlinge in jenen Gebieten, die sie jetzt bewohnten, erledigte nach meiner Meinung auch den Komplex „Palästinensische Heimstatt“. Wurde der derzeitige Zustand nicht verbessert, würde sich der Druck vergrößern, der auf die Anerkennung der West Bank als ihr Staatsgebiet zielte, und falls hier wirklich ein Staat der Palästinenser entstand, während die Flüchtlinge in Jordanien und im Libanon heimatlos blieben, mußte dieser neue Staat zur militärischen, politischen und ideologischen Aufmarschbasis für die Eroberung Israels und dessen Umwandlung in »Palästina« werden. Um dies zu verhindern – und ich nahm an, daß auch jene Kräfte in der US-Regierung, die einen palästinensischen Staat auf dem Westufer befürworteten, dies nicht wollten –, mußte die dauerhafte Ansiedlung der Flüchtlinge in den Ländern, in denen sie sich derzeit aufhielten, beendet sein, bevor die West Bank zum palästinensischen Staat ausgerufen würde. Geschah dies nicht, standen uns drei Übel ins Haus: Man würde einen palästinensischen Staat ausrufen, obwohl es sich dabei um einen »Unstaat« handelte; das Flüchtlingsproblem bliebe ungelöst, und die »Option« einer Eroberung Israels bekäme eine territoriale Basis, was jene stärken und ermutigen würde, die eine solche Eroberung planten.

Die Zukunft der West Bank und des Gazastreifens mußte in allen Verhandlungen zwischen Israel und den Arabern eine zentrale Rolle spielen, deshalb arbeitete ich unseren Standpunkt dazu besonders klar aus. Zu diesem Zweck kam es darauf an, die fundamentale Bedeutung des biblischen Judäa und Samaria – eben jene West Bank – für Israel hervorzuheben. Beide bildeten Teil unserer uralten Heimat, und es war unvorstellbar, daß nach der Wiedergeburt Israels und der Rückkehr nach Zion Juden dort als Fremde gelten sollten oder daß man ihnen verwehrte, sich auf diesem Gebiet anzusiedeln. Man mochte uns mit Waffengewalt von dort vertreiben, niemals aber würden wir dieses Land freiwillig aufgeben.

Selbst vom Standpunkt der Araber gesehen sprach nichts für eine palästinensische »Heimstatt« mit dem Charakter eines Nationalstaates auf dem Gebiet, das derzeit unter israelischer Verwaltung stand. Der nur 45 Kilometer breite Streifen Land zwischen der israelischen Grenze und dem Jordan und der Gazastreifen konnten nicht als lebensfähiges Staatsgebilde gelten. Außerdem waren die beiden Gebiete voneinander getrennt. Der

Gazastreifen hatte keine Verbindung zu den Bergen von Hebron, Jerusalem trennte den nördlichen Teil der West Bank mit den Städten Nablus und Jenin vom südlichen Teil. Überdies wollten Bethlehem und Ramallah nicht von Jerusalem losgelöst werden.

Für diese Gebiete gab es nur eine Regelung: Koexistenz zwischen den israelischen und den palästinensischen Bewohnern nach dem Vorbild Jerusalems, dessen Palästinenser sowohl ihre jordanische Staatsbürgerschaft als auch alle sonstigen Verbindungen nach Jordanien behalten hatten. Ich war ganz entschieden der Meinung, daß wir die Anwendung der israelischen Gesetze weder im Gazastreifen noch auf dem Westufer vorschlagen, uns vielmehr auf eine schlichte Erklärung folgenden Inhalts beschränken sollten: Wir lehnen die Übergabe dieser Gebiete an einen arabischen Staat ab, sei es nun Jordanien oder irgendein künftiger Palästinenserstaat; dieser Teil der israelisch-arabischen Kontroverse bedürfe weiterer Erörterungen und Verhandlungen zum Zwecke einer gegenseitigen Einigung; im Augenblick seien wir bereit, uns mit einer Übergangsregelung zu begnügen. Eine solche Regelung für die West Bank gewähre den palästinensischen Bewohnern mehr Unabhängigkeit, als sie derzeit besäßen, und auch engere Verbindungen zu Jordanien. Israel selber solle die militärische Kontrolle und die Verwaltungsbefugnisse in diesen Gebieten im gleichen Umfang ausüben wie bisher.

Über die West Bank sprechen hieß zugleich auch über Jerusalem reden. Die Befürworter eines Palästinenserstaates auf der West Bank wünschten, daß dieser auch Ostjerusalem einschließe. Sollte auf der West Bank der Status quo erhalten bleiben, gemildert durch die von mir vorgeschlagenen, in einem Übergangsabkommen festzulegenden Erleichterungen, dann mußte in Jerusalem zwischen weltlichen und religiösen Angelegenheiten unterschieden werden. Ein gemischter arabisch-jüdischer Stadtrat würde sich der Verwaltungsgeschäfte annehmen, während den heiligen Stätten von Christen und Moslems ein Sonderstatus einzuräumen war.

Mein letzter Vorschlag betraf die Grenzen zu den uns benachbarten arabischen Staaten. Auf amtlicher amerikanischer Seite war häufig von »sicheren Grenzen« die Rede, die sich von den tatsächlichen Staatsgrenzen unterscheiden würden. Man dachte dabei an Frühwarnstationen und vorgeschobene Beobachtungsposten. Ich selbst hielt davon nichts. Und zwar um so weniger, als die Araber darauf zu erwidern pflegten, sie wollten nur zustimmen, wenn sie diesseits unserer Grenzen gleichwertige Installationen errichten dürften. Angebracht schien mir ein derartiges System innerhalb einer Pufferzone, etwa vergleichbar der im Sinai, die von UN-Kontingenten kontrolliert wurden. Sollten wir anderswo in die Errichtung von Militärstützpunkten einwilligen (abgesehen von solchen entlang der Staatsgrenzen), etwa in Scharm el-Scheich, auf dem Berge Hermon oder den Golanhöhen, dann mußte es sich eindeutig um israelische Stützpunkte handeln.

2.
Der Anfang

Der Anstoß, der die israelisch-ägyptischen Friedensverhandlungen in Gang setzte, ging vom US-Präsidenten Jimmy Carter aus.

Als Premier Begin am 20. Juni 1977 die Knesset um Bestätigung seines neugebildeten Kabinetts ersuchte, sprach er von Frieden. Er forderte die Staatsoberhäupter der uns benachbarten arabischen Staaten auf, mit ihm zusammenzutreffen und einen echten Frieden auszuhandeln. »Wird dieser Appell jedoch zurückgewiesen, so werden wir das zur Kenntnis nehmen.«

Das Telegramm, mit dem Carter Glückwünsche zum Amtsantritt Begins übermittelte, enthielt außer den bei solchen Gelegenheiten üblichen Floskeln die viel gewichtigere Aufforderung an Begin, sobald wie möglich in Friedensverhandlungen mit den Arabern einzutreten. Carter lud Begin schon für den folgenden Monat nach Washington ein; man wolle dort die Grundsätze erörtern, auf denen eine gerechte Friedensregelung basieren könne. Als Präsident der USA, fügte Carter hinzu, fühle er sich zutiefst verpflichtet, Israel und seinen Nachbarn bei der Beilegung des zwischen ihnen bestehenden Konfliktes behilflich zu sein.

Bereits zwei Tage vor der Vereidigung des neuen israelischen Kabinetts hatte mich Samuel Lewis, der US-Botschafter in Israel, zu sich gebeten. Er teilte mir mit, daß er im Begriff sei, zu Konsultationen nach Washington zu reisen. Im übrigen dürfe Begin eine Einladung Carters erwarten. Lewis fragte mich, ob ich Begin auf seine Reise begleiten würde, schließlich sei es üblich, daß der Außenminister an solch einer offiziellen Reise teilnehme. Ich erwiderte, Begin habe mir keinen derartigen Vorschlag gemacht (ich begleitete ihn dann auch wirklich nicht), und nach dem, was so »üblich« genannt werde, richte Begin sich ohnehin nicht. Aus den Worten des Botschafters schloß ich, daß Carter in Washington darauf dringen werde, Israel und die

Araber so rasch wie möglich in Genf an den Verhandlungstisch zu bringen.

Das Gespräch mit dem Botschafter war alles andere als einfach. Er wollte hören, wie ich mir eine Friedensregelung mit den jeweils betroffenen arabischen Staaten vorstelle, vor allem auch die Lösung der Palästinenserfrage. Auf seine sehr konkreten Fragen konnte ich immer nur wieder sagen, bislang hätte ich mich mit dem Premier darüber noch nicht abstimmen können. Immerhin versicherte ich ihm, Begins Gastgeber würden ihn sehr aufgeschlossen und zur Zusammenarbeit bereit finden.

Begin reiste am 15. Juli ab und traf zwei Tage später in Washington ein, wo er mit allen Ehren empfangen wurde. Der Präsident hatte für ihn und sein Gefolge eine Sondermaschine nach New York geschickt, die bei ihrer Ankunft auf dem Luftwaffenstützpunkt Andrews von Außenminister Cyrus Vance erwartet wurde. Von dort fuhr man zum Weißen Haus. Entlang den Straßen wehten israelische Flaggen. Um 10.30 Uhr begann die eigentliche Begrüßungszeremonie mit neunzehn Salutschüssen und den beiden Nationalhymnen. Carter, Begin und ihre Damen betraten die Rednertribüne, der Präsident und der Premier hielten kurze Begrüßungsansprachen, damit war das Zeremoniell beendet.

Solche diplomatischen Rituale vermitteln stets den Eindruck von Routine, doch diese Zeremonie wirkte, trotz drückender Hitze, außergewöhnlich festlich. Carter redete Begin mit großer Herzlichkeit an und betonte die besonderen Beziehungen zwischen Israel und den USA. Begin, augenscheinlich sehr bewegt, begann seine Erwiderung mit dem in hebräischer Sprache gesprochenen Satz: »Mr. President, ich komme zu Ihnen aus Zion, im Auftrage eines uralten Volkes.« Dann setzte er seine sehr wirkungsvolle Ansprache in tadellosem Englisch fort.

Unmittelbar nach diesem Ritual begann die erste Arbeitssitzung der beiden Staatsoberhäupter in Anwesenheit der ranghöchsten Mitarbeiter; sie dauerte zwei Stunden. Carter kam sogleich zur Sache. Hauptgegenstand der Beratungen müsse sein, welche Schritte unternommen werden könnten, um zwischen Israel und seinen arabischen Nachbarn Frieden zu stiften. Die USA wünschten zu diesem Zweck die Genfer Konferenz sobald wie möglich einzuberufen. Doch wenn dort überhaupt Ergebnisse zustande kommen sollten, war es notwendig, schon im voraus eine Einigung über die Grundsätze zu erzielen, die für beide

Seiten annehmbar waren. US-Beauftragte hatten bereits bei den Führern der arabischen Staaten sondiert, und die Ergebnisse dieser Sondierungen wollte der Präsident nunmehr mit dem israelischen Premier erörtern. Carter versicherte ausdrücklich, in den Gesprächen mit Begin sollten die gleichen Formeln, die gleichen inhaltlichen Begriffe benutzt werden, die auch gegenüber den Arabern verwendet worden seien, damit hinterher niemand den USA vorwerfen könne, den betroffenen Parteien sinngemäß unterschiedliche Vorschläge gemacht zu haben.

Erster Grundsatz müsse die Annahme des Beschlusses 242 des UN-Sicherheitsrates sein, wozu die Beteiligten sich schon bereit erklärt hätten. Die USA legten die Bedeutung dieses Beschlusses extensiv aus und würden den Beteiligten vorschlagen, sich nicht, wie im ursprünglichen Wortlaut vorgesehen, mit der »Einstellung der Feindseligkeiten« zu begnügen, sondern sich zum Abschluß eines regelrechten Friedensvertrages bereit zu erklären. Nach Ansicht der Amerikaner sollten in einem derartigen Vertrag vorgesehen sein: offene Grenzen; Freizügigkeit für Menschen und ungehinderter Warenverkehr; Aufnahme diplomatischer Beziehungen sowie die Herstellung völlig normaler Kontakte zwischen Israel und den arabischen Ländern. Carter schloß, die arabischen Staatsmänner könnten sich mit seinem Vorschlag nur schwer anfreunden, jedoch habe sie keiner rundheraus abgelehnt.

Als ich Stunden später in Jerusalem das Kabel mit dem Konferenzprotokoll las, fühlte ich mich von Carters Ausführungen außerordentlich ermutigt und legte ihnen allergrößte Bedeutung bei. Die Amerikaner nahmen jetzt in bezug auf die Beschaffenheit des angestrebten Friedens nicht nur eine andere Haltung ein, sie legten den Beschluß 242 auch anders aus. Ich hatte überhaupt keine Zweifel, daß dieser Beschluß 242 ein für allemal die Rechtsgrundlage für einen Friedensschluß mit den Arabern abgeben müsse, und je umfassender und konstruktiver dieser Beschluß von den Amerikanern interpretiert wurde, desto hilfreicher würde sich dies auf die vollständige Beilegung des bestehenden Konfliktes auswirken.

Carter wandte sich sodann in einer Lagebeschreibung der territorialen Frage zu. Die Amerikaner, sagte er, wollten keine Landkarten zeichnen, sie verträten jedoch entschieden die Meinung, daß die endgültig festzulegenden Grenzen prinzipiell sicher sein, mit Einwilligung aller Beteiligten zustande kommen und von ihnen anerkannt werden müßten. Im Hinblick auf die Flüchtlinge ergebe sich ebenfalls eine Frage territorialer Art: Sollte man jenen Arabern, die seit 1948 als Flüchtlinge galten, ein Gebiet zuweisen, über welches allein sie selbst die Kontrolle ausübten? Die Araber stünden auf dem Standpunkt, die palästinensischen Flüchtlinge bildeten eine eigene Nation, müßten also auch ein eigenes Staatsgebiet haben. »Wir, die Amerikaner«, sagte Carter, »haben nicht von Staatsgebiet gesprochen, sondern von ›Heimstatt‹.«

Ein weiterer Punkt wäre, in welcher Form die Palästinenser an den Verhandlungen in Genf beteiligt werden sollten. Staatspräsident Sadat und König Hussein seien der Meinung, die Palästinenser sollten Teil der Delegation Jordaniens sein. Präsident Assad von Syrien hingegen wünsche, daß in Genf eine vereinigte arabische Delegation auftrete und im Namen aller arabischen Staaten mit Israel verhandeln solle. Ihr sollten auch die Palästinenser angehören.

Sodann wollte Carter von Begin hören, welche Haltung Israel einnehme. Der Premier hatte einen Schriftsatz bei sich, der vom israelischen Kabinett formuliert worden war und dessen erster Teil das Vorgehen bei der Einberufung der Genfer Konferenz behandelte. Israel sei, so hieß es darin, vom 10. Oktober 1977 an bereit, an einer in Übereinstimmung mit dem Sicherheitsratsbeschluß 338 abzuhaltenden Konferenz teilzunehmen. (Der Beschluß 338 schloß die Resolution 242 ein.) Teilnehmer sollten die beglaubigten Vertreter Israels, Ägyptens, Syriens und Jordaniens sein, wobei kein Beteiligter seine Teilnahme von der Erfüllung von Vorbedingungen abhängig machen dürfe. Bei der Eröffnungssitzung sollte je ein Vertreter der beteiligten Parteien eine für die Öffentlichkeit bestimmte Erklärung abgeben, anschließend sollten drei jeweils gemischte Ausschüsse zusammentreten: ein ägyptisch-israelischer, ein syrisch-israelischer und ein jordanisch-israelischer. Diese drei Ausschüsse sollten die Friedensverträge zwischen Israel und seinen Nachbarstaaten unterschriftsreif ausarbeiten.

Der zweite Teil von Begins Schriftsatz behandelte die sehr umstrittenen Themen Staatsgrenzen und West Bank. Begin brachte sie während der Vormittagsbesprechung in Anwesenheit der vielen Berater und Mitarbeiter nicht zur Sprache, er las diesen Teil dem Präsidenten unter vier Augen vor, nachdem das feierliche Staatsbankett vorüber war. Das Memorandum umfaßte drei Abschnitte. Der erste Teil betraf die ägyptisch-israelische Grenze, darin hieß es: Angesichts der ausgedehnten Landgebiete, welche beide Staaten voneinander trennen, sei Israel bereit, im Rahmen eines Friedensvertrages »eigene Truppen in erheblichem Umfang von der Halbinsel Sinai abzuziehen«.

Der zweite Abschnitt betraf die Grenze zu Syrien. Dazu erklärte Israel, es werde auf den Golanhöhen bleiben, »doch im Rahmen eines Friedensvertrages sind wir bereit, unsere Streitkräfte auf eine Front zurückzuziehen, welche der noch festzulegenden dauerhaften Grenze entspricht«.

Im dritten Abschnitt, »West Bank« überschrieben, hieß es: »Israel wird weder Judäa noch Samaria oder den Gazastreifen fremder Autorität unterstellen.« Begründet wurde das mit zwei Argumenten: mit dem »historischen Recht unseres Volkes auf dieses Land« und »den Erfordernissen der nationalen Sicherheit, die gebietet, daß unser Staat sich verteidigen und das Leben seiner Bürger schützen soll«.

Wer mit Begins altüberkommenen Standpunkten auch nur ungefähr vertraut ist, staunte, daß er eine so flexible Haltung einnahm. Zwar wollte er Judäa, Samaria und den Gazastreifen nicht unter fremder Oberhoheit sehen, doch verlangte er auch nicht, daß diese Gebiete der Souveränität Israels unterstellt würden. Auf dem Sinai erklärte er sich zu einem weiträumigen Rückzug bereit, und selbst auf dem Golan wollte er die israelischen Streitkräfte ein Stück zurücknehmen. Auch in Grundsatzfragen zeigte sich Israel sehr entgegenkommend: Indem wir auf die Erfüllung irgendwelcher Vorbedingungen verzichteten, ließen wir uns darauf ein, daß jeder beliebige Gegenstand zum Verhandlungsthema gemacht werden konnte, also auch Jerusalem und die West Bank, die Begin früher stets von allen Verhandlungen hatte ausnehmen wollen. Auch daß er die UN-Sicherheitsbeschlüsse 338 und 242 als Grundlage für die Verhandlungen akzeptierte, bewies seine Flexibilität.

Daß Begin seinen Standpunkt geändert hatte, lag im wesentlichen gewiß daran, daß er jetzt Premier war. Die Last der Verantwortung des Amtes machte sich bemerkbar. Bei seiner Regierungserklärung vor der Knesset hatte er noch einmal ausgesprochen, daß alle an den Friedensverhandlungen Beteiligten das Recht haben sollten, jedes gewünschte Thema auf die Tagesordnung zu setzen. Innerhalb des Kabinetts hatten wir darüber beraten, welche Haltung wir gegenüber gewissen Forderungen einnehmen sollten, die gewiß erhoben würden. Eine davon war Judäa und Samaria auf der West Bank, wobei Begin anfangs die Meinung vertrat, wir sollten »die West Bank beanspruchen«. Erst nach langwierigen Erörterungen machte er sich die von mir vorgeschlagene Formel zu eigen: »Die West Bank darf nicht fremder Oberhoheit unterstehen.«

Auch über den Status der heiligen Stätten in Jerusalem war ausgiebig gesprochen worden. In der von Begin verfaßten Regierungserklärung hieß es: »Die heiligen Stätten in Jerusalem sollen allen Glaubensbekenntnissen erhalten bleiben.« Mir ging dieser Wortlaut nicht weit genug, ich schlug deshalb eine Formel vor, derzufolge jede Religion die uneingeschränkte Kontrolle über ihre religiösen Einrichtungen in Jerusalem ausüben solle. Begin ließ sich schließlich darauf ein, vorausgesetzt, es komme klar zum Ausdruck, daß die in der Formel erwähnte Kontrolle der religiösen Einrichtungen ausschließlich administrativer Natur sei. Das konnte ich akzeptieren, denn auch ich hatte nicht daran gedacht, den Religionsgemeinschaften eine eigene Souveränität zuzugestehen.

Als Begin am Vormittag in Anwesenheit der Berater seinen Vortrag beendet hatte, meldete sich Samuel Katz, Referent für die Auslandspresse, beim Ministerpräsidenten zu Wort und bemühte sich nun darum, der israelischen Position eine ideologische Verpackung zu geben. Seine »ideologische« Hauptthese besagte, die palästinensischen Araber seien in der Mehrzahl in Wahrheit Einwanderer, die sich erst in den letzten hundert Jahren in Palästina niedergelassen hätten. Seine törichtste Begründung dafür, daß die Araber im Grunde Fremde im Lande Israel seien, lautete: sonst wären im Krieg von 1948 nicht so viele aus dem Land geflohen. Bauern, die mit ihrer Scholle verbunden seien, verhielten sich nicht so. Nur jene Araber hätten in Israel etwas zu suchen, die trotz der Kriegsereignisse geblieben seien.

In dem mir zugegangenen Kabel las ich auch diese Worte von Katz, versuchte mir aber gar nicht erst vorzustellen, wie sie auf seine amerikanischen Zuhörer gewirkt haben mochten. Folgte man Katz' Argumentation, so waren die Araber im Sechs-Tage-Krieg von Golan geflohen, weil ihnen die echte Verbundenheit zu ihrem Land fehlte, während die arabischen Flüchtlinge im Gazastreifen während dieses Krieges dort blieben, weil sie mit allen Fasern an dieser »Heimat« mit ihren verrotteten Lagern hingen, die sie keine zwanzig Jahre bewohnt hatten!

Nach seinen Gesprächen mit Carter reiste Begin in bester Stimmung nach New York. Er meinte, ein gutes persönliches Verhältnis zum Präsidenten hergestellt und, was die politischen Fragen betraf, nicht nur eine Konfrontation mit den USA vermieden, sondern darüber hinaus Einverständnis erzielt zu haben. Diesen Eindruck vermittelte er auch bei einer öffentlichen Veranstaltung in New York, an der Förderer der »State of Israel Bonds« teilnahmen, eine Vereinigung, die Spenden für Israel sammelt. Diesen zweitausend Freunden Israels erklärte er, von allen Staatsmännern, Dichtern, Wissenschaftlern und Humanisten, denen er in seinem Leben begegnet sei, reiche keiner an Präsident Carter heran.

Auch die Amerikaner waren vom Verlauf der Gespräche recht erfreut und hatten von Begin einen positiven Eindruck gewonnen: Allerdings war ihnen klar, daß der eigentliche Zweck des Treffens nicht erreicht worden war – nämlich den Weg an den Konferenztisch von Genf zu ebnen. Unter anderem war unentschieden geblieben, in welcher Form die Palästinenser vertreten sein sollten. Auch hatte Israel keine Zusage gemacht, die West Bank zu räumen oder mit einer gemeinsamen arabischen Delegation zu verhandeln.

Der Premier kehrte am 25. Juli 1977 nach Israel zurück, und noch am gleichen Tage überreichte uns der amerikanische Botschafter Lewis ein Memorandum, das als Grundlage für die Verhandlungen während der Genfer Konferenz dienen sollte. Es enthielt fünf Artikel, von denen die Amerikaner hofften, sie seien für beide Parteien annehmbar. Gegen die ersten drei hatten wir nichts einzuwenden: Zweck der Verhandlungen sollte die Vereinbarung einer Friedensregelung sein; Grundlage aller Verhandlungen sollten die UN-Resolutionen 242 und 338 bilden; Ziel des Beschlusses 242 sei nicht nur die Einstellung der Feindseligkeiten, sondern die Aufnahme normaler Beziehungen.

Die letzten beiden Artikel wollte Israel im vorgelegten Wortlaut allerdings nicht akzeptieren. In Artikel 4 war vom Rückzug israelischer Truppen an allen Fronten die Rede, und in Artikel 5 wurde dargelegt, daß ein in Genf zu treffendes Abkommen eine »Palästinensische Entität« vorzusehen habe und den Palästinensern Gelegenheit bieten müsse, ihren künftigen Status auf der Grundlage des Selbstbestimmungsrechtes festzulegen.

Wir sagten den Amerikanern, falls sie auf der Grundlage dieses Memorandums mit den Arabern Verhandlungen führen wollten, müßten sie ihnen auch klarmachen, daß jene beiden Artikel für uns unannehmbar seien. Den Artikel 5 lehnten wir vollständig ab. Was den in Artikel 4 vorgesehenen Abzug unserer Truppen anging, schlugen wir vor, die Wörter »von allen Fronten« zu streichen, so daß aus dem neu gefaßten Text ersichtlich sei, daß der im Beschluß 242 geforderte Abzug auf »einverständlich festgelegte, sichere und anerkannte Grenzen« erfolgen, nicht aber Israel auferlegen würde, sich von allen Fronten zurückzuziehen.

Unser Widerstand gegen die amerikanische Formulierung ist leicht erklärlich. Die Regierung Begin war zum Rückzug von der ägyptischen und der syrischen Front bereit, nicht aber von der jordanischen, also aus den Gebieten Judäa und Samaria auf der West Bank.

Der Streit um dieses fünf Artikel umfassende Memorandum ging sowohl in Washington zwischen unserem Botschafter und dem State Department vor sich als auch in Jerusalem zwischen uns und dem amerikanischen Botschafter. Jede Seite suchte die andere von der Richtigkeit des eigenen Standpunktes zu überzeugen, allein vergebens. Die Meinungsverschiedenheiten waren nicht auszuräumen.

Am 9. August – Premier Begin war seit zwei Monaten von seiner Amerikareise zurück – erschien der amerikanische Außenminister Cyrus Vance in Israel. Dies war die letzte Station einer Reise, die ihn durch die arabischen Staaten des Nahen Ostens geführt hatte. Er war in Ägypten, Saudi-Arabien, Jordanien, Syrien und im Libanon gewesen und hatte mit den dortigen Staatsmännern die Möglichkeit der Einberufung der Genfer Konferenz und die Bedingungen erörtert, unter denen eine Friedensregelung mit Israel möglich wäre. In Israel führte er zwei Besprechungen, eine mit mir am Tage seiner Ankunft, eine weitere tags darauf mit Premier Begin.

Zu einem Gespräch mit mir kam Vance ins Außenministerium. Begleitet wurde er von Philip Habib, Unterstaatssekretär für Auswärtige Angelegenheiten; Alfred Atherton, Abteilungsleiter des Ressorts für den Nahen Osten und Südasien (später wurde er Sonderbotschafter); William Quandt, Mitarbeiter des Nationalen Sicherheitsrates, und dem hiesigen amerikanischen Botschafter, Samuel Lewis.

Ich hatte als Berater bei mir Ephraim Evron, meinen Bürochef, und unseren Botschafter in Washington, Simcha Dinitz.

Es war mein erstes Zusammentreffen mit dieser Washingtoner Gruppe. Als einziger sprach Vance, dem seine Mitarbeiter von Zeit zu Zeit Zettel reichten. Hauptthema war der Eindruck, den die Gruppe bei ihren Gesprächen mit führenden arabischen Politikern gewonnen hatte. Vance redete präzise und knapp. Ich nahm nicht an, daß er uns alles wissen ließ, was die Araber ihm gesagt hatten, und auch nicht alles, was er ihnen gesagt hatte, doch bezweifelte ich keinen Moment, daß alles, was er äußerte, zutraf. Es war ein niveauvolles Gespräch, denn Vance ist ein integrer Mann, und er antwortete auf meine Fragen niemals ausweichend oder nebulös.

Die Informationen, die er uns überbrachte, waren von unserem Standpunkt aus enttäuschend: Alle arabischen Staaten verlangten die Beteiligung der PLO an den Verhandlungen. Die Amerikaner hatten erwidert, sie seien bereit, mit der PLO zu reden, falls deren Führer den Sicherheitsratsbeschluß 242 anerkennen. Sie hatten jedoch nicht darauf beharrt, daß die PLO zuvor jenen Artikel ihrer Gründungsakte strichen, der die Auslöschung des Staates Israel fordert. Vance meinte, dies sei nicht notwendig, denn eine Anerkennung der Resolution 242 schließe die Anerkennung Israels ein und mache den für uns unakzeptablen Artikel der Gründungsakte hinfällig. Die Resolution 242, fuhr Vance fort, definiere die Palästinenser als Flüchtlinge, die PLO hingegen verlange, als Nation mit einem Anrecht auf einen eigenen Staat anerkannt zu werden. Die Amerikaner meinten, eine Lösung darin zu sehen, daß die PLO ihre Anerkennung der Resolution 242 davon abhängig mache, daß man den Palästinensern das Recht auf eine Heimstatt zugestehe.

Vermutlich war man auf Vorschlag der arabischen Staatsmänner auf diesen Ausweg verfallen, und Vance bestätigte, daß es ungewiß sei, ob die PLO sich darauf einlassen werde. Die Teilnahme der PLO an einer Konferenz in Genf wurde also nicht weiter erörtert. Als ich sie zur Sprache bringen wollte, erwiderte Vance, Begin habe Carter zugesichert, Israel werde nicht auf einer Überprüfung der Vollmachten der palästinensischen Araber in der jordanischen Delegation bestehen, und daraus könne er nur schließen, daß Israel nicht untersuchen wolle, ob Vertreter der PLO der Delegation Jordaniens angehörten.

Nun wandte sich Vance den Grundsätzen zu, nach denen die Friedensverhandlungen geführt werden sollten. Es sei ihm nicht gelungen, sagte er, die Führer der Araber auf eine Formel festzulegen. Alle ihre Vorschläge seien überzogen gewesen, und er habe sie Vernunftgründen wenig zugänglich gefunden. Ägypten habe verlangt, daß Israel auf die Grenzen von vor 1967 zurückgehe und den Gazastreifen wieder ägyptischer Kontrolle unterstelle. Später solle man das Gebiet den Palästinensern überlassen. UN-Truppen sollten anstelle der Israelis auf der West Bank stationiert werden, und die Bewohner sollten nach einigen Jahren selbst entscheiden, unter welchem Regime sie leben wollten. Bei einem solchen Referendum sollte auch die Möglichkeit gegeben sein, die Selbstbestimmung zu wählen.

Vance berichtete, nur in einem einzigen arabischen Lande sei man auf die palästinensischen Flüchtlinge von 1948 zu sprechen gekommen, doch zweifle er nicht daran, daß alle Araber der Meinung seien, diese Flüchtlinge müßten das Recht haben, entweder zu ihren alten Wohnstätten – also nach Israel – zurückzukehren oder aber, mit einer Abfindung versehen, sich anderswo niederzulassen.

Was die Verfahrensfrage angehe, so sei er, Vance, auf die einhellige Meinung gestoßen, es sei sinnlos, ohne vorherige Absprache nach Genf zu gehen. Es sei daher nicht daran zu denken, vor November oder Dezember mit den Verhandlungen zu beginnen. Klärende Vorgespräche könnten im September in New York während der Vollversammlung der UN stattfinden. Die Beratungen würden am besten durch Vermittlung der Amerikaner geführt werden, da die Araber nicht bereit seien, vis à vis mit den Israelis am gleichen Tisch zu sitzen. Auch Sadat sei für dieses Vorgehen. In einer gemeinsamen Pressekonferenz mit Vance hatte er gesagt, in New York solle ein Komitee zusammentreten, um die Voraussetzungen für eine Konferenz in Genf zu schaffen.

Die auf Vorbesprechungen zielenden Vorschläge der Araber hatten Vance eingeleuchtet, er hatte deshalb die maßgebenden Leute aufgefordert, Vorschläge für eine Friedensregelung zu entwickeln, die als Arbeitsgrundlage für solche Vorberatungen dienen könnten.

Ich erklärte Vance, daß unsere Position von der der Araber sehr weit entfernt sei und ich im übrigen glaubte, daß Ägypten als einziger von allen arabischen Staaten möglicherweise im Prinzip bereit sei, sich mit Israel zu einigen. Was die anderen arabischen Länder angehe, so sei ich überzeugt, daß sie nicht im Traum daran dächten, einen dauerhaften Frieden mit Israel zu schließen. Syrien strebe die völlige Vernichtung Israels an, der syrische Staatspräsident werde niemals seinen Namen unter ein Dokument setzen, mit dem unsere Daseinsberechtigung anerkannt werde. Der Libanon wiederum könne überhaupt nicht mitreden, da er von der syrischen Armee besetzt sei. Jordanien sei ein kleines Königreich ohne mutigen Führer. Hussein wünsche seinen Thron zu behalten, er fürchte einen Aufruhr von Teilen seiner Streitkräfte und seitens der im Lande lebenden Palästinenser. Nachdem auf der Konferenz von Rabat die arabischen Staaten die PLO als rechtmäßige Vertreterin des palästinensischen Volkes anerkannt hatten, dürfte Hussein es für ratsam halten, nicht in die Arena zu steigen.

Vance meinte ebenfalls, die Araber nähmen eine sehr starre Haltung ein, die sehr konträr zu der unseren sei. Gleichwohl war seiner Stimme weder Resignation noch Schwäche anzumerken. Alle Parteien seien jetzt aufgefordert, sich nicht mehr in Gemeinplätzen zu ergehen, sondern ihre Grundsätze bekanntzugeben und praktische Vorschläge zu machen. Nur so könne man die Meinungsverschiedenheiten lokalisieren und nach Wegen suchen, sie zu überbrücken.

Vance traf am folgenden Vormittag mit Begin zusammen; außer dem Premier und mir waren anwesend: Der Stellvertretende Ministerpräsident Jigael Jadin, Verteidigungsminister Ezer Weizman, Finanzminister Simcha Ehrlich, Innenminister Josef Burg und Landwirtschaftsminister Arik Scharon, ferner der Rechtsexperte Aharon Barak, Pressesekretär Samuel Katz, Generalstabschef General Motta Gur und der Chef der Operationsabteilung, General Raphael Eytan.

Der erste Teil der Besprechung war militärischen Angelegenheiten vorbehalten – der Lage im Libanon, Waffenlieferungen an Israel. Danach verließen uns die Generäle, und wir widmeten uns politischen Fragen. Da wir Wohnsiedlungen für die Palästinenser in Gaza bauen wollten, die in überfüllten Lagern und baufälligen Unterkünften hausten, baten wir Vance um finanzielle Hilfe seitens der USA. Das Projekt war kostspielig, und Israel konnte es allein nicht finanzieren. Vance hörte zu, sagte aber nichts. Er ging auch nicht auf den Vorschlag ein, den Gazastreifen zu besuchen und die Lager selbst anzusehen. Auch auf unseren nächsten Vorschlag reagierte er nicht. Begin hatte darum gebeten, daß die USA ihren offiziellen Standpunkt, Israel solle, von geringfügigen Korrekturen abgesehen, auf die

Grenzen von 1967 zurückgehen, nicht vertreten, solange Friedensgespräche im Gang waren. Vance bestätigte, daß dieser Punkt in seinen Gesprächen mit den Arabern berührt worden sei; er habe sich genötigt gesehen, zu erklären, daß die USA ihren seit langem vertretenen Standpunkt in dieser Sache nicht geändert hätten. Dies, so sagte er, sei eine Tatsache, und wenn man ihn danach frage, könne er nicht anders, als das zu bestätigen.

Der letzte Gesprächsgegenstand war eine Sicherheitsgarantie der USA für Israel. Der Premier betonte, er bitte nicht um eine solche Garantie, doch sei davon in letzter Zeit in der Presse die Rede gewesen, und er würde gerne den Standpunkt Washingtons dazu kennen. Vance entgegnete, auch darauf sei er von den führenden Arabern, die er kürzlich getroffen habe, angesprochen worden, worauf er erwidert habe, seiner Meinung nach könne eine solche amerikanische Garantie gegeben werden, falls zwischen Israel und den Arabern eine Friedensregelung zustande komme und die Garantie der USA Bedingung für deren Inkrafttreten sei. Darüber müsse gegebenenfalls der Kongreß entscheiden, doch glaube er, Vance, der Präsident werde das befürworten und der Kongreß seine Zustimmung geben.

Die Besprechung endete mittags, und Vance flog noch am selben Tag nach Washington zurück. Er versprach, dem Präsidenten über die Standpunkte beider Seiten zu berichten, und sagte, er hoffe, die Außenminister der arabischen Staaten und Israels würden nach Amerika kommen, damit die Vorverhandlungen aufgenommen werden könnten.

Vance hatte zwei anstrengende Wochen hinter sich, war von einer Hauptstadt in die andere geflogen, hatte tagsüber mühsame Verhandlungen geführt, des nachts mit seinen Mitarbeitern beraten und zeigte doch nicht die geringste Erschöpfung. Am Flugplatz verabschiedete er sich von mir mit einem energischen Händedruck, sichtlich fest entschlossen, Frieden zwischen Israel und den Arabern zu stiften.

3.
Geheime Treffen

Einen Monat später sollte ich Vance in Washington treffen, und dieser Monat – von Mitte August bis Mitte September 1977 – war angefüllt mit geheimgehaltenen Verhandlungen in Indien und im Iran, in England und Marokko. Das erste derartige Treffen war etwas merkwürdig und wenig ergiebig, das vierte leitete den Friedensvertrag mit Ägypten ein.

Am 15. August 1977 flog ich nach Neu-Delhi zu einer Unterredung mit dem neugewählten indischen Ministerpräsidenten Moraji Desai. Israel unterhält zu Indien keine diplomatischen Beziehungen (allerdings haben wir in Bombay ein Konsulat). Das Treffen wurde also nicht auf dem üblichen diplomatischen Wege vereinbart, sondern kam durch die zufällige Begegnung zweier Geschäftsleute zustande, und zwar an einem Ort, der mit Außenpolitik denkbar wenig zu tun hat.

Einer meiner israelischen Freunde, der recht beleibt ist, war zwei Monate zuvor nach England gereist, um auf einer »Health Farm« abzuschlacken. (In fünf Wochen nahm er über vierzig Pfund ab, weil er, wie er erzählte, täglich nichts weiter als eine Grapefruit essen durfte. Er schwor, nie wieder einen Fuß auf jene gräßliche Farm zu setzen!)

Während er da also Buße tat, lernte er einen indischen Geschäftsmann kennen, der seine Schlankheitskur in viel positiverem Licht sah. Er war schon dreizehn Wochen dort und von dreihundert auf zweihundert Pfund herabgemagert. Dieser Inder, so erzählte mein Freund, habe viele Besucher gehabt, darunter Landsleute in einflußreichen Positionen, so den Finanzminister aus dem Kabinett Indira Gandhis, die damals noch an der Regierung war. Der Inder machte keinen Hehl daraus, warum diese Leute ihn besuchten: Sie gingen ihn um Wahlspenden für ihre Parteien an. Er selber stand der Führung beider großen indischen Parteien nahe, falls Indira die Wahlen verlieren sollte – was er für ausgemacht hielt –, würde ein naher Bekannter von ihm in der neuen Regierung ein wichtiges Ministeramt übernehmen.

Während ihrer gemeinsamen Wochen auf der »Farm« erwogen mein Freund und sein Bekannter, ob sie nicht in Geschäftsbeziehungen zueinander treten könnten, und als die Kur vorüber war und mein Freund nach Indien reiste, stellte er fest, daß sein Bekannter mit seiner Vorhersage recht gehabt hatte. Es gab eine neue Regierung. Indira hatte Moraji Desai weichen müssen, und der Inder stellte ihm meinen Freund vor. Im Gespräch äußerte der Ministerpräsident, er wolle Israel gern dabei behilflich sein, mit den Arabern Frieden zu schließen. Und als mein Freund ein Treffen mit mir in Indien vorschlug, stimmte Moraji Desai zu.

Nachdem mein Freund nach Israel zurückgekehrt war und mir davon berichtete, meinte ich, daß ich eine schriftliche Einladung benötigte. Tatsächlich kam bald darauf die Bestätigung aus Neu-Delhi: Der Ministerpräsident werde sich freuen, mich am 15. August in seiner Privatresidenz zu empfangen.

Zwei Motive veranlaßten mich zu diesem Besuch beim indischen Premier. Zum einen wollte ich den israelischen Standpunkt bei den Friedensbemühungen auf der geplanten Genfer Konferenz erläutern. Zum anderen wollte ich die diplomatischen Beziehungen zwischen Indien und Israel verbessern. Premier Begin war mit meinem Vorschlag einverstanden und berichtete am Tag vor meiner Abreise dem Kabinett darüber. Auf dringenden Wunsch der Inder mußte alles streng geheim vonstatten gehen.

Da Indien von der El-Al nicht angeflogen wurde, nahm ich eine Maschine der Alitalia und landete sechs Stunden später in Bombay. Dort erwartete mich die Dienstmaschine des Premiers, eine Tupolew-114-Düsenmaschine, zum Weiterflug nach Neu-Delhi. Das Flugzeug war voll besetzt von indischen Geheimdienstlern, die Sicherheitsvorkehrungen waren überhaupt die striktesten, denen ich je unterworfen wurde. Es hieß, dies sei zu meinem Schutz nötig und um meine Anwesenheit geheimzuhalten. Das ging so weit, daß die Maschine nach dem Start in geringer Höhe aus dem Luftkorridor abbog, um den Eindruck zu erwecken, wir wollten auf einem kleinen Provinzflugfeld landen. Erst später gingen wir auf größere Höhe und nahmen Kurs auf unser Ziel. Von oben gesehen sah das Land herrlich aus: riesige Grünflächen, durchzogen von Gräben und Kanälen. Doch als wir landeten, bot sich die nähere Umgebung des Flugplatzes ziemlich trostlos dar. Wir sahen jämmerliche Hütten, dicht an dicht, in denen abgemagerte Elendsgestalten hausten.

Es wurde vier Uhr nachmittags, bevor wir das versteckt liegende Gästehaus erreichten, das geräumig und gut ausgestattet war und nur einen Nachteil hatte: Die Matratzen in den Gästezimmern waren hart wie Bretter. Nägel schauten zwar nicht daraus hervor, doch fühlten sie sich härter an als der Boden auf den Feldern Israels.

Die Zusammenkunft mit dem Premier war noch für den gleichen Abend um 19.30 Uhr im Regierungsgebäude angesetzt, das mit dem Wagen in einer Viertelstunde zu erreichen war. Moraji Desai erwartete mich im Empfangsraum, einem kahlen, demonstrativ nüchtern gehaltenen Zimmer ohne Wandschmuck und Teppiche, einzig mit einem kleinen Tisch, einem Sofa und etlichen schlichten Stühlen möbliert. Mein Gastgeber und sein Außenminister, der nach einigen Minuten zu uns stieß, waren ebenfalls betont einfach gekleidet, beide im traditionellen schmucklosen weißen Gewand.

Der Premier bat mich neben sich aufs Sofa, Tee wurde gereicht, ich übermittelte die Grüße von Begin und überreichte als Geschenk ein von mir verfaßtes Buch, das kurz vor meinem Amtsantritt erschienen war. Moraji Desai betrachtete den Einband und fragte, noch bevor er das Buch aufschlug, nach dem Preis. »Zehn Dollar«, sagte ich, darauf er: »Oh, das ist aber teuer.«

Anschließend begann das eigentliche Gespräch. Im Flugzeug hatte ich überlegt, wie ich auf jenes Thema zu sprechen kommen wollte, das mir am meisten am Herzen lag. Zunächst wollte ich alle Schwierigkeiten aufzählen, die einem Friedensschluß mit unseren arabischen Nachbarn im Wege standen, sodann darauf verweisen, wie nützlich es sei, das Verhältnis zwischen Israel und Indien zu verbessern, diplomatische Beziehungen aufzunehmen, eine indische Botschaft in Israel und eine israelische in Indien zu eröffnen.

Über einleitende Bemerkungen kam ich jedoch nicht hinaus, das heißt, ich konnte mich gerade noch für die Einladung bedanken, als Desai seinerseits das Wort ergriff: »Warum liegt mir wohl soviel daran, mit Ihnen zu sprechen?« fragte er und gab auch gleich selber die Antwort. Es ginge ihm darum, in unserer Region Frieden einkehren zu lassen. Sadat sei bereits bei ihm gewesen und habe die Situation eingehend geschildert, ich brauche mir also nicht die Mühe zu machen, das meinerseits nochmals zu tun. Er kenne die Tatsachen. Nun wolle er mir seine Ansichten dazu mitteilen. »Sie müssen mit den Arabern Frieden schließen. Die Israelis haben unter den Nazis und den Verfolgungen in Europa gelitten, aber dafür darf man nicht die Palästinenser bezahlen lassen.« Die Flüchtlinge müßten angesiedelt werden, wir hätten die besetzten Gebiete zu räumen, und diese könnten sodann die territoriale Basis eines künftigen Palästinenserstaates werden.

»Ich habe zu Sadat gesagt, man kann die Uhr nicht zurückdrehen, es besteht nun einmal ein israelischer Staat, und ihr, die Araber, müßt seine Existenz respektieren. Israel seinerseits muß dafür sorgen, daß die Palästinenser ihren eigenen Staat bekommen. Jassir Arafat, der Chef der PLO, möchte Israel zurückerobern, doch das geht nicht, denn es würde die Liquidierung des jüdischen Staates bedeuten. Wie viele Juden gibt es bei euch überhaupt? Drei Millionen? Nun, dann ist doch die Lösung einfach: Man gründet den Staat der Palästinenser in den arabischen Gebieten, die ihr wieder räumt.«

Eines war deutlich: Was Israels Rückzug auf die alten Grenzen und die Gründung eines Palästinenserstaates betraf, hatte Desai durchaus konkrete Vorstellungen. Und ebenso konkrete Vorstellungen hatte er, was die Beziehungen zwischen unseren beiden Ländern anging. Indien könne, so meinte er, auch nicht den allerkleinsten Schritt in Richtung auf eine Intensivierung dieser Beziehungen tun, denn das würde einen Aufruhr unter der Bevölkerung entfesseln. Reguläre diplomatische Beziehungen zwischen uns könnten erst aufgenommen werden, wenn Israel mit den Arabern zu einer Friedensregelung gekommen sei. Man hätte solche Beziehungen sogleich nach Nehrus Amtsantritt aufnehmen müssen, als Indien unabhängig wurde, doch sei das leider unterblieben, und dieser Fehler könne jetzt nicht gutgemacht werden. Nicht einmal ein zweites Konsulat – neben dem in Bombay bestehenden – könne er dulden, denn in Indien lebten immerhin siebzig Millionen Moslems, und selbst die nichtislamische Bevölkerung hätte für Israel keinerlei Sympathien. Werde mein Besuch bei ihm bekannt, könne er seinen Hut nehmen. Das Risiko eines persönlichen Treffens sei er nur eingegangen, weil ihm so viel daran liege, daß zwischen Israel und den arabischen Ländern endlich ein Friede zustande komme.

Nun war ich dran. Ich sagte Desai, weshalb wir uns mit der Gründung eines Palästinenserstaates nicht einverstanden erklären könnten und daß die arabischen Flüchtlinge in jenen Ländern angesiedelt werden müßten, in denen sie sich derzeit aufhielten – schließlich hätten auch wir achthundertfünfzigtausend Juden aufgenommen, die aus arabischen Ländern, in denen sie zuvor gelebt hatten, zu uns gekommen seien. Sodann nahm ich ziemlich schroff zu dem Stellung, was er über die Beziehungen zwischen Indien und Israel gesagt hatte. Falls ihm wirklich so sehr am Frieden zwischen Israel und den Arabern gelegen sei, müsse er auch für die Gleichbehandlung beider Parteien eintreten. Anderenfalls wäre jede Diskussion in dieser Sache sinnlos, denn solange er uns nicht als gleichberechtigt betrachte, habe sein Wort bei uns kein Gewicht. Gerade jetzt, da seine Hilfe bei den Bemühungen um einen Friedensschluß sehr erwünscht sei, könne er nichts unternehmen, weil sein Land zu uns keine diplomatischen Beziehungen unterhalte; komme aber ein Friede zustande und trage Indien uns dann die Aufnahme diplomatischer Beziehungen an, seien wir in dieser Sache auf seine Hilfe nicht mehr angewiesen.

Der Premier lächelte zu meinen Ausführungen, änderte seine Meinung jedoch nicht. Ich schlug nun vor, sein Außenminister könne doch eine Reise durch den Nahen Osten unternehmen und sowohl die arabischen Länder als auch Israel besuchen. Nein, erwiderte er darauf, sein Außenminister könne Israel eben nicht besuchen, auch nicht inoffiziell. Er, Desai, wäre jedoch zu weiteren Gesprächen, auch zwischen mir und seinem Außenminister, bereit, wenn wir im September und Oktober beide in Europa und den USA seien. Wir verabredeten also, daß ich zu gegebener Zeit den Kontakt aufnehmen solle.

Obwohl wir uns in keinem einzigen Punkt einigen konnten, war die Atmosphäre doch eher herzlich. Wir kamen auf die Weltpolitik zu sprechen, und er hatte manches Interessante über die Sowjetunion und über seine Zusammenkünfte mit Chruschtschow, Breschnew, Kossygin und Gromyko zu berichten, wobei er betonte, er sei kein Kommunist, sondern Demokrat. Er bemühe sich auch um die Verbesserung der Beziehungen zu den USA. Als ich Birma erwähnte, sagte er, für dieses Land gelte das gleiche, sein Außenminister reise übrigens am morgigen Tag nach Rangun.

Als er mich zum Wagen brachte, drückte er noch einmal die

Hoffnung aus, daß wir uns bald wiedersehen mögen. Er sprach übrigens ausgezeichnet Englisch, doch da der indische Akzent neu für mich war, fiel es mir gelegentlich schwer, ihn zu verstehen.

Trotz seines Alters – er war immerhin zweiundachtzig Jahre alt – war er wach und scharfsinnig. Er wußte sehr gut, was er wollte, und hörte Gegenargumente mit einer gewissen Ungeduld an, weil er schon von vornherein entschlossen war, nicht auf sie einzugehen. Seine Mitarbeiter erzählten mir ohne Scheu, daß er sich bereits seit vielen Jahren von Frauen ferngehalten und dadurch seine Lebenskraft erhalten habe. Ständig um sich hatte er nur einen einzigen Verwandten, seinen achtundvierzig Jahre alten Sohn, der darüber klagte, daß er bei Spaziergängen mit seinem Vater kaum Schritt halten könne.

Was die Inder von ihm hielten, wußte ich nicht, doch mich beeindruckte seine Persönlichkeit sehr, seine intellektuelle Integrität allerdings weniger. Wenn er von Israel sprach, geriet er in einen moralisierenden Ton. »Der Friede ist wichtiger als alles andere«, sagte er und verlangte, daß den palästinensischen Flüchtlingen eine Heimstatt zugewiesen werde. Praktische Einwände tat er leichthin ab. Handelte es sich aber um die Anknüpfung diplomatischer Beziehungen zu Israel, führte er bedenkenlos rein praktische Erwägungen ins Feld und suchte den einfachsten Ausweg. Allerdings muß ich anerkennen, daß er keinen Moment versuchte, mich hinters Licht zu führen oder in Doppeldeutigkeiten auszuweichen. In seiner Bescheidenheit hatte er etwas von einem Heiligen, was ihn aber nicht daran hinderte, praktisch zu denken, über ein erhebliches Durchsetzungsvermögen zu verfügen und mit beiden Beinen fest auf dem Boden zu stehen. Übrigens gab er mir jedesmal durch ein verschmitztes Lächeln zu erkennen, daß er sich eines Argumentes bediente, das er selber nicht für ganz aufrichtig hielt.

Wieder im Gästehaus, bekamen wir ein, man könnte sagen, anglo-indisches Abendbrot vorgesetzt: Drinks auf englische Art, dazu stark gewürzte indische Speisen. Sie brannten höllisch in meinem Inneren, doch das Feuer wurde mit Casatta-Eiskrem gelöscht.

In Indien ist der August der heißeste Monat, und die Klimaanlage in meinem Zimmer bewirkte so gut wie gar nichts. Am besten kühlten die riesigen Ventilatoren, die Flugzeugpropellern ähnelten und fast ebensoviel Lärm machten; allerdings drehten sie sich etwas gemächlicher in ihren Halterungen an der Decke. Am angenehmsten fühlte man sich ohne Pyjama und Bettzeug, den Körper ihrer leichten Brise ausgesetzt. Ich fand keinen Schlaf und versuchte, die BBC mit dem vorhandenen Radio zu empfangen, leider vergeblich. Zu hören war nur eine Station, die sich »Voice of the Covenant« nannte und aus Amsterdam sendete, wenn ich nicht irre. In ausgezeichnetem Hebräisch brachten sie den Juden nahe, den Propheten Daniel richtig zu interpretieren, sich das Neue Testament zu Herzen zu nehmen und zum Christentum überzutreten. Dieses Programm brachte mir - zusammen mit einer Tablette - endlich den Schlaf.

Am frühen Morgen wurde mir nach guter alter englischer Tradition eine Tasse starker Tee serviert. Beim Frühstück hörte ich die Nachrichten des örtlichen Senders: Im Libanon wurde heftig gekämpft, die Christen erhielten in ihrem Sektor Unterstützung durch israelische Artillerie. Ferner hieß es, Präsident Carter habe erklärt, die USA wollten zur Beilegung des Konfliktes im Nahen Osten mit Rat und Tat mit einem eigenen Programm beitragen. Es folgte dann eine Zusammenfassung von Pressestimmen, unter anderem wurde ein jordanisches Blatt zitiert, demzufolge Cyrus Vance ein Achtpunkteprogramm erarbeitet hatte, das im wesentlichen genau das bezweckte, was mir Desai schon am Abend zuvor nahegelegt hatte: Israel solle die besetzten Gebiete räumen und ein Palästinenserstaat gegründet werden. Auch wenn dieser Zeitungsbericht nicht korrekt sein sollte, bezweifelte ich keinen Augenblick, daß uns schwere Auseinandersetzungen mit den USA bevorstanden. Indessen fand ich unsere Lage durchaus stabil: Die umstrittenen Gebiete waren in unserer Hand, und mit deren arabischen Bewohnern standen wir immerhin so gut, daß wir auch ohne formellen Friedensschluß mit ihnen zusammen leben konnten. Unsere Position war gut, solange wir die Nerven behielten.

Zufällig jährte sich an diesem Tage zum dreißigsten Mal die Unabhängigkeit Indiens; der Premier hielt eine Ansprache, und es gab einen offiziellen Empfang, zu dem ich selbstverständlich nicht geladen werden durfte. Die Ansprache fand um sieben Uhr morgens vor achtzigtausend Menschen in einem Stadion statt, eben zu der Stunde, da die Briten dreißig Jahre zuvor die Herrschaft über das Land den Indern übergeben hatten. Meine Gastgeber bemerkten trocken, die Briten redeten deshalb so gern davon, daß in ihrem Reich »die Sonne niemals untergeht«, weil man »den Briten im Dunkeln nicht trauen kann«. In Indien gelte Großbritannien jetzt als Weltmacht zweiter Klasse; ich fragte mich im stillen, wie die Inder darüber dachten, daß an erster Stelle nunmehr die USA und die UdSSR rangierten.

Da ich vor Dunkelwerden nicht nach Israel zurückkehren konnte, nutzte ich den Nachmittag zu einer kurzen Fahrt durch die Stadt und in die nähere Umgebung. Das hätte mir allerdings mehr Spaß gemacht, hätte ich unterwegs aussteigen, ein paar Schritte zu Fuß gehen und mich unter die Menschen mischen dürfen.

Gegen Sonnenuntergang brachte mich die Maschine des Premiers wieder nach Bombay, und von dort ging es mit einem Linienflug nach Israel zurück. Als Abschiedsgeschenk bot man mir schönes altes Tafelsilber an, doch lehnte ich ab und konnte nur hoffen, damit niemanden zu kränken.

Das einzig Nützliche an der Begegnung mit dem indischen Premier war, daß wir uns überhaupt getroffen hatten. Soweit ich mich erinnerte, war bislang nur ein einziger israelischer Minister mit einem indischen Premier ins Gespräch gekommen. Mosche Scharett und Mordechai Bentov waren auf einer Konferenz der Sozialistischen Internationale im Jahre 1956 Jawaharlal Nehru begegnet. Auf mein Treffen mit Desai sollten – vorausgesetzt, der Premier meinte es ernst – immerhin weitere folgen, wenn vielleicht auch nicht mit ihm selber, dann doch mit seinem Außenminister während der Tagung der UN-Vollversammlung in New York.

Es war ein recht interessanter Besuch gewesen, doch als Berufsdiplomat hätte ich mich gewiß frustriert gefühlt. Nicht daß ich selber oder Israel gedemütigt worden wäre, aber ich konnte auch nicht einfach ignorieren, daß mein Ersuchen um Aufnahme diplomatischer Beziehungen abgelehnt worden war. Dieses unbehagliche Gefühl verschwand jedoch rasch, als ich mir sagte, daß wir in Israel positive Ergebnisse vorzuweisen hatten, daß wir Siege erfochten, schöpferische Leistungen erbracht, aus eigener Kraft einen Staat und eine Gesellschaft geschaffen hatten, einzig im Vertrauen auf uns selbst und ohne von Indien unterstützt worden zu sein.

Auf dem Rückflug trug ich ebenso wie aus dem Hinflug dunkle Gläser und einen jener großen Strohhüte, die man oft auf amerikanischen Golfplätzen sieht, und war sicher, daß mich niemand erkennen würde. Selbstverständlich gab es keinen Grund, nachts im Flugzeug von Bombay einen Strohhut zu tragen, aber wem sollte das schon auffallen? Doch kaum hatte ich mich bequem zum Schlafen hingesetzt, ganz davon überzeugt, ausreichend getarnt zu sein, näherte sich ein Mitreisender, grüßte lässig: »Guten Abend, Mr. Dajan«, und erbat ein Autogramm. Ich muß leider gestehen, daß ich ihn wegjagte, und ihm war die Sache sichtlich auch peinlich. Aber hätte ich ihm erklären können, daß mein Zorn nicht ihm galt, sondern mir selbst, meiner jämmerlichen Tarnung, die ich für perfekt gehalten hatte?

Zwei Tage später war ich wieder unterwegs, diesmal nach Teheran, um mit dem Schah wirtschaftliche und politische Angelegenheiten zu klären. Ich kannte ihn schon aus meiner Zeit als Landwirtschaftsminister, als Israel bei der Einführung neuer Anbaumethoden im Iran technische Hilfe geleistet hatte. (Amtlich war damals nichts darüber verlautbart worden, denn die Iraner wollten keine offiziellen Beziehungen zu uns unterhalten – daß überhaupt welche bestanden, sollte keineswegs bekannt werden. Wir hatten zwar in Teheran einen Botschafter, doch trug dieser den Titel »Diplomatischer Vertreter«, und am Gebäude unserer Botschaft befand sich nicht das übliche Schild. Sie war übrigens auch nicht im Diplomatenhandbuch des iranischen Außenministeriums verzeichnet.)

Ich verließ Israel am 18. August nach Dunkelwerden in einer Militärmaschine und traf kurz vor Mitternacht in Teheran ein. Am Flugplatz erwartete uns der Chef des Protokolls und brachte uns in unser Quartier, wo weißgekleidete Kellner in der Halle aromatischen Tee, Obst in großen Schalen und die berühmten Pistazien servierten. Trotz der späten Stunde unterhielt ich mich noch mit unserem Botschafter und einigen seiner Mitarbeiter über die Themen, die mit dem Schah zu erörtern waren.

Auf der Fahrt in den Palast zu der für zehn Uhr angesetzten Unterredung erinnerte ich mich an frühere Begegnungen mit dem Schah, daran, wie sehr ihm an der Steigerung der landwirtschaftlichen Produktion gelegen war, wie sachkundig er über die neuen Getreidesorten sprach, bei deren Anbau wir ihn unterstützten. Einmal machte der Landwirtschaftsminister, der zu uns gestoßen war, Angaben über die zum Anbau von Baumwolle benötigten Wassermengen. Diese Angaben waren falsch, doch bevor ich überhaupt den Mund aufmachen konnte, nannte der Schah die richtigen Zahlen.

Im Palast führte man mich in ein Arbeitszimmer, das gleich darauf auch der Schah betrat, der mich wie einen guten alten Bekannten begrüßte. Er kam mir kaum verändert vor, schlank und aufrecht wie immer, das Gesicht ohne Falten. Nur die grauen Strähnen in seinem Haar verrieten, daß die Zeit nicht stehengeblieben war.

Bei dieser Besprechung waren wir zwei allein, und er redete völlig offen. Zunächst ging es um ein von uns vorgeschlagenes gemeinsames Industrieprojekt, von dem ich wissen wollte, wie es damit stünde.

Der Schah meinte, der amerikanische Botschafter habe ihm mitgeteilt, daß er darüber im Bilde sei und Washington prinzipiell zugestimmt habe. Der Botschafter habe aber auch erwähnt, die Entscheidung könne erst fallen, wenn man in Washington von Israel die angeforderten ausführlichen Unterlagen erhalten habe, was noch nicht der Fall sei. Ich sagte dem Schah, ich selbst habe Außenminister Vance entsprechend informiert. Darauf erwiderte der Schah, die Zusammenarbeit zwischen unseren Ländern sei keine technische, sondern eine politische Angelegenheit. Er habe sich mit seinen Ministern beraten, und es stehe eindeutig fest, daß er sich in gemeinsame Projekte mit uns nur einlassen dürfe, wenn die Amerikaner ihren Segen gäben. Solange dieser nicht erteilt sei, dürfe er sich auf kein Abkommen mit uns einlassen. Er habe seine Mitarbeiter angewiesen, die Angelegenheit mit dem amerikanischen Botschafter zu klären, müsse mir aber schon jetzt sagen, daß aus einer israelisch-iranischen Kooperation nichts werden könne, falls die Amerikaner sich widersetzten.

»Majestät«, erwiderte ich darauf, »es ist Ihnen gewiß klar, daß Sie einen sehr konstruktiven Schritt tun, daß Sie den Grundstein für eine moderne Industrie legen, und zwar aus eigener Kraft, wenn Sie aufgrund unserer gemeinsamen Zusammenarbeit Ihrem Lande die Kenntnis bestimmter industrieller Produktionsweisen vermitteln.« Seine Augen leuchteten auf, denn genau dies wünschte er geradezu verzweifelt. Doch dann verdunkelte sich sein Blick, und er sagte bekümmert: »Sie wissen doch, wir sind in der gleichen Lage wie Israel – abhängig von den USA, und bevor ich etwas tue, was ernsthafte politische

Folgen haben kann, muß ich mich der amerikanischen Unterstützung versichern.«

Es hatte also wenig Sinn, auf diesem Gegenstand zu beharren. Ich hatte gesagt, was zu sagen war, die Entscheidung blieb ihm überlassen. Wir kamen auf allgemeinere Themen zu sprechen.

Der Schah berichtete, er habe mit den Türken der Kurden wegen Ärger. Er sei bereit, den Kurden zu ihrer Autonomie zu verhelfen, doch die Türken widersetzten sich. In der Türkei leben viele Kurden, und die Regierung befürchte einen Ausbruch nationalistischer Emotionen.

Dann gab er mir einen Rat: Wir sollten auf keinen Fall der Errichtung eines Palästinenserstaates zustimmen, selbst wenn Jassir Arafat jener »gute Mensch« sei, als den etliche führende Araber ihn hinstellten. Niemand wisse, wer sein Nachfolger werde, die PLO sei ein übles Phänomen und keinesfalls vertrauenswürdig.

Auch von den Saudis sprach er nur mit Verachtung. Dort gebe es nichts als Bestechung und Korruption. Die Amerikaner, so fuhr er bitter fort, stützten sich auf die Saudis, ohne zu ahnen, daß sie sich an ein schwankendes Rohr klammerten. Überhaupt sei die amerikanische Mittelostpolitik kurzsichtig. »Falls ich argwöhnen müßte, daß die Amerikaner erst bei den Saudis nachfragen, ob sie mir Flugzeuge liefern dürfen, würde ich ihnen die Dinger ins Gesicht schmeißen! Wenn sie mir keine Waffen verkaufen wollen, dann sollen sie sich zum Teufel scheren. Ich kann meine Verbindungen zur Sowjetunion jederzeit aktivieren.«

Er war wütend, und was er sagte, war von Haß über erlittene Demütigungen diktiert, nicht von nüchternem politischem Kalkül. Als er sich etwas beruhigt hatte, wiederholte er, was er schon einmal gesagt hatte: »Mir bleibt ja keine Wahl. Trotz allem muß ich mit den Amerikanern gehen.«

Auch über Europa äußerte er sich verbittert. Die dortige Presse berichte hämisch über den Iran, insbesondere die derzeitigen Schwierigkeiten bei der Stromversorgung würden höchst verzerrt dargestellt. Allerdings war nicht einmal Teheran ausreichend mit Strom versorgt, ganze Stadtviertel blieben stundenlang ohne Licht. »Aber wer ist daran schuld?« fragte er. »Wir haben riesige Summen an europäische Firmen für die Errichtung von Kraftwerken bezahlt. Die Verträge haben sie unterschrieben, die Anzahlungen genommen, aber getan haben sie nichts.« Gleiches gelte für amerikanische Firmen. »Verträge sind abgeschlossen, nur Strom gibt es nicht. Das Geld nehmen sie, liefern tun sie nicht, und dann macht ihre Presse uns noch lächerlich. Sie kritisieren unser Regime als rückständig und behaupten, der Schah sei unfähig, etwas zum Wohle seines Landes zu tun.«

Der Schah unterschied sich von dem Mann, den ich bei unserer Begegnung Jahre zuvor kennengelernt hatte, in einer Hinsicht deutlich: Die Alltagsprobleme seines eigenen Landes schienen ihn weniger zu interessieren, seine Anteilnahme galt mehr den Entwicklungen in anderen Ländern. Ich hörte aufmerksam allem zu, was er sagte, und das regte ihn offenbar zu einer weltpolitischen »tour d'horizon« an. Ausführlich erging er sich über die Ereignisse in Afrika, im Fernen Osten – Vietnam, China, Indien – und selbstverständlich die Ölstaaten am Persischen Golf. Ich kann nicht behaupten, daß mich das beeindruckte. Zweifellos war er ein kluger Mann, hatte viel gelesen, war weit gereist und war mit vielen Staatsmännern aus West und Ost zusammengetroffen. Und dennoch, verglichen mit seinen ausgezeichneten Kenntnissen des Nahen und Mittleren Ostens war seine politische Analyse der Lage in anderen Teilen der Welt vordergründig und von Kritik und Klagen begleitet.

Diese richteten sich insbesondere gegen die USA. Die Amerikaner, sagte er, seien außerstande, die Konsequenzen aus Rußlands politischen Manövern und dessen wachsendem Einfluß zu erkennen, und träfen keinerlei Gegenmaßnahmen. Was sie nun eigentlich tun sollten, sagte der Schah nicht. Er verstand meiner Ansicht nach nichts vom Charakter und der Stimmung der Amerikaner, auch nicht, wie stark die weitverbreitete Enttäuschung nach dem Debakel von Vietnam die Regierungstätigkeit beeinflußte. Für die führenden europäischen Staatsmänner fand der Schah ebensowenig gute Worte wie für seine arabischen Kollegen. Wenn man ihm zuhörte, bekam man den Eindruck, diese Herrscher könnten ihren Willen nach Belieben durchsetzen, indem sie einfach ihren Zauberstab ein bißchen bewegten.

Ich verließ Teheran mit dem Gefühl, daß der Schah in den langen Jahren seiner Herrschaft offensichtlich den Sinn für die Wirklichkeit verloren hatte.

Drei Tage nach der Rückkehr aus Teheran saß ich im Flugzeug nach England, um dort König Hussein von Jordanien zu treffen. Auf vielen Umwegen war vereinbart worden, daß der König mich in London treffen würde, wohin er ohnedies reisen wollte. Wir verabredeten uns für den 22. August, einem Montag, was mir ermöglichte, an der sonntags stattfindenden wöchentlichen Kabinettssitzung teilzunehmen. Nach dem Abflug aus Israel erlitt meine Maschine einen Triebwerksschaden und mußte in Paris zwischenlanden. Dort saßen wir dann stundenlang fest, weil die Fluglotsen in Heathrow streikten. Zum Glück waren wir erst für 21.30 Uhr verabredet. So kam ich gerade noch rechtzeitig.

Wieder sollte das Treffen geheim bleiben – nicht auf meinen, sondern auf des Königs Wunsch. Da es inzwischen bekanntgeworden ist, darf ich jetzt jedoch darüber berichten. Man teilte mir mit, nicht einmal die Engländer dürften etwas davon wissen – somit auch nicht die mir zugeteilten Sicherheitsbeamten! Ich mußte sie also täuschen. Aus diesem Grund fuhr ich von meinem Hotel zu einem Haus, in dem ich mich ein paar Minuten aufhielt, ehe ich es durch den Hinterausgang verließ, wo ein zweites Auto auf mich wartete. Dieses brachte mich zu dem Privathaus, wo ich den König treffen sollte. Der Eigentümer des Hauses war mir bekannt, er hatte es mir Jahre zuvor schon einmal für einen ähnlichen Zweck zur Verfügung gestellt.

Hussein verspätete sich und bat um Entschuldigung, während er mir fest die Hand gab und strahlend lächelte. Er hatte Gäste bei sich gehabt und warten müssen, bis der letzte gegangen war. Ich fand ihn sehr verändert, weniger im Aussehen als in der Art, wie er sich gab. Er wirkte jetzt zurückhaltend, verschlossen, es fehlte das alte Feuer, und die politischen Themen, die ich anschnitt, schienen ihn nicht besonders zu interessieren. Er sprach abgehackt, gab oft einsilbige Antworten auf meine Fragen, begnügte sich mit einem Ja oder Nein und vermied Erläuterungen. Es mag sein, daß er vom tragischen Tod seiner Frau deprimiert war. Sie hatte kurz zuvor beim Absturz eines Hubschraubers ihr Leben verloren. Vielleicht bedrückte ihn auch der Beschluß der Konferenz von Rabat, auf der die arabischen Staaten zu Husseins grenzenloser Verbitterung die PLO als einzige repräsentative Vertreterin der Palästinenser anerkannt und ihm diese Rolle damit entzogen hatten. Jedenfalls sagte er, er beschränke sich jetzt ganz auf die Verwaltung der East Bank – also seines Königreiches Jordanien. Er sei weder gewillt noch in der Lage, sich wegen der Palästinenser mit den Arabern oder der PLO anzulegen. War er nicht erwünscht, dann mochte man die palästinensischen Affären ohne ihn erledigen.

Ich fragte mich, ob Hussein immer noch König von Jordanien sei oder nur der Schatten eines Herrschers? Kümmerte er sich wirklich noch um sein Land, oder verbrachte er die meiste Zeit damit, im Ausland herumzureisen? Wie dem auch sei, dem Gegenstand unserer Unterredung – die Probleme der West Bank und des Gazastreifens durch eine angemessene, einvernehmliche Regelung aus der Welt zu schaffen – brachte er kein rechtes Interesse entgegen.

Wir trennten uns nach anderthalb Stunden, und ich erwartete nicht, ihn so bald wiederzusehen. Zu meiner Überraschung rief mich am folgenden Morgen unser Gastgeber an und sagte, der König wolle unser Gespräch gern fortsetzen und mich um sechzehn Uhr treffen. Auch diesmal hatte er eigentlich nichts Neues zu sagen, doch war er möglicherweise der Meinung, bei unserem vorangegangenen Gespräch nicht deutlich genug gewesen zu sein, und wollte bei mir kein Mißverständnis über seine Haltung aufkommen lassen.

Er erklärte, keinerlei Absichten zu haben, in der Palästinenserfrage initiativ zu werden. Zwar fühle er sich zutiefst für sie verantwortlich, denn der Großteil der Bewohner Jordaniens stamme aus Palästina und habe enge verwandtschaftliche, wirtschaftliche und gefühlsmäßige Verbindungen zu den Bewohnern der West Bank, deshalb werde er sich auch nicht sträuben, falls man sich an ihn wende. Doch er sei nicht mehr ihr Vertreter und wolle sich ihnen auch nicht aufdrängen. Für mich war dieses zweite Gespräch insofern sehr wichtig, als er nicht nur wiederholte, was er schon am Vortag über sein Verhältnis zu den Palästinensern gesagt hatte, sondern auch deutlich machte, wie er über eine mögliche Teilung der West Bank zwischen Jordanien und Israel dachte. Ich fragte ihn, ob ein solcher Teilungsplan als brauchbare Grundlage für einen Friedensvertrag zwischen Israel und Jordanien dienen könne, und erhielt nicht nur eine eindeutige Antwort, sondern auch eine sehr lehrreiche Lektion. Er lehnte dies, ohne zu zögern, rundheraus ab. Eine Friedensregelung, die sich auf die Teilung der West Bank gründete, bedeute, daß er, Hussein, bereit sei, einen Teil der West Bank an Israel abzutreten, und ich müsse begreifen, daß er als arabischer Herrscher den Bewohnern auch des kleinsten arabischen Dorfes nie und nimmer vorschlagen dürfe, sie sollen sich von ihren arabischen Brüdern lossagen und Israelis werden. Lasse er sich auf ein solches Projekt ein, werde man dies als Verrat betrachten. Man werde ihm vorwerfen, arabisches Land an die Juden »zu verkaufen«, einzig und allein, um sein eigenes Königreich zu vergrößern.

Wir sollten überdies wissen, fuhr er fort, daß kein einziger Araber auf der West Bank oder im Gazastreifen willens sei, israelischer Bürger zu werden. Ein Plan wie dieser könne nur gewaltsam verwirklicht werden. Ob uns nicht klar sei, daß sich nicht nur jene Araber gegen uns erheben würden, die den Teil der West Bank bewohnen, der Israel zufallen würde? Sämtliche arabische Staaten würden über uns herfallen. Es gebe nur einen Weg zum Frieden, sagte er: Israels Rückzug auf die Grenzen vor dem Juni 1967.

Er dürfe keinen Teil der West Bank aufgeben, der von Jordanien kontrolliert worden sei (seit sein Großvater, König Abdullah, das Gebiet annektiert hatte). Auf den Berg Scopus, wo sich die hebräische Universität befindet, könne er ebensowenig verzichten wie auf das Hadassah-Krankenhaus, das stets von Israel verwaltet worden ist. Allerdings sei es denkbar, durch entsprechende Vereinbarungen den Israelis Zugang zu beiden Einrichtungen zu gewähren, die sie dann ohne fremde Einmischung selbst leiten sollten. Prinzipiell müßten wir an Jordanien alle Gebiete zurückgeben, die wir im Sechs-Tage-Krieg von 1967 erobert hatten.

Ich schnitt das Thema PLO und die Einrichtung eines unabhängigen Palästinenserstaates an. Ein derartiger Staat könne doch wohl kaum in seinem Interesse liegen, da die PLO versuchen werde, die Monarchie zu beseitigen. Hussein bestritt meine Annahme nicht, wollte über das Thema aber nicht sprechen. Er sagte offen, daß seine Vertreter in den Vereinten Nationen keine andere Haltung einnehmen würden als die Botschafter der anderen arabischen Staaten. Offiziell vertrete Jordanien in bezug auf die Palästinenser die gleiche Position wie alle übrigen arabischen Länder. In der Vergangenheit habe die West Bank unter jordanischer Herrschaft gestanden, und Jordanien sei der offizielle Sprecher der Palästinenser gewesen. Auf der Konferenz von Rabat sei Jordaniens Status und Funktion in dieser Hinsicht jedoch aufgehoben worden.

Was solle denn nun seiner Ansicht nach auf der West Bank

geschehen? fragte ich ihn. »Sollen doch die Palästinenser machen, was sie wollen«, antwortete er. Er brauche sie nicht. Er habe diesbezüglich keinen Ehrgeiz und wolle sich weder direkt noch indirekt einmischen. Auf alle weiteren Fragen wiederholte er stets nur, die Palästinenser könnten tun und lassen, was sie wollten – aber ohne ihn.

Der Kernpunkt unseres Gespräches war ein möglicher Friedensvertrag zwischen Jordanien und Israel. Es wurden aber auch andere Themen erörtert. Ich fragte, wie er sich die Zukunft der halben Million Palästinenser vorstelle, die in seinem Lande in Lagern vor seiner Hauptstadt Amman lebten. Die wolle er für immer in Jordanien ansiedeln, sagte er, doch benötige man dazu gewaltige Geldmengen für die Errichtung von Wohnungen und die Beschaffung von Arbeitsplätzen. Seine Kassen seien leer, und die Finanzhilfe der Amerikaner reiche nicht aus.

Zum Schluß fragte ich ihn, ob die Flüchtlinge im Libanon keine libanesischen Bürger werden wollten oder ob die Libanesen ihnen die Einbürgerung verweigerten. Beides träfe zu, meinte er. Weder wollten die Palästinenser libanesische Pässe haben, noch wollten die Libanesen sie für immer im Lande behalten.

So kehrte ich denn ohne eine erfreuliche Botschaft nach Israel zurück, allerdings wußte ich nun präziser, was wir von Jordanien zu erwarten – besser gesagt, nicht zu erwarten – hatten. Zwei Wochen später wurde mir gelegentlich eines wiederum geheimen Treffens mit einem weiteren arabischen Herrscher dann mehr Erfolg zuteil. Dabei endlich zeichnete sich die Aussicht auf eine Friedensregelung mit einem Nachbarland ab, das für uns wichtiger war als Jordanien – eine Aussicht, die dann am Ende sogar reale Gestalt annahm.

4.
Rendezvous in Marokko

Es herrschte heiteres, sonniges Wetter, als ich am Sonntag, dem 4. September 1977, zu dem ersten von insgesamt drei geheimen Treffen mit König Hassan von Marokko abflog. Er kam nicht zum erstenmal mit einem Vertreter der israelischen Regierung zusammen, doch seit Begin im Amt war, erhielt ich als erstes Kabinettsmitglied eine Einladung des Königs, der die alten Kontakte weiterpflegen wollte. Begin war mit meiner Reise einverstanden, und wir hatten uns auf die Punkte geeinigt, die ich bei der Zusammenkunft zur Sprache bringen sollte. Unser wichtigstes Ziel war es, Hassans Unterstützung für den Versuch zu gewinnen, eine Begegnung zwischen uns und Vertretern Ägyptens herbeizuführen, um Friedensverhandlungen zwischen unseren beiden Ländern vorzubereiten.

Am Sonntagvormittag hatte ich fast bis zum Schluß an der wöchentlichen Kabinettssitzung teilgenommen, entschuldigte mich dann aber und fuhr von Jerusalem zu einem Militärflughafen. Unterwegs stieg ich in einen schweren Kombi mit verhängten Fenstern um, in dem mein Aussehen so verwandelt wurde, daß ich nicht wiederzuerkennen war. Man stülpte mir eine Beatnikmähne über den Schädel, klebte mir einen flotten Schnurrbart auf die Oberlippe und drückte mir eine große Sonnenbrille auf die Nase. In dieser unmöglichen Aufmachung entstieg ich am Flugplatz dem Wagen und kletterte ins Flugzeug.

Erste Station war Paris, wo ich in ein bereits wartendes marokkanisches Flugzeug umstieg, das sofort startete. Kaum hatte ich in dem bequemen Privatjet Platz genommen, da klappte ich die Armlehnen hoch, stellte den Sitz zurück und nickte ein. Ich war so müde, daß mich nicht einmal der französische Käse und der dazu gereichte Rotwein dazu verführen konnten, mich aus der Decke zu schälen, in die ich mich gewickelt hatte.

Wir landeten in Fez. Ein Auto brachte uns zu einem Kurort im Atlasgebirge, in dem der König seine Sommerresidenz hat.

Es war bereits zweiundzwanzig Uhr, als wir das nahe dem Palast gelegene Gästehaus erreichten, so daß ich erst im Morgengrauen des nächsten Tages einen Blick auf die Umgebung werfen konnte. Die Häuser lagen wunderhübsch im Grünen, teils unter hohen Bäumen. Der Ort hat etwas von einem Schweizer Bergdorf, mit seinen schmucken Häusern und Chalets unter steilen rot gedeckten Giebeldächern, die fast bis zum Boden reichen. Die Höhenlage und das kühle Klima – im Winter regnet und schneit es häufig – vermitteln dem Ganzen einen europäischen Anstrich, man meint, daß ein anderer Teil des Planeten wie durch Zauberhand in diese sonst so ausgedörrte Weltgegend versetzt worden ist. Das Gästehaus war geräumig und sehr behaglich. Besonders gefielen mir die Möbel aus schwerem, grobgemasertem Zedernholz, das genau zu den Deckenbalken und Fensterrahmen paßte und einen angenehmen Duft ausströmte. Zedernholz behält seinen Duft auch dann noch, wenn es völlig getrocknet ist.

Da ich erst abends mit dem König verabredet war, konnten wir uns tagsüber die Gegend ansehen. Wir fuhren nach Fez, flogen von dort nach Marrakesch, wo wir am Flugzeug vom Provinzgouverneur empfangen wurden. Er hatte keine Ahnung, wer wir waren, sondern nur den Auftrag erhalten, sich um Gäste der Krone zu kümmern. Nach dem traditionellen Kaffee begleitete er uns auf einer Rundfahrt durch die Umgebung. Durch ausgedehnte Oliven- und Palmenhaine und um einen riesigen Teich herum gelangten wir zu den Ruinen alter Paläste und den rosenfarbigen Mauern, die Stadt und Vororte umgeben. Die Ziegel sind aus dem rötlichen Lehm gebrannt, der in dieser Gegend vorkommt, weshalb Rosenrot hier die vorherrschende Farbe ist. Sogar die modernen, aus Beton gefertigten Bauwerke sind in diesem Farbton gehalten. Im Hotel gab es einen vorzüglichen Lunch, arabische Gastfreundschaft wurde auf wahrhaft königliche Weise demonstriert. Unser Gastgeber selbst durfte allerdings am Mahl nicht teilnehmen. Es war nämlich Ramadan, der Fastenmonat, in dem der Rechtgläubige erst nach Sonnenuntergang speisen darf.

Den Nachmittag verbrachten wir im Basar, den ich 1953 zum erstenmal kennengelernt hatte. Ich war damals auf dem Weg nach England, wo ich an einem Kurs für Generalstäbler teilnehmen sollte, und hatte meine Reise in Marokko unterbrochen, um das Land kennenzulernen. Der Basar von Marrakesch hatte sich in mein Gedächtnis eingeprägt, und auch als ich ihn nun als sehr viel älterer Mann wiedersah, war ich nicht enttäuscht. Damals wie bei diesem neuerlichen Besuch fand ich, daß ich nirgendwo einen interessanteren Basar und Marktplatz gesehen hatte. Er war größer und pulsierte noch mehr von Leben als die in Teheran oder Damaskus. Obwohl Fastenmonat war, wimmelte es von Menschen, Stimmengewirr erfüllte die Luft, und eine unabsehbare Menge strömte durch die Gassen. Die im Atlasgebirge lebenden Berber sind hochgewachsene und schöne Menschen, ihre schlanken jungen Frauen sind von anmutiger, stolzer Haltung, ihre Augen blicken klar aus den unverschleierten Gesichtern. In den in Mauernischen untergebrachten Kunsthandwerksläden sah man Kinder Teppiche weben und Umhänge besticken, unzählige Stände boten ihre Erzeugnisse aus getriebenem Kupfer, graviertem Silber und geschnitztem, aromatischem Zedernholz an.

Auf dem nicht überdachten Marktplatz, dem eigentlichen Zentrum, umdrängten zahllose Neugierige die Zauberkünstler, Geschichtenerzähler und redegewandten Händler, die bestickte Gewänder, Armreifen und Perlenschnüre feilboten. Ein alter Mann ließ zu den Tönen seiner Flöte eine Kobra in ihrem Korb wiegende Bewegungen vollführen, was viele Zuschauer anlockte, während unweit davon ein wettergegerbter Berber in Lumpen seine Zuhörer nicht weniger fesselte, indem er mit überraschend kraftvoller Stimme und beredten Gebärden eine offenbar ungeheuer spannende Geschichte vortrug. Am dichtesten umlagert waren die Wahrsager und die Amulettverkäufer, die Händler mit Talismanen, speziellen Duftstoffen und Glücksbringern, die als Liebeszauber dienten, Schwangerschaften garantierten und jede Art von Erfolg versprachen – auch Unglück für den persönlichen Feind, wenn es gewünscht wurde. Ich verstand das marokkanische Arabisch nicht immer, aber das war auch nicht erforderlich, denn Neugier, Eifer und Freude standen deutlich genug auf den Gesichtern zu lesen. Ich trennte mich nur ungern gegen Abend von diesem lebhaften Treiben und unserem Gastgeber, doch wurde es Zeit, zurückzufliegen. Das königliche Gästehaus im Gebirge erwartete uns.

Die erste Unterredung mit dem König begann um 20.30 Uhr. Wir sprachen eineinhalb Stunden miteinander unter vier Augen. Dann gesellten sich unsere Berater zu uns, und es wurde ein gemeinsames Mahl eingenommen, dem allerdings nur wir Israelis herzhaft zusprachen. Die Marokkaner, die ja tagsüber fasteten, hatten bereits nach Sonnenuntergang gegessen, also keinen rechten Appetit mehr. Trotz der Anwesenheit des Königs – vielleicht auch gerade deshalb – war die Unterhaltung ungezwungen, ohne protokollarische Umstände, wenn auch nicht ganz offen. Sehr freimütig war dagegen das vorausgegangene Gespräch zwischen dem König und mir gewesen, das ohne Dolmetscher stattgefunden hatte. Dabei hatte der König ganz offen, liebenswürdig, deutlich und direkt gesprochen. Obwohl ich ihn nicht darauf angeredet hatte, hielt er es für richtig, auf seine besondere Stellung und die damit verbundenen Probleme als Vermittler zwischen uns und den Arabern und als Gastgeber eines israelischen Regierungsvertreters hinzuweisen. Wohl um mir jede mögliche Befangenheit zu nehmen, sagte er zu Beginn des Gesprächs: »Mein Thron wird keineswegs wanken, wenn Ihre Anwesenheit hier bekannt wird. In Marokko lebt eine große jüdische Kolonie, bei der ich sehr beliebt bin und die ich als treue marokkanische Bürger betrachte. Ich spreche offen über meine Kontakte zu den Juden und meinen ehrlichen Wunsch nach Frieden zwischen den arabischen Staaten und Israel.« Er entschuldigte sich für die Abwesenheit seines Außenministers, der gerade in Kairo an einem Treffen mit seinen arabischen Kollegen teilnahm. Als das Gespräch aber auf den Jom-Kippur-Krieg von 1973 kam, wies er darauf hin, daß eine marokkanische Brigade Seite an Seite mit den Syrern gegen uns um die Golanhöhen gekämpft hatte und es daher für ihn eben doch recht riskant sei, einen Beauftragten der israelischen Regierung zu empfangen.

Nach diesen Erläuterungen verstand ich um keinen Deut besser, was ihn – falls es überhaupt ein besonderes Motiv gab – bewogen hatte, die Rolle eines Friedensvermittlers zu übernehmen, zumal es zwischen unseren Ländern derzeit keine Konflikte gab. Er machte auf mich den Eindruck eines geborenen Weltverbesserers, der zwar westlich erzogen, doch auch sehr versiert in den Angelegenheiten der arabischen Welt war, für die er sich stark engagierte.

Auf das mir wichtigste Thema zu sprechen zu kommen, machte keinerlei Schwierigkeiten. Nach seinen einleitenden Bemerkungen sagte der König nämlich, er sei auf unsere Begegnung gespannt gewesen, um meine Meinung zu der entscheidenden Frage zu hören: Wie bringen wir einen Frieden im Nahen Osten zustande?

Ich erklärte ihm, wir hätten Schwierigkeiten mit den verschiedenen arabischen Lagern, die unterschiedliche Auffassungen über den Weg zu diesem Ziel hätten. Die Syrer etwa: Präsident Assad sei zu radikal eingestellt, um im Grunde seines Herzens einen Frieden mit Israel anzustreben – er wünsche unter keinen Umständen, daß eines Tage die israelische Flagge am Mast vor einer israelischen Botschaft in Damaskus wehe.

Damit war ich beim Kern der Sache angelangt. Ich erläuterte dem König, daß wir vor zwei unvereinbaren Problemen zu stehen schienen: Einerseits wäre kein einziger arabischer Staat bereit, auf eigene Faust, also ohne die anderen arabischen Staaten, mit uns Frieden zu schließen. Selbst wenn sich eine praktikable Lösung für das Verhältnis zwischen Israel und, sagen wir, Ägypten fände, würde Ägypten keinen Separatfrieden schließen. Zum anderen war die Sicherung eines umfassenden Friedens im ganzen Nahen Osten ein so komplexes Problem, daß ein gleichzeitiger Friedensvertrag mit allen arabischen Ländern unmöglich zu erreichen war. Diesen Teufelskreis zu durchbrechen, sei nach meiner Meinung nur möglich, wenn wir zunächst mit einigen arabischen Staaten zu Vereinbarungen gelangten; das brauche nicht gleich bekanntgemacht zu werden, es müßten auch nicht sofort Botschafter ausgetauscht werden, doch ließen sich so womöglich ganz allmählich die weiteren Probleme eines ums andere lösen, bis wir schließlich mit allen arabischen Staaten umfassende Friedensverträge schließen können.

Ein erster Schritt auf diesem Wege könne eine Art Gentleman's Agreement sein, flankiert von einem Briefwechsel mit den Amerikanern, durch den die Parteien sich dem Präsidenten der USA gegenüber zur Einhaltung der getroffenen Vereinbarungen verpflichteten.

Der König hielt diesen Vorschlag für praktizierbar, vor allem aber versprach er – und das war für mich das wichtigste –, alles zu tun, um eine Begegnung zwischen uns und einem Vertreter der ägyptischen Regierung zu ermöglichen. Ich sagte, wir wünschten uns ein Treffen auf höchster Ebene, etwa mit Hosni Mubarak, dem ägyptischen Vizepräsidenten, oder sogar mit Sadat selbst, auf alle Fälle müßte es jemand sein, der ausreichende Vollmachten und ausreichende Sachkenntnis besäße. Von unserer Seite würde der Premierminister oder ich verhandeln.

Der König stellte eine Antwort innerhalb von fünf Tagen in Aussicht; er wollte sofort einen vertrauenswürdigen Mann nach Kairo entsenden, um die Lage zu sondieren, und falls die Ägypter zustimmten, könne die Begegnung entweder noch in diesem Monat vor meiner Reise nach Washington und New York (zur UN-Vollversammlung) stattfinden oder im Anschluß daran.

Bei dem Abendessen mit unseren Beratern gab sich der König optimistisch: Er sei überzeugt, daß am Ende selbst Syriens Präsident Assad einer Begegnung mit uns zustimmen werde – das müsse aber noch unter uns bleiben. Mir schien, daß König Hassan Syriens Präsidenten sehr schätzte. Wir selber, sagte ich, hätten bislang keinerlei Verbindung zu ihm knüpfen können, jeder derartige Versuch sei gescheitert. Über die arabischen Vertreter bei den Vereinten Nationen waren wir uns einig: Es waren unbedeutende Leute, mit ihnen zu reden deshalb zwecklos. Zu Verhandlungen würde man über sie nicht kommen.

Daß wir uns jemals mit den Palästinensern würden verständigen können, hielt Hassan allerdings für ausgeschlossen. Sollte es zu einer jordanisch-palästinensischen Föderation kommen, hätten die Palästinenser die Mehrheit und würden König Hussein bald davonjagen. Überhaupt müsse jede Lösung der Palästinenserfrage unter Einbeziehung des jordanischen Königreiches unweigerlich zur Abschaffung der Monarchie führen, Hussein werde sich also auf nichts dergleichen einlassen. Es war offensichtlich, daß Hassan sich als Mitglied der »Arabischen Königsliga« betrachtete und deshalb die Palästinenserfrage vom monarchischen Standpunkt aus beurteilte.

Wir sprachen dann noch von Kriegen und Waffen. Ich fragte Hassan, weshalb er den Syrern auf den Golanhöhen mit Truppen zu Hilfe gekommen sei und wie die marokkanische Einheit im Jom-Kippur-Krieg abgeschnitten habe. Darauf erwiderte er, daß er sich der arabischen Nation zugehörig fühle, und als die Ägypter ihn um Hilfe gebeten hätten, habe er sie gewährt. In anderem Zusammenhang bemerkte er, Nasser sei kein integrer Mensch gewesen, er habe nicht nur seine Feinde, sondern auch seine Freunde getäuscht; Sadat sei da ein ganz anderer Mann.

Am nächsten Morgen kehrte ich nach Israel zurück, berichtete dem Ministerpräsidenten über meine Gespräche, und nun warteten wir darauf, daß Hassan uns wissen ließ, ob es zu einer Begegnung mit einem Vertreter Ägyptens kommen würde. Tatsächlich erhielten wir schon am 9. September, vier Tage nach meiner Rückkehr aus Marokko, Bescheid; der König hatte nicht zuviel versprochen. Die Ägypter stimmten einem Treffen auf hoher Ebene zum frühestmöglichen Termin zu. Gesprächspartner sollten entweder Ägyptens Staatspräsident Sadat und Israels Ministerpräsident Begin oder Ägyptens Vizepremier Hassan Tuhami und ich sein. Beide Gesprächsebenen hatten sowohl Vorzüge als auch Nachteile. Gerieten wir auf niedriger Ebene in eine Sackgasse, konnte auf höherer Ebene immer noch ein Ausweg gefunden werden, während ein Scheitern auf höchster Ebene viel schwerer zu beheben wäre. Andererseits konnte ein Treffen zwischen dem Präsidenten und dem Premier sogleich Früchte tragen, weil beide die nötigen Vollmachten besaßen, um sofort Entscheidungen zu treffen. Und weil ich Begin nun nicht gut vorschlagen konnte, die Sache mir und Tuhami zu überlassen, empfahl ich ein Treffen zwischen ihm und Sadat.

So lautete denn auch der Bescheid an Hassan: Das Treffen solle zwischen Israels Ministerpräsidenten und dem ägyptischen Präsidenten stattfinden. Allerdings ließen uns nun die Ägypter wissen, sie zögen Gespräche auf niedrigerer Ebene vor. Deshalb wurde dann eine Begegnung zwischen mir und dem ägyptischen Vizepremier am 16. September in Marokko vereinbart, so daß ich anschließend nach Washington weiterfliegen konnte, wo bereits Verhandlungen im dortigen Außenministerium angesetzt waren.

Am 15. September flog ich mit meiner Frau Rahel und Beamten des Außenministeriums zunächst nach Brüssel. Dort sprach ich zuerst mit Vertretern der jüdischen Gemeinde und beriet mich anschließend mit unseren in Europa akkreditierten Botschaftern. Am nächsten Morgen ging ich zu einem Arbeitsfrühstück mit dem belgischen Außenminister und besuchte anschließend meinen alten Freund, General Haig, damals Oberbefehlshaber der NATO-Streitkräfte in Europa. Wir kannten uns aus Vietnam, wo ich 1966 einen Monat verbracht hatte. Er war damals Bataillonskommandeur. Als ich seine Einheit besuchte, ging ich sogar mit seinen Leuten auf eine Patrouille in den Dschungel. Einige Jahre später wurde er anstelle von Haldeman (der nach den Watergate-Enthüllungen ausscheiden mußte) Nixons Stabschef im Weißen Haus. Ich selbst war damals Verteidigungsminister unter Golda Meïr und hatte häufig Gelegenheit, mit Haig die Probleme Israels und des Nahen Ostens zu besprechen. Vom Weißen Haus ging er nach Europa, um das NATO-Kommando zu übernehmen, und dort trafen wir uns gelegentlich zu einem Meinungsaustausch über politische und militärische Ereignisse.

Das taten wir auch jetzt. Haig wollte Genaueres über die Regierung Begin wissen und wie die Aussichten für einen Frieden mit den Arabern stünden. Ich erwiderte, daß ich, was Ägypten angehe, gewisse Hoffnungen habe und glaube, Sadat wünsche eher Frieden als einen neuen Krieg.

Nach diesem Besuch bei Haig gab ich belgischen und französischen Fernsehkorrespondenten Interviews und machte mich dann mit Rahel und meiner Begleitung auf den Weg zum Flughafen – und zu einem Ablenkungsmanöver. Während die anderen zum Flugplatz weiterfuhren und eine Maschine nach New York bestiegen, bog mein Wagen von der Hauptstraße ab und hielt vor einem Privathaus in einer Seitengasse. Dort bekam ich wieder Perücke, Bart und Sonnenbrille verpaßt, verließ das Haus durch den Hintereingang, wechselte insgesamt viermal das Auto und war endlich auf der Straße nach Paris. Hier sollten wir erst um sechzehn Uhr in der Dämmerung eintreffen. Wir konnten uns also Zeit lassen und eine Pause für ein Picknick einlegen. Wären nicht die elende Perücke und der Schnurrbart gewesen, ich hätte diese Landpartie richtig genossen. Doch die falschen Haare kratzten wie schon beim erstenmal auf der Haut. Noch schlimmer war: sie gerieten mir ins Auge, das gereizt wurde und tränte. Gegen die Entzündung halfen auch die Augentropfen nicht, die ich benutzte, und das stimmte mich besorgt.

Unsere marokkanischen Freunde erwarteten uns bereits in Paris und brachten uns unverzüglich zu ihrem Flugzeug. Ich bekam wieder den alten Platz, und wir starteten zu einem Flug von drei Stunden Dauer. Ziel war diesmal nicht Fez, sondern Rabat. Hier brachte man mich in einer Gästesuite des Königspalastes unter, weitläufige Räume, die ganz im orientalischen Stil gehalten waren. Die Handtücher im riesigen Bad waren von gleicher Farbe wie die Wände. Schränke und Regale waren mit verschiedenen Toilettenwässern, Parfümflakons und Cremetiegeln gefüllt. Auch im Schlafzimmer fehlte nichts. Auf den Tischen standen alle erdenklichen Leckereien und herrliches Obst.

Ich duschte und rasierte mich, maskierte mich wieder und ging dann zu meinen Mitarbeitern in einen der Salons des Palastes. Das Treffen sollte um zwanzig Uhr beginnen, doch dann hieß es, es werde etwas später, weil Dr. Hassan Tuhami, der Vertreter Ägyptens, zuvor noch unter vier Augen mit König Hassan zu sprechen wünsche. Das dauerte nicht, wie angekündigt, wenige Minuten, sondern eine volle Stunde, schließlich chauffierte man uns zu einem anderen Palais, wo das Treffen – mit Abendessen – stattfinden sollte. Dort angelangt, verschwand ich in einem Nebenzimmer, riß die Maskierung herunter, band die Augenklappe um und atmete erlöst auf. Dann betrat ich den Sitzungssaal, wo der König, Dr. Tuhami und mehrere hohe marokkanische Würdenträger schon versammelt waren. Ich hatte nur einen Israeli an meiner Seite, unseren Verbindungsmann in Marokko.

Der König hieß mich herzlich willkommen, und nach der zeremoniellen Begrüßung überreichte ich ihm ein kanaanäisches Schwert und eine bronzene Pfeilspitze aus dem 2. Jahrtausend vor Christus. Der König betrachtete die Waffen, und ich bemerkte, damit seien vor der Erfindung der Phantom und der Mig ganze Weltreiche erobert worden; mit ebensolchen Waffen hätten die Israeliten vierzig Jahre nach dem Auszug aus Ägypten Ende des 13. und Anfang des 12. Jahrhunderts vor Christus die Kleinkönige von Kanaan und den benachbarten Ländern besiegt. Der König dankte mit einer sehr passenden, fast beschwörenden Antwort: »Diese Waffen sind Zeugen vergangener Kriege. Nun ist die Zeit gekommen, Frieden zu schließen.«

Man machte mich in aller Form mit Dr. Tuhami bekannt, einer eindrucksvollen Erscheinung mit einem adrett gestutzten, silbernen Bart, der ganz im Gegensatz zu seinem jugendlichen Überschwang stand. Er strahlte Selbstbewußtsein und Autorität aus und bediente sich eines beinahe aggressiven Tones, als müsse er auf eine Beleidigung reagieren, als er erklärte, er habe eine Botschaft von Präsident Sadat an mich, die er verlesen wolle. Das tat er dann auch mit klarer, deutlicher Aussprache. Was ich zu hören bekam, waren die Bedingungen, unter denen Ägypten bereit war, ein Friedensangebot zu unterbreiten. Tuhami schloß mit seiner eigenen knappen Bemerkung: »Das ist alles«, die er gleich noch einmal wiederholte. Wir durften akzeptieren oder ablehnen, Spielraum für Verhandlungen gab es keinen. Ich schwieg dazu.

Dann zogen wir uns zu einem Arbeitsessen zurück, das vier

Stunden, bis zwei Uhr früh, dauerte. Nach einiger Zeit entschuldigte sich der König mit der Begründung, er müsse sich um seine Mutter kümmern, und ließ uns allein. Wir konnten nun mit einem ungezwungenen Meinungsaustausch beginnen, und als ich meine ersten Fragen an Dr. Tuhami richtete, wurde er merklich umgänglicher. Ich hatte im weiteren Verlauf des Gespräches jedenfalls den Eindruck, daß ihm ernsthaft daran lag, zu einem Friedensschluß zu kommen. Andererseits verriet er einen beträchtlichen Mangel an Kenntnissen über die Vorgänge in den von uns verwalteten Gebieten auf dem Westufer und im Gazastreifen; von der Koexistenz der Juden und Araber in Jerusalem hatte er ebenfalls kaum eine Vorstellung. Sein Leitgedanke war: Friede nur im Gegenzug zur Räumung aller von uns seit dem Sechs-Tage-Krieg besetzten Gebiete; uneingeschränkte Souveränität der Araber über diese Territorien einschließlich Ostjerusalem. Er wies darauf hin, wie riskant diese israelisch-arabische Begegnung für die Ägypter sei und daß außer Sadat und Vizepräsident Hosni Mubarak kein Mensch davon wisse. Das Geheimnis müsse unbedingt gewahrt bleiben, betonte er nochmals. Selbst die Amerikaner dürften nichts erfahren, davon hänge geradezu sein Leben ab.

Ich spürte, daß sein Verlangen nach absoluter Geheimhaltung auch das Symptom einer seelischen Krise war. Daß er mit einem Vertreter der israelischen Regierung zusammensaß und über einen Friedensschluß redete, dürfte ihm schockartig bewußt geworden sein. Als ich ihm so zuhörte und ihn dabei beobachtete, erschien er mir wie der verkörperte ägyptische Nationalstolz. Er erzählte mir auch, daß er einer Kommandoeinheit der Armee angehört habe. Da wurde mir klar: Tuhami konnte es einfach nicht verwinden, daß Ägypten mit seinen vierzig Millionen Einwohnern und mit Syrien, Jordanien und weiteren arabischen Ländern von Israel besiegt worden war, einem Land, in dem gerade drei Millionen jüdische Bewohner lebten, die meisten davon Einwanderer. Er hatte sich deshalb eine schlichte Erklärung dafür zurechtgelegt, wie es zu den vernichtenden Niederlagen der Araber in ihren Kriegen gegen Israel gekommen war: 1956 im Sinai-Feldzug und 1967 im Sechs-Tage-Krieg hatte Präsident Nasser sein eigenes Volk verraten, es vorsätzlich in die Niederlage geführt. Weil Nasser 1973 beim Jom-Kippur-Krieg schon tot war, war eine andere Erklärung nötig: Die Supermächte hatten die ägyptische Armee am Vormarsch gehindert. Er schaute allerdings betroffen drein, als ich auf seine Frage, wie ich den Wert der ägyptischen Armee einschätze, nur die Leistungen der beiden Luftwaffen verglich: Die Luftkämpfe waren im Verhältnis fünfzig zu eins für Israel ausgegangen. Nicht eine einzige ägyptische Maschine hatte in den israelischen Luftraum eindringen können, während sich unsere Piloten nach Lust und Laune am Himmel Ägyptens tummelten. Jetzt erst erzählte er mir, daß sein Bruder Pilot gewesen sei und im Jom-Kippur-Krieg abgeschossen worden war.

Während dieser zwanglosen Unterhaltung war König Hassan wieder zurückgekommen, und er und seine Mitarbeiter griffen immer wieder helfend in die Diskussion ein. Sie drängten Tuhami, weniger starr zu sein, er müsse doch einsehen, daß man Friedensverhandlungen mit Israel nicht einleiten könne, indem man schroff auf der Erfüllung von Vorbedingungen bestehe. Sie sagten, die Sicherheit Israels, ja sein bloßes Überleben sei ohne die besetzten Gebiete nicht garantiert, man könne doch nicht Israel zumuten, sie ohne ausreichende Garantien aufzugeben.

Als wir beim Kaffee angelangt waren, schlug der König vor, mit ernsthaften Verhandlungen zu beginnen, indem zunächst jede Seite ihren Fall vortrage. Vorher allerdings wolle er als Gastgeber noch einige einleitende Bemerkungen machen.

Zunächst stellte er Dr. Tuhami als einen Mann dar, der das uneingeschränkte Vertrauen Präsident Sadats habe, den der edle Wunsch beseele, Frieden zu stiften, und der gekommen sei, um zwanglose und geheime Besprechungen darüber zu führen. Dies könne der Beginn einer neuen Ära direkter Kontakte zwischen den beiden Parteien sein und Gelegenheit bieten, alle Punkte zu klären, die mit einer Friedensregelung zusammenhingen. Wenn sich erst einmal die Kontrahenten über die Hauptpunkte geeinigt hätten, könnten sie ihre Vorschläge schriftlich den USA unterbreiten. Damit könnten sie der amerikanischen Regierung ihren Respekt erweisen und gleichzeitig den Eindruck erwecken, es seien die Amerikaner gewesen, die eine Übereinkunft zwischen Arabern und Israelis zustande gebracht hätten. Habe man erst einmal das Haupthindernis überwunden – nämlich die Räumung der besetzten Gebiete vereinbart –, würde man mit den übrigen Fragen, einschließlich der Aufnahme normaler Beziehungen zwischen Israel und seinen arabischen Nachbarn, kaum noch Schwierigkeiten haben.

Direkte Kontakte, fuhr der König fort, seien von allergrößter

Bedeutung, und Vereinbarungen könnten nur durch regelmäßige Arbeitstreffen erzielt werden, die von nun an auf höchster Ebene stattfinden sollten. Es liege an Tuhami und mir, den Weg dafür zu ebnen, daß Begin zu einem Gespräch zu Sadat komme. Der König legte mir nahe, den Kreis der eingeweihten Personen nicht zu erweitern und auch keine weiteren Mitarbeiter mitzubringen, wenn ich zum nächsten Treffen komme.

Sodann brachte Hassan zum Ausdruck, daß die wichtigste Aufgabe die Rückgabe aller Gebiete an ihre rechtmäßigen Eigentümer sei. Den Blick auf Tuhami gerichtet, fuhr er fort, die derzeit im Besitz Israels befindlichen Territorien seien die einzige Garantie für dessen Sicherheit, man müsse also in gegenseitigem Einvernehmen gleichwertige Garantien finden. Für Jerusalem, das beiden Religionen heilig sei, müßte ebenfalls eine allseits akzeptable Lösung gefunden werden, damit diese Frage nicht den Weg zum Frieden versperre.

Der König kam nun auf die Palästinenser zu sprechen, deren Geschick das wohl am schwierigsten zu regelnde Problem sei. Er stimme mir darin zu, daß sie Israels Zukunft bedrohten, so wie sie bereits jetzt die Stellung des Königs von Jordanien gefährdeten. Man müsse hier große Umsicht und Vernunft walten lassen; die arabischen Staaten sollten gemeinsam die Verantwortung für die Palästinenser übernehmen, sie unter Kontrolle halten und sich auf Sicherheitsgarantien einigen, die Israel zufriedenstellen. Im Grunde sei das Problem der Palästinenser ein arabisches, fügte er hinzu. Es kann nicht von Israel oder den USA, sondern muß von den arabischen Ländern gelöst werden. Syriens Präsident Assad werde sich am Ende ebenfalls an den Bemühungen um einen Frieden beteiligen, trotz all seiner extrem anti-israelischen Verlautbarungen, doch könne es dahin erst nach einem Friedensvertrag mit Sadat kommen.

Nach dem König ergriff Tuhami das Wort, der die ägyptische Position darlegte. Bewegt und in gewähltem Englisch erklärte er, es bereite ihm tiefe Befriedigung, mich hier unter dem Dach des Königs von Marokko kennengelernt zu haben. Er habe lange geglaubt, wir würden uns eines Tages entweder auf dem Schlachtfeld oder gelegentlich einer politischen Katastrophe begegnen. (Dieser rätselhafte Satz wurde mir später bei einer privaten Unterhaltung mit ihm verständlich: Die Katastrophe wäre diejenige Israels gewesen.) Indessen befänden wir uns dank der Bemühungen des Königs und des Vertrauens, das Sadat in Begin und mich setze, hier, auf der gemeinsamen Suche nach Frieden. Zu früheren israelischen Regierungen habe Sadat kein Vertrauen gehabt, doch uns halte er für starke und mutige Führer, kühn genug, jene schicksalhaften Entscheidungen zu fällen, die ein umfassender und gerechter Friede erfordere.

Sadat meine es mit seinen Bemühungen um den Frieden absolut ernst. »Darum lassen Sie uns gemeinsam nach einer Lösung suchen. Doch wir müssen dabei unter uns bleiben – ohne die Vereinigten Staaten. Wir können sie später, wenn wir uns geeinigt haben, unterrichten. Sadat finde, fuhr er fort, die Zeit sei reif, über alle Einzelheiten zu sprechen. Noch vor kurzem habe er einen Vorschlag des rumänischen Ministerpräsidenten Ceaucescu abgelehnt, sich mit Begin zu treffen, weil er sich davon nichts versprochen habe, doch dank der Vermittlung des Königs von Marokko und seines Vertrauens in die Regierung Begin habe er seine Meinung geändert. Er sei jetzt zu direkten Verhandlungen mit uns bereit, doch wolle er Begin erst treffen und ihm die Hand reichen, wenn dieser sich grundsätzlich mit der vollständigen Räumung der besetzten Gebiete einverstanden erklärt habe.

Israels Rückzug aus diesen Territorien sei das Hauptproblem und der Schlüssel zum Frieden, denn die Souveränität, die nationale Ehre und sogar Sadats Verbleiben im Amt hinge davon ab. Finde man die Lösung nicht, stecke man in einer Sackgasse. Sei Begin hingegen bereit, diesen Grundsatz zu akzeptieren, könne über alle anderen wichtigen Fragen verhandelt werden, auch über Sicherheitsgarantien für Israel zum Ausgleich für die Herausgabe der besetzten Gebiete.

Die Bedrohung durch palästinensische Extremisten, fuhr Tuhami fort, werde weiter wachsen, falls man ihre nationalistischen Bestrebungen unberücksichtigt lasse; es bestehe damit auch die Gefahr einer neuerlichen Einmischung der Sowjetunion in dieser Region. Billige man den Palästinensern jedoch den Status einer Nation zu, könnten die arabischen Länder sie leichter unter Kontrolle halten. Jordanien und Ägypten seien mächtig genug, dem kommunistischen Einfluß auf die Palästinenser entgegenzuwirken. Schließlich sei es auch in Ägypten gelungen, den sowjetischen Einfluß zurückzudrängen. Selbst bei ihren Friedensbemühungen wünschten die Ägypter keine Fühlungnahme mit der Sowjetunion, sondern nur mit den Vereinigten Staaten.

Dann ging er auf einzelne territoriale Fragen ein. Die palästinensische Enklave westlich des Jordan (die West Bank) könne dem Königreich Jordanien angegliedert werden; Saudi-Arabien und Ägypten könnten dann gemeinsam die palästinensischen Extremisten in Schach halten und dafür sorgen, daß der König von Jordanien seinen Thron behalte. Ägypten könne auch dafür garantieren, daß uns die Palästinenser im Gazastreifen keinen Ärger machten; das ließe sich von Kairo aus regeln, ohne daß man direkt in diesem Gebiet eingreife.

»Wir bitten Sie inständig«, beschwor uns Tuhami, »Sadats ehrenwörtlicher Versicherung zu glauben, daß er buchstabengetreu alle Vereinbarungen und Verpflichtungen einhalten wird. Er ist ein Mann von Grundsätzen, ehrenhaft und edelmütig. Legt man ihm einen Vertragstext vor, auf den er eingehen kann, werden Sie ihn stets an Ihrer Seite finden, denn Sie und wir haben gemeinsame lebenswichtige Interessen.«

Sadat sei bereit, über alle erdenklichen Sicherheitsgarantien für Israel zu diskutieren. Wünschten wir UN-Truppen beiderseits der Grenze, würde er sie anfordern. Wünschten wir die USA oder die UdSSR als Garantiemächte, werde er keine Einwände erheben, »obwohl es vorzuziehen wäre, auf die Sowjetunion zu verzichten und nur die Vereinigten Staaten zu bitten«.

Sodann trat Tuhami dafür ein, noch hier in Marokko, mit Hilfe des Königs und noch vor Beginn der Genfer Konferenz unsere Verhandlungen zum Abschluß zu bringen und in allen uns betreffenden Fragen eine Vereinbarung zu schließen. Wir brauchten dann in Genf nur noch die Dokumente zu unterzeichnen. Ein solches Vorgehen würde auch auf Syriens Staatspräsidenten seine Wirkung nicht verfehlen. Selbstverständlich werde er anfangs dagegen opponieren, doch sobald König Hussein sich uns angeschlossen habe, werde auch Assad notgedrungen mitmachen.

Tuhami schlug vor, wir sollten jeder einen Vertragsentwurf ausarbeiten, ihn den Amerikanern vorlegen und bei einer weiteren Begegnung darüber diskutieren. »Wenn doch Begin nur um des Friedens zwischen unseren Völkern willen der grundsätzlichen Räumung der besetzten Gebiete zustimmen wollte!« rief Tuhami. Geschehe dies nicht, seien auch die größten Bemühungen zum Scheitern verurteilt, denn ein anderes Mittel, das Tor in eine schönere Zukunft zu öffnen, gebe es nicht.

Dann drängte der Ägypter darauf, daß unser nächstes Treffen

eine reine Arbeitssitzung nur mit ihm und mir sein sollte und schon als der offizielle Beginn von Beziehungen gewertet werden könnte. Normale, friedliche Beziehungen könnten sich nur nach und nach entwickeln, dafür brauche es drei, vier, auch fünf Jahre. (Der König unterbrach ihn an dieser Stelle: »Sagen Sie besser ›eine gewisse Zeitspanne‹, und legen Sie sich nicht schon auf so viele Jahre fest.«) Erstrebenswert seien nicht Einzelvereinbarungen, sondern die Fertigstellung eines kompletten Vertragspakets, das keinerlei Korrekturen mehr bedürfe, und gepackt werden solle es nicht in der Öffentlichkeit, nicht in Genf, sondern hier, einzig unter uns.

Tuhami erwähnte dann noch weitere Streitpunkte, darunter Jerusalem. Die Heilige Stadt sei von besonderer Bedeutung, wir sollten einen konstruktiven Plan vorlegen, der den religiösen Gefühlen der Araber Rechnung trage. Ein Entgegenkommen unsererseits werde als Beweis unserer Aufrichtigkeit gelten, die Besorgnisse der Araber beschwichtigen und ihrem Haß den Stachel nehmen.

Noch einmal kam er auf das zurück, was er als das Zentralproblem bezeichnete, die besetzten Gebiete. Er zitierte Sadat, der sich beklagt hatte, er sei »ein Soldat, dessen Land erobert worden ist«. Sadat wünsche Frieden ohne Unterwerfung. Sobald er Begins Versprechen habe, daß Israel sich aus den eroberten Territorien zurückziehen werde, betrachte Sadat seine Ehre als wiederhergestellt und sähe sich in der Lage, auch über alles andere zu verhandeln. Nur über eines könne nicht verhandelt werden: die volle Souveränität Ägyptens über das eigene Territorium. Sadat werde einen endgültigen Friedensvertrag nicht ohne die Billigung seiner Freunde schließen, sei aber überzeugt, Jordanien und Syrien zum Mitmachen bewegen zu können. Das würde auch die Lösung der Palästinenserfrage einschließen, die am ehesten durch ein gesamtarabisches Abkommen zu erreichen wäre. Doch darüber könne man zu gegebener Zeit sprechen. Das gleiche gelte für die Behandlung der jüdischen Siedlungen in den Gebieten, die wieder unter arabische Souveränität zurückkehren würden.

Abschließend schlug Tuhami vor, wir sollten uns wiedersehen, sobald jeder den Vertragsentwurf der Gegenseite gründlich geprüft habe; vor allem solle ich Begins Antwort auf Sadats Ersuchen mitbringen. Das Treffen könne seiner Meinung nach in etwa vierzehn Tagen stattfinden.

Jetzt hatte ich das Wort. Es war bereits spät geworden, und ich wollte mich kurz fassen. In erster Linie, sagte ich, müsse ich Ministerpräsident Begin über das heute abend geführte Gespräch berichten. Mir sei klar, wie bedeutsam unser Treffen sei, und ich habe dem hier Gesagten entnommen, daß alles, worauf wir uns hier einigen würden, auch für die anderen arabischen Staaten akzeptabel wäre. Ich wies nachdrücklich darauf hin, daß ich nur als Abgesandter Begins hier sei und ohne seine Instruktionen nicht auf die Ausführungen eingehen könne. Es sei deshalb unbedingt erforderlich, daß ich die Position der Ägypter genau verstanden habe, und deshalb frage ich noch einmal: War Sadats Bitte an Begin, eine bindende Erklärung über die Räumung der besetzten Gebiete abzugeben, als Vorbedingung für weitere Verhandlungen aufzufassen oder war sie nur als Orientierungshilfe für Begin gemeint, bevor die Gespräche hier fortgeführt würden? Auch müsse ich wissen, ob Ägypten zu Gesprächen auf höchster Ebene, also zwischen Begin und Sadat, auch dann bereit sei, wenn Begin sich nicht auf einen vollständigen Rückzug aus den besetzten Gebieten festlegen wolle?

Ich machte eine Pause und wartete auf Antwort, doch fiel diese reichlich nebulös aus. Als Tuhami sagte, Begin müsse sich ausdrücklich zur Räumung verpflichten, unterbrach ihn der König mit den Worten: »Gestatten Sie, daß ich meinen Freund berichtige.« Bewußt auf Tuhamis Bemerkung anspielend, Sadat werde Begin erst unter bestimmten Voraussetzungen die Hand geben, sagte der König: »Nach allem, was ich über Sadat weiß und von ihm selber gehört habe, versichere ich Ihnen auf mein Ehrenwort, daß Sadat sich mit Begin treffen und ihm die Hand reichen wird, falls Begin ihm verspricht, daß die Gespräche unter der Voraussetzung eines israelischen Rückzugs aus den besetzten Gebieten stattfinden werden.«

Auf diese beiden Auskünfte erwiderte ich, einerlei, was Begin zu tun beabsichtige, müsse dies vom Kabinett gebilligt und von der Knesset ratifiziert werden. Kein israelischer Regierungschef könne eine so folgenschwere Entscheidung ohne die Zustimmung des Parlaments treffen. Das schreibe uns unsere demokratische Verfassung vor. Ich verwies als Beispiel auf die Vermittlungsbemühungen Gunnar Jarrings. Damals hatte sich unsere Regierung geweigert, die ägyptische Vorbedingung, die besetzten Gebiete zu räumen, zu erfüllen.

Ferner wollte ich Klarheit darüber, ob die Ägypter grundlegende Vertragsbedingungen von Beauftragten, wie Tuhami und mir, aushandeln lassen wollten oder ob sie es für effektiver hielten, diese Dinge auf höchster Ebene offen zu diskutieren. Dabei könne man sich auf Richtlinien einigen, nach welchen Verhandlungsführer auf niedrigerer Ebene zu verfahren hätten.

Zu Tuhami gewandt sagte ich, ich setze volles Vertrauen in sein Wort, so wie Sadat auch sein Vertrauen in unsere Führung gesetzt habe, und eine mündliche Absprache zwischen uns beiden habe für mich das gleiche Gewicht wie eine unterschriebene Abmachung – was für einige von unseren übrigen Gegnern allerdings nicht zutreffe. Ob Begin auf die ägyptische Hauptforderung, die Räumung der besetzten Gebiete, eingehe oder nicht, könne ich nicht sagen. Beide Fälle wären denkbar. Ganz sicher habe er jedoch den Wunsch, auf höchster Ebene mit Ägypten über den Frieden zu verhandeln, ohne sich vorher irgendwie festzulegen. Ich betone dies, fuhr ich fort, obschon Tuhami ausdrücklich gesagt habe, Sadat benötige Begins Zusage, die besetzten Gebiete zu räumen, und dann erst sei es möglich, auch über alles Weitere zu verhandeln. Die Räumung könne nicht leichthin beschlossen werden, schließlich seien unsere Wohnsiedlungen neunzehn Jahre lang, bis zum Sechs-Tage-Krieg, immer wieder von den Golanhöhen aus angegriffen worden. Wer garantiere uns, daß dies sich nicht wiederhole? Und wer gewährleiste, daß unsere Schiffe ungehindert das Rote Meer befahren könnten? Es sei ja denkbar, daß wir gemeinsam Antworten auf diese Fragen fänden. »Jetzt haben unsere Landsleute anerkannte Rechte in verwalteten Gebieten«, fuhr ich fort, »doch welche Rechtsstellung bekommen sie, wenn ihre Siedlungen unter arabische Hoheit gestellt werden? Was geschieht mit den Siedlungen auf den Golanhöhen? Mit der Klagemauer und dem jüdischen Viertel in der Altstadt von Jerusalem? Dem Ölberg und der Hebräischen Universität auf dem Scopusberg? Und was wird aus unseren neuen Wohngebieten im Sinai, wenn wir uns zurückziehen? Werden unsere Landsleute als Ausländer unter arabischer Hoheit leben dürfen? Auf alle diese Fragen müßten wir befriedigende Antworten finden.«

Dann ging ich auf Tuhamis Forderung ein, wir sollten sämtliche 1967 eroberten Gebiete räumen, einschließlich der früher zu Jordanien und Syrien gehörenden Landstriche. In diesem Zusammenhang hatte er auch gefordert, daß eine Friedensregelung nur unter Beteiligung der Gesamtheit aller arabischen

Staaten, mit denen wir je Krieg geführt hatten, zustande kommen könne. »Die Geschichte kennt keinen Fall, in dem ein Kollektivfriede mit einer Organisation geschlossen wurde.« Nicht eine Organisation habe uns mit Krieg überzogen, sondern einzelne arabische Staaten. Und nach dem Völkerrecht muß mit jedem beteiligten Staat einzeln und getrennt verhandelt werden. Alles andere sei unannehmbar, ja unausführbar, betonte ich. Die UN-Resolution 242 führe überdies sogar die beteiligten Staaten namentlich an, und nirgendwo sei darin von einer »Gesamtheit der arabischen Staaten« die Rede. Die Palästinenser würden als Partner eines künftigen Friedensvertrages überhaupt nicht erwähnt.

Ich zitierte dann auch gleich die Parolen der Palästinenser und die Erklärung von Präsident Assad: »Alle Palästinenser werden in ihre Heimat zurückkehren!« Wie man sich das denn zu denken habe? Die vergleichsweise kleinen Enklaven auf dem Westufer des Jordan und der Gazastreifen böten weder genug Platz noch gäbe es dort Arbeit für sie. Sie würden also nach Israel hineindrängen, und das wäre für uns, was die Zusammensetzung unserer Bevölkerung angehe, eine Katastrophe. Also müsse eine andere Lösung gefunden, die Palästinenser anderswo angesiedelt werden.

Abschließend sagte ich, so kompliziert die Aufgabe erscheine, sie könnte durchaus in Verhandlungen mit Ägypten und Jordanien gelöst werden. Bei Syrien hätte ich allerdings Zweifel. Verhältnismäßig leicht erscheine mir, Einvernehmen über alle religiösen Angelegenheiten in Jerusalem zu erzielen. Auch mit Ägypten könnten wir gewiß im Süden und im Gebiet des Roten Meeres zu einer Übereinkunft kommen. Und mit König Hussein sollte es ebenfalls möglich sein, sich zu einigen. Einen Palästinenserstaat allerdings würden wir nicht dulden. Zu Tuhami gewandt, sagte ich: »Ich bin fest davon überzeugt, daß wir uns mit Ägypten einigen werden. Wir verlassen uns auf Präsident Sadat. Dem syrischen Staatspräsidenten vertrauen wir nicht. Deshalb sollten wir unverzüglich mit ernsthaften Verhandlungen über alle Israel und Ägypten berührenden Fragen beginnen.« Seinem Vorschlag, unsere jeweiligen Vertragsentwürfe zwecks intensiver Prüfung so schnell wie möglich auszutauschen, damit eine neue Begegnung in vierzehn Tagen stattfinden könne, stimmte ich zu. Ich könnte meinen Rückflug von den USA Ende des Monats in Marokko unterbrechen.

Tuhami und ich einigten uns auf drei Schritte, denen König Hassan seine Zustimmung gab:

1. Beide Parteien berichten unverzüglich ihren Regierungschefs und erwirken die Genehmigung für ein weiteres Treffen zwischen uns beiden. Dajan informiert Begin davon, daß Sadat weitere Verhandlungen von der Zusage Israels abhängig macht, die besetzten Gebiete zu räumen.

2. Die Friedensvertragsentwürfe beider Seiten werden vor der nächsten Zusammenkunft ausgetauscht, gründlich geprüft und den Vereinigten Staaten zur Kenntnis gebracht.

3. Werden die Vertragsentwürfe von den Regierungschefs gebilligt, findet binnen zwei Wochen unser nächstes Treffen in Marokko statt.

Eigentlich hatte ich hier nur auf dem Wege in die USA eine Stippvisite machen wollen, doch nun mußte ich zur Berichterstattung nach Israel zurück und Begins Instruktionen einholen.

Später, beim inoffiziellen Teil des Essens, sprachen wir dann noch zwanglos über interessante Themen, die nichts mit den Friedensverhandlungen zu tun hatten. So wollte der König wissen, ob Israel in den gerade im Gang befindlichen Krieg in Äthiopien verwickelt sei und, falls ja, warum. Ich sagte, daß wir nicht in diesen Krieg verwickelt seien, doch sähen wir uns aus moralischen Gründen verpflichtet, Äthiopien zu helfen. Es hatte uns seinerzeit Häfen und Flugplätze zur Verfügung gestellt, als wir sie dringend benötigten. Wir könnten die Bitte dieses Landes um Waffenlieferungen also nicht ablehnen, da es jetzt selbst dringend Hilfe benötige. Darauf meinte der König, die Zeiten hätten sich doch seither geändert, es sei denkbar, daß Äthiopien sehr bald überhaupt keine Häfen mehr besitze, und ob es nicht gescheiter sei, wir versuchten, mit dem gemäßigten Flügel der Befreiungsbewegung entlang der Küsten des Roten Meeres Verbindungen zu knüpfen? Das, so klärte ich ihn auf, sei leider ganz ausgeschlossen, denn die Befreiungsbewegung habe sich bereits der Arabischen Liga angeschlossen und werde uns in Notzeiten niemals zu Hilfe kommen.

Dann erzählte Tuhami eine Geschichte aus dem Krieg von 1967. Der ägyptische Geheimdienst habe damals einen Spion in einer israelischen Schlüsselposition gehabt, einen »hohen Offizier der israelischen Armee«, der gemeldet habe, zwischen dem 3. und 6. Juni stehe ein israelischer Angriff bevor. »Warum«, fragte Tuhami, »war das ägyptische Oberkommando, insbesondere die Luftwaffe, nicht in Alarmbereitschaft?« Seine Erklärung dafür lautete, der damalige ägyptische Staatspräsident Nasser sei eben heimlich im Einverständnis mit Israel gestanden. Mich fragte er ganz ernsthaft: »Nasser hat sich damals doch mit Ihnen in eine Verschwörung eingelassen, nicht wahr? Wie sonst soll man die Katastrophe erklären, die über unser Land kam? Und warum schickte Nasser ausgerechnet am Tage des israelischen Angriffs den Oberkommandierenden Abd el Hakim auf den Sinai, um die dortigen Truppen zu inspizieren?« Und auf seinem Gesicht drückten sich Wut und Verachtung aus, als er Nassers Namen erwähnte. Er deutete an, daß er an einem Buch über Nasser arbeite, »das die ganze Wahrheit über diesen Verrückten enthüllen soll, der Ägypten an den Rand des Ruins gebracht hat!«

Ich lud Tuhami nach Israel ein, damit er selbst sehen konnte, wie die Juden und Araber zusammen lebten. Er sollte sich davon überzeugen, daß eine erneute Teilung Jerusalems und die Abtrennung der West Bank ganz einfach nicht mehr durchführbar seien. Er entgegnete schmunzelnd, er nähme die Einladung gern an und wolle bei passender Gelegenheit darauf zurückkommen. Beim Abschied wiederholte er noch einmal, daß er sich nie habe vorstellen können, unter solchen Umständen mit mir zusammenzutreffen. Er hätte eher geglaubt, daß wir uns auf dem Schlachtfeld begegnen würden oder auch, wenn ich in offizieller Mission anläßlich einer nationalen Krise in Israel nach Ägypten gekommen wäre. (Er sprach das zwar nicht wörtlich so aus, aber meinte natürlich, daß er mich nur zu gern zu Kapitulationsverhandlungen mit einem Gesuch um Gnade für Israel empfangen hätte.)

Trotzdem schüttelte er herzlich meine Hand und sagte, er freue sich auf unser Treffen in zwei Wochen. Auch solle ich ihm doch ein Exemplar meines Buches *Die Geschichte meines Lebens* schicken. Ich versprach es.

Obwohl ich in eineinhalb Stunden aufbrechen mußte, legte ich mich in der Gästesuite noch ein Weilchen hin. Eine Stunde Schlaf ist schließlich eine Stunde Schlaf. Um 3.30 Uhr wurde ich geweckt, zum Flugplatz gefahren und startete nach Paris. Trotz aller Müdigkeit konnte ich in der Maschine nicht schlafen. Nach der Landung brachte man mich in ein Hotel unweit vom Flughafen Orly, und unterwegs entledigte ich mich meiner verflixten Perücke und des Schnurrbartes. Heißer Kaffee, frische Brötchen mit Butter und die *Herald Tribune* erweckten mich wieder zum Leben. Mit Interesse las ich, daß mein plötzliches Verschwinden eine kleine Sensation hervorgerufen hatte, und es wurden die wildesten Spekulationen über meinen Aufenthaltsort angestellt – zum Glück allesamt weit entfernt von der Wahrheit.

Drei Stunden später saß ich auf dem Weg nach Israel in einer El-Al-Maschine. Nach der Ankunft fuhr ich sogleich zum Ministerpräsidenten nach Jerusalem. Ich berichtete Begin über die Gespräche und hörte mir seine Stellungnahme zu den drei Punkten an, über die wir uns in Marokko geeinigt hatten:

1. Austausch der Vertragsentwürfe zur gründlichen Prüfung durch die Gegenseite: Hier ordnete Begin an, daß wir die Amerikaner darüber unterrichteten, ohne jedoch den Namen des beteiligten arabischen Staates zu nennen.

2. Erneutes Treffen in zwei Wochen mit Tuhami: Dagegen hatte Begin keine Einwände.

3. Bekanntgabe der Räumung aller besetzten Gebiete vor einem Treffen zwischen Sadat und Begin: Bei diesem Punkt war Begin nicht bereit, schon vor einem Treffen mit Sadat den Rückzug unserer Truppen aus allen besetzten Gebieten zuzusichern. Allerdings würde den Ägyptern beim Studium unseres Vertragsentwurfes die Haltung Israels ganz deutlich werden.

Von Jerusalem fuhr ich heim nach Zahala. Das Haus wirkte verlassen. Vor der Abreise nach Amerika hatte Rahel den Kühlschrank leergeräumt, den elektrischen Boiler abgeschaltet, die Betten abgezogen. Zum Glück gab es wenigstens Gas. Ich machte mir eine Suppe aus Brühwürfeln und hörte mir die Mittagsnachrichten an. Dann legte ich mich mit einer Wolldecke auf ein unbezogenes Bett und versuchte zu schlafen. Der Tag war lang gewesen, und um achtzehn Uhr sollte mein Flugzeug nach New York abgehen. Daß sich vor meiner nächsten Zusammenkunft mit Tuhami noch dramatische Ereignisse abspielen sollten, ahnte ich nicht. Zwei Wochen später wollten wir uns wiedertreffen. Das Treffen fand auch statt, wieder in Marokko und wieder geheim, wie verabredet, aber es sollten erst zweieinhalb Monate vergehen, bis es soweit war. Bis dahin war das Kaleidoskop des Nahen Ostens kräftig geschüttelt worden und hatte erstaunliche Wandlungen erfahren.

5.
Vorgespräche

Diesmal verlief der Flug nach New York ohne Unterbrechung und ohne besondere Vorkommnisse. Es war der 18. September 1977. Offiziell reiste ich, wie alle Außenminister, zur Eröffnungssitzung der UN-Vollversammlung, doch Hauptzweck meines Besuches war die Teilnahme an sogenannten Vorgesprächen über die Genfer Konferenz. Deshalb flog ich schon am nächsten Morgen nach Washington weiter, um zunächst mit Außenminister Vance und seinen Beratern im State Department und anschließend mit Präsident Carter im Weißen Haus zu konferieren.

Die Besprechung im State Department begann um zwölf Uhr und wurde als Arbeitsessen mit speziell zubereiteten koscheren Gerichten fortgesetzt. Drei meiner Mitarbeiter waren orthodoxe Juden und genossen das Mahl sichtlich. Ich selbst freute mich vor allem über diese Aufmerksamkeit unserer Gastgeber. Die amerikanische Gruppe setzte sich im wesentlichen aus den gleichen Leuten zusammen, die schon im Vormonat in Israel gewesen waren; zum Essen gesellte sich dann noch Brzezinski hinzu, der Sicherheitsberater des Präsidenten.

Das Büro des Außenministers, das ich aus den Zeiten Kissingers kannte, hatte sich merklich verändert. Es fehlten einige der abstrakten Gemälde, von denen Kissinger zu mir gesagt hatte, die wilden Farben und das Fehlen der Form spiegle den Zustand unserer Welt. Auch andere Gegenstände, die der Persönlichkeit des früheren Büroinhabers entsprochen hatten, fehlten. Als ich mich bei meinem ersten Besuch hier umgesehen hatte, scherzte Kissinger, der mich beobachtet hatte: »Solange ich hier arbeite, werden Sie nichts Angelsächsisches finden.« Damals hatte er drei enge Mitarbeiter, die jüdischer, italienischer und libanesischer Abkunft waren – seinen Assistenten Peter Rodman und die Unterstaatssekretäre Joseph Sisco und Philip Habib.

Die amerikanische Gruppe hatte sich gut vorbereitet, jedes Wort und jede Nuance des Vertragsentwurfes studiert, den Begin im Juli Carter übergeben hatte. Sie sagten das zwar nicht ausdrücklich, doch wurde deutlich, daß sie nach Vances Besuch in Israel eine weitere Beratungsrunde mit Vertretern der Araber einberufen hatten. Die Amerikaner veranstalteten eine Art Kreuzverhör, bei dem sie herausbekommen wollten, wie wir uns Friedensverträge mit unseren Nachbarn vorstellten. Es kamen aber auch noch andere Themen zur Sprache, darunter als wichtigstes eine mögliche amerikanische Friedensgarantie. Vance erklärte, Amerika sei bereit dazu, falls wir einen Friedensvertrag mit allen betroffenen arabischen Ländern abschließen würden. Weil ich darauf nicht einging, wiederholte er das mehrmals, versprach auch, darüber ein detailliertes Memorandum anfertigen zu lassen.

Mir schien es von großem Wert, daß die Amerikaner bereit waren, Israels Sicherheit zu garantieren, doch so, wie diese Garantie angeboten wurde, hafteten ihr doch drei wesentliche Mängel an. Zum ersten wurde sie von einer Friedensregelung »mit allen arabischen Ländern« abhängig gemacht; und ich glaubte einfach nicht, daß Syrien mit uns ein Abkommen schließen werde. Zum zweiten wollten, soweit ich wußte – und das ging auch aus einigen Bemerkungen von Vance hervor –, die Araber eine zweite Garantiemacht: die Sowjetunion. Zum dritten, und dies war das Gravierendste, wurde dieses Angebot unter einer stillschweigenden Voraussetzung gemacht: Obwohl es nicht ausgesprochen wurde, zweifelte ich keinen Moment daran, daß die Garantie als Tauschobjekt für die von uns besetzten Gebiete gedacht war. Die Amerikaner wollten uns dazu bringen, diese Territorien zu räumen, und Israels Sicherheitsrisiko mit einer Garantie abdecken.

Ich erwiderte Vance deshalb, es gäbe zu einer amerikanischen Garantie mehrere Ansichten, und meine Regierung werde den amerikanischen Vorschlag gründlich prüfen, sobald er vorliege. Die Initiative dazu müßte von den Amerikanern ausgehen, wir selbst würden solche Garantie nicht fordern. Meine persönliche Meinung war, daß wir – ebenso wie die Staaten Europas – eine amerikanische Garantie nur für den Fall eines Angriffs der Sowjetunion brauchen, mit den Arabern würden wir allein fertig.

Die Besprechung wurde auch nicht entspannter, als von der Aufnahme diplomatischer Beziehungen zu den Arabern die

Rede war – falls und nachdem ein Friedensvertrag unterzeichnet sein würde. Vance sagte, wie später auch Brzezinski, die Araber wünschten gleich nach der Unterzeichnung noch keine derartigen Beziehungen aufzunehmen, damit wollten sie sich einige Jahre Zeit lassen. Darauf entgegnete ich ziemlich schroff, die Araber verlangten also, daß Israel die besetzten Gebiete räume, seien aber zu keiner vergleichbaren Gegenleistung bereit. Präsident Carter habe sowohl Rabin als auch Begin zugesichert, er wünsche einen echten Frieden mit einer wirklichen Normalisierung der Beziehungen, ihm schwebe ein »Vertragspaket« vor, mit welchem für die Herausgabe der besetzten Gebiete der Friede erkauft werde. Was hier angeboten werde, weiche aber erheblich ab von dem, was der Präsident unserem Premier zugesichert habe. Vance wurde es sichtlich unbehaglich, er sagte mit Nachdruck, das, was er da vorgetragen habe, entspreche der Auffassung sämtlicher arabischer Länder, auch Ägyptens, und alles, was er versuche, sei, zu erkunden, ob die abgrundtiefen Gegensätze zwischen den beiden Lagern irgendwie überbrückt werden könnten. Sadat habe ihm dargelegt, Israel brauche längere Zeit, um den Sinai zu räumen, solange aber israelische Soldaten auf ägyptischem Boden stünden, könne es unmöglich diplomatische Beziehungen zu Israel aufnehmen. Das leuchtete mir nun nicht ein, ich wiederholte vielmehr unsere Forderung, daß einen Monat nach Unterzeichnung des Friedensvertrages volle diplomatische Beziehungen aufgenommen sein müßten und zugleich Schritte unternommen werden sollten, um weitere Vertragsklauseln zu realisieren, etwa solche, die den Handel und den Kulturaustausch betrafen. Präsident Carter habe ganz zu Recht gesagt, ein echter Friede müsse auf tatsächlicher Normalisierung der Beziehungen basieren.

Die Probleme der Grenzen wurden nacheinander, beginnend mit Ägypten, abgehandelt. Vance wollte wissen, in welchen Teilen des Sinai wir eine Begrenzung der ägyptischen Streitkräfte, wo wir eine vollständige Demilitarisierung und ob wir eine Pufferzone unter UN-Kontrolle wünschten. Schließlich wünschte er auch zu erfahren, wie wir uns die Garantie für die freie Durchfahrt unserer Schiffe durch die Meerenge von Tiran bei Scharm el-Scheich dächten. Die Amerikaner, sagte er, befürworteten eine Überwachung der Truppenreduzierung und der Nichtbehinderung der Schiffahrt durch die UN.

Wir traten vor eine große Karte an der Wand, so daß Vance

sich ein Bild von unseren Vorschlägen machen konnte. Im Prinzip, so führte ich aus, läge uns an direkter Berührung mit den Ägyptern, schließlich verliefen überall sonst die Grenzen zwischen friedlichen Nachbarn ohne Sicherung durch die UN. Allerdings könnten UN-Truppen die Ausführung der Vereinbarungen überwachen. Was die Grenzen selber anging, so beharrte ich auf unserem traditionellen Standpunkt: Kontrolle des westlichen Küstenstreifens des Golfes von Eilat, von Scharm el-Scheich im Süden bis Eilat im Norden, durch Israel und eine Ausdehnung des dann noch von uns kontrollierten Gebietes nach Nordwesten, so daß davon alle unsere Siedlungen entlang dem Zugang nach Rafah abgedeckt würden. Zwischen dem Gazastreifen und Ägypten dürfe es nicht nur Militär geben, setzte ich Vance auseinander, sondern auch eine jüdische Zivilbevölkerung, deshalb schlügen wir vor, die Grenze von El-Arisch im nördlichen Sinai südwärts nach Scharm el-Scheich verlaufen zu lassen, und zwar westlich an Eilat vorbei. Unsere Gastgeber sprachen nun von der Zusammensetzung der UN-Kontingente in der Pufferzone und meinten, falls die USA sich beteiligten, würden auch die Russen dabei sein wollen. Vance bemerkte abschließend zu diesem Komplex, die USA würden eigene Friedensvorschläge ausarbeiten, welche die arabischen und die israelischen Standpunkte vielleicht einander annähern könnten.

Vom Sinai gingen wir zur syrischen Grenze über, hielten uns damit aber nicht lange auf. Das Ganze sei eine hypothetische Sache, sagte ich, Assad werde niemals mit Israel Frieden schließen. Auch sei am derzeitigen Verlauf der Grenze kaum etwas zu ändern. Das Golangebiet ist ein relativ schmaler Streifen, und wir hatten dort landwirtschaftliche Siedlungen. Es war nicht einmal im Truppenentflechtungsabkommen nach dem Jom-Kippur-Krieg gelungen, dort eine wirkungsvolle Pufferzone einzubauen, denn der Golan ist, anders als der Sinai, bewohnt. Auch die Amerikaner zeigten wenig Interesse an einer eingehenderen Erörterung der dortigen Verhältnisse, und ich schloß daraus, daß Assad ihnen keinerlei Hoffnungen gemacht hatte.

Nun kamen wir zur West Bank. Vance fragte, ob wir eine aus Beauftragten der jordanischen Regierung und Bürgermeistern von West-Bank-Gemeinden zusammengesetzte Delegation in Genf als legitim akzeptieren würden. Ich bejahte dies, fügte aber hinzu, die Beziehungen zwischen der jordanischen Regierung und der PLO seien gespannt, kein Bürgermeister werde sich ohne Billigung der PLO einer jordanischen Delegation anschließen, weil er sonst um sein Leben fürchten müsse. Brzezinski fragte, welche von den Bürgermeistern denn die PLO unterstützten? Alle, erwiderte ich, zumindest mit Worten. Nicht einmal der Bürgermeister von Bethlehem, Elias Frej, ein arabischer Christ, wage es, etwas gegen die PLO zu sagen.

Nun schnitten die Amerikaner die Frage der Souveränität an. »Was genau meinen Sie, wenn Sie sagen, daß Sie keine ›fremde Oberherrschaft über die West Bank‹ dulden?« Damit sei gemeint, antwortete ich, daß die West Bank weder von Jordanien annektiert noch ein Palästinenserstaat werden dürfe. Damit sei eine Oberhoheit Israels nicht ausgeschlossen, doch bestünden wir nicht darauf. In der augenblicklichen Phase und für die nähere Zukunft schwebe uns eine Verwaltungsstruktur vor, welche den wesentlichen Interessen beider Seiten entgegenkomme. Übrigens könne sich die Lage in der Region unerwartet ändern und neue Überlegungen notwendig machen. Doch nach zehn Jahren Verhandlungen mit Jordanien und zehn Jahren Zusammenlebens mit den Arabern in den besetzten Gebieten falle mir keine bessere Lösung ein.

Vance fragte, welche Art von Autonomie wir den Arabern der West Bank zugestehen wollten. »Wir werden uns nicht in ihre Angelegenheiten mischen«, sagte ich, »aber aus Autonomie darf auch nicht unversehens ein Palästinenserstaat werden.« Wie würden wir auf Terroraktionen aus Nablus oder Gaza reagieren, fragte er weiter. »Dann werden wir den früheren Zustand wiederherstellen«, antwortete ich, »die israelischen Streitkräfte würden wieder in die arabischen Städte zurückkehren und die Terroristen bekämpfen.« Im übrigen zweifelte ich sehr daran, daß die Palästinenser jemals mit uns verhandeln würden. Insbesondere, nachdem Carter die Rechte dieser Araber auf eine eigene Heimstatt anerkannt hatte. Seit die arabischen Staaten die PLO zur einzig rechtmäßigen Vertreterin der Palästinenser erklärt hätten, würde sich Jordanien aus dem Palästinenserproblem heraushalten, und die Bürgermeister der West Bank und aus Gaza würden nicht wagen, als unabhängige Delegation aufzutreten.

In den wenigen Minuten, die noch bis zu unserem Treffen mit Carter blieben, fragte Vance mich nach Israels Haltung zu Jerusalem. Ich erwiderte nur kurz, eine Teilung komme auch hier nicht in Frage. Brzezinski bemerkte, auch die Araber dächten nicht an eine Sperrmauer oder Stacheldraht zwischen dem israelischen und dem arabischen Teil der Stadt, deshalb sollten wir auch nicht über Geographie sprechen, sondern über die Beziehungen zwischen den beiden Sektoren.

Falls wir die Frage der Souveränität einmal beiseite ließen, entgegnete ich, und uns auf das Alltagsleben der beiden Volksgruppen in Jerusalem beschränkten, sei das Problem einfacher und meiner Meinung nach auch zu lösen, insbesondere, was die heiligen Stätten, Verkehrsfragen, Bildungseinrichtungen und die Wahlen zum Stadtrat angehe. Dann begaben wir uns alle ins Weiße Haus.

Ich kannte es bereits aus der Zeit, als Nixon noch Präsident war, doch dies war mein erster Besuch, seit Carter sein Amt angetreten hatte. Ihm und den ebenfalls anwesenden Vizepräsidenten Mondale traf ich zum erstenmal. Das Gespräch dauerte fast eine Stunde und war höchst unerfreulich. In der Besprechung im State Department hatte es zwischen mir und dem Außenminister Meinungsverschiedenheiten gegeben, doch war alles ruhig und sachlich verlaufen. Auch wenn wir einen Vorschlag von Vance oder seinen Mitarbeitern ablehnten, vermittelte niemand uns das Gefühl, wir stünden als Angeklagte vor einem Staatsanwalt. Carter hingegen, und noch mehr Vizepräsident Mondale, richteten eine Anschuldigung nach der anderen gegen Israel. Dies geschah während einer vertraulichen Vorbesprechung, an der nur Carter, Mondale und ich teilnahmen. Carter hatte bei unserem Eintreffen den Wunsch geäußert, vor Beginn der allgemeinen Diskussion einen Augenblick mit mir allein zu sprechen. Vance, seine Mitarbeiter und meine Berater blieben also zunächst im Konferenzraum zurück, während Carter Mondale und mich in sein Arbeitszimmer führte. Als erstes fragte mich der Präsident zu einem Thema aus dem Verteidigungsbereich. Meine Antwort fand er unbefriedigend und erklärte, er werde das mit Begin besprechen. Sodann wandte er sich den israelischen Siedlungen in den besetzten Territorien zu. Seine Bemerkungen waren in Ton und Inhalt aggressiv, und er gab sich keine Mühe, seinen Ärger zu verbergen. Er selber habe gehört, wie einer unserer Minister im Fernsehen erklärt habe, Israel beabsichtige, Hunderttausende von Menschen in den Gebieten jenseits der Grenzen von 1967 anzusiedeln. Er warf uns vor, Schritte unternommen und Verlautbarungen herausgegeben zu haben, die die arabischen Palästinenser daran hindern müßten, an Friedensverhandlungen teilzunehmen. Ich erwiderte ihm, es gab niemals und es werde auch in Zukunft niemals eine israelische Regierung geben, die auf die Ansiedlung von Israelis in diesen Gebieten verzichtet. Der Präsident blieb aber bei seiner Kritik: »Sie sind noch starrsinniger als die Araber und errichten auf dem Weg zum Frieden ein Hindernis nach dem anderen.«

Ich war jetzt ebenfalls verärgert und sagte zu Carter, wir könnten die Auffassung der Amerikaner, unsere Siedlungspolitik sei illegal, nicht akzeptieren, und Israel habe dem Rogers-Plan nie zugestimmt. (Rogers war unter Nixon Außenminister, und sein Plan sah die Räumung aller von uns verwalteten Gebiete vor, praktisch den Rückzug auf die Grenzen vor dem Juni 1967, ausgenommen »unbeträchtliche Korrekturen«.) Ich fügte hinzu, die Siedlungen im Jordantal, auf Zugängen nach Rafah und den Golanhöhen datierten aus der Zeit von Eschkol und Golda Meïr. Aber nicht sie seien es, die das Zustandekommen des Friedens verhinderten. Die Araber hätten sich dreißig Jahre lang geweigert, Israels Existenz zur Kenntnis zu nehmen, auch nicht, als wir noch in den Grenzen von vor 1967 lebten.

Nun griff der Präsident die Palästinenserfrage auf: Wer werde denn nun diese Araber vertreten? Und was könnten wir dazu beitragen, daß die Genfer Friedenskonferenz endlich beginne?

Am meisten mißfiel mir das Verhalten des Vizepräsidenten Mondale, der sich zu anderer Zeit und bei anderer Gelegenheit durchaus hilfreich gezeigt hatte. Jetzt hingegen erhob er jedesmal dann, wenn der Präsident im Begriffe war, sich etwas zu beruhigen und in gelassenerem Ton zu sprechen, seinerseits neue Vorwürfe und machte jeden vernünftigen Dialog unmöglich. Ich war angewidert, ließ ihn seine Sprüche und seine Vorwürfe vorbringen, und als er endlich damit fertig war, schwieg ich. Beide starrten mich an, doch ich sagte kein Wort.

Schließlich fragte der Präsident, was ich nun vorzuschlagen habe. Ich antwortete, die israelische Regierung werde die Besiedlung der Territorien nicht einstellen, doch falls er dies wünsche, wolle ich Begin vorschlagen, die nächsten sechs geplanten Siedlungen in Form von militärischen Stützpunkten anzulegen. Die Siedler könnten als Soldaten oder Angestellte der Armee betrachtet werden, und ihren Familien werde erlaubt, zu ihnen ins Lager zu ziehen. So hatten wir in Kirjat Arba verfahren, der

Vorstadt von Hebron, als wir mit der Besiedlung begannen. Der Präsident stimmte nach kurzem Nachdenken zu: Zumindest sei das die zweitbeste Lösung. Ich wiederholte, daß dies mein persönlicher Vorschlag sei und ich nicht wisse, ob meine Regierung zustimmen werde.

Nun gingen wir in den Konferenzsaal, wo sich die beiden Gruppen bereits gegenübersaßen. Carter sprach ein paar Einleitungsworte, dabei zeigte er sein Routinelächeln, ließ aber keinen Zweifel an seiner Stimmung aufkommen. Meine Begleiter konnten nur unverhüllte Feindseligkeit in seinen blauen Augen entdecken. Er sprach mit ruhiger Stimme, doch sehr entschieden, und gelegentlich stieg ihm die Zornesröte ins Gesicht. Er berichtete über das eben geführte Gespräch und ließ dabei keine der gegen Israel vorgebrachten Anschuldigungen aus. Er wurde sogar noch ausführlicher. So sagte er, nicht nur Ministerpräsident Begin, sondern auch ich, der Außenminister, hätten es nicht für nötig gehalten, sich von den Äußerungen unseres Landwirtschaftsministers Arik Scharon zu distanzieren. Israel sei starrsinnig, während die Araber sich flexibel zeigten. Wir wollten in Wirklichkeit nicht den Frieden. Unsere Siedlungspolitik sei nicht rechtmäßig. Unser Vorgehen und die Äußerungen des Landwirtschaftsministers erschwerten die Einberufung der Genfer Konferenz und machten es unmöglich, das Hauptanliegen der Resolution 242, Rückzug Israels aus den besetzten Gebieten und den Friedensschluß, in die Tat umzusetzen.

Meine Mitarbeiter waren verblüfft. Hier wurden doch wirklich die Araber als »flexibel« dargestellt, als friedenssüchtig geradezu, wir jedoch als die unaufrichtigen Starrköpfe – und das nach vier Kriegen; nach dreißig Jahren arabischer Weigerung, mit uns über Frieden zu reden; nach ihrer Ablehnung des Allon-Planes (für eine Übereinkunft mit Jordanien); nach ihrem Mord an König Abdullah (Husseins Großvater), der es gewagt hatte, in Verhandlungen mit uns einzutreten; nach dem Gelöbnis von Khartum: »Kein Friede mit Israel. Keine Verhandlungen mit Israel. Keine Anerkennung des Staates Israel!«, nach der Blokkade des Golfs von Eilat, der Zurücksendung der UN-Kontingente, der Entfesselung des Jom-Kippur-Krieges, der Weigerung der PLO, wiederholten Aufforderungen der USA nachzukommen, Terrorakte zu unterlassen und Israel anzuerkennen.

Ich weiß nicht, ob Carter einen weiteren Beweis unseres »Starrsinns« liefern oder ob er wirklich nur eine Information haben wollte, als er mich scharf anblickte und fragte, ob ich nach wie vor darauf bestehe, mit keinem anderen arabischen Staat als Jordanien über die Zukunft der West Bank verhandeln zu wollen? Ich sagte: »Richtig. Das ist unser Standpunkt. Kein anderer arabischer Staat hat dabei mitzureden.« Ob wir nicht an die Möglichkeit gedacht hätten, die West Bank zwischen uns und Jordanien aufzuteilen? Falls Jordanien dies vorschlüge, erwiderte ich, würden wir dies gründlich überlegen. In den vergangenen zehn Jahren hatten wir bereits den Allon-Plan vorgelegt, der eben eine solche Teilung vorsah, doch Jordanien hatte ihn als »völlig unannehmbar« zurückgewiesen.

Carter ließ nicht locker. Falls die Araber unsere Politik der friedlichen Koexistenz auf der West Bank und im Gazastreifen ablehnen würden, dann müßten wir wohl nach zwei, vier, acht Jahren bereit sein, in diesen Gebieten ein Referendum zuzulassen, in dem die Araber selbst entschieden, ob sie für Jordanien oder Israel optierten? Darauf sagte ich, ich wäre dagegen; meiner Meinung nach stünde jetzt schon fest, daß die Araber uns auf alle Fälle von der West Bank vertreiben wollten, dazu brauchten wir keine zwei, vier oder acht Jahre zu warten. Wir wären nicht dort, um Zeit zu gewinnen. Was ich dann aber vorzuschlagen habe, wollte Carter wissen. »Ich habe im Moment keinen Vorschlag«, sagte ich. »Ich werde meinem Ministerpräsidenten empfehlen, daß beide Seiten sich in ein paar Jahren eine dauerhafte Lösung überlegen sollen. Eines kann ich Ihnen aber jetzt schon sagen: Der Anschluß der West Bank an Jordanien kann meiner Meinung nach nur die Vernichtung Israels zur Folge haben.« Damit wären wir wieder auf die Grenzen von vor 1967 verwiesen; wir müßten unsere Stützpunkte in den Bergen abbauen und unsere Streitkräfte aus dem Jordantal abziehen. Das Gebiet würde dann unter die Herrschaft der PLO fallen und als Basis für einen vernichtenden Angriff auf Israel benutzt werden. Sich darauf einzulassen, könne ich meinem Ministerpräsidenten nicht empfehlen.

Nun kam der Präsident auf Verfahrensfragen im Zusammenhang mit der Genfer Friedenskonferenz zu sprechen. Er wiederholte, was, wie er sagte, zwischen ihm und Begin vereinbart worden sei: Israel und Jordanien sollten in Genf über die West Bank sprechen, und der jordanischen Delegation dürften Palästinenser angehören, die nicht als Mitglieder der PLO bekannt seien. Über die in anderen Ländern lebenden Palästinenser, also über das Flüchtlingsproblem allgemein, sollte getrennt zwischen multinationalen Delegationen gesprochen werden. Zur Eröffnung der Konferenz werde eine gesamtarabische Delegation auftreten.

Ich warf ein, daß die Eröffnung unseres Wissens nach weiter nichts als eine schlichte Zeremonie für die Bildreporter sein soll. Carter runzelte die Stirn und sagte betont kalt: »Nicht nur für die Bildreporter.« Darauf ging ich nicht ein, bat vielmehr darum, daß im Sitzungsprotokoll vermerkt werde, es sei vereinbart worden, daß sich die gesamtarabische Delegation nach der Eröffnungszeremonie in nationale Delegationen aufteile und daß Israel mit jedem arabischen Staat einzeln einen Friedensvertrag aushandeln und unterzeichnen werde. Wir könnten nicht mit Syrien über den Sinai und mit den Ägyptern über den Libanon reden.

Die amerikanische Gruppe war, offenbar nach Gesprächen mit den Arabern, der Meinung, diese würden nicht zulassen, daß Jordanien allein über die West Bank verhandle, das müsse eine gesamtarabische Delegation tun. Carter fragte, ob wir bereit wären, über die Zusammensetzung der arabischen Delegation, die über die West Bank verhandeln solle, erst zu entscheiden, wenn wir mit den anderen arabischen Staaten zu einer Friedensregelung gelangt seien? Ich sagte, einer solchen Vertagung werde die Regierung Israels gewiß zustimmen, das ändere aber nichts daran, daß wir einzig mit Jordanien und den arabischen Bewohnern der West Bank über dieses Gebiet verhandeln würden.

Unser nächster Punkt waren Sicherheitsgarantien. Carter meinte, falls die USA bereit seien, den Frieden zu garantieren, müßten wir einverstanden sein, daß dies gemeinsam mit der Sowjetunion geschehe. Da ich mich auf hypothetische Gespräche nicht einlassen wollte, erwiderte ich rundheraus, daß ich Garantien gut fände, nicht aber im Austausch für »sichere Grenzen«. Wenn man von uns verlange, unsere Truppen vom Golan abzuziehen und uns statt dessen nur auf Garantien zu verlassen, sei ich dagegen. Doch einen konkreten Vorschlag wolle ich gern hören: Würden die USA uns eine gleichgeartete Garantie geben wie den NATO-Ländern? Darauf antwortete Carter, so genau habe man sich da noch nicht festgelegt.

Falls einer meiner Mitarbeiter geglaubt haben sollte, die Amerikaner hätten ihre Haltung hinsichtlich der Grenzen geändert, so dürfte ihn diese Sitzung mit Carter eines besseren belehrt haben. Vance, der den Standpunkt der USA darlegte, ließ uns wissen, die Grenzen zwischen Israel und seinen Nachbarn sollten identisch mit denen vom Mai 1967 sein, ausgenommen geringfügiger Änderungen auf der West Bank. Carter fügte hinzu, er habe Begin bei dessen Besuch versprochen, er werde nicht offiziell erklären, Amerika befürworte nur »geringfügige« Änderungen, doch müßten wir begreifen, daß die USA die West Bank und den Gazastreifen als »besetzte Gebiete« ansehen. Demzufolge müsse Israel sich in Übereinstimmung mit der UN-Resolution 242 daraus zurückziehen, sobald wir uns mit unseren Nachbarn über endgültige Grenzen geeinigt hätten. Im übrigen seien die USA der Ansicht, daß dort ein »palästinensisches Territorium« entstehen sollte, das Jordanien angeschlossen werden könne. Mondale kam wieder auf unsere Siedlungen zurück und fragte, wie viele Militärstützpunkte wir vorgesehen hätten. Ich erwiderte, es sei bisher von acht gesprochen worden, wovon zwei bereits errichtet seien, blieben also sechs. Ich könne aber nicht ausschließen, daß später noch welche hinzukämen, und auch nicht versprechen, daß diese Tatsache nicht publik gemacht werde. Zum einen ließen sich solche Dinge nicht geheimhalten, zum anderen hielten wir das auch nicht für notwendig, ja nicht einmal für wünschenswert. Und darauf, was der eine oder andere Kabinettskollege etwa verlautbare, habe ich überhaupt keinen Einfluß.

Carter verbiß sich ebenfalls in dieses Thema. Wir wüßten genau, sagte er, daß die Amerikaner unsere Siedlungspolitik für unrechtmäßig hielten, und er sei gerade jetzt sehr beunruhigt über die Art und Weise, in der diese Politik betrieben und offen darüber geredet werde. Falls Sadat und Hussein den Frieden aufrichtig wünschten, machten wir es ihnen nicht leichter, wenn wir mit Parolen wie »keine fremde Oberherrschaft« oder »diese Gebiete sind Teil des historischen Israel« arbeiteten. Unser Landwirtschaftsminister habe im Fernsehen von Hunderten von Siedlungen und einer Million Neusiedler gesprochen. Davon habe Begin ihm kein Wort gesagt, aber er, Carter, sage uns nun ganz offen, er zweifle an Israels Friedenswillen, und zwar rührten seine Zweifel aus den eben erwähnten Handlungen und Verlautbarungen unsererseits.

Die Sitzung war beendet, doch wollte Carter offenbar seine letzten schroffen Äußerungen etwas abmildern. Als wir vom Beratungstisch aufstanden, sagte er für jedermann vernehmbar, er halte große Stücke auf Premier Begin und schätze ihn als einen bedeutenden Staatsmann.

Beim Hinausgehen nahm mich Vance beiseite, um mir noch einmal drei Punkte eindringlich nahezubringen: Die Amerikaner wünschten, daß die Genfer Konferenz noch vor dem Dezember zusammentrete; sie seien bereit, wirksame Garantien zu geben, falls ein Friedensvertrag zustande komme; und er selber wolle gern das Gespräch fortsetzen, das wir am Vormittag begonnen hatten. Was die Garantien angehe, erwiderte ich ihm, möge seine Regierung uns konkrete Vorschläge machen. Wir verabredeten, unser Gespräch am 26. September in New York fortzusetzen.

Offenbar waren den Amerikanern doch Bedenken gekommen, als sie gesehen hatten, wie unwirsch ich auf die Haltung Carters hinsichtlich eines israelisch-arabischen Friedensvertrages und auf seine gegen Israel erhobenen Vorwürfe reagiert hatte, denn schon am folgenden Vormittag richtete Hamilton Jordan, Stabschef im Weißen Haus, dem israelischen Botschafter in Washington telefonisch aus, der Präsident sei über seine Begegnung mit mir sehr erfreut gewesen und habe die Unterredung nützlich und konstruktiv gefunden. Der Botschafter erwiderte, ich sei bereits in New York, er wolle mir das aber ausrichten. Etliche Stunden später erkundigte Hamilton Jordan sich bereits wieder in unserer Botschaft, wie denn meine Reaktion auf das gestrige Gespräch gewesen sei; er habe aus New York gehört, ich sei von der Konferenz im Weißen Haus nicht befriedigt, und die *Washington Post* habe ebenfalls ziemlich pessimistisch darüber berichtet. Wenige Tage darauf bat Jordan unseren Botschafter dringend zu sich: Er wisse, daß ich beabsichtige, vor Mitgliedern verschiedener jüdischer Gemeinden in Amerika zu sprechen und daß ich dabei auch unsere Meinungsverschiedenheiten mit der amerikanischen Regierung nicht verschweigen wolle.

Das war nicht etwa reine Vermutung seitens des Weißen Hauses, vielmehr hatte ich in Gesprächen mit Journalisten und führenden Mitgliedern jüdischer Vereinigungen aus meiner Enttäuschung keinen Hehl gemacht, und es stimmte auch, daß ich vor Versammlungen von Juden in mehreren Städten des Landes sprechen wollte. Bei diesen Veranstaltungen sollten Spenden für Israel gesammelt werden, und niemand bezweifelte, daß ich die amerikanische Haltung hinsichtlich eines Friedensschlusses im Nahen Osten negativ beurteilen würde. Selbstverständlich war ich nicht der einzige, der seine Meinung in dieser Angelegenheit kundtat; das Weiße Haus und das State Department sorgten ebenfalls dafür, daß die Medien genügend Stoff bekamen, um die Vorwürfe der Regierung gegen uns zu untermauern. Ich war geradezu erleichtert, Washington hinter mir zu haben, nicht mehr in dieser häßlichen Atmosphäre atmen zu müssen, die auf unseren Gesprächen gelastet hatte.

Als wir in der folgenden Woche in New York mit Vance und seinen Beratern erneut zusammentrafen, zuerst am 26. September und dann vier Tage später, war die Stimmung entspannter, doch substantiell hatte sich kaum etwas geändert. Die Amerikaner verlangten von uns größtmögliche Zugeständnisse, wollten sich selber jedoch zu nichts verpflichten.

Wieder fingen sie mit den Siedlungen an, obwohl wir darüber, wie ich fand, bereits erschöpfend mit Carter gesprochen hatten. Man teilte mir nunmehr »im Auftrag des Präsidenten« mit, die USA stünden nach wie vor auf dem Standpunkt, diese Siedlungen seien illegal, auch in der Form von Militärlagern. Ich war verblüfft und fragte, ob das heiße, der Präsident widerrufe seine mir gegebene Zustimmung? Er habe doch wörtlich gesagt, Militärlager seien nicht, was er sich wünsche, doch zumindest die »zweitbeste« Lösung, und man könne sich damit abfinden. Das sei richtig, bekam ich zur Antwort, doch habe der Präsident ebenfalls klargemacht, daß er gegen Siedlungen, welcher Art auch immer, in den besetzten Gebieten sei. Darauf konnte ich nur erwidern, dann sei es wohl besser, auf die von mir vorgeschlagene Regelung zu verzichten und unsere Siedlungen weiterzuerrichten, ohne ihnen den Anstrich von Militärlagern zu geben.

Als wir auf die Sicherheitsgarantien zu sprechen kamen, mit denen die Amerikaner uns ködern wollten, verlief das nach dem gleichen Muster. Welche Art Garantien sie uns denn nun geben wollten? fragte ich. Ähnlich den der NATO-Länder gegebenen, hieß es. Als ich das konkreter und im Detail hören wollte, bekam ich keine Antwort. Vance sagte, er habe darüber mit dem Präsidenten zwar gesprochen, man sei aber noch zu keinem endgültigen Entschluß gekommen.

Am 29. September überreichte uns die amerikanische Delegation zwei Dokumente: ein Arbeitspapier zur Genfer Konferenz und den Entwurf einer gemeinsamen Erklärung der USA und der UdSSR zur Lage im Nahen Osten. Tags darauf, als die beiden Arbeitsgruppen wieder zusammenkamen, baten uns die Amerikaner um eine Stellungnahme. Ich berichtete Vance, unser Ministerpräsident habe dem amerikanischen Botschafter in Israel erklärt, er mißbillige jede derartige Zwei-Mächte-Erklärung und sei ganz besonders gegen den vorliegenden Text.

Auch das Arbeitspapier zur Genfer Konferenz war für uns so nicht annehmbar. Es wich völlig von allem ab, was bei dem Gespräch im Weißen Haus vereinbart worden war. Wir waren den USA so weit wie möglich entgegengekommen, und ich hatte geglaubt, daß wir eine Übereinkunft erzielt hätten. Meine Regierung hatte unsere Empfehlungen gebilligt und sie sogar offiziell bekanntgegeben. Jetzt aber machten die Amerikaner eine Kehrtwendung. In dem neuen Arbeitspapier war wiederum von einer gesamtarabischen Delegation die Rede, und wieder sollten alle drei strittigen Punkte – die Palästinenser, die West Bank und die Flüchtlinge – als einziger Tagesordnungspunkt behandelt werden. Ferner war zwar die Rede davon, daß Verhandlungen zwischen Israel und jedem seiner benachbarten Staaten getrennt in Unterausschüssen stattfinden sollten, die letzte Entscheidung jedoch bei einem »Plenum« liegen sollte, das heißt einer gesamtarabischen Delegation! Es handelte sich mithin um ein für uns recht unangenehmes Dokument, und Begin hatte mich ermächtigt, es abzulehnen.

Offenbar bestand ein Zusammenhang zwischen dem neuen Arbeitspapier und der amerikanisch-sowjetischen Erklärung; das wurde mir noch klarer, nachdem Vance mir den sowjetischen Standpunkt hinsichtlich einer Friedensregelung erläuterte. Die Russen waren für eine Normalisierung der Beziehungen zwischen Israel und den arabischen Staaten, aber nur unter der Voraussetzung, daß Israel zu den Grenzen vom Mai 1967 zurückkehrte. Auch sollte ein Palästinenserstaat errichtet werden, und die Araber sollten eine gemeinsame Delegation nach Genf schicken. Die Russen hatten sich auch der syrischen Forderung angeschlossen, die Verhandlungen in Ausschüssen führen zu lassen, die funktionale, nicht aber territoriale Fragen behandeln sollten; es wäre also in einem israelisch-arabischen Ausschuß beispielsweise über die Art des Friedens, in einem anderen über die Grenzziehung und in wieder einem anderen über die Palästinenser gesprochen worden.

Ich fragte Vance, weshalb die USA eigentlich eine Zwei-Mächte-Erklärung wünschten?

»Weil wir eine gemeinsame Linie mit den Russen im Nahen Osten suchen«, war seine Antwort.

Im übrigen mache Ägypten insofern eine Ausnahme von den übrigen arabischen Staaten, als es keine gesamtarabische Delegation wünsche und bereit sei, schon vor Beginn der Genfer Konferenz in Verhandlungen mit uns einzutreten. Offenbar liege den Ägyptern aufrichtig daran, bald zu einem Friedensschluß mit uns zu kommen.

Als ich nach Jordaniens Haltung fragte, gab er mir keine klare Antwort. Ich brachte weiter nichts aus ihm heraus, als daß Jordanien nichts gegen die Aufnahme von Palästinensern in die gesamtarabische Delegation habe, doch der eigenen jordanischen Delegation dürften um keinen Preis welche angehören. Die Delegation Jordaniens werde einzig aus Jordaniern bestehen.

Offensichtlich war den Amerikanern bei ihrem Hin und Her selber nicht ganz wohl. Sie wanden sich wie die Schlangen, der Grund dafür war einleuchtend. Weil sie wußten, wie sehr uns an einem Einvernehmen mit ihnen gelegen war, suchten sie uns ein kleines Zugeständnis nach dem anderen abzuringen, indem sie uns den Eindruck vermittelten, alle unsere Schwierigkeiten würden sich in Luft auflösen, wenn wir ihnen nur noch ein kleines bißchen entgegenkämen. Überdies suchten sie nach Formulierungen, die nicht nur für die Araber, sondern auch für die Russen annehmbar sein sollten. Das hieß: Was auch immer zwischen uns und den Amerikanern verabredet wurde, konnte erst dann als vereinbart gelten, wenn die anderen Parteien zustimmten. Das alles war mir durchaus verständlich, wütend machte mich hingegen ihre zur Schau getragene Blauäugigkeit, die wiederholten Ausreden, man habe uns falsch verstanden oder wir hätten ihre Absichten verkannt.

Gelegentlich kam es auch zwischen mir und meiner eigenen Regierung zu Spannungen. Ich hielt es für meine Aufgabe, im Rahmen der Richtlinien unserer Regierungspolitik nach Formeln und Kompromissen zu suchen, die für Araber wie Amerikaner annehmbar waren. Dabei ließ ich die Amerikaner unmißverständlich wissen, daß meine Regierung möglicherweise meine Vorschläge nicht annehmen würde. Begin hingegen wollte lieber, daß ich den Amerikanern keinen Vorschlag machte, den die Regierung nicht zuvor abgesegnet hätte, aber das war selbstverständlich nicht praktikabel. Ich sagte dem Premier, wenn er auf dieser Prozedur bestehe, könne er ständig einen Kurier zwischen Amerika und Israel pendeln lassen. Beide führten wir eine Diskussion mit größter Zurückhaltung, denn wir wußten, daß es hier um ein Prinzip ging und eine eindeutige Entscheidung notwendig war. Der Meinungsaustausch endete schließlich damit, daß Begin mir uneingeschränkte Vollmacht für die Verhandlungsführung gewährte.

Vom State Department hörte ich, daß der Präsident mich ein zweites Mal sprechen wolle. Es wurden der 4. Oktober und New York als Ort festgelegt. Ich berichtete darüber nach Jerusalem und umriß den Inhalt eines von uns formulierten Arbeitspapieres, das Vance übermittelt werden solle, bevor ich Carter traf. Begin stimmte zu, schlug gewisse Änderungen im Wortlaut einiger Passagen vor und antwortete, als ich nach dem Stand der Siedlungspolitik fragte, es gehe alles wie vereinbart. Die Siedler arbeiteten als zivile Angestellte der Armee in Militärlagern, und für die nähere Zukunft seien sechs weitere Siedlungen geplant, so wie ich es Carter in Washington gesagt habe.

Wir trafen uns kurz vor neunzehn Uhr. Carter war in Begleitung von Vance, Brzezinski, Atherton und Quandt. Ich hatte Simcha Dinitz, unseren Botschafter in Washington, und drei Mitarbeiter aus Jerusalem mitgebracht. Meir Rosenne, ein äußerst beschlagener Rechtsexperte des Außenministeriums (derzeit unser Botschafter in Paris); Eliakim Rubinstein, ein junger, sehr tatkräftiger und begabter Anwalt, ehemals im Verteidigungsministerium unter mir und jetzt mein Bürochef im Außenministerium; und Naftali Lavie, ein erfahrener Presseoffizier, der ebenfalls früher im Verteidigungsministerium arbeitete.

Man hatte mir schon angekündigt, daß das Gespräch mit dem Präsidenten kurz sein würde, da er die europäischen Außenminister, die zur Vollversammlung der UN in New York weilten, zu einem Essen geladen hätte. Es dauerte dann aber doch bis 1.30 Uhr; Carter verließ uns für die Dauer des Diners, kam dann aber zurück. Hauptthema der Besprechung war die Genfer Konferenz.

Präsident Carter war diesmal aufgeschlossen und umgänglich. Er hörte aufmerksam zu, drückte sich klar aus und erwartete ein gleiches von seinem Gesprächspartner, auch wenn ihm nicht gefiel, was er sagte. Sein zwangloses Auftreten wirkte ansteckend und entspannend. Als er müde wurde, streifte er die

Schuhe ab, hockte sich in seinen Sessel und umschlang seine Knie. Er hat einen ausgeprägten Sinn für Humor, kann viel einstecken und zahlt mit gleicher Münze zurück.

Eines hatte ich aus meiner ersten Unterredung mit Carter gelernt: Ich durfte ihm keinen Vorwand für die Behauptung liefern, ich drücke mich nicht klar aus. Daran hielt ich mich jetzt. Carter erwähnte als erstes die amerikanisch-sowjetische Erklärung. Sie enthalte doch viele schöne Punkte, und er verstehe nicht, was uns so ärgerlich mache? Er dürfte gewußt haben, daß nicht nur die israelische Regierung diese Erklärung scharf ablehnte, sondern auch die amerikanischen Juden und viele Parlamentarier, die vorhersagten, die Russen würden auf diese Weise neuerlich ihren Einfluß im Nahen Osten festigen, und das, nachdem Ägypten ihn gerade erst mit viel Mühe eingedämmt hatte.

Ich wollte mich in dieser Angelegenheit nicht auf Einzelheiten einlassen, sondern die vorhandene Zeit lieber für Gespräche über die Genfer Konferenz nutzen. Deshalb schlug ich vor, daß unser juristischer Berater, Meir Rosenne, unsere Bedenken in einem Memorandum darlegen solle. Mein Hauptinteresse war zu erfahren, ob Israel auf der Grundlage der UN-Resolutionen 242 und 338 in Genf verhandeln könne, auch wenn wir zugleich erklärten, daß wir die Zwei-Mächte-Erklärung nicht akzeptierten, oder ob Amerikaner und Russen ihre Erklärung zur Grundlage der Genfer Konferenz machen wollten?

Vor seiner eigentlichen Antwort sagte Carter, wir müßten begreifen, wie nachteilig es für Israel wäre, falls wir uns nun auch noch öffentlich über die Genfer Konferenz stritten. Israel stehe dann mutterseelenallein und habe die Weltmeinung gegen sich. Träte Amerika nicht mehr öffentlich für Israel ein, werde uns das besonders schaden.

Ich unterschätzte nicht das Gewicht seiner Äußerung und auch nicht die Schwierigkeiten, die uns im Falle eines Streites mit den Vereinigten Staaten erwachsen würden, trotzdem wiederholte ich meine Frage und fügte hinzu, daß Israel auf der Basis dieser Zwei-Mächte-Erklärung nicht in Genf verhandeln werde. Ich wollte wissen, ob wir auch dann an der Genfer Konferenz teilnehmen könnten, wenn wir diese Erklärung zurückwiesen.

Hier unterbrach Vance und sicherte mir zu: »Grundlage der Konferenz werden die Beschlüsse 242 und 338 sein. Wie Sie die

Zwei-Mächte-Erklärung beurteilen, ist Ihre Sache. Die Vereinbarung mit der Sowjetunion bindet einzig uns.«

Ich kann nicht behaupten, daß mich das sehr erleichterte, denn eine gemeinsame russisch-amerikanische Politik mußte erhebliche Auswirkungen haben, besonders wenn sich ihr Europa, die arabischen Länder und die der Dritten Welt anschließen sollten. Immerhin hatte ich jetzt eine Antwort: Unsere Ablehnung der Zwei-Mächte-Erklärung würde uns nicht von der Genfer Konferenz ausschließen.

Die Amerikaner hatten mehrfach beteuert, sie wollten die Errichtung eines Palästinenserstaates nicht fördern. Ich hielt es trotzdem für notwendig, dem Präsidenten noch einmal unmißverständlich zu sagen, daß Israel absolut gegen die Errichtung eines solchen Staates sei, auch in Form einer Föderation mit Jordanien. Wir strebten eine Vereinbarung über die friedliche Koexistenz von Palästinensern und Juden an, sagte ich, hätten aber lebenswichtige Interessen auf der West Bank und im Gazastreifen, die wir nicht einfach aufgeben könnten. Wir würden uns nie wieder mit einer Lage abfinden, in der die Mehrheit der israelischen Bevölkerung in einem dreizehn Kilometer schmalen Küstenstreifen eingepfercht ist, ohne Schutz durch eine Frühwarnzone auf der West Bank und Verteidigungsstellungen entlang des Jordan. Ich sei persönlich kein Feigling, sagte ich zu Carter, doch als Jude fürchte ich für mein Volk. Wir hätten im Laufe unserer Geschichte zu viele Katastrophen erlitten, um die Gefahr einer Wiederholung leichtfertig abzutun. Wir könnten uns nicht leisten, uns in der trügerischen Hoffnung zu wiegen, »es wird schon nichts passieren«. Wir ließen uns dabei auch nicht nur von Sicherheitserwägungen leiten, vielmehr betrachteten wir die West Bank – das biblische Judäa und Samaria – als Teile unserer angestammten Heimat. Wir seien dort keine Fremden und könnten nicht auf das Recht verzichten, dort zu siedeln und Land zu gewinnen.

Ob wir uns eine Teilung dieser Gebiete zwischen uns und Jordanien vorstellen könnten? wollte Carter nun wissen. Ich erwiderte, daß man darüber reden könne, doch glaubte ich nicht, daß dies den Wünschen der Araber entspreche. Seit zehn Jahren liegt Jordanien unser Allon-Plan vor, und es werde immer nur negativ darauf reagiert. Sollte Jordanien allerdings selbst darauf zurückkommen, wollten wir das ernsthaft prüfen.

Da wir nun schon so offen miteinander sprachen, gleichsam

mit harten Bandagen kämpften, fragte ich Carter noch, ob wir darauf zählen dürften, daß die USA in der Frage der Palästinenser auf uns keinen Druck ausüben würden, einerlei, welche Haltung die Araber einnähmen? Die Frage gefiel ihm nicht, er wich aber auch nicht aus. Er beabsichtige nicht, einen solchen Druck auf uns auszuüben, sagte er, doch sollten wir nicht versuchen, eine entsprechende feste Zusage von ihm jetzt und an diesem Ort zu erhalten. Er könne nicht versichern, keinerlei Druck auf uns auszuüben, was Jerusalem, Scharm el-Scheich, die Golanhöhen oder die Palästinenserfrage ganz allgemein betreffe.

Das war wenig beruhigend, und ich erinnerte ihn daran, daß er erklärt habe, uns in unserem Konflikt mit den Arabern keine Lösung aufzwingen zu wollen.

Dies treffe zu, bestätigte Carter, und er verspreche »auf Ehrenwort«, diese Zusage auch zu halten. Was die Errichtung eines Palästinenserstaates angehe, so habe außer Saudi-Arabien und Syrien keiner unserer arabischen Nachbarn ihm etwas Derartiges vorgeschlagen; er achtete dabei sehr darauf, das Wort »Staat« nicht zu benutzen, sondern sprach von »Entität«.

Ich wollte schon zum nächsten Thema übergehen, doch Carter blieb noch bei den Palästinensern. Er wünsche keinen »Kuhhandel«, sagte er, doch der tote Punkt in der Frage, wer denn nun die Palästinenser in Genf vertreten solle, müsse überwunden werden. Indem wir die Palästinenser als Verhandlungspartner ablehnten, machten wir, die Israelis, es den Arabern wie den Amerikanern schwer. Den Arabern dies verständlich zu machen, sei für die Amerikaner die härteste Nuß. »Dutzende von Stunden habe ich allein an diese eine Frage verschwendet«, beschwerte sich Carter, »und meine Arbeitszeit gehört schließlich meinem Volk.« Israel stelle sich in dieser Sache einfach zu stur und werde es noch dahin bringen, daß die Konferenz in Genf nicht zustande komme.

Sein Ton war ebenso scharf wie seine Worte. Nun sagte ich, es sei mir zu Ohren gekommen, er, der Präsident der USA, habe behauptet, daß wir es seien, die einen Friedensschluß verhinderten. Ja, das stimme, gab Carter zu. Wir hätten doch fast jeden der strittigen Punkte mit immer neuen Schwierigkeiten belastet, und er führte wider besseres Wissen Beispiele dafür an: Wir beharrten darauf, in Genf die praktischen Verhandlungen unbedingt mit Beauftragten eines jeden arabischen Staates getrennt zu führen, und lehnten eine gesamtarabische Delegation ab.

Warum? Das begreife er nicht. Wo denn da der große Unterschied liege? Daß es sich um einen ungemein bedeutenden Unterschied handelte, hatten wir ihm mehrfach erläutert, aber er wollte jetzt keine Antwort hören. Wir hatten auch genau erklärt, warum wir die PLO nicht als selbständige Delegation akzeptieren können, und doch führte er als weiteres Beispiel für unsere Unnachgiebigkeit gerade diese Tatsache an. Warum solle die PLO nicht ebenfalls in Genf verhandeln? fragte er. Tatsache sei leider, daß Israel sich am meisten gegen den Frieden sperre, vielleicht noch Syrien. Ägypten und Jordanien zeigten sich viel flexibler. Carter schloß: Er hoffe, unsere Haltung habe sich nun geändert, alle Schwierigkeiten könnten ausgeräumt werden, und man könne nun endlich zu den Verhandlungen nach Genf gehen.

Eine ausführliche Replik hielt ich für ziemlich sinnlos. Carter wußte sehr wohl, daß niemand so brennend am Frieden interessiert war wie Israel, doch sollte er immerhin unmißverständlich unseren Standpunkt zu den von ihm berührten Fragen hören. Dazu zählte die Ansiedlung der Flüchtlinge, und ich sagte, wir würden darüber in Genf nicht diskutieren. Die Genfer Konferenz werde einberufen, um eine Friedensregelung zu treffen, und habe nicht über das Schicksal der Flüchtlinge zu befinden. Und über die West Bank und den Gazastreifen würden wir mit Jordanien und Ägypten reden, auch mit den dort lebenden Palästinensern, falls sie einer jordanischen Delegation angehörten. Nicht aber mit der PLO.

Begin habe ihm doch aber zugesagt, es könnten auch PLO-Mitglieder einer Delegation angehören, vorausgesetzt, es seien keine der bekannten Führer. Um die Atmosphäre ein wenig zu lockern, erwiderte ich, daß diese Unbekannten, falls sie in Genf teilnähmen, schon sehr bald bekannt sein würden.

Um zwanzig Uhr verließ uns der Präsident, um an seinem Bankett teilzunehmen, das Gespräch wurde erst nach eineinhalb Stunden wieder fortgesetzt, als er zurückkam. Carter fragte nun, ob ich im Rahmen eines Friedensvertrages einem Rückzug der Israelis auf die Grenzen vom Mai 1967 zustimmen könne. Bevor ich noch etwas erwidern konnte, fügte er hinzu: »Sie haben selbst einmal gesagt, Sie seien gegen die Besetzung des Golan. Haben Sie Ihre Ansicht geändert?«

Ich erwiderte, man könne die Uhr nicht zurückstellen. Man müsse sich eine Landkarte Israels vornehmen und den Verlauf der Grenzen an allen Fronten festlegen. Grundsätzlich gelte, daß wir nicht zu den alten Grenzen zurückkehren und weder die zivilen noch die in den verwalteten Gebieten errichteten militärischen Einrichtungen aufgeben wollten.

Bedeutet das: Keine wie auch immer geartete Räumung? wollte Carter wissen. Das, sagte ich, sei etwas zu stark ausgedrückt. Ich selbst würde den Ägyptern sehr weit entgegenkommen, falls deren Regierung Frieden wünsche. Die West Bank jedoch dürfe nicht fremder Oberhoheit unterstellt werden. Allerdings könnte ich mir vorstellen, daß sich eine Regelung ohne Annexion finden lasse. Wir würden dort bleiben, unsere militärischen Einrichtungen beibehalten und mit den einheimischen Arabern zusammen leben.

Darauf erwiderte Carter nichts, doch war zu erkennen, daß er an seinem Standpunkt ebenso festhielt wie ich an meinem. Im weiteren Verlauf des Gespräches meinte er dann, die Araber würden über den Sinai und die West Bank womöglich mit sich reden lassen, nicht aber über den Golan.

Das Gespräch mit Carter währte bis Mitternacht. In den folgenden zwei Stunden entwarfen wir mit Vance und seinen Mitarbeitern ein einvernehmliches Arbeitspapier und eine gemeinsame Presseerklärung. Der Wortlaut beider Dokumente wurde zur Genehmigung nach Jerusalem gekabelt.

Das gemeinsame Arbeitspapier erhielt den Titel: »Vorschläge für die Wiederaufnahme der Genfer Friedenskonferenz«. Es war knapp und umfaßte nur ein halbes Dutzend sorgfältig formulierter Sätze:

1. Die arabischen Parteien werden von einer gesamtarabischen Delegation vertreten, der auch palästinensische Araber angehören. Nach den Eröffnungssitzungen teilt sich die Konferenz in Arbeitsgruppen auf.

2. Die Arbeitsgruppen, denen Aushandlung und Abschluß der Friedensverträge obliegt, setzen sich folgendermaßen zusammen: Ägypten – Israel; Jordanien – Israel; Libanon – Israel. (Libanon kann auf Wunsch an der Konferenz teilnehmen.)

3. Die Komplexe West Bank und Gaza werden in einer Arbeitsgruppe erörtert, die aus Israelis, Jordaniern, Ägyptern und den palästinensischen Arabern besteht.

4. Über die arabischen und jüdischen Flüchtlinge (solche, die aus arabischen Staaten geflohen sind), wird nach Maßgabe einer zu treffenden Vereinbarung verhandelt.

5. Als Grundlage der Verhandlungen werden von allen Beteiligten die Beschlüsse des UN-Sicherheitsrates Nr. 242 und Nr. 338 angesehen.

Wir sagten den Amerikanern, daß man damit rechnen müsse, daß unsere Regierung das Dokument als Ganzes oder in Teilen ablehne, und tatsächlich traf am folgenden Morgen ein Telegramm von Begin ein, in dem zwei Vorbehalte gemacht wurden, einer davon war besonders ärgerlich: Er meinte, mit der in Artikel 1 erwähnten gesamtarabischen Delegation sei der Ausschluß der PLO nicht garantiert, obwohl doch genau dies der Fall war. Die PLO war nicht nur unerwähnt geblieben, wir hatten gemeinsam mit den Amerikanern auch einen passablen Ausweg aus dieser Klemme gefunden. Überdies wußte Begin sehr wohl, daß er selber gegenüber Carter die Teilnahme von »nicht als solchen bekannten« Mitgliedern der PLO zugestanden und versichert hatte, man werde »die Beglaubigung« palästinensischer Mitglieder der jordanischen Delegation nicht eigens prüfen. Derartige Formulierungen hielt ich für faulen Zauber und war froh darüber, daß sie keinen Eingang in unser Arbeitspapier gefunden hatten.

Der zweite Vorbehalt Begins war grundsätzlicher Art und bezog sich auf die in Artikel 3 erwähnten »palästinensischen Araber«, die in der Arbeitsgruppe für die West Bank mitwirken sollten. Zwar war klar, daß sie nicht als Partei an den Friedensverhandlungen oder als künftige Bürger eines zu schaffenden Staates teilnehmen sollten, doch traf zu, daß sie nun erstmals als legitime Verhandlungspartner im Hinblick auf künftige Regelungen im Gazastreifen und auf der West Bank in Erscheinung traten. Bislang hatten alle israelischen Regierungen darauf beharrt, palästinensische Araber dürften nur als Angehörige einer jordanischen Delegation teilnehmen. Meine eigene Meinung war das übrigens nicht. Wenn wir eine fremde Oberhoheit über die West Bank ablehnten und einen Modus vivendi mit deren Bewohnern erstrebten, mußte uns daran gelegen sein, darüber mit ihnen ins Gespräch zu kommen. Ich wußte, daß die Ansichten in Israel darüber geteilt waren, und fand es nur richtig, daß die Regierung in dieser wichtigen Frage einen entschlossenen Standpunkt bezog. Nach mehreren Telefongesprächen und Telegrammen sagte mir Begin, der von mir empfohlene Wortlaut des Arbeitspapiers werde sogleich nach meiner Ankunft in Jerusalem, am 11. Oktober, im Kabinett beraten werden, also nach meiner Rede vor der UN-Versammlung.

Ich sah in dem Arbeitspapier und seinen Zusätzen einen erheblichen Fortschritt. Selbstverständlich besaßen wir damit für Genf noch keinen Operationsplan. Auch mußten die Amerikaner erst noch die Araber dafür gewinnen, die darin enthaltenen Richtlinien anzunehmen, und die Aussichten dafür schätzte ich gering ein. Noch konnte niemand sagen, ob die Genfer Konferenz wiederaufgenommen werden würde, doch unser Hauptziel war ja, uns auf einen gemeinsamen Standpunkt mit Washington in diesen schwierigen Dingen zu einigen, und das hatten wir erreicht. Darin lag der Wert dieses Arbeitspapiers.

Am Montag, dem 10. Oktober, sprach ich nachmittags vor der Vollversammlung der UN und kam am nächsten Morgen nach einem langen Nachtflug um 9.30 Uhr in Israel an. Ich fuhr sofort nach Jerusalem zum Ministerpräsidenten, und wir nahmen uns unverzüglich jene Teile des Arbeitspapiers vor, die ihm bedenklich vorkamen.

Seine Sorge, die PLO könne in Genf vertreten sein, zerstreute ich durch eingehende Erläuterungen, und er schien überzeugt zu sein, daß gegen unseren Willen keine PLO-Mitglieder in die arabische Delegation aufgenommen werden könnten. Über die Teilnahme ortsansässiger Palästinenser an den Diskussionen über die Zukunft der West Bank und Gaza kannte er meinen Standpunkt bereits, und ich konnte den nur wiederholen. Begin wollte sich aber nicht festlegen. Er hörte aufmerksam zu, machte hin und wieder auch Einwürfe, ließ aber ansonsten nicht erkennen, welchem Standpunkt er zuneigte.

Ich konnte also nicht ahnen, wie die Abstimmung im Kabinett ausfallen würde. Doch nach meinem Bericht und den darauffolgenden eingehenden Beratungen gab die Regierung ihre Zustimmung zu dem Arbeitspapier, die sie noch zurückgehalten hatte, als ich in New York war. Die Entscheidung fiel positiv aus, weil es der Ministerpräsident so wünschte: Er hatte seine Bedenken zurückgestellt, und die Minister fügten sich. (Zwar war ich von dem Ergebnis befriedigt, mußte aber doch daran denken, daß in früheren Regierungen, denen ich angehört hatte, die Minister weniger fügsam gewesen waren, selbst unter Ben Gurion. Waren sie anderer Meinung als ihr Premier, dann sagten sie das offen und stimmten auch gegen ihn.)

So berichtete ich denn am Tag darauf den Knesset-Ausschüssen für Außenpolitik und für Sicherheit über das Zustandekommen des zwischen den Amerikanern und uns ausgehandelten Arbeitspapiers. In diesen Ausschüssen, die aus Mitgliedern aller Parteien bestanden, wurde, wie allgemein üblich, an der Regierung herumgemäkelt, diesmal allerdings weniger von der Arbeiteropposition als von den extremeren Parteigängern Begins. Hier handelte es sich aber nicht um legislative Körperschaften, und ihre Stellungnahme war für die Regierung nicht bindend. Der eigentliche Kampf spielte sich im Plenum der Knesset ab, die tags darauf eine Sondersitzung abhalten sollte.

Beantragt worden war sie von der Arbeiterpartei. Es waren gerade Parlamentsferien, und man mußte die Abgeordneten extra zusammenrufen. Angeblich sollte über die politischen Konsequenzen der gemeinsamen amerikanisch-sowjetischen Erklärung diskutiert werden. Hauptdebattenthema allerdings war das Arbeitspapier.

Schimon Peres eröffnete die Debatte als Führer der Opposition und gab dabei eine traurige Vorstellung. Selbstverständlich ist es das Recht, ja die Pflicht der Opposition, eine Regierung zu kritisieren, doch seine Rede war pathetisch und durch einen erschreckenden Mangel an Realismus gekennzeichnet, was ihm eigentlich gar nicht ähnlich sah. Er behauptete, die Regierung benutze die Verhandlungen als einen Ersatz für den Frieden, nicht als Mittel, ihn zu erlangen. Auch hätten wir uns der amerikanischen Forderung gebeugt, die PLO in Genf zuzulassen. Die gesamtarabische Delegation hingegen werde sich nicht auf die ihr zugedachte rein zeremonielle Rolle beschränken, sondern als Gruppe tätig werden.

Von seiner eigenen Beredsamkeit fortgerissen, erklärte Peres es für nachgerade skandalös, daß wir »palästinensische Araber, die nicht als Mitglieder der PLO bekannt sind«, in einer jordanischen Delegation akzeptieren wollten, »ohne ihre Beglaubigung näher zu prüfen«. Mag sein, daß er damit keine Irreführung beabsichtigte, doch bei seinen Zuhörern konnte sehr wohl der Eindruck entstehen, er zitiere aus dem Arbeitspapier. Dieser Eindruck mußte sich noch verstärken, als er fortfuhr: In der Praxis bedeute dies, daß man unseren Zugeständnissen und dieser Vereinbarung entnehmen werde, wir seien bereit, mit den Arabern über die Errichtung eines Palästinenserstaates zu verhandeln! Er schloß mit der Warnung, so kämen wir vielleicht der Genfer

Konferenz näher, nicht aber dem Frieden. Richtig betrachtet hätten wir uns jedoch eher einer militärischen Konfrontation mit unseren Nachbarn nähergebracht.

Ich kenne Peres seit Jahren – wir sind lange Kollegen gewesen –, und seine Rede verblüffte und bekümmerte mich zugleich. Besonders enttäuschend empfand ich, daß er als Mitglied des außenpolitischen und des Verteidigungsausschusses tags zuvor mit eigenen Ohren gehört hatte, wie ich das Zustandekommen des Wortlautes des Arbeitspapieres Schritt für Schritt beschrieb, und also wissen mußte, wie grundlos seine Anschuldigungen waren.

Ich entgegnete darauf für die Regierung, verwendete dabei aber nur wenig Zeit auf die Widerlegung der Argumente von Peres, äußerte mich vielmehr ausführlich über die Bedeutung des Umstandes, daß wir gemeinsam mit den palästinensischen Bewohnern von Gaza und der West Bank einen akzeptablen Modus vivendi erarbeiten wollten. Ich machte klar, daß die Errichtung eines Palästinenserstaates dabei kein Gesprächsthema sein würde; dies würden wir auch ohne ihre Zustimmung zu verhindern wissen. Auch über unser Recht, in diesen Gebieten zu siedeln und Streitkräfte zu unterhalten, werde nicht diskutiert werden, denn Judäa und Samaria seien Teil unserer uralten Heimat, die Wiege unseres Volkes, und wir würden uns davon nie wieder trennen. Da wir aber weder den Gazastreifen noch die West Bank zu annektieren gedächten, andererseits dort aber auch keine fremde Oberhoheit dulden wollten, sei es doch wohl geboten, mit den einheimischen Palästinensern über die Formen eines friedlichen Zusammenlebens zu sprechen.

Die Arbeiterpartei hielt gleichwohl an der traditionellen Auffassung fest, Israel dürfe allein mit Jordanien verhandeln, Repräsentanten der West Bank und des Gazastreifens müßten daher einer jordanischen Delegation angehören. Daß die jordanische Regierung gerade dies ausdrücklich ablehnte, daß der König unmißverständlich gesagt hatte, er sei nicht der erwählte Schutzpatron dieser Palästinenser, machte auf Peres und seine Freunde nicht den geringsten Eindruck. Offenbar hielten sie es für eine Anmaßung, daß Jordanien als souveräne Monarchie gelten und die Jordanier über die Zusammensetzung ihrer Delegation selbst bestimmen wollten, statt dieses Geschäft uns zu überlassen.

In der Knesset wurde der Antrag der Opposition mit einundvierzig gegen achtundzwanzig Stimmen abgelehnt. Aufs Ganze gesehen war ich zufrieden, daß im Parlament offen darüber diskutiert worden war, ob wir mit den palästinensischen Arabern der West Bank direkt verhandeln sollten oder nicht, und daß bei dieser Gelegenheit das Arbeitspapier auch die Billigung des Parlaments und nicht nur die der Regierung gefunden hatte. Bedauerlich blieb allein die Tatsache, daß die Arbeiterpartei sich gegen beides sperrte.

Es war eine besondere, wenn auch nicht gerade erhebende Sitzung gewesen. Niemand ahnte damals, daß die nächste Sondersitzung der Knesset fünf Wochen später einberufen werden sollte und daß der Anlaß einer der dramatischsten in den drei Jahrzehnten ihres Bestehens sein würde.

6.
Sadat in Jerusalem

Am 9. November 1977 wiederholte Präsident Sadat vor dem ägyptischen Parlament eine Äußerung, die er schon mehrmals bei anderer Gelegenheit gemacht hatte: Er sei bereit, bis ans Ende der Welt zu gehen, wenn er dadurch verhindern könne, daß auch nur ein einziger Sohn ägyptischer Eltern auf dem Schlachtfeld getötet oder verwundet werde. Diesmal jedoch wich er vom vorbereiteten Text seiner Rede ab und fügte, jedes Wort deutlich betonend, hinzu: Die Israelis würden erstaunt sein, wenn er ihnen sage, daß er sogar bereit sei, in ihrem eigenen Parlament – in der Knesset – mit ihnen zu sprechen.

Er wiederholte dies vor amerikanischen Kongreßmitgliedern in Kairo, die zuvor in Israel gewesen waren, und denen Ministerpräsident Begin in Jerusalem versichert hatte, er sei jederzeit bereit, sich mit Sadat zu treffen. Sadat sagte, er werde gerne für ein paar Tage nach Israel reisen und mit Abgeordneten der Knesset über einen echten Frieden zwischen Israel und den arabischen Staaten sprechen.

Israel übereilte sich mit seiner Antwort auf dieses Anerbieten nicht. Die Regierung wußte nicht, ob es sich bei Sadats Äußerung um eine ehrliche Willensbekundung handelte – daß er also endlich auf die von Israel seit langem vorgebrachte Forderung nach direkten Friedensverhandlungen eingehen wolle – oder ob es bloße Propaganda war. In der Öffentlichkeit reagierte Begin zunächst mit einem Friedensappell an das ägyptische Volk. Er fügte an, Sadat könne ja bei der Genfer Konferenz ebenso seinen Standpunkt darlegen wie Israel. Doch vier Tage später sagte Begin auf einem Empfang für eine französische Delegation im Hilton Hotel in Tel Aviv: »Ich lade hiermit offiziell im Namen der israelischen Regierung Ägyptens Staatspräsidenten Anwar el-Sadat nach Jerusalem zu Konsultationen über einen dauerhaften Frieden zwischen Israel und Ägypten ein.«

Zwei Tage darauf, wiederum bei einem Empfang ausländischer Gäste, wiederholte Begin die Einladung. Diesmal sagte er, er wolle das Einladungsschreiben gern in aller Form durch die amerikanischen Botschafter in Tel Aviv und Kairo übergeben lassen. Außerdem fügte er hinzu, daß er ebensogern nach Kairo fahren würde, sollte Sadat ihn einladen.

Noch am selben Abend, dem 15. November, erfolgte durch diplomatische Kanäle die offizielle Einladung an Sadat, in der folgenden Woche nach Jerusalem zu kommen.

Begin, der nach den Äußerungen Sadats in Kairo tagelang über deren wahren Sinn nachgegrübelt hatte, ließ schließlich alle Zweifel und alle Skepsis fahren und sprach sich vorbehaltlos für den Besuch aus. Er erblickte dessen Wert darin, daß dies ein erster Schritt auf dem Weg zum Frieden sein könnte, ein Akt von historischer Bedeutung. Von Tag zu Tag stieg die Spannung in Erwartung des dramatischen Ereignisses, doch gründliche Beratungen fanden vor diesem Besuch nicht statt. Das lag wohl daran, daß Begin im Hinblick auf alle Streitpunkte zwischen Israel und den Arabern lange gehegte Meinungen und auch feststehende Formeln hatte; dieses Arsenal brauchte sozusagen für den bevorstehenden Besuch nur frisch aufpoliert zu werden.

Meine eigene Begeisterung hielt sich in Grenzen. So wie anfänglich der Ministerpräsident war ich der Meinung, man müsse versuchen, die wahren Absichten Sadats zu ergründen, doch das allein vertrieb für mich auch nicht alle Wolken am Horizont. Sicher, seit dem Jom-Jippur-Krieg war mir klar, daß Sadat den Frieden wünschte und daß er mit dem Besuch bei uns eben dieses Ziel verfolgte. Nur quälte mich die Frage: Was wird Sadat als Gegenleistung von uns fordern? Die Stimmen, die jetzt schon aus Kairo zu uns drangen, verhießen nichts Gutes. Die Ägypter, so schien es, erwarteten von uns eine einmalige historische Geste, ein extrem großmütiges Angebot – nicht mehr und nicht weniger als den Rückzug aus allen im Krieg von 1967 eroberten Gebieten. Auch Sadats Reise nach Damaskus, wo er sich mit dem syrischen Präsidenten Assad abstimmen wollte, schien mir kein Grund zum Feiern. Allerdings kannte ich die Araber gut genug, um zu wissen daß die ägyptische Presse eine starke Abwehrstellung gegen die zu erwartenden Angriffe seitens anderer arabischer Länder auf Ägypten vorbereiten mußte. Gleichviel, man konnte nicht einfach ignorieren, was da schriftlich und mündlich im Namen von Sadat verlautbart wurde.

So hieß es im ägyptischen Rundfunk, die Ägypter hielten sich strikt an die strategischen Ziele der arabischen Welt, und Sadats Besuch in Israel diene dem Versuch, »die Maske vom wahren Gesicht Israels zu reißen, das sich so gern als friedliebend darstellt«. Sadat sandte zwei Tage vor seinem Besuch eine telegrafische Botschaft an ein Symposium, das von einer Monatszeitschrift in Tel Aviv veranstaltet wurde. Darin hieß es, daß die »unabdingbaren Rechte der Palästinenser auf eine eigene Heimat« anerkannt werden müßten. In Gesprächen mit den in Kairo weilenden amerikanischen Parlamentariern forderte er, die PLO müsse in Genf vertreten sein, und die Verhandlungen würden die Gründung eines Palästinenserstaates zur Folge haben. In der halbamtlichen Zeitung *Al-Achram* stand zu lesen, Sadat mache seinen Besuch immer noch davon abhängig, daß Israel sich im Vorhinein verpflichte, alle eroberten arabischen Gebiete zu räumen und die Rechte der Palästinenser anzuerkennen, auch das auf einen eigenen Staat. Die Zeitung *Al-Akbar* erklärte, Israel müsse endlich begreifen, daß es nicht Zweck der Genfer Konferenz sei, über die Koexistenz von Israel und den Palästinensern zu verhandeln, sondern über die Errichtung eines Palästinenserstaates und Israels Rückzug aus den eroberten Gebieten.

Ich hatte noch gut Tuhamis Worte im Ohr, der in Marokko gesagt hatte: »Sadat wird Begin erst die Hand reichen, wenn Israel versprochen hat, sich aus allen arabischen Gebieten zurückzuziehen«. Daß Sadat darauf nicht mehr bestand, daß er seinen Besuch in Jerusalem nicht von der Erfüllung von Vorbedingungen abhängig machte, freute mich sehr. Gleichwohl erwartete ich seinen Besuch mit gemischten Gefühlen, obwohl ich mir der Bedeutung des Ereignisses wohl bewußt war. Wie die Begegnung beginnen würde, konnte ich mir genau vorstellen – mit bunten Fahnen, Konfetti und Fanfaren – doch was kam danach?

Am Samstag, dem 19. November 1977, abends um 20.30 Uhr, betrat Sadat israelischen Boden. Kurz nach Ende des jüdischen Sabbats landete seine Maschine auf dem Ben-Gurion-Flughafen. Alle protokollarischen Ehren wurden dem Besucher zuteil: roter Teppich, Scheinwerferlicht, Ehrensalut, Flaggen, Nationalhymnen und Ehrenkompagnie. Nach dem Austausch der Grußformeln drückte er den geladenen Gästen in der ersten Reihe die Hand, sprach kurz mit dem einen oder anderen und fuhr sodann mit Staatspräsident Ephraim Katzir im Wagen nach Jerusalem.

Es war eine eindrucksvolle Zeremonie. Doch die Anwesenden und die Zuschauer am Fernsehschirm bewegte etwas anderes viel stärker: Es war die bloße Vorstellung, daß ein ägyptischer Staatspräsident mit einem ägyptischen Zivilflugzeug als Gast der israelischen Regierung auf Israels internationalem Flughafen landete; daß israelische Soldaten vor ihm salutierten, daß die Begleiter und Journalisten aus seinem Gefolge sofort auf ihre israelischen Kollegen zugingen, und sie sich vor Rührung fast um den Hals gefallen wären. Weiß Gott – es war ein großes Ereignis.

Wir fuhren in einer langen Autokolonne nach Jerusalem. Neben mir im Wagen saß der ägyptische Staatsminister Butros Ghali, ein hagerer, bleicher, ernst dreinblickender Mann. Wir trafen einander zum ersten Mal, und er machte einen etwas verkrampften Eindruck. Erst später wurde mir klar, daß er immer innerlich gespannt wirkt, auch wenn er lächelt. Auf der Fahrt zum König-David-Hotel in Jerusalem hielten wir uns nur kurz mit Höflichkeitsfloskeln auf – er erkundigte sich nach meinen archäologischen Studien und berichtete, daß er selbst hellenistische Antiken sammle –, dann gingen wir gleich zu den Themen über, die uns wirklich beschäftigten.

Ghali ärgerte sich über die wütenden Reaktionen der übrigen arabischen Politiker auf Sadats Friedensinitiative. Sie behaupteten, Ägypten torpediere die Einheitsfront der Araber, die man Israel in Genf habe präsentieren wollen. »Ägypten muß also unter allen Umständen vermeiden, einen Separatfrieden mit Israel zu schließen«, betonte er. An einem eventuellen Abkommen müßten sowohl die Palästinenser als auch Jordanien beteiligt sein.

Ich entgegnete, die Opposition in der arabischen Welt gegen Sadats Schritt sei mir bewußt, und ich verstände auch gut Ägyptens Dilemma. Doch meines Wissens bestehe keine Aussicht, Jordanien und die Palästinenser an den Verhandlungstisch zu bringen, und falls Ägypten einen Friedensvertrag wünsche, bleibe wohl nichts anderes übrig, als ihn allein mit uns abzuschließen, auch wenn die anderen nicht mitmachten.

Ghali war sichtlich enttäuscht. Er hatte angenommen, Sadats Besuch werde die »psychologische Barriere« überwinden – Israel werde sich in aller Freundlichkeit hinter die Grenzen von

1967 zurückziehen, und Palästinenser und Jordanier würden sich an der Friedenskonferenz beteiligen. Was ich als meine Wunschvorstellung aussprach, nahm er offenbar für meine Beurteilung der Lage. Jedenfalls sagte er: »Es tut mir leid, daß Sie in dieser Haltung an die Sache herangehen.« Trotz seines Mißmutes sah ich keine Veranlassung, die scharfen Umrisse der Wirklichkeit zu verwischen. Auch ich hätte gern, wie Sadat und Ghali, einen Friedensschluß nicht nur zwischen Israel und Ägypten, sondern mit allen unseren Nachbarn gesehen. Mir wurde aber klar, daß der Unterschied, der zwischen seiner und meiner Meinung bestand, sich im wesentlichen auf den Preis bezog, den Israel seiner Ansicht nach für den Frieden entrichten sollte: völlige Räumung der besetzten Gebiete und die Gründung eines Palästinenserstaates.

Auch auf die PLO kamen wir zu sprechen. Ich legte ihm nahe, Sadat zu bitten, nicht zu verlangen, daß Israel mit dieser Organisation Verhandlungen aufnehme, denn er würde darauf nur eine schroffe Ablehnung erfahren. Ghali versprach, seinen Präsidenten dahingehend zu informieren, und wirklich erwähnte Sadat tags darauf vor der Knesset die PLO nicht.

Ghali fuhr zum ersten Mal die Strecke vom Flughafen nach Jerusalem. Es war dunkel, man konnte fast nichts erkennen, und so beschrieb ich ihm die Gegend, durch die wir fuhren. Der Flugplatz lag hinter uns in der Küstenebene, dem biblischen Scharon, durch welches ehedem die uralte Straße am Meer verlaufen war, kontrolliert von den Großmächten jenes Zeitalters, Ägypten und Assyrien. Wir fuhren nach Osten und gelangten in die biblische Schephalah, jenen Streifen zwischen der Küste und dem judäischen Vorgebirge, der hauptsächlich von Kanaanitern, später auch von Philistern bewohnt worden war. Als wir das »Tor zum Tal« erreichten – auf hebräisch Sch'ar ha'gai, auf arabisch Bab el-wad –, sagte ich, nun beginne der Anstieg in die Berge Judäas nach Jerusalem. Diese Berge sind Teil eines in Nord-Süd-Richtung verlaufenden Gebirges, das während des Altertums die volkreichsten Siedlungen Israels aufwies; es ist gleichsam das Rückgrat des Landes Israel zwischen Mittelmeer und dem Jordan. Jerusalem, dessen Lichter wir bald in der Ferne sahen, war auf diesem Gebirgskamm erbaut worden, und von dort erstreckten sich Straßen in drei Richtungen: ostwärts zum Jordan und zum Toten Meer; südwärts nach Hebron und Beerscheba; nordwärts nach Nablus und Galiläa.

Nun fuhren wir durch die hell erleuchteten Straßen Jerusalems, geschmückt mit Flaggen und Transparenten, die unsere Besucher willkommen hießen, vorüber an jubelnden Menschen, die sich zur Begrüßung der Gäste eingefunden hatten, obwohl es spät und kalt war. Meist waren es junge Leute, denen die herzliche Freude vom Gesicht abzulesen war. Die Halle des König-David-Hotels war überfüllt von Gästen und Journalisten, und wir gelangten nur mühsam zum Fahrstuhl. Ich begleitete Ghali noch zu seinem Zimmer und wünschte ihm eine gute Nacht.

Sadat traf ich zum ersten Mal tags darauf bei einem Arbeitsessen. Wir waren sechs Personen: Sadat, Mustafa Khalil (damals Sekretär der regierenden Arabisch-Sozialistischen Einheitspartei, später Premier und Außenminister), und Butros Ghali. In Begins Begleitung waren Professor Jigael Jadin, stellvertretender Ministerpräsident, und ich. Begin bat Sadat, die Diskussion zu eröffnen. Sadat meinte, er sei viermal im Kreml zu Gast gewesen, und jedesmal hätten die Gastgeber behauptet, der Gast müsse als erster sprechen. Er spielte den Ball aber sehr elegant an uns zurück: »Sie wissen bereits, was ich zu sagen habe, denn meine Bedingungen für eine Vereinbarung habe ich öffentlich dargelegt.« Jadin stieß nach und fragte, was er uns, abgesehen von dem, was er bereits öffentlich geäußert habe, zu sagen habe. Nun griff Mustafa Khalil ein: Wir müßten verstehen, daß die Ägypter nicht den Eindruck erwecken wollten, als führten sie mit uns separate Verhandlungen. Diese Bemerkung richtete er an Begin, der zu Beginn des Essens die Einrichtung eines »heißen Drahtes« zwischen Jerusalem und Kairo angeregt hatte, vergleichbar dem zwischen USA und der UdSSR. Auch drängte Khalil uns, Vorschläge zu unterlassen, die so ausgelegt werden könnten, als beabsichtige Ägypten, mit Israel einen Separatfrieden zu schließen. Begin erwiderte darauf mit einigen allgemeinen Bemerkungen. Es sei höchste Zeit, Frieden zu schließen, es gelte viele sehr schwierige Fragen zu beantworten und deshalb sollten wir uns auf Regeln und Verfahren für die Diskussion festlegen. Das schien Sadat zu enttäuschen. Er wollte nicht über Verfahrensfragen, sondern über Konkretes reden. »Arbeitspapiere« interessierten ihn nicht besonders, und die von Begin vorgeschlagenen »adäquaten Vorbereitungen« halte er für überflüssig.

Sadat wußte sicher genau, was er damit meinte, doch formulierte er es nicht eindeutig genug. Was sollte seiner Ansicht nach praktisch geschehen? Ich fragte, ob er wirklich über konkrete Probleme sprechen wolle, etwa die der Palästinenser, der Golanhöhen oder ein Abkommen mit Jordanien, das noch während seines Besuches hier geschlossen werden solle? Das bejahte er eindeutig. Eben deshalb sei er nach Jerusalem gekommen. Wenn das so sei, müßte ihm doch daran liegen, die Prozedur für weitere Verhandlungen festzulegen, etwa ein gemischtes Gremium einzusetzen, das weiterberaten könne? Eben das wollte er nicht, sagte Sadat barsch; solch ein Gremium sei überflüssig, er wolle konkrete Auskünfte, wolle wissen, was wir anzubieten gedächten und was nicht.

Der ägyptische Staatspräsident war sichtlich verärgert, und auch bei mir drohte die Sicherung durchzubrennen. Ich sagte ebenso schroff, falls er die Absicht habe, Grundsatzfragen zu erörtern, so lasse sein Besuchsprogramm ihm dafür keine Zeit. Es sei völlig mit öffentlichen Auftritten und Feierlichkeiten ausgefüllt. Schon um 6.45 Uhr hatte er in der Aksa-Moschee von Jerusalem sein Morgengebet verrichet – sein Besuch fand während des islamischen Opferfestes statt. Nach der Andacht hatte er sich unter die Gläubigen gemischt, die ihn mit dem Ruf: »Mit unserer Seele und unserem Blut werden wir die Moschee zurückgewinnen!« grüßten. Um elf Uhr besuchte er die Jad-Waschem-Gedenkstätte für die Opfer der nationalsozialistischen Judenvernichtung. Um zwölf Uhr hatten wir uns zu einem Arbeitsessen versammelt, und anschließend mußte er sich auf das Hauptereignis des Tages vorbereiten, seine Ansprache vor der Knesset. Auch der Abend war ausgebucht: Begin gab ihm zu Ehren ein Bankett. Für zehn Uhr am nächsten Vormittag war ein Treffen mit Vertretern unserer Parlamentsfraktionen vorgesehen. Mittags sollte er zusammen mit Begin eine Pressekonferenz abhalten, um vierzehn Uhr würde er sich von Präsident Katzir verabschieden und um fünfzehn Uhr zurück nach Kairo fliegen.

Ich fragte daher, wann er denn die Zeit für ernsthafte Verhandlungen finden wolle, in denen gewichtige Probleme gelöst werden könnten?

Nun wurde Sadat verbindlicher. Das sei richtig, bestätigte er, und deshalb sollten wir jetzt die konkreten Fragen anschneiden und die Verhandlungen weiterführen, wenn er wieder in Kairo sei. Es komme ihm hauptsächlich darauf an, daß wir mit einem abgestimmten Programm nach Genf an den Konferenztisch gingen.

»Wer soll denn dieses ›abgestimmte Programm‹ aushandeln?« wandte ich ein. »Die Syrer? Die Jordanier? Die Palästinenser? Die Vereinigten Staaten?« Wieder wurde er ungeduldig, und wieder gab er eine ausweichende Antwort. »Mir ist es einerlei, wer das ist oder wer zur Konferenz kommt. Wer will, soll kommen, wer keine Lust hat, soll zu Hause bleiben, und wir verhandeln ohne ihn.«

Eine sehr vage Antwort. Wenn man sich in vorbereitenden Gesprächen über alle Einzelheiten einigen könne, warum sollte man dann überhaupt noch nach Genf gehen? Nur um ein Abkommen, das man bereits ausgehandelt hatte, formell zu bestätigen? Oder sollte dort mit jenen führenden Arabern verhandelt werden, die an den Vorgesprächen nicht teilnehmen wollten, fragte ich.

Das Arbeitsessen endete ohne konkrete Abmachungen; immerhin war jetzt klar, was Sadat mit seinem Besuch bezweckte. Er wünschte eine eindeutige Reaktion unsererseits auf seinen Friedensplan, den er am Nachmittag der Knesset unterbreiten wollte, und er glaubte, die Abgeordneten durch seine Worte überzeugen und dahin bringen zu können, seine Vorschläge anzunehmen.

Schon geraume Zeit vor sechzehn Uhr herrschte an jenem Sonntag, dem 20. November 1977, in der vollbesetzten Knesset erwartungsvolle Stimmung. Die Zuhörergalerie war überfüllt, und meine Frau Rahel fand nur noch auf der für ausländische Diplomaten reservierten Bank Platz. Als der ägyptische Präsident in Begleitung unseres Staatspräsidenten eintrat, erhoben sich alle Anwesenden von den Plätzen und begrüßten den Besucher mit lang anhaltendem Beifall. In ihrer wechselvollen Geschichte hatte die Knesset Tage der Niederlage und des Triumphes in Krieg und Frieden erlebt, Tage der Trauer und unaussprechlicher Freude. Einen Tag wie diesen hatte es aber noch nie gegeben. Der Sprecher des Hauses gebot Ruhe, hieß Sadat willkommen und bat ihn, das Wort zu ergreifen.

Sadat begann mit den traditionellen mohammedanischen Segenswünschen, sprach beredt für den Frieden und gegen den Krieg und sagte, er sei hergekommen, um mit uns den Grundstein für ein neues Leben in Frieden zu legen. Nach dieser Einleitung betonte er nachdrücklich, wie notwendig es sei, offen miteinander zu reden. »Ich bin nach Israel gekommen«, setzte er hinzu, »weil ich dem israelischen Volk die Tatsachen, so wie sie sind, darstellen möchte.«

Wir hatten den Text seiner Rede nicht vorab erhalten, ich bemühte mich daher, so gut es ging, nicht nur mitzubekommen, was er sagte, sondern auch, worauf er abzielte. Sadat erläuterte, was er unter »den Tatsachen, so wie sie sind« verstand: Ein Frieden zwischen uns und den Arabern müsse ein »gerechter Frieden sein, der sich auf den Respekt vor den Beschlüssen der Vereinten Nationen gründet«.

Als ich ihn beim anschließenden Festbankett, bei dem ich sein Nachbar war, fragte, was denn genau er darunter verstehe, erwiderte er ganz offen: Die UN-Charta verlange keineswegs, daß ihre Mitgliedsländer miteinander Friedensverträge abschließen und diplomatische Beziehungen aufnehmen. Ein »gerechter Friede« im Sinne der UN bedeute weiter nichts, als daß Streitigkeiten zwischen den Staaten mit diplomatischen Mitteln, nicht aber durch Kriege beigelegt werden sollten. Dazu und nur dazu wolle Ägypten sich in seinen künftigen Beziehungen zu Israel verpflichten. »Kein Krieg mehr« – also nur das Versprechen, sich militärischer Maßnahmen zu enthalten, und nichts darüber hinaus.

In seiner Rede vor der Knesset ging Sadat nun dazu über, alles das aufzuzählen, was Ägypten niemals tun wolle: Kein Separatfrieden mit Israel. Keine Übergangsregelung. »Unser Land ist keine Handelsware!« Weder er noch ein anderer Araber hätten das Recht oder wären bereit, auch nur eine Handbreit Heimaterde aufzugeben, darum zu feilschen oder auch nur zu diskutieren. Israel müsse innerhalb seiner Grenzen bleiben, und werde dafür Garantien erhalten, die es vor einem Überfall seiner arabischen Nachbarn schützten. »Ich bin eigens gekommen, um Ihnen persönlich zu sagen: Wir bestehen auf dem vollständigen Abzug aus allen Gebieten, die Israel 1967 erobert hat, einschließlich des arabischen Teils von Jerusalem.« Um sicherzugehen, daß wir ihn verstanden hatten, wiederholte er diesen Satz und fügte hinzu: »Im Grunde dreht sich der ganze Streit um das Palästinenserproblem. Deshalb müssen Sie deren Recht auf einen eigenen Staat und eine eigene Identität anerkennen. Das wäre der erste Schritt auf einem Weg, der zum Frieden führen kann.«

Sadat schloß mit einer Wiederholung jener Grundsätze, die

seiner Meinung nach einem in Genf auszuhandelnden Friedensvertrag zugrunde liegen müßten: Beendigung der Besetzung arabischen Landes; das Recht der Palästinenser auf eigene Identität und Erfüllung ihrer sonstigen Grundrechte; das Recht aller Staaten in dieser Region, friedlich innerhalb ihrer Grenzen zu leben und die entsprechenden Garantien dafür; die Verpflichtung dieser Länder, ihre Beziehungen zueinander im Sinne der UN-Charta zu gestalten, das heißt, Konflikte nicht durch Waffengewalt, sondern mit friedlichen Mitteln beizulegen; Beendigung des in der Region noch bestehenden Kriegszustandes.

Es war eine glänzende Rede, und alle hörten aufmerksam zu. Zwar enthielt sie ein gut Teil Rhetorik, war durchsetzt mit Zitaten aus Bibel und Koran, um ihr den Anstrich einer höheren Botschaft zu geben, doch verdeckte das keineswegs die darin enthaltenen Forderungen. Daß Israel Zugeständnisse bei den Grenzen, in Jerusalem und gegenüber den Palästinensern machen müsse, war absolut deutlich ausgesprochen worden.

Sadats Auftreten vor dem israelischen Parlament stellte das politische Kernstück seines Besuches dar. Man wird sich seiner Initiative und seiner Anwesenheit in der Hauptstadt Israels gewiß noch lange erinnern, nicht aber seiner Rede. Man wird sie später aus den Archiven holen, sie mit den auf sie folgenden Geschehnissen vergleichen und rasch erkennen, was davon realisierbar und was nichts als Worte waren, die bald der Vergessenheit anheimfielen.

Sein Vortrag als solcher war nicht sehr beeindruckend, weil er Englisch sprach und nicht seine Muttersprache. Er redete weitschweifig, quälte sich mit der korrekten Betonung, stolperte über seine Sätze. Und doch hielt er seine Zuhörer gefangen. Seine Mängel als Redner wurden von der Kraft seiner Persönlichkeit mehr als aufgewogen. Er strahlte Aufrichtigkeit aus, es war, als spreche er jeden einzelnen Anwesenden direkt an, und alle waren davon wie gebannt.

Obwohl mir Sadats Forderungen eindeutig überzogen vorkamen, meinte ich doch, es bestehe eine echte Chance der Verständigung mit ihm, er bemühe sich redlich darum, der Reihe von Kriegen mit Israel ein Ende zu setzen, und dieses Bestreben werde ihn unserer Position näherbringen. Wir mußten uns mit ihm zusammensetzen und ihm erläutern, was Israel seinerseits tun würde, und was es niemals tun könnte.

Als sich der Beifall legte, trat Begin ans Rednerpult. Er sprach kürzer und flüssiger, obgleich auch seine Ansprache nicht frei war von rhetorischen Floskeln, Lobpreisungen des Friedens und biblischen Zitaten. Auch seine Rede dürfte in die Annalen der Geschichte nicht mit Großbuchstaben eingehen. Immerhin muß man ihm zugutehalten, daß er seine Haltung gegenüber Sadats Forderungen unmißverständlich klarmachte.

Sadat, so sagte er, habe schon vor seiner Reise nach Jerusalem gewußt, daß Israels Auffassung von endgültigen Grenzen von jener Ägyptens abweiche, und er bat ihn eindringlich, nicht von vornherein irgendwelche Fragen als nicht verhandlungsfähig auszuklammern. Israels Regierung sei vielmehr der Auffassung, daß über alles geredet werden könne und keine Seite Vorbedingungen stellen dürfe. Wir seien jedoch willens, alles anzuhören, was die andere Seite vorschlage und es gewissenhaft zu prüfen.

Die Palästinenserfrage erwähnte er überhaupt nicht, konzentrierte sich vielmehr auf Jerusalem und wies darauf hin, daß seit dessen Wiedervereinigung im Jahre 1967 allen Gläubigen freier Zugang zu den heiligen Stätten gewährt worden sei. »Wir garantieren Christen wie Moslems, daß sich daran niemals etwas ändern wird.« Dem Gesagten war deutlich zu entnehmen, daß Israel nicht beabsichtige, jemals die Kontrolle über ganz Jerusalem aus der Hand zu geben, wenngleich Begin das nicht wörtlich aussprach. Er wies auch nicht auf die Tatsache hin, daß Jerusalem uns als die Hauptstadt Israels galt.

Zu den Verfahrensfragen erklärte der Ministerpräsident, daß er bereit sei, mit allen arabischen Staaten, die an der Genfer Konferenz teilzunehmen wünschten, zu verhandeln, und zwar auf der Grundlage der Sicherheitsratsbeschlüsse 242 und 338. Der Friede müsse ein umfassender sein, und die erste Vertragsklausel den noch herrschenden Kriegszustand formell für beendet erklären. Wolle Sadat zuvor darüber noch mit Israel beraten, so wolle man gern darauf eingehen. Zu Sadat gewandt sagte er: »Wir können noch heute damit beginnen, oder auch morgen, und in Kairo oder an jedem beliebigen anderen Ort damit fortfahren.«

Nach Begin sprach der Oppositionsführer Schimon Peres. Seine Rede war gewiß nicht schlecht, doch bei solchen Gelegenheiten kann die Opposition noch so gute Argumente vorbringen, praktische politische Bedeutung hat das nicht.

Während dieser Ansprache lag eine erwartungsvolle Stimmung über dem Saal, so als ob ein Wunder bevorstünde – die führenden Staatsmänner Israels und Ägyptens könnten vielleicht am Ende doch noch die ideale Lösung quasi aus dem Hut ziehen, einander die Hände schütteln und kundtun, daß der Friede nunmehr endgültig eingekehrt sei. Doch dieses Wunder blieb aus. Jeder Redner sagte, was ihm wichtig erschien, und kehrte an seinen Platz zurück. Der Sprecher des Hauses erklärte die Sondersitzung für beendet, die bedeutsamen Gäste verließen die Knesset, und der Saal leerte sich langsam, wie sicher auch die Herzen der Anwesenden.

An dem Festbankett um zwanzig Uhr nahmen dreißig Personen teil, fünfzehn Ägypter und fünfzehn Israelis. Als einziger machte Ezer Weizman den Versuch, die Stimmung aufzulokkern. Sadat brütete stumm über seinem Teller, stocherte im Essen herum und schwieg wie ein Fisch. Er saß zwischen Begin und mir, und nachdem der erste Gang abgetragen worden war, fragte ich ihn, was für einen Eindruck er von seinem Besuch habe. Er sei tief enttäuscht, antwortete er mir, insbesondere von Begins Ansprache, und das wolle er bei der für den kommenden Tag angesetzten gemeinsamen Pressekonferenz auch deutlich sagen. Wir hätten alle seine Friedensvorschläge rundherum abgelehnt. Ich widersprach: Er habe doch wohl nicht erwartet, daß Begin auf alle seine Forderungen nur mit »Aye, aye, Sir!« antworten werde. Ägypten und Israel verträten nun einmal unterschiedliche Standpunkte, und Begin habe immerhin Verhandlungen ohne Vorbedingungen angeboten, das heiße doch, er sei bereit, über alles zu reden. Nicht einmal Jerusalem habe er davon ausgenommen.

Auf meine Frage, ob es weitere israelisch-ägyptische Gespräche geben werde, antwortete Sadat, er habe sich am Vorabend mit Begin darauf geeinigt, daß ich mich wieder mit Tuhami in Marokko treffen könnte, möglicherweise auch – als Geste gegenüber Ceausescu – in Rumänien? Mit Begins Anregung, seinerseits in Kairo vor dem ägyptischen Parlament eine Rede zu halten, sei er nicht einverstanden, solange israelische Truppen auf dem Sinai stünden: »Das ist schließlich ägyptischer Boden. Ich bin bereit«, sagte er, »Begin in mein Haus in Ismailia einzuladen. Er kann dort mit Abgeordneten zusammentreffen und zu ihnen sprechen.«

Ich entgegnete: »Ich bin sicher, daß Sie in Ihren Friedensbemühungen nicht nachlassen werden. Und Fortschritte können wir nur durch die Weiterführung der Gespräche erzielen. Glauben Sie mir, Sie werden das nicht zu bedauern haben, das versichere ich Ihnen.« Sadat antwortete nicht darauf.

Auf der gemeinsamen Pressekonferenz am nächsten Tag wurde ein von Begin und Sadat vereinbartes Kommuniqué vor den Korrespondenten verlesen. Darin hieß es, Israel habe die Fortsetzung des Dialogs zwischen den beiden Ländern vorgeschlagen und hoffe, daß dadurch der Weg für Verhandlungen in Genf und den Abschluß eines Friedensvertrages mit allen arabischen Nachbarstaaten geebnet werde. Davon, daß Ägypten zur Weiterführung der Gespräche bereit sei, verlautete nichts, doch wurde impliziert, daß Sadat den Vorschlag nicht abgelehnt hatte.

Die Kairoer Zeitung *Al-Achram* veröffentlichte an diesem Morgen einen Artikel ihres diplomatischen Korrespondenten, der Sadat nach Jerusalem begleitet hatte, in dem es hieß, Sadat habe sein Teil getan, nun sei es an Israel, sich aus allen besetzten Gebieten zurückzuziehen und der Errichtung eines Palästinenserstaates zuzustimmen. Diese Forderung war zu erwarten gewesen, doch das Wesentliche des ägyptischen Standpunktes sprach Sadat aus, als er nach der Rückkehr in Kairo sein Flugzeug verließ: In den bevorstehenden Wochen wolle er die Vorbereitungen für die Genfer Konferenz weiter vorantreiben, sagte er. (Die erste Phase war sein Besuch in Jerusalem gewesen.) Er wolle alle arabischen Staaten, auch die PLO, zu einer Vorberatung einladen, und die PLO solle auch in Genf vertreten sein.

Sowohl der Zeitungsartikel als auch Sadats Verlautbarung waren natürlich zum »äußeren« Gebrauch bestimmt, vor allem für die arabischen Staaten.

Die Bewertung des Besuches, zu der Sadat und seine Begleitung vor der Abreise aus Jerusalem gelangt waren, fand darin nicht ihren Niederschlag. Auf der Fahrt zum Flugplatz sagte mir Ghali, es hänge ganz von den kommenden Ereignissen ab, ob man die Reise als Erfolg ansehen dürfe oder nicht. Der Besuch als solcher habe eine Art Erdbeben ausgelöst, dabei sei ein Gebäude eingestürzt, und wir müßten nun überlegen, wodurch es zu ersetzen sei. Vor allem gelte es, die Gespräche fortzusetzen – aber nicht öffentlich, sondern unter Ausschluß der Parlamente. Sodann müsse man sich darüber verständigen, daß die Palästinenser das eigentliche und schwierigste Problem darstellten.

Mir kam es vor, als habe ich genau dieses Gespräch schon auf der Herfahrt mit ihm geführt. Ich schlug Ghali vor, wir sollten doch lieber darüber sprechen, wie wir die Beziehungen zwischen unseren beiden Ländern ausgestalten könnten, doch darauf ging er nicht ein. Erst müsse es zu einer umfassenden Übereinkunft kommen, an der alle arabischen Länder beteiligt seien, auch die Palästinenser.

Ich gab mir alle Mühe, ihm klarzumachen, weshalb ein solches Vorgehen unausweichlich in einer Sackgasse enden müsse: »Sie wollen nicht als erster arabischer Staat einen Vertrag mit uns schließen, vor allem keinen Separatfrieden. Aber wir können weder über Syrien ohne die Syrer verhandeln, noch ohne Vertreter der Palästinenser über deren Probleme. Gemeinsame Verhandlungen mit den Vertretern aller Araber können nur in Genf geführt werden, aber ihr Ägypter wollt nun auf ein ›Mini-Genf‹ hinaus, eine ›vorbereitende Beratung‹ der arabischen Staaten vor Genf. Und das, obwohl Sie die Reaktionen Ihrer arabischen Kollegen auf Sadats Friedensinitiative schon kennen. Radio Damaskus hat heute früh behauptet, ›Sadat hat Begin und Dajan umarmt, die beiden schlimmsten Terroristen des Jahrhunderts‹. Halten Sie sich immer noch für befugt, anstelle der Syrer mit uns ein Übereinkommen zu treffen? Wenn nicht, so wären in Genf als einziges die Verfahrensfragen zu klären, aber genau das möchte Sadat nicht. Er will nur mit konkreten Angelegenheiten zu tun haben.« »Wissen Sie«, lächelte Ghali mich an, »ich habe nicht einmal das Arbeitspapier gelesen, das Sie mit den USA ausgetüftelt haben. Sadat meinte, es sei total unwichtig. Die Hauptsache sei seine Reise nach Jerusalem, damit werde eine neue Ära beginnen.«

Wir sprachen dann noch über Jerusalem, ein Thema, ebenso wichtig wie Ägypten, Syrien und die Palästinenser. Ich schlug Ghali vor, nicht mit der Frage der Souveränität über die Stadt zu beginnen, sondern mit dem Status der heiligen Stätten. Zu meiner Überraschung bemerkte Ghali, wir sollten uns wirklich etwas Neues ausdenken und nicht am Grundsatz der Souveränität kleben.

Ich fragte, ob er glaube, die konservativen Saudis davon überzeugen zu können, daß Souveränität, soweit es sich um Jerusalem handelte, eine überholte Vorstellung sei? Nach einigem Überlegen gab Ghali mir leise recht: Man könne mit den Saudis keine gelehrte Disputation wie an einer Universität führen.

Nun kam ich auf meine ursprüngliche These zurück. Falls uns wirklich daran liege, Fortschritte und wenigstens Teilresultate zu erzielen, müßten wir uns an Dinge halten, über welche die Ägypter aus eigener Machtvollkommenheit entscheiden könnten. Ghali nannte sogleich den Gazastreifen - Sadat wünsche dessen Unabhängigkeit. Das setzte mich in Erstaunen. Das könne doch wohl sein Ernst nicht sein? Gaza sei von der West Bank abgeschnitten, besitze keine Industrie, keinen Markt für seine Agrarprodukte. Vierzigtausend Bewohner von Gaza hätten Arbeitsplätze in Israel, die Hälfte der Bewohner seien Flüchtlinge. Ob Ägypten aus einem solchen Gebiet mit einer so zusammengesetzten Einwohnerschaft ein unabhängiges Territorium machen wolle? Es sei bedauerlich, aber eben doch Tatsache, daß er und seine Leute über Jerusalem, Gaza und die West Bank sprächen, ohne wirklich zutreffend informiert zu sein.

Als wir uns dem Flughafen näherten, kam Ghali auf das Thema zurück, mit dem er begonnen hatte: Damit Sadats Besuch zu einem Erfolg werden könne, müßten wir in gemeinsamen Beratungen versuchen, alle Streitfragen zu schlichten. Genau dies, so versicherte ich ihm, habe ja Begin in seiner Rede herausgekehrt. »Wir wünschen uns von ganzem Herzen eine Fortsetzung der Gespräche und sind bereit, diese jederzeit und überall wiederaufzunehmen - und sei es am Nordpol.«

Was nun hatte Sadat eigentlich bewogen, sich in das Wagnis seines Besuches bei uns einzulassen? Diese Frage beschäftigte mich lange, doch während seines Besuches ergab sich keine Gelegenheit, sie zu stellen - weder die Umstände, noch Ort und Zeit waren günstig. Auch später, in Camp David, in Ägypten und dann wieder in Israel, verkniff ich mir diese Frage, sogar wenn ich, was gelegentlich vorkam, allein mit ihm war. Auf eine offene Antwort durfte ich nur hoffen, wenn die Stimmung günstig war. Dies war dann am 4. Juni 1979 in Ismailia der Fall, anderthalb Jahre später - als der Friedensvertrag zwischen unseren Ländern bereits unterzeichnet war.

Von einem Treffen in Ismailia stand nichts auf meinem Programm, für mich jedenfalls kam es ganz überraschend. Ich hatte in Kairo mit Mustafa Khalil und Butros Ghali über die Anwendung gewisser Vertragsklauseln zu sprechen. Nach der Landung in Kairo informierte mich jedoch Ghali, daß der Präsident mich zu sehen wünschte. Ein Hubschrauber brachte mich nach Ismailia, wo Sadat am Ufer des Suezkanals eine Residenz hat.

Nach einer Stunde landeten wir in der Nähe des Hauses, und man führte uns auf eine weitläufige Terrasse mit Blick auf den Kanal. Tags darauf sollten Wahlen sein, und der Präsident hatte gerade eine Notabelndelegation bei sich. Wir brauchten aber nur zwanzig Minuten zu warten, bis er kam. Er begrüßte mich herzlich, führte mich zu einem Tisch und Sesseln, von denen man einen Blick aufs Wasser hatte. Sein Vizepräsident, Hosni Mubarak, und Ghali gesellten sich zu uns.

Sadat bemühte sich um eine zwanglose Atmosphäre, und wir waren allesamt in gelockerter Stimmung. »Kennen Sie die Gegend?« fragte er schmunzelnd. »Ja, allerdings nur den Blick von der anderen Seite des Kanals. Ich habe da eine ganze Weile zugebracht.« Weil uns aber beiden nicht daran lag, von vergangenen Kriegen zu sprechen, ließen wir das Thema fallen. Jetzt wollten wir uns um den Frieden bemühen, und Sadat betonte mehrmals nachdrücklich, wie sehr ihm daran liege, daß alle Vereinbarungen glatt abgewickelt würden. Er versprach noch einmal, getreulich alle eingegangenen Verpflichtungen zu erfüllen, seien sie nun schriftlich niedergelegt oder nur mündlich zugesagt. Mubarak und Ghali suchten seinen Eifer zu dämpfen, doch Sadat beachtete sie gar nicht und fuhr fort.

Als dann die Rede darauf kam, wie schwer Begin es derzeit mit seiner eigenen Herut-Partei hatte, schien mir der Moment gekommen, meine Frage zu stellen. Sadat meinte, Begin werde sich ohne Zweifel gegen seine Gegenspieler behaupten, entschlossen und mutig wie er sei. Anfangs habe er, Sadat, seine Zweifel daran gehabt, ob Begin wirklich aufrichtig an Friedensverhandlungen mit Ägypten gelegen sei. »Daß die Ägypter mir trauen, weiß ich, und daß ich es mit den arabischen Ländern schwer haben würde, wußte ich auch. Nur Begin war für mich eine ganz unbekannte Größe. Ich erkundigte mich bei Ceausescu nach ihm, und der versicherte mir, Begin sei ein unerschrockener Mann. Ich glaubte ihm, und er hatte ja auch recht.«

Das war mein Stichwort. Ich sagte, sein Besuch in Jerusalem sei überhaupt nicht hoch genug zu bewerten, denn ohne ihn hätte es keinen Friedensvertrag gegeben. »Was hat Sie dazu bewogen, dieses Risiko einzugehen?« fragte ich unvermittelt.

Sadat versuchte keineswegs, einer Antwort auszuweichen – er genoß es im Gegenteil sichtlich, darüber zu sprechen:

»Wissen Sie, Mosche, ich habe Ceausescu damals zwei Fragen gestellt: Ist Begin Manns genug, mutige Entscheidungen zu treffen? Und ist er aufrichtig? Beides wurde von Ceausescu bejaht. Er sei nach einer sechsstündigen Unterhaltung mit Begin zu dem Schluß gekommen, dieser Mann sei sowohl stark als auch aufrichtig.«

»Aber wann kam Ihnen die Idee zu dem Besuch in Jerusalem?« beharrte ich.

»Auf einem Flug nach Teheran, als wir die Türkei überflogen. Ich wollte den Schah besuchen und überlegte immer wieder, wie ich die Menschen aufrütteln könnte. Zuerst kam mir der Gedanke, den Vertretern der fünf ständigen Mitglieder des Sicherheitsrates, also die Großmächte mit dem Vetorecht, vorzuschlagen, Jerusalem zu besuchen. Meine Überlegung dabei war, offen gestanden, folgende: Unsere ›Vettern‹, die Israelis, betonen dauernd ihr Sicherheitsproblem, da müßten doch eben jene Leute, die berufsmäßig vierundzwanzig Stunden am Tag über Sicherheitsfragen beraten, einen brauchbaren Vorschlag machen können, und anschließend würden Israel und Ägypten dann schon allein weitermachen.

Sie wissen sicher, daß ich damals vom Iran aus nach Saudi-Arabien weiterflog, und auf dem Rückflug von Riad nach Kairo verwarf ich diesen Plan wieder. Die fünf Großmächte würden das, was ich von ihnen erwartete, wohl doch nicht schaffen. Und ein Mißerfolg würde alles nur noch schlimmer machen. Da nahm ich mir vor, selbst nach Israel zu gehen. Die Saudis waren später sehr wütend auf mich: Ich hätte ihnen bei meinem Besuch diese Absicht verheimlicht, doch damit taten sie mir unrecht, denn solange ich dort war, ist mir der Gedanke nicht gekommen, sondern erst auf dem Rückflug.

Jetzt wissen Sie also, wie es war. Ich sagte mir damals: Israel verschanzt sich hinter seinem Sicherheitsproblem und verlangt direkte Verhandlungen von Angesicht zu Angesicht. Gut, ich werde also selbst gehen, werde mit ihnen direkt und allein reden – ich und Israel.«

»Welches Gewicht hatten eigentlich die Verhandlungen zwischen Tuhami und mir in Marokko?« fragte ich Sadat. »Waren sie nützlich, und hat Tuhami Sie in Ihrer Absicht bestärkt?«

Die Gespräche seien wertvoll gewesen, bestätigte er, und Tuhami habe positiv berichtet. Er hatte es für denkbar gehalten, mit uns zu einer Verständigung zu kommen. »Tuhami hatte damals von mir den Auftrag, zwischen Ihnen und uns ein Übereinkommen zu erreichen, bevor die Genfer Konferenz begann, die ja bevorstand. Ich wollte nämlich unter allen Umständen vermeiden, daß die Konferenz scheiterte. Es ging also nicht darum, daß Sie mit Tuhami ein Treffen zwischen Begin und mir ausmachten. Daß ich mich überhaupt mit Begin traf, geschah, weil ich Israel einmal direkt und persönlich gegenüberstehen wollte. Sie erinnern sich gewiß, daß die USA auf die Einberufung der Konferenz drängten, und mir lag daran, daß die Araber in getrennten Delegationen erschienen. Assad hingegen beharrte auf einer einzigen, gesamtarabischen Delegation. Carter drängte mich, Assads Vorschlag anzunehmen, und weil die Amerikaner heftigen Druck auf mich ausübten, mußte ich mich fügen: eine gesamtarabische Delegation also. Aber nachdem man mich dazu gebracht hatte, erklärten die Syrer schlicht, die Genfer Konferenz interessiere sie nicht!«

Meiner Meinung nach habe Syrien niemals mit Israel Frieden schließen wollen, sagte ich zu Sadat. Ich erzählte von meinem langen Gespräch mit Carter und meine Warnung, als der Gedanke der Genfer Konferenz erwogen wurde: Der amerikanische Kurs müsse zur Rückkehr der Sowjetunion in den Nahen Osten führen (zumal die Konferenz gemeinsam von Russen und Amerikanern einberufen werden sollte.) Nicht nur Israel, sondern auch ein gewisser arabischer Staat wären über eine solche Konferenz nicht gerade glücklich. Soweit mir bekannt sei, erklärte ich damals Carter, habe Sadat die Russen unter größten Mühen aus Ägypten herausbekommen, und nun wolle er, Carter, sie wieder zurückbringen. Wozu das? Carter habe darauf erwidert, ohne eine Zusammenarbeit mit den Russen lasse sich der israelisch-arabische Konflikt nicht lösen. »Diese Argumente haben mich allerdings nicht überzeugt«, sagte ich zu Sadat. »Meine ganz persönliche Hoffnung ging dahin, daß auch Sie nicht damit einverstanden sein könnten.«

Sadat hörte zu, ohne mich zu unterbrechen, sog an seiner Pfeife und antwortete, als ich geendet hatte: »Da haben Sie ganz recht. Ich erinnere mich noch gut an den Beginn der Friedensverhandlungen. Der erste Schritt war das Truppenentflechtungsabkommen.«

Nun erzählte ich ihm, daß ich schon vor vielen Jahren der damaligen Ministerpräsidentin Golda Meïr vorgeschlagen hatte, Israel sollte sich aus eigener Initiative auf eine Linie etwa dreißig Kilometer landeinwärts vom Suezkanal zurückziehen. Nach meiner Meinung würden die Ägypter dann den Kanal für die internationale Schiffahrt wieder öffnen, und ein befahrener Kanal sei eine wesentlich bessere Sicherheitsgarantie als die Bar-Lev-Linie.

Sadat kannte diese Episode. »Ich weiß, Mosche, ich weiß, das war ein rechtes Meisterstück, nur wollte die Dame [Golda Meïr] nichts davon wissen.« Ich fügte noch an, ich habe auch die Militärs nicht davon überzeugen können, daß ein befahrener Suezkanal eine bessere Verteidigungslinie sei als ein Befestigungssystem.

Nach diesem Gespräch, das etwa eine Stunde gedauert hatte, verabschiedeten wir uns mit Handschlag, und Sadat erklärte mir, warum er mich an diesem Tag hergebeten hatte. Am nächsten Tag hätte er keine Zeit für ein Gespräch gefunden – am Vormittag müsse er eine Ansprache vor Truppen halten, anschließend in seinem Geburtsort seine Stimme für die Parlamentswahlen abgeben.

Übrigens mochte Sadat von allen Israelis Ezer Weizman am liebsten. Nach Landessitte umarmte und küßte er ihn auf beide Wangen, so oft er ihn traf. Auch zwischen Begin und ihm hatte sich ein herzliches Verhältnis entwickelt, auch sie begrüßten einander mit Umarmungen. Seine Beziehung zu mir war korrekt, nicht mehr. Diese Zurückhaltung rührte von seinem ersten Besuch in Jerusalem her, als Ghali ihm über sein Gespräch mit mir berichtet hatte. Man wird sich erinnern, daß ich Ghali schon unterwegs nach Jerusalem gesagt hatte, ich bezweifle, daß Jordanien und die Palästinenser sich an Friedensgesprächen beteiligen würden, und daß Ägypten, wenn es denn wirklich Frieden wolle, einen Separatfrieden mit uns schließen müsse. Daraus hatte Ghali entnommen, ich persönlich sei auf einen Separatfrieden aus und hatte diesen Irrtum auch seinem Chef berichtet.

Sadats Besuch in Jerusalem war übrigens auch bei zwanglosen Unterhaltungen, die ich mit Amerikanern während der dann folgenden Verhandlungen in Camp David führte, ein beliebtes Thema. Die Amerikaner meinten, Sadat sei hauptsächlich nach Jerusalem gekommen, weil er von seinen arabischen Kollegen die Nase voll gehabt habe, insbesondere nachdem Syrien und Jordanien es ablehnten, an der Konferenz in Genf teilzunehmen. Sadat habe gemeint, einzig die Amerikaner könnten etwas in Bewegung bringen, könnten ihren Willen Israel, Saudi-Arabien und Jordanien aufzwingen, sie dazu nötigen, die Zugeständnisse zu machen, die für ein Abkommen erforderlich waren.

Sadat – so die Amerikaner –, habe sich vor dem Besuch in Jerusalem nicht mit Washington abgesprochen, auch habe in der geschriebenen Fassung seiner Rede vor dem ägyptischen Parlament, hiervon nichts gestanden. Als er sich in dieser Rede zu einem Auftreten vor der Knesset bereit erklärte, war dies eine spontane Äußerung, eine Überraschung für alle seine Zuhörer. Der perplexe amerikanische Botschafter in Kairo habe Sadat sogar angerufen und ihm gesagt: Falls er nicht fest entschlossen sei, diese Reise nach Jerusalem wirklich anzutreten, sollte er möglichst rasch ein Dementi vorbereiten. Damit habe er Sadat zutiefst gekränkt, der wütend erwiderte: »Glauben Sie etwa, ich würde eine solche Ankündigung machen, wenn ich nicht bereit wäre, sie zu realisieren?«

Sadat – so immer noch meine amerikanischen Informationen – habe die Hand am Puls des Volkes, er spüre die vorherrschende Stimmung. So habe er gewußt, daß seine Landsleute der Kriege überdrüssig waren, sich nach Frieden sehnten, gewiß nicht nach einem Frieden der Unterwerfung, sondern nach einem echten, der den Konflikt mit Israel tatsächlich aus der Welt schaffen würde. Sadat habe sehr wohl gewußt, wie ungemein schwer, ja praktisch unmöglich es sei, für alle Araber einen gemeinsamen Nenner in bezug auf die Bedingungen eines Friedensschlusses mit Israel zu finden. Hätte man ihn schließlich doch gefunden, wäre er notgedrungen auf der niedrigsten gemeinsamen Stufe angesiedelt gewesen. Falls er also Frieden wollte, mußte er es auf eigene Faust wagen und konnte nur hoffen, daß die anderen arabischen Länder sich ihm anschlössen.

Sadat habe kein Vertrauen zu den Russen; er glaube nicht, daß ihnen wirklich am Frieden im Nahen Osten gelegen sei, meine vielmehr, die Russen müßten ferngehalten werden, falls Ägypten je zu einer Übereinkunft mit Israel gelangen wolle. Und schon gar nicht wolle er sie bei Verhandlungen dabeihaben.

Ich erfuhr auch, daß Sadat gelegentlich mit der Politik der USA unzufrieden war. Enttäuscht war er von Henry Kissinger, der 1974 behauptet hatte, es sei nicht möglich, einen umfassenden Frieden zu erreichen, man müsse vielmehr eine Politik der kleinen Schritte verfolgen. Sadat hatte es im Gegenteil für möglich erachtet und darauf beharrt, man müsse versuchen, einen vollständigen Frieden in einem einzigen Zuge zustande zu bringen.

Meine amerikanischen Gesprächspartner meinten, Sadats Charakter sei als Faktor bei seiner Entscheidungsfindung mindestens so wichtig wie seine Überlegungen und Berechnungen. Er sei sehr auf seine Unabhängigkeit bedacht, halte an dem einmal eingeschlagenen Kurs mit großer Hartnäckigkeit fest, auch wenn seine nächsten Ratgeber und ranghöchsten Mitarbeiter anderer Meinung seien. Um die Ansichten anderer führender arabischer Staatsmänner kümmere er sich nicht. Er vergesse nie, daß er der Staatspräsident von Ägypten sei, das sich einer fünftausend Jahre alten Kultur rühmen könne, während andere arabische Länder, auch solche mit reichen Ölvorkommen und neuesten sowjetischen Waffen Ägypten, was Kultur und politischen Sachverstand anging, nicht das Wasser reichen könnten.

7.
Treffen in Marrakesch

Mitte September 1977 hatte ich mich in Marokko von Tuhami in der Erwartung getrennt, ihn etwa vierzehn Tage später wieder zu treffen. Doch die Ereignisse wollten es anders. Im November kam es zu Sadats dramatischem Auftritt in Jerusalem, der die politische Entwicklung im Nahen Osten stärker beeinflußte als jedes andere Ereignis; denn bei dieser Gelegenheit wurde der Grundstein für den Friedensvertrag zwischen Israel und Ägypten gelegt.

Sadats Geste als solche, seine bloße Anwesenheit in Jerusalem war, obwohl während seines Aufenthaltes keine ergiebigen Beratungen stattfanden, ein politischer Akt von großer Wirkung. Er hatte mit Begin nur ein einziges Grundsatzgespräch, wobei nicht einmal Protokoll geführt wurde, bei dem sich die beiden Staatsmänner aber auf drei Prinzipien einigten: Kein Krieg mehr zwischen ihren beiden Ländern; die Wiederherstellung der Souveränität Ägyptens über die Halbinsel Sinai in aller Form; und schließlich die Entmilitarisierung des größten Teils dieser Halbinsel dergestalt, daß ägyptische Streitkräfte nur am Suezkanal und den Pässen Mitla und Gidi stationiert werden sollten.

Sadat machte dann kurz nach seiner Rückkehr sein Vorhaben wahr und berief eine »Friedenskonferenz« nach Kairo ein, zu der er Vertreter der arabischen Staaten, der PLO, der USA, der UN und Israel einlud. Es war nicht ganz klar, wie die Tagungsordnung aussehen sollte, auch nicht, wie prominent die zu entsendenden Teilnehmer sein würden, doch hatte es ganz den Anschein, als könne diese Konferenz kaum das geeignete Forum für ergiebige Verhandlungen über einen Friedensvertrag sein.

Einige Tage nach dieser Einladung erreichte mich Sadats Bitte, noch einmal mit Tuhami in Marokko zusammenzutreffen. Dieses Ersuchen und unsere Antwort wurden auf dem Weg über die amerikanischen Botschaften in Kairo und Tel Aviv übermittelt. Man hätte glauben können, daß nach Sadats Besuch in Jerusalem geheime Treffen zwischen israelischen und ägyptischen Beauftragten irgendwo im Ausland überflüssig geworden waren, doch da dies Sadats Wunsch war, willigten wir ein. Vielleicht kam ja etwas dabei heraus. Zudem war dies seit Sadats Besuch die erste Gelegenheit, daß beide Seiten in groben Zügen gemeinsam die Klauseln eines Friedensvertrages vereinbaren konnten. Ich brach also am 2. Dezember 1977 zu einer weiteren Begegnung mit Tuhami nach Marokko auf.

Diesmal nahm ich den direkten Weg, ohne Umweg über Europa. Die meiste Zeit flogen wir in sehr geringer Höhe über dem Mittelmeer, damit die Maschine nicht auf einem gegnerischen Radarschirm entdeckt werde. Den sechseinhalbstündigen Flug verschlief ich auf einem Feldbett, denn ich wußte aus Erfahrung, daß mir eine lange Nacht bevorstand. Beim Einfliegen in den marokkanischen Luftraum wurden wir von einer Mystère empfangen, die uns zu einem stillgelegten Militärflugplatz unweit Marrakesch geleitete. Dort setzten wir um zweiundzwanzig Uhr auf.

Das Treffen sollte im Königspalast von Marrakesch stattfinden, einem prächtigen, in orientalischem Stil gehaltenen Bauwerk nahe der Mauer um die Altstadt. Man führte uns in ein prachtvolles Appartement in einem der Gästeflügel; Salon, Speisezimmer und Schlafzimmer waren auch hier üppig ausgestattet, und der verwöhnteste Gaumen fand sich von der Fülle der Schalen mit Obst und Konfekt in Versuchung geführt. In einer Wandnische entdeckte ich eine Buddha-Statue aus dem 16. Jahrhundert und fragte mich, wie sie hierhergekommen sei.

Um dreiundzwanzig Uhr erschien der König. Tuhami, unsere Begleiter und ich erhoben uns. Anfangs saßen wir in der großen Empfangshalle beieinander. Während uns von Dienern im Tarbusch Pfefferminztee und türkischer Kaffee gereicht wurden, hielt der König eine kleine Eröffnungsansprache, die im wesentlichen davon handelte, daß Israel unbedingt einen Weg finden müsse, den nationalen Bestrebungen der Palästinenser entgegenzukommen. Anschließend begaben wir uns ins Speisezimmer. Mitternacht war längst vorüber, und ich brannte darauf, endlich die Themen anzugreifen, zu deren Erörterung ich schließlich hergekommen war. Doch folgte ein exotisches Gericht nach dem anderen, und es wurde 3.30 Uhr – kaum die passende Zeit, ernsthafte politische Gespräche zu führen. Man beschloß daher, um elf Uhr erneut zusammenzukommen, und ich versprach Tuhami, bis dahin die israelischen Grundvoraussetzungen für einen Friedensvertrag zu Papier zu bringen, die dann als Diskussionsgrundlage dienen sollten.

Um 7.30 Uhr saß ich bereits am Tisch und verfaßte unser Positionspapier. Vor meiner Abreise hatte ich mit Begin festgelegt, welchen Kurs ich bei diesen Verhandlungen steuern sollte. Ich schrieb hebräisch, meine beiden Mitarbeiter übersetzten es ins Englische. Als Tuhami um 11.15 Uhr erschien, überreichten wir ihm dieses Papier, d.h., wir lasen es ihm vor, denn es war mit der Hand geschrieben und nicht gut lesbar. Tuhami folgte dem Text anhand einer Kopie, wobei er hin und wieder Unterstreichungen vornahm und Fragezeichen anbrachte. König Hassan gesellte sich bald darauf zu uns, und nun gab es wirklich etwas Handfestes zu diskutieren: das von mir vorgelegte Dokument.

Bevor wir damit begannen, sagte ich, Premier Begin sei dabei, einen Plan betreffend der Palästinenser auszuarbeiten, und sobald dieser vom Kabinett gebilligt werde, wolle er ihn Präsident Sadat vorlegen. Ich könne darüber bereits soviel sagen: Für die West Bank und den Gazastreifen seien bedeutende Änderungen darin vorgesehen, die den palästinensischen Arabern Autonomie und Selbstverwaltung in Aussicht stellten. Die Errichtung eines unabhängigen Palästinenserstaates in diesen Gebieten sowie deren Räumung von israelischen Zivilisten und Truppen sei allerdings nicht geplant. Was Jerusalem betreffe, so hielten wir das für einen gesonderten Komplex, der auf eine Weise behandelt werden könne, die Araber, Christen und Juden zufriedenstelle.

Aus dem von mir aufgesetzten Dokument ging hervor, daß wir einen »umfassenden Friedensvertrag zwischen Israel und Ägypten« anstrebten, nach dessen Unterzeichnung sich die Beziehungen zwischen beiden Staaten in jeder Hinsicht normalisieren würden. Unter Normalisierung verstanden wir unter anderem die Anknüpfung von diplomatischen und kulturellen Beziehungen, ungehinderten Personenverkehr, wechselseitigen Handel, Förderung des Tourismus. Wir gingen ferner davon aus, daß der Vertrag rasch unterzeichnet wurde, in zwei bis drei Monaten etwa, und zwar unabhängig davon, ob wir mit anderen arabischen Staaten ebenfalls zu Friedensverträgen kommen würden oder nicht. Solche Verträge – mit Jordanien, Syrien und dem Libanon – waren für uns selbstverständlich erstrebenswert, doch falls keine zustande kämen, sollte das den Abschluß eines Vertrages zwischen Ägypten und Israel nicht hindern.

Ich erklärte Tuhami und dem König, daß die Gedanken, die ich hier niedergelegt habe, noch nicht im Kabinett beraten worden seien. Zweck des jetzigen Treffens sei ja aber auch – wie mit Premier Begin vereinbart –, zunächst die Reaktion der anderen Seite zu erkunden. Fiele diese positiv aus, würden aus meinen Anregungen konkrete Angebote werden, und falls diese von unserem Kabinett gebilligt würden, könnten unverzüglich Beratungen mit der ägyptischen Regierung aufgenommen werden. Sollte die ägyptische Seite jedoch meine Anregungen in Bausch und Bogen verwerfen, könnten wir sie als hinfällig betrachten, da sie nur inoffiziell gemacht wurden. Israel müßte dann seine Haltung erneut überprüfen.

Die in meiner Niederschrift enthaltenen Vorschläge basierten auf zwei Zusagen, die Sadat Begin während seines Aufenthaltes in Jerusalem gegeben hatte: Wenn Israel den Sinai räumt, erklärt Ägypten die Meerenge von Scharm el-Scheich zum internationalen Schiffahrtsweg und stimmt einer Entmilitarisierung des gesamten Sinai östlich des Mitla- und Gidi-Passes zu.

Ich schlug mehrere Methoden vor, wie man das tatsächliche Einhalten der Entmilitarisierung kontrollieren könnte; wir selber bevorzugten die Überwachung durch gemischte israelisch-ägyptische Patrouillen. Die zweitbeste Lösung schien die Stationierung eines UN-Kontingentes im Osten der Halbinsel, etwa zwischen der internationalen Grenze und der Linie El-Arisch–Ras Mohammed. In beiden Fällen sollten die israelischen Siedlungen bestehenbleiben. Würde man den zweiten Vorschlag annehmen, sollten die UN-Truppen den Osten der Halbinsel, zu dem dann weder ägyptische noch israelische Truppen Zugang hätten, selbständig kontrollieren. Somit wäre der Sinai völlig von israelischem Militär geräumt, ausgenommen die besonderen Fälle, die eine separate Lösung erforderten, etwa der Status des Militärflughafens bei Eilat.

Auch für Hafen und Flugplatz von Scharm el-Scheich sowie den Luftwaffenstützpunkt östlich von El-Arisch hatten wir einen Vorschlag: Beide sollten in zivile Einrichtungen umgewandelt, von israelischen Zivilisten unter UN-Aufsicht verwaltet und für Schiffe und Flugzeuge aller Staaten geöffnet werden.

Für die zivilen Siedlungen im Sinai sahen wir örtliche Polizeikräfte vor, mobile Polizeipatrouillen mit Defensivwaffen, etwa gepanzerte MTW, Pak und Flak und Minenfelder, jedoch ohne Flugzeuge, Panzer oder Artillerie.

Ägyptische Polizeikräfte sollten Zugang zu den von der UN kontrollierten Ansiedlungen von Beduinen und Arabern haben; israelische Zivilisten das von den UN kontrollierte Gebiet anstandslos betreten können, ägyptische Zivilisten aus El-Arisch und dem Sinai nicht nur ungehinderten Zugang zu diesem UN-kontrollierten Territorium, sondern auch nach Israel haben. Der Status dieses Gebietes dürfe nur mit Zustimmung beider Seiten verändert werden.

Nachdem der König und Tuhami dies alles mehrfach durchgelesen hatten, stellten sie ihre Fragen und gaben ihre Kommentare dazu. Am befremdlichsten empfand ich dabei ihre spürbare Verlegenheit. Nicht nur der König, auch Tuhami zeigten so gut wie nichts mehr von jener Zuversicht, von der ihre Haltung beim ersten Treffen bestimmt gewesen war. Es war nicht zu verkennen, daß die wütende Reaktion der arabischen Länder auf Sadats Besuch in Israel und auch die innenpolitische Entwicklung in Ägypten – etwa der demonstrative Rücktritt des Außenministers Ismail Fahmi – ihre Wirkung nicht verfehlt hatten. Nicht einmal eine unverfängliche Frage, wie die, welchem Zweck denn die in elf Tagen stattfindende »Kairoer Friedenskonferenz« dienen solle, konnte Tuhami ohne Umschweife beantworten. Er entschuldigte das mit seiner längeren Abwesenheit von Kairo; er sei nicht auf dem neuesten Stand. Trotzdem meinte er, wir sollten uns zu weiteren Geheimtreffen in Marokko verabreden. Und wir sollten doch bitte die Amerikaner nicht über diese Gespräche informieren, bevor wir alle Streitfragen zwischen uns beigelegt hätten. Tuhami wie auch der König waren am meisten darüber besorgt, daß wir einen Separatfrieden mit Ägypten schließen wollten. Fortschritte bei israelisch-ägyptischen Gesprächen konnten sie sich überhaupt nur vorstellen, falls gleichartige Gespräche auch mit den anderen arabischen Staaten stattfänden.

Ich blieb allerdings hartnäckig. Ich fragte Tuhami mehrfach, ob Ägypten willens sei, einen Friedensvertrag mit uns auch dann zu schließen, wenn kein anderer arabischer Staat mitzöge. Und ich erinnerte ihn, wie die arabischen Staaten auf Sadats Einladung zur »Kairoer Friedenskonferenz« reagiert hatten:

Syrien, Jordanien und die PLO hatten glatt abgelehnt. »Was geschieht als nächstes?« fragte ich. Tuhami antwortete, man müsse die Entwicklung abwarten. Falls die arabischen Staaten sich weiterhin weigerten, an den Friedensbemühungen mitzuwirken, könne man in Kairo mit ihnen auf niedrigerer Ebene verhandeln, während es zwischen Ägypten und Israel auf höherer Ebene weiterginge, aber nur geheim und nicht in Kairo. »Wir könnten unseren weiteren Kurs weit besser abstecken«, sagte Tuhami, »wenn die Sowjetunion und die arabischen Staaten klare Standpunkte bezogen hätten.« Unter den gegebenen Umständen sei ein erneutes Treffen zwischen Sadat und Begin jedenfalls ausgeschlossen.

Nun bemühte ich mich, wenigstens in einigen Punkten, die einzig Israel und Ägypten betrafen, eine Übereinkunft herzustellen. Ich schlug vor, wir könnten uns beispielsweise darauf einigen, daß die Entmilitarisierung des Sinai durch gemischte ägyptisch-israelische Patrouillen überwacht werde. Darauf sagte Tuhami, er habe schon mit Sadat darüber gesprochen – es sei nicht zu machen. Gleiches gelte für unseren Vorschlag über das Weiterbestehen israelischer Siedlungen auf dem Sinai. Alle Israeli müßten sich hinter die noch aus der Mandatszeit stammende sogenannte Internationale Grenze zurückziehen. »Wir bestehen auf Ihrem Abzug. Als äußerstes kommt eine Entschädigung für die dort gebauten Häuser infrage. Weder der Präsident noch das ägyptische Volk können eine einzige israelische Siedlung oder einen einzigen israelischen Soldaten auf dem Sinai dulden.« Es sei reine Zeitverschwendung, weiter über diesen Punkt zu reden, denn »einen echten Frieden wird es zwischen uns so lange nicht geben, als auf unserem Boden Israelis verbleiben.«

Tuhami machte das gleiche für Scharm el-Scheich geltend. Es sei richtig, daß Sadat der Anwesenheit von UN-Truppen dort zugestimmt habe, doch einzig zu dem Zweck, die ungehinderte Schiffahrt zu garantieren, und nicht etwa als Ersatz für die ägyptische Regierung. Die Grundsätze der Ägypter lauteten: Abzug aller Israelis; Entschädigung für die von der Räumung betroffenen Zivilisten; Überwachung der Erfüllung der Vertragsbestimmungen durch die UN. Nicht einmal Änderungen im Verlauf der Internationalen Grenze seien diskutabel. »Sie gewinnen bereits viel allein dadurch, daß wir diese Grenze anerkennen, denn keine einzige Ihrer Grenzen ist derzeit als verbindliche internationale Grenze anerkannt.« Wie auch immer, auf dem Sinai westlich der Internationalen Grenze werde die ägyptische Flagge wehen. Nicht etwa die der UN, sondern ausdrücklich die ägyptische.

Ich sagte, ich habe Tuhamis Darlegungen notiert und werde meinem Regierungschef entsprechend berichten. Er solle aber schon jetzt wissen, daß nach meiner Meinung Israel auf seine Vorstellungen nicht eingehen werde; diese könnten von uns nicht als Grundlage einer Friedensregelung hingenommen werden.

Nachdem wir meine Aufzeichnung abgehandelt hatten, brachte Tuhami sein Dokument zum Vorschein. Es war auf arabisch und ebenfalls handgeschrieben, also verlas auch er es selbst. Hierin war die Haltung Ägyptens dargelegt. Als ich ihn um Überlassung eines Exemplars bat, weil ich ihm ja auch eine Kopie meiner Aufzeichnung gegeben habe, weigerte er sich: Es handle sich um ein persönliches Dokument, das ihm Präsident Sadat anvertraut habe.

Nun, es umfaßte jedenfalls vier Hauptpunkte: Ein Übereinkommen zwischen unseren beiden Ländern setze die Beilegung des Konfliktes mit allen arabischen Staaten voraus, dürfe also nicht als rein bilaterales Abkommen gelten. Die Abmachungen zwischen unseren beiden Ländern würden in diesem Vertrag selbstverständlich ausführlicher dargelegt sein als jene, die Israels Verhältnis zu den übrigen arabischen Staaten beträfen. Diese würden in »allgemein gehaltenen Formulierungen« gefaßt werden können. Durch diese »allgemein gehaltenen Formulierungen« müßten aber zwei Grundsätze garantiert sein: Israel gibt alle besetzten Gebiete heraus und anerkennt die Unabhängigkeit der Palästinenser, entweder durch Gründung eines Palästinenserstaates oder auf andere Weise.

Der zweite Punkt betraf die Sicherheitsgarantien für Israel auf dem Sinai und an den Grenzen zu den anderen Nachbarstaaten. Unsere Sicherheit sollte durch internationale oder amerikanische Truppen gewährleistet werden. (In Jerusalem hatte Begin Sadat eine ägyptisch-israelische Regelung vorgeschlagen.) Einerlei wofür wir uns entschieden, die Regelung müsse die Sicherheit beider Seiten garantieren, also auch die Ägyptens. Die ungehinderte Schiffahrt durch die Meerenge von Scharm el-Scheich in den Golf von Eilat solle in diesen Komplex aufgenommen werden. Auch wünsche Ägypten detaillierte

Auskunft darüber, wie wir uns die Sicherheitsvorkehrungen auf der West Bank, im Gazastreifen und auf den Golanhöhen vorstellten. Daß Ägypten willens sei, sich über diese Dinge mit uns zu einigen, müsse als Beweis für seinen Friedenswillen gelten; auch werde ersichtlich, daß es sich bei der Vereinbarung nicht nur um Grenzfragen, sondern ganz allgemein um Sicherheitsmaßnahmen handle, die künftige Kriege ausschließen sollten.

Dritter Punkt war der Verlauf der Grenze zwischen Ägypten und Israel auf dem Sinai. Ägypten halte ausführliche Beratungen und Abmachungen über »jeden Quadratmeter« für unerläßlich. Bei den anderen Grenzen seien, wie schon erwähnt, allgemeine Richtlinien ausreichend. Auf jeden Fall müsse darauf geachtet werden, daß unser Abkommen nicht den Eindruck einer bilateralen Übereinkunft vermittle, anderenfalls würde Ägypten nicht mehr die Möglichkeit haben, die anderen arabischen Staaten zum Abschluß eines umfassenden Vertrages zu drängen.

Tuhamis Papier schloß mit der Frage, wie Israel sich die weitere Zusammenarbeit mit Ägypten vorstelle – offen oder geheim. Ich hatte in der vorangegangenen Nacht den Ägyptern vorgeschlagen, der amerikanischen Botschaft in Israel einen ihrer Diplomaten zu attachieren. Interessanterweise fand sich in Tuhamis Dokument ein gleichlautender Vorschlag: Israel sollte einen Mann der amerikanischen Botschaft in Kairo zuordnen.

Die Gespräche endeten bei Einbruch der Dämmerung, und wir konnten Marrakesch ohne Aufsehen verlassen. Vor dem Abflug richtete ich König Hassan unter vier Augen eine Botschaft meines Ministerpräsidenten aus: Begin wollte ihn gern treffen. Der König entgegnete ohne zu zögern, er würde den israelischen Ministerpräsidenten jederzeit und mit dem größten Vergnügen empfangen. Es wäre ihm eine Ehre, ihn zu Gast zu haben. Ich bedankte mich und versprach, Begin dies auszurichten, doch insgeheim zweifelte ich daran, daß es je zu dieser Begegnung kommen werde. Daß die königliche Antwort so prompt und freundlich erfolgte, empfand ich im Nachhinein als eine Art Ersatz dafür, daß dieses Ereignis niemals stattfand.

Beim Abschied küßte er mich diesmal auf beide Wangen. Bei der Ankunft hatte er mir nur die Hand gereicht. Nachdem ich mich von Tuhami und seinen Mitarbeitern verabschiedet hatte, brachte uns ein kleines Flugzeug zu dem Rollfeld, auf dem uns unsere eigene Maschine erwartete. Der Blick von oben – es war gerade noch hell genug, um etwas zu sehen – nahm sich wie in einem Film aus, der in Nordafrika spielt: Bauern in langen Gewändern, die von den Feldern heimwärts strebten, der hohen steinernen Mauer entgegen, welche die Altstadt umgibt; Olivenhaine, welche die Ebene bis zum Fuß der Berge bedecken.

Im Flugzeug fanden wir Geschenke des Königs vor: Päckchen voller Konfekt für meine Enkel und für uns alle ein prächtiges Mahl. Wir erreichten die Küste und gingen auf Ostkurs Richtung Israel.

Im Rückblick auf die geführten Gespräche verdroß mich insbesonders die Undurchsichtigkeit der ägyptischen Haltung. Tuhamis Status erschien mir unklar; zwar stellte er sich als den Mann dar, der Sadat am nächsten war und dessen Wort wir für das des Präsidenten nehmen könnten, doch ich hatte meine Zweifel. Seine Abneigung, sich in irgendeiner Angelegenheit festzulegen, deutete meines Erachtens eher darauf hin, daß er keine Befugnis hatte, selber Ideen zu entwickeln, vielmehr darauf beschränkt war, auszusprechen, was man ihm aufgetragen hatte, und zuzuhören – und zuweilen nicht einmal das. So hatte er beispielsweise selbst die Zukunft der Golanhöhen zur Sprache gebracht, doch als ich ihm diesbezüglich Vorschläge unterbreiten wollte, winkte er ängstlich ab. Wir sollten diese Frage doch bitte aus unserem Gespräch ausklammern, denn wenn die Syrer Wind davon bekämen, würden sie Ägypten scharf dafür verurteilen, weil es sich in Dinge mische, die es nichts angingen. Auch bei Sadat selbst war mir nicht ganz wohl, wenn man davon ausgehen mußte, daß seine Absichten von Tuhami und dem König richtig wiedergegeben wurden. Ich glaubte nicht, daß er von dem eingeschlagenen Friedenskurs abweichen wolle, doch argwöhnte ich, er wisse nicht recht, wie er ihn fortsetzen wolle. Er wußte wohl, was er wollte, aber nicht, wie es zu erreichen sei. So kam ich zu dem Schluß, daß man die Amerikaner überreden mußte, sich zu engagieren und ihr politisches Schwergewicht einzusetzen, damit die Verhandlungsmaschinerie nicht ganz stehenblieb.

8.
Erste Schritte

Zwei Wochen nach seinem Besuch in Jerusalem empfing Sadat den amerikanischen Außenminister Vance in Kairo. Vance kam anschließend zu Gesprächen nach Jerusalem. Das war am 10. Dezember 1977. Begleitet wurde er von seinen Beratern in israelisch-ägyptischen Angelegenheiten: Habib, Saunders und Atherton. Auch der amerikanische Botschafter Lewis setzte sich mit an den Beratungstisch in Begins Konferenzzimmer. Neben Begin nahmen auf unserer Seite der stellvertretende Ministerpräsident Jadin, Verteidigungsminister Ezer Weizman und ich teil. Die Stimmung war gut, denn wir alle meinten, auf dem Weg zum Frieden voranzukommen.

Die Amerikaner äußerten sich zufrieden über den Besuch in Kairo und sahen den kommenden Verhandlungen mit großem Optimismus entgegen. Sadat, so sagten sie, halte eine bilaterale Friedensvereinbarung mit Israel für möglich, allerdings nur im Rahmen eines umfassenden Abkommens, um die Unterstützung der anderen arabischen Staaten nicht zu verlieren. Ihm liegt daran, mit uns gemeinsam eine Erklärung zu formulieren, die als Grundlage für Friedensverhandlungen mit allen arabischen Ländern dienen könne, und ebenso wolle er die Palästinenserfrage angehen. Am besten eigne sich, Sadats Meinung nach, dazu eine »Grundsatzerklärung«, die in allgemeinen Wendungen gehalten sei, ihm aber als Waffe dienen könne, Kritik im eigenen Lande und von außerhalb zurückzuweisen, und ihm ermögliche, mit uns sachliche Friedensverhandlungen zu führen.

Ich spürte schon, daß die Amerikaner den Bericht über ihre Gespräche in Ägypten beenden wollten, ohne die Vorschläge, die ich in der Vorwoche Tuhami in Marrakesch unterbreitet hatte, zu erwähnen und die, wie man sich erinnern wird, in dem Papier enthalten waren, das ich Tuhami übergeben hatte. Sie bezogen sich auf Regelungen, die nach einem israelischen Abzug für die Halbinsel Sinai zu treffen waren. Dabei hatte ich zu Tuhami gesagt, wir könnten sogleich in Beratungen eintreten, falls die Ägypter auf meine Vorschläge positiv reagierten. Ich überlegte nun, ob ich die Amerikaner nach Sadats Reaktion fragen sollte. War sie negativ, so war es vielleicht besser, zu schweigen. Dann entschied ich mich aber doch für das Wagnis und formulierte meine Frage so, als wäre ich ganz sicher, daß sie mit Sadat über die Angelegenheit gesprochen hätten.

Einen Moment lang herrschte betretenes Schweigen. Endlich sagte einer der Amerikaner – und er war dabei sehr sorgfältig in der Wahl seiner Worte –, sie hätten den Eindruck gewonnen, Sadat sehe in unserem Vorschlag den Beginn von Verhandlungen, in deren Verlauf dieser dann gründlich geprüft werden müsse. Ich atmete erleichtert auf und warf einen Blick zum Protokollführer hinüber, um sicher zu sein, daß er die Antwort auch vollständig festgehalten hatte.

Es gab also doch Grund zur Zuversicht! Daß Sadat in der Palästinenserfrage beim besten Willen keine Regelung finden konnte, lag auf der Hand. Das ging nur die Palästinenser und die Jordanier an, und darum war ohne weiteres einzusehen, daß der ägyptische Präsident es bei einer Grundsatzerklärung bewenden lassen wollte. Für den Sinai galt dies jedoch nicht. Hier mußten beide Seiten zu einer detaillierten, verbindlichen Übereinkunft gelangen. Und wenn zutraf, was die Amerikaner sagten – daß nämlich Ägypten in unseren Vorschlägen eine brauchbare Ausgangsbasis sah –, dann bestand wirklich Aussicht auf einen Friedensvertrag.

Die Sitzung war beendet, die Besucher verließen hochgestimmt den Raum, auch ich war zuversichtlich. Vielleicht ein bißchen zu optimistisch!

Der nächste Schritt – wenn man das so nennen kann, denn zwar bewegte sich der Fuß, doch vorwärts kam er nicht – wurde vier Tage später unternommen: Am 14. Dezember begann die sogenannte »Vorbereitende Konferenz von Kairo«, von Sadat geplant, als er euphorisch gestimmt aus Jerusalem zurückgekehrt war. Überall auf der Welt und selbstverständlich auch in Ägypten wurde dies als kühner Schritt begrüßt, und möglicherweise war es diese positive Zustimmung, die ihn die Wirklichkeit aus den Augen verlieren ließ. Jedenfalls war er der Meinung, die anderen arabischen Staaten würden in seinem Kielwasser folgen, und Israel, mit einem umfassenden Friedensvorschlag konfrontiert, würde sich auf die Grenzen vom Mai 1967 zurückziehen.

Also lud er die arabischen Staaten, Israel, die USA und die UN nach Kairo ein, um die Genfer Konferenz vorzubereiten. Ziel sollte nach seinen Worten sein, »eine umfassende Regelung für einen dauerhaften Frieden in diesem Teil der Welt zu finden«. Anfangs schwebte ihm eine Gipfelkonferenz vor, doch die Reaktionen auf seine Einladung waren so spärlich, daß er es für klüger hielt, die Ebene etwas niedriger anzusetzen und erst später eine Sitzung mit den Außenministern zu planen.

Die Kairoer Konferenz wurde ein totaler Mißerfolg. Kein einziger arabischer Staat nahm die Einladung an. Am Konferenztisch saßen vier Delegationen: die ägyptische, die israelische, die der USA und die der Vereinten Nationen. Zwischen Ägypten und Israel entspann sich ein steriler Dialog. Die israelischen Delegierten hatten einen wahren Mustervertrag mitgebracht, den zwei beliebige befreundete Mächte hätten unterzeichnen können, zwischen denen nie Feindschaft geherrscht hat und die deshalb eigentlich auch keinen Vertrag brauchten. Er enthielt keine der strittigen Fragen, die unsere Länder zu klären hatten, nachdem wir gegeneinander Krieg geführt hatten und nun Frieden schließen wollten. Nichts von Grenzverlauf, Pufferzonen, entmilitarisierten Gebieten, unbehinderter Schiffahrt, Palästinensern oder zivilen israelischen Siedlungen auf dem Sinai. Die Ägypter ihrerseits legten eine Liste von Grundsätzen vor, die, ihrer unerschütterlichen Überzeugung nach, als Grundlage für einen Frieden dienen konnten. Dazu gehörten: Rückzug der Israelis aus allen im Juni 1967 eroberten Gebieten und die Anerkennung des Anspruchs der Palästinenser auf ein unabhängiges nationales Territorium. Ferner bestätigte Ägypten, sich an die Beschlüsse des arabischen Gipfeltreffens von Rabat zu halten und die PLO als einzig rechtmäßige Vertretung der Palästinenser anerkennen zu wollen. Die israelische Delegation lehnte diese Grundsätze rundheraus ab, was die Ägypter selbstverständlich kein bißchen überraschte. Beide Seiten wußten, daß man eine Art Schattenboxen veranstaltete. Das Ganze ähnelte der Unterhaltung zwischen zwei tauben Personen, die noch nicht gelernt haben, von den Lippen zu lesen.

Die israelischen Delegierten waren Elijahu Ben Elissar, Chef der Staatskanzlei; Meir Rosenne vom Außenministerium und Generalmajor Avraham Tamir aus dem Verteidigungsministerium. Sie und ihre ägyptischen Verhandlungspartner zeigten in der Öffentlichkeit das erwartete Lächeln, sprachen von einer Atmosphäre gegenseitigen guten Willens und beiderseitiger Verständigungsbereitschaft, doch einigte man sich in keinem einzigen Punkt, nicht einmal darüber, wer den Vorsitz führen und was auf die Tagesordnung kommen sollte.

Während diese Konferenz in Kairo stattfand – oder vielmehr nicht stattfand –, beherrschten zwei andere Ereignisse die Schlagzeilen der Weltpresse. Das eine war die Konferenz arabischer Staaten in Tripolis, die sich in ihrer heftigen Ablehnung der israelisch-ägyptischen Verhandlungen einig war. Auf Betreiben hauptsächlich der Syrer und Iraker und angestachelt von der PLO verhängten sie einen wirtschaftlichen und diplomatischen Boykott gegen Ägypten. Das waren nun wirklich Neuigkeiten. Das zweite Ereignis, das sich auf die Friedensbemühungen stärker auswirkte als alles, was in Kairo vor sich ging, war Begins Besuch in Washington.

Trotz des Mißerfolges hatte die Kairoer Konferenz doch eine Nebenwirkung, die sich im Laufe der Zeit positiv auswirkte. Sowohl in Ägypten als auch in Israel gewöhnte man sich daran, daß Vertreter beider Länder unmittelbar zu freundschaftlichen Begegnungen zusammenkamen, daß sich Israelis unbelästigt auf den Straßen Kairos bewegen konnten wie Ägypter in Jerusalem; daß Journalisten beider Länder aus der jeweils anderen Hauptstadt berichteten und daß ein kollegiales Klima zwischen ihnen entstand. Zumindest begünstigte die Konferenz von Kairo die Entstehung freundschaftlicher Beziehungen zwischen unseren Ländern. Schon bald gehörte es zum Alltag, daß Ägypter und Israelis, die soziale, wirtschaftliche oder wissenschaftliche Interessen gemein hatten, miteinander ins Gespräch kamen.

Begin wollte Präsident Carter Israels Vorschläge für eine Friedensregelung mit Ägypten und für ein Autonomiestatut für die palästinensischen Araber vorlegen. Am Eröffnungstag der Kairoer Konferenz flog er in die USA, und am 16. Dezember traf er Carter.

Vor der Abreise hatte er beide Dokumente dem Kabinettsausschuß für Sicherheitsfragen unterbreitet, der nach geringfügigen Änderungen den darin enthaltenen Grundsätzen zustimmte.

Hauptmotiv Begins, ein Autonomiestatut für die Palästinenser in den besetzten Gebieten auszuarbeiten, war zweifellos sein aufrichtiger Wunsch, zu einem brauchbaren Modus vivendi mit den Arabern zu kommen. Seiner Meinung nach würden die palästinensischen Araber auf diese Weise ihre eigene selbstgewählte Verwaltung bekommen.

Ein weiteres Motiv könnte gewesen sein, daß die Propaganda der Ägypter nicht ohne Wirkung geblieben war. Seit Sadats Besuch in Jerusalem hatten uns Freunde und Feinde gleichermaßen gedrängt, den Arabern mit einer großzügigen Geste entgegenzukommen, hatte doch Ägypten eine so gewaltige Anstrengung für die Beendigung des Kriegszustandes unternommen. Sadat war in Jerusalem gewesen, er hatte die »psychologische Barriere« des Hasses durchbrochen, war dafür von der arabischen Welt geächtet worden, und welchen Beitrag leistete Israel? Wo bleiben eure Gegenleistungen? fragte man.

Begins Entwurf für ein Autonomiestatut und seine Reise nach Washington waren also gleichsam als eine Art Gegengewicht zu Sadats »Friedensinitiative« gedacht. Auch hatte der Premier Vollmacht, dem Präsidenten mitzuteilen, Israel sei entschlossen, »eine Lösung der Probleme der Palästinenser in Samaria, Judäa und im Gazastreifen herbeizuführen«.

Wie schon zuvor wurde Begin von seinen engsten Mitarbeitern begleitet. Zusätzlich nahm er Aharon Barak (damals Generalstaatsanwalt und heute Richter am Obersten Gerichtshof) mit. Daß dieser glänzende Jurist – ein Mann von vielseitigen Interessen, hochgradiger Intelligenz und weitreichendem Blick – der Delegation angehörte, war unzweifelhaft ein großer Segen für uns.

In Washington war man bereits in groben Zügen mit Israels Vorschlägen an Ägypten vertraut. Außenminister Vance besaß eine Kopie des Dokuments, das ich Tuhami in Marokko überreicht hatte, und wußte auch, wie das Gespräch zwischen Begin und Sadat in Jerusalem in dieser Hinsicht verlaufen war. Der Autonomieplan war den Amerikanern allerdings neu. Carter und seine Berater nahmen ihn mit großem Interesse zur Kenntnis und sahen darin einen konstruktiven, fortschrittlichen Beitrag Israels. Zwar stimmten die Amerikaner dem Plan nicht in allen Punkten zu, doch sprachen sie sich sehr anerkennend über diese mutige politische Initiative Begins aus.

Dieser verließ denn auch sehr befriedigt das Weiße Haus. Daß er Carters positivere Reaktion auf seinen Autonomieplan aber auch gleich der Öffentlichkeit bekanntmachte, war allerdings unklug, und die Distanzierung von amtlicher Seite ließ auch nicht lange auf sich warten. Ein Regierungssprecher erklärte nachdrücklich, es handle sich um einen Vorschlag Israels, über den Israelis und Araber zu beraten und zu beschließen hätten.

Der nächste Schritt bei den Friedensbemühungen erfolgte fünf Tage nach Begins Rückkehr. Am 25. Dezember startete eine Maschine der El-Al von unserem internationalen Flughafen mit Kurs auf den Luftwaffenstützpunkt Abu Suweit, unweit Ismailia (der von uns im Sechs-Tage-Krieg schlimm zugerichtet worden war). An Bord befanden sich der Ministerpräsident, der Verteidigungsminister und ich. Sadat und seine Minister erwarteten uns zu einem Gipfeltreffen.

Seit Sadats Besuch in Jerusalem war dies der wichtigste Schritt auf dem Wege zur Vorbereitung einer Friedensregelung. Begin war bester Laune. Endlich war er am Ziel: Direkte Gespräche mit dem ägyptischen Staatspräsidenten, ohne Vermittler, ohne die guten Dienste fremder Mächte. Die Dokumente, die er mitführte, – der Entwurf eines Friedensvertrages zwischen unseren Ländern und der Plan für ein Autonomiestatut für die Palästinenser – waren sorgfältig ausgearbeitet worden und hatten den Segen des Präsidenten der USA und des britischen Premiers (den Begin auf dem Rückflug von Washington in London aufgesucht hatte).

Nicht nur Begin, sondern die gesamte Weltöffentlichkeit schien in diesem Gipfeltreffen von Ismailia ein welthistorisches Ereignis zu sehen. Jedenfalls waren von überallher Korrespondenten angereist; allein aus Israel kamen hundert Journalisten, an der Spitze die Herausgeber sämtlicher Tageszeitungen.

Die Stadt Ismailia war festlich geschmückt, an den großen Straßenkreuzungen Ehrenpforten errichtet worden, und von den Dächern wehten die Fahnen Ägyptens über den frisch gekehrten Straßen. Und doch war mir bei alledem nicht wohl. Das begann schon mit der Ankunft auf dem Flugplatz. Sadat war in Israel mit allen protokollarischen Ehren empfangen worden. Ich habe zwar bereits anderswo gesagt, was ich von diesen pompösen Veranstaltungen halte, bei bestimmten Gelegenheiten haben sie aber politische Bedeutung, zumal wenn sie unterlassen werden. Unser Empfang auf dem Flughafen von Ismailia war von ausgesuchter Nüchternheit gekennzeichnet – keine Ehrenkompanie, keine israelischen Fahnen, keine Nationalhymnen.

Auch die Transparente und riesigen Bildtafeln in den Straßen priesen einzig Sadat als den Friedensbringer, der Name Begin war nirgendwo zu lesen. Nirgendwo hieß man ihn auf einem Spruchband willkommen. Die einzige Wärme bei diesem Empfang verbreitete die winterliche Sonne.

Vor Beginn der Unterredung nahmen wir an einer kurzen Zeremonie teil: Mohammed Ibrahim Kamil wurde offiziell als ägyptischer Außenminister eingesetzt. Er trat an die Stelle von Ismail Fahmi, der aus Protest gegen Sadats Friedenspolitik demonstrativ zurückgetreten war. Kamil, der als ägyptischer Botschafter in Bonn gerade den Besuch von Bundeskanzler Schmidt in Kairo vorbereitete, wurde überraschend von Sadat zu Fahmis Nachfolger bestimmt. Während er auf die Vereidigung wartete, machte er den Eindruck, als habe ihn die Ernennung wie ein Blitz aus heiterem Himmel getroffen – und sei ihm ebenso angenehm. Er wollte den Posten nicht, hatte aber auch nicht den Mut, abzulehnen.

Nach der Zeremonie gingen wir in den Konferenzsaal, während Sadat Begin zu einer halbstündigen Unterredung unter vier Augen in sein Arbeitszimmer zog. Als sie dann zu uns herauskamen, zeigte Begin ein sehr erfreutes Gesicht, während Sadat eine undurchdringliche Miene aufgesetzt hatte. Auf der ägyptischen Seite des Konferenztisches saßen neben Sadat Vizepräsident Hosni Mubarak, Ministerpräsident Mamduk Salem, Kamil und Kriegsminister General Abd-el-Ghani Gamasi. Außer den Ministern saß auf unserer Seite des Tisches noch Aharon Barak.

Nun war der große Augenblick gekommen. Sadat räusperte sich und sprach ein paar höfliche Worte zur Begrüßung. Begin antwortete ebenso entgegenkommend. Beide Staatsmänner brachten den Wunsch ihrer Völker nach Frieden zum Ausdruck und wiesen darauf hin, daß die Augen der Weltöffentlichkeit auf uns gerichtet seien. Auch das altüberkommene Erbe wurde nicht vergessen – beide brachten es fertig, den Gesetzgeber Moses für das Treffen in Ismailia zu bemühen. Sadat begleitete ihn durchs Rote Meer, Begin in die Wüste des Sinai. An dieser Stelle schaltete ich ab und beschwor in mir selbst die übermächtige Gestalt Moses herauf: Moses, der Stotterer, der in die Wüste floh, weil er den Verrat durch einen Landsmann fürchtete, nachdem er einen ägyptischen Aufseher erschlagen hatte, weil er einen hebräischen Knecht ausgepeitscht hatte; Moses, der immer wieder von jenen geschmäht wurde, die er retten wollte; Moses, der im Zorn die Gesetzestafeln zerbrach; Moses, der die Kinder Israels aus der Knechtschaft in die Freiheit führte und doch in der Passahlegende nicht erwähnt wird; Moses, der auf dem Zug durch die Wüste in das Gelobte Land so schwere Lasten auf sich genommen hatte und dem dann doch der Zutritt verwehrt wurde; Moses, der größte aller unserer Anführer, begraben an unbekannter Stelle.

In seiner Eröffnungsrede erwähnte Sadat mit keinem Wort die gemischten Ausschüsse, auf deren Einsetzung er sich im Gespräch mit Begin vor der Beratung geeinigt hatte. Mag sein, er wollte sich noch mit seinen Mitarbeitern besprechen, bevor er diesen Vorschlag in größerem Kreise bekanntgab. Begin hatte die Bedeutung dieser Ausschüsse sofort erkannt. Einerlei wie dieses Treffen ausging, durch die Ausschüsse war sichergestellt, daß die Verhandlungen weitergingen, und deshalb informierte er auch beide Delegationen darüber, worauf er sich soeben mit Sadat geeinigt hatte: »Wir haben beschlossen, zwei gemeinsame Ausschüsse einzusetzen«, sagte er, »einen für politische und sonstige Probleme aus dem zivilen Bereich und einen für militärische Angelegenheiten. Hiermit beginnt die Erfolgsphase unserer Gespräche.«

Es war nicht nur der Anfang, sondern auch das Ende. In keinem weiteren Punkt kam eine Einigung zustande. Begins Friedensvorschläge bezeichnete Sadat als unannehmbar. Ägypten werde Gegenvorschläge ausarbeiten, basierend auf den Beschlüssen von Rabat. Und schon lag wieder das Patentrezept auf dem Tisch: Israel räumt alle besetzten Gebiete, Selbstbestimmung für die Palästinenser; kein Separatfrieden.

Die Ägypter schlugen vor, eine gemeinsame Grundsatzerklärung in der Palästinenserfrage abzufassen. Das dauerte stundenlang und blieb ohne Ergebnis. Auch unsere wechselseitigen Vorstellungen von einem ägyptisch-israelischen Friedensvertrag klafften himmelweit auseinander. Die Ägypter wollten keinen einzigen Israeli auf dem Sinai dulden, weder Zivilist noch Soldat. Äußerstenfalls wollten sie die Stationierung eines UN-Kontingentes in Scharm el-Scheich zugestehen, aber ausdrücklich unter ägyptischer Souveränität und allein zum Zwecke der Überwachung der freien Schiffahrt im Golf.

Der einzige hoffnungsvolle Ton klang aus dem aufrichtigen Wunsch beider Staatsmänner, den völligen Bruch zu vermeiden.

Sie wollten nicht mit hilfloser Gebärde das endgültige Scheitern gestehen, sondern sich auf eine Fortsetzung einigen. Das war richtig. Für mich bedeutete dies, daß Sadat wirklich eine Friedensregelung wünschte und sich bemühte, die Hindernisse zu überwinden. Zugleich aber beunruhigte mich zutiefst, welchen Preis die Ägypter dafür von uns zu fordern gedachten: völlige Räumung der Halbinsel Sinai; die Zusage, den Golan und die West Bank aufzugeben; die Errichtung eines Palästinenserstaates zu dulden. Ich spürte, daß sich hinter diesen Forderungen starke Emotionen verbargen, daß es sich keineswegs um ein bloßes Lippenbekenntnis handelte. Und ich befürchtete, daß Israel vor einer schmerzlichen Wahl zwischen weitreichenden Zugeständnissen oder Verzicht auf einen Friedensvertrag mit Ägypten stand.

Aus dem Fenster im ersten Stock des Gästehauses konnte ich das Ostufer des Suezkanals sehen. Einige Planierraupen waren dort am Ufer an der Arbeit, sonst rührte sich nichts. Mein Blick ging über die unzähligen Dünen, die sich bis zum Horizont wellten, und meine Erinnerungen trugen mich fort, auf den von mir so geliebten Sinai, dieses gelassene, zeitlose, unendlich weite Land mit den goldenen Sandflächen im Norden und den Granitbergen im Süden. Der westliche, an den Kanal stoßende Teil hatte niemals Gefühle gleicher Art in mir geweckt, mir vielmehr Sorgen gemacht. Die Bar-Lev-Linie warf ebensoviele Fragen wie Lösungen auf. Es hatte mich etwas beruhigt, als etwa zehn Meilen östlich davon die Feuerstellungen der Artillerie gebaut wurden. Wieviel Blut und Mühsal hatte es uns gekostet, das Kanalufer zu halten!

Niemand kann sagen, ob Ägypten je an den Verhandlungstisch gekommen wäre, hätten wir dieses Ufer nicht gehalten. Vielleicht ist aber auch das Gegenteil richtig. Es ist zumindest vorstellbar, daß wir zu einer Übereinkunft mit Ägypten gelangt wären und den Jom-Kippur-Krieg vermieden hätten, wäre Golda Meïr 1971 meinem Rat gefolgt und hätte unsere Streitkräfte vom Kanal nach Osten auf die Pässe Mitla und Gidi zurückverlegt.

Doch nicht die Entwirrung politischer Probleme stand im Vordergrund meiner Gedanken, als ich da so zum Fenster hinaussah, vielmehr drängte sich die Erinnerung an die Schlachten auf, die wir dort geschlagen hatten, das Inferno detonierender Granaten, Raketen und Minen, die brennenden Panzer und

Halbkettenfahrzeuge – und in all dem Qualm die Toten und Verwundeten.

Man rief mich an den Konferenztisch zurück. Ich verließ meinen Platz am Fenster, doch die Vision, die ich dort gehabt hatte, blieb.

Der Gipfel von Ismailia endete am folgenden Tag. Die Korrespondenten berichteten von Mißerfolg und Enttäuschung. »Der Berg hat gekreißt und eine Maus geboren«, hieß es. Nicht einmal auf ein gemeinsames Kommuniqué konnten wir uns einigen, also wurden auf der Pressekonferenz zwei Erklärungen verlesen. Die eine lautete: »Ägypten hält an der Auffassung fest, daß der Gazastreifen und die West Bank einen palästinensischen Staat bilden sollen«, und in der andern hieß es: »Israel vertritt den Standpunkt, daß die in Judäa, Samaria und Gaza lebenden palästinensischen Araber sich selbst verwalten sollen.«

Einen Tag nach unserer Rückkehr, am 28. Dezember, tagte die Knesset. Der Premier berichtete über seine Gespräche in Washington und London und die Zusammenkunft mit Sadat in Ismailia. Er erläuterte das von ihm verfaßte Autonomiestatut, verlas den vollständigen Wortlaut (s. Anhang) und umriß die Prinzipien, die unseren Vorschlägen für einen Friedensvertrag mit Ägypten zugrunde lagen: Entmilitarisierung, zivile Siedlungen, etappenweiser militärischer Abzug, ungehinderte Schiffahrt.

Im einzelnen hieß das: Keine ägyptischen Streitkräfte jenseits der Mitla-Gidi-Linie; für das Gebiet zwischen dieser Linie und dem Kanal gilt weiterhin das nach dem Jom-Kippur-Krieg vereinbarte Truppenreduzierungsabkommen.

Die zivilen israelischen Siedlungen sind unantastbar und stehen weiterhin unter israelischer Verwaltung und Gerichtsbarkeit. Mit ihrem Schutz werden israelische Streitkräfte beauftragt.

Phasenweiser Truppenabzug: Während einer mehrjährigen Übergangszeit erfolgt der Rückzug auf eine Linie im mittleren Sinai, Beibehaltung der Luftwaffenstützpunkte und Frühwarnsysteme bis zum endgültigen Rückzug auf die Internationale Grenze.

Die ungehinderte Schiffahrt durch die Meerenge von Tiran wird entweder durch ein UN-Kontingent oder gemischte israelisch-ägyptische Einheiten überwacht. Bei UN-Truppen darf deren Abzug nur nach Zustimmung beider Parteien und einem einstimmigen Beschluß des Sicherheitsrates stattfinden. Die Meerenge von Tiran und der Golf von Eilat, dessen Zugang sie ist, werden in einer besonderen Erklärung beider Länder als internationaler Wasserweg anerkannt, der allen Schiffen unter allen Flaggen offensteht.

Nach stundenlanger Debatte, die der Rede des Premiers folgte, wurden der Regierungsentwurf für ein Autonomiestatut und die Leitsätze für den Abschluß eines israelisch-ägyptischen Friedensvertrages bei vierzig Enthaltungen mit vierundsechzig gegen acht Stimmen angenommen. Die große Zahl der Stimmenthaltungen kam aus den Reihen der Arbeiterpartei. Oppositionsführer Peres sagte, seine Partei werde nicht gegen die Regierung votieren, sie aber auch nicht unterstützen. »Wir haben unseren Abgeordneten freigestellt, wie sie abstimmen wollen.«

Tatsache war, daß die Arbeiterpartei ratlos war. Die Fraktion wollte nicht den Anschein erwecken, als behindere sie Friedensverhandlungen, fühlte sich aber zugleich als Opposition verpflichtet, alles abzulehnen, was von der Regierung vorgelegt wurde. Sie wählte also den bequemsten Weg, indem sie eine Vogel-Strauß-Politik betrieb, und das ausgerechnet in einer Angelegenheit von vitaler Bedeutung für die Zukunft unseres Landes.

Ich nahm an der Debatte in der Knesset nicht teil, weil ich an diesem Tage außer Landes war. Eine Stunde nach der Rückkehr aus Ismailia war ich bereits nach Teheran unterwegs, zu einem Treffen mit dem Schah. Er hatte über unseren diplomatischen Vertreter den Wunsch geäußert, von mir aus erster Hand über Sadats Besuch in Jerusalem und meine Ansichten über die Chancen für einen Friedensschluß zu hören.

Wieder kam ich in der Nacht in Teheran an und sah den Schah am folgenden Vormittag. Meine erste Frage war, ob er was gegen eine offizielle Bekanntmachung meines Besuches habe. Nachdem Sadat, der führende arabische Staatsmann, offiziell nach Israel gekommen sei, brauche doch wohl nicht mehr geheimgehalten zu werden, daß ich ihm über die Entwicklung persönlich berichte?

Der Schah schlug das rundweg ab. Er könne sich nicht leisten, daß so etwas bekannt werde. Auch ging er nicht auf den Vorschlag ein, unsere Missionen in den Stand von Botschaften zu erheben. Selbst jetzt, da offiziell keine Beziehungen zwischen unseren Ländern bestünden, sagte der Schah, habe er bereits große Schwierigkeiten. Die Palästinenser und sonstigen Parteigänger der PLO übten erheblichen Einfluß auf die Führer des Islam im Iran aus. »Mir machen am meisten die religiösen Fanatiker unter den ungebildeten Massen zu schaffen«, sagte er. »Gäbe es die nicht, wäre der Iran heute ebenso fortschrittlich wie die europäischen Länder und stünde nicht unter dem Einfluß religiöser Anführer, die sich dem Fortschritt und jeder Entwicklung in den Weg stellen.« Ähnlich äußerte er sich über Jerusalem. Er teile nicht den Standpunkt der Saudis, die den Komplex Palästina und Israel durch die religiöse islamische Brille sähen und einzig auf die Kontrolle der dem Islam heiligen Stätten in Jerusalem durch die Araber erpicht seien.

Sein eigenes Zaudern, was die Beziehungen zwischen dem Iran und Israel betraf, hinderte den Schah allerdings nicht, dem ägyptischen Präsidenten kühne Ratschläge zu geben. Sadat möge sich doch nicht um die arabischen und andere Länder scheren, die seine Friedensbemühungen verurteilten, nicht seine Position als Führer der arabischen Welt preisgeben, sondern mit ganzer Kraft auf die Verwirklichung einer Friedensregelung mit Israel hinwirken, denn sonst werde er sein Prestige und seine Position sogar in Ägypten verlieren. Sein Besuch in Jerusalem sei der Schritt auf einem Wege, auf dem man nicht umkehren könne. Und was die Palästinenser betreffe, so solle man ihnen auch nicht den Zipfel eines eigenen Staates geben. Gestehe Israel den Palästinensern irgend etwas der Art zu, dann helfe es mit eigener Hand bei der Errichtung einer Ausgangsbasis für gegen Israel gerichtete Terrorakte und Vernichtungsschläge.

Die meiste Zeit verwandte der Schah auf sein Lieblingsthema: den weltumspannenden Konflikt zwischen den USA und der UdSSR. Die Sowjets näherten sich seiner Meinung nach verstohlen Algerien, Libyen, Äthiopien und dem Jemen. Die Führer dieser Länder seien unter aktiver Mitwirkung von Fidel Castro dabei, die USA auszumanövrieren. Stolz berichtete er, daß er bei seinem letzten Aufenthalt in Amerika lange mit Präsident Carter darüber gesprochen habe und dieser ihm aufmerksam zugehört habe. Zugleich hätte der Präsident aber auch große Ignoranz betreffend der Vorgänge im Nahen Osten gezeigt. Er hoffe, Carter werde seine Verständigungspolitik gegenüber den Russen bald aufgeben und im Nahen Osten einen unabhängigen Kurs steuern.

Er beendete das Gespräch mit der Warnung, den Russen sei am Frieden im Nahen Osten nicht gelegen, und sie würden alles Erdenkliche tun, ihn zu sabotieren. Aus diesem Grund lieferten sie Waffen nach Syrien und in den Irak. Die Israelis sollten immer damit rechnen, daß diese beiden Länder auf einen Wink und mit Unterstützung der Russen wieder Krieg gegen sie führen würden.

Im Gästehaus erzählte ich unserem diplomatischen Vertreter von diesem Gespräch. Dieser berichtete seinerseits, die Position des Schah - wir schrieben Dezember 1977 - werde zunehmend schwächer und niemand könne sagen, wie lange er sich mit Hilfe des Militärs noch auf dem Thron halten könne.

Den Lunch nahmen wir mit hohen iranischen Verwaltungsbeamten ein. Wir erörterten die Vorkommnisse in dieser Region und Irans Öllieferungen an Israel. Nach dem Essen blieben mir bis zum Rückflug noch einige Stunden Muße, die ich gern mit dem Herumstöbern in Antiquitätenläden verbracht hätte, doch bestand immerhin die Möglichkeit, daß man mich trotz Sonnenbrille und breitkrempigem Hut erkannte. Unser Mann in Teheran kannte jedoch einen diskreten jüdischen Händler, zu dem er mich führen wollte.

Ich fand dort eine große Sammlung früh- und vorgeschichtlicher Geräte vor, doch die billigeren sagten mir nicht zu und die, die mir gefielen, konnte ich nicht bezahlen. Insbesondere faszinierte mich ein dreitausend Jahre altes Tongefäß von bezaubernder Form und feinem Tand. Es war noch mit dicken Gesteinsstaubschichten bedeckt, die sich im Laufe der Jahrhunderte daraufgelegt hatten. Nachdem das Gefäß gereinigt worden war, kamen auf ihm drei Gazellen zum Vorschein, zwei einander gegenüberstehend, die dritte liegend, den Kopf nach rückwärts gewandt. Die Tiere waren rot und hoben sich stark vom Grau des Gefäßes ab. Ich stellte mir vor, um wieviel strahlender sich das alles ausnehmen würde, wenn ich es daheim mit einer besonderen Reinigungsflüssigkeit behandelte. Doch gegen die Konkurrenz der vielen zahlungskräftigen Amerikaner, die sich zu der Zeit in Teheran aufhielten und nach Antiquitäten suchten, kam ich nicht an. So fuhr ich denn mit einem anderen Andenken an den Iran zum Flugplatz - einem Beutel Pistaziennüsse.

9.
Das kurze Leben des Politischen Ausschusses

Auf dem Gipfeltreffen von Ismailia hatte Premier Begin vorgeschlagen, die beiden gemeinsamen israelisch-ägyptischen Ausschüsse – der politische und der militärische – sollten ihre Arbeit in der folgenden Woche aufnehmen. Sadat war dies zu früh, also verabredete man sich für drei Wochen später in Jerusalem.

Begin war als »glücklicher Mensch«, wie er sagte, aus Ismailia heimgekommen, doch schon bald erwies sich, daß niemand Anlaß hatte, besonders glücklich zu sein. Die beiderseitigen Standpunkte lagen Welten auseinander, und gegen Ende der Begegnung machte sich eine wachsende Spannung bemerkbar. Das Treffen war kaum vorüber, da entfesselte die ägyptische Presse eine beispiellose Hetzkampagne. Begin wurde mit persönlichen Beleidigungen überschüttet: »Er soll froh sein, heil aus Ismailia herausgekommen zu sein.« Er habe sich auf dem Gipfeltreffen aufgeführt »wie Shylock«.

Sadat selber schloß sich diesen Angriffen auf Israel in einem Interview mit der Wochenzeitschrift *Oktober* an; er habe keine Hoffnung mehr, sich mit Israel über die Grundlagen des Friedens einigen zu können. Israel sei praktisch ebenso ein Mitglied der »Ablehnungsfront« wie etwa Syrien. Es habe den Wind gesät und werde nun Sturm ernten. Mit seinem Besuch in Jerusalem habe er Israel das Menschenmögliche geboten – Aussicht auf Frieden, Sicherheit, einen anerkannten Status –, erhalten jedoch habe er dafür nichts. Er habe nicht nur seine Zukunft als Politiker aufs Spiel gesetzt, sondern geradezu sein Leben, und das im Glauben, auf diese Weise den arabisch-israelischen Konflikt beenden zu können, doch Israel habe alle seine Friedensvorschläge zurückgewiesen.

Die Vorschläge lauteten: Rückgabe des Sinai an Ägypten; der West Bank an Jordanien; des Golan an Syrien; Anerkennung des Rechtes der Palästinenser auf einen eigenen Staat. Falls Israel damit einverstanden sei, so Sadat, könne es normale Beziehungen zu seinen Nachbarn aufnehmen und werde von den arabischen Ländern anerkannt. Vereinfacht ausgedrückt: Israel habe die Wahl zwischen Frieden oder einem Verbleiben in den besetzten Gebieten. Einen mittleren Weg gebe es nicht.

Damit war die Liste der ägyptischen Vorwürfe nicht zu Ende. Begin, Weizman und ich hätten »halsstarrige Erklärungen« abgegeben; Landwirtschaftsminister Scharon bereite eine weitere Besiedlung des Sinai vor. Solche Worte und Taten müßten das Ansehen Ägyptens, insbesondere seines Präsidenten, in der arabischen Welt schädigen.

Nun entschloß sich die amerikanische Regierung, der die wachsende Spannung zwischen uns und den Ägyptern nicht entgangen war, zu einem dramatischen Eingriff. Am 4. Januar 1978 flog Carter zu Sadat nach Assuan. Nach langwierigen Gesprächen gab Carter folgende Erklärung ab: Ein Friedensschluß zwischen Ägypten und Israel werde eine Normalisierung der Beziehungen zur Folge haben; Israel müsse sich aus allen im Juni 1967 eroberten Gebieten zurückziehen; die legitimen Rechte der Palästinenser sollten anerkannt, sie selbst an den Entscheidungen über ihre Zukunft beteiligt werden.

Die Erklärung des US-Präsidenten wurde in Ägypten mit Genugtuung, in Israel mit Besorgnis, von der arabischen »Ablehnungsfront« und der PLO mit Hohn aufgenommen. Israels größte Sorge galt dabei dem Umstand, daß man die Erklärung als Zustimmung zur Errichtung eines Palästinenserstaates auffassen könnte, wenngleich dies nicht ausdrücklich gesagt worden war.

Daß Carters Erklärung recht lästig für uns war, bezweifelte ich keinen Moment, ich sah aber auch ihren konstruktiven Aspekt. Sie unterschied sich vom Sicherheitsratsbeschluß 242 insofern, als sie drei Grundvoraussetzungen zusammenfaßte: Israels Abzug aus den 1967 eroberten Gebieten, wie in den Beschlüssen 242 und 338 vorgesehen; im Austausch dazu die Normalisierung der Beziehungen zwischen den arabischen Staaten und Israel, statt wie bisher die bloße Beendigung des Kriegszustandes; schließlich die Einbeziehung der Palästinenser in einen Friedensvertrag.

Außenminister Vance wurde von beiden Parteien gebeten, bei den Verhandlungen zu helfen. Er kam nach Jerusalem, um an den Sitzungen des gemeinsamen Politischen Ausschusses teilzunehmen, was für ihn keine reine Freude wurde. Schon bevor die

Parteien zusammentreten konnten, bekam er Schwierigkeiten mit der Aufstellung der Tagesordnung. Die Ägypter forderten als ersten Punkt »Beendigung der israelischen Eroberungspolitik in den 1967 besetzten arabischen Gebieten«. Sie wollten auch die »Lösung der Palästinenserfrage auf der Grundlage des Selbstbestimmungsrechtes der Palästinenser« auf die Tagesordnung setzen.

Das lehnten wir ab, worauf eine wörtliche Wiederholung des Disputes in Ismailia folgte. Die Ägypter verlangten im voraus, wir sollten uns zur Räumung der besetzten Gebiete verpflichten und das Recht der Palästinenser auf einen eigenen Staat anerkennen. Wir weigerten uns.

Die amerikanischen Botschaften in Israel und Ägypten beförderten eilfertig die von den Regierungen in Jerusalem und Kairo verfaßten Mitteilungen, doch nutzte das wenig. Jede Seite lehnte die Vorschläge der anderen ab.

Noch von Washington aus setzte Vance dann durch, daß sich beide Seiten mit einer aus drei Punkten bestehenden Tagesordnung abfanden:

- eine Willensbekundung, Verhandlungen mit dem Ziel eines umfassenden Friedens im Nahen Osten zu führen;
- Leitlinien für Verhandlungen über Judäa, Samaria und den Gazastreifen;
- Grundlage für Friedensverträge zwischen Israel und seinen Nachbarn in Übereinstimmung mit den Grundsätzen des Sicherheitsratsbeschlusses 242.

Dies schob selbstverständlich die Kontroverse nur hinaus, ohne sie aus der Welt zu schaffen. Der erste Punkt war nur ein gefälligeres Etikett für die Räumung der besetzten Gebiete, der zweite ein ebensolches für die Palästinenserfrage.

Die ägyptische Delegation unter Außenminister Kamil traf am 15. Januar 1978 in Jerusalem ein, Vance und sein Berater folgten tags darauf.

Der Politische Ausschuß erlitt das gleiche Schicksal wie das Gipfeltreffen von Ismailia. Es kam nichts dabei heraus, doch das Ende war dramatischer. Die erste Sitzung begann am Morgen des 17. Januar ohne besondere Vorkommnisse, doch am Abend des folgenden Tages erhielt die ägyptische Delegation Anweisung von Sadat, sofort ihre Sachen zu packen und heimzufahren. Carters Versuche, Sadat telefonisch umzustimmen, waren erfolglos. Um drei Uhr früh verabschiedete ich die ägyptischen Herren auf dem Flugplatz. Am nächsten Tag begleitete ich auch Vance dorthin, der nach Washington zurückflog. Nach dem Abschied von unseren Gästen konnte ich mich zwar nicht wie ehedem Begin als einen »glücklichen Menschen« bezeichnen, aber ein überraschter Mensch war ich gewiß nicht.

Die ägyptische Delegation hatte aus Berufsdiplomaten bestanden: Es waren Außenminister Kamil, Staatsminister Butros Ghali, Ägyptens Botschafter bei den UN, Abd el-Majid, und Osama el-Bas, ein hoher Beamter im Außenministerium. Diese Herren gehörten nicht dem inneren Kreis der Führung in ihrem Lande an, auch unterstützten sie Sadats Friedensinitiative nicht. Das war bereits in Ismailia sichtbar geworden: Sie hatten versucht, Sadat an jedem Schritt zu hindern, der ihn uns näherbringen konnte. Persönliche Freundschaften verbanden sie mit den Diplomaten der übrigen arabischen Länder, und für diese war Sadat ein Verräter. Kamil und seine Freunde mühten sich deshalb aufs äußerste zu beweisen, daß sie sich gegenüber ihren arabischen Brüdern loyal verhielten und nicht beabsichtigten, Israel die geringste Konzession zu machen. Dies gelang ihnen vortrefflich. Zum einen, weil Sadat selbst meinte, Israel müsse alle seine Vorschläge akzeptieren, denn schließlich habe ja er mit dem Besuch bei uns eine große historische Geste gemacht, und zum anderen, weil der ägyptische Präsident Papierkram verabscheute und seinen Mitarbeitern beim Entwurf und der Präsentation ihrer Stellungnahme freie Hand ließ.

Begins Hoffnung, die in Ismailia aufgetauchten Hindernisse könnten vom Politischen Ausschuß beseitigt werden, war also grundlos. Je niedriger im Rang die Beteiligten waren, desto starrer blieb ihre Haltung. Wollte man vorankommen, mußten die Gespräche wieder auf einer höheren Ebene stattfinden.

Schon beim ersten Punkt der Tagesordnung – die »Willensbekundung« – blieb man stecken. Die Ägypter forderten erneut, Israel müsse sich ausdrücklich zum Abzug vom Sinai, dem Gazastreifen, dem Golan und der West Bank verpflichten und das Recht der Palästinenser auf Selbstbestimmung anerkennen. Israel hingegen konterte mit einer allgemeiner gehaltenen Formel für die Räumung, die sich im Wortlaut an den Beschluß 242 hielt, worin es heißt, »Israel räumt Gebiete, die während des jüngsten Konfliktes besetzt wurden« – also während des Krieges von 1967. (Israels Gegner hatten versucht, das Wort »die«

vor »Gebiete« einzufügen, was die Herausgabe jeden Quadratmeters ohne die geringste Grenzbegradigung bedeutet hätte. Der Sicherheitsrat hatte das abgelehnt, und im verabschiedeten Text des Beschlusses heißt es nicht »räumt die Gebiete«, sondern nur »räumt Gebiete«.) In bezug auf die Palästinenser schlugen wir vor, die Flüchtlinge anzusiedeln und den arabischen Bewohnern Judäas, Samarias und des Gazastreifens die Selbstverwaltung zu gewähren.

Als klar wurde, daß wir uns nicht einigen konnten, baten wir wieder die Amerikaner um eine Kompromißformel. Vance und seine Mitarbeiter fertigten einen Entwurf nach dem anderen an, die jedoch alle von einer, manchmal auch von beiden Parteien abgelehnt wurden. Der fünfte Entwurf der Amerikaner wurde uns übergeben, als Kamil bereits die Abreise seiner Delegation angekündigt hatte, also war es sinnlos, ihn noch zu beraten, und ich weiß daher nicht, was die Ägypter davon hielten. Es besteht aber kein Grund zu der Vermutung, daß dieser Entwurf mehr Aussichten gehabt hätte, angenommen zu werden als die vorangegangenen.

Aharon Barak leitete das Team, das unsere eigenen Entwürfe ausarbeitete, ich beneidete ihn keinen Augenblick. Die Verhandlungen mit Begin waren nämlich keineswegs leichter als mit den Ägyptern oder den Amerikanern. Zwischen dem Premier und mir kam es gelegentlich zu Meinungsverschiedenheiten und Spannungen, doch daß die Verhandlungen scheiterten, lag nicht an Begin, sondern an den Ägyptern. Diese verhandelten nämlich überhaupt nicht, weder in Jerusalem noch in Kairo, Ismailia oder jetzt im Ausschuß, sondern stellten einfach Ultimaten. Sie klammerten sich an eine aus drei Sätzen bestehende Formel: Ägypten hat mit der kühnen Jerusalem-Reise Sadats seinen Anteil an den Friedensbemühungen geleistet; Israel muß auf die Grenzen vor dem Juni 1967 zurück; die Palästinenser haben das Recht auf einen eigenen Staat.

Ich fand die Haltung der Ägypter ziemlich arrogant und moralistisch, was auch in Inhalt und Stil ihrer Äußerungen sichtbar wurde. Schon beim Eintreffen der Delegierten auf dem Flugplatz Ben Gurion war das nicht zu verkennen. Ich begrüßte Außenminister Kamil, trat mit ihm vors Mikrofon, sprach einige Begrüßungsworte, drückte die Hoffnung auf Erfolg bei der Arbeit des Ausschusses aus und machte ihm dann Platz in der Annahme, er werde sich ebenfalls mit den bei solchen Gelegenheiten üblichen Floskeln begnügen. Statt dessen las er ein Manuskript vor, dessen Text erneut die ägyptischen Forderungen an Israel wiederholte. Ägypten, hieß es, habe seine Friedensliebe bereits unter Beweis gestellt, Sadats »historischer Besuch« in Jerusalem eine neue Ära eingeleitet, und Israel müsse nun endlich die elementare Tatsache begreifen, daß der Friede nicht mit territorialen Eroberungen vereinbar sei und auch nicht damit, daß man dem palästinensischen Volk sein Recht auf Selbstbestimmung vorenthalte.

Ich blieb stumm. Das Podium auf dem Flughafen war gewiß nicht der geeignete Ort für eine solche Rede, doch war das für mich kein Grund, es ihm gleichzutun. Meine Antwort hob ich mir für die gemeinsame Pressekonferenz auf, die am nächsten Morgen vor Eröffnung der ersten Ausschußsitzung stattfinden sollte. Auf eine aggressive Frage erwiderte ich, lieber wollten wir uns diese Friedensinitiative durch die Finger schlüpfen lassen als Israels Sicherheit aus den Händen geben. Die Tagesordnung des Ausschusses ziele nicht darauf ab, jemand den Mund zu verbieten, die Ägypter könnten ihre umstrittenen Friedensvorschläge selbstverständlich vortragen, doch werde Israel nicht bei vorgehaltener Pistole verhandeln.

Woran scheiterte der Ausschuß nun wirklich? Dem Anschein nach war es die Ansprache Begins bei dem Bankett zu Ehren unserer Besucher. Etwa eine Stunde zuvor war auf Anregung Begins zwischen ihm und Kamil vereinbart worden, daß keine Seite mehr politische Erklärungen abgeben solle. Doch Begins Rede, die er am Ende des Essens hielt, war dann doch eminent politisch, denn er legte detailliert dar, worauf Israel sich nicht einlassen könne: eine neuerliche Teilung Jerusalems, die Errichtung eines Palästinenserstaates, die Rückkehr zu den Grenzen von vor dem Juni 1967.

Es waren mehr als hundert Gäste anwesend, israelische Kabinettsmitglieder, hohe Richter, Abgeordnete, Oppositonspolitiker, Zeitungsverleger und die Korrespondenten der Weltpresse, darunter auch Vertreter ägyptischer Medien. Begin beleidigte in seinem rhetorischen Eifer versehentlich Kamil, indem er ihn einen »jungen Mann« nannte, ohne sich klarzumachen, daß dies in den Ohren von Arabern abschätzig klingt.

Als Kamil das Wort ergriff, sah man ihm an, wie tief getroffen er war. Er verzichtete auf Verlesung seiner vorbereiteten Ansprache, bemerkte nur, die vom Ministerpräsidenten angeschnittenen Themen gehörten vor den Ausschuß, nicht hier an die Tafel. Damit setzte er sich und brachte nicht einmal den üblichen Trinkspruch auf das Staatsoberhaupt aus.

Ein paar Stunden später – er hatte sich inzwischen mit Kairo in Verbindung gesetzt, und die Delegation hatte ihre Koffer gepackt – begleitete ich Kamil zum Flugplatz. Er berichtete, Begins Rede hätte Sadat besonders gekränkt, und zwar nicht durch das, was er gesagt, sondern daß er diese Rede überhaupt gehalten habe – ein krasser Bruch der nur Stunden zuvor geschlossenen Abmachung, von der Kamil dem Präsidenten berichtet und dessen Einverständnis er dazu eingeholt habe. Kamil sagte, der Vorfall habe ihn so mitgenommen, daß er in der Nacht keinen Schlaf finden konnte. »Ich wartete, bis mein Bürochef aufwachte und mir eine Zigarette geben konnte. Erst danach fiel ich für ein paar Stunden in einen Halbschlaf.«

Der ägyptische Informationsminister nannte in Radio Kairo die offizielle Begründung für die unerwartete Rückberufung der Delegation: »Als Begin und Dajan über jeden Zweifel klargemacht haben, daß es Israels Absicht ist, Teillösungen anzustreben, die einen umfassenden, gerechten und dauerhaften Frieden im Nahen Osten nicht zulassen, ordnete der Präsident die umgehende Rückkehr Kamils nach Kairo an.« Weiter hieß es dann, Sadat beabsichtige auf diese Weise den Teufelskreis zu durchbrechen, in dem sich die Verhandlungen festgefahren hätten, und zu vermeiden, daß sich diese in der Erörterung unbedeutender Nebenfragen verlören. Ägyptens Haltung sei von Anfang an klar und aufrichtig gewesen. Man habe gehofft, Israel werde die ägyptischen Vorschläge annehmen, die allein einen fest gegründeten Frieden ermöglichten. Nach Präsident Sadats mutiger Friedensinitiative sei kein anderer Weg gangbar. Ägypten stehe grundsätzlich auf dem Standpunkt, Israel müsse alle 1967 eroberten Gebiete herausgeben, auch Jerusalem, und den Palästinensern müsse zu ihrem Recht verholfen werden. Die israelische Politik bevorzuge einen mit Waffengewalt erzwungenen Frieden im Gegensatz zu den Arabern, die den Frieden als solchen erstrebenswert fänden. Daß Israel nur über ein kleines Territorium verfüge und an arabische Staaten grenze, sei keine Rechtfertigung dafür, daß Israel in diesem Teil der Welt Spannungen erzeuge, indem es behaupte, sich durch Sicherheitsvorkehrungen gegen seine Vernichtung schützen zu müssen. Ägypten habe im Laufe einer langen Geschichte viele Prüfungen über sich ergehen lassen müssen und sie bestanden, es habe sich nicht auf Täuschungsmanöver verlegt, schon gar nicht sei dies der Zweck der von seinem mutigen Präsidenten unternommenen Initiative gewesen. Dieser habe vielmehr beabsichtigt, künftiges Blutvergießen zu vermeiden. Ägypten erstrebe für den Nahen Osten und die ganze Welt allein Frieden und habe dafür alles, was ihm zu tun möglich war, getan. Auch künftig werde es das Ziel der Regierung sein, sich in dieser Region um Sicherheit und einen gerechten, umfassenden und ehrenhaften Frieden zu bemühen.

10.
Widrige Winde in Washington

Nach Carters Begegnung mit Sadat in Assuan - auf die eine Woche später die mißglückte Sitzung des Politischen Ausschusses folgte - reiste der ägyptische Präsident Anfang Februar 1978 auf Einladung des US-Präsidenten nach Washington. Wer in Jerusalem erwartet hatte, die Amerikaner würden Sadat dafür kritisieren, daß er die Arbeit des Ausschusses hatte platzen lassen, wurde enttäuscht. Sadat nahm das Land sozusagen im Sturm, er eroberte die Herzen der Amerikaner. Bei seinen Auftritten im Fernsehen und vor Parlamentariern beeindruckte er das Publikum immer wieder durch seine Aufrichtigkeit, seine politischen Aussagen wirkten überzeugend.

Auch in Gesprächen mit Carter schien ihm das zu gelingen. Fünf Tage verbrachten die beiden Präsidenten mit ihren Beratern in der Zurückgezogenheit von Camp David, und als Sadat am 8. Februar nach Kairo zurückflog, gab Carter eine Grundsatzerklärung zur amerikanischen Haltung im Streit zwischen Israel und den arabischen Staaten ab. Dabei ging er über seine Verlautbarung von Assuan noch hinaus. Er sagte nun - im Gegensatz zum israelischen Standpunkt -, die Resolution 242 betreffe *alle* Fronten, Israel müsse folglich auch die West Bank räumen, und ohne Lösung der Palästinenserfrage könne es keinen gerechten und dauerhaften Frieden geben. Im Hinblick auf die israelischen Siedlungen hieß es in der Erklärung, »Präsident Carter wiederholte den traditionellen amerikanischen Standpunkt«, demzufolge diese Siedlungen in den besetzten Gebieten völkerrechtswidrig seien und eine Friedensregelung behinderten. Weitere israelische Siedlungen müßten einen Friedensschluß noch erschweren.

Zwei Tage später verurteilte Außenminister Vance auf einer Pressekonferenz die israelische Siedlungspolitik auf dem Sinai aufs schärfste. Auch der Präsident selbst äußerte sich weiterhin in diesem Sinne. Er lud maßgebliche Vertreter der in den USA lebenden Juden zu sich ins Weiße Haus und erläuterte ihnen persönlich die Haltung der US-Regierung: Die Siedlungen auf dem Sinai müßten aufgelöst werden, und im übrigen sei die Regierung Israels halsstarriger als die der Araber. Weder Syrien noch Saudi-Arabien, weder Jordanien noch Ägypten beständen auf der Errichtung eines Palästinenserstaates. König Hussein von Jordanien wolle sich an den Friedensgesprächen beteiligen, sobald eine einvernehmliche Grundsatzerklärung vorliege. Übrigens, so Carter, willigten Hussein und Sadat in kleinere Grenzkorrekturen im Rahmen der Resolution 242 ein – das Haupthindernis sei eindeutig Israel.

Viele der anwesenden Juden waren von Carters Darlegungen beeindruckt, manche stimmten ihm zu. Einer meinte sogar, die amerikanischen Juden sollten Druck auf Israel ausüben, damit es sich flexibler zeige. Carter konnte mit sich zufrieden sein.

Die Nachrichten von Sadats Erfolgen in Amerika und die amtlichen Verlautbarungen Carters und Vances, insbesondere auch die Berichte über Carters Zusammenkunft mit führenden jüdischen Bürgern der USA, erregten in weiten Kreisen Israels Unwillen. Die israelische Regierung war von den ungerechtfertigten Anschuldigungen betroffen, die ausgerechnet jener Mann erhob, der sich als ehrlicher Makler bezeichnet und seine besondere Freundschaft zu Israel stets betonte. Nach einer Lagebesprechung ließ das Kabinett am 13. Februar 1978 eine Erklärung veröffentlichen, in der »Bedauern und Protest« über Vances Pressekonferenz vom 10. Februar ausgedrückt wurden. Vor Journalisten hatte Vance gesagt: Wir sind der Meinung, daß die Siedlungen auf dem Sinai das Völkerrecht verletzen und aus diesem Grund nicht bestehenbleiben dürfen.«

In der Verlautbarung des Kabinetts heißt es: »Der letzte Teil dieses Satzes steht in krassem Widerspruch zu dem, was der Präsident der USA am 16. und 17. Dezember 1977 äußerte, nachdem der Ministerpräsident ihn mit Israels Friedensplan vertraut gemacht hat... Dieser Plan wurde zur Gänze wohlwollend aufgenommen. Die israelische Regierung beharrt darauf, daß ihre Siedlungsvorhaben mit dem Völkerrecht vereinbar, daß sie notwendig sind und es bleiben...«

Über Judäa und Samaria hatte Vance gesagt: »Die West Bank soll eine Heimstatt für die Palästinenser und mit Jordanien verbunden werden.« Dazu äußerte das Kabinett, dies müsse zwangsläufig zum Entstehen eines Palästinenserstaates führen, der von Terrororganisationen beherrscht werde. Ferner habe ein derartiges Vorgehen zur Folge, daß dichtbesiedelte israelische Wohngebiete in einen schmalen Korridor zwischen dem neuen Staat und dem Meer gezwängt würden. »Kein wie auch immer geartetes politisches Ziel wird Israel bewegen, fast seine gesamte Zivilbevölkerung im Feuerbereich des Feindes zu belassen und das Fortbestehen des Staates direkt zu gefährden«, hieß es in der Verlautbarung des Kabinetts.

Abschließend wurde die Hoffnung ausgesprochen, »die Regierung der Vereinigten Staaten möge ihre Position noch einmal im Lichte der positiven Gespräche vom Dezember 1977 in bezug auf Israels Friedensplan zwischen ihrem Präsidenten und dem Ministerpräsidenten überdenken.«

Dieser Abtausch von Verlautbarungen schuf nicht gerade eine günstige Atmosphäre für die Fortsetzung der Friedensbemühungen. Nun mochte man in Washington denken, wie man wollte, man mußte auf jeden Fall einsehen, daß der Konflikt ohne Israels Einwilligung nicht zu lösen war. In den dreißig Jahren seines Bestehens hatten Drohungen aus Washington den Staat Israel nicht in die Knie gezwungen und ihren Zweck nicht erreicht. Kein Ministerpräsident, von Ben Gurion bis Begin, hatte sich einem amerikanisch-arabischen Diktat gebeugt. Und das galt nicht nur für die Staatsführung, auch die Bevölkerung reagierte schroff ablehnend, wenn der Eindruck entstand, Washington verhalte sich unzumutbar.

Es war reiner Zufall, daß ich ausgerechnet am 8. Februar, dem Tag, an dem Sadat die USA verließ, in New York zu einer Reihe von Vorträgen eintraf. Ich wollte meinen Zuhörern die israelische Außenpolitk erläutern, die Reise war bereits Monate zuvor arrangiert worden. Nun blies mir als Folge des »Sadat-Festivals« ein kalter Wind ins Gesicht. Sowohl die amerikanische Presse als auch einige führende Vertreter der Juden in Amerika gingen mit Israel scharf ins Gericht. Man warf uns Starrheit und mangelndes Verständnis für Sadats »schwierige Lage« vor. Schließlich habe er bereits weitaus mehr für den Frieden getan, als man von ihm erwarten konnte. Am schärfsten wurde unsere angeblich unverantwortliche Siedlungspolitik kritisiert. Ausgerechnet jetzt ereignete sich jener Zwischenfall von Schiloh, etliche Kilometer nördlich Jerusalems, in Samaria. Hier hatte sich eine Gruppe der Gusch-Imunim festgesetzt. Offiziell hieß es, sie wollten hier, wo sich in biblischen Zeiten jüdische Heiligtümer befunden hatten, archäologische Ausgrabungen vornehmen, doch die Gusch-Imunim gaben im Fernsehen unumwunden zu, dies sei nur ein Vorwand und sie gedächten an jener Stelle für immer zu siedeln.

Meine erste Begegnung mit führenden jüdischen Persönlichkeiten wurde von einer unter der Bezeichnung *President's Club* bekannten Organisation veranstaltet, der die Leiter der bedeutenderen jüdischen Einrichtungen angehörten. Kaum hatte ich mit meinem Vortrag begonnen, wurden von allen Seiten meist provozierende und kritische Fragen an mich gestellt. Man wollte von mir keine sachlichen Informationen, sondern Rechtfertigungen hören – warum wir dies getan und jenes unterlassen hätten? Und weshalb es unbedingt nötig sei, gerade in Judäa und Samaria Siedlungen anzulegen? Würden wir damit nicht »den Zionismus sabotieren?«

Da saßen nun meine uns wohlgesinnten jüdischen Brüder vor mir im Saal – einige verhielten sich allerdings recht gönnerhaft – und, obwohl ich selbst den Gusch-Imunim nicht besonders nahestehe, konnte ich doch den gehässig moralisierenden Ton nicht ertragen, in dem diese amerikanischen Söhne meines Volkes sich gefielen. Im Geiste sah ich nicht diese Versammlung vor mir, sondern die ersten Siedler, Männer und Frauen, die vor einigen Jahrzehnten in den Marschen am See Genezareth den Kibbuz Deganiah geschaffen hatten; den Kibbuz Ein Harod in den Sümpfen des Tales von Jezreel; Hanita in den steinigen Bergen unweit der libanesischen Grenze; die Küstenregion von Emek Hefer zum Leben erweckt hatten. Ich sah die Kette dieser Siedlungen, beginnend mit den Wehrdörfern in den gefahrvollen dreißiger Jahren bis zu den vorgeschobenen Stützpunkten, angelegt von jungen Siedlern, die zugleich Soldaten waren. Ich sah die Kibbuzim und Moschawim nach dem Krieg von 1967 auf dem Golan und im Jordantal entstehen und die Wiederbesiedlung von Etzion in Judäa, das 1948 von der Arabischen Legion besetzt worden war. Da antwortete ich dem Amerikaner, der von »Sabotage am Zionismus« gesprochen hatte, daß ich die Gusch-Imunim, die mir weiter nicht naheständen, immerhin als hingebungsvolle Pioniere betrachte und sie allemal jenen »Zionisten« vorzöge, die behaglich in den USA lebten.

Ich kann mir nicht vormachen, daß ich an jenem Tage die Herzen meiner Zuhörer gewann. In einigen israelischen Tageszeitungen, deren Amerika-Korrespondenten anwesend waren, wurde ich ebenfalls angegriffen: »Wie kann Dajan es wagen, so zu amerikanischen Juden zu sprechen? Meint er, so ihre Sympathien und ihre Unterstützung zu gewinnen?«

Trotzdem bemühte ich mich nach besten Kräften, durch Vorträge vor allem in New York, Los Angeles und Miami unsere Lage und unsere Maßnahmen verständlich zu machen. Ich ließ mich auch vom Fernsehen interviewen und kam mit Vertretern der Presse zusammen, hielt meine Vorträge und beantwortete Fragen, doch bekehrt habe ich wohl niemanden.

Weil ich diesmal nicht in diplomatischer Mission im Lande war, hatte ich für den letzten Tag nur einen Höflichkeitsbesuch beim Außenminister geplant und wollte von Washington über New York nach Hause fliegen. Doch schon einen Tag nach meiner Ankunft suchte mich Unterstaatssekretär Atherton vom Außenministerium in New York auf, um mich, wie er sagte, über Sadats Besuch und dessen Gespräche mit der Regierung ins Bild zu setzen. Er deutete auch an, daß mich Präsident Carter sehen wolle, wenn ich nach Washington käme. Ich entgegnete, daß es mir selbstverständlich eine Ehre sei, dieser Einladung zu folgen, doch müsse ich betonen, daß nicht ich darum nachsuche, und daß ich weder mit Carter noch mit Vance etwas Dringendes zu besprechen habe.

Atherton versprach, dies seinen Vorgesetzten auszurichten. Mein Ton war wohl etwas schroff, doch ich fand es notwendig, meinen Standpunkt klarzumachen. Angesichts der israelfeindlichen Stimmung im Lande sollte niemand denken, ich bemühe mich um eine Zusammenkunft mit dem Präsidenten. In der augenblicklichen Situation konnten aus Israel keine Vorschläge kommen. Sollten die anderen Parteien, also Ägypten und die USA, den Wunsch haben, die Friedensverhandlungen weiterzuführen, mußten sie den ersten Schritt tun.

Am 16. Februar kam ich wie geplant in Washington an; es sollte der letzte Tag meines Amerika-Aufenthaltes sein. Am Vormittag hatte ich mit dem Außenminister und seinen Beratern eine Besprechung, die wir beim Mittagessen fortsetzten. Nachmittags war ich im Weißen Haus, und anschließend sprach ich vor einem Kongreßausschuß.

Für das Gespräch mit Carter waren zwanzig Minuten angesetzt, es dauerte dann doch fast eine ganze Stunde. Außer Carter waren auf amerikanischer Seite Vance, Brzezinski und Atherton anwesend, ich wurde von unserem Botschafter in Washington begleitet. Carter wünschte zuerst unter vier Augen mit mir zu sprechen. Er fragte, ob ich Begin auf seiner Reise nach Washington begleiten könne? Darauf entgegnete ich, natürlich würde ich das tun, falls Begin mich dazu auffordere. Was hätte ich dem Präsidenten der USA wohl anderes sagen können?

Das darauffolgende allgemeine Gespräch mit den anderen drehte sich hauptsächlich darum, wie man König Hussein dazu bewegen könne, an den Friedensgesprächen teilzunehmen. Die Amerikaner berichteten, daß Sadat sehr enttäuscht nach Amerika gekommen sei. Er hatte gehofft, nach seinem Besuch in Jerusalem werde Israel auf die Grenzen vor 1967 zurückgehen, aber die Israelis seien starrsinnig und ließen nicht mit sich reden. So gehe es nicht weiter, habe Sadat gesagt, er erwäge, ob er die Gespräche mit Israel nicht ganz abbrechen solle. Bestenfalls könne er noch einige Wochen so weitermachen, aber auch das nur, falls sich ihm wenigstens Hussein anschlösse. Ägypten bestehe deshalb darauf, daß die West Bank in die Willensbekundung einbezogen werde. Dann – daran zweifelte Sadat nicht – werde sich Hussein an den Gesprächen beteiligen.

Ich fragte, ob dies auch die amerikanische Auffassung sei? Vance erwiderte, so sicher sei er sich dessen nicht. Hussein zeige sich seit neuestem wenig flexibel. Doch wie dem auch sei, die Amerikaner meinten, die Willensbekundung solle eine Verpflichtung Israels enthalten, die West Bank zu räumen. Der Präsident wies darauf hin, daß die im Laufe der Jahre aufeinanderfolgenden Regierungen Israels den Standpunkt vertreten hätten, der Sicherheitsratsbeschluß 242, demzufolge Israel besetzte Gebiete zu räumen habe, betreffe alle Fronten, auch die West Bank.

Darauf erwiderte ich, ich müsse in aller Deutlichkeit und im vollen Bewußtsein der Tragweite dieser Erklärung feststellen, daß Israels derzeitige Regierung diese Auffassung nicht teile. Israel wünsche nicht, die arabischen Palästinenser zu regieren, doch sei es auch nicht willens, seine Streitkräfte und die zivilen jüdischen Siedler von der West Bank und aus dem Gazastreifen abzuziehen. Aus eben diesem Grunde seien wir auch nicht bereit, in die Willensbekundung aufzunehmen, daß der Beschluß 242 für alle Fronten gelte. Im übrigen glaube ich keinen Augenblick, daß sich Hussein an den Gesprächen beteiligen wolle. Er betrachte sich nicht mehr als befugt, für die palästinensischen Araber zu sprechen und auch nicht, in deren Namen auf ihr

Recht zu verzichten, »in ihr Land und ihre Behausungen« – also nach Israel – heimzukehren. Israel wäre selbstverständlich sehr erfreut, falls Hussein sich zur Teilnahme entschlösse, nicht aber, wenn dies nur aufgrund vorab erfüllter Bedingungen möglich sei. Begin habe Sadat versichert, er wolle jeden Vorschlag prüfen, den man uns mache, und die Araber könnten auch vorschlagen, daß wir die West Bank räumen. Indessen beharrten sie darauf, daß wir dies bereits vor Aufnahme der Verhandlungen zusagten. Und das lehnten wir ab. Wir gingen noch einen Schritt weiter und sagten ausdrücklich, wir würden einen solchen Vorschlag zurückweisen.

Die Besprechung mit dem Präsidenten und seinen Beratern war nicht ergiebig. Carter stellte fest, wir seien verschiedener Auffassung und müßten über die Sache noch weiterreden. In der nächsten Woche werde Atherton in den Nahen Osten fliegen und versuchen, in Kairo und Jerusalem Einigung über die Willensbekundung herbeizuführen.

Bevor ich ging, zählte er nochmals die wesentlichen Punkte auf, wie er sie sah: Begin und Sadat sollten sich flexibler zeigen und sich verständigen. Er sei überzeugt, wir könnten mit Ägypten zu einem Friedensvertrag kommen. Über die West Bank und den Gazastreifen solle man ein Abkommen für die nächsten fünf Jahre schließen, was ganz im Sinne von Begins Vorschlag in bezug auf einen Autonomiestatus für die palästinensischen Araber sei. Nach fünf Jahren könne man dann weitersehen. Er meine, man solle den palästinensischen Arabern dann drei Alternativen bieten: für Jordanien, für Israel oder für die Fortsetzung der Selbstverwaltung zu optieren.

Obwohl das Gespräch diesmal durchaus ruhig verlief, war mir klar, woher der Wind wehte. Kein Wunder, daß Sadat gesagt hatte, er sei wenig zuversichtlich nach Amerika gekommen, reise aber wesentlich hoffnungsvoller ab.

Der Einladung an den ägyptischen Staatspräsidenten und seinem triumphalen Besuch der USA folgte eine Einladung an Begin. Seine Absicht, Anfang März die Reise anzutreten, mußte wegen unvorhergesehener Ereignisse verschoben werden.

Am 11. März 1978 um 14.30 Uhr landeten zwei Schlauchboote mit elf Terroristen der PLO etwa fünfundzwanzig Kilometer südlich von Haifa an der einsamen Küste unweit des Kibbuz Ma-agan Michael. Am Strand hielt sich um diese Zeit nur die amerikanische Fotografin Gail Rubin auf, die auf Naturaufnahmen, besonders von Vögeln, spezialisiert war. In der Nähe des Kibbuz befindet sich ein Vogelschutzgebiet. Die Terroristen ermordeten sie und drangen bis zur Küstenstraße Tel Aviv–Haifa vor. Sie stoppten einen Bus, der nach Haifa fuhr, mit einer Geschoßgarbe, wobei sie mehrere Passagiere verletzten. Der Bus hielt an, und die Terroristen zwangen den Fahrer, zurück nach Tel Aviv zu fahren. Unterwegs feuerten sie auf fahrende Autos. Nach einigen Kilometern ließen sie halten, stoppten einen zweiten Bus und zwangen dessen Insassen, in den ersten Bus umzusteigen. Unterdessen war die Polizei arlarmiert worden, die sofort Straßensperren errichtete. Doch die Terroristen durchbrachen sie und fuhren weiter in Richtung Tel Aviv. Nun blockierte die Polizei eine Kreuzung wenige Kilometer vor der Stadt und schoß auf die Reifen, als der Bus sich näherte. Die Terroristen erwiderten das Feuer und schossen auch auf die Insassen des Busses. Zwei Fahrgästen gelang es, einem Terroristen die Waffe zu entreißen und damit drei der Terroristen zu erschießen. Am Ende des Feuergefechtes waren neun Terroristen tot, zwei wurden gefangengenommen. Von den Buspassagieren und den Insassen vorbeifahrender Autos waren fünfunddreißig tot und einundsiebzig verletzt. Unter den Getöteten befanden sich ein Soldat und ein Polizist, alle übrigen waren Zivilisten – Männer, Frauen und Kinder.

Die überlebenden Terroristen sagten uns, sie gehörten zur PLO und seien von dem südlibanesischen Hafen Sur zu ihrem Mordunternehmen aufgebrochen. Drei Tage darauf, am 14. März 1978, leitete Israel die »Operation Litani« ein – genannt nach dem Fluß, der den südlichen vom nördlichen Libanon trennt. Unsere Truppen durchkämmten fünf Tage lang das gesamte Gebiet zwischen Israels Nordgrenze und dem Litani auf der Suche nach Stützpunkten der PLO. Damals hielten sich etwa zweitausend Terroristen in dieser Gegend auf, meist in Dörfern, Olivenhainen und in den Bergen, ausgerüstet mit Artillerie, Pak, Panzerspähwagen und den üblichen Infanteriewaffen. Israel entsandte Infanterie und Panzer, unterstützt von der Luftwaffe, in den Libanon.

Die meisten Terroristen flohen vor den eindringenden Israelis nach Norden. Von den Zurückbleibenden wurden etwa dreihundert getötet und mehrere hundert verwundet; auf israelischer Seite gab es sechzehn Tote und hundert Verwundete. Die Truppen kehrten nach Israel zurück und wurden durch ein UN-

Kontingent und christliche Milizionäre unter Major Haddad, einem Offizier der libanesischen Armee, ersetzt. Haddad gehört der christlichen arabischen Gemeinde an, die auch schon Ziel von Angriffen der PLO gewesen war.

Das Massaker auf der Küstenstraße gehört zu den übelsten Terroranschlägen in unserer Geschichte und wirkte auf das ganze Land wie ein Schock. Die große Anzahl der ermordeten Zivilisten war schon schmerzlich genug, schlimmer aber war noch, wie die Terroristen ihre Opfer im Bus behandelt hatten: Sie hatten ihnen die Hände gefesselt und sie dann kaltblütig erschossen, Männer, Frauen und sogar Kinder, die sich schutzsuchend an ihre Eltern klammerten. Ich bedauerte, daß bei dem Gefecht nicht alle Terroristen ums Leben gekommen waren.

Dies war nicht der erste von den »Freiheitskämpfern« begangene Terrorakt und würde auch nicht der letzte sein. Seit und auch schon vor der Staatsgründung gehört die Ermordung jüdischer Zivilisten durch Araber zu unserem Alltag. Aus den letzten Jahren sei nur verwiesen auf die Morde von Kiriat Schmoneh im oberen Galiläa; die brutale Hinmetzelung der Schulkinder von Ma'alot nahe der Grenze zum Libanon; die Morde im Savoy-Hotel in Tel Aviv; das Massaker auf dem Flughafen Ben Gurion; die in Autos versteckten Sprengladungen und Bomben auf dem Marktplatz, in Kinos und der Universität von Jerusalem; die Verminung von Bahnstrecken und Nebenstraßen, die Entführung von Flugzeugen. Bezeichnend für alle diese Aktionen sind ihre Niedertracht und Feigheit und der Jubel der Terroristen, die sich stolz zu diesen Taten bekennen.

Die Geschichte unterscheidet sehr wohl zwischen den als Kombattanten getarnten Gruppen mit ihren hochtrabenden Parolen und echten Revolutionären, die ihr Leben für eine Sache einsetzen und Symbole für Heroismus sind. Samson starb mit dem Ruf: »So will ich denn mit den Philistern untergehen!«, als er die Säulen des heidnischen Tempels niederriß. Elasar, der Bruder von Judas Makkabäus, wollte das Schlachtenglück wenden, als er sein Schwert in den Leib des Kriegselefanten seiner Feinde stieß; er wurde von dem stürzenden Tier erdrückt. In unserer Zeit haben sich mutige Partisanen den überlegenen Truppen Hitlers entgegengestellt. Aber Soldaten sind eine Sache, Terroristen, die Zivilisten ermorden, eine andere.

Die »Operation Litani« war als Reaktion auf die Morde an der Küstenstraße eine unvermeidliche Abwehrmaßnahme. Vom militärischen Standpunkt betrachtet war sie keine glänzende Aktion, Verluste gab es nur unter den verbliebenen Terroristen. Den anderen gelang die Flucht vor unseren anrückenden Truppen, denen Artillerie und Bomber den Weg ebneten. Diese Kampfmethode eignet sich gut, wenn es darum geht, Terrain zu gewinnen, aber nicht, wenn man Terroristen ausheben will. Es stimmt, daß wir umfangreiche Waffenarsenale fanden, doch zugleich zerstörten wir auch ihre Basen, das heißt die Dörfer, in denen Tausende friedliche Zivilisten lebten, mit denen wir gute Nachbarschaft halten wollten, die nun aber aus Angst vor Kriegshandlungen flohen. Daß da alte und junge Menschen ihre Häuser verließen, nordwärts wandernd auf der Suche nach einer Zuflucht, schadete unserem guten Namen.

Begin reiste schließlich am 21. März nach Washington und blieb zwei Tage. Diesmal war nicht nur der Chef der Staatskanzlei bei ihm, sondern auch Aharon Barak, unser Generalstaatsanwalt; Meir Rosenne, Rechtsberater des Außenministeriums; Eliakim Rubinstein, mein Bürochef, und ich. In den USA stießen dann noch unser Botschafter in Washington Simcha Dinitz und Hanan Bar-On zu uns, sowie der Missionschef unseres Verteidigungsministeriums, Josef Tschechanower. Auf amerikanischer Seite nahmen außer dem Präsidenten Vizepräsident Mondale, Außenminister Vance sowie Sicherheitsberater Brzezinski samt ihren Beratern an den Gesprächen teil.

Die Zusammenkunft war bereits vor ihrem eigentlichen Anfang belastet: einmal durch »Operation Litani« und zweitens durch Carters offene Unterstützung von Sadats Forderungen an Israel. Schon bei Begins Empfang war dies unverkennbar. Der Präsident sagte nach seinem Grußwort, Sadats Aufenthalt in Jerusalem habe die ganze Welt mit Hoffnungen erfüllt, doch nun seien die glanzvollen Tage vorbei, und neue Düsternis breite sich aus. Es war nicht schwer zu erraten, wen er dafür verantwortlich machte. Er verurteilte dann zwar den verbrecherischen Terroranschlag auf harmlose Zivilisten in Israel, bedauerte aber im gleichen Atemzug die getöteten Araber und die Zehntausende, die aus der Kampfzone flüchten mußten.

Begin ignorierte in seiner Antwort keineswegs diese kritischen Untertöne. Er erinnerte den Präsidenten an die herzliche Atmosphäre, in welcher die Gespräche vom Dezember so frei und offen geführt worden waren; ebenso sei es zwischen ihm und Sadat in Jerusalem und Ismailia gewesen, und er hoffe sehr, daß dieser Geist sich erneut einstelle.

Die erste Besprechung war für den kommenden Vormittag um 10.30 Uhr im Weißen Haus angesetzt. Carter sprach noch einmal sein Bedauern über den Terroranschlag aus; dahinter stehe gewiß die Absicht, die israelisch-ägyptischen Friedensverhandlungen zu stören. Er zählte auf, was dabei bislang erreicht worden war und fragte den Ministerpräsidenten, wie er die Chancen für eine Fortsetzung dieser Bemühungen einschätze.

Begin antwortete ausführlich. Er wiederholte, was er schon tags zuvor bei der Ankunft gesagt hatte, nämlich, daß bei den anfänglichen Gesprächen eine ausgezeichnete Stimmung geherrscht habe, die sich hoffentlich wiederherstellen lasse. Sadat habe ihn in Ismailia »mein Freund« genannt, und man habe beinahe eine Einigung erzielt. Jetzt allerdings sei alles anders. Jedem weiteren Fortschritt stehe Ägyptens Forderung im Wege, Israel müsse sich im voraus zur vollständigen Räumung der besetzten Gebiete und zur Anerkennung des Rechtes der Palästinenser auf einen eigenen Staat verpflichten.

Diese minuziösen Erläuterungen hörte sich Carter mit kaum verhüllter Ungeduld an. Die »guten alten Zeiten« ließen ihn kalt, er wollte nur wissen, wie es weitergehen solle. Als Begin zu Ende war, bemerkte Carter, der Premier habe Sadats Haltung nicht korrekt wiedergegeben. Sadat verlange nicht, daß Israel sich von der West Bank auf die Grenzen von vor dem Juni 1967 zurückziehe, er sei ausdrücklich bereit, Grenzkorrekturen hinzunehmen. Auch verlange er keinen Palästinenserstaat. Daß es nicht von der Stelle gehe, liege daran, daß man sich über die »Willensbekundung« nicht einigen könne. Israel fordere, sagte Carter, daß diese »auf sämtlichen im Beschluß 242 enthaltenen Prinzipien« beruhe, während die Ägypter verlangten, sie solle »auf der Anwendung aller dieser Prinzipien« beruhen. Die USA bemühten sich um eine Kompromißformel und waren auf »Anwendung der Grundsätze« verfallen. »So wahr mir Gott helfe«, beteuerte Carter, »ich verstehe nicht, worin diese Formeln sich voneinander unterscheiden.« Die Amerikaner suchten nach einem Kompromiß auf semantischem Gebiet und verwandten darauf unnötige Mühe. Um was es wirklich ging, war: Israels Rückzug von der West Bank; Sicherheitsgarantien für Israel; israelische und arabische Ansprüche auf die West Bank und eine Lösung für die Palästinenserfrage.

Für Carter lautete die Kernfrage: Erkennt Israel an, daß der UN-Beschluß 242 auch die West Bank betraf, das hieß, ob Israel bereit sei, sich von dort zurückzuziehen? Und er stellte Begin diese Frage ganz direkt.

Eine direkte Frage erfordert eine direkte Antwort, und der israelische Generalstaatsanwalt Aharon Barak gab sie. Der Beschluß 242 gelte für alle Gebiete einschließlich des Gazastreifens und der West Bank. Das vorgeschlagene Autonomiestatut für die arabischen Bewohner von Judäa, Samaria und Gaza sei aber vereinbar mit dem Beschluß 242, nicht ausgenommen den Artikel, der die Räumung betreffe, und in dieser Form wolle Israel dem Beschluß des Sicherheitsrates nachkommen.

Nun erklärte ich, unser Vorschlag, die Militärregierung dort aufzulösen, bedeute doch, daß die israelischen Streitkräfte aus den Wohngebieten der Araber abgezogen würden und nicht mehr die Regierungsgewalt über die arabische Bevölkerung ausüben würde. Nach unserem Standpunkt kämen wir damit voll und ganz der Auflage des Beschlusses 242 nach, unsere Streitkräfte zurückzuziehen. Hätten die Ägypter einen anderen Vorschlag zu machen, dann sollten sie ihn auf den Tisch legen, und man könne darüber reden. »Sie jedoch, also die USA und Ägypten, fordern, daß in der Willensbekundung im Zusammenhang mit unserem Rückzug wörtlich erklärt wird ›von allen drei Fronten‹ – also der ägyptischen, syrischen und jordanischen.« Dieser Wortlaut sei aber im Beschluß 242 nicht enthalten, und wir sträubten uns gegen dessen Einfügung.

Nun ergriff Begin das Wort und erinnerte Carter daran, daß die Amerikaner im vergangenen Juli unter den fünf Punkten der von ihnen vorgeschlagenen Verhandlungsgrundlage einen aufgeführt hatten, den er, Begin, schon damals abgelehnt habe. Er lautete: »Rückzug von allen Fronten.«

Der Präsident konnte also nicht gut behaupten, wir hätten unseren Standpunkt hinsichtlich der Räumung aller von uns verwalteten Gebiete nicht hinreichend klargemacht. Wir hatten einen Rückzug von allen Fronten ausdrücklich abgelehnt, uns jedoch bereit erklärt, unsere Streitkräfte umzugruppieren, sie aus den arabischen Wohnbereichen näher an die Grenzen oder anderswohin zu verlegen, doch auf jeden Fall innerhalb der West Bank und des Gazastreifens zu belassen.

Uneins waren wir uns auch darin, was mit den palästinensischen Arabern geschehen sollte. Carter wollte unser Einverständnis dazu, daß sie sich nach einer fünfjährigen Übergangszeit für den Anschluß an Jordanien entscheiden könnten. Er meinte das territorial, wir aber nur personenbezogen. Wir schlugen vor, daß jeder Palästinenser sich für die jordanische Staatsbürgerschaft entscheiden könne, jedoch nur, wenn dadurch die West Bank nicht zu einem Teil Jordaniens würde.

Als Brzezinski meinte, die Araber hätten schließlich ein Recht darauf, über ihre eigene Zukunft mitzuentscheiden, stimmte ich zu. Aber ich war nicht dafür, daß sie über *unsere* Zukunft entscheiden sollten. Die Eingliederung der West Bank in das jordanische Staatsgebiet würde nicht nur auf höchst gravierende Weise das Schicksal der Bewohner von Nablus berühren, sondern auch die künftige Sicherheit des Staates Israel.

Begin meinte, die Frage, was nach fünf Jahren sein werde, könnten wir offenlassen, darüber könnte der gemeinsame Arbeitsausschuß der beiden Parteien entscheiden. Dem widersprach Carter mit der Begründung, wir erhielten dadurch ein Vetorecht gegen eine Entscheidung der Araber für den Anschluß an Jordanien.

Es war 12.45 Uhr geworden und Zeit, die Sitzung zu beenden. Wieder verhehlte Carter nicht, wie enttäuscht er über unsere Haltung war. »Sie wollen nur die politische Kontrolle über die West Bank und den Gazastreifen auch nach Ablauf der fünfjährigen Übergangszeit behalten«, warf er uns vor. Dabei habe er gehofft, wir wären bereit, diese Kontrolle - also das Recht, eigene Streitkräfte für die Landesverteidigung auf der West Bank zu unterhalten - gegen Sicherheitsgarantien aufzugeben. Das hätte uns, wie er meinte, dem Frieden schon näher gebracht, doch diese Chance sei nun dank der Position, die wir bezogen hätten, vertan.

Am nächsten Vormittag, es war der 22. März, trafen wir uns erneut in der gleichen Besetzung wie am Vortag mit dem Präsidenten. Carter sagte, nach dem Bankett, das er am vergangenen Abend zu Ehren des Premiers und seiner Gattin gegeben habe, hätten er und Begin unter vier Augen gewisse Dinge klargestellt, welche die Aufmerksamkeit und die Kräfte beider Regierungen monatelang in Anspruch genommen hätten. Was da im einzelnen beredet worden war, wußte ich nicht, denn vor der Sitzung hatte mir Begin nur andeuten können, was vorgegangen war. Er sagte nur, er habe Carter unsere Position noch einmal verdeutlicht und hoffe, Carter habe ihn verstanden.

Der Präsident fuhr fort: Ministerpräsident Begin sei nun zum dritten Mal nach Washington gekommen; er, Carter, sei anfangs sehr zuversichtlich gewesen, jetzt aber habe er so gut wie keine Hoffnung mehr, daß es zwischen Ägypten und Israel je zum Frieden käme. Am Nachmittag habe er einen Termin mit dem Kongreßausschuß für Auswärtige Beziehungen, tags darauf komme er mit dem entsprechenden Senatsausschuß zusammen, und beiden wünsche er die Haltung Ägyptens, Israels und der Vereinigten Staaten deutlich zu machen. Amerika verlange nicht die völlig Räumung der West Bank, Israel solle vielmehr eine Anzahl vorgeschobener Militärstützpunkte auch weiterhin dort unterhalten. Auch sollten gewisse Grenzkorrekturen vorgenommen werden, und die West Bank solle nicht zum Hoheitsgebiet eines Staates radikaler Palästinenser gemacht werden. Während der fünfjährigen Übergangszeit dürfe Israel jedoch keine neuen Siedlungen mehr dort anlegen, auch die vorhandenen nicht ausbauen.

Carter hielt eine Erklärung der Vereinigten Staaten für möglich, nach der Israel nicht zum vollständigen Rückzug aus der West Bank verpflichtet wäre und ein Palästinenserstaat nicht geschaffen werden müßte. Er glaube auch, Sadat könne eine solche Erklärung akzeptieren. Doch er habe unseren Darlegungen entnommen, daß wir, auch wenn die USA eine solche Erklärung abgäben, auf unsere Siedlungen auf dem Sinai und die politische Kontrolle über die West Bank und Gaza nicht verzichten wollten, selbst wenn uns gestattet werde, dort vorgeschobene Stützpunkte beizubehalten. Auch würden wir es wohl ablehnen, den Palästinensern nach der Übergangsphase von fünf Jahren freizustellen, ob sie sich Israel oder Jordanien anschließen oder den Status quo beibehalten wollten. Beharrten wir auf diesem Standpunkt, dann sähe er keine Möglichkeit, einem Friedensschluß näherzukommen.

Obwohl Carter mit dumpfer, monotoner Stimme sprach, verrieten seine kalten blauen Augen, wie wütend er war, und seine Blicke waren messerscharf. Er gab unseren Standpunkt im wesentlichen richtig wieder, doch konnte der kaum feindseliger vorgetragen werden.

Lähmendes Schweigen breitete sich aus. Begin saß wie zerschmettert an seinem Platz, das Gesicht verzerrt und aschfahl. Nach einigen Momenten erklärte er, der Präsident habe Israels Haltung ganz und gar negativ wiedergegeben, obwohl diese doch durchaus positiv sei. Wir hätten uns darauf festgelegt, einen Friedensvertrag und eine umfassende Regelung aller Streitfragen herbeizuführen. Wir wünschten mit den arabischen Regierungen unmittelbar zu verhandeln. Wir akzeptierten den Beschluß 242 als Grundlage für Verhandlungen mit allen unseren Nachbarn; der Beschluß sehe die Festlegung anerkannter, gesicherter Grenzen vor, verlange aber nicht unseren Rückzug von allen Grenzen und auch keinen totalen Rückzug. Begin wiederholte sodann die Details des von uns vorgelegten israelisch-ägyptischen Friedensplanes und des für die Palästinenser auf der West Bank und im Gazastreifen vorgesehenen Autonomiestatutes. Wir seien uns alle darüber einig, daß über die Souveränität der West Bank vorerst nicht entschieden werden solle, denn beide Parteien hätten da unterschiedliche Ansprüche. Und was den Sinai betreffe, so hätten wir Carter bereits zugesichert, dort keine neuen Siedlungen mehr anzulegen.

Seine Worte blieben gleichsam in der Luft hängen, sie stießen bei den uns gegenübersitzenden Amerikanern auf keinerlei Interesse. Carter war entschlossen, Israel, vor allem Begin, die Schuld daran anzulasten, daß es zu keiner Friedensregelung kam, zumal Carter überzeugt war, daß dank der Aufgeschlossenheit und der Weitsicht des ägyptischen Staatspräsidenten die Einigung bereits mit Händen zu greifen sei.

Begin bat Carter inständig, unsere Haltung vor den Kongreßausschüssen positiv darzustellen. Carter sagte das zu, doch auf eine so abweisende Art, daß man ihm nicht glauben konnte.

Begin hatte sich nach seinen Ausführungen in seinen Sessel zurückgelehnt und die Augen geschlossen, die psychische Anstrengung hatte ihn auch körperlich erschöpft. Ich erbat seine Erlaubnis, meinerseits noch etwas zu bemerken. An Carter gewandt erläuterte ich, daß die palästinensischen Araber von der Überwachung durch israelische Streitkräfte und politische Kontrolle durch unsere Behörden frei sein würden, falls man unseren Plan für die West Bank und den Gazastreifen annehme. Sowenig wir eine Kontrolle über die israelischen Siedlungen in Judäa, Samaria und Gaza durch die Araber wünschten, so wenig liege uns unsererseits daran, die Araber zu regieren. Für uns wäre es einfacher, sie täten das selber.

Schwieriger sei schon die Garantie der Sicherheit. Sollte eine arabische Ortschaft von den Terroristen als Basis für Anschläge gegen uns benutzt werden, müßten unsere Streitkräfte das Recht haben, dort einzurücken und den Terror zu bekämpfen. Wir könnten über die Gegebenheiten im Nahen Osten nicht einfach hinwegsehen, nicht die Ereignisse im Libanon ignorieren und auch nicht, was vor 1967 in Gaza geschehen sei, als es noch unter ägyptischer Oberhoheit stand. Terroristen, die sich Feddajin nannten, kamen Nacht für Nacht aus dem Gazastreifen über die Grenze nach Israel, legten Minen, führten Sabotageakte aus, ermordeten Zivilisten im Negev. Wer denn solle unsere Bürger schützen, wenn nicht wir selber?

Was die Frage betreffe, inwieweit die palästinensischen Araber ein Mitspracherecht über ihr künftiges Schicksal haben sollten, so komme alles darauf an, in welcher Form ihnen das gewährt werde. Das vorgeschlagene Referendum lehnten wir ab, doch gebe es ja auch andere Möglichkeiten. Niemand wolle diese Menschen daran hindern, Bürger Jordaniens oder Israelis zu werden oder ihren derzeitigen Status zu behalten. Damit brauche man keine fünf Jahre zu warten, sie könnten wählen, sobald das Autonomiestatut in Kraft sei.

Daß die Bewohner der West Bank und Gazas zu Jordanien Verbindungen unterhielten, sei uns durchaus recht, nur müsse man sich klarmachen, daß es im Gazastreifen für seine vierhunderttausend Bewohner nicht genügend Arbeitsplätze gebe – die Hälfte seien übrigens als Flüchtlinge registriert. Ich glaubte auch nicht, daß die Araber, die in Israel Arbeit hätten, diese aufgeben würden oder daß man uns nicht mehr ihre Produkte verkaufen wollte. Gleiches gelte für die Araber in Judäa und Samaria; auch diese hätten in Israel Arbeit und einen Markt für ihre Erzeugnisse. Es sei wohl das beste, während der fünfjährigen Übergangsphase die Entwicklung genau zu beobachten, um ausfindig zu machen, ob die Bewohner mehr zu Jordanien oder zu Israel tendierten. Wir selber sollten auf der West Bank und in Gaza nichts weiter als Streitkräfte und unsere zivilen Siedlungen unterhalten. An der militärischen oder politischen Kontrolle über die Araber sei uns nicht gelegen.

Ich schloß mit einer mehr persönlichen Bemerkung: »Ich habe Ihre Worte aufmerksam gehört, und Sie haben ein sehr düsteres Bild gemalt. Ich meine aber, daß verglichen mit der Vergangenheit die Aussichten für einen Frieden derzeit gar nicht so schlecht sind.«

Ob nun der Präsident von meiner Darstellung wirklich beeindruckt oder einfach nur höflich war, er sagte jedenfalls, so wie ich Israels Position umschrieben habe, sähe er doch Möglichkeiten, eine Formel zu finden, die auch Sadat einleuchten könnte. Selbstverständlich müßte man den Arabern zugestehen, sich zu beteiligen, wenn Israel nach einer Lösung des Palästinenserproblems suche. Daß meinen Worten zufolge in arabischen Wohnbereichen keine israelischen Streitkräfte stationiert werden sollten, eröffne immerhin Aussichten für eine Einigung. Und daß ich versichert habe, wir wollten über die Araber keine politische Kontrolle ausüben, sei ebenfalls nützlich.

Nun verlas Barak unseren Entwurf der Grundsatzerklärung, worauf der Präsident und auch Vance vorschlugen, ich möge doch mit Barak noch einen oder zwei Tage hierbleiben und gemeinsam mit den Amerikanern einen für uns beide akzeptablen Wortlaut ausarbeiten. Begin bemerkte dazu nichts, er bat aber Carter noch einmal eindringlich, unsere Haltung vor den Ausschüssen positiv darzustellen. Carter sagte ihm das erneut zu. Damit war die Sitzung beendet. Vance bat mich, nach dem Essen zu ihm zu kommen – wir wollten uns um einen für die USA und Israel annehmbaren Wortlaut der Erklärung bemühen.

Wichtigstes Ereignis des Nachmittags sollte der Auftritt des Präsidenten vor dem Ausschuß sein. Was würde er sagen und vor allem, wie? Wir waren auf Schlimmes gefaßt und, wie sich bald zeigte, zu Recht. Kurz nachdem wir das Weiße Haus verlassen hatten, lief die Informationsmaschinerie im Außenministerium und im Weißen Haus schon auf Hochtouren. Man stellte unseren Standpunkt in ungünstigstem Licht dar; Israel, verstockt und starrsinnig, lehnte Vorschläge ab, die zum Frieden führen könnten. Die amerikanische Presse schloß sich im großen und ganzen der Auffassung der Regierung an, und selbst die pro-israelischen Abgeordneten im Senat und Repräsentantenhaus, ob Juden oder Nichtjuden, schlossen sich dem Präsidenten in seinem Lob für Sadat und seiner Kritik an Israel an. Das Verhältnis zwischen Carter und Begin war sehr gespannt.

Nach dem Essen ging ich mit Vance die Entwürfe für die Grundsatzerklärung durch, wir kamen aber nicht weiter. Haupthindernis war immer wieder die Palästinenserfrage.

Ich fragte Begin telefonisch, ob ich Carters Einladung annehmen sollte, in Washington zu bleiben, um weiter zu versuchen, Einvernehmen über den Text der Erklärung herzustellen. Begin war dagegen, und ich sagte, dann wolle ich noch diesen Abend zurückfliegen. Er selbst wollte noch in Washington bleiben, um mit Kongreßabgeordneten und Journalisten zu sprechen, und um Fernsehinterviews zu geben. Wir sagten uns Schalom – ich flog nach New York und von dort in derselben Nacht heim nach Israel.

Die Gespräche mit Carter und seinen Beratern waren zwar schwierig gewesen, boten aber doch gewisse Ansatzpunkte für weitere Erörterungen. Zwei waren von besonderem Gewicht. Der erste war die Zustimmung der Amerikaner zu unserer Auffassung, daß der Beschluß 242 nicht die totale Räumung der West Bank von allen israelischen Streitkräften forderte, sondern nur ihren Abzug aus den arabischen Wohnbereichen und ihre Verlegung in Stellungen entlang des Jordan, auf den Höhen und anderswo in den besetzten Gebieten. Der zweite Punkt betraf die Palästinenser. Die Amerikaner lehnten unseren Vorschlag nicht ab, demzufolge die Palästinenser an den Beratungen über ihre Zukunft beteiligt werden sollten, die zwischen Ägypten, Jordanien und Israel zu führen waren. Zwar sind die USA eine Supermacht, doch zu einem Friedensschluß zwischen Israel und den Arabern brauchten sie immerhin unsere Zustimmung. Wir mußten nun durchsetzen, daß weder unsere Streitkräfte noch unsere Siedlungen von der West Bank entfernt wurden und dieses Gebiet nicht unter fremde Herrschaft geriet.

Einen Monat später, am 26. April 1978, war ich wiederum in Washington. Als ich im März dort wegfuhr, klangen mir die Vorwürfe der Amerikaner noch in den Ohren, doch hatten sie recht bald begriffen, daß es nicht weiterführen würde, wenn sie Israel nur immer wieder starres Beharren auf seiner Position vorwarfen. Ezer Weizman und Barak hatten inzwischen in Ägypten mit Sadat verhandelt. Das Gespräch war interessant und instruktiv, aber ergebnislos gewesen. Es blieb also nichts anderes übrig, als zu den Dreiergesprächen mit den Amerikanern zurückzukehren, was bedeutete, daß die Amerikaner getrennt mit uns und den Ägyptern verhandelten. Atherton war deshalb nach Kairo zu Sadat geflogen, um ihn zu diesen Verhandlungen einzuladen, und ich war gebeten worden, nach Washington zu kommen, sobald Atherton zurück sei. Ich hatte Barak, Rosenne und Rubinstein mitgenommen.

Vor meinem Abflug hatte ich auf einer Pressekonferenz am Flughafen gesagt, mir sei mehr an praktischen Vorschlägen gelegen als an neuen Formeln und papierenen Verlautbarungen.

Israel hätte solche Vorschläge für einen Friedensschluß mit Ägypten und die Autonomie der Palästinenser bereits auf den Tisch gelegt. Die Ägypter hätten beides als unannehmbar bezeichnet und Gegenvorschläge in Aussicht gestellt, die aber noch nicht erfolgt seien. Man dränge uns, einer Grundsatzerklärung zuzustimmen, doch die sei meiner Ansicht nach zweitrangig, Kernfrage sei nicht, was Ägypten an weiteren Texten für irgendwelche Papiere, sondern was es als Grundlage für eine handfeste Vereinbarung vorschlage.

Atherton war schon tags zuvor nach Washington zurückgekehrt, und die Besprechung im Außenministerium begann mit seinem Bericht über das Treffen mit Sadat. Dieser hatte ihm gesagt, seine Stellung innerhalb der arabischen Welt werde immer schwieriger, je mehr Zeit vergehe, ohne daß Ergebnisse vorlägen. Verhandlungen über den Sinai könne er mit uns erst aufnehmen, wenn wir uns in der Palästinenserfrage geeinigt hätten. Sträubten sich König Hussein und die Palästinenser weiterhin, an solchen Verhandlungen teilzunehmen, werde er, Sadat, über die West Bank und Gaza allein mit uns sprechen. Er war damit einverstanden, daß israelische Truppen in gewissem Umfang auf der West Bank verblieben, und war auch nicht gegen geringfügige Grenzkorrekturen. Für die Palästinenser verlangte er das Selbstbestimmungsrecht, betrachtete aber die West Bank und Gaza als zu Jordanien gehörig und nicht als einen unabhängigen Staat. Auf jeden Fall – und dies war für Israel wichtig – sollten die West Bank und Gaza arabisches Territorium bleiben. Israel solle sich nun zur Räumung der West Bank und des Gazastreifens, wie gesagt vorbehaltlich gewisser Grenzkorrekturen und des Verbleibens begrenzter Streitkräfte in dem geräumten Gebiet, bereit erklären.

Zwar sagten die Amerikaner es nicht offen, doch war ersichtlich, daß sie Sadats Standpunkt teilten, und nach diesem Muster verliefen dann auch unsere Gespräche im Außenministerium in den folgenden beiden Tagen. Beide Seiten bemühten sich, einander wortreich zu überzeugen, doch kam dabei so gut wie nichts heraus. Die Amerikaner machten sich den Standpunkt der Ägypter zu eigen, der ihnen keine Zugeständnisse erlaubte; also drängten sie uns, die Forderungen Sadats anzunehmen. Machten wir andere Vorschläge, suchten einen mittleren Weg, stießen wir gegen eine Mauer. Der eigentliche Verhandlungspartner war ja weit weg, in Kairo nämlich. Die Amerikaner fragten nicht »was?« sondern nur »wie?« – es ging ihnen nicht darum, was wir über die Palästinenser vereinbaren wollten, sondern nur, wie sie uns dazu bringen konnten, ihren Standpunkt zu akzeptieren. Sie hatten zwar unmittelbar mit diesen Dingen nichts zu tun, doch sie waren entschlossen, die Angelegenheit zu regeln, und sie hatten auch klare Vorstellungen, wie das zu bewerkstelligen sei – nämlich so, wie die Ägypter es wünschten.

Leider konnten wir nicht darauf zählen, in direkten Verhandlungen mit den Ägyptern mehr zu erreichen als in Verhandlungen mit den Amerikanern. Seit wir den Ägyptern direkt gegenübergesessen hatten, wußten wir das. Und um wieviel mehr galt das für die radikaleren arabischen Regierungen und die Palästinenser!

Als Atherton seinen Vortrag beendet hatte, berichtete Barak seinerseits über die Gespräche, die er und Weizman mit Sadat und General Gamasi geführt hatten. Anschließend legte ich den israelischen Standpunkt dar: Falls Ägypten darauf bestehe, daß nach Ablauf der fünfjährigen Übergangszeit Judäa, Samaria und der Gazastreifen souveränes arabisches Territorium würden, könne es zu keiner Vereinbarung kommen, auch nicht, wenn örtliche Grenzberichtigungen vorgenommen und Sicherheitsvorkehrungen, gleich welcher Art, zugestanden würden. Wollten wir den Prozeß der Friedensfindung vorantreiben, sollten wir aufhören, uns mit der Abfassung von Grundsatzerklärungen und dem, was in fünf Jahren etwa geschehen könnte, zu befassen. Unser Vorschlag liege auf dem Tisch. Die Ägypter hätten ihren Gegenvorschlag angekündigt. Wo blieb er? Sollten sie doch sagen, wie sie sich in der Übergangszeit die Verwaltung der West Bank vorstellten. Ich habe an diesem Tag nur eine einzige ermutigende Information herausgehört, daß nämlich Ägypten bereit sei, in der Palästinenserfrage auch ohne die widerstrebenden Jordanier und Palästinenser mit uns zu verhandeln.

Es sei doch wohl am sinnvollsten, meinte ich, uns mit einem Arrangement in diesen Gebieten für die kommenden fünf Jahre zu befassen, um den Boden für eine dauerhafte Regelung vorzubereiten. Jetzt schon nach einer endgültigen Einigung zu suchen, wie diese Regelung nach Ablauf der fünf Jahre aussehen könnte, sei doch unsinnig, wenn aber eine Einigung gefunden werden könne, brauche man nicht fünf Jahre zu warten.

Darüber hinaus würde ein Friedensvertrag und normalisierte

Beziehungen zwischen uns und Ägypten sich günstig auf ein Arrangement mit den palästinensischen Arabern auswirken. Gewisse Maßnahmen könnten sogleich getroffen werden, einige von Israel allein, andere zusammen mit den Ägyptern. So etwa könne Israel von sich aus und ohne vorheriges Übereinkommen mit den Arabern die Militärregierung in den besetzten Gebieten auflösen. Zusammen mit Ägypten ließe sich noch einiges in der Palästinenserfrage unternehmen, ohne daß die Palästinenser selbst oder die anderen arabischen Staaten daran mitwirken müßten.

Welche Funktion die israelischen Streitkräfte in Gaza und auf der West Bank übernehmen sollten, könne ebenfalls mit durchaus guten Erfolgsaussichten mit den Ägyptern besprochen werden. Nur müßten diese begreifen, daß wir uns auf keine Regelung einlassen würden, die es den arabischen Bewohnern von Judäa und Samaria ermöglichte, uns am Ende der Übergangsphase vor die Tür zu setzen. Gerade eben erst waren wir genötigt, in den Libanon einzudringen, um dort die Terroristen zu bekämpfen, die von libanesischen Basen aus Angriffe auf unsere Zivilbevölkerung unternähmen. Daß sich im Gazastreifen oder auf der West Bank eine ähnliche Entwicklung vollzöge, würden wir keinesfalls dulden. Die Anwesenheit unserer Truppen dort sei nicht nur als vorübergehend gedacht.

Ich könne mich auch nicht mit der Anregung befreunden, daß unsere dort stationierten Streitkräfte auf geschlossene Stützpunkt beschränkt würden. Vielmehr wäre ihre Aufgabe ja gerade die ständige Aufklärung. Auch wenn sie nicht im Dienst seien, müßten sie die Territorien jederzeit ungehindert betreten und verlassen dürfen, nicht etwa, um sich in das Leben der arabischen Bewohner einzumischen, sondern weil diese Gebiete für Juden kein fremdes Land seien. Araber aus Nablus und Gaza könnten nach Lust und Laune Israel betreten, folglich sei nicht einzusehen, warum nicht auch unsere Leute sich in Gaza und Nablus aufhalten dürften.

Sodann wandte ich mich den israelischen Siedlungen in den verwalteten Gebieten zu. Wie wir darüber dächten, sei den Amerikanern hinlänglich bekannt. Juden müßten das Recht haben, dort Land zu erwerben und Siedlungen zu errichten. Falls die Ägypter dagegen Einwände hätten, sollten wir frei und offen mit ihnen darüber sprechen, statt dem Problem aus dem Weg zu gehen.

Die Frage der Oberhoheit über die West Bank und den Gazastreifen solle während der Übergangsphase offengelassen werden; weder Israelis noch Araber würden während dieser Zeit die Souveränität über diese Gebiete haben. Nach Ablauf dieser Periode stünde es jeder Partei frei, die Sache zur Sprache zu bringen. Schließlich wüßten wir alle, daß im Moment darüber keine Einigung zu erzielen sei. Also solle man fünf Jahre vergehen lassen. Die Bewohner der dortigen Gebiete würden bis dahin unter einer arabischen Selbstverwaltung leben. Es würden sich dabei neue Fakten ergeben, und wenn beide Seiten nach dieser Zeit den Wunsch dazu hätten, könne man noch einmal darüber sprechen.

Ich sagte zu Vance, soweit ich wisse, hätten die Amerikaner unseren Autonomieplan als Grundlage für die Verwaltung der Gebiete während der Übergangszeit doch akzeptiert. Dies sei im großen und ganzen schon richtig, entgegnete Vance, nur bedürfe der Plan noch einiger sachlicher Änderungen. Er wüßte gern, ob nach unserer Vorstellung die Befugnisse des arabischen Verwaltungsrates nur für die arabischen Bewohner oder auch für die israelischen Siedler gelten sollten. »Nur für die Araber«, sagte ich. Die Israelis sollten weiterhin unserer Gerichtsbarkeit unterstehen.

Die Amerikaner fragten dann, wer nach unserem Autonomieplan für die innere Sicherheit, Ein- und Auswanderung sowie Gesetzgebung zuständig sein solle. Barak, Rosenne und ich antworteten. Dabei wiederholte ich mit Nachdruck zum ich weiß nicht wievielten Male, die Ägypter und die Amerikaner sollten sich endlich mit uns zusammensetzen und die praktische Anwendung dieses Planes diskutieren, statt endlos über eine Grundsatzerklärung zu streiten. Daß mit solchen Erklärungen nichts zu gewinnen sei, zeige sich deutlich bei der Ein- und Auswanderung. Sollten einige der 1967 Geflohenen zu ihren Familien zurückkehren wollen, und fänden sie auf deren Farmen Arbeit, dann würden wir mit uns darüber reden lassen. Umfasse eine allgemeine Regelung aber die Verlegung ganzer Flüchtlingslager aus dem Libanon auf die West Bank, so komme das nicht in Frage. Es gehe um eine Lösung für die zweihunderttausend Flüchtlinge im Gazastreifen und nicht um die Errichtung neuer Lager. Das alles seien Fragen der Praxis, die mit realistischen Methoden angegangen, nicht aber mit abstrakten Grundsatzerklärungen beantwortet werden könnten.

Trotz allem, was ich zu dieser Sache schon gesagt hatte, kamen die Amerikaner wieder auf die Oberhoheit über die besetzten Gebiete nach Ablauf der fünf Jahre zurück und behaupteten, das müsse bereits jetzt vereinbart werden. Andernfalls könnten die Verhandlungen nicht weitergehen. Mir kam das so unlogisch vor, daß ich ein verstecktes Motiv dahinter argwöhnte. Also sagte ich zu Vance, Präsident Sadat wisse genau, daß keinerlei Aussicht auf eine Verpflichtung Israels zur Räumung der West Bank und des Gazastreifens nach fünf Jahren bestehe.

Darauf fragte Vance, was denn ich statt dessen vorzuschlagen habe. »Das habe ich doch schon klargemacht: Darüber wird nach fünf Jahren geredet, nicht jetzt.« Vance ließ nicht locker. Ob wir wenigstens einverstanden wären, uns zu verpflichten, in fünf Jahren eine Entscheidung in dieser Angelegenheit hinzunehmen? Darauf erwiderte ich, wenn darüber nicht nur verhandelt, sondern auch eine verbindliche Entscheidung getroffen werden solle, dann müßten wir zuvor wissen, auf welche Weise diese Entscheidung herbeigeführt werden solle, durch welchen Mechanismus, und ob jede Seite ein Veto einlegen könne. Ich halte es für ausgeschlossen, jetzt Einigung über einen so wichtigen Entscheidungsfindungsprozeß zu erzielen, und man solle sich damit begnügen, zu beschließen, die Angelegenheit nach fünf Jahren wieder aufzugreifen, falls eine der beiden Parteien dies wünsche. Vance gab immer noch nicht auf, nur mußte er nun sein wahres Motiv preisgeben: Sadat wolle unbedingt jetzt schon wissen, welcher Status am Ende der Übergangsphase eintreten werde. Dazu bemerkte ich, Sadat wolle es nicht wissen, sondern er wolle bestimmen, wie dieser Status aussehe. Er wünsche die besetzten Gebiete unter arabische Oberhoheit zu stellen, und dazu ließen wir uns nicht überreden.

Ich glaubte, die Erörterung dieses Punktes, die fast den ganzen ersten Tag gedauert hatte, sei nun zu Ende, doch sagte Vance am nächsten Morgen am Telefon, unsere nächste Besprechung solle sich ausschließlich und ganz konzentriert nur mit dem Status der besetzten Gebiete nach Beendigung der Übergangsphase befassen. Und so geschah es denn auch. Zum Schluß verlangten die Amerikaner Antwort auf zwei Fragen: Ist Israel bereit, nach fünf Jahren eine Entscheidung über die Souveränität hinzunehmen? Und falls ja, auf welche Weise soll die Entscheidung zustande kommen?

Ich versprach, meiner Regierung die Fragen zu übermitteln, fügte aber hinzu, daß mir die Art und Weise nicht passe, wie hier verhandelt werde. Die Amerikaner fragten, ich antwortete. Sie wiederholten die Frage, ich erläuterte die Antwort. Dann fragten sie erneut. Der Zweck dieser Fragen lag nicht darin, Informationen zu gewinnen, es war schon eher ein Verhör. Wir saßen auf der Anklagebank, Sadat indessen hatte es nicht nötig, Fragen zu beantworten, denn er stand ja auf der Seite des Staatsanwaltes. Damit müsse nun Schluß sein, sagte ich. Die Ägypter sollten ihren Vorschlag machen, unserer liege bereits vor. Beide sollten auf den Tisch gelegt und diskutiert werden. Es würde sich dann herausstellen, ob wir Einigung erzielten oder nicht.

Zwei Tage nach dem Ende dieser Besprechungen in Washington kam Begin nach Amerika, um an einer Großveranstaltung aus Anlaß des dreißigsten Jahrestages der Staatsgründung Israels teilzunehmen. Die amerikanische Regierung nahm von Begins Ankunft sehr wohl Notiz, ebenso von dem Anlaß seiner Reise. Carter gab einen glanzvollen Empfang für ihn, zu dem er tausend Rabbiner aus dem ganzen Lande einlud. Auch wurden Arbeitssitzungen Begins mit dem Präsidenten und dem Außenminister verabredet.

Wir waren nach New York geflogen, um Begin bei seinem Eintreffen zu begrüßen und ihm über unsere Gespräche zu berichten. Außerdem berieten wir gemeinsam über das Treffen, das er mit Carter und Vance haben würde. Ich bereitete Begin darauf vor, daß man ihn am hartnäckigsten nach dem Status der besetzten Gebiete nach Ablauf der Übergangszeit fragen werde. Begin zeigte keine Neigung, sich in diese Sache zu vertiefen oder dazu Stellung zu nehmen. Er wolle einfach antworten, das müsse dem Kabinett vorgelegt werden, und die amerikanische Regierung könne in einigen Wochen mit einer Antwort rechnen. Ich nahm die nächste Maschine nach Israel und überließ ihn seiner Massenkundgebung, seinem Empfang und seinen Gesprächen in Washington.

Einen Tag nach meiner Rückkehr besuchte ich meinen Sohn Ehud (Udi) und dessen Familie auf seiner Farm in Nahalal. Sie hatte einmal mir gehört, doch als sich herausstellte, daß meine beruflichen Pflichten mir keine Zeit mehr ließen, mich um die Farm zu kümmern, bat ich die Genossenschaft, Udi als Mitglied aufzunehmen, und übertrug ihm das Haus, die Farm und alles übrige.

Rahel begleitete mich. Bevor wir den Ort erreichten, hielt ich beim Friedhof an. Zufällig jährte sich zum dreißigsten Mal der Todestag meines Bruder Zohar, der während des Befreiungskrieges vor der Staatsgründung im Kampf um Ramat Jochanan gefallen war. Kurz darauf wurde sein Sohn Uzi geboren, der seinem Vater erstaunlich ähnlich sieht. Zorik, wie mein Bruder genannt wurde, erhielt beim Angriff auf die feindlichen Stellungen einen Kopfschuß. Er war damals zweiundzwanzig Jahre alt und führte eine Kompanie. Uzi ist heute Berufsoffizier und Kommandeur einer Elite-Einheit.

In den Jahren nach Zoriks Tod besuchte ich sein Grab alljährlich, dann gab ich das auf. Nach dem Tode meiner Eltern und meiner Schwester hatte ich kaum noch Anlaß, nach Nahalal zu fahren. Wenn ich Gewissensbisse bekomme, weil ich die Gräber so selten besuche, tröste ich mich mit dem Gedanken, daß ich eines Tages dort neben ihnen liegen werde.

Der auf einer Kuppe gelegene Friedhof ist sehr gepflegt. Man hat von hier einen wunderschönen Ausblick ins Tal von Jezreel. Besonders im Frühling ist das ein herrliches Bild: grüne Weizenfelder, die früh reifende goldene Gerste, Pflaumen- und Pfirsichbäume mit ihren weißen und rosa Blüten, die über das ganze Tal verstreuten, mit roten Ziegeln gedeckten kleinen Häuser der Kibbuzim und Moschawim.

Am Grabe erzählte ich Rahel von meinen Großeltern, die aus dem russischen Schukow eingewandert waren; den beiden Onkeln, von denen einer auf See geblieben ist; einer Tante, die bei der Geburt ihrer Tochter starb; von meinem Vetter Avner, der als Jagdflieger den Tod fand; von meinem Bruder, der Schwester und den Eltern.

Rahel hatte meine Mutter erst kennengelernt, als diese schon im Sterben lag; sie hatte Krebs. Als die Ärzte sagten, der Fall sei hoffnungslos, brachte ich Rahel ans Krankenbett. Wir waren damals noch nicht verheiratet, aber meine Mutter verstand sogleich. »Gut, daß du gekommen bist«, sagte sie. »Ich wollte dich gern noch sehen.« Und sie nahm Rahels Hand und schaute sie lange mit gütigen, sanften Augen an.

Wir verließen den Friedhof und wanderten über die Hügel. Uns entgegen kam ein junger arabischer Hirt mit seinen Kühen. Wir grüßten einander und ich frage nach seinem Namen.

»Ali.«

»Ali was? Wessen Sohn bist du?«

»Ali, der Sohn Jonas'.«

»Und Jonas ist wessen Sohn?«

»Sohn des Mahmed el-Hussein aus dem arabischen Stamme der el-Masrib.«

Dieser Name war mir vertraut, ich kannte den Großvater aus meiner Kindheit. Nun nannte ich meinen Namen.

»Bist du Mosche Dajan, der Kommandeur?«

Ich bestätigte das, jetzt allerdings sei ich Minister. Ich hatte die Unterhaltung auf hebräisch begonnen, ging aber zu Arabisch über, als ich merkte, daß der Junge mit dem Hebräischen Mühe hatte. Ich fragte nach Stammesmitgliedern, die ich kannte. Manche waren gestorben, der Stamm wohnte nicht mehr in Zelten im nahen Wadi Hawakir, sondern hatte sich in El-Batuf, auf dem Berg nördlich der Landstraße Häuser aus Steinen gebaut. Es gab dort auch eine Schule und einen Laden.

»Was treibt dein Vater?« fragte ich.

»Er ist Händler. Er kauft den Dorfbewohnern die Olivenernte vor der Reife ab, seine Landarbeiter ernten sie, und er verkauft sie auf dem Markt. Ist die Ernte gut, verdient er gut, ist sie schlecht, verdient er auch, weil dann die Oliven teuer sind.«

»Es geht euch also gut?«

Nach einigem Zögern sagte Ali: »Wir können nicht klagen, wir haben zu essen.«

»Und lebt ihr wie Bauern in euren Häusern? Kocht auf einem *tabun* mit Dünger? Benutzt ihr immer noch Bäume als Brennholz?«

Ali schaute mich verständnislos an. »Wir kochen auf Gasherden wie die Juden. Ja, Holz machen wir noch im Wald, zum Heizen und zum Kaffeekochen. Kommen Gäste, sitzen sie am offenen Feuer vorm Haus.«

Der Geruch der *tabuns* in den arabischen Dörfern war mir immer zuwider gewesen. Das Herdfeuer wurde mit getrocknetem Mist von Kühen oder Eseln unterhalten, der lange gloste, aber einen stinkenden Qualm erzeugte, der sich über die ganze Gegend legte. Die Feuer der Beduinen waren da etwas anderes. Sie verbrannten Äste von Eichen und Terebinthen, deren bläulicher Rauch vor den Zelten einen angenehmen Duft verbreitete. Im Sommer hielt er die Mücken fern, und im Winter wies er später Wanderern den Weg zu einem warmen Feuer.

Ich fragte Ali, ob er zur Schule gehe. »Nicht immer. Manchmal passe ich auch auf die Herde meines Vaters auf.« Gerade jetzt machte sich eine rote Färse selbständig, und er warf mit Steinen nach ihr, wobei er gekonnt fluchte. Er unterbrach sich nur, um uns mit einem »Gott schenke dir Frieden« zu verabschieden, was bewies, daß er ein wohlerzogener junger Mann war. Kaum hatten Rahel und ich uns abgewandt, hörten wir ihn von neuem fluchen.

Auf einem Felsbrocken sitzend schauten wir ins Tal von Jezreel, und ich dachte an die ersten Jahre in Nahalal, an die Zelte und primitiven Hütten, in denen wir damals hausten, die holpernden Wagen, die als Transportmittel dienten, die von Maultieren gezogenen Pflüge. Mutter war damals jung und schön, trug das Haar zu einem dicken Knoten geschlungen im Nacken, nur am Sabbat machte sie ihn auf, um die Haare zu waschen, und dann fielen die vollen, dichten Locken über ihre Schultern. Bis zu ihrem Tode hatte sie keine grauen Strähnen.

Wir gingen zum Wagen zurück und fuhren weiter nach Nahalal. Während der Fahrt fiel mir ein, daß ich dem Kabinett über meine Gespräche in Washington berichten mußte, und es kam mir irgendwie fern und unwirklich vor. Wirklich war all das, was um mich herum war, und hier war die wahre Grundsatzerklärung – das Jezreeltal mit seinen blühenden Farmen, seinen Obstplantagen, Äckern und Wäldern, dem Sumpf abgerungen durch die schwere Arbeit von Menschen, die man dafür bewundern mußte – die toten wie die lebenden.

Die Amerikaner verbissen sich förmlich in die Vorstellung, wir müßten uns im voraus verpflichten, daß nach der fünfjährigen Übergangszeit die Frage der Oberhoheit über die besetzten Gebiete »definitiv geregelt wird«. Begin hatte dem amerikanischen Präsidenten und Außenminister Vance, ganz wie er mir angekündigt hatte, kurz nach meiner Abreise gesagt, die israelische Regierung werde die Anfragen prüfen und ihre Antwort übermitteln. Noch bevor dies geschehen konnte, überreichte mir der amerikanische Botschafter einen von Vance verfaßten Text, der »unsere« Antwort enthielt – so wie die Amerikaner sie sich vorstellten. Ich bat den Botschafter, mir auch noch zu zeigen, wo ich unterschreiben dürfe. Gewiß waren die USA eine Supermacht und wir von ihr sehr abhängig, doch das ging denn wohl doch zu weit. Ich sagte dem Botschafter also, ich wolle dies

Schriftstück an den Premier weiterleiten, zugleich mit der Empfehlung, sich nicht darauf einzulassen.

Mir kam es vor, als stellten die Amerikaner die falschen Fragen und suchten nach falschen Antworten. Zur Debatte stand doch, ob es uns gelänge, während der Übergangsphase mit den Arabern in den besetzten Gebieten zu einem brauchbaren Modus vivendi zu kommen. Wurde bekannt, daß nach Ablauf von fünf Jahren darüber entschieden werden sollte, unter wessen Herrschaft die Gebiete fielen, konnte man sich die Übergangsphase ersparen. Denn diese Spanne würde dann nicht genutzt werden, um zielstrebig zwischen den Angehörigen beider Völker einen erträglichen Zustand des Zusammenlebens und der Zusammenarbeit zu schaffen, sondern man würde unentwegt darüber streiten, in wessen Hoheitsgebiet das Land nach diesen fünf Jahren fallen solle.

Am Vormittag des 18. Juni 1978 billigte das Kabinett die Antwort an die Amerikaner, die noch am gleichen Tag dem Botschafter übergeben wurde. Grundlage war im wesentlichen eine Denkschrift, die ich für Begin ausgearbeitet hatte, in Beratungen mit anderen Ministern waren noch einige Änderungen angebracht worden. Zunächst hieß es darin, es sei sehr wichtig, die Friedensbemühungen fortzusetzen, dann kamen wir zur Sache: Die israelische Regierung erklärte sich einverstanden, fünf Jahre nach Inkrafttreten des Autonomiestatuts für Judäa, Samaria und den Gazastreifen mit den anderen Parteien über die künftigen Beziehungen zueinander zu verhandeln und ein Abkommen zu treffen; dieses Abkommen solle zwischen den Parteien ausgehandelt werden unter Mitwirkung von Vertretern der besetzten Gebiete, die nach der im Autonomiestatut festgelegten Prozedur zu wählen seien.

Die Amerikaner reagierten schnell. Eine solche Antwort hatten sie nicht erwartet, und sie mißfiel ihnen. Sie wollten, daß wir uns jetzt ausdrücklich mit einem Verfahren einverstanden erklärten, das nach fünf Jahren die Souveränität der Araber in Judäa, Samaria und dem Gazastreifen garantierte.

So lagen die Dinge bis Mitte des folgenden Monats, als eine neue Initiative zur Wiederaufnahme der Verhandlungen ergriffen wurde.

11.
Leeds Castle

Seit Januar 1978, als der ägyptische Außenminister Mohammed Ibrahim Kamil zur ersten Sitzung des gemeinsamen Politischen Ausschusses nach Jerusalem gekommen und überraschend von Sadat nach Kairo zurückbeordert worden war, hatten wir mit den Ägyptern keine direkten Gespräche mehr geführt. Statt dessen waren amerikanische Beauftragte zwischen Washington, Kairo und Jerusalem hin und her gereist und hatten in den drei Hauptstädten intensiv verhandelt, um eine Grundsatzerklärung zustande zu bringen, die für die Ägypter wie für uns annehmbar sein sollte, doch vergebens. Mein eigener Standpunkt, den ich dem amerikanischen Außenminister Vance mehrfach vorgetragen hatte, ging dahin, daß man bei den Friedensgesprächen nur Fortschritt erzielen könne, wenn man aufhöre, nach einer Grundsatzerklärung zu suchen und statt dessen die vorgelegten konkreten Friedensvorschläge diskutierte.

Zu ebendiesem Zweck beriefen die Amerikaner für den 18. Juli 1978 eine ägyptisch-israelisch-amerikanische Konferenz nach Leeds Castle in England ein. Chef der aus vier Personen bestehenden ägyptischen Delegation, der auch Osama el-Bas vom Außenministerium angehörte, war Außenminister Kamil. Ich war Chef der israelischen Delegation, der außerdem Barak und Rosenne angehörten. Vance führte die amerikanischen Teilnehmer, die größte Delegation, zu der Atherton, Saunders, die amerikanischen Botschafter in Ägypten und Israel, und Hodding Carter, Sprecher des Außenministeriums zählten. Es war ausgemacht, daß der Kernpunkt der Erörterungen das Palästinenserproblem sein sollte und daß alle Beteiligten ihre Lösungsvorschläge unterbreiten würden.

Anfangs war als Konferenzort das Hotel Churchill in London vorgesehen, doch die englischen Behörden kamen zu der Erkenntnis, daß die Sicherheit der Teilnehmer in einem Hotel mitten in der Hauptstadt nur unter größten Mühen zu gewährleisten war. Sie wählten statt dessen das stille, abgelegene Leeds Castle als Tagungsort.

Als ich in Heathrow das Flugzeug verließ, glaubte ich zunächst, ein Schlachtfeld zu betreten. Die Dächer der umliegenden Gebäude waren von Truppen besetzt, Panzer und gepanzerte Fahrzeuge säumten die Rollbahn, und unsere Delegation wurde gesondert in den VIP-Raum des Flughafens geleitet. Bei allem Respekt vor den palästinensischen Terroristen fand ich dies doch etwas übertrieben. Ich selber fahre oft genug nach Nablus, Gaza oder Hebron, um nach Antiquitäten zu stöbern oder Privatbesuche zu machen, man weiß schon vorher, daß ich komme, trotzdem werden dann nur minimale Sicherheitsvorkehrungen getroffen.

Hier in London schien mir der Aufwand, wie gesagt, übertrieben, doch die Engländer nahmen es eben sehr genau, und ihre Absichten waren ja auch die besten. Gleiches galt für ihre Gastfreundlichkeit – wir bekamen sogleich den traditionellen Tee vorgesetzt samt dazugehörigem Kuchen. Diese Tradition hat nicht ihresgleichen und ist immer wieder angenehm.

Wir wurden nicht in die Stadt gefahren, sondern direkt nach Leeds Castle geflogen. Ich habe früher Gelegenheit gehabt, französische Schlösser zu besichtigen, gewohnt hatte ich aber noch nie in einem. Mit seinen mächtigen Türmen, den dicken Mauern, den weitläufigen Hallen wirkt Leeds Castle sehr eindrucksvoll. Die Befestigungen haben im Laufe der Jahre eine silbergraue Farbe angenommen, was den Eindruck von Wehrhaftigkeit und Würde noch verstärkt; man denkt unwillkürlich an Ritter, die ihre Geschicklichkeit im Turnier vor den bewundernden Blicken ihrer Damen erproben.

Die Umgebung ist wahrlich idyllisch – endlose saftige Wiesen mit Gruppen uralter Bäume erstrecken sich nach allen Richtungen, der Inbegriff einer »friedlichen Landschaft«. Und auch im Schloß selber herrschte eine Atmosphäre ruhiger Gelassenheit. Welche Wirkung dies auf unsere Diskussionen ausüben könnte, wußte ich nicht, ich stellte mir aber vor, daß alle Teilnehmer nur auf Zehenspitzen gehen und nur im Flüsterton sprechen würden.

Der amerikanische Außenminister und ich wurden von unseren Frauen begleitet, Kamil kam allein. Wie immer war ich sehr froh, Gay Vance zu sehen. Allein ihre Anwesenheit ist eine

Wohltat, und ich bin ausgesprochen gern mit ihr zusammen. Sie erzählte mir einmal, sie sei während des Zweiten Weltkrieges freiwillige Schwesternhelferin gewesen und habe bei der Pflege Verwundeter entsetzliche Erlebnisse gehabt. Und nun sollte sie also bei der Heilung der komplizierten Erkrankung des Nahen Ostens Hilfsdienste leisten.

Jede Delegation bekam einen eigenen Flügel des Schlosses zugeteilt. Als der Kastellan uns unsere Räume anwies, fiel mir ein, daß ich Monate zuvor einen Fernsehfilm gesehen hatte, der anläßlich einer Schloßbesichtigung durch Auslandskorrespondenten hier gedreht worden war. Ich erinnerte mich, daß mir damals in einem der Räume etwas aufgefallen war, das wie die Bronzeskulptur einer ägyptischen Katze aussah. Als ich jetzt danach fragte, führte der Kastellan uns in den als Konferenzraum vorgesehenen Saal, und richtig, auf einem Postament stand dort eine lebensgroße Katzenskulptur, ein königliches Tier von beeindruckendem Hochmut, angetan mit einem Halsschmuck und Ohrgehängen. Wie alle frühägyptischen Katzenstatuen war auch diese sitzend dargestellt, mit ausgestreckten Vorderpfoten, aufgestellten Ohren, den Kopf nach rückwärts gewandt. Ich vermutete, daß dieses schöne Stück aus dem 5. oder 6. Jahrhundert vor Christus stammte. Innen war es hohl und hatte zweifellos den einbalsamierten Leichnam einer Tempel- oder Palastkatze enthalten.

Trotz seiner Schönheit kam dieses pharaonische Geschöpf mir hier deplaziert vor, denn rundum an den Wänden sah man Porträts englischer Adliger, die üblichen englischen Jagdszenen und Landschaften. Die Bronzekatze war mit halbgeschlossenen Augen in ihre eigene Welt eingesponnen. An der Konferenz, der sie demnächst präsidieren sollte, schien sie nicht interessiert zu sein. Die Israelis waren mosaischen Glaubens, die Ägypter wandten sich nun nach Mekka, die Christen beteten Jesus an. Was hatten sie alle mit ihr zu tun, die aus den Zeiten des Sonnengottes Ra stammte? Und wie läppisch wirkten Schreibgeräte und Notizblöcke auf dem Tisch, verglichen mit den alten Papyri mit ihren von Künstlerhand gefertigten zeitlosen Hieroglyphen. Ich nahm das bronzene Tier in die Hand, betrachtete es von allen Seiten und stellte es vorsichtig zurück aufs Podest. Die Augen wirkten lebendig, aber kalt. Ich fühlte mich angezogen davon, doch wurde ich nicht der geringsten Aufmerksamkeit gewürdigt.

Die Konferenz in Leeds Castle war insofern von höchster Wichtigkeit, als sie sich als Meilenstein auf dem Wege unserer Verhandlungen erwies. Zugleich war sie ungemein schwierig. Beides, die Schwierigkeiten wie die Bedeutung hatten die gleiche Wurzel: Die Stunde der Wahrheit hatte geschlagen. Vor nicht langer Zeit hatte der österreichische Bundeskanzler Kreisky in Wien als Basis für einen Friedensschluß zwischen Israel und Ägypten eine eigene Grundsatzerklärung veröffentlicht. Sowohl Präsident Sadat, der sich damals in Salzburg aufhielt, als auch die israelische Arbeiterpartei fanden sie annehmbar – ihr Führer, Schimon Peres, hatte Kreisky bei der Ausarbeitung geholfen. (Als dann Abba Eban sich als Urheber bezeichnete, nannte man das Schriftstück die Eban-Kreisky-Erklärung.) Auf ihre Veröffentlichung folgten zwei Stellungnahmen, die deutlich ihre Wertlosigkeit bewiesen. Die eine stammte von Kreisky selbst, der sagte, der Wortlaut sei absichtlich so unbestimmt gehalten, daß jede Seite daraus entnehmen könne, was ihr passe. Die zweite, gleichzeitig mit der Erklärung veröffentlicht, stammte vom ägyptischen Außenminister und stellte die amtliche ägyptische Auslegung dar. Derzufolge war vorgesehen: Totaler Abzug Israels aus Judäa, Samaria und Gaza, Sicherheitsvorkehrungen ohne Beteiligung israelischer Streitkräfte; Rückzug auf die Internationalen Grenzen zu Ägypten und Syrien; Anerkennung des Rechtes der Palästinenser auf Selbstbestimmung. (Abba Eban und Schimon Peres legten die Erklärung selbstredend völlig anders aus.)

Das Thema Grundsatzerklärung wurde in Leeds Castle mit keinem Wort erwähnt. Vorgelegt wurde uns statt dessen zur Begutachtung – und das offiziell zum ersten Mal seit Aufnahme der Friedensgespräche – ein detaillierter, sechs Punkte umfassender Vorschlag der Ägypter über die künftige Gestaltung der Verhältnisse in den von uns verwalteten Gebieten. Zwei Wochen vor Beginn der Konferenz hatten wir ein Exemplar durch Botschafter Lewis zugestellt bekommen; es trug die Überschrift: »Vorschläge zur Räumung der West Bank und des Gazastreifens sowie Sicherheitsvorkehrungen.« Und damit war auch schon so gut wie alles über den Inhalt gesagt.

Es begann mit der Feststellung, die Lösung der »Palästinenserfrage« sei unabdingbare Voraussetzung für einen Friedensschluß im Nahen Osten und müsse von der Anerkennung »der legitimen Rechte des palästinensischen Volkes« ausgehen. Dabei müsse auf »berechtigte Sicherheitsforderungen aller beteiligten Parteien« Rücksicht genommen werden.

Zum Zwecke eines geordneten Überganges der Verwaltungsbefugnisse wurde eine Übergangsphase von fünf Jahren vorgeschlagen, nach deren Ende »das palästinensische Volk über sein künftiges Geschick selbst bestimmen darf. Ägypten, Jordanien, Israel und Vertreter des palästinensischen Volkes sollen unter Beteiligung der UN Beratungen mit dem Ziel abhalten, die Details der Verwaltung während der Übergangsphase, einen Zeitplan für die Räumung durch Israel, wechselseitige Sicherheitsvorkehrungen für die Zeit während und nach der Übergangsphase, und die Anwendung der relevanten UN-Beschlüsse über die palästinensischen Flüchtlinge festzulegen.«

In Punkt 4 hieß es: »Israel räumt die West Bank (einschließlich Jerusalems) und den Gazastreifen, die es seit 1967 besetzt hält.« Ferner: »Die Räumung durch Israel erstreckt sich auch auf die in den besetzten Gebieten errichteten Siedlungen.«

Sodann wurde die Abschaffung der israelischen Militärregierung in diesen Gebieten »mit Beginn der Übergangsphase« gefordert. Nach Abzug der Israelis sollte Jordanien die West Bank, Ägypten der Gazastreifen zufallen. Jordanien und Ägypten »werden mit frei gewählten Vertretern des palästinensischen Volkes zusammenarbeiten, welche unmittelbar die Verwaltung über die West Bank und Gaza ausüben«. Die UN sollten »den Abzug der Israelis und die Wiederherstellung der arabischen Hoheitsrechte überwachen und fördern«.

Außenminister Kamil war zwar Chef der Delegation, doch eigentlicher Sprecher der Ägypter war el-Bas, ein scharfsinniger, in Harvard ausgebildeter Jurist. Dieser zierliche, schlanke Mann mit blasser Gesichtsfarbe vermied soweit als möglich jeden sozialen Kontakt. Bei den Mahlzeiten saß er schweigsam vor seinem Teller und aß so gut wie nichts. Am Beratungstisch allerdings erwachte er zum Leben. Seine Stärke waren Redegewandtheit, genaueste Kenntnis aller zur Diskussion stehenden Sachverhalte, Klarheit der Formulierung und die Fähigkeit, messerscharfe Antworten zu geben, manchmal geradezu beleidigend scharf. Ob er aufrichtig das Zustandekommen eines Friedensvertrages wünschte, kann ich nicht sagen. Nicht zu verkennen allerdings war, daß er die Israelis nicht leiden konnte und kein Hehl daraus machte, daß er es verabscheute, mit uns an einem Tisch sitzen zu müssen. Wäre es in Leeds Castle um einen Beliebtheitstest gegangen, wir hätten erst gar nicht zu erscheinen brauchen.

Es fanden drei Vollsitzungen mit allen anwesenden Delegierten statt, zwei am ersten Tag, dem 18. Juli 1978, und eine tags darauf. Außenminister Vance eröffnete die Konferenz und stellte fest, die Tagesordnung enthalte zwei Vorschläge, einen Israels und einen Ägyptens, beide die West Bank und Gaza betreffend. In mehreren Punkten herrsche zwischen den Parteien Einverständnis: eine Übergangsphase von fünf Jahren Dauer und Auflösung der israelischen Militärregierung; eine von den Bewohnern der West Bank und Gazas zu wählende Verwaltung; die Notwendigkeit, Sicherheitsvorkehrungen während und nach Beendigung der Übergangsphase zu treffen; Teilnahme Jordaniens an den Verhandlungen und Übertragung gewisser administrativer Funktionen auf der West Bank an Jordanien; vor allem aber generelles Einverständnis, nicht nur hinsichtlich der Einstellung der Feindseligkeiten, sondern über die Herstellung eines echten Friedens, eingeschlossen die Normalisierung der Beziehungen zwischen den Parteien. Selbstverständlich, sagte Vance, gebe es bezüglich mancher Dinge Meinungsverschiedenheiten, das brauche er aber jetzt nicht im einzelnen zu erörtern. Man werde im Laufe der Beratungen darauf zu sprechen kommen und geeignete Lösungen finden, so hoffe er.

Er schloß mit der Aufforderung an mich, den israelischen Vorschlag für ein Autonomiestatut zu erläutern. Dies tat ich mit wenigen Worten und fügte an, es handle sich nicht um ein Ultimatum. Wir seien bereit, über Änderungen zu sprechen, falls die Ägypter dies wünschten. Anschließend gab Aharon Barak nähere Auskünfte zu einzelnen Artikeln des Statutes.

Der ägyptische Außenminister bemängelte, es seien zu viele Sachverhalte unberücksichtigt geblieben, was weitere Verhandlungen erfordere; er schlug vor, jetzt gleich darüber zu entscheiden. Insbesondere stieß er sich daran, daß wir erst nach fünf Jahren über die künftige Oberhoheit über die West Bank und den Gazastreifen beraten wollten. Die Vereinigten Staaten, so sagte er, hätten dieserhalb bereits klare und detaillierte Fragen an Israel gerichtet, Israels Antworten hätten aber kein Licht ins Dunkel gebracht, tatsächlich habe man sich um eine Antwort gedrückt.

Der ägyptische Standpunkt wurde von el-Bas vorgetragen. Zentrales Problem seien die Palästinenser, sagte er, und falls sich da keine Lösung fände, bliebe notgedrungen auch der arabisch-israelische Konflikt ungelöst. Man könne die Palästinenserfrage zwar ignorieren, doch werde sie immer wieder hervorbrechen wie ein zeitweilig ruhender Vulkan. Israels Vorschlag für die Autonomie sei unzureichend und grundsätzlich für das palästinensische Volk unannehmbar. Ohne dessen Zustimmung könne überhaupt nichts geregelt werden. Autonomie sei nicht ausreichend für die Palästinenser, sie verlangten Selbstbestimmung. Überdies müsse man eine umfassende Lösung des Konfliktes finden.

Die Ägypter würden mit uns keinen Separatfrieden schließen, der nur die Halbinsel Sinai zum Gegenstand habe. Die Lösung der Palästinenserfrage müsse integrierter Bestandteil einer umfassenden Regelung sein. Die Grundsätze einer solchen Regelung hätten auch für unsere syrische Front zu gelten, das heißt, Israel müsse sich verpflichten, die Golanhöhen vollständig zu räumen. Ägyptens Vorschlag basiere deshalb auf zwei einander ergänzenden Elementen: Israel solle sich aus allen eroberten Gebieten zurückziehen und dafür zum Ausgleich ausreichende Sicherheitsgarantien bekommen. El-Bas zählte sodann sechs Sicherheitsmaßnahmen auf, die nach ägyptischer Meinung unseren Bedürfnissen genügen müßten: entmilitarisierte Zonen; Gebiete, in welchen nur eine beschränkte Anzahl von Streitkräften unterhalten werden darf; Anwesenheit von UN-Kontingenten; Installierung modernster Frühwarnsysteme; unbehinderte Schiffahrt im Golf von Eilat; und endlich die Normalisierung der Beziehungen.

Trotz grundlegender Meinungsverschiedenheiten verlief die Vormittagssitzung in konstruktivem Geist. Beide Seiten äußerten sich offen, und in der Kaffeepause unterhielt man sich zwanglos miteinander. Danach ergriff Kamil das Wort. Es sei gewiß möglich, gleich jetzt und hier an diesem Tisch zu einem Übereinkommen zu gelangen. Dazu brauche es weiter nichts als die Zusicherung Israels, die besetzten Gebiete zu räumen. Alles andere sei dem untergeordnet und vergleichsweise einfach zu regeln.

Ich fragte, ob er das Interview gelesen habe, das Saddam Hussein (damals Vizepräsident und derzeit Präsident des Irak) in eben dieser Woche *Newsweek* gegeben hatte. Darin sagte er, daß es auch dann zu einem neuen Krieg kommen werde, wenn Israel mit Ägypten Frieden schließe; man werde die Israelis ins

Meer treiben und auf ihrem Land einen Palästinenserstaat gründen. »Wenn Sie mit uns in fünf Minuten zu einer Übereinkunft kommen wollen«, sagte ich zu Kamil, »müßten wir einfach die Tatsache ignorieren, die politischen und militärischen Gegebenheiten außer acht lassen und die Haltung unserer arabischen Nachbarn nicht zur Kenntnis nehmen. Ihnen selber mögen diese Dinge unwichtig erscheinen, aber für uns sind sie eine Frage des Überlebens.« Kamil erwiderte, wir sollten lieber die Sendungen der *Stimme Kairos* hören und nicht die aus Bagdad. Für ihn bestand das ganze Problem offenbar nur darin, welchen Sender man auf seinem Radio einstellte.

Ich fand es an der Zeit, von den Ägyptern zwei Fragen unmißverständlich beantwortet zu bekommen: Erstens, ob sie bereit waren, unseren Vorschlag für eine Friedensregelung mit Ägypten als Grundlage für eine Übereinkunft zu akzeptieren? Falls nicht, sollte nicht mehr davon die Rede sein. Ich stellte diese Frage im Einverständnis mit Begin, dem ich bei unseren Vorberatungen dieses Vorgehen empfohlen hatte. Die Ägypter gerieten in Verlegenheit und beeilten sich nicht mit ihrer Antwort. Kamil beantragte sogar eine Unterbrechung der Sitzung, damit seine Delegation über meine Frage beraten könne. Als sie an den Verhandlungstisch zurückkehrten, sagten sie, man habe für diese Konferenz nur Instruktionen in der Palästinenserfrage mitbekommen und könne deshalb auf meine Frage keine Antwort geben.

Meine zweite Frage betraf die West Bank. Sei Ägypten bereit, eine Teilung dieses Gebietes auf der Grundlage der im sogenannten Allon-Plan enthaltenen Vorschläge zu diskutieren? Kamil erwiderte, darauf könne er sofort und verbindlich mit einem Nein antworten. Eine Teilung der West Bank wolle Ägypten nicht zulassen. Israel müsse alle eroberten Gebiete räumen, einschließlich Ostjerusalem. Gewisse geringfügige Grenzkorrekturen wolle man hinnehmen. Falls etwa ein Dorf oder die dazugehörigen Felder durch den Grenzverlauf von 1967 zerschnitten worden seien, könne man die Grenze so führen, daß sie wiedervereint würden. Aber derartige Korrekturen müßten genau abgewogen werden – wer hier etwas gewinne, müsse anderswo etwas abgeben. Auf keinen Fall dürfe das Staatsgebiet Israels dadurch größer werden.

Die Ägypter regten nun an, ihr Vorschlag für die Lösung der Palästinenserfrage solle in drei Phasen verwirklicht werden. Als erstes müßte Israel sein Einverständnis zu dem Plan erklären. Dies müßte sofort, noch hier in Leeds Castle, geschehen. Innerhalb eines Monats vereinbaren Ägypten, Jordanien und Israel Maßnahmen für die Ausführung. Danach und wiederum innerhalb einer Frist von nicht mehr als einem Monat könne als zweiter Schritt der Beginn der Übergangsphase mit der aktuellen Räumung durch Israel anschließen. Die dritte Phase wäre die Stationierung von UN-Truppen anstelle der israelischen Streitkräfte auf der West Bank und in Gaza und die Wahl einer eigenen Verwaltung durch die palästinensischen Bewohner dieser Gebiete.

Der ägyptische Vorschlag bezog sich nicht nur auf die palästinensischen Flüchtlinge vom Jahre 1967, sondern auch auf die aus dem Jahr 1948, von denen die meisten im Libanon, in Jordanien und anderen arabischen Ländern sowie im Gazastreifen und auf der West Bank lebten.

(Wenige Stunden nach der Gründung des Staates Israel am 14. Mai 1948 mußte Israel seine Unabhängigkeit bereits gegen fünf arabische Nachbarstaaten verteidigen: Ägypten, Syrien, Jordanien, den Libanon und den Irak, deren Truppen durch Kontingente Saudi-Arabiens, Libyens und des Jemen verstärkt wurden. Der Feind wurde besiegt, und eine halbe Million Araber, die ihre Wohnorte während der Kampfhandlungen verlassen hatten, wurden zu Flüchtlingen. Viele waren wirklich der Kampfhandlungen wegen geflohen, aber viele andere, besonders die in Haifa, waren auf Anweisung der arabischen Führer abgezogen, damit die arabischen Armeen ein eindeutiges Ziel hätten, nämlich nur die Juden. Die Flüchtlinge hofften, zurückkehren und das Eigentum der »geschlagenen Juden« in Besitz nehmen zu können. Als der erwartete Sieg der Araber ausblieb, fanden sie sich in den arabischen Ländern und den von den Arabern gehaltenen Teilen Palästinas wieder, wohin sie geflüchtet waren. Statt von diesen Ländern assimiliert zu werden, beließ man sie als Flüchtlinge in besonderen Lagern, und das bis auf den heutigen Tag. Ihre arabischen Gastgeber rühren nicht den kleinen Finger für sie, und ihr Flüchtlingsstatus wurde durch das UN-Hilfswerk für Palästinaflüchtlinge, UNWRA, perpetuiert.)

Die ägyptische Delegation in Leeds Castle verlangte nun, Israel möge die aufeinanderfolgenden UN-Beschlüsse in bezug auf diese Flüchtlinge von 1948 ausführen, sie also wählen lassen zwischen Rückkehr an ihren ursprünglichen Wohnsitz oder einer Entschädigung für den verlorenen Besitz.

»Warum führen Sie diese Beschlüsse eigentlich nicht aus?« fragte Kamil. Ich erwiderte, wenn wir das täten, würde genau das entstehen, was der PLO-Führer Arafat am 13. November 1974 vor der UN-Vollversammlung gesagt hatte: ein israelisch-arabischer Staat, der sich vom Mittelmeer bis zum Jordan erstrecke, also das derzeitige Israel samt der West Bank und Gaza umfasse. In diesem Staat, so Arafat, würden die Araber in der Mehrheit sein. »Das bedeutet das Ende des jüdischen Staates, des einzigen jüdischen Staates in der ganzen Welt, während es immerhin mehrere arabische Staaten gibt. Sie glauben doch wohl nicht ernstlich, daß wir unsere Hand dazu reichen?« fragte ich Kamil.

Dieser meinte, wir sollten uns nun den Sicherheitsvorkehrungen zuwenden, etwas der Stationierung von UN-Truppen, die es uns ermöglichen sollte, die besetzten Gebiete zu räumen. Darauf entgegnete ich, es sei sinnlos darüber zu diskutieren, denn wir könnten unsere Sicherheit nicht fremden Truppen anvertrauen, einerlei welcher Nation. Unsere Sicherheit könne einzig von unseren eigenen Streitkräften entlang des Jordan, in Schlüsselstellungen auf der West Bank und im Gazastreifen gewährleistet werden.

Die Kluft zwischen unseren Standpunkten war deutlich, sie zeugte davon, daß jeder ein anderes Ziel anstrebte. Die von den Amerikanern bestärkten Ägypter schlugen Regelungen vor, die darauf hinausliefen, daß wir die besetzten Gebiete räumten und den Palästinensern das Selbstbestimmungsrecht zugestanden, also entweder einen eigenen Staat oder den Anschluß an Jordanien billigten. Wir dagegen beharrten darauf, daß wir in den besetzten Gebieten nicht Ausländer seien, und verlangten eine auf friedlicher Koexistenz basierende Regelung, die den Abzug unserer Siedler und Streitkräfte aus Judäa, Samaria und dem Gazastreifen überflüssig machte.

Zwischen den Plenarsitzungen sprachen die Amerikaner getrennt mit uns und den Ägyptern, um die Meinungsverschiedenheiten über die Sicherheitsvorkehrungen im Austausch gegen die Räumung und hinsichtlich der Selbstbestimmung der Palästinenser wenigstens zu verringern. Dabei gingen sie, was unser Sicherheitsbedürfnis betraf, ziemlich weit. Sie fragten, ob wir zufrieden wären, wenn man uns auffordere, der NATO beizutreten? Ich selbst, erwiderte ich, würde das begrüßen, darin aber keinen Ersatz für die Anwesenheit unserer Streitkräfte auf der West Bank und in Gaza sehen.

Um nun endlich zum Kern der Sache vorzudringen, fragten sie: »Soll das heißen: Es gibt überhaupt keine Sicherheitsgarantien, die Sie veranlassen könnten, Ihre Truppen auf die Grenzen von 1967 zurückzunehmen?« Ich nickte nur. Ja, dies sei tatsächlich meine Ansicht.

Mit den Amerikanern verhandelten nicht die vollzähligen Delegationen, sondern nur deren Leiter und ein Berater. Vance hatte Botschafter Lewis bei sich, ich Barak. Anschließend an unsere Besprechung und nach Beratung mit allen Mitgliedern meiner Delegation verfaßte ich für Vance ein Memorandum, in dem ich darstellte, was ich für die drei Hauptpunkte hielt und welche Position ich dazu einnahm. Nachdem ich betont hatte, dies sei meine »persönliche Meinung« und ich gebe sie ihm »auf meine persönliche Verantwortung hin« zur Kenntnis, schrieb ich weiter:

1. Vorschläge für einen Friedensvertrag, die davon ausgehen, daß sich Israel hinter die Demarkationslionie von 1967 (mit geringen Korrekturen) zurückzieht und die besetzten Gebiete unter arabische Oberhoheit gestellt werden, sind für Israel unannehmbar, auch wenn zugleich Sicherheitsgarantien gegeben werden. Israels Weigerung resultiert aus prinzipiellen (nationalen) Überlegungen und aus besonderen Erwägungen praktischer und sicherheitspolitischer Natur.

2. Wie Israel mehrfach erklärt hat, wäre es bereit, einen Friedensvertrag zu erwägen, der auf einem konkreten territorialen Kompromiß beruht, sollte ein solcher vorgeschlagen werden.

3. Wird der israelische Vorschlag (Autonomiestatut) angenommen, ist Israel, wie in zwei Absätzen des Vorschlages ausgeführt, nach fünf Jahren zu einer Erörterung über die Frage der Oberhoheit (oder eines dauerhaften Statuts) über diese Gebiete bereit. Obschon in unserem Vorschlag nichts darüber verlautet, daß eine Entscheidung in dieser Sache herbeigeführt werden muß, ist der Außenminister persönlich der Meinung, daß man sich in diesem Punkt einigen könnte.

Am Ende der Konferenz von Leeds Castle schlug Vance vor, zwei Wochen später in den Nahen Osten zu fliegen und die Beratungen dort fortzusetzen; das war uns allen recht.

Ich selbst berichtete dem Kabinett nach meiner Rückkehr

ausführlich, nachdem ich zuvor unter vier Augen mit Begin gesprochen hatte. Er kannte bereits das stenografische Sitzungsprotokoll, und ich brauchte ihm nur meinen persönlichen Eindruck zu vermitteln. Daß ich die Ägypter direkt auf den Allon-Plan angesprochen hatte, fand er gut, doch dann lebte eine alte Meinungsverschiedenheit zwischen uns wieder auf, von der ich geglaubt hatte, sie sei nach meinen Besprechungen in Washington ausgeräumt: daß ich mein Drei-Punkte-Memorandum verfaßt hatte, paßte ihm nicht, ich hätte es ihm zumindest vorlegen sollen, bevor ich es Vance gab. Ich entgegnete, mein Memorandum spiegle genau die Haltung der Regierung, soweit ich sie verstünde, wider, doch nähme ich es nicht übel, und es wäre auch nicht unkorrekt, wenn die Regierung sich davon distanziere. Ich würde das akzeptieren und Vance entsprechend informieren. Doch wie dem auch sei, fügte ich hinzu, ich halte es für unmöglich, Verhandlungen zu führen, ohne eigene Gedanken und Vorschläge einzubringen, sofern ich dabei betonte, daß es sich um meine persönlichen Ansichten handle, die nicht unbedingt von meiner Regierung gebilligt werden müßten. Das war ein alter Streit zwischen uns; ich war nicht bereit, mein Verhalten zu ändern, und Begin wußte das. Bestand er auf seiner Forderung, mußte er sich einen anderen Außenminister suchen.

Zu meiner großen Verblüffung schlug Begin dem Kabinett nicht nur vor, mein Memorandum zu genehmigen, sondern es auch der Knesset vorzulegen und deren Zustimmung einzuholen. Nun drängte ich darauf, daß der Punkt 2, der von einem territorialen Kompromiß handelt, genauer geprüft würde. Man werde mich gewiß in der Knesset nach Einzelheiten fragen, und ich wolle, daß das Kabinett wisse, wozu es da seine Zustimmung gebe, zumal die Arbeiterpartei einem solchen Kompromiß zuneigte, während Begins eigene Partei, die Herut, eisern eine Teilung der West Bank ablehnte. Nun hieß es in meinem Memorandum an Vance, ich sei der Meinung, wir würden einen territorialen Kompromiß erwägen, *sollte* ein solcher vorgeschlagen werden. Im Hebräischen ist der Unterschied in der Bedeutung von »sollte« und »wenn« größer als im Englischen. »Sollte ein solcher Vorschlag gemacht werden«, konnte noch auf der von der Herut vertretenen Linie liegen, mir kam es aber darauf an, daß der Satz eindeutig den Sinn von: »Wenn ein solcher Vorschlag gemacht wird« haben sollte. Ob das Kabinett mit mir einiggehe?

Begin gab widerstrebend nach, bat mich aber gleichwohl, das hebräische Wort für »sollte«, nicht das für »wenn« zu benutzen, wie in meinem Memorandum. Vielleicht stimmte er in der Überzeugung zu, daß die Araber einen solchen Vorschlag ohnedies niemals machen würden. Ich war mit dem Ergebnis zufrieden, denn es schien mir in zweierlei Hinsicht bedeutungsvoll: Die Öffentlichkeit bekam dadurch ein realistisches Bild unserer außenpolitischen Situation, und der Opposition wurde der Wind aus den Segeln genommen; sie behauptete ja unentwegt, auf dem Wege eines territorialen Kompromisses könne man zum Frieden gelangen, nur weigere die Regierung sich, ihn zu gehen.

Die Debatte in der Knesset fand am 24. Juli 1978 statt, und ich berichtete über die Konferenz von Leeds Castle. Ich verlas das Memorandum, das ich als Denkschrift der Regierung bezeichnete, und wies darauf hin, daß das Wort »sollte« bedeute, wir seien willens, einen territorialen Kompromißvorschlag zu erwägen, falls ein solcher künftig gemacht würde. Ich sagte ferner, der ägyptische Außenminister habe die Teilung der West Bank zwischen Israel und den Arabern rundweg ausgeschlossen; die Ägypter hätten in Leeds einen Friedensschluß davon abhängig gemacht, daß Israel alle besetzten arabischen Gebiete vollständig räume.

Es folgte eine lange Debatte, die mit einem Antrag der Opposition endete: Die Regierung führe die Friedensverhandlungen so, daß sie in einer Sackgasse enden müßten; es bestehe aber begründete Aussicht, zu einer gemeinsamen Grundsatzerklärung zu kommen, nämlich auf der Basis der schon erwähnten Wiener Erklärung von Kreisky, Peres und Eban. Dieser Antrag wurde mit vierundsechzig gegen zweiunddreißig Stimmen abgelehnt, und die Regierung ging aus der Debatte gestärkt hervor. Mein in Leeds Castle für Vance verfaßtes Memorandum war mithin ein offizielles Dokument geworden, das die Haltung Israels wiedergab.

12.
Camp David

Als die drei Delegationen aus Leeds Castle abreisten, erwarteten sie, daß schon zwei Wochen später bei dem Besuch von Vance im Nahen Osten weiterverhandelt werden würde. Die Amerikaner hatten dafür alles vorbereitet, Beratungsort sollte Um Haschiba, eine US-Weltraumbeobachtungsstation in der Wüste Sinai, sein. Im letzten Moment lehnten die Ägypter aber eine Fortsetzung der Verhandlungen mit der Begründung ab, solange Israel sich nicht im voraus zur Räumung der besetzten Gebiete verpflichte, sei ein solches Treffen sinnlos.

Trotzdem gaben die Amerikaner nicht auf. Anfang August bemühte sich Vance erneut, die Initiative zu ergreifen. Zuerst kam er nach Israel, von dort wollte er nach Kairo, dann zurück nach Washington, während seine Berater in andere arabische Hauptstädte reisen sollten.

Am Tag seiner Ankunft – begleitet wurde er unter anderem von Atherton, Saunders und Lewis – sprach er mit Begin. Auf israelischer Seite waren alle Mitglieder des Verteidigungskomitees des Kabinetts und die leitenden Herren von Begins Kanzlei anwesend. Um nicht in der Minderheit zu sein, nahmen auch Angehörige der amerikanischen Botschaft in Tel Aviv an den Verhandlungen teil – Leute, die nie zuvor an Gesprächen auf so hoher Ebene teilgenommen hatten.

Begin eröffnete die Sitzung um zehn Uhr in seinem Büro mit einer wortreichen Begrüßung. Er wolle im Namen der Regierung und des ganzen israelischen Volkes Vance ausdrücklich sagen, wie sehr man ihn als Freund Israels und unermüdlichen Friedensstifter achte und liebe. Vance waren diese Schmeicheleien etwas peinlich und er revanchierte sich auch nicht im gleichen Stil, sondern dankte dem Premier nur für den »freundlichen Empfang«, um dann sogleich zur Sache zu kommen. Er sei im Auftrag Carters hier, um die Friedensgespräche wieder in Gang zu bringen.

Wir konzentrierten uns auf drei Themen: Die Verhandlungen mit Ägypten, die Lage im Libanon, Sachfragen, die die USA und Israel betrafen, vor allem Waffenlieferungen. Der Vormittag erbrachte nichts von Interesse, es sprachen vor allem die Minister. An der Nachmittagssitzung nahmen weniger Personen teil, also konnte man sich auch mehr davon erwarten. Das wichtigste Thema wurde aber auf keiner der beiden Sitzungen besprochen, sondern zwischen Begin und Vance allein: Vance bestellte Begin von Carter, dieser wünsche ihn zusammen mit Sadat nach Camp David zu einem Gipfeltreffen einzuladen. Man hoffe, Begin werde zusagen, und in diesem Falle wolle Vance anderntags nach Kairo fliegen und Sadat einladen. Sagte auch Sadat zu, solle die Begegnung Anfang des kommenden Monats stattfinden, sobald der Fastenmonat Ramadan, der gerade begonnen hatte, zu Ende sei.

Begin nahm die Einladung an und versprach, nichts vorzeitig darüber verlauten zu lassen. William Quandt, Mitglied des Nationalen Sicherheitsrates der USA, der Vance begleitete, sollte aus Kairo herüberkommen und berichten, wie die Unterhaltung zwischen Vance und Sadat verlaufen war.

Zwei Stunden vor Beginn der morgendlichen Sitzung mit Vance hatte ich ein politisches Gespräch mit einem prominenten Araber der West Bank, Anwar el-Hatib. Der Termin war abgesprochen worden, bevor wir von Vances Besuch wußten, aber ich wollte ihn trotzdem einhalten. El-Hatib, ein tadellos gekleideter, jünger wirkender Sechziger, war der Schwiegersohn von Scheich Mohammed Ali Jabari, dem Oberhaupt der vornehmsten Familie im Bezirk Hebron, und hatte zwischen 1948 und 1967, als die West Bank und Ostjerusalem unter jordanischer Herrschaft standen, mehrere hohe Ämter innegehabt. Er war Bürgermeister des arabischen Teils Jerusalems gewesen, hatte die Araber im jordanischen Parlament vertreten, war dann jordanischer Gesandter in Ägypten und zur Zeit des Sechs-Tage-Krieges, als die israelischen Streitkräfte die West Bank und den arabischen Sektor Jerusalems besetzten, Gouverneur des Bezirks Jerusalem. Er sprach sich zwar für die Errichtung eines Palästinenserstaates aus, stand andererseits aber auch König Hussein nahe.

Wir trafen uns um acht Uhr früh – was mir noch genügend Zeit für die Sitzung mit Vance ließ – in einem Privatzimmer des Hotels Plaza in Westjerusalem. Wegen des Ramadan verzichteten wir auf den traditionellen Kaffee und begannen sofort eine offene, sehr sachliche Unterhaltung.

Da ich ihn nicht zum ersten Mal traf, konnte ich gleich zur Sache kommen, nachdem ich mich einer herzlichen, abgekürzten arabischen Begrüßungsformel bedient hatte: »Min be'ad le' alslam.« Wörtlich übersetzt heißt das: »Friedenswünsche sind vorausgegangen.« Die Araber benutzen diese Formel, wenn sie es eilig haben und auf das umständliche Zeremoniell verzichten möchten.

Ich fragte ihn, wie er die Aussichten dafür beurteile, daß sich die palästinensischen Araber und das Königreich Jordanien an Beratungen über ein Autonomiestatut beteiligen würden? Er persönlich, antwortete er, finde, man solle unseren Vorschlag nicht kurzerhand zurückweisen, und er lasse dies seine Landsleute auch wissen. Habe er die Wahl zwischen dem derzeitigen Zustand und der Autonomie, wähle er allemal die Autonomie. Was offizielle gemeinsame Gespräche darüber angehe, so rate er, damit noch einige Monate zu warten, bis deutlicher werde, welche Konsequenzen Sadats Initiative zeitige. Derzeit sei es für die Palästinenser und die Jordanier ratsamer »zu passen«, was aber nicht bedeute, daß man nicht in »Privatgesprächen« prüfen könne, was es mit dem Autonomiestatut auf sich habe und was daraus werden könne.

Wegen eventueller »Privatgespräche« – el-Hatib hütete sich vor dem Wort »Geheimverhandlungen«, doch genau das war gemeint – wollte er sich mit Palästinensern auf der West Bank und Politikern in der jordanischen Regierung beraten.

Er kam dann auf die ägyptisch-israelischen Verhandlungen zu sprechen und meinte, er und seine Freunde trauten Sadat nicht und seien davon überzeugt, daß es nicht zu einem Friedensvertrag zwischen den beiden Ländern kommen werde. Auch auf die Amerikaner setzten sie keine großen Hoffnungen; Washington werde Israel nicht genügend unter Druck setzen, uns nicht zwingen, die besetzten Gebiete zu räumen.

Ich legte el-Hatib meine Auffassung über eine Autonomie dar und betonte dabei, daß Beratungen über einen endgültigen Status der Gebiete, auch was die Hoheitsrechte angehe, erst nach Ablauf von fünf Jahren aufgenommen werden sollten. Dies sei ihm schon bekannt, sagte er, und das werfe Fragen auf, mit denen man sich sogleich beschäftigen müsse. Komme man nicht zu einer Einigung, werde es keine normalen Beziehungen zwischen unseren Völkern geben. Die Juden versuchten mit ihren Siedlungen auf der West Bank »die Araber zu verdrängen, indem sie große Wohngebiete anlegen«. Auch müßte man den 1967 geflohenen Arabern erlauben, auf die West Bank zurückzukehren. Das seien etwa hunderttausend Menschen. Andere Dinge ließen sich leichter regeln, doch auch sie müsse man eilig vorantreiben – etwa freien Handel zwischen den innerhalb und außerhalb der besetzten Gebiete lebenden Arabern, oder die Eröffnung arabischer Bankgeschäfte in Judäa, Samaria und dem Gazastreifen.

Ich erwiderte, ich sähe keinen Grund, warum man darüber und anderes, was er nicht erwähnt hatte, nicht reden könne, die heiligen Stätten in Jerusalem zum Beispiel oder die Beziehung zwischen Bewohnern der West Bank und Jordanien. Ich wolle ebenfalls ganz offen reden: Bei den jüdischen Siedlungen würden wir uns wohl keine Beschränkungen auferlegen. Allerdings wollten wir die Araber damit nicht verdrängen, und ich fragte ihn, ob er mir einen einzigen Fall nennen könne, wo Araber durch das Entstehen einer benachbarten israelischen Siedlung aus ihrem Dorf vertrieben oder sonstwie beeinträchtigt worden wären? Im Gegenteil, neue jüdische Siedlungen bedeuteten für die arabischen Dörfer auch neue Arbeitsplätze, wirtschaftliches Wachstum. Nicht, daß ich blind wäre für die Abneigung der Araber gegen unsere Anwesenheit, doch handle es sich hier um eine politische Frage, eine Reaktion auf den Umstand, daß wir die West Bank und den Gazastreifen als Teile unseres Geburtslandes, unserer Heimat betrachteten. Wir hatten ein Recht, dort zu leben, und mußten uns nicht geduldet fühlen. Die Errichtung von zwanzig Siedlungen auf der West Bank, fuhr ich fort, bedeute den Zustrom von vier- bis fünftausend Menschen. Wie könne er, Anwar el-Hatib, denn da guten Gewissens davon reden, wir »verdrängten« die arabischen Bewohner, und gleichzeitig die Zuwanderung von weiteren hunderttausend Arabern fordern! Das alles müsse erörtert werden, einer müsse den Standpunkt des anderen anhören, die unterschiedlichen Gesichtspunkte realistisch und in den richtigen Proportionen sehen.

El-Hatib kam nochmals auf den Autonomieplan zurück, ihn müsse man genau prüfen. Möglich, daß die Araber ihn als ersten Schritt auf dem Weg zur Verwirklichung ihres Wunsches nach einem Palästinenserstaat hinnähmen. Jedenfalls könnten sie es später sehr bedauern, wenn sie ihn jetzt einfach ablehnten. Aber beantworten lasse sich meine Frage derzeit noch nicht, er müsse erst mit führenden Persönlichkeiten auf der West Bank, in Jordanien und im Libanon sprechen, und sie alle würden abwarten und sehen wollen, wie es zwischen Israel und Ägypten weitergehe.

Beim Abschied bat ich ihn, meine Empfehlungen an seinen Schwiegervater zu überbringen. »Ein kluger Mann, dem sein Volk sehr am Herzen liegt«, fügte ich hinzu. General Avraham Orli, Koordinator für die unter unserer Verwaltung stehenden Gebiete, der mich begleitet hatte, führte unseren Gast hinaus. El-Hatib wandte sich noch einmal um und sagte ebenso zu sich wie zu mir, wir könnten uns vermutlich einigen, säßen wir einmal am Beratungstisch, doch er glaube nicht, daß es dazu komme, zu seinen Lebzeiten jedenfalls nicht mehr. »Wollt ihr etwa Krieg?« fragte ich scharf. »Gott behüte«, wehrte er ab.

Ich bedauerte nicht, daß das Gespräch einen etwas schroffen Ausklang hatte und nicht mit einem Lächeln und verbindlichen Worten endete. Er würde König Hussein nicht nur über den Inhalt, sondern auch über die Atmosphäre unseres Gespräches berichten.

Als ich einige Stunden später in der Pause zwischen den Sitzungen mit Vance zu Mittag aß, überlegten wir, wie wir die Friedensverhandlungen wieder flottmachen und die palästinensischen Araber, aber auch König Hussein, daran beteiligen könnten. Ich berichtete, was ich von el-Hatib über die Stimmung der Palästinenser gehört hatte, und sagte, wie ich die vermutliche Haltung Husseins einschätze.

Vance und seine Mitarbeiter flogen anderntags nach Kairo, und am 9. August, zwei Tage später, erschien ein strahlender Quandt, um Begin und mir zu berichten, Vance sei sich mit Sadat rasch einig geworden, dieser sei sehr zuversichtlich und wünsche, so rasch wie möglich zu einer Friedensvereinbarung zu kommen. Er habe Carters Einladung nach Camp David mit größtem Vergnügen angenommen, ohne Vorbedingungen zu stellen. Sadat habe mit Vance unter vier Augen gesprochen, obwohl anfangs alle seine Mitarbeiter anwesend waren – übrigens auch Tuhami –, doch das sei nur für die Pressefotografen arrangiert worden. Kaum war das vorüber, ging Sadat mit Vance auf die Terrasse und blieb dort mit ihm allein.

Der Termin für das Treffen in Camp David wurde auf den

folgenden Monat festgesetzt; am 5. September sollte es beginnen und jedes Teilnehmerland eine Delegation von neun Personen stellen. Sadat drängte darauf, daß die Führer der ägyptischen und der israelischen Delegation, also er selber und Begin, nicht nur zum Verhandeln bevollmächtigt sein sollten, sondern auch dazu, im Namen ihrer Regierungen an Ort und Stelle Entscheidungen zu treffen; sie sollten daher ihre engsten Mitarbeiter mitbringen.

Quandts Bericht und die Aussicht auf das Gipfeltreffen schienen Begin recht zufrieden zu stimmen. Er versprach Quandt, er werde ihn rechtzeitig wissen lassen, wen er mitbringen wolle, doch er könne schon jetzt sagen, daß seine Frau Aliza bestimmt mitkäme (während Jihan, die Frau von Sadat, daheim blieb).

Die Krise, die Vance hatte beilegen sollen, war also vorüber, zumindest sah es so aus. Statt des Außenministertreffens in Um Haschiba in der Wüste Sinai würde nun ein Gipfeltreffen zwischen Carter, Begin und Sadat stattfinden. Es war nicht mehr die Rede davon gewesen, daß Israel sich zuvor zur Räumung aller besetzten Gebiete verpflichten und den Palästinensern das Selbstbestimmungsrecht zuerkennen müsse, wie dies Sadat bisher immer verlangt und was uns in die Sackgasse geführt hatte. Ich argwöhnte allerdings, Sadat habe sich so verhalten, weil die Amerikaner ihm zugesichert hatten, ihn in Camp David in diesen seinen Forderungen rückhaltlos zu unterstützen.

Das Gipfeltreffen von Camp David begann am 5. September und dauerte bis zum 17. Es erwies sich als die entscheidende, aber auch die mühsamste und unangenehmste Etappe auf dem Weg zum ägyptisch-israelischen Frieden. Zwischen den Standpunkten Carters, Sadats und Begins klafften Abgründe, alle drei mußten viel Kraft aufwenden, um psychische und ideologische Hemmnisse zu überwinden, die einer Einigung im Wege standen. Liebgewordene Standpunkte und Auffassungen mußten aufgegeben, neue bezogen werden.

Die Beratungen waren gekennzeichnet von schroffen und häufig erbitterten Auseinandersetzungen zwischen uns und den Ägyptern, und mehr noch den Amerikanern. Ich muß zu meinem Bedauern eingestehen, daß es auch bei Gesprächen innerhalb unserer Delegation keineswegs immer friedlich zuging. Gelegentlich konnte ich nur mit äußerster Mühe meine Beherrschung bewahren. Niemand bestritt dem Premier das Recht, die letzte Entscheidung in allem zu treffen, was zur Beratung anstand, doch waren wir nicht bereit, widerspruchslos, als wären es die Gesetzestafeln Moses, auch solchen Auffassungen zuzustimmen, die wir für übertrieben und unvernünftig hielten. Das soll allerdings nicht heißen, daß wir uns dauernd gestritten hätten, keineswegs, meist waren wir durchaus einer Meinung. Doch immer, wenn ich ihm widersprach, wurde er wütend und wies jede Anregung, die ihm mißfiel, mit der Begründung zurück: dies könne Israel unabsehbaren Schaden zufügen.

Charakter und Redeweise des Premiers ließen sich nun einmal nicht ändern. Zu Ehren der Mitglieder der Delegation sei aber gesagt, daß sich keiner scheute, seine Meinung auszusprechen, auch wenn das Begin nicht gefiel. Als er während einer unserer internen Beratungen alle vorgebrachten Einwände immer wieder schroff zurückwies, erklärte ich in aller Form, ich betrachte sein Benehmen als tyrannisch; es gehe nicht an, seinen Mitarbeitern einfach das Wort zu verbieten. Auf diesen Vorwurf reagierte Begin sehr erstaunt, änderte jedoch sein Verhalten.

Ich betrachtete die israelische Delegation in Camp David als eine Mannschaft mit einem Auftrag, der ihnen eine ungeheure Verantwortung für das Wohl unseres Landes in einer sehr kritischen Phase auferlegte. Ihr war es aufgegeben, mit äußerster Kraft auf eine Verständigung mit einer Supermacht und dem wichtigsten arabischen Staat hinzuarbeiten und zugleich die Interessen Israels mit größter Umsicht zu wahren. Aufgabe des Delegationsführers mußte es sein, seine Mitarbeiter anzuregen, eine Atmosphäre zu schaffen, in der produktiv gearbeitet werden konnte, die bestimmt war von wechselseitiger Freundschaft und Vertrauen, wo jeder dem anderen unvoreingenommen zuhörte. So sah ich jedenfalls die Aufgabe des Delegationsleiters, die kein anderer übernehmen konnte.

Die »Großen Drei«, also Carter, Begin und Sadat, bewohnten in Camp David benachbarte Blockhütten, etwas entfernt von den Quartieren der anderen. Jede Hütte hatte einen Namen, meine hieß »Roteiche«, verfügte über zwei Schlafzimmer, ein Wohnzimmer und eine große Terrasse. Das eine Schlafzimmer nahm ich für mich, das andere teilten Barak und Rosenne. Rubinstein, mein persönlicher Referent und Bürochef, der Jüngste in unserer Delegation, schlief anfangs im Wohnzimmer, schaffte sein Bett aber bald in das Zimmer von Barak und Rosenne. So konnte das Wohnzimmer ganz als Arbeits- und Beratungsraum dienen.

Camp David, inmitten bewaldeter Berge gelegen, weit entfernt vom Lärm der Städte und den Störungen des Alltags, ist in der Tat ein reizender abgeschiedener Ort, und wem es zu ruhig ist, der kann Tennis spielen und schwimmen, Billard spielen oder Filme ansehen. Die Küche ist hervorragend, die qualifizierten Köche sind Filipinos. Ihrem Sahneeis und ihren Pasteten erlag ich immer wieder, und wer etwa in der Hoffnung herkam, er werde abmagern, der irrte sich sehr. Übrigens bekamen diejenigen, die es gewohnt waren, auch koscheres Essen.

Die Landschaft ist großartig, wenn auch nicht nach meinem persönlichen Geschmack. Die mächtigen Bäume, das dichte grüne Unterholz, der goldbraune Teppich aus abgefallenen Blättern, rühren mich weniger an als die Wüste. Ich liebe die Wüste, die sich endlos nach allen Himmelsrichtungen dehnt, die spärlichen Dattelpalmen, die ihre Wurzeln auf der Suche nach Wasser tief in den Boden senken, die kleinen Eidechsen, die mit geschlossenen Augen träge im Sand ihr Sonnenbad nehmen.

Was mir hier am meisten gefiel, war, daß niemand auf Formalitäten achtete. Man konnte anziehen, was man wollte, es gab bei den Mahlzeiten keine Sitzordnung, umständliche Anreden fielen weg. Jeder bekam einen blauen Anorak mit »Camp David« in Goldbuchstaben darauf, und im übrigen hieß es, könnten wir das tragen, was uns gefiel. Carter trug verblichene Jeans, Vance einen viel zu großen Pullover, und die anderen Amerikaner wirkten ebenfalls höchst salopp. Die Ägypter hielten mehr auf Form; zwar verzichtete Sadat auf die Krawatte, doch wirkte er im übrigen wie aus dem Ei gepellt, und die Mitglieder seiner Delegation achteten ebenfalls auf elegante Kleidung.

Ich, der ich weder Präsident noch Amerikaner bin, besitze keine Jeans, zog also an, was ich normalerweise daheim zur Gartenarbeit trage, nämlich Khakihosen. Jedenfalls brauchte ich nur selten an den Koffer zu gehen, den Rahel mir so umsichtig gepackt hatte. Das Khaki paßte nicht besonders gut zum blauen Anorak, doch war dies eines der wenigen Probleme in Camp David, die ich ungestraft außer acht lassen durfte.

Feste Arbeitszeiten gab es nicht, mit den Amerikanern trafen wir uns meist abends und konferierten manchmal bis zum frühen Morgen. Am Ende jeder Sitzung mußten noch gewisse

Punkte geklärt werden, was bedeutete, daß unsere juristischen Berater »noch ein bißchen länger« aufbleiben und Formulierungen für das finden mußten, was wir beschlossen hatten. Sie gaben sich größte Mühe, doch erwies sich gelegentlich, daß es sich nicht um juristische, sondern politische Dinge handelte, und dann hieß es für mich raus aus dem Bett, rein in den Anorak und wieder an die Arbeit.

Carter selbst war unermüdlich. Neben stundenlangen Beratungen mit seinen Experten und anstrengenden Verhandlungen mit den anderen Delegationen brachte er viel Zeit damit zu, sich gründlich auf jedes Treffen vorzubereiten, suchte alles, was verhandelt werden sollte, im Detail zu durchdringen. So reichte es ihm nicht, einfach mit den Begriffen Sinai und West Bank zu operieren, er wollte genau wissen, wie es da aussah. Er brütete über Landkarten, hörte Erläuterungen an und notierte in sehr leserlicher Schrift, was er für besonders bedeutsam hielt. Diese stundenlange Konzentration mußte ihn gewiß ermüden, doch nie brach er ab, bevor er nicht überzeugt war, alle sachdienlichen Fakten zu kennen.

Eines Nachts, nach Beendigung einer Sitzung zwischen den Amerikaner und uns, bat er mich, ihn zu seiner Hütte zu begleiten, und weil Mitternacht schon vorüber war, blieben wir auf der Terrasse sitzen, um seine Frau Rosalynn und seine Tochter Amy nicht zu stören. Wir unterhielten uns bis vier Uhr früh. Ich wußte wohl, daß meine Antworten auf seine Fragen – und Forderungen – ihm nicht gefielen, hoffte aber, daß ich ihm ein klares und wohlbegründetes Bild von Israels Verhandlungspositionen geben konnte.

Als ich gehen wollte, hielt er mich zurück, weil er mir noch etwas schenken wolle; er kam mit einem Beutel Erdnüssen aus dem Haus und sagte, in seiner Heimat Georgia lege man sie ungeschält in Salzwasser, das verleihe ihnen ein einmaliges Aroma, und er hoffe, sie würden mir schmecken . . .

Carters Verhältnis zu Begin war korrekt, das zu Sadat herzlicher, doch kann kein Zweifel daran sein, daß der Präsident der USA sich nach Kräften bemühte, Begin und Sadat einander näherzubringen und Einverständnis zwischen ihnen herzustellen. Von unseren Delegierten schätzte Carter am meisten Aharon Barak; blieben wir in den Beratungen stecken, bat er Barak allein oder zusammen mit anderen zu sich, um mit ihm nach einem Ausweg zu suchen. Barak ist hochintelligent, einfallsreich und integer. Bei allen seinen Entwürfen stand Israels Interesse im Vordergrund, trotzdem gelangen ihm Formulierungen, die auch für die andere Seite annehmbar waren. Seit einem kleinen nächtlichen Mißverständnis stand er auch auf gutem Fuß mit Carters Frau. Carter hatte ihn nach einer abendlichen Sitzung gebeten, ein Memorandum neu zu formulieren und es ihm auf jeden Fall noch zu bringen, einerlei, wie spät es würde. Barak wurde gegen ein Uhr früh fertig und suchte ein Telefon, um den Präsidenten zu verständigen. Vor dem Sitzungsgebäude nahe dem Kino von Camp David saß eine junge Frau barfuß auf der Treppe. In der Annahme, es handle sich um eine Sekretärin, die sich im Kino gelangweilt hatte und an die frische Luft gegangen war, fragte er sie, von wo aus er den Präsidenten anrufen könne. »Kommen Sie nur mit. In der Blockhütte da drüben ist ein Büro mit Telefon.« Erst als das Licht im Büro anging, erkannte Barak die Frau des Präsidenten, die keine Entschuldigung hören wollte: »Das macht nichts, Sie hätten sich in diesem Dschungel allein sowieso nicht zurechtgefunden. Übrigens wird die Vermittlung sich nicht trauen, Sie so spät mit dem Präsidenten zu verbinden, da ist es schon besser, ich rufe selbst an.«

Zwischen den Ägyptern und uns herrschte ein höflicher Umgangston, mehr aber auch nicht, abgesehen von dem freundschaftlichen Verhältnis zwischen Sadat und Weizman. Sadat mochte Weizman sehr, und sie waren oft zusammen. Praktisch kam bei ihren Unterhaltungen sicher nicht viel heraus, aber immerhin symbolisierten die beiden eine Öffnung in der Mauer, welche unsere Delegation trennte.

Um der Wahrheit die Ehre zu geben: Dieses Treffen in Camp David war genaugenommen *keine* Gipfelkonferenz. Die führenden Staatsmänner kamen einander nicht näher, sie fanden keine gemeinsame Einstellung, und ihre Begegnungen waren die unergiebigsten von allen. Die Lösung verwickelter Probleme, Fortschritte bei den Verhandlungen und daraus folgende Vereinbarungen kamen bei anderen Treffen zustande – meist in Gesprächen mit Amerikanern, geleitet von Präsident Carter, der rastlos zwischen uns und den Ägyptern hin und her pendelte.

Trotz der enormen Arbeitslast fand man hin und wieder Gelegenheit, sich zu entspannen; die Amerikaner leisteten sich eine Stunde auf dem Tennisplatz, die Israelis spielten Billard oder gingen ins Kino. Begin sah sich manchmal einen Film an oder spielte mit Brzezinski Schach. Das allerdings war weder geruhsam noch entspannend, es ging dabei zu wie auf dem Schlachtfeld, weil einer den anderen um jeden Preis besiegen wollte. Ich selber begnügte mich mit einem täglichen Marsch um Camp David. Kino reizt mich nicht, und Tennis kann ich nicht spielen. Ein einziges Auge taugt nur zum Schießen – da benutzen ja auch Leute mit zwei Augen nur eines –, nicht aber zum Ballspielen. Man kann nämlich nur schwer schätzen, von wo der Ball auf einen zukommt. Meine Enkel haben mich oft genug ausgelacht, wenn ich die Bälle verfehlte, die sie mir zuwarfen.

Was ich in Camp David wirklich vermißte, waren nicht Ablenkung oder Entspannung, sondern gerade das Gegenteil – freie Zeit. Zum Nachdenken habe ich seit je viele Stunden gebraucht. Daheim ertappt man mich gelegentlich dabei, und dann fragt mich Rahel: »Wo warst du mit deinen Gedanken während des Essens? Du hast kein Wort geredet?« Dann muß ich zugeben, daß ich wirklich mit meinen Gedanken anderswo war, nicht versunken in irgendwelche Träumereien oder Wunschvorstellungen, sondern damit beschäftigt, über etwas nachzudenken, was mit Politik oder Kriegführung zu tun hat. In Camp David folgte eine Sitzung auf die andere, und hatten wir wirklich mal eine freie Stunde, wäre ein aufregender Western das letzte gewesen, was ich mir gewünscht hätte. Ich wollte dann die Zeit nutzen, eine Regelung auszudenken, die es erleichtern könnte, die offenen Fragen im Nahen Osten zu beantworten.

Allmählich freute ich mich auf meine Morgenspaziergänge. Anfangs geriet ich auf den steilen Pfaden außer Atem, gewöhnte mich aber bald daran. Ich schlug das übliche militärische Marschtempo an und ließ meine Gedanken ihre eigenen Wege gehen. Die Einzelheiten der laufenden Verhandlungen beschäftigten mich, doch man kann seinen Gedanken nicht immer befehlen. Vielleicht lag es daran, daß ich in frischer Luft und ländlicher Umgebung war, jedenfalls stiegen Erinnerungen an meine Jugend in mir auf, ich sah mich wieder auf den Feldern meines Dorfes im Tal Jezreel zur Erntezeit, wenn ich den Eltern half, Mais und Hirse einzubringen.

Nach der Ernte unternahm ich mit Freunden lange Wanderungen durch Galiläa, das Jordantal und die Wüste Negev, wobei wir laut die Verse des israelischen Dichters Schlonsky deklamierten, in denen sich ein kühn aufbegehrender Geist ausdrückte. Schlonsky war der Inspirator der jungen Generation, und wir kannten ihn auswendig. Ich wünschte, man könnte ihn aus dem Hebräischen übersetzen, doch nur ein Genius wie der seine wäre dazu imstande, die herrlichen Reime, den heiteren Rhythmus seiner leichten Balladen, die lebensprühende Sprache und den biblischen Symbolgehalt seiner ernsteren Werke in eine fremde Sprache zu übertragen.

Als ich so dem Weg zwischen Bäumen und Büschen um Camp David herum folgte, kam etwas aus diesen frühen Tagen zurück. Ich war kein Knabe mehr, ich sang weder, noch deklamierte ich laut, doch das Geräusch meiner Schritte, das Tempo, in dem ich marschierte, brachten Verse auf meine Lippen wie damals. Diesmal aber nicht Verse von Schlonsky, die von Aufstand handelten, vom Neubeginn in der uralten Wildnis, was zu der Stimmung des unentwickelten Israel der dreißiger Jahre paßte, sondern es waren Verse der Lyrikerin Rahel, aus dem Kibbuz Deganiah am See Genezareth, wo ich geboren bin. Ihre Gedichte sind gefühlvoll und so intensiv zionistisch, daß es schon beinahe banal ist, doch als junger Mensch fand ich sie herrlich, und ich habe sie nie vergessen. Im Gedanken an die biblische Rahel schrieb sie

> Ihr Blut kreist in meinem
> Blut
> Ihre Stimme singt in meiner;
> Rahel . . .

Während ich um Camp David wanderte, dachte ich an die Argumente, die mich erwarteten, die raffinierten Formulierungen, ausgedacht von Ägyptern und Amerikanern. Man würde vorschlagen, uns Jerusalem als Hauptstadt wegzunehmen oder zu lassen; uns Siedlungen in Judäa und Samaria, ehedem von Juden bewohnt, gestatten oder verweigern – in den Bergen von Hebron, im biblischen Tal von Dothan, in Schilo und Tekoa. Und immer begleiteten mich die Worte Rahels:

> So weiche ich denn nicht
> von meinem Pfad
> denn in allen Gliedern spüre ich
> die alten, alten
> Erinnerungen.

Gestatten oder verweigern? Bei aller Hochachtung vor Camp David: Es gehörte wohl etwas mehr dazu, uns daran zu hindern, Jerusalem weiter als die Hauptstadt Israels zu betrachten. Wer uns zwingen will, es aufzugeben, der muß die Bibel neu schreiben, den uralten Gruß der im Exil Lebenden »Nächstes Jahr in Jerusalem!« streichen und dreitausend Jahre Geschichte aus der Chronik des jüdischen Volkes löschen, denn so lange war Jerusalem seine Hoffnung.

13.
Die Vorschläge

Das erste Gespräch der Großen Drei ohne ihre Delegationen fand am Nachmittag des 6. September 1978 in Carters Blockhütte statt. Dabei wurde beschlossen, sich in Camp David um ein Rahmenabkommen zu bemühen, das die wesentlichen Teile eines ägyptisch-israelischen Friedensvertrages bereits enthalten solle. Mag sein, daß Carter gehofft hatte, schon am Ende dieser Konferenz als Resultat die Unterschriften unter einem Vertrag vorweisen zu können, doch Sadat sagte ihm, daß dies erst geschehen könne, wenn auch über alle wichtigen Details Einvernehmen erzielt sei, die in den Vertrag aufgenommen werden sollten, und das erfordere Zeit, »drei Monate vielleicht«.

Man beschloß daher, sich auf jene wesentlichen Punkte zu konzentrieren, in denen Ägypten und Israel verschiedener Ansicht waren. Hatte man einmal das Rahmenabkommen vereinbart und Leitlinien ausgearbeitet, konnten die Delegationen sich um die Details kümmern – allerdings zeigte sich dann, daß die Meinungsverschiedenheiten hier ebenso kraß waren.

Im ersten Dreiergespräch ging es hauptsächlich um Sadats Vorschlag zur Lösung des Nahostkonfliktes. Gleich danach wurde die israelische Delegation in Begins Blockhütte gerufen, um seinen Bericht zu hören. Was die anderen empfanden, weiß ich nicht, nur daß ich selbst diesem Bericht mit Sorge entgegensah. Was mochte Begin für Neuigkeiten haben? Schließlich war dies das erste Mal in einem dreißig Jahre währenden Krieg, daß der Präsident der USA, der Staatspräsident Ägyptens und der israelische Ministerpräsident sich zusammengesetzt und über einen Friedensvertrag zwischen den ehemaligen Gegnern gesprochen hatten. Der ägyptische Präsident dürfte sich gewiß nicht auf die Verkündung seiner schon bekannten allgemeinen Grundsätze beschränkt, sondern praktische Vorschläge gemacht haben, und ich fragte mich, wie die wohl aussehen mochten.

Spannung herrschte in dem Raum, in dem wir uns um Begin versammelt hatten, hastig unseren Tee tranken, ungeduldig auf den Beginn seines Berichtes warteten und seine Mitarbeiter schon die Stifte zückten, um jedes seiner Worte festzuhalten. Er beschrieb lebhaft die Präliminarien, schilderte die belanglose, einleitende Konversation und welche Kleidung Sadat getragen hatte. Doch als er zur Sache kam, wurde seine Miene plötzlich ernst. Sadat hatte ein elfseitiges Dokument mitgebracht, das er Carter und Begin unbedingt selber vorlesen wollte. Der Inhalt war total unakzeptabel, die hier zum Ausdruck kommende Haltung noch negativer als alles, was die Ägypter in Leeds Castle vorgeschlagen hatten. Begin sprach sich dafür aus, es entschieden abzulehnen und einen konstruktiven Gegenvorschlag auszuarbeiten. Sadat habe übrigens erläuternd hinzugefügt, daß er willens sei, eine Regelung für die West Bank und den Gazastreifen zu finden, bevor eine für den Sinai ausgearbeitet wäre, nicht aber umgekehrt; mit anderen Worten: Solange die Palästinenserfrage nicht geklärt sei, wolle er keinen Friedensvertrag mit uns schließen. Darauf habe er, Begin, sogleich geantwortet, auch er sei bereit, einer Regelung der Palästinenserfrage vor der Unterzeichnung eines israelisch-ägyptischen Friedensvertrages zuzustimmen.

Nach einigen weiteren Erläuterungen durch Begin befaßten wir uns alle gründlich mit Sadats Text. Dieses Dokument, das den Titel »Rahmenbedingungen für eine umfassende Friedensregelung im Nahen Osten« trug, enthielt eine aus acht Klauseln bestehende Präambel sowie die einleitende Feststellung: »Die Parteien sind entschlossen, eine umfassende Regelung zu treffen auf der Grundlage der Sicherheitsratsbeschlüsse 242 und 338 . . . in allen ihren Teilen«. Der zweite Artikel enthielt dann die Durchführungsbestimmungen, die folgendes vorsahen:

Den Rückzug Israels aus »den besetzten Gebieten« (das entscheidende »den« war im Beschluß 242 absichtlich weggelassen worden!); Rückzug von der Halbinsel Sinai und den Golanhöhen auf die Grenzen des ehemaligen Mandatsgebietes Palästina zu Ägypten beziehungsweise Syrien, von der West Bank und dem Gazastreifen auf die Demarkationslinien von 1949.

Israel beginnt unmittelbar nach Unterzeichnung des Friedensvertrages mit dem Rückzug.

Sämtliche israelischen Siedlungen in den besetzten Gebieten werden geräumt.

Entlang der Grenzen werden entmilitarisierte und militärisch verdünnte Zonen eingerichtet und UN-Kontingente stationiert.

Die israelischen Militärregierungen auf der West Bank und in Gaza werden aufgelöst, ihre Befugnisse gehen an die arabischen Bewohner dieser Gebiete über; während einer fünfjährigen Übergangsphase kontrolliert Jordanien die Verwaltung der West Bank, Ägypten die des Gazastreifens, und zwar in Zusammenarbeit mit frei gewählten Vertretern des palästinensischen Volkes, in deren Hände die Verwaltung gleichzeitig mit der Auflösung der israelischen Militärregierung übergeht. Sechs Monate vor Beendigung der Übergangsphase »übt das palästinensische Volk sein Recht auf Selbstbestimmung aus« und wird in die Lage versetzt, »sich als nationales Gebilde zu etablieren«.

Ägypten und Jordanien »werden darauf hinwirken, daß dieses Gebilde mit Jordanien vereinigt wird, falls die beiden Völker dies wünschen«.

Palästinensische Flüchtlinge und sonstige Vertriebene »sollen wählen können zwischen Rückkehr oder einer Entschädigung«.

»Israel wird sich in Jerusalem auf die beim Waffenstillstand von 1949 festgelegte Demarkationslinie zurückziehen« – Jerusalem solle wieder geteilt werden –, »und der arabische Sektor wird unter arabischer Oberhoheit und arabische Verwaltung zurückkehren«.

Israel leistet unverzüglich in vollem Umfang Wiedergutmachung für alle Schäden, die seine Streitkräfte bei Kriegshandlungen gegen Zivilbevölkerung und Einrichtungen aller Art verursacht haben, sowie für die Ausbeutung und Nutzung von Rohstoffvorkommen aller Art in den besetzten Gebieten.

Nachdem wir alle Sadats Papier durchgelesen hatten, mußten wir Begin recht geben, daß man es in Bausch und Bogen ablehnen müsse. Ja, eigentlich mußten wir verlangen, daß die Ägypter diesen Entwurf zurückzögen, denn anders als erwartet, handelte es sich nur um eine Wiederholung der bekannten Forderungen und war keineswegs die in Aussicht gestellte Ausgangsbasis für Friedensverhandlungen. Wären wir bereit gewesen, diese Forderungen zu erörtern, hätten wir nicht nach Camp David zu kommen brauchen.

Begin war zwar der Meinung, daß wir uns mit einer Stellungnahme zu diesem Dokument nicht übereilen müßten, machte sich aber schon Gedanken über eine eventuell notwendig werdende intensive Information der Öffentlichkeit. Sollten die Gespräche in Camp David scheitern, kam es darauf an, deutlich zu machen, daß die Ägypter Schuld daran trügen, weil sie an unerfüllbaren und nicht zu rechtfertigenden Forderungen festhielten. Barak, Dinitz und Rosenne wurden beauftragt, unsere Antwort vorzubereiten. Sie sollte aber nicht sofort überreicht werden, weil man damit das ägyptische Dokument als Verhandlungsgrundlage anerkannt hätte. Also wanderte sie zunächst zu den Akten, als sie fertig und von Begin genehmigt war. Der geeignete Moment für die Bekanntgabe war noch nicht gekommen.

Wir beendeten die Sitzung mit Begin, ohne uns über die ägyptischen Absichten ganz klar geworden zu sein. Sahen die Ägypter diesen Vorschlag wirklich als Verhandlungsgrundlage an, wohl wissend, daß sie im Laufe der Beratungen Kompromisse machen und Änderungen der meisten darin enthaltenen Klauseln hinnehmen mußten? Oder wollten sie das Dokument veröffentlichen, um der arabischen »Ablehnungsfront« zu demonstrieren, daß Ägypten sich auf den gleichen unversöhnlichen und extremen Standpunkt stellte wie sie selbst? Doch was sie auch beabsichtigten, nach den zahlreichen Gesprächen mit uns mußten sie wissen, daß keinerlei Aussichten dafür bestanden, daß wir darauf eingehen würden.

Die Großen Drei kamen am folgenden Nachmittag erneut zusammen. Begin sollte die Haltung Israels darlegen und auf den Vorschlag Sadats antworten. Er ging ihn Absatz für Absatz durch und erläuterte, weshalb Israel nicht darauf eingehen könne. So etwa fordere ein Passus die Gründung eines Palästinenserstaates, obwohl sowohl Carter als auch Sadat uns mehrfach versichert hatten, sie seien dagegen. Sadat bestätigte dies, wandte aber ein, daß er jetzt einen entmilitarisierten Staat vorgeschlagen habe, der überdies nicht unabhängig sein, sondern sich an Jordanien anlehnen solle. Er, Sadat, verlange in der Tat, daß die Palästinenser in einem Referendum über die Staatsgründung entscheiden sollten, man könne aber im voraus dafür garantieren, daß die Wähler für den Anschluß an Jordanien stimmten. Im übrigen sei er bereit, im Namen der Palästinenser einen Friedensvertrag zwischen der West Bank und Israel zu unterzeichnen, falls König Hussein sich weigern sollte.

Bei dieser Begegnung redeten hauptsächlich Begin und Sadat; Carter hörte sich ihre Argumente aufmerksam an, als sie ein Thema nach dem anderen abhandelten: die Regelung für den Sinai, Israels Unterstützung der christlichen Milizen im Libanon, die Zukunft des Gazastreifens und der West Bank und die Anwesenheit israelischer Streitkräfte in diesen Territorien, die israelischen Siedlungen, Sadats Forderung nach arabischer Oberhoheit über Ostjerusalem und die damit verbundene erneute Teilung der Stadt sowie das Fehlen jeglicher Hinweise in Sadats Papier auf künftige diplomatische Beziehungen zwischen Ägypten und Israel.

Begin war voller Zorn über Sadats »Rahmenbedingungen für den Frieden« zu dieser zweiten Besprechung gegangen, kam aber hochbefriedigt davon zurück. »Das Eis ist gebrochen«, verkündete er uns. Sollte dies wirklich der Fall gewesen sein, hatten Sadat und Carter jedenfalls nichts davon bemerkt, denn dieses Gespräch zwischen Sadat und Begin war nicht nur das erste, sondern auch das letzte, das sie in Camp Cavid führten.

Das einzig positive Resultat dieser Unterredung war Carters Einsicht, daß neue Vorschläge nun von den USA kommen mußten. Er hatte bemerkt, wie weit die Meinungen der führenden Politiker Ägyptens und Israels auseinanderklafften und daß nur eine winzige Aussicht bestand, den Abgrund zu überbrücken. Beide mußten ihre Erwartungen auf ein vernünftiges Maß zurückschrauben, aber sie würden dies nur tun, wenn sie dazu von den Amerikanern gezwungen wurden.

Sadat ließ seinen »Vorschlag Ägyptens« eiligst in der heimischen Presse abdrucken – alle arabischen Staaten sollten wissen, daß er Israel nicht den kleinsten Schritt entgegengekommen war, sich vielmehr peinlich genau an die extreme arabische Linie gehalten hatte. Wie wollte er sich späterer Vorwürfe, nicht Wort gehalten zu haben, erwehren? Nun, indem er sagte: »Ich habe den Israelis keinerlei Konzessionen gemacht, sondern bin nur auf die Bitten Präsident Carters eingegangen, eines Freundes und Verbündeten, dessen Hilfe wir brauchen und auch erhalten.«

Auch Begin verlor nicht aus den Augen, daß die Amerikaner hier eigene Absichten verfolgten. Während seines Wortwechsels mit Sadat achtete er sorgfältig auf Carters Bemerkungen und auf sein Mienenspiel, um herauszubekommen, welche Argumente er akzeptierte und welche er ablehnte. Der amerikanische Präsident sagte wenig, machte sich aber umfängliche Notizen zu den strittigen Punkten. Diese las er gegen Ende der Beratung

Sadat und Begin vor und fügte hinzu, er wolle eigene Lösungsvorschläge vorbereiten. Danach konnte man schon ahnen, was er sich zu einigen der Themen dachte. Am wichtigsten war wohl seine Bemerkung zu Begin, falls er, Begin, der Knesset die Räumung der Siedlungen auf dem Sinai vorschlage, das Parlament zustimmen werde. Begin war anderer Meinung. Die bloße Vorstellung, Carter könne recht haben, ließ ihm aber keine Ruhe mehr.

Der erste Entwurf der Amerikaner wurde uns am 10. September, einem Sonntag, vorgelegt. Man hatte Begin, Weizman, Barak und mich am Nachmittag in den Konferenzraum gebeten, wo Carter, Vizepräsident Mondale, Vance und Brzezinski uns bereits erwarteten. Carter verlas ein siebzehn Seiten umfassendes Dokument Absatz für Absatz. Hin und wieder machte er auf unsere Bitte eine Pause, und er und seine Berater gaben mündlich Erläuterungen. Als er geendet hatte, verlangte Carter, wir sollten uns sofort dazu äußern. Begin lehnte das aber ab. Dies sei erst nach eingehender Prüfung und Beratung innerhalb unserer Delegation möglich. Carter willigte mit sichtlichem Mißfallen ein, drängte uns aber zur Eile, damit er in Kenntnis unserer Reaktion die Verhandlung mit den Ägyptern aufnehmen könne. Begin versprach ihm unsere Antwort bis zehn Uhr des folgenden Tages.

Die Amerikaner hatten vor der Abfassung ihres Entwurfes etliche Fühler zu unserer Delegation ausgestreckt; so etwa fragte der amerikanische Verteidigungsminister Harold Brown seinen israelischen Kollegen Ezer Weizman, was es heißen solle, wir seien bereit, unsere Streitkräfte auf der West Bank und im Gazastreifen umzugruppieren? Als Ezer ihm nur sehr allgemein antwortete, wollte er Details wissen, doch Ezer ließ sich nicht darauf ein.

Auch Brzezinski beteiligte sich an diesen Vorstößen. Er sagte, der amerikanische Entwurf ginge von unserem Autonomiestatut aus, dazu müsse man sich über die praktischen Auswirkungen einiger Bestimmungen Klarheit verschaffen. Nach welchen Richtlinien etwa solle die Rückführung palästinensischer Araber, die derzeit in anderen arabischen Ländern lebten, nach Judäa und Samaria durchgeführt werden? Ich sagte, unser Plan betreffe nicht die Flüchtlinge von 1948, allerdings sei Israel bereit, sich zu beteiligen, falls sich ein internationales Gremium mit dieser Sache befassen wolle. Während des Sechs-Tage-Krieges 1967, sagte ich, seien etwa hundertfünfzigtausend Araber aus Gaza und von der West Bank geflohen. Davon seien inzwischen dank der von uns erlaubten Familienzusammenführung etwa fünfzigtausend zurückgekehrt. Weitere Anträge würden bearbeitet, die Genehmigung sei allerdings von ausreichenden Arbeitsplätzen für die Rückkehrer abhängig. Man müsse bedenken, daß die Hälfte der derzeitigen Bewohner des Gazastreifens Flüchtlinge seien, für die erst gesorgt werden müßte, bevor man weitere Flüchtlinge in Gaza aufnehmen könne. Auch auf der West Bank seien nicht beliebig viele Arbeitsplätze vorhanden, was schon daraus ersichtlich sei, daß Zehntausende der dortigen Araber in Israel Arbeit hätten, und viele andere ihren Lebensunterhalt in den reichen arabischen Ländern verdienten.

Die Amerikaner teilten uns mit, in vier wichtigen Punkten seien sie anderer Meinung als wir. Sie verlangten erstens, wir sollten die Besiedlung der besetzten Gebiete »einfrieren«, also keine neuen Siedlungen errichten und die vorhandenen nicht ausweiten. Zweitens sollten wir ganz klar sagen, auf welche Weise nach Ablauf der fünfjährigen Übergangsphase über die Oberhoheit über Gaza, Judäa und Samaria entschieden werden solle. Drittens: Wer würde die Kontrolle über die Einhaltung des Autonomiestatuts ausüben? Wäre es möglich, das Autonomiestatut aufzuheben, und wenn ja, durch wen? (Die Amerikaner dachten nicht im Traum daran, Israel dies zuzugestehen.) Viertens müsse eine Klausel gefunden werden, die garantiere, daß Israel der Aufforderung des Sicherheitsbeschlusses 242 folge und die im Krieg von 1967 eroberten Gebiete herausgebe.

Dies waren keine neuen Streitpunkte, und die betroffenen Parteien bezogen auch keine neuen Positionen dazu. Die krasseste Meinungsverschiedenheit betraf die Siedlungen, und da waren wir eisern. Ich sagte, wir würden keinerlei Beschränkung unserer Siedlungspolitik hinnehmen. Im übrigen werde dieser Komplex von ihnen, den Amerikanern, falsch dargestellt. In den kommenden fünf Jahren wollten wir zwanzig weitere Siedlungen errichten – man solle aber lieber von Dörfern reden. (Diese Zahl hatte mir unser Landwirtschaftsminister genannt.) In jedem Dorf würden zwischen fünfzig und hundert Familien angesiedelt, es kämen also noch gegen tausendfünfhundert jüdische Familien in diese Gebiete. Die Araber erhöben hiergegen Einwände, verlangten aber zugleich die Rückkehr von fünfzig-

bis hunderttausend Arabern dorthin, also zehn- bis zwanzigmal so viele Menschen wie wir anzusiedeln gedächten. Ob man unter diesen Umständen von einer »israelischen Hegemonie mittels Kolonisierung« der West Bank und Gazas sprechen könne? Die arabische Bevölkerung Jerusalems habe sich seit 1967, als es unter die Oberhoheit Israels gelangt sei, fast verdoppelt und sei von fünfundsechzig- auf hundertzwanzigtausend angewachsen. Wir beabsichtigten nicht, den Arabern Land wegzunehmen, das in Privatbesitz sei, auch wollten wir sie durch unsere Siedlungen nicht vertreiben. Nicht ein einziger Araber sei durch unsere Siedlungen verdrängt worden. Im Gegenteil, die Siedlungen böten ihnen neue Arbeitsplätze und hätten die wirtschaftliche Lage der Araber in den besetzten Gebieten merklich verbessert.

Unsere Rechtsexperten Barak, Rosenne und Rubinstein erörterten unterdessen mit den Amerikanern die »Grundlage der Autorität über die West Bank und Gaza« und suchten gemeinsam nach einer Formel für den Abzug der israelischen Streitkräfte, ohne daß dadurch die besetzten Gebiete total geräumt würden.

Im Laufe der Beratungen festigte sich die Einsicht, daß die wesentlichsten Meinungsverschiedenheiten ausgeklammert werden müßten, wenn wir überhaupt zu einem Rahmenabkommen gelangen wollten. Entweder ließ man sie in diesem Abkommen unerwähnt oder fand Formulierungen, die jede der beiden Seiten nach ihrem Gutdünken auslegen konnte. Später, wenn man den Rahmen ausfüllen mußte, würde das zu harten Auseinandersetzungen führen, doch hätte man wenigstens überhaupt mal ein erstes Abkommen zustande gebracht.

Hauptzweck unserer Bemühungen in Camp David war die Regelung praktischer Fragen. Es ging aber auch darum, bestimmte Definitionen und Formulierungen aus dem Abkommen herauszuhalten, die wir, insbesondere Begin, darin nicht sehen wollten. So etwa die sogenannte »Assuan-Formel«, in der von den »konstitutionellen Rechten« der Palästinenser und ihrem Anspruch die Rede war, »selbst über ihre Zukunft mitzubestimmen«. Eine weitere war unsere Verpflichtung, den Sicherheitsratsbeschluß 242 »in allen seinen Teilen« zu erfüllen, also auch die Präambel, in der es heißt, die Wegnahme von Territorien mittels Kriegshandlungen sei unzulässig. Wir fürchteten nämlich, daß wir bei der Verwirklichung dieser Forderungen die gesamte West Bank und Gaza räumen und den Palästinensern das

Recht auf die Schaffung eines unabhängigen Staates zugestehen mußten.

Bei den Zusammenkünften mit den Amerikanern übernahm Vance den Vorsitz, wenn Carter oder Mondale abwesend waren. Verteidigungsminister Brown sagte wenig, und wenn, dann nur etwas zu militärischen Angelegenheiten. Anders Brzezinski, der sich zu allen Themen äußerte. Die Amerikaner schienen sich auf eine gemeinsame Linie festgelegt zu haben, doch Vance stellte seine Vorschläge wesentlich anders dar als Brzezinski die seinen. Vance sagte immer klar, was er meinte, und obwohl er nicht zu Konzessionen neigte, hörte er sich aufmerksam unsere Argumente an. Wenn sie ihn überzeugten, suchte er nach Möglichkeiten, uns entgegenzukommen. Nicht so Brzezinski. Natürlich war er höflich und präzise in seinen Formulierungen, doch seine Äußerungen zielten bewußt darauf ab, die Gegensätze zwischen den Amerikanern und uns zu vertiefen, um uns vielleicht damit kleinzukriegen. Das kam nicht nur uns so vor, auch Vance entging das nicht, und er zeigte deutlich sein Unbehagen darüber. Es mochte noch andere Gründe für das kühle Verhältnis zwischen diesen beiden gegeben haben – jedenfalls war es kein Zufall, daß sie bei allen Beratungen, an denen sie teilnahmen, immer so weit wie möglich voneinander entfernt saßen.

Die Berater des Präsidenten brachten ihm gleichermaßen Respekt und Sympathie entgegen, und er selbst behandelte sie – manchmal auch unsere Delegierten – durchaus kameradschaftlich. Niemals gab er sich anmaßend oder herablassend, weder in Worten noch in Gesten, im Gegenteil. Kam etwas zur Sprache, worüber er nicht genau orientiert war, sagte er dies offen und bat um eine möglichst einfache Erklärung.

Meiner Ansicht nach war die größte Schwäche der amerikanischen Unterhändler ihr oberflächliches Wissen über den Nahen Osten, seine Menschen und ihre Probleme. Gewiß, sie hatten von Zeit zu Zeit die verantwortlichen Politiker dieser Region aufgesucht und mit ihnen gesprochen. Man hatte aber den Eindruck, als hätten sie diesen Politikern unbesehen alles abgenommen und sich nicht die Mühe gemacht, ihre Worte mit der Wirklichkeit zu vergleichen. Auch wurde ich den Verdacht nicht los, daß viele ihrer Botschafter nicht in der Lage waren, die Verhältnisse in den Ländern, in denen sie akkreditiert waren, richtig zu beurteilen. Deshalb wohl war die amerikanische Einschätzung, was sich demnächst im Libanon ereignen würde, so unrealistisch. Nicht besser erging es ihnen, als sie sich eine Meinung über die voraussichtlichen Reaktionen Saudi-Arabiens, Jordaniens und Marokkos bildeten. Von einer Supermacht, die sich mit den Problemen der ganzen Welt, von der UdSSR bis Timbuktu, herumschlagen mußte, durfte man aber vielleicht auch nicht erwarten, daß sie sich mit den Grundströmungen eines jeden Landes so ernsthaft vertraut machte, daß sie erkannte, was da jeweils unter der Oberfläche brodelte, um dann genau vorherzusagen, was machbar war und was nicht. Es ist auch denkbar, daß jener Brauch, demzufolge jeder neue US-Präsident seine eigenen neuen Berater mit ins Amt bringt, die notwendige Konzentration von Expertenwissen im Außenministerium erschwert (abgesehen von einigen herausragenden Ausnahmen). Doch was auch immer der Grund sein mochte, ich muß gestehen, daß ich während meiner ganzen Zeit in verantwortlicher Position im Umgang mit den für Nahost-Fragen zuständigen Amerikanern stets den Eindruck hatte, daß bei allem guten Willen, Fleiß und Scharfsinn eine gründlichere Kenntnis unserer Weltgegend nicht geschadet hätte.

In unserer Delegation kamen wir überein, den amerikanischen Entwurf als eine rohe Skizze anzusehen. Carter hatte ja gesagt, daß er nach Anhörung unserer Kommentare die Ägypter ansprechen wolle. Er beabsichtigte offenbar, die ägyptischen und die israelischen Ansichten in einer neuen Fassung zu verarbeiten und so die Gegensätze zu überbrücken. Darum vermieden wir, an einzelnen Formulierungen Anstoß zu nehmen, und beschränkten uns auf prinzipielle Einwände.

In bezug auf den Sinai verwiesen wir darauf, daß unsere Bereitschaft, auf die Internationale Grenze zurückzugehen, im Zusammenhang mit dem von uns vorgelegten Friedensvorschlag gesehen werden müsse, das heißt, die israelischen Siedlungen und Flughäfen im Nord- und Südosten der Halbinsel müßten weiterhin israelischer Kontrolle unterstehen.

Hinsichtlich der West Bank und Gazas betonten wir, daß wir nicht verpflichtet seien, uns aus diesen Gebieten zurückzuziehen. Die Gefahr lag in einem Hinweis auf die Präambel zum Beschluß 242, die von der Unzulässigkeit militärischer Eroberungen spricht. Wir nahmen uns deshalb vor, zu verhindern, daß die Präambel in einem Friedensvertrag erwähnt werde.

Bei der Palästinenserfrage wollten wir unbedingt eine Formulierung vermeiden, welche die Auslegung zuließ, daß wir ihnen das Recht auf Selbstbestimmung und Gründung eines Staates zuerkannten. Statt dessen schlugen wir vor, daß über die Zukunft der arabischen Bewohner der West Bank und des Gazastreifens in Verhandlungen zwischen Palästinensern, Ägypten, Jordanien und Israel entschieden werden müsse. Die israelischen Siedlungen in den besetzten Gebieten und der künftige Status von Jerusalem waren ebenfalls noch stark umstritten. Im ersten amerikanischen Entwurf war darauf aber kein besonderes Gewicht gelegt worden, und deshalb kümmerten auch wir uns in dieser Phase nicht sehr darum.

Insgesamt gab es unter unseren Delegierten keine prinzipiellen Meinungsverschiedenheiten, doch gingen die Beratungen nicht immer reibungslos voran. Wenn sich Begin in eine Ansicht verbissen hatte, bezeichnete er eine abweichende Meinung gern als potentiell schädlich für das Wohl Israels. Ich fand dies ärgerlich, und wenn er das merkte, zwang er sich zu mehr Toleranz. Die Diskussionen liefen dann normal weiter, wenn auch nicht ganz ohne Spannungen. Zu seiner Ehre muß aber gesagt werden, daß er einer endlich gefundenen gemeinsamen Linie, ohne seinen Humor zu verlieren, zustimmte, selbst wenn er Zugeständnisse machen mußte.

Wir überreichten also den Amerikanern unsere Stellungnahme zu ihrem Entwurf. Diese gingen damit zu den Ägyptern und kamen dann mit der unverblümten Forderung zurück, wir hätten auf ihre Vorschläge einzugehen. Dieses Ansinnen wurde in einem verärgerten und gereizten Ton vorgetragen. Gleichzeitig gaben sie uns warnend zu bedenken, wie Israel in der Welt dastehen würde, wenn man uns – wie es im Fall der Weigerung unausweichlich sei – die Schuld für das Scheitern der Friedensbemühungen geben müsse.

14.
Auf Messers Schneide

Nachdem weitere Tage und Nächte mit fieberhaften Erörterungen vergangen waren, in denen immer das gleiche vorgetragen wurde, nach endlosem Feilschen und immer neuen Entwürfen, meinten unsere amerikanischen Gastgeber, es könne nicht schaden, wenn man mal etwas Dampf aus diesem brodelnden Kessel ablieβe, zu dem Camp David mittlerweile geworden war.

Erster und etwas ungewöhnlicher Schritt zu diesem Zwecke war die Einladung aller drei Delegationen, gemeinsam mit Pressevertretern und eigens geladenen Gästen einer Parade der mit dem Schutz von Camp David beauftragten Marineinfanteristen anzusehen.

Ich habe für die Marines eine Schwäche. Einige habe ich persönlich kennengelernt, als ich 1966 in Vietnam war (damals gehörte ich nicht der Regierung an) und, um Erfahrungen aus erster Hand bemüht, eine ihrer Patrouillen in den Dschungel mitmachte. Bei der Erstürmung feindlicher Stellungen erwiesen sie sich als ausgezeichnete Kämpfer, kühn, mutig und unerschrocken und geschickt im Umgang mit ihren überlegenen Waffen.

Auch bei dieser abendlichen Parade in Camp David bewiesen die Marines ihr Können. Man hatte für die Gäste eigens eine Tribüne errichtet, und da saßen sie denn entsprechend der Rangordnung: vorn die Großen Drei, hinter ihnen die Herren im Ministerrang, dahinter Berater und andere Mitarbeiter. Die Marines führten ihre komplizierten Exerziermanöver mit unwahrscheinlicher Präzision aus und erhielten von den Zuschauern dafür auch den wohlverdienten Beifall. Auch ich applaudierte, empfand dabei aber irgendwie so etwas wie Abneigung und Empörung. Diese Zurschaustellung einer Kampftruppe als Marionetten oder Schokoladensoldaten in einer Operette hatte etwas Entwürdigendes an sich. Vom ersten Tag meiner militärischen Laufbahn an waren mir Exerzieren, Vorbeimärsche, Paraden und dergleichen zutiefst zuwider. Der Soldat soll kämpfen, und man schlägt keine Schlacht – jedenfalls heute nicht mehr –, indem man die Truppe schön ausgerichtet und im Gleichschritt auf den Gegner losmarschieren läßt. Überdies ist das Gefecht nicht nur ein sehr gefahrvolles Unternehmen für einen Mann, es verlangt von ihm neben der physischen auch höchste geistige Anspannung. Während ringsum Bomben, Granaten und Raketen einschlagen, muß der Kommandeur sich ganz auf seine Aufgabe konzentrieren: das Geschehen überblikken, den vermutlich nächsten Schritt des Feindes erahnen, das Terrain nutzen, den Vorrückenden Feuerschutz geben, eine Umgruppierung seiner Gruppe vorbereiten, um ein Einkreisungsmanöver durch den Feind zu verhindern, kurz, alle seine Sinne schärfen, um im gegebenen Moment das Richtige zu tun.

Wohl tragen in jeder Armee die Männer Uniform, doch das Gefecht verlangt, daß ein jeder seine individuellen Fähigkeiten bis zum äußeren einsetzt, nicht aber, daß er Arme und Beine wie ein Roboter auf Knopfdruck schwingt.

Als junger Mann in Nahalal war ich Zugführer in der Haganah, den illegalen jüdischen Streitkräften während der britischen Mandatsherrschaft. Eines Tages schickte uns das Oberkommando ein britisches Handbuch für die Infanterie in hebräischer Übersetzung. Es war eine Art Fibel, die jeweils unter der Überschrift »Richtig«, »Falsch« Anweisungen für das Verhalten im Kampf gab, vom Kriechen und Laufen mit Gewehr unter Beschuß bis zum taktischen Verhalten beim Angriff.

Nicht eines dieser Beispiele ließ sich auf die Haganah-Einheiten anwenden, die es in Palästina ja mit arabischen Banden zu tun hatten. Ich verfaßte also ein eigenes Handbuch, das äußerlich dem glich, das mir geschickt worden war, aber es basierte auf unserer eigenen Kampferfahrung. Das schickte ich dem Oberkommandierenden der Haganah, Jaacov Dori (später erster Stabschef der israelischen Streitkräfte). Der bestellte mich nach Haifa und ließ mich einen Vortrag über Ausbildungsfragen halten, und etliche Monate später wurde das englische Handbuch durch ein neues ersetzt, in das auch meine Vorschläge aufgenommen worden waren.

Seither sind viele Jahre vergangen, viele Schlachten geschlagen, meine Ansichten über die Ausbildung unserer Soldaten haben sich jedoch nicht geändert. Das ging mir durch den Kopf, als ich an jenem Abend den Marines bei ihrem Zapfenstreich in Camp David zusah. Die Männer ließen ungemein exakt die Gewehre durch die Luft wirbeln und fingen sie mit einem einzigen klatschenden Schlag wieder auf. Ein großartiges Schauspiel, aber es gehörte meiner Ansicht nicht auf den Exerzierplatz, sondern in einen Zirkus, und nicht Soldaten hätten es geben sollen, sondern Jongleure und Akrobaten.

Eine weitere Gelegenheit zur Entspannung wurde uns Sonntag, den 10. September, geboten: eine sechsstündige Führung über das historische Schlachtfeld von Gettysburg, das unweit von Camp David liegt. Auch bei dieser Gelegenheit benutzten Carter, Sadat und Begin, wie bei der Marines-Parade, einen besonderen Wagen, dem ein Bus mit Angehörigen der drei Delegationen und ein Konvoi von Korrespondenten, Gästen und ortskundigen Führern folgte.

Es war dies nicht mein erster Besuch in Gettysburg, ich war mit dem Schlachtverlauf vertraut, der zur Niederlage der Konföderierten unter General Robert E. Lee geführt hatte. Beim jetzigen Besuch wurde die im Juli 1863 geführte, drei Tage währende Schlacht, die im Bürgerkrieg den Wendepunkt darstellte, allerdings besonders lebendig für mich, denn Präsident Carter machte während der Besichtigung seine eigenen Bemerkungen dazu. Selbstverständlich hatten wir einen sachkundigen Führer, doch Carter, der Südstaatler aus Georgia, konnte sich nicht zurückhalten, die trockenen Erklärungen des Mannes mit eigenen Bemerkungen zu den Kriegshandlungen zwischen den Truppen der Nord- und Südstaaten zu kommentieren. Er tat das mit viel Gefühl und voll des Lobes für General Lee und seine Männer. Carter schien jede Höhe, jeden Felsen zu kennen, hinter dem sie sich verschanzt hatten, und als er erzählte, wie die abgerissenen, zerlumpten Soldaten aus dem Süden auch deshalb unbedingt Gettysburg nehmen wollten, weil es dort angeblich jede Menge neue Stiefel geben sollte, hatte man das Gefühl, er berichte von seinen eigenen Verwandten.

Ich glaube, nur ein Amerikaner versteht, was der Bürgerkrieg seinen Landsleuten bedeutet. Dabei geht es nicht so sehr darum, von wem oder wie diese oder jene Schlacht gewonnen wurde, sondern um die Identifikation mit jenen Männern, die den Krieg mit so viel Mut, Hingabe und Aufopferung führten. Als Carter beschrieb, wie Lees Männer am dritten Tag der Schlacht gezwungen waren, sich im Schutz von Dunkelheit und Regen nach Virginia zurückzuziehen, betonte er, es habe sich dabei nicht um einen geordneten Rückzug gehandelt. Von ursprünglich fünfundsiebzigtausend Mann waren dreißigtausend auf dem Schlachtfeld geblieben, die anderen wichen zurück, geschlagen und ungeordnet, aber – wie Carter voller Stolz betonte – nicht in Panik, sondern mit ungebrochener Moral.

Schon seit Beginn der Konferenz wollte Weizman Sadat und mich zu einem Gespräch unter vier Augen zusammenbringen. Er wußte, daß Sadat deshalb Bedenken hatte. Der ägyptische Präsident befürchtete, ich könnte ihn zu einem Friedensschluß überreden, ohne mich auf eine Gegenleistung festzulegen. Endlich gab er Weizmans Drängen nach und lud mich für den 14. September zum Tee ein. Carter wußte davon und riet mir vorher, nicht mit Sadat über Themen zu reden, die zwischen uns und den Amerikanern strittig waren. Das würde zu nichts führen, ja es könne sogar schaden, denn wir würden uns noch tiefer in unsere gegensätzlichen Standpunkte verbeißen, und das müsse die Spannung zwischen unseren Delegationen verschärfen. Ich versprach dem Präsidenten, mit Sadat nur über Kamele und Dattelpalmen zu plaudern.

Der ägyptische Präsident empfing mich mit einem höflichen Lächeln. Sein Diener brachte uns in kleinen Tassen den süßen, stark duftenden Tee, den Sadat so schätzte, und kaum war er gegangen, kam Sadat zur Sache: Die Konferenz sei so gut wie zu Ende und eine Vereinbarung nicht in Sicht. Als Hauptgrund führte er an, daß wir so starrköpfig darauf bestünden, unsere Siedlungen auf dem Sinai zu behalten. »Der Plan, die Stadt Jamit in der Nordostecke des Sinai zu bauen, stammt doch wohl von Ihnen, nicht wahr?« fragte er rhetorisch. »Haben Sie etwa geglaubt, wir könnten uns mit ihrer Existenz abfinden?«

Nichts mehr von Kamelen und Dattelpalmen. »Der Gedanke, Jamit dort zu erbauen, stammt von mir«, erwiderte ich. »Doch bevor wir damit anfingen, machten wir Ihnen das Angebot, Ihnen im Rahmen eines Friedensvertrages den gesamten Sinai zurückzugeben. Diese Idee stammt auch von mir. Und was haben Sie erwidert? Kein Friede! Keine Verhandlungen! Keine Anerkennung Israels! Was mit Gewalt genommen wurde, sagten Sie damals, wird mit Gewalt zurückgeholt. Dies war der Beschluß, den die Konferenz von Khartum auf Anregung Nassers faßte. Was sollten wir denn Ihrer Meinung nach tun? Die Hände in den Schoß legen, während Sie verkündeten, niemals die Existenz Israels anzuerkennen und den Sinai nicht mit friedlichen Mitteln, sondern mit Waffengewalt zurückzugewinnen?«

Dies war nicht nach Sadats Geschmack. Sein Lächeln verschwand, und vor mir saß jetzt ein verärgerter und zugleich sorgenvoller Mann. Er sagte, sein Außenminister Kamil würde es gern seinem Vorgänger Fahmi nachtun und zurücktreten. Sein Ratgeber el-Bas sei ein entschiedener Gegner eines Friedensvertrages mit Israel und bestärke die anderen Mitglieder der Delegation durch giftige Äußerungen in ihren Zweifeln. Verliefen die Verhandlungen für ihn nicht bald günstiger, müsse er heimfahren und sich geschlagen geben. Israel müsse jetzt einen neuen Anfang machen, sich völlig aus dem Sinai zurückziehen und ihn der Oberhoheit Ägyptens unterstellen. »Mein Volk duldet keine Fremdherrschaft in seinem Land, weder amerikanische Soldaten auf den Flughäfen im Sinai noch Ihre Siedlungen, nicht eine einzige, und sei es für noch so kurze Zeit. Wenn Sie Frieden mit uns wollen, muß das bereinigt sein. Wir haben gegen die Briten gekämpft, um sie loszuwerden, und später für die Herrschaft über den Suezkanal. Ich bin jetzt bereit, Frieden mit Ihnen zu schließen, einen echten, umfassenden Frieden, ich setze mich dabei über die Opposition der anderen arabischen Staaten hinweg, aber Sie müssen alle Ihre Leute vom Sinai abziehen, Truppen wie Zivilisten, und Sie müssen Ihre Militärstützpunkte und die Siedlungen auflösen.«

Es hatte keinen Zweck, ihm zu widersprechen, und ich sah ebensowenig Sinn darin, auf Vergangenes hinzuweisen, auf die Kriege, die Ägypten gegen uns geführt hatte, während unsere Politiker den Frieden anboten. Daß er in der Sinai-Frage nicht nachgeben würde, war mir klar, und falls wir uns nicht zum Rückzug bereit erklärten, würde die Konferenz von Camp David ohne Einigung enden.

Ich sagte noch zu Sadat, ich würde Begin über unser Gespräch berichten, und erhob mich. Er begleitete mich zur Tür und setzte wieder sein höfliches Lächeln auf, als wir einander Schalom und Salam sagten. Doch wer geglaubt hatte, dieses Gespräch könnte die Standpunkte einander annähern oder uns persönlich näherbringen, der mußte enttäuscht sein.

Die Zeit wurde jetzt knapp. Carter und seine Leute verloren allmählich die Geduld sowohl mit uns als mit den Ägyptern, und der Präsident erklärte kategorisch, am 17. September müsse die Konferenz beendet sein. Welche Art Druck er auf Sadat ausübte, weiß ich nicht, zu uns jedenfalls sagte er, daß sich ein Scheitern der Konferenz »katastrophal« auf die Beziehungen zwischen den USA und Israel auswirken würde. Er müsse dem Kongreß dann mitteilen, daß Israel sich weigere, die erforderlichen Schritte für den Frieden zu unternehmen. Sein Ärger galt hauptsächlich Begin. »Auf alles, was wir vorschlagen, antwortet der Premierminister Begin erst mal nein, nein, nein. Später, in Ihren internen Beratungen läßt er mit sich reden und gibt nach.« Ich mußte mich beherrschen, um den Präsidenten nicht sofort zu fragen, woher er eigentlich wisse, was bei unseren vertraulichen Beratungen vorgehe.

Am 14. September bekamen wir von den Amerikanern einen zweiten, abgeänderten Vorschlag. Vorher hatten mehrere Gespräche zwischen ihnen und uns stattgefunden. In bezug auf unsere Siedlungen auf dem Sinai hatten wir Einvernehmen erzielt. Der Premier sollte diese Frage der Knesset zur Entscheidung vorlegen. Sadat erklärte, er könne nur unterzeichnen, wenn Israel seine Forderung nach Aufgabe aller Siedlungen akzeptiere. Die Standpunkte Israels und Ägyptens hinsichtlich Jerusalems waren nach wie vor unvereinbar, und es war klar, daß hier noch viel zu verhandeln blieb, wenn und falls in anderen Punkten Einvernehmen erreicht wurde.

Osama el-Bas war der juristische Sprecher der Ägypter. Carter bat ihn häufig zuammen mit unserem Rechtsberater Aharon Barak zu sich. Da arbeiteten sie dann stundenlang an einer Formulierung, die für beide Seiten annehmbar sein sollte. Die Hartnäckigkeit, mit der el-Bas seine extremen Standpunkte verfocht, versetzten Carter häufig in Wut. Barak erzählte, der Ägypter lehne auch Formulierungen ab, die die Ägypter eigentlich mit Freuden hätten akzeptieren müssen. Er beharrte darauf, daß ins Abkommen nicht nur die Sicherheitsratsbeschlüsse aufgenommen werden müßten, sondern auch die Beschlüsse der Vollversammlung, die den palästinensischen Flüchtlingen von 1948 das Recht auf Rückkehr nach Israel zusprachen. Nicht einmal die Formel von Assuan wollte er anerkennen – jene Erklärung Carters vom Januar 1978, die für die Ägypter so ungemein vorteilhaft war –, denn er behauptete, Israel erhalte damit das Recht, sein Veto gegen einen Palästinenserstaat einzulegen. Er verlangte, im Abkommen müsse unzweideutig stehen, daß die Palästinenser ihr Selbstbestimmungsrecht erhielten.

Der neue amerikanische Vorschlag war für uns erheblich günstiger als der erste, doch enthielt er noch mehrere Passagen, denen wir unter keinen Umständen zustimmen konnten.

Gegen Abend erschien Vance in Begins Hütte, um zu erfahren, was wir vom neuen Text hielten. Er fand den Premier in höchst nervöser Verfassung. Die endlosen Diskussionen, das ewige Streiten und Feilschen hatten seine Geduld erschöpft. Er sagte zu Vance, er müsse nun seiner Enttäuschung endlich einmal Luft machen. Nachdem wir acht Tage lang wieder und wieder klargemacht hatten, daß und warum wir einem Palästinenserstaat nicht zustimmen könnten, hätten die Amerikaner eine Formulierung in ihren Vorschlag aufgenommen, die genau dies zur Folge haben müsse. Im Laufe der Verhandlungen hätten wir uns bereit gezeigt, Formulierungen zuzulassen, die wir bislang strikt abgelehnt hätten, wie etwa »legitime Ansprüche«, »Umgruppierung«, »festgelegte Standorte«, alles nur, um mit den Ägyptern zu einem Abkommen zu gelangen, und in der wichtigen Palästinenserfrage hätten wir uns ja wenigstens mit den Amerikanern geeinigt, aber nun machten die Amerikaner einen Rückzieher, und wir könnten uns damit nicht einfach abfinden.

Jetzt war Vance sehr verärgert, und diesmal ließ er im Gegensatz zu seinem bisherigen Verhalten jede Besonnenheit vermissen. Sein Gesicht lief rot an, er gestikulierte mit den Händen und wurde laut. Begin hatte zwar nur Stichworte zitiert, doch Vance kannte ja die Zusammenhänge genau. Er wußte, daß »legitime Ansprüche« sich auf den Palästinenserstaat bezog, »Umgruppierung« auf den Abzug israelischer Streitkräfte, »festgelegte Standorte« auf ihre künftige Stationierung.

»Wir haben unser Äußerstes getan, um einen für beide Seiten annehmbaren Wortlaut zu finden. Sie haben recht, Begin, wir hatten uns schon mit Ihnen auf eine Formel geeinigt. Und wir sagten Ihnen, daß die Ägypter unserer Meinung nach zustimmen würen. Doch dann stellten wir fest, daß wir uns verschätzt hatten und den Absatz fallenlassen mußten. Die Ägypter werden ihm nie zustimmen.«

Begin verzog den Mund und versank in Schweigen. Nun erläuterte Barak dem US-Außenminister, weshalb auch andere Artikel nicht unsere Zustimmung fänden. Die Amerikaner sahen ein Referendum für die Bewohner der besetzten Gebiete vor, ferner die Schaffung einer palästinensischen Regierung, und das wich beides ganz und gar von der Assuan-Formel ab, mit der wir uns nach heftigem Widerstreben abgefunden hatten.

Oben: Mosche Dajan mit Ministerpräsidentin Golda Meïr während des Jom-Kippur-Krieges 1973
Unten: US-Außenminister Cyrus Vance und Mosche Dajan am 9. 8. 1977 auf dem Ben-Gurion-Flughafen in Tel Aviv

Oben: Dajan mit Begin und Vance (v. links n. rechts) in Jerusalem am 9. 8. 1977
Unten: Dajan und US-Präsident Jimmy Carter treffen sich am 4. 10. 1977 zu einem Gespräch in New York

Oben: Dajan und Sadat während eines Essens am 20. 11. 1977 im Jerusalemer King-David-Hotel
Unten: Die israelische Delegation bei einer Gesprächsrunde in Camp David am 12. 9. 1978

Oben: Pressekonferenz vor dem Weißen Haus nach der 2. Camp-David-Runde am 26. 2. 1979. Carter mit dem ägyptischen Premierminister Khalil (links) und Mosche Dajan (rechts)
Unten: Menachem Begin besucht Dajan am 28. 6. 1979 nach dessen Operation im Krankenhaus

In der Praxis bedeute die neue Fassung die Errichtung eines Palästinenserstaates, und die Amerikaner wußten ebenso wie die Ägypter, daß Israel sich nie damit abfinden konnte. Überdies hatte Präsident Carter ja wiederholt privat und öffentlich gesagt, die USA seien dagegen.

Während Barak noch sprach, klingelte das Telefon. Der Präsident bat Vance zu sich. Alle schwiegen. Der Ärger war Mutlosigkeit und Enttäuschung gewichen. Mit ruhiger und sanfter Stimme sagte Begin zu Vance, nun werde die Konferenz von Camp David also doch ohne Abkommen enden. Statt dessen würden beide Seiten Erklärungen austauschen, weshalb die Vorschläge der Gegenseite unannehmbar waren. Vance erwiderte, er wolle am Abend gern noch mal versuchen, gemeinsam mit Israelis und Ägyptern einen Kompromiß zu finden. Begin war einverstanden. Barak, Rosenne und Rubinstein zogen sich sofort in den Raum nebenan zurück und machten sich zum x-ten Mal daran, unseren Standpunkt neu zu formulieren.

Am Samstag, dem 16. September, brach eine hektische Aktivität in Camp David aus. Barak, Dinitz und ich trafen uns mit Mondale, Vance, Brzezinski und Samuel Lewis, um ihnen vorzutragen, zu welchen Zugeständnissen wir bereit seien, um doch noch eine gemeinsame amerikanisch-israelische Linie zu finden. Es ging um den umstrittenen Passus über die Palästinenserfrage. Nachdem wir unsere Fassung mit der amerikanischen verglichen hatten, sagte ich, man müsse klar unterscheiden zwischen den Leitsätzen, die als Verhandlungsgrundlage für ein Atonomiestatut für die arabischen Bewohner der besetzten Gebiete gelten sollten, und den Leitsätzen, welche die Basis für künftige Gespräche mit Jordanien absteckten, die zu einem Friedensvertrag mit diesem Lande führen sollten. Um einen Kompromiß zu erreichen, seien wir bereit, davon auszugehen, daß in ein Friedensabkommen mit Jordanien Teile der Vereinbarung mit den Palästinensern aufgenommen werden könnten, doch seien das nach wie vor zwei getrennte Komplexe. Die Verhandlungen mit Jordanien würden den Abschluß eines Friedensvertrages zwischen zwei Staaten zum Ziel haben und auf dem Sicherheitsratsbeschluß 242 beruhen, das Autonomiestatut hingegen gelte nicht für einen Staat, folglich könnten darin auch nicht Staatsgrenzen und auch nicht der Beschluß 242 erwähnt werden.

Vance entgegnete, die Amerikaner sähen das anders, aber

eher aus praktischen Erwägungen als aus prinzipiellen. Die Ägypter würden keinem Autonomiestatut zustimmen, das nur die betroffene Bevölkerung, nicht aber auch die Grenzen erwähne, insbesondere gelte das für die Formulierung »der endgültige Status von Judäa, Samaria und Gaza«, auf die wir uns schon geeinigt hatten.

Barak trug unseren Haupteinwand gegen die amerikanische Forderung vor: Unsere Zustimmung würde das Einverständnis zur Gründung eines Palästinenserstaates bedeuten. Nur so könne man in der Praxis ein Abkommen über Grenzen auslegen, und deshalb müßten wir ablehnen. Ein Friedensvertrag, die Festlegung der Staatsgrenzen und der Inhalt des Sicherheitsratsbeschlusses 242 seien ausschließlich bei einem Abkommen zwischen souveränen Staaten denkbar, wie zwischen Israel und dem Königreich Jordanien, und darüber werde fünf Jahre nach Inkrafttreten des Autonomiestatutes beraten.

Jeder erläuterte noch einmal seine Haltung, aber dann plötzlich zauberten wir ein Kaninchen aus dem Zylinder, jenes Arbeitspapier nämlich, das einvernehmlich von den Amerikanern und uns ausgearbeitet worden war, bevor Sadat nach Jerusalem kam. In diesem Memorandum wurde ein deutlicher Unterschied gemacht zwischen den Friedensverträgen, die wir mit den arabischen Staaten schließen würden, und den Fragen, die mit den arabischen Bewohnern der besetzten Gebiete zu klären waren. Vance gab zu, daß wir das seinerzeit vereinbart hatten, doch war dies im Zusammenhang mit der in Aussicht stehenden Genfer Konferenz geschehen; seither hätten die Dinge sich gewandelt. Das Gespräch mit den Ägyptern wurde in einem konstruktiven Geist geführt; beide Seiten bemühten sich, zu einer Einigung zu gelangen. Sie näherten ihre Standpunkte einander auch an, doch Einvernehmen wurde nicht erreicht. Das einzige positive Resultat war, daß die Amerikaner begriffen, wir würden uns auf nichts einlassen, das – wie gewunden und unscharf auch immer formuliert – die Auslegung zuließ, wir stimmten der Gründung eines Palästinenserstaates zu.

Ich sagte meinen Mitarbeitern zwar noch nichts dergleichen, doch hatte ich das Gefühl, als würden Amerikaner wie Ägypter sich am Ende doch noch unserer Haltung anpassen. Am Tag zuvor, Freitag, dem 15. September, hatte Carter sich mit Begin getroffen, und anschließend bat er auch mich zu sich. Es wurde ein zwangloses Gespräch. In den zehn Tagen, die wir hier miteinander verbracht hatten, hatten wir uns recht gut kennengelernt. Von Freunden erfuhr ich, daß er mich einen »kreativen Denker« genannt habe. Doch was immer er von mir gesagt oder gedacht haben mochte, er wußte, daß ich das, was ich zu sagen hatte, offen und – wie ich hoffte – auch klar aussprach.

In unserem Gespräch betonte Carter, daß dies nun bereits der elfte Verhandlungstag sei und nur noch zwei Tage bis zum Ende der Gipfelkonferenz zur Verfügung stünden. Die Unterschiede zwischen unseren und den ägyptischen Auffassungen seien doch gar nicht mehr so bedeutend, ob wir den Ägyptern nicht noch etwas entgegenkommen könnten? Warum wollten wir denn unsere Siedlungen im Sinai nicht preisgeben? Und warum solle partout keine jordanische Flagge über dem Felsendom in Jerusalem wehen? Das sei schließlich eine islamische Moschee, und sie werde von uns doch auch als solche anerkannt. Nur drei oder vier sorgsam ausgefeilte Sätze würden den Unterschied zwischen dem ersehnten Frieden und dem Scheitern der Konferenz ausmachen. Ob ich, der doch – so drückte er sich aus – mit dem Denken der Araber vertrauter sei als irgendwer sonst in Camp David, nicht einen Weg aus der Sackgasse finden könne?

Ich verließ den Präsidenten zuversichtlicher, als ich gekommen war. Ich hatte keinen Moment gehofft, ihn umzustimmen, doch wenn denn das Problem weniger ein sachliches war, sondern akzeptable Wortlaute und Formulierungen gewünscht wurden, sah ich noch Chancen für eine Lösung, zumal so glänzende Köpfe wie Rosenne und Barak mir dabei helfen würden.

Den letzten Tag der Konferenz von Camp David – es war Sonntag, der 17. September 1978 – verbrachten wir mit dem Packen der Koffer und mit der Überbrückung der letzten Gegensätze. Carter sagte mir morgens telefonisch, er wolle versuchen, Sadats Plazet dafür zu erlangen, daß die in Scharm el-Scheich zu stationierenden UN-Kontingente nur mit dem Einverständnis beider Seiten abziehen dürften. (1967 hatte Nasser ihnen befohlen, abzurücken, und das hatten sie getan.)

Begin hatte eine sehr geschickte Formulierung in bezug auf die Auflösung unserer Siedlungen auf dem Sinai gefunden. Er hatte Carter vorgeschlagen, der Knesset zur Abstimmung folgende Frage vorzulegen: »Ist die Knesset mit der Auflösung unserer Siedlungen auf dem Sinai einverstanden, falls zwischen Israel und Ägypten in allen anderen Fragen Einvernehmen erzielt wird und die Auflösung dieser Siedlungen die letzte Bedingung für die Unterzeichnung eines Friedensvertrages ist?« Die Abstimmung solle freigegeben, kein Fraktionszwang ausgeübt werden. Begin fragte mich nicht, wie mein Votum ausfallen würde, doch sagte ich ihm offen, in einem solchen Falle würde ich für die Auflösung stimmen.

Drittes und letztes Hindernis für die Abfassung eines Rahmenabkommens für den Frieden war Jerusalem, die Stadt, in der es Arabern und Juden in den vergangenen zehn Jahren gelungen war, friedlich nebeneinander zu leben. Seit dem Ende des Sechs-Tage-Krieges von 1967 gab es dort zwischen Christen, Juden und Muslims keine Schranken mehr, und kommunale Konflikte waren daraus nicht entstanden.

Die schärfsten Meinungsverschiedenheiten in dieser Angelegenheit bestanden zwischen den Amerikanern und uns. Ich konnte mich des Eindrucks nicht erwehren, daß der Grund hierfür nicht nur Sadats Forderungen waren, sondern die Art, in der sie selbst an die Sache herangingen. 1949 hatten die Vereinten Nationen, unter Zustimmung der USA, die Internationalisierung der Stadt verlangt, weil sie drei Religionen heilig sei. Daß die Amerikaner Jerusalem nicht als Hauptstadt Israels anerkennen wollten, hatte jedoch im wesentlichen politische Gründe. Unsere obersten staatlichen Einrichtungen – die Knesset, die Kanzlei des Staatspräsidenten und der Regierungssitz – befinden sich in Westjerusalem, und doch erkennen die USA bis zur Stunde Jerusalem nicht als unsere Hauptstadt an. Diese Haltung nahmen sie auch von 1949 bis 1967 ein, als die Ostgrenze Israels zwar die West Bank nicht einschloß, dafür aber Westjerusalem, während die Araber Ostjerusalem unter ihrer Kontrolle hatten. Während eines erbitterten Streites mit den Amerikanern in Camp David sagte ich ihnen, um Jerusalem nicht zur Hauptstadt Israels zu machen, genüge es nicht, daß der Sicherheitsrat und die Vollversammlung der UN entsprechende Beschlüsse faßten, vielmehr müßten sie dann auch die Bibel ändern und dreitausend Jahre unserer Geschichte, unseres Glaubens, unserer Hoffnungen, Sehnsüchte und Gebete auslöschen.

Noch am Sonntagvormittag kamen Begin und Carter zusammen, und um dreizehn Uhr sagte uns Begin, er habe sich auch in den bisher noch nicht gelösten Fragen mit dem Präsidenten auf akzeptable Formulierungen geeinigt. Zu Jerusalem werde das Abkommen nur aussagen, daß es »ungeteilt« bleiben soll. Begin schien sehr mit sich zufrieden: Nun war man sich doch noch über alle erforderlichen Formulierungen einig geworden, Wort für Wort!

Darüber waren wir alle sehr glücklich – nur um schon eine Stunde später neuerlich in Verzweiflung gestürzt zu werden. Während des Mittagessens hatte Vizepräsident Mondale unserem Botschafter in Washington den Entwurf eines Briefes gezeigt, den Präsident Carter gleich darauf Sadat vorlegen lassen wollte. Carter sagte darin, die Vereinigten Staaten betrachteten Ostjerusalem als erobertes Territorium. Dinitz versicherte Mondale, Israel werde kein Abkommen unterzeichnen, dem ein derartiger Brief beiliege. Auch werde das Abkommen ja zwischen Ägypten und Israel geschlossen, warum also sollte es ein Dokument enthalten, in welchem die Vereinigten Staaten dazu Stellung nähmen? Es sei doch kein Abkommen zwischen den USA und Israel. In Wahrheit ging es um das, was der Präsident mit diesem Brief erreichen wollte: Jerusalem sollte erneut geteilt werden, nur der westliche Teil an Israel fallen, der östliche Teil jedoch, mit der hebräischen Universität, dem Hadassah-Hospital auf dem Scopusberg, an Jordanien. Bis dahin hatten die Amerikaner stets ein geeintes Jerusalem befürwortet.

Mondale erkannte sofort den Ernst der Lage und wollte Carter unverzüglich unsere Bedenken vortragen. Eine halbe Stunde später ließ man uns ins Billardzimmer kommen. Dort waren Carter, Mondale und Vance, während für die Israelis außer mir noch Barak und Dinitz erschienen, doch es redeten nur Carter und ich. Der Präsident sagte, daß Sadat als Voraussetzung für seine Unterschrift auf dem fraglichen Brief bestehe. Weigere Israel sich prinzipiell, Ostjerusalem zu räumen, werde kein Abkommen zustande kommen. Er habe Sadat versprochen, daß das Abkommen auch eine Stellungnahme der USA zu Jerusalem enthalten werde, und sein Versprechen wolle er nicht brechen. Er fragte ziemlich gereizt: »Wollen Sie mir etwa vorschreiben, was ich im Namen der Vereinigten Staaten sagen darf und was nicht?«

Auch ich war wütend. Ich sagte dem Präsidenten, wir wären nicht nach Camp David gekommen, wenn wir geahnt hätten, daß die Amerikaner hier eine derartige Stellungnahme zu Jerusalem abgeben wollten. Es sei bekannt gewesen, daß es in verschiedenen Punkten Meinungsverschiedenheiten zwischen uns gegeben habe, so etwa wegen der israelischen Siedlungen in den besetzten Gebieten, doch nirgendwo sei von einer amerikanischen Stellungnahme zu Jerusalem die Rede gewesen. Wir wollten mit Ägypten Frieden schließen und soweit wie möglich zu einem Einvernehmen mit den USA kommen. Wie in aller Welt könnten die Amerikaner und die Ägypter behaupten, die Klagemauer, die Hebräische Universität, das Hadassah-Hospital, der Ölberg und der Scopusberg seien Teil des Haschemitenreiches Jordanien? Wie könne man das Jüdische Viertel der Altstadt als »erobertes Territorium« bezeichnen, das wir im Widerspruch zum Völkerrecht besetzt hielten? Bloß weil die Arabische Legion es 1948 gestürmt, die Synagogen zerstört, die dort lebende jüdische Zivilbevölkerung getötet oder gefangengenommen habe? Was sei denn so heilig an den jordanischen Eroberungen vom Jahre 1948 und was so gottlos an unserem Sieg vom Jahre 1967 – in einem Krieg übrigens, den ebenfalls ein Angriff Jordaniens auf Israel ausgelöst hatte? Uns liege nichts daran, die heiligen Stätten der Christen und Moslems zu kontrollieren, und über dieses Gebiet könne man sich gewiß einigen. Doch Kernstück des Briefes von Carter an Sadat sei eben, daß ganz Ostjerusalem unter arabische Oberhoheit kommen solle.

Als Antwort wiederholte Carter, er sei nicht gewillt, Sadat gegenüber wortbrüchig zu werden, und unser Abkommen mit Ägypten müsse einen von ihm, Carter, unterzeichneten Brief enthalten, der die Haltung der Vereinigten Staaten zum Jerusalem-Problem zum Ausdruck bringe, eine Haltung, die seit dem Jahre 1967 unverändert geblieben sei.

Das Gespräch endete in der gewohnten Weise: Vance und Barak wurden beauftragt, eine Kompromißformel zu finden. Um ganz sicher zu gehen, bat Carter Barak in seine Hütte, um ihm noch vor dem Gespräch mit Vance einiges zu sagen. Barak schien nicht im geringsten erstaunt. Mir war schon während des vorangegangenen scharfen Wortwechsels, als es so aussah, als sollte das Abkommen an Jerusalem scheitern, aufgefallen, daß er mit gerunzelter Stirn alles mögliche in sein Büchlein kritzelte.

Eine Stunde später, um 15.45 Uhr, erschien Barak mit einer abgeänderten Fassung des Briefes der Amerikaner bei uns. Es sei zusätzlich vereinbart worden, sagte er, daß sowohl Sadat als auch Begin dem Abkommen einen Brief mit dem Standpunkt ihrer Regierungen hinzufügen würden. Begin las die neue Version der Amerikaner laut vor und bemerkte: »Das akzeptiere ich.«

Die Haltung und das Vorgehen der Amerikaner ärgerten mich zwar, doch fand ich, daß die Hinzufügung von schriftlichen Stellungnahmen Amerikas, Ägyptens und Israels zur Jerusalem-Frage schließlich den Realitäten entsprach und daß wir uns damit irgendwie arrangieren mußten. Übrigens war das ganze nicht so schlimm, weil weder die Amerikaner noch die Ägypter in ihrer Stellungnahme ausdrücklich forderten, Israel müsse Ostjerusalem räumen. Die Frage, wer nun die Kontrolle über diese Stadt ausüben sollte, würde erst bei den Friedensverhandlungen mit Jordanien fünf Jahre nach Inkrafttreten des Autonomiestatuts für die West Bank aktuell werden. Bis dahin konnte noch viel geschehen.

Während Begin das Schreiben mit der Stellungnahme Israels entwarf, berichtete Barak, daß Präsident Carter sehr mitgenommen sei und gesagt habe, er könne unter dem Druck von Ultimaten von allen Seiten nicht mehr arbeiten. Daraufhin rief Begin den Präsidenten an und sagte sehr liebenswürdig, daß er die von Barak überbrachte Fassung sofort akzeptiert habe. Was Carter erwiderte, konnte ich nicht hören, ich sah aber Begin lächeln und mehrmals zustimmend nicken. Die Konferenz von Camp David war endlich zu Ende.

Sonntag, den 17. September 1978, um dreiundzwanzig Uhr unterzeichneten Carter, Begin und Sadat im Ostsaal des Weißen Hauses in Washington das »Rahmenabkommen für einen Frieden im Nahen Osten« (s. Anhang). Ein Friedensvertrag war dies nicht. Das Rahmenabkommen bildete nur den Ausgangspunkt dafür, es legte die Grundsätze fest, nach denen Ägypten und Israel verhandeln sollten, um einen Friedensvertrag zwischen beiden Ländern zu schließen, und den Arabern in Judäa, Samaria und dem Gazastreifen die Autonomie zu verschaffen. Auch hatte das Rahmenabkommen noch keine Gültigkeit: Es konnte erst nach der Zustimmung der Knesset zur Räumung der israelischen Siedlungen auf der Halbinsel Sinai und durch das ägyptische Parlament in Kraft treten. Sadat stand weiterhin auf dem Standpunkt, er könne mit uns keinen Friedensvertrag unterzeichnen, wenn nicht zuvor oder zumindest gleichzeitig Einvernehmen über das Autonomiestatut erzielt werde, doch war seine Stellung in dieser Hinsicht schon ziemlich angeschlagen. Es war jetzt nämlich bereits erkennbar, daß Friedensverhandlungen mit Ägypten beginnen würden, bevor die Palästinenserfrage geklärt war.

Ein Friedensvertrag zwischen Israel und Ägypten sollte von vier Grundsätzen ausgehen:

1. Völlige Räumung der Halbinsel Sinai durch Israel und Anerkennung der Souveränität Ägyptens über dieses Territorium.

2. Entmilitarisierung des größten Teils der Halbinsel Sinai.

3. Überwachung der Entmilitarisierung durch UN-Kontingente, die insbesondere mit der Aufgabe betraut werden, die ungehinderte Schiffahrt im Golf von Eilat zu gewährleisten.

4. Völlige Normalisierung der Beziehungen zwischen Israel und Ägypten.

Letzteres sollte bereits mit dem Abzug Israels aus dem westlichen Sinai verwirklicht werden. Israel würde dann noch zwei Jahre das Gebiet östlich der Linie El-Arisch–Ras Mohammed mit den dortigen Siedlungen, Flugplätzen und Militärstützpunkten kontrollieren. Dieser östliche Teil der Halbinsel war nicht nur Israel am nächsten, sondern auch der wichtigste Teil der israelischen Abwehrstellungen.

Die Räumung des westlichen Teils des Sinai brachte Israel bedeutende wirtschaftliche Nachteile, denn es verlor damit Ölquellen, die jährlich um zwei Millionen Tonnen förderten, etwa ein Drittel unseres Bedarfes. Man mußte unbedingt erreichen, daß Ägypten uns wenigstens das Öl aus den Quellen verkaufte, die wir selbst erschlossen hatten und nun aufgeben mußten.

Die Konferenz von Camp David war insofern von großer Bedeutung, als Sadat ohne das Rahmenabkommen keine Friedensverhandlungen aufnehmen wollte. Nun lagen jedenfalls die beiderseits annehmbaren Richtlinien fest, nach denen die Friedensbedingungen und eine Regelung des Palästinenserproblems ausgehandelt werden konnten. Camp David war, so gesehen, also ein Durchbruch, doch die gesteckten Ziele waren noch lange nicht erreicht. Noch lag ein weiter, mühevoller Weg vor uns.

15.
Die Unterzeichnung

Als wir nach dem Ende der Verhandlungen in Camp David am Sonntag um 20.30 Uhr in Washington ankamen, wo im Weißen Haus die feierliche Unterzeichnung stattfinden sollte, entdeckten wir, daß bereits zahlreiche Kommentare zu den im Verlauf der letzten dreizehn Tage geführten Verhandlungen abgegeben worden waren. Solange wir alle in Camp David »eingesperrt« waren und praktisch bis zum letzten Moment keine Einigung zustande gekommen war, hatte die Presse so gut wie nichts erfahren. Jetzt aber war die »Quarantäne« aufgehoben, und weil an dem getroffenen Abkommen nichts mehr geändert oder hinzugefügt werden konnte, fühlten sich alle möglichen »hohen Beamten«, »amtlichen Sprecher«, ja sogar die Staatsmänner persönlich bemüßigt, ihre Zunge nicht länger im Zaum zu halten und die Fragen der Journalisten zu beantworten, die sie bedrängten. Da gab dann jeder seine eigene Version der »Bibel« von Camp David, und diese Versionen waren gelegentlich schon mehr als widersprüchlich.

Die Frage, bei der Amerikaner und Israelis am meisten uneins waren, betraf die Siedlungen in den besetzten Gebieten. Der amerikanische Sprecher behauptete, in den kommenden fünf Jahren – das heißt während der Übergangsphase – werde Israel in Judäa, Samaria, dem Gazastreifen und auf den Golanhöhen keine neuen Siedlungen anlegen und die bereits vorhandenen nicht weiter ausbauen. Begin, Barak und ich hingegen sagten, das hätten die Amerikaner zwar während der Verhandlungen von uns gefordert, doch seien wir darauf nicht eingegangen. Wir hätten nicht versprochen, bestehende Siedlungen nicht weiter auszubauen, und nur zugesagt, in den kommenden drei Monaten – die für die Friedensverhandlungen mit Ägypten reserviert waren – keine weiteren Siedlungen anzulegen.

Die Siedlungen waren in Camp David mehrmals erörtert worden, da dieser Komplex sich aber als äußerst schwierig erwiesen hatte, wurde er bis zum Schluß zurückgestellt. Am Abend des 16. September, dem vorletzten Konferenztag, hatte uns Carter nach dem Abendessen noch einmal zu sich gebeten, um diese Angelegenheit endgültig zu regeln. Bei ihm war nur Außenminister Vance. Begin hatte sich von Barak und mir begleiten lassen.

Die Zusammenkunft dauerte fünf Stunden, bis morgens um 1.30 Uhr. Es war die gründlichste und anstrengendste Sitzung von Camp David. Die vorangegangenen Tage stellten gewissermaßen einen Lehrgang dar, der alle Beteiligten mit den bestehenden Meinungsverschiedenheiten, den feinsten Nuancen und Abweichungen vertraut gemacht hatte. Uns allen war klar, daß es fünf Minuten vor zwölf war. Die Entscheidung mußte fallen, und die Lage war durch Ereignisse in der ägyptischen Delegation noch dramatisiert worden: Am Vorabend waren Außenminister Mohammed Ibrahim Kamil und Chefberater Nabil el-Arabi zurückgetreten. Sie begründeten ihren Schritt damit, daß sie die Verantwortung für die »Konzessionen, die Sadat Israel mache«, nicht mittragen könnten. Sadat hatte erwidert, daß sie ihren Irrtum einsehen würden, sobald der Frieden geschlossen sei, doch müsse er ihren Rücktritt wohl oder übel akzeptieren; er werde Mitarbeiter finden, die seine Ansichten teilten.

Trotz dieser Worte war nicht zu verkennen, daß ihn der Rücktritt von Mitarbeitern, die ihm nahestanden, tief traf. Überdies war ja Kamil nicht der erste Außenminister, der zurücktrat. Fahmi hatte dies bereits getan, als Sadat seine erste Friedensinitiative ergriff. Andere, die nicht zurückgetreten waren – Tuhami, Butros Ghali und insbesondere Osama el-Bas –, scheuten sich nicht, ihre Bedenken hinsichtlich des Vorgehens von Sadat laut zu äußern und immer wieder zu behaupten, Ägypten werde von einem Frieden mit Israel nicht profitieren. Sie mißtrauten unseren Zusagen, und von den Amerikanern waren sie enttäuscht. Sie hatten erwartet, Präsident Carter werde uns zwingen, an allen Fronten auf die Grenzen von 1967 zurückzugehen; diese Erwartungen wurden enttäuscht, dafür fand Ägypten sich in der arabischen Welt immer mehr isoliert. Auch Länder, auf deren Unterstützung Sadat fest gerechnet hatte – Jordanien, Saudi-Arabien und Marokko –, hatten sich von seinem Vorgehen distanziert.

Aber nicht nur in Ägypten gab es Schwierigkeiten. Auch Begin hatte in Israel nicht alle Wähler hinter sich. Abgesehen von den Oppositionsparteien gab es in der Koalition, ja sogar in seiner eigenen Partei, entschiedenen Widerstand gegen Kompromisse mit Ägypten und Amerika.

Die Unterredung an jenem Abend in Carters Hütte kam mir wie ein Treffen auf einer Brücke vor, deren bevorstehenden Einsturz wir zu verhindern suchten. Ich persönlich war überzeugt, daß alle drei Parteien aufrichtig den Frieden wünschten und jeder dem anderen bis zur jeweils äußersten Grenze entgegenkommen wollte. Der Wunsch, die Konferenz von Camp David nicht scheitern zu lassen, wurzelte sicher nicht zuletzt in dem Bestreben der Teilnehmer – insbesondere Präsident Carters –, einen Erfolg vorweisen zu können, zum andern aber auch in der politischen Notwendigkeit, den arabisch-israelischen Konflikt zu beenden, zumindest aber eine Grundlage für seine Lösung zu finden.

Unter den fünf, die wir um den Tisch saßen, befanden sich drei Rechtsexperten, Barak, Vance und Begin, und auch Carter und ich waren im Abfassen von Formulierungen nicht unerfahren. Doch in dieser Nacht ging es ausnahmsweise einmal nicht um Wortakrobatik, sondern um etwas sehr Handfestes, ungemein Wichtiges, und wenn wir uns in der Sache einigen konnten, würde die Formulierung kein allzu großes Kunststück mehr sein.

Carter führte den Vorsitz, und obgleich wir alle freimütig unsere Meinung sagten, ließ er die Zügel keinen Moment aus der Hand. Wie gewohnt machte er sich dabei auch noch in seiner gut lesbaren Schrift Notizen.

Mit Carter und Vance zu verhandeln war mir nie unangenehm, auch wenn beträchtliche Meinungsverschiedenheiten auftraten. In Camp David zweifelte ich nicht eine Minute, daß sie es aufrichtig meinten. Manchmal allerdings – und so auch an diesem Abend – beschlich mich das Gefühl, als ob weder der Präsident noch sein Außenminister die vielschichtigen Probleme des Nahen Ostens wirklich durchschauten. Sie konnten sich einfach nicht in die Lage oder besser noch, in die Herzen der betroffenen Menschen versetzen. Sie nahmen zwar aufmerksam zur Kenntnis, was die Vertreter beider Seiten zu sagen hatten, doch unterschieden sie nicht immer zwischen dem, was nur aus verhandlungstaktischen Gründen gesagt wurde, und dem, was an tiefempfundenen Sehnsüchten an ihr Ohr drang.

Anfangs erledigten wir rasch etliche untergeordnete Fragen und wandten uns dann dem zentralen Thema – den israelischen

Siedlungen in den von uns verwalteten Gebieten – zu. Es ging dabei um praktische, aber von Prinzipien diktierte Fragen. Und Carter begriff anscheinend, welche historische Bedeutung Judäa, Samaria und Gaza für Israel haben. Er wiederholte mehrmals, die Amerikaner seien der Meinung, daß jeder Jude das Recht haben müsse, Land in Judäa, Samaria und Gaza zu kaufen und dort zu leben, und daß keine arabische Regierung – sei es die jordanische oder eine palästinensische – berechtigt sein dürfe, dies gesetzlich zu unterbinden. Trotzdem, so fügte er an, wirke sich die Fortführung der Besiedlung während der Verhandlungen sehr hinderlich aus – und die Amerikaner hielten sie auch für völkerrechtswidrig. Die jüdische Siedlungspolitik gehe darauf aus, vollendete Tatsachen zu schaffen, die eine künftige Grenzziehung vorwegnehmen sollten, über die doch gerade erst verhandelt werde. Darin müsse man einen politischen Akt sehen, der zum Ziel habe, die West Bank und Gaza allmählich Israel einzuverleiben. Wir sollten deshalb während der Dauer der Verhandlungen auf keinen Fall neue Siedlungen anlegen oder bestehende ausbauen.

Dies alles sagte Carter nach seinen Gesprächen mit Sadat, und während ich ihm aufmerksam zuhörte und ihn dabei ebenso aufmerksam beobachtete, bekam ich den Eindruck, er werde in diesem Punkt nicht mit sich reden lassen, weil er seinerseits die ägyptische Position um keinen Millimeter verändern konnte. Er mag auch von der Überlegung geleitet worden sein, für Amerika sei es günstiger, Israel weniger verpflichtet und damit den Arabern gegenüber beweglicher zu sein, um die Beziehungen zu ihnen festigen zu können, auch wenn dies nicht im Interesse Israels liegen konnte.

Begin, Barak und ich legten nacheinander dar, daß es den Amerikanern selbstverständlich freistehe, Sicherheit, Staatsgebiet und Grenzen Israels aus eigenem Blickwinkel zu beurteilen, doch wir müßten in diesen Fragen kompromißlos unseren eigenen Standpunkt vertreten. Begin führte – etwas umständlicher als die Amerikaner – aus, die Gründung eines Palästinenserstaates, auch ein bloßer Schritt in diese Richtung, bringe die besetzten Gebiete unweigerlich unter die Kontrolle der PLO und damit letztlich unter den Einfluß der Sowjetunion. Die extremen Araber würden dann alles daransetzen, den Staat Israel zu liquidieren. Die europäischen Regierungen hätten ebensowenig wie die Vereinigten Staaten die Vernichtung der europäischen

Juden durch Hitler verhindert, und wir wollten uns um keinen Preis darauf verlassen, daß sie diesmal Israels Sicherheit verbürgten. Die einzige Garantie für unsere Sicherheit sei die Anwesenheit unserer eigenen Streitkräfte in Judäa, Samaria und dem Gazastreifen.

Unser Wunsch sei, gleichberechtigt und in Frieden mit den arabischen Bewohnern dieser Gebiete zusammenzuleben; eine fremde Oberhoheit über diese Gebiete wollten wir nicht dulden, ob sie nun von Jordanien oder einem Palästinenserstaat augeübt werde. Selbst wenn Jordanien formell die Souveränität ausübe, werde es in der Praxis diese doch an die Palästinenser abtreten. Jede fremde Oberhoheit bedeute daher, daß die extremistischen Araber sich berechtigt fühlen würden, Israel zu vernichten. Aus diesem Grunde weigere sich ja die PLO, den Sicherheitsratsbeschluß 242 anzuerkennen, denn er gestehe Israel immerhin eine Existenzberechtigung zu. Die PLO sei eine Mörderbande und gehöre ausgerottet. Die Forderung des Präsidenten, während der Friedensverhandlungen die Besiedlung zu stoppen, wolle er, Begin, überdenken.

Barak konzentrierte sich bei der Beratung fast ausnahmslos auf die Führung des Protokolls. Nur, wenn der genaue Wortlaut irgendwelcher Vereinbarungen oder Formulierungen gebraucht wurde, legte er den Stift weg und zitierte das Gewünschte.

Ich ergriff dann das Wort, um dem Vorwurf zu begegnen, wir wollten uns die politische Kontrolle über die besetzten Gebiete durch »Kolonialismus« sichern. Diese Anschuldigung entbehre jeder Grundlage, wie wir den amerikanischen Unterhändlern wieder und wieder erklärt hätten. Zu meinem Bedauern müsse ich jetzt wieder erwähnen, daß wir im Laufe der kommenden fünf Jahre zwanzig neue Dörfer auf der West Bank und im Gazastreifen geplant hätten. Bei fünfzig Familien pro Dorf würde das insgesamt also etwa fünftausend Personen ergeben. Der natürliche Bevölkerungszuwachs der dort ansässigen Araber sei jedoch weitaus höher. Er werde über zwanzigtausend betragen, und schon jetzt lebten dort eineinviertel Millionen. Außerdem ersuchten Araber, die 1967 von der West Bank geflohen seien, um Rückkehrerlaubnis, und ich hätte der Regierung empfohlen, zwanzig- bis dreißigtausend Antragstellern unter Berücksichtigung der ökonomischen Gegebenheiten und nach Prüfung des Sicherheitsaspektes die Rückkehr zu gestatten. Könne man unter solchen Umständen davon reden, die besetzten Gebiete würden »von Israelis überschwemmt«? – bei fünftausend zusätzlichen jüdischen Dorfbewohnern?

Ich schloß mit der Bemerkung, eine Koexistenz zwischen Arabern und Juden auf der West Bank und im Gazastreifen könne nur zustande kommen, wenn man sie Seite an Seite leben lasse. So sehe die Lage derzeit aus. Das israelische Beerscheba und die Berge von Hebron lägen auf der einen Seite, der Gazastreifen auf der anderen, Jerusalem zwischen Hebron und Nablus. Ferner gäbe es noch Kirjat Arba, den Komplex der Kibbuzim von Etzion und die jüdischen Dörfer im Jordantal.

Bei dieser Gelegenheit wurden nicht alle Argumente wiederholt, welche unsere Siedlungspolitik rechtfertigen. Unsere historische Bindung an die besetzten Gebiete erwähnten wir kaum und auch nicht die gefühlsmäßigen. Nicht einmal den Sicherheitsaspekt betonten wir besonders. Die Amerikaner waren mit unserem diesbezüglichen Standpunkt bereits vertraut genug; wann immer die Rede darauf gekommen war, hatten wir eingehend dargelegt, inwiefern unsere Siedlungen entlang der Grenze zu Jordanien im Jordantal und auf den Höhen einen so großen strategischen Wert für uns besaßen. Gleichwohl wollten die Amerikaner unsere Begründung nicht gelten lassen und änderten ihre Haltung nicht. Seit 1967 ist ihre Einstellung in diesem Punkt im wesentlichen die gleiche. Sie hielten am Rogers-Plan fest (Kissingers Vorgänger als Außenminister unter Nixon), der vorsah, daß Israel an allen Fronten auf die Grenzen von 1948 zurückgehe, was die zivilen Siedlungen wie die Stützpunkte der Streitkräfte einschloß. Man wußte in Washington, daß alle israelischen Regierungen diese Forderung abgelehnt hatten und daß Begins Regierung in dieser Beziehung noch hartnäckiger war als die voraufgegangenen Koalitionsregierungen unter Führung der Arbeiterpartei.

Ich selbst war der Meinung, die Anwesenheit unserer Streitkräfte auf der West Bank und im Gazastreifen erfordere unweigerlich auch zivile Siedlungen, denn ich hielt es politisch für untragbar, in jenen Gebieten israelische Truppen zu unterhalten, wenn es dort keine israelische Zivilbevölkerung gab. Also befürwortete ich die Anlage mehrerer Gruppen jüdischer Dörfer und die Stationierung unserer Truppen entweder in diesen Siedlungen oder nahebei. Gäbe es dort nämlich nur arabische Zivilisten, müßten die israelischen Streitkräfte den Charakter von Besatzungstruppen annehmen, die einer ihnen feindlich gesonnenen Einwohnerschaft gegenüberstehen, und Israel würde unentwegt zu ihrem Abzug gedrängt werden.

Die Amerikaner hörten aufmerksam zu, ließen sich aber nicht beeindrucken. Schließlich schlug Carter Begin einen Briefwechsel vor, in dem Begin folgende Erklärung abgeben sollte: »Nach Unterzeichnung des Rahmenabkommens und während der weiteren Verhandlungen werden in den genannten Gebieten keine neuen Siedlungen geschaffen, es sei denn, nach ausdrücklicher Vereinbarung. Die Frage weiterer israelischer Siedlungen bleibt einer einvernehmlichen Entscheidung der vertragsschließenden Parteien vorbehalten.«

Es war jetzt ein Uhr morgens, Zeit, die Gespräche zu beenden. Ob künftig weitere Siedlungen angelegt werden durften, wurde nicht mehr ausführlich geklärt in jener Nacht, und tags darauf hieß es, sowohl Carter als auch Vance behaupteten, Begin habe sich noch in der Nacht bereit erklärt, den von Carter geforderten Brief zu schreiben. Begin seinerseits behauptete, nur gesagt zu haben, er wolle sich das überlegen und seine Antwort am folgenden Tag geben. (Zehn Tage später, Begin war schon wieder in Israel, ergab eine Prüfung von Baraks Protokoll, daß Begin damit recht hatte.) Unterdessen rollte die Kugel aber schon. Am 17. September um sechzehn Uhr, vier Stunden vor unserem Abflug mit dem Hubschrauber von Camp David nach Washington, ließ Begin den Präsidenten der USA folgendes Schreiben zugehen.

»Sehr geehrter Herr Präsident,

ich habe die Ehre, Ihnen mitzuteilen, daß für die Dauer der Friedensverhandlungen (wie vereinbart drei Monate) von der Regierung Israels im Sinai, im Gazastreifen, in Judäa und Samaria keine neuen Siedlungen angelegt werden.«

Der Unterschied zwischen Begins Brief und Carters Vorschlag lag im wesentlichen darin, daß Begin auf die Verhandlungen mit Ägypten abstellte, während die Amerikaner alle künftigen Verhandlungen im Sinne hatten, auch solche mit den Palästinensern (wann immer das auch sein mochte).

Die letzten vierundzwanzig Stunden waren unerhört mühsam gewesen, und das Gelingen der Konferenz von Camp David hing manchmal nur an einem seidenen Faden. Verständlich also, daß alle guter Stimmung waren, als wir Sonntag um zwanzig Uhr nach Washington abflogen, um dort am Abend das in letzter Minute gerettete Abkommen zu unterzeichnen.

Ein Detail allerdings ließ manchen von uns keine Ruhe finden. Es sickerte nämlich durch, daß Carter am gleichen Morgen, noch bevor er das Schreiben Begins erhalten hatte, Präsident Sadat getroffen und ihm mitgeteilt hatte, Begin sei mit seinem, Sadats, Vorschlag einverstanden, »für die Dauer der Verhandlungen« die Besiedlung zu stoppen.

Achtundvierzig Stunden später kam es dann deshalb auch zum Eklat. Am 20. September 1978 teilte Saunders vom US-Außenministerium unserem Botschafter in Washington mit, der Präsident und sein Außenminister seien der Meinung, Begins Schreiben entspreche nicht dem, was in der Nacht vom 16. September ausgehandelt worden sei. Ihrem Protokoll zufolge habe Begin dem vom Präsidenten vorgeschlagenen Wortlaut zugestimmt. Carter habe überdies Sadat am nächsten Morgen den Wortlaut des Briefes mitgeteilt, den Begin, Carters Meinung nach, sich im Namen der israelischen Regierung zu schreiben verpflichtet hatte. Präsident und Außenminister seien überzeugt, sich nicht zu irren, sagte Saunders, und deshalb müsse er das Schreiben Begins zurückreichen. Er erläuterte, daß Einstellung oder Ausbau der Siedlungen nicht durch die fünfjährige Übergangsphase begrenzt sein solle, sondern nur bis zum Inkrafttreten des Autonomiestatutes für die Araber in den besetzten Gebieten gelten müsse.

Nachdem Baraks Notizen entziffert worden waren – und an seiner Zuverlässigkeit zweifelte niemand –, hätten wohl selbst die Amerikaner zugeben müssen, daß es sich hier nur um ein Mißverständnis handeln konnte. Mag sein, daß sie nicht genau hingehört hatten, als Begin ihnen bei der Zusammenkunft am 16. September antwortete. Als sie dann aber auch späterhin – und insbesondere Präsident Carter – an ihrer irrigen Behauptung festhielten, drängte sich mir der Verdacht auf, sie wollten damit die Siedlungspolitik der Regierung Begin beeinflussen. Am 27. September 1978 sagte der Präsident vor ausgewählten Journalisten im Weißen Haus: »Begins Erinnerung an seine Antwort vom 16. September auf unseren Vorschlag in bezug auf die Siedlungen, . . . daß er mir nämlich am folgenden Tag seine Antwort darauf geben wolle . . . stimmt nicht mit unserer Erinnerung daran überein« – also seiner eigenen Erinnerung und der von Vance. Dann fuhr er fort: »Es geht dabei um zwei Dinge: Einmal, ob Begin wirklich zugestimmt hat, und meiner Meinung nach hat er es getan. Zum anderen geht es darum, daß

Begin unterstellt, ein Abkommen über die West Bank sei verknüpft mit Verhandlungen über den Sinai zwischen Israel und Ägypten. Einen solchen Zusammenhang haben wir niemals gesehen. Ich bin der festen Überzeugung, daß Begin versichert hat, solange Verhandlungen über ein Autonomiestatut für die West Bank und Gaza im Gange sind, sollten keine neuen Siedlungen angelegt werden, und daß bei den erwähnten Verhandlungen auch über den Status künftiger Siedlungen entschieden werden soll.«

Alle amerikanischen Medien verbreiteten diese Äußerung des Präsidenten und damit wurde die Glaubwürdigkeit des israelischen Ministerpräsidenten in Frage gestellt.

Carters weitere Ausführungen geben einen zusätzlichen Hinweis auf das Motiv, das hinter den harten Worten über Begin und die israelischen Siedlungen stand. Er sagte nämlich: »Es gibt drei Forderungen, auf deren Erfüllung alle arabischen Staatsmänner bestehen müssen, wo sie nie nachgeben können, auch Sadat nicht: Erstens, die Räumung der West Bank und des Gazastreifens durch Israel. Zweitens, die Wiederherstellung der arabischen Oberhoheit über Jerusalem (vorsichtshalber fügte er hier an: mit der möglichen Ausnahme des Bereiches der Hebräischen Universität und der heiligen Stätten der Juden, insbesondere der Klagemauer). Drittens, die Lösung der Palästinafrage ›in vollem Umfang‹. Auf diese drei Punkte verweisen Jordanien, Syrien, Saudi-Arabien und Ägypten immer wieder mit allem Nachdruck. Und ich glaube nicht, daß sie jemals offiziell oder inoffiziell von diesen Forderungen abgehen werden.«

Übrigens sagte Sadat am 19. September 1978 – zwei Tage nach Unterzeichnung des Rahmenabkommens – auf einer Pressekonferenz, Israel habe eingewilligt »für weitere drei Monate« keine neuen Siedlungen anzulegen. In bezug auf die Zeitspanne stimmte das genau mit dem überein, was Begin in seinem Schreiben an Carter zugesichert und was Sadat der Mitteilung Carters über Begins Versprechen entnommen hatte. Sadat wie Begin stellten fest, daß Israel sich verpflichtet habe, während dreier Monate keine neuen Siedlungen anzulegen. Möglich ist natürlich, daß Sadat annahm, die Verhandlungen über einen Friedensvertrag zwischen Israel und Ägypten und die Ausarbeitung eines Autonomiestatutes für die arabischen Bewohner der West Bank und des Gazastreifens könnten innerhalb von drei Monaten abgeschlossen sein. Tatsächlich errichtete Israel in dem auf die Unterzeichnung des Rahmenabkommens folgenden Vierteljahr in Judäa und Samaria, im Gazastreifen und auf den Golanhöhen auch keine neuen Siedlungen.

Hätte in solchen Streitfragen ein Oberster Gerichtshof zu entscheiden, wäre das Urteil in der »Affäre um das Schreiben Begins« zugunsten Israels ausgefallen. Doch da hier nach politischen Gesichtspunkten geurteilt wurde, gab die grundlegende Meinungsverschiedenheit zwischen uns und den Amerikanern über den künftigen Status der besetzten Gebiete den Ausschlag. Die Amerikaner verlangten, daß wir uns ohne Rücksicht auf das seither Geschehene auf die Grenzen von 1948 zurückzögen. Wir lehnten das ab. Das Schreiben Begins war bald nicht mehr aktuell, doch die Differenzen in bezug auf unsere Siedlungen blieben bestehen.

Die feierliche Unterzeichnung des Rahmenabkommens fand im Ostsaal des Weißen Hauses statt. Draußen war es regnerisch und trübe, doch drinnen herrschte eine sehr gefühlsbetonte Atmosphäre, und es war auch ein bewegender Moment. Von jenem Abkommen, das da unterzeichnet werden sollte, erwartete man, daß es zum Friedensschluß zwischen Israel und dem größten der arabischen Staaten führen werde. Es herrschte Hochstimmung, zumal sich der Erfolg nach langer Ungewißheit erst in letzter Minute eingestellt hatte. Vom ersten bis zum letzten Tag der Verhandlungen in Camp David herrschte mehr Uneinigkeit als Einvernehmen, und die Presse begleitete die Verhandlungen mit pessimistischen Kommentaren.

In der ersten Reihe saßen neben den Delegationen hohe amerikanische Beamte und andere bedeutende Persönlichkeiten. Punkt dreiundzwanzig Uhr betraten die Großen Drei unter Beifall den Saal und nahmen an dem erhöht stehenden Schreibtisch Platz; Carter in der Mitte zwischen Sadat und Begin. Man sah ihnen ihre Abgespanntheit an, trotzdem strahlten sie.

Alle drei hielten eine Ansprache. Carter und Sadat faßten sich kurz, sie verlasen vorbereitete Texte. Begin hingegen sprach frei und nicht ohne Humor.

Mir schien Camp David, zumal für Israel, von historischer Bedeutung. Zwar war dies nur ein Anfang, die Grundsteinlegung wenn man will, doch hoffte ich inständig, daß Sadat und Begin nicht nur Frieden schließen wollten, sondern auch bereit waren, dafür viele Zugeständnisse zu machen. Die Palästinenserfrage blieb ein ungelöstes Problem. Vance sollte in zwei Tagen nach Jordanien und Saudi-Arabien fliegen, um König Hussein zur Teilnahme an den Friedensgesprächen und König Khaled zur Unterstützung des Abkommens zu überreden. Die Palästinenser und die Regierung Jordaniens hatten gegen Sadats Vorgehen und den Plan für ein Autonomiestatut protestiert, so daß die Palästinenserfrage im Rahmenabkommen nur in sehr allgemein und unscharf gehaltenen Formulierungen behandelt wurde, die unterschiedlich interpretiert werden konnten.

Die israelische Delegation fuhr vom Weißen Haus ins Hotel Hilton, wo in Washington lebende Israelis und prominente amerikanische Juden zusammengekommen waren, um auf Premier Begin anzustoßen. Ich schloß mich dem Toast an, ging dann aber auf mein Zimmer und setzte mich in einen Sessel, um die vorangegangenen Ereignisse zu überdenken.

Dieser Abend war einer der bedeutungsvollsten Augenblicke meines Lebens. Ich hatte einen langen Weg von den Schlachtfeldern bis zum Verhandlungstisch zurückgelegt: vom Unabhängigkeitskrieg von 1948, dem meine Waffenstillstandsgespräche mit König Abdullah von Jordanien gefolgt waren, über den Sinai-Feldzug im Jahre 1956, dem Sechs-Tage-Krieg von 1967 und dem Jom-Kippur-Krieg von 1973 bis zu Camp David. Am schlimmsten waren die Jahre zwischen dem schicksalsträchtigen Jom-Kippur-Krieg und jener Zeremonie im Weißen Haus gewesen, von der ich eben kam. Das Rahmenabkommen für einen Frieden im Nahen Osten war unterzeichnet, und der Gedanke, daß ich mein Teil dazu beigetragen hatte, machte mich glücklich.

Ich war müde, fand aber trotz der späten Stunde keinen Schlaf. Ich sehnte mich nach Hause. Dort hätte ich auf jene Art gefeiert, die mir am meisten zusagt: ein paar Happen mit Rahel in der Küche, und anschließend hätte ich ihr Gedichte von Nathan Altermann vorgelesen. Dem großen Ereignis zu Ehren wären es diesmal die »edlen« Verse gewesen, jene, die sich mit der Geschichte des Volkes Israel befassen, die von dem langen, entbehrungsreichen, mühsamen Weg handeln, den das jüdische Volk gezogen war, mein Volk – zerstreut, gedemütigt, unterdrückt, dezimiert, ein Volk, das sich verzweifelt ans Leben klammerte und am Ende doch überlebte.

Die Juden mußten sich stets einer doppelten Bedrohung erwehren, sie mußten gegen ihre Unterdrücker kämpfen und zugleich für die Bewahrung ihrer Identität. Eindringlich wird dies in Altermanns »Schlacht um Granada« dargestellt, ein Gedicht, in dem er den ungewöhnlichen Schmuel Ha'Nagid (Samuel der Gouverneur) porträtiert, jenen hebräischen Dichter, Gelehrten, Staatsmann und Soldaten, der vor neunhundert Jahren das Haupt der spanischen Juden war und zugleich Oberster Staatsminister und auch Feldhauptmann des Berberkönigs von Granada.

Altermann läßt eine Szene auf dem Schlachtfeld spielen; ein hoher spanischer Offizier redet Samuel, den jüdischen General, an (ich übersetze, so gut es gehen will, aus Altermanns herrlichem Hebräisch): ». . . nicht nur mußt du Granadas Feldzüge führen / sondern auch einen anderen Krieg / einen eigenen Krieg / einen Krieg, der niemals endet / Es ist der Krieg deines Volkes / dessen Hüter du bist / es ist der Krieg derer, die sprechen wie du / und deren Heerscharen du befiehlst / Es ist der Krieg deines Sohnes / dem du ein Lehrer bist / der überlieferten Schriften.«

Begin wollte noch einige Tage in den Staaten bleiben, ich hingegen sollte am Morgen nach Israel zurückfliegen und dem Kabinett berichten. Nach Begins Rückkehr sollte eine Sondersitzung der Knesset stattfinden, die sich mit dem Abkommen von Camp David befassen würde. Wir mußten mit erbitterter Kritik rechnen, die Arbeiterpartei würde uns »schlampige Verhandlungsführung« vorwerfen. Es war nun Sache der gewählten Volksvertreter, den von uns empfohlenen Rahmenvertrag für einen Frieden im Nahen Osten anzunehmen oder abzulehnen. Wie die Entscheidung auch ausfiel, der Himmel wußte, daß auch wir in Camp David bis zur Erschöpfung den endlosen Krieg der Juden gekämpft hatten.

16.
An der Heimatfront

Sadat wurde bei seiner Rückkehr aus Camp David begeistert gefeiert, uns bereitete man dagegen einen Empfang, den man kaum als herzlich bezeichnen kann. Es gab viele abfällige Äußerungen in der Öffentlichkeit, zahllose Vorbehalte. Barak beklagte sich darüber, daß unsere Kritiker sich nicht einmal die Mühe gemacht hätten, den Text des Abkommens gründlich zu lesen. Das galt sogar für Politikwissenschaftler und Verfassungsrechtler, die sich auf die Lektüre der Zeitungen beschränkten. Begin meinte, er hätte eine Niederlage erlitten, wenn er zu diesem Zeitpunkt die Vertrauensfrage gestellt hätte. Auch die zur Koalition gehörenden Nationalreligiösen opponierten.

Die Kritiker verwiesen darauf, daß wir uns zur völligen Räumung des Sinai verpflichtet hatten, einschließlich der zivilen Siedlungen; daß Ägypten bereit war, Frieden mit uns zu schließen und normale Beziehungen anzuknüpfen, schien ihnen weniger bemerkenswert. Dieser kühle Empfang entzückte mich nicht gerade, er überraschte mich aber auch nicht. In einer Demokratie muß man mit Kritik rechnen, sei sie verantwortungsbewußt oder leichtfertig.

Die offizielle Auseinandersetzung mit dem Abkommen erfolgte in vier Etappen: Am 20. September, kaum angekommen, gaben Ezer Weizman und ich dem Kabinett einen vorläufigen Bericht über die Verhandlungen in Camp David. Als vier Tage später Begin eintraf, wurde das Thema noch gründlicher vom Kabinett behandelt. Die dritte Etappe waren zwei Parlamentsdebatten, die mit der vierten Etappe endeten, der Abstimmung.

Die von Begin geleitete Kabinettssitzung dauerte sieben Stunden. Der Premier verhielt sich autoritär und engstirnig in der Art, wie er das Abkommen rechtfertigte, er hob die positiven Aspekte hervor und attackierte unbarmherzig jeden Minister, der Zweifel oder gar Widerspruch äußerte. Als altgedienter Parlamentarier und in der Wolle gefärbter Parteipolitiker beherrschte er alle Kniffe des Debattenredners und alle Tricks in Verfahrensfragen. Die Diskussion in der Knesset setzte er schon auf den folgenden Tag an, dadurch verhinderte er, daß der Parlamentsausschuß für Auswärtige Angelegenheiten und Sicherheitsfragen vorher zusammentreten konnte. Begin lehnte es auch ab, innerhalb der eigenen Partei noch vor der Parlamentsdebatte zu diskutieren, was an sich üblich ist, wenn wesentliche politische Entscheidungen anstehen. Die übrigen Koalitionsparteien verlangten eine solche Diskussion, und die von den Religiösen gestellten Minister beteiligten sich nicht an der Abstimmung im Kabinett, weil ihre Fraktion noch keine Beratung hatte abhalten können.

Die Abstimmung über das von uns ausgehandelte Abkommen fiel dann für Begin im Kabinett sehr günstig aus: elf Minister stimmten für die Annahme, zwei dagegen, einer enthielt sich der Stimme. Die Minister der Religiösen kündigten an, sie wollten ihrer Fraktion die Annahme empfehlen, und baten mich, zu dieser Fraktionssitzung zu kommen, um den Abgeordneten die erforderlichen Informationen zu geben und ihre Fragen zu beantworten.

Nachstehend der Wortlaut der Regierungsvorlage:

»Die Knesset billigt das Abkommen von Camp David, das am 17. September 1978 vom Ministerpräsidenten im Weißen Haus unterzeichnet wurde. Sollten die zwischen Ägypten und Israel abzuhaltenden Friedensverhandlungen zu einem Einverständnis führen ... und dieses in einem Dokument seinen Niederschlag finden, wird die Regierung vom Parlament ermächtigt ... die israelischen Siedler vom Sinai zu evakuieren und anderswo anzusiedeln.«

Die große Debatte über das Abkommen fand selbstverständlich im Parlament statt. Es wurde noch eine zweite Sitzung angesetzt, damit sich die Opposition beraten konnte, nachdem sie die Eröffnungsansprache des Premiers gehört und Einblick in die zum Abkommen gehörenden Dokumente genommen hatte. Da fast alle Kabinettsmitglieder die Regierung unterstützten, war mit einer ausreichenden Mehrheit zu rechnen, und das Ergebnis der Abstimmung war dann auch ein eindrucksvoller Erfolg für Begin. Seine eigentliche Leistung aber bestand darin, daß er sich selbst zu diesem Abkommen durchgerungen hatte.

Bei unserer Rückkehr aus Camp David waren Parlamentsferien, die Abgeordneten mußten deshalb zur Debatte gesondert eingeladen werden. Am Montag, dem 25. September 1978, wurde die Sitzung mit dem Erscheinen des Präsidenten eröffnet, den die Abgeordneten wie üblich durch Erheben von ihren Sitzen begrüßten. Während dieser wenigen Minuten nahmen die Parlamentarier Rücksicht auf die Würde des Hauses, doch schon als Begin zum Rednerpult ging, begannen die Störungen.

Die Abgeordnete Geulah Cohen vom extremistischen Flügel der Partei Begins war der Meinung, wir hätten den Ägyptern zu große Zugeständnisse gemacht, und stellte einen Dringlichkeitsantrag zu Verfahrensfragen. Der Sprecher des Hauses, Jitzhak Schamir, klärte sie auf, daß solche Anträge schriftlich eingereicht werden müßten. Begin begann seine Rede, doch Geulah war nicht gewillt, sie hinzunehmen, und bei dem nun folgenden Gezänk wurde klar, daß sie den Rücktritt des Ministerpräsidenten fordern wollte. Sie wurde dreimal zur Ordnung gerufen, ignorierte dies aber. Der Sprecher unterbrach die Sitzung für fünf Minuten, und als wir wieder zusammentraten, beantragte er, über die Ausschließung der Abgeordneten Geulah Cohen abzustimmen. Der Antrag wurde angenommen, und die widerborstige Abgeordnete verließ den Saal. Der Premier begann erneut mit seiner Rede.

»Ich habe der Knesset und damit dem ganzen Volk mitzuteilen, daß zwischen Israel und dem größten und stärksten arabischen Staat und im Laufe der Zeit auch zwangsläufig mit allen anderen Nachbarn der Friede hergestellt wird.« Begin wurde auch nach Geulah Cohens Abgang immer wieder durch Zwischenrufe und innerparteiliches Gezänk unterbrochen. Mag sein, daß er aus diesem Grunde seine Rede kürzte, die ursprünglich länger als eine Stunde dauern sollte. Er würde aber am Schluß der Debatte noch einmal zu Wort kommen.

Nach Begin sprach Oppositionsführer Schimon Peres. Ganz überraschend gratulierte er dem Premier und der Regierung »zu der schweren, Respekt heischenden, aber lebenswichtigen Entscheidung, den Frieden um einen Preis zu erlangen, den man dieser Regierung nicht zugetraut hätte.« Die Opposition stimme dem Abkommen zu; die Entscheidung sei im Zentralkomitee der Arbeiterpartei gefallen, nachdem man über die einzunehmende Haltung beraten habe. Peres berichtete der Knesset: »Bei dieser Sitzung ging eine nicht mehr junge, ganz in Schwarz gekleidete Dame ans Rednerpult, eine der großen Gestalten in der Geschichte des wiedergeborenen Israels, eine Mutter, die zwei Söhne in unseren Kriegen geopfert hat, eine Vorkämpferin auf allen Gebieten, auf denen sie sich betätigt – Rebecca Gruber, die man in unserem Land die ›Mutter der Söhne‹ nennt. Sie sprach ohne Vorlage und sagte zu den Parteimitgliedern: ›Liebe Freunde, es fällt mir schwer, etwas zu sagen, ich hatte dies auch nicht beabsichtigt, denn eben erst sind die sieben Trauertage nach dem Tode meines lieben Mannes vergangen. Auch konnte ich an meiner Statt niemand schicken, denn meine Söhne haben mir keine Enkel hinterlassen. Darum bin ich doch gekommen, und ich sage euch, erstaunlicherweise winkt uns der Friede, der Friede, nach dem wir uns alle sehnen. Dürfen wir diese Gelegenheit ungenutzt vorübergehen lassen?‹«

Peres ging dann, wie es einem Oppositionsführer geziemt, vom Lob zum Tadel über, er übte scharfe Kritik sowohl am Abkommen selbst als an der Art der Verhandlungsführung. Kostspielige Fehler hätten vermieden werden können, meinte er, und nannte das Abkommen schlimmer als den Rogers-Plan. Wir hätten eine gut zu verteidigende Grenze aufgegeben, dazu Flugplätze auf dem Sinai, und beides hätte man seiner Meinung nach günstiger für uns regeln können. »Und das sage ich nach einem Gespräch mit Sadat!« (Die beiden waren sich auf einer Tagung der Sozialistischen Internationale in Europa begegnet.) Auch die Räumung unserer Siedlungen auf dem Sinai hätte sich, so behauptete Peres jedenfalls, vermeiden lassen. Und das Autonomiestatut müsse zur Gründung eines Palästinenserstaates führen, auch wenn dieser vielleicht so nicht bezeichnet werde.

Nach diesen Seitenhieben und den moralisierenden Bemerkungen, die demonstrieren sollten, »wir wissen es besser« und »wir hätten es besser gemacht«, mußte der Oppositionsführer wohl oder übel erklären, weshalb er die Vorlage der Regierung trotzdem billigte. Zu diesem Zwecke lobte er die Initiative Sadats und ließ durchblicken, daß eine Ablehnung des Regierungsentwurfes bedeute, die ausgestreckte Friedenshand der Ägypter zurückzuweisen und den Wert der Konferenz von Camp David in Frage zu stellen. Das würde die Friedensaussichten ernsthaft beeinträchtigen, Israels Ansehen schaden und die Beziehungen zu den USA verschlechtern.

Die Regierung legte der Knesset zwei Dokumente vor: das »Rahmenabkommen für einen Frieden im Nahen Osten, vereinbart in Camp David« und das »Rahmenabkommen für einen

Friedensvertrag zwischen Ägypten und Israel«. Nach der Rede von Peres vertagte sich die Knesset für zwei Tage.

Die nächste Sitzung dauerte fünf Stunden und endete mit der Antwort des Premiers auf die Rede von Peres und der namentlichen Abstimmung. Dabei standen nicht nur das Kabinett und die Parteien vor einer schweren Entscheidung, sondern jeder Abgeordnete mußte öffentlich zu bekennen geben, ob er für oder gegen das Abkommen war. Stimmenthaltung bedeutete lediglich, daß man sich vor der Verantwortung drücken wollte. Kein Abgeordneter konnte so tun, als gehe ihn das nichts an, als habe er nicht Stellung zu nehmen.

Alle hundertzwanzig Mitglieder der Knesset nahmen an der Abstimmung teil. Vierundachtzig stimmten für den Regierungsentwurf, neunzehn dagegen, siebzehn enthielten sich der Stimme. Unter denen, die sich enthielten, war auch Jehuda Ben Meir, der Führer der Religiösen-Fraktion. Ich konnte mir nicht verkneifen, ihm einen Zettel mit einem Zitat aus dem Talmud zu schicken, in dem ich ein einziges Wort geändert hatte: »Die Gerechten leben, indem sie sich enthalten.«

Ich ergriff das Wort als letzter vor Begins abschließender Rede. Gleich anfangs sagte ich, in Camp David hätten wir nicht unter dem Druck der Vereinigten Staaten gestanden, trotzdem hätten wir Druck verspürt, nämlich eben den, den jeder von uns auch jetzt fühle: Wir hatten zwischen einem Traum und dem Preis für dessen Verwirklichung zu entscheiden, zwischen Frieden mit Ägypten und dem Abzug unserer Streitkräfte und unserer Siedler vom Sinai. Nie zuvor hätten wir ein solches Friedensangebot erhalten, das überdies die Normalisierung der Beziehungen zwischen unseren Ländern einschließe.

In der Debatte habe sich jemand darüber beschwert, daß wir der Knesset ein *fait accompli* vorlegten – dies stimme nicht, vielmehr hätten wir deutlich gesagt, das Abkommen von Camp David könne erst nach Annahme durch die Knesset in Kraft treten, wir hätten also nur eine Vorlage eingebracht. Die Knesset könne annehmen und damit das Abkommen zur Grundlage für Friedensverhandlungen mit Ägypten machen, oder sie könne ablehnen. Dann wäre die Vorlage nur eine weitere Akte in den Archiven. Die Knesset habe zu beschließen.

Lehne sie aber ab, müsse sie auch bedenken, was weiter geschehen solle. Wie sähe die Entwicklung aller Wahrscheinlichkeit nach der folgenden Woche, dem folgenden Jahr, dem folgenden Jahrzehnt aus? Würden sich später günstigere Bedingungen für einen Frieden ergeben? Wären wir besser dran, wenn wir einer einigen arabischen Welt gegenüberstünden? Wäre es günstiger für uns, wenn die USA und die UdSSR sich auf eine gemeinsame Haltung im Nahen Osten einigten? Könne man auf mehr Entgegenkommen von seiten König Husseins rechnen, dessen Verlautbarungen im Laufe der Jahre immer weniger kompromißbereit klängen und der seinen arabischen Mit-Monarchen immer öfter Avancen mache? Solle man darauf vertrauen, daß Sadats Nachfolger eher bereit sei, Frieden mit uns zu schließen, als sein Vorgänger? Und wäre es denn ein Segen für uns, weitere zehn Jahre Militärregierungen in den besetzten Gebieten zu unterhalten, mit unseren Nachbarn im Kriegszustand zu leben, uns der Kritik der Weltöffentlichkeit auszusetzen und weiterhin von den USA abhängig zu sein?

Wir hätten uns zu verschiedenen Zeiten unterschiedlichen Gegebenheiten gegenüber gesehen, und ich erinnerte daran, wozu Ministerpräsident Ben Gurion nach Beendigung des Unabhängigkeitskrieges von 1948 bereit gewesen war: nämlich einen Friedensvertrag zu unterzeichnen samt Anerkennung der damals bestehenden Grenzen – damals war die Altstadt Jerusalems noch nicht in unserer Hand! –, denn mehr sei zu jener Zeit nicht zu erreichen gewesen. Die Araber hätten sich indessen nur auf ein Waffenstillstandsabkommen einlassen wollen.

Und 1967, als Levi Eschkol an der Spitze einer Allparteienregierung war, als wir in Suez standen, am Jordan und auf den Golanhöhen, hatten wir da nicht ein Friedensangebot gemacht, das die Rückgabe des Sinai vorsah, unter der Voraussetzung der Zusage ungehinderter Schiffahrt, ferner die Räumung der Golanhöhen, vorausgesetzt, die Unantastbarkeit der Jordanquellen sei garantiert?

Weder tadele noch bedauere ich den Umstand, daß wir, nachdem Ägypten und Syrien dieses Angebot ablehnten, nicht untätig der Dinge geharrt hatten, die da kommen sollten, sondern systematisch Siedlungen auf dem Golan und Sinai, in Judäa und Samaria errichtet hatten. Durch bloßes Auf-der-Stelle-Treten wäre man dem Frieden gewiß nicht näher gekommen. Wir hätten aber immer wieder erklärt, der Standort unserer Siedlungen nehme nicht den Grenzverlauf vorweg, falls es zum Frieden kommen sollte, vielmehr sollten künftige Grenzen darüber entscheiden, wo wir siedelten.

Wir hätten unter Berücksichtigung militärischer und nationaler Gesichtspunkte alle erdenklichen Pläne ausgearbeitet, und die Ansichten dazu seien geteilt. Manche befürworteten den Allon-Plan, andere seien dagegen. Auch sei umstritten gewesen, wie weit wir unsere Siedlungen auf dem Sinai vortreiben sollten: War eine ständige Siedlung in Nahal Sinai jenseits von El-Arisch praktikabel, oder sollten wir uns auf die Zugänge nach Rafah beschränken? Eine unbegrenzte Besiedlung habe niemand empfohlen.

Bei alledem aber hätten wir es mit einem empfindlichen Nachteil zu tun gehabt, wir hätten nämlich nur unter uns diskutiert, nicht aber mit den Arabern. Zwar hätten wir versucht, abzuschätzen, was den Arabern noch zumutbar sei, aber es sei dennoch eine Debatte unter uns gewesen. Das Abkommen von Camp David weise einen Schönheitsfehler auf und einen Pluspunkt. Der Schönheitsfehler sei die Erkenntnis, daß die Wirklichkeit nicht unserem Traum entspreche, der Pluspunkt aber, daß unser Gesprächspartner diesmal die Regierung eines arabischen Landes sei und ein konkreter Friedensvorschlag auf dem Tisch liege. Jetzt hätten wir es mit der Wirklichkeit zu tun, die bei Verhandlungen mit der anderen Seite zum Vorschein gekommen sei, und nicht mehr mit den »Realitäten«, die wir im Gespräch unter uns beschworen hatten.

Ich erinnerte die Knesset daran, daß Ägypten nicht als einziges und auch nicht als erstes arabisches Land zu Friedensgesprächen mit uns bereit gewesen war. In den zurückliegenden Jahren habe auch Jordanien seine Neigung dazu zu erkennen gegeben. Unter Golda Meïr wie unter Jitzhak Rabin seien ausgedehnte Verhandlungen geführt worden. Leider ohne Ergebnis.

Dies brachte mich zwangsläufig auf den gegen uns erhobenen Vorwurf der schlampigen Verhandlungsführung. Ich erinnerte daran, daß niemand den früheren Regierungen Schlamperei vorgeworfen hatte, als es ihnen nicht gelang, die Jordanier zur Annahme unserer Vorschläge, beispielsweise des Allon-Planes, zu bewegen. Kein Politiker habe damals gesagt, wenn *er* die Verhandlungen geführt hätte, würde er König Hussein schon herumgekriegt haben. Man habe weiter nichts gesagt, als daß Jordanien auf unsere Vorschläge nicht eingehen wolle und wir nicht auf die Jordaniens. Der Grund dafür liege nicht in der Unfähigkeit, Verhandlungen zu führen, sondern darin, daß zwischen unseren Zielen und Wünschen und denen der arabischen Regierungen ein Abgrund klaffe.

Den USA sei es in Camp David nicht besser ergangen, als sie versuchten, Israel und Ägypten zu einem Übereinkommen zu bewegen. So hätten die Amerikaner unter anderem die Errichtung amerikanischer Luftwaffenstützpunkte auf dem Sinai anstelle der von uns geräumten vorgeschlagen. Die Ägypter hätten dies abgelehnt, sich also nicht nur gegen unsere Anwesenheit, sondern auch gegen die der Amerikaner gewandt. Wir hätten geglaubt, ein solches Vorgehen könne uns aus der Sackgasse führen, in welche die Verhandlungen gerieten, doch habe Ägypten wieder und wieder abgelehnt, sosehr Carter persönlich Sadat auch bedrängt habe. Und doch behaupte oder denke niemand, dies zeuge von Carters Ungeschicklichkeit im Verhandeln.

Zum Hauptthema zurückkehrend fuhr ich fort: Wir kommen nicht darum herum, uns zu fragen: Sind wir bereit, für den Frieden diesen Preis zu zahlen? Falls nicht, wie stellen wir uns die Zukunft vor? Etwa ein weiterer israelisch-arabischer Krieg, dem ein Abkommen folgt, das wir dem Angreifer mit vorgehaltener Pistole abnötigen? Auf diese Weise sind die meisten unserer Abkommen mit den Arabern zustande gekommen. Nach den Kriegen von 1948, 1967 und 1973, als unsere Streitkräfte siegreich und noch mobilisiert waren, die Araber aber in voller Auflösung begriffen, haben wir solche Abkommen geschlossen. Es waren Feuereinstellungs- und Truppenentflechtungsabkommen, alles nur mit dem Ziel, dem Krieg ein Ende zu bereiten, nicht aber Frieden zu schließen. Jetzt liegt uns zum ersten Male ein Abkommen vor, das nicht unter dem Druck des Krieges ausgehandelt wurde. Wollen wir wirklich abwarten, bis wir ein anderes Abkommen schließen können, das auf einen Krieg folgt und dessen Ergebnis ist? Ist denn anzunehmen, daß es günstiger ausfallen könnte als die vorangegangenen?«

Grob gesagt gehe es doch darum, vierzehn Siedlungen und drei Luftwaffenstützpunkte hinter die ehemaligen Grenzen zu verlegen, als Gegenleistung für einen echten Friedensschluß, und zwar nachdem unser Verhältnis zu Ägypten normalisiert und diplomatische Beziehungen aufgenommen worden seien. Ob uns diese Räumung als ein zu hoher Preis erscheine? Und ob die, die ihn nicht zahlen wollten, ein besseres Konzept für unsere Zukunft hätten?

Ich fügte dann noch eine persönliche Bemerkung an. Ich

müsse mir jetzt die Frage vorlegen, was sich eigentlich geändert habe, seit ich öffentlich erklärt hatte: »Lieber Scharm el-Scheich ohne Frieden in unserer Hand als Frieden ohne Scharm el-Scheich.« Damals sei Nasser ägyptischer Präsident gewesen, und der Besitz von Scharm el-Scheich war einem Frieden tatsächlich vorzuziehen. Doch seither seien acht Jahre vergangen, die Lage habe sich verändert, ebenso das Regime in Ägypten. Jetzt sei ich der Meinung, der Friede sei auch ohne den Besitz von Scharm el-Scheich vorzuziehen – vorausgesetzt, die ungehinderte Schiffahrt im Golf von Eilat werde uns garantiert.

Schließlich kam ich auf die Absprachen und Vereinbarungen mit den Amerikanern zu sprechen, die zum Abkommen von Camp David gehörten und in denen wir erklärten, die Gründung eines Palästinenserstaates in keinem Fall hinnehmen zu wollen. Das gemeinsam von uns und den Amerikanern im Oktober 1977 verfaßte Arbeitspapier sage deutlich, daß Friedensverhandlungen zwischen den souveränen Staaten Israel und Ägypten, Israel und Jordanien, Israel und Syrien und Israel und dem Libanon zu führen und abzuschließen seien, während alles, was mit der West Bank und dem Gazastreifen zu tun habe – und dies seien keine Friedensverhandlungen –, mit den arabischen Bewohnern jener Gebiete geregelt werden solle. Auch in den der Knesset vorliegenden Dokumenten sei das ganz klar festgehalten: Beratungen mit den Vertretern der Bewohner jener Gebiete sollten nicht ein Friedensabkommen zum Gegenstand haben. Ein solches, basierend auf dem Sicherheitsratsbeschluß 242 könne einzig mit Jordanien geschlossen werden; falls die Palästinenser dies wünschten, dürften sie sich der jordanischen Delegation anschließen, nicht aber als eigene Delegation an Friedensverhandlungen teilnehmen. Einzig mit Jordanien würden wir über den Verlauf unserer Ostgrenze verhandeln, und nur mit Jordanien, nicht mit den Palästinensern, würden wir in Übereinstimmung mit dem Beschluß 242 einen Friedensvertrag unterzeichnen. Dies sei die von Begin und Sadat unterschriebene Formel, bezeugt vom Präsidenten der USA.

Ich wies auch darauf hin, daß ebendieses von den drei Staatsmännern unterzeichnete Dokument zum erstenmal festhielt – und diese Tatsache sei bedeutsam –, daß sich die israelischen Streitkräfte im Laufe einer dreijährigen Übergangszeit zurückziehen, dann aber im Gazastreifen, in Judäa und Samaria bis zum Jordan neue Stellungen beziehen würden.

Während meiner Rede war ich nicht gestört worden. Die Mehrzahl der Abgeordneten, die gegen die Regierung stimmten oder sich enthielten, gehörten zu Begins eigener Partei oder der Nationalreligiösen Partei. In Israel spiegelt sich, wie in anderen Ländern auch, in der Haltung der Volksvertreter keineswegs immer die Stimme des Volkes wider. Nach meiner Überzeugung sprach Rebecca Gruber, »die Mutter der Söhne«, vor dem Zentralkomitee der Arbeiterpartei für die Mehrheit der Bevölkerung. Diese Frau hatte ihr ganzes Leben dem Wohl ihrer Landsleute gewidmet. Dreiundfünfzig Jahre zuvor war sie aus Rußland nach Israel gekommen und hatte gemeinsam mit ihrem Mann und den beiden Söhnen von Sonnenauf- bis Sonnenuntergang das Land bearbeitet und nebenher die Neuankömmlinge freundschaftlich beraten. Beide Söhne fielen 1948 im Unabhängigkeitskrieg. Ephraim, der ältere, mit zwanzig Jahren in einer der Schlachten im Süden des Landes, zwei Monate vor Gründung des Staates Israel. Zwi, der jüngere, fiel einen Monat später, ebenfalls im Süden. Da war er siebzehn. Rebeccas Mann starb wenige Tage, bevor sie auf der Sitzung des Zentralkomitees sprach. Als Chef des Stabes und später als Minister war ich ihr mehrmals begegnet. Sie verlangte mich damals zu sprechen und machte mich darauf aufmerksam, wo unsere Behörden mehr leisten könnten, und machte auch Vorschläge, wie man den Benachteiligten helfen könne. Für sich selbst erbat sie nie etwas, und ich habe sie auch niemals klagen gehört. Immer sprach sie ruhig, gesammelt, mit tiefer Überzeugung und mit nie nachlassender Zuversicht. Was Rebecca über unser Rahmenabkommen gesagt hatte, war für mich wertvoller als alles, was ich sonst dazu zu hören bekam.

17.
Blair House

Die Vereinigten Staaten und Ägypten wurden davon in Kenntnis gesetzt, daß die Knesset mit der Räumung des Sinai durch Israel einverstanden sei, wenn ein Friedensvertrag unterzeichnet werde.

Präsident Carter beglückwünschte Begin herzlich dazu, daß er den Mut und Weitblick aufgebracht hatte, eine so geschichtsträchtige Entscheidung herbeizuführen. Nun müßten die eigentlichen Friedensverhandlungen beginnen. Er schlug vor, sie Anfang Oktober 1978 in Washington abzuhalten. Für die USA sollte Außenminister Vance daran teilnehmen. Ein Sprecher des Weißen Hauses betonte, diesmal gehe es nicht darum, den Kriegszustand zwischen zwei Staaten durch die Einigung auf eine Generalklausel zu beenden, sondern um die Aushandlung eines echten Friedensvertrages.

Das US-Außenministerium legte unserem Botschafter in Washington dringend ans Herz, seiner Regierung zu empfehlen, daß für die Dauer der Friedensverhandlungen – man bezeichnete sie als Blair-House-Konferenz – für die Öffentlichkeit bestimmte Verlautbarungen durch einen einzigen Sprecher, nämlich den amerikanischen, herausgegeben werden sollten. Die Amerikaner schätzten im übrigen, daß die Konferenz nicht länger als zwei bis drei Wochen dauern werde. Beginnen sollte sie am 12. Oktober 1978 um zwölf Uhr.

Ägypten und Israel erklärten ihr Einverständnis und bestimmten die Teilnehmer. Auf ägyptischer Seite sollte General Gamasi für militärische Fragen zuständig sein, was sich allerdings bereits zwei Tage später änderte. Statt Gamasi wollten die Ägypter nun General Kemal Hassan Ali schicken. Sadat hatte während dieser achtundvierzig Stunden offenbar beschlossen, sich von Gamasi zu trennen und Ali zum neuen Verteidigungsminister zu berufen. Ferner gehörten Butros Ghali, Osama el-Bas, General Taha Magdub, Botschafter Gorbal und Professor

Arian der ägyptischen Delegation an. Letzterer war ein Experte für Internationales Recht.

Zu Israels Delegation gehörten zwei Minister, nämlich Weizman und ich, ferner Meir Rosenne und General Avraham Tamir vom Verteidigungsministerium. In Washington sollten dann noch Botschafter Dinitz und der Gesandte Bar-On dazukommen. Auf meinen Wunsch wurde später noch Aharon Barak nachgeschickt. Leiter der Delegation sollte ich sein.

Der Beschluß der Knesset und die Ankündigung der Konferenz in Blair House weckten im ganzen Lande große Erwartungen. Vielleicht kam es ja nun wirklich zu einem Frieden. Sogar mein Freund Jehuda Tubin aus dem Kibbuz Bet Zera, der mich so scharf getadelt hatte, als ich der Regierung Begin beitrat, schrieb mir nun versöhnt: »Heute morgen verspüre ich den Wunsch, Dir, und sei es nur brieflich, die Hand zu drücken und alles Gute zu wünschen. Ich weiß nur, was man in den Nachrichten durchgesagt hat, und ich habe Dich im Fernsehen gesehen, als im Weißen Haus das Abkommen unterschrieben wurde. Ich sah, daß Du sehr bewegt warst – ebenso bewegt wie vergangenes Jahr bei Deinem Besuch im Todeslager Bergen-Belsen. Ich weiß, wie sehr Dein Herz an Samaria und Judäa hängt und kann mir vorstellen, welch großen Teil Du zum Zustandekommen dieses erstaunlichen Abkommens beigetragen hast.«

Ich erwiderte ihm, auf dem Weg zum Frieden stünden wir noch vor beträchtlichen Barrieren, und es sei nicht sicher, daß wir sie allesamt wegräumen könnten. »Wir wollen es aber hoffen«, schrieb ich. »Ich habe ganz bestimmte Vorstellungen davon, wie die Beziehungen zwischen den Arabern und uns beschaffen sein sollten, und solange man nicht von mir verlangt, gegen meine Überzeugungen zu handeln, will ich tätig bleiben. Ein Friedensvertrag, wenn er zustande kommt, ist selbstverständlich von großer Bedeutung, doch unsere Beziehungen zu den Arabern, mit denen wir leben müssen, sind noch wichtiger – das gilt für die staatliche, die organisatorische wie die menschliche Seite dieser Beziehungen. Kein Friedensvertrag, der das nicht berücksichtigt, kann von Dauer sein.«

Die Amerikaner erleichterten uns unsere Aufgabe in keiner Weise. Die Reise nach Washington sollte ich in New York unterbrechen, um vor der Vollversammlung der UN zu sprechen, und die Amerikaner beschworen mich, in meiner Rede nichts zu sagen, was die Ägypter, die sich »in einer höchst delikaten Lage« befänden, verstimmen könne. »Bringen Sie sie bitte nicht dadurch in Verlegenheit, indem Sie vor den Delegierten der anderen arabischen Staaten einen zu verbindlichen Ton anschlagen. Und sprechen Sie nicht davon, wie sehr Sie die Bereitschaft der Ägypter schätzen, Frieden mit Israel zu schließen.«

Die Vertreter der USA legten es überdies darauf an, bei öffentlichen Auftritten das Rahmenabkommen von Camp David auf eine die arabische Seite begünstigende Weise auszulegen, und das fälschlicherweise. Ich wies Vance schriftlich darauf hin, daß er in seiner Rede vor der Vollversammlung von den in Camp David getroffenen Abmachungen merklich abgewichen sei. Ich erwartete nicht, daß Washington sein Verhalten ändere, wollte aber klarstellen, daß es bei den kommenden Friedensverhandlungen nicht in der Hauptsache darum gehen konnte, »Sadat keinen Ärger zu bereiten«. Wir selber hatten bereits genügend Schwierigkeiten, und die USA sollten wissen, daß Israel an der äußersten Grenze seiner Konzessionsbereitschaft angelangt war.

Am 5. Oktober flogen wir nach New York und bekamen dort »zu Informationszwecken« am nächsten Tag einen Fragenkatalog, den König Hussein der US-Regierung hatte überreichen lassen. Was darin stand, wußten wir schon, denn Radio Amman hatte alle Fragen aufgezählt, und ich muß gestehen, daß ich, als ich sie hörte, glaubte, die Amerikaner würden sich nicht zu einer Antwort bereit finden. Die meisten Fragen waren so provozierend formuliert, als würden sie einem Festgenommenen vom Untersuchungsrichter gestellt, und die Ausstrahlung durch den jordanischen Sender machte klar, daß sie im wesentlichen Propagandazwecken dienten. Dahinter stand eindeutig die Absicht der Jordanier, sich dafür zu rechtfertigen, daß sie den Friedensverhandlungen fernblieben. Von den Amerikanern wurden unter anderem Antworten zum Status von Jerusalem, den israelischen Siedlungen, dem Abzug unserer Streitkräfte, zur Rückkehr der palästinensischen Flüchtlinge und zum Selbstbestimmungsrecht der Palästinenser verlangt.

Die Fragen waren absichtlich so formuliert, daß sie amtliche Stellungnahmen der USA zu Grundsatzfragen provozieren sollten, über die Israelis und Araber grundverschiedener Meinung waren. Zweck der Übung war, die Amerikaner festzunageln. Schon vor Beginn der Verhandlungen, die ja zum Ziel hatten, die bestehenden Differenzen zu überbrücken, sollten die Amerikaner Farbe bekennen: Standen sie auf seiten Israels oder auf seiten der Araber? Deshalb nahm ich an, die Amerikaner würden nicht darauf eingehen. Das war ein Irrtum.

Drei Tage nach Eröffnung der Konferenz in Blair House, auf der ein Friedensvertrag mit Ägypten ausgehandelt werden sollte, teilte mir Saunders vom US-Außenministerium mit, er sei im Begriff, nach Jordanien zu fliegen, und hätte mich vorher gern noch gesprochen. Er brachte Atherton mit, bei mir waren Dinitz und Weizman. Saunders sagte, er wolle unbedingt mit mir über seine bevorstehenden Gespräche mit den Jordaniern reden. Es wäre doch gut, wenn wir auf der gleichen Wellenlänge operierten und unser Interesse an Fortschritten bei Verhandlungen über die West Bank und die Palästinenser zu erkennen gäben. Grundlage seiner Erörterungen mit König Hussein sollen der jordanische Fragenkatalog und die Antworten der Amerikaner sein. Ich erwiderte, daß ich keine Ahnung hätte, was die Amerikaner zu antworten beabsichtigten, sei aber sicher, daß weder Jordanier noch Palästinenser innerhalb des Rahmenabkommens von Camp David verhandeln wollten. Wie vereinbart, trete Israel zunächst in Friedensverhandlungen mit den Ägyptern ein, und erst danach wollten wir über die West Bank und die Palästinenser sprechen. Darauf erwiderte Atherton, er wolle uns die amerikanischen Antworten auf Jordaniens Anfrage zukommen lassen – über die eine oder andere würden wir allerdings nicht sehr glücklich sein.

Im Laufe des Gespräches wurde immer klarer, daß Saunders den Jordaniern Zusagen machen würde, die im Widerspruch zu dem standen, was in Camp David vereinbart worden war. Zusagen, die wir ablehnen mußten. Als ich dies deutlich sagte, entgegnete Saunders, man werde Hussein nichts sagen, was er nicht schon aus dem Munde anderer Vertreter der USA auch früher schon gehört habe. Ich wies ihn darauf hin, daß das Abkommen von Camp David die Palästinenserfrage in einen neuen Rahmen gestellt habe, der sich in vieler Hinsicht von dem unterschied, was durch amerikanische Sprecher früher verlautbart worden sei. Nun, da die Unterschrift des Präsidenten unter dem Abkommen kaum getrocknet war, schien es, als wollten die Amerikaner es nicht nur ignorieren, sondern sie verlangten auch noch unser Einverständnis dazu!

Es wurde ein unerquickliches Gespräch, das mit Streit und

Ärger endete. Mich machte nicht nur wütend, daß die Amerikaner den Text des Rahmenabkommens von Camp David einfach ignorierten. Mich ärgerte ganz besonders ihre vorgetäuschte Arglosigkeit, mit der sie Standpunkte vortrugen, die wir zuvor bereits kategorisch zurückgewiesen hatten, als hätten sie nicht die geringste Ahnung von unserer Ablehnung und erwarteten demzufolge auch jetzt keine.

Atherton übergab uns am 18. Oktober »Präsident Carters Antwort an König Hussein«, die alle unsere Befürchtungen nur zu sehr bestätigte. Carters Antworten verdrehten alles, was in Camp David vereinbart worden war. Sie liefen Israels Sicherheitsbedürfnissen zuwider und standen im Gegensatz zu den von allen israelischen Regierungen vertretenen Grundsätzen; sie widersprachen sogar den eigenen Äußerungen des Präsidenten. So hatte Carter sowohl gegenüber uns als auch in der Öffentlichkeit mehrfach beteuert, jeder Israeli habe das Recht, auf der West Bank und im Gazastreifen Land zu erwerben und sich dort anzusiedeln, keine arabische Behörde dürfe das verhindern. Da schien er nun einen Rückzieher zu machen. In ihrem Eifer, den Arabern gefällig zu sein, hatten diejenigen, welche die Antwort des Präsidenten entworfen hatten, jegliches Maß aus den Augen verloren. Sie »zitierten« sogar falsch aus ihren eigenen Stellungnahmen zum Abkommen von Camp David. So schrieben sie zum Beispiel an Hussein, den Palästinensern solle ermöglicht werden, ihre »legitimen Ansprüche« zu verwirklichen, während im Abkommen einschränkender von »legitimen Rechten« die Rede ist – und diese Einschränkung war erst nach ausgedehnten Erörterungen in Camp David zustande gekommen.

Auf die Frage Jordaniens, was es mit der Anwesenheit von israelischen Streitkräften auf der West Bank und im Gazastreifen auf sich habe, hieß es, die USA hätten nichts einzuwenden gegen »die Stationierung einer begrenzten Zahl israelischen Sicherheitspersonals in festgelegten Bereichen« dieser Gebiete, »vorausgesetzt, es besteht darüber Einvernehmen zwischen beiden Parteien.« Wie großmütig! Zum Status israelischer Siedlungen, die nach Ablauf der fünfjährigen Übergangsphase in den von uns verwalteten Gebieten noch verbleiben könnten, hieß es: »Wir gehen von der Annahme aus, daß dies Gegenstand der Verhandlungen über den endgültigen Status der West Bank und Gazas sein wird.«

Ich ließ Saunders und Atherton wissen, was ich von ihrem Dokument hielt, und übermittelte es umgehend nach Jerusalem, damit die Regierung dazu Stellung nehmen konnte. Es war bedauerlich, daß man im US-Außenministerium immer noch an der irrigen Annahme festhielt, man könne die Araber dadurch gewinnen, indem man einen Zickzackkurs steuerte. Ich erinnerte mich einer Begegnung zwischen David Ben Gurion und Judah Magnes Jahre vor der Staatsgründung. Magnes, Präsident der Hebräischen Universität und sehr um ein Friedensabkommen zwischen den Juden und den Arabern bemüht, meinte, erst wenn ein Friede herbeigeführt sei, sollten wir den Staat gründen, während Ben Gurion behauptete, mit den Arabern könnten wir erst Frieden schließen, wenn wir unseren eigenen Staat hätten.

Daß Saunders mit leeren Händen aus Jordanien heimkommen würde, stand für mich fest. Hussein würde sich an den Verhandlungen nicht beteiligen, doch Präsident Carter lieferte durch seine Antworten denjenigen Arabern, die Israel keine Existenzberechtigung zuerkannten, weitere Munition.

Vor Eröffnung der Konferenz in Washington hatte ich in New York sehr viel zu tun. Ich traf mich mit anderen Außenministern, die ebenfalls zur Eröffnung der UN-Vollversammlung gekommen waren, und bereitete meine Rede vor. Als ersten sprach ich noch am Ankunftstag den iranischen Außenminister in seiner luxuriösen, ganz im persischen Stil gehaltenen Suite im Hotel Waldorf Astoria. Er verbarg nicht seine Sorge über die Geschehnisse in seinem Lande. Die Lage des Schahs verschlechtere sich zusehends, der Ajatollah Chomeini gewinne an Einfluß. Dieser war damals noch in Paris. Das Regime setze alle seine Hoffnungen darein, daß die Armee loyal zum Thron stehe. Er sagte dann zwar, er sei überzeugt, der Schah werde auch diese Krise meistern, doch war seiner bekümmerten Miene abzulesen, wie ihm zumute war.

Tags darauf war ich eine Stunde bei Vance in dessen Hotel. Unser Gespräch drehte sich hauptsächlich um den Libanon. In bezug auf die bevorstehende Konferenz in Blair House beschränkten wir uns auf die Erörterung von Verfahrensfragen. Ich sagte, uns liege vordringlich daran, festzustellen, um was für eine Art Frieden es dabei gehen sollte – wir wünschten einen echten Frieden, also ein gutnachbarschaftliches Verhältnis, diplomatische Beziehungen, Handels- und Kulturabkommen, unbeschränkte Bewegungsfreiheit für Touristen und sonstige Reisende. Vance meinte, er stimme mit mir überein und werde mir den Vertragsentwurf zukommen lassen, den die Amerikaner vorbereitet hatten. Schon der erste Absatz behandle das von mir angeschnittene Thema: die Beschaffenheit des Friedens.

Am Vormittag des 9. Oktober 1978 hielt ich meine Ansprache vor der Vollversammlung. Ich faßte mich kurz, stellte Israels Haltung zu Fragen der Außenpolitik dar, erwähnte die Schwierigkeiten, die man den Juden in der Sowjetunion mache und die Verfolgungsmaßnahmen seitens der syrischen Regierung. Das Abkommen von Camp David streifte ich nur kurz und griff ein einziges Detail heraus: Jerusalem. Dies würde bei der kommenden Konferenz ein Streitpunkt werden, und mir lag daran, Israels Haltung eindeutig darzustellen.

»In unseren Augen ist Jerusalem die ewige Hauptstadt Israels und die einzige. Wir haben keine andere, werden auch nie eine andere haben, einerlei, ob andere Staaten Jerusalem als unsere Hauptstadt anerkennen oder nicht. Die Ewige Stadt ist drei Religionen heilig: der jüdischen, der islamischen und der christlichen, doch uns verbindet nicht nur die Religion mit dieser Stadt, für uns ist sie auch ein nationales Symbol. Jerusalem verdanken wir, daß wir die jüdische Identität und das Bewußtsein von der Existenz eines jüdischen Volkes Jahrhunderte hindurch aufrechterhalten konnten, sowohl während der Zeit der Herrschaft über die Stadt als auch während unseres langwährenden Exils.«

Die Delegationen der Araber verließen üblicherweise geschlossen den Saal, sobald der Vertreter Israels zum Rednerpult ging. Diesmal aber war es etwas anders: Die Vertreter Ägyptens und Bahrains blieben sitzen.

Während meiner Ansprache ließ Generalsekretär Kurt Waldheim meiner Delegation ausrichten, ihm sei daran gelegen, mich nach meiner Rede zu sprechen. Ich traf ihn in seinem Büro in Gesellschaft von Brian Urquhart, seinem Stellvertreter. Das Gespräch war kurz. Waldheim freute sich, daß im Abkommen von Camp David zur Überwachung der Einhaltung des Friedens UN-Kontingente vorgesehen waren, denn dies sei schließlich die eigentliche Aufgabe der Vereinten Nationen. Ich sagte, daß wir uns in diesem Punkt gewiß einig seien, erinnerte ihn aber auch daran, daß die UN und ihre Truppen 1967 bei Scharm el-Scheich ihre Aufgabe bedauerlicherweise nicht bewältigt hatten. Sie hatten ihren Auftrag zurückgegeben, ihre Stellungen im Stich gelassen und damit den Krieg zwischen Israel und Ägypten ausgelöst. Waldheim lenkte rasch das Thema auf den Libanon. Wir waren beide der Meinung, daß die Situation dort tragisch sei. Eine Lösung sei nur von einer libanesischen Regierung und libanesischen Streitkräften zu erwarten, die stark genug seien, um für Ruhe im Lande zu sorgen. Davon konnte in diesem Moment keine Rede sein, die Herrschaft wurde von Syrern und Palästinensern ausgeübt, während die Libanesen sich untereinander bekämpften – Christen gegen Moslems und deren einzelne Fraktionen untereinander.

Die Unterredung hatte keinerlei praktisches Ergebnis, und ich weiß nicht, weshalb Waldheim mich zu sich gebeten hat, doch es freute mich, Brian Urquhart kennengelernt zu haben, denn auf ihn war ich neugierig, seit ich von ihm gehört hatte. Er hatte – meines Wissens der einzige Fall – einen Probeabsprung überlebt, bei dem sich der Fallschirm nicht öffnete. Bewußtlos, mit zahllosen Knochenbrüchen, wurde er auf einem gepflügten Acker gefunden. Aber er lebte. Seine Ärzte rechneten, daß sie zwei Jahre benötigten, bis sie ihn wieder zusammengeflickt hätten – und daß er ein Krüppel bleiben würde. Statt dessen tat er neun Monate später wieder aktiven Dienst, wurde Nachrichtenoffizier im Stab von General Browning, der die britischen Luftlandetruppen kommandierte, die im September 1944 im Gebiet von Arnheim absprangen.

Am folgenden Vormittag – dem Tag vor Jom Kippur – führten Weizman und ich in Washington ein Vorgespräch mit Präsident Carter; die Blair-House-Konferenz sollte zwei Tage darauf beginnen, am 12. Oktober. Außer Carter waren Mondale, Vance, Brzezinski und Atherton anwesend. Carter sagte, wir müßten rasch zu einer Einigung kommen, und zwar vor Beginn der Konferenz von Bagdad am 1. November. Nicht nur diese Konferenz, sondern auch andere Umstände würden Sadat das Leben schwer- und ihn weniger geneigt machen, Frieden zu schließen. Auf meine Frage, wann Sadat bereit sein werde, diplomatische Beziehungen zu Israel aufzunehmen, schätzte Carter: etwa vier bis sechs Wochen nach unserem Rückzug auf die Linie El-Arisch-Ras Mohammed.

Zunächst redeten wir über militärische Angelegenheiten. Weizman sagte, auch uns sei an einem baldigen Abzug aus dem westlichen Sinai gelegen, doch sei das nicht so einfach, denn allein der Bau von zwei neuen Flughäfen anstelle derer, die wir räumen mußten, koste etwa zweieinhalb Milliarden Dollar. Carter entgegnete mit einem Lächeln, das aber nicht über den Ernst der Dinge hinwegtäuschen konnte, ihm sei es ein Rätsel, wie unser Verteidigungsminister es fertiggebracht habe, die USA zur Anlage zweier Flugplätze zu verpflichten, obgleich ihm, Carter, nur von einem bekannt sei. Vance bestätigte, es sei immer von zweien die Rede gewesen. Den Worten des Präsidenten entnahm ich, daß die USA die Rechnung bezahlen würden.

Nachdem noch über die UN-Kontingente und die Installierung von Frühwarnsystemen nach Abzug der israelischen Truppen vom Sinai geredet worden war, kam Carter auf die Palästinenser. Er schlage vor, wir sollten während der drei Monate, in denen über Gaza und die West Bank verhandelt werde, keine neuen Siedlungen errichten. Ich entgegnete, ich werde Premier Begin nicht empfehlen, auch nur ein Wort in dem Schreiben zu ändern, das er über dieses Thema am 17. September 1978 dem Präsidenten in Camp David zugeleitet habe (und worin Begin ausdrücklich festhielt, daß die Dreimonatsfrist sich auf die Dauer der israelisch-ägyptischen Friedensverhandlungen, nicht aber die der Autonomieverhandlungen für Gaza und die West Bank bezog). Über dieses Thema war früher schon ausgiebig genug geredet worden, und es hatte keinen Sinn, sich noch einmal mit den Details zu befassen. Nächstes Thema war Sadats Wunsch, die Palästinenserfrage mit den israelisch-ägyptischen Friedensverhandlungen zu verknüpfen. Dazu sagte Carter, irgendwie müßten wir es fertigbringen, die Palästinenser an den Konferenztisch zu holen.

Meine Erfahrungen in Camp David hatten mich gelehrt, daß es im Gespräch mit dem Präsidenten und seinen Beratern das beste war, offen seine Meinung zu äußern. Also sagte ich ihm, dafür gäbe es kein Patentrezept. Je mehr Amerikaner, Ägypter und Israelis sich in ihre Angelegenheiten einmischten, desto mehr würden sich die Palästinenser gegängelt fühlen und desto widerspenstiger würden sie sich verhalten. Ein Friedensvertrag zwischen Ägypten und Israel wäre da ein tauglicheres Mittel. Würde den palästinensischen Arabern einmal deutlich, daß unsere beiden Staaten unerschütterlich einen Friedensschluß anstrebten, dann würden sie sich schließlich auch beteiligen wollen. Brzezinski und Vance vertraten die Meinung, daß für Sadat alles einfacher wäre, wenn man die Friedensverhandlungen mit den Ägyptern mit Gesprächen über die West Bank und Gaza verknüpfe. Sadat fühle sich mehr und mehr in der arabischen Welt isoliert, man werfe ihm vor, gegen die langfristigen Interessen der arabischen Völker zu handeln und einzig den Nutzen Ägyptens im Auge zu haben. Carter schaltete sich mit der Bemerkung ein, er habe eine Einladung Sadats nach Ägypten erhalten, doch der Termin stehe noch nicht fest; von einem möglichen Besuch in Israel sagte er nichts.

Auf dieser Besprechung wurden keine Beschlüsse gefaßt. Es fand nur ein Meinungsaustausch statt, die Absichten der Amerikaner wurden dabei aber erkennbar. Während der kommenden drei Monate sollte von unseren Siedlungen nicht die Rede sein, denn wir selber hatten ja gesagt, wir wollten von der Anlegung neuer Siedlungen während dieser Zeit absehen. Die Konferenz in Blair House wollten sie so rasch wie möglich hinter sich bringen – zwei bis drei Wochen hatte der Präsident gemeint, könne sie dauern. Und schließlich: Die USA würden sich dem Wunsch der Ägypter anschließen, eine Erörterung der Palästinenserfrage mit den israelisch-ägyptischen Friedensverhandlungen zu koppeln, sie würden aber nicht darauf beharren, wenn dies bedeute, daß dann kein Friedensvertrag zustande käme.

Um achtzehn Uhr verließen wir das Weiße Haus. Da es der Vorabend von Jom Kippur war, schickten wir die Wagen weg und eilten zu Fuß in die Synagoge.

Am folgenden Abend, Jom Kippur war vorüber, kam ich mit Butros Ghali zusammen, der gemeinsam mit seinem Delegationschef Kemal Hassan Ali bei Weizman im Hotel saß und mir nun sein Herz ausschüttete: Die Ägypter hätten es doch sehr schwer, und ob ich nicht unsere Regierung zu einigen »Gesten« bewegen könne, die ihnen das Leben erleichterten. Er und Ali waren auch schon bei Carter gewesen, und der hatte sie auch gedrängt, sich mit den Verhandlungen möglichst zu beeilen. Er, Ghali, sei ja eindeutig dafür, doch müsse man zwei Dinge berücksichtigen. Ägypten stehe inzwischen ganz allein in der arabischen Welt und rechne darauf, daß die USA ihre Verbündeten, Jordanien und Saudi-Arabien, dazu bewegen, Sadat zu unterstützen. Zweitens sei da noch die Palästinenserfrage, und zu deren Lösung müsse nun Israel etwas beitragen. Die »Gesten«, von denen er zuvor gesprochen hatte, könnten so aussehen: Umgruppierung unserer Streitkräfte in Gaza und auf der West Bank – also größere Entfernung von den arabischen Wohngebieten; Beendigung der Militärregierung; Freilassung inhaftierter Araber (die Strafen wegen Terroranschlägen verbüßten).

Ich sagte zu Ghali, daß mir durchaus bewußt sei, welche Schwierigkeiten Ägypten habe, auch nähme ich die Attacken der übrigen Araber auf Sadat keineswegs leicht, doch Zweck der Konferenz in Blair House sei der Abschluß eines ägyptisch-israelischen Friedensvertrages, nicht die Behandlung des Palästinenserkomplexes. Ich für meine Person wolle mich nicht darauf einlassen, diese beiden Themen zu verbinden. Ghali konnte seine Enttäuschung nicht verhehlen und ging wieder zu Weizman hinüber.

Die Konferenz in Blair House wurde offiziell am nächsten Morgen mit einer kurzen Zeremonie im Weißen Haus eröffnet. Präsident Carter versah seine guten Wünsche für den Erfolg der Verhandlungen mit Lobsprüchen auf Sadat und Begin und betonte die Pflicht der Vereinigten Staaten, nach Kräften dafür zu sorgen, daß die Gespräche mit dem Abschluß eines Friedensvertrages endeten. Kemal Ali antwortete für die ägyptische, ich für die israelische Delegation. Alle Anwesenden applaudierten, Kameras klickten, Blitzlicht flammte auf, und damit war die Zeremonie vorüber. Wir tauschten einen Händedruck mit dem Präsidenten und begaben uns nach Blair House an die Arbeit.

Zur Eröffnungssitzung fanden sich alle drei Delegationen zusammen. Auf Vorschlag von Vance sollten zwei weitere Sitzungen folgen, eine mit den Amerikanern und uns, eine mit den Amerikanern und den Ägyptern. Eine weitere gemeinsame Sitzung aller drei Delegationen würde den Tag beschließen. Auf diese Weise wären die amerikanischen Beauftragten in der Lage, die Standpunkte der beiden eigentlichen Verhandlungspartner kennenzulernen. Sie würden erfahren, wo sich Differenzen abzeichneten, und ihrerseits Vorschläge zu deren Überbrükkung machen können. Wir und die Ägypter wiesen gleich eingangs darauf hin, daß unsere Zustimmung zu Kompromißformeln notgedrungen nur vorläufig sein könne, weil sie jeweils von der Zustimmung unserer Regierungen abhängig war.

Nach der gemeinsamen Sitzung, die nur kurz währte, traten wir zur ersten Besprechung mit den Amerikanern zusammen. Auf der Tagesordnung stand der von ihnen erarbeitete Entwurf eines Friedensvertrages, den sie uns und den Ägyptern am Vorabend übergeben hatten. Nach sorgfältiger Prüfung war unsere Delegation übereingekommen, ihn als Diskussionsgrundlage zu akzeptieren. Die Ägypter taten das gleiche, selbstverständlich behielten sie sich ebenso wie wir vor, Änderungen vorzuschlagen, wo sie mit dem Inhalt nicht übereinstimmen konnten.

Wir gingen also den Entwurf mit den Amerikanern Absatz für Absatz durch, wobei Meir Rosenne, der Rechtsberater des Außenministeriums, auf unserer Seite im wesentlichen das Wort führte. Er sagte, welche Artikel wir annehmbar fänden, welche Änderungen in anderen Artikeln wir vornehmen wollten. Die Amerikaner nahmen unsere Vorbehalte und Vorschläge zur Kenntnis. Fanden sie etwas übertrieben, suchten wir gemeinsam nach Formulierungen, die für uns akzeptabel waren und gegen die die Ägypter keine allzu entschiedenen Einwände erheben würden.

Zu den Hauptpunkten, die wir abgeändert haben wollten, gehörte der Zeitplan für die Aufnahme diplomatischer Beziehungen. Wir wollten sie gleichzeitig mit unserem Rückzug auf die Linie El-Arisch–Ras Mohammed. Ein weiterer betraf die UN-Kontingente auf dem Sinai. Wir verlangten eine präzise Definition der Art, Aufgabe und Befugnisse dieser Truppen, eine genaue Unterscheidung von »Beobachtern«, welche die Durchführung des Abkommens hinsichtlich Stärke und Bewaffnung der in den vorgesehenen Zonen stationierten Truppen überwachen sollten, welche wir räumten. Auch hatten wir Bedenken gegen die Anrufung des Internationalen Gerichtshofes in Den Haag, falls Ägypten den Vertrag anders interpretierte als wir und umgekehrt. Schließlich wünschten wir, daß die ungehinderte Schiffahrt im Golf von Eilat, die Öllieferungen aus den von uns aufgegebenen Ölfeldern und die kontinuierliche Tätigkeit der amerikanischen Frühwarnstationen im Sinai verbindlicher zugesagt würden, als dies der Fall war.

Nach Ende der Sitzung unterrichtete Vance mich von Carters bevorstehendem Besuch im Nahen Osten. Der Präsident wolle, falls er nach Ägypten reise, bei dieser Gelegenheit auch Israel gern einen Besuch abstatten. Über die laufende Konferenz äußerte er sich optimistisch. Die Ägypter hätten »nicht übel« auf den amerikanischen Entwurf reagiert. Bei beiderseitigem guten Willen sollten sich die Differenzen zwischen ihnen und uns beilegen lassen. Ich erwiderte darauf nur: »Hoffen wir's«, aber auf arabisch, was mir derzeit in Blair House besonders angemessen erschien. »Inschallah«, sagte ich.

Am nächsten Vormittag saßen wir zwei Stunden mit den

Amerikanern zusammen, die einen neuen Entwurf vorlegten. Die unumstrittenen Artikel waren im vereinbarten Wortlaut stehengeblieben, die umstrittenen in zwei Versionen aufgeführt – der ägyptischen und der israelischen.

Die Ägypter verlangten, der israelisch-ägyptische Friedensvertrag müsse mit der Palästinenserfrage verknüpft werden, und eine Präambel die Aussage enthalten, es sei dies der erste Schritt zu einem umfassenden Abkommen. Dagegen wandte Rosenne ein, falls keine weiteren Schritte erfolgten, könnten die Ägypter behaupten, unser Vertrag sei damit ungültig. Nun zeigte sich aus dem, was die Amerikaner über ihre Gespräche mit den Ägyptern berichteten, daß die Differenzen zwischen jenen und uns keineswegs unbedeutend und der Zahl nach gering waren. Haupthindernis war die Forderung der Ägypter, den jetzt zu erarbeitenden Friedensvertrag mit einer Übereinkunft über das Autonomiestatut für die Palästinenser, insbesondere für die arabischen Bewohner des Gazastreifens zu verbinden. Ich sagte zu Vance, die Ägypter sollten aufhören, darauf zu dringen, denn sonst könnten wir gleich heimfahren. Wir seien nicht hier, um über die Palästinenser zu reden. Auf der Konferenz in Blair House solle, wie vereinbart, einzig ein Friedensvertrag zwischen Ägypten und Israel ausgehandelt werden. Wir hätten über unsere gemeinsame Grenze zu reden, die, wie in Camp David ausgemacht, übereinstimmen solle mit der ehemaligen Mandatsgrenze. Der Gazastreifen liege auf unserer Seite dieser Grenze, mithin könne darüber nur im Rahmen der Autonomieverhandlungen geredet werden.

Am Ende dieser Sitzung schienen die Aussichten schon viel weniger rosig als am Vortag. Überdies hatte die Regierung in Jerusalem bislang weder den amerikanischen Entwurf noch unsere Änderungsvorschläge geprüft. Ich sagte zu Vance, dies werde auf der nächsten Kabinettssitzung am folgenden Sonntag geschehen, und ich sei keinesfalls sicher, daß unsere hier gemachten Vorschläge dabei gebilligt würden. Vance sah das ein. In Camp David und bei seinen Aufenthalten in Israel war ihm nicht verborgen geblieben, daß meine Ansichten und die Begins (sowie etlicher Minister) nicht immer übereinstimmten. »Aha«, sagte er, »Sie müssen also nach zwei Seiten verhandeln – mit den Ägyptern und Ihrer Regierung.«

Weil ich mir keinerlei Illusionen darüber machte, wie schwer beides sein würde, teilte ich den Optimismus meiner Mitarbeiter in Blair House nicht, die nach der ersten Lektüre des amerikanischen Entwurfes meinten, die meisten Artikel seien grundsätzlich annehmbar für uns. Ich glaubte auch nicht, wie Carter und einige meiner Mitarbeiter, daß wir mit den Verhandlungen zügig vorankommen würden. Ich kannte jetzt die beiden Männer, deren Stimme in der ägyptischen Delegation den Ausschlag gab – in Rechtsfragen el-Bas, in politischen Butros Ghali –, und ich sah sie schon im amerikanischen Entwurf Änderungen anbringen, die wir nicht hinnehmen konnten.

Was meine Regierung anging, so wußte ich, daß man mir die Arbeit in Blair House nicht erleichtern würde. In Camp David, wo Begin die Delegation geführt hatte, stimmten Minister, die über den Gang der Verhandlungen durchaus nicht glücklich waren, trotzdem nicht gegen das Abkommen, weil sie nicht wagten, Begin zu widersprechen. Doch dies war jetzt selbstverständlich anders, denn Begin und sie saßen in Jerusalem, und ich leitete die Delegation in Washington. Die Mehrzahl der Minister sah ihre Aufgabe darin, aufzupassen und zu verhindern, daß ich nicht zu nachgiebig war und »Israel verkaufte«. Als wenige Tage nach Beginn der Konferenz der Strom von Anweisungen aus Jerusalem immer mehr zunahm, bat ich den Premier telefonisch, er möge mir Barak zur Verstärkung schicken. Das war nicht so einfach, denn Barak war nicht mehr, wie zu Zeiten von Camp David, Generalstaatsanwalt, sondern Richter am Obersten Gerichtshof, und einige seiner Kollegen waren dagegen, daß er eine so ausgesprochen politische Mission übernahm. Auch einige ranghohe Mitglieder der Delegation erhoben Einwände, denn sie glaubten, die Verhandlungen müßten in wenigen Tagen beendet sein und besonders knifflige Fragen, die ein Eingreifen Baraks erforderlich machten, seien nicht zu gewärtigen. Ich sagte ihnen, sie könnten sich über mich beim Ministerpräsidenten beschweren, ich aber brauche Barak.

Die weitere telefonische Unterhaltung mit Begin war alles andere als erfreulich. Ich sagte, ich kenne die Einstellung einiger Minister zu meiner Person, etliche hätten auch offen gesagt, sie wollten selber an der Konferenz teilnehmen. »Was mich angeht, so steht es Ihnen frei, so viele Minister zu schicken, wie Sie wollen, auch Berufsdiplomaten. Und wenn Sie meinen, Barak allein reiche als Verstärkung der Delegation nicht aus, schicken Sie noch mehr Leute.«

Begin sagte, er denke nicht daran, weitere Minister herzuschicken, doch dann waren wir unversehens wieder bei unserem alten Streitpunkt: Konnte ich frei verhandeln oder mußte ich jeden meiner Schritte genehmigen lassen? Er verlangte, wir sollten ihn wegen jeder beabsichtigten Änderung im Wortlaut des amerikanischen Entwurfes konsultieren, und zwar bevor wir den Amerikanern unsere Vorschläge unterbreiteten. Ich hatte jetzt ebensowenig Neigung, darauf einzugehen, wie früher schon, und sagte dem Premier, dies sei ausgeschlossen. Wir könnten nicht stumm wie die Fische dasitzen, während der Präsident oder Vance etwas sagten, alsdann ans Telefon laufen und erst nach Konsultation mit Jerusalem annehmen, ablehnen oder einen Kompromiß vorschlagen. Was immer wir hier aushandelten, müsse ja ohnedies von der Regierung gebilligt werden. Ich versicherte ihm, Meir Rosenne werde ihn auf dem laufenden halten; er und seine Regierung hätten in jedem Fall das letzte Wort.

Anders als für die Verhandlungen allgemeiner Art verlangte ich für solche spezieller Art – also etwa die geplanten Öllieferungen und Transaktionen in finanzieller Hinsicht – von Begin nicht freie Hand, schlug vielmehr vor, verantwortliche Experten von den entsprechenden Behörden sollten das aushandeln; er möge jemand aus dem Finanz- und Energieministerium entsenden, und wir würden diesen Leuten helfen, so gut wir könnten. Darauf ging Begin ein, versprach auch, Barak zu schicken, der dann am 18. Oktober ankam.

Barak hielt hinfort gemeinsam mit Rosenne und Froike Poran (Begins Verbindungsmann zum Militär, der ebenfalls zur Delegation gehörte) den Ministerpräsidenten hinsichtlich »eines jeden Artikels« des amerikanischen Entwurfes auf dem laufenden. Barak und Rosenne meinten, Begin zeige viel Verständnis für unsere Verhandlungsführung und er schirme die Delegation gegen Forderungen und Klagen unserer Kritiker in der Regierung ab.

Mit den Amerikanern hatten wir es ebenfalls nicht leicht. Für Vance, der zwei Tage nach Beginn der Konferenz eine Reise nach Südafrika antrat, kam Atherton, der weder Autorität noch das Stehvermögen von Vance besaß. Wie er mit den Ägyptern verfuhr, weiß ich nicht, im Gespräch mit uns suchte er jedenfalls immer den leichtesten Weg, und der bestand in der Ermahnung, wir sollten die Vorschläge der Ägypter annehmen. Auch mit der von den Amerikanern angefertigten Karte, die den phasenweisen Rückzug darstellte, gab es eine Panne. Aus irgendeinem Grunde ließen sie die Linie El-Arisch–Ras-Mohammed östlich unserer Siedlung Naot-Sinai verlaufen, womit diese in das von uns in der ersten Phase zu räumende Gebiet zu liegen kam, statt, wie ausgemacht, erst in der zweiten Phase, drei Jahre später. Dieser Fehler wurde nach einigem Hin und Her schließlich berichtigt, was allerdings unseren Verdacht, die Amerikaner taktierten einseitig zugunsten der Ägypter, nicht gerade beschwichtigte.

Die Gespräche zu jeweils zwei und drei Parteien gingen ohne merkliche Fortschritte weiter. Beide Seiten beharrten auf ihren Positionen. Düsterkeit zog in die Räume von Blair House ein. Als Carter hörte, daß wir in einer Sackgasse waren, erklärte er sich bereit, uns zu helfen, falls wir es wünschten. Uns kam das gelegen und wir baten ihn, unsere Delegation zu einem Gespräch zu empfangen.

Auch den Ägyptern machte zu schaffen, daß es nicht von der Stelle ging. Die arabische Presse berichtete ausführlich über die Washingtoner Gespräche und beschuldigte Ägypten, vor Israel in die Knie zu gehen. Butros Ghali fragte im Auftrag von Sadat, ob eine Abordnung hochgestellter ägyptischer Persönlichkeiten den Gazastreifen besuchen, mit den dortigen Bewohnern sprechen und sich deren Unterstützung versichern könne? Wir empfahlen dem Premier, diesem Wunsch zu entsprechen, und er gab sein Einverständnis. Als ich Ghali dies mitteilte, geriet er in Verlegenheit, denn unterdessen war man anderen Sinnes geworden und hatte das Vorhaben verworfen. Wie sich später herausstellte, hatte Kairo seine Fühler nach Gaza ausgestreckt und in Erfahrung gebracht, daß eine solche Delegation mit feindseligen Demonstrationen und dem Ruf »Nieder mit Sadat!« empfangen werden sollte.

Am Nachmittag des 17. Oktober ging ich mit Weizman, Dinitz, Rosenne und Rubinstein ins Weiße Haus, wo Carter, Mondale, Brzezinski, Atherton, Quandt und Jordan uns erwarteten.

Carter fragte mich, wie ich den Stand der Verhandlungen beurteile. Ich erwiderte, ich sähe drei wesentliche Hindernisse; die wolle ich ihm gleich nennen und sodann drei Ersuchen an die Vereinigten Staaten richten.

Erstes Hindernis sei, Ägypten könne schlecht einen Friedensvertrag mit Israel schließen, wenn es durch Verträge mit anderen arabischen Staaten verpflichtet sei, bei einem eventuellen Krieg gegen Israel zu kämpfen. Daher müßten wir in den Vertrag eine Klausel aufnehmen, die den »Vorrang dieses Vertrages vor allen sonstigen bestehenden Verträgen« festlege.

Rosenne erklärte, daß Ägypten mit anderen arabischen Staaten etwa fünfzig Verträge abgeschlossen habe, die es unter bestimmten Umständen zu feindseligen Handlungen gegen Israel verpflichteten. Eigentlich müßten wir die Aufkündigung all dieser Verträge verlangen, doch sei dies den Ägyptern aus politischen Gründen nicht zuzumuten. Deshalb stellten wir nur auf den aktuellen Konfliktfall ab, und in einem solchen müsse der Vertrag mit uns Vorrang haben. Dies müsse jetzt festgelegt werden, denn sonst gingen wir mit Ägypten einen Vertrag ein, wohl wissend, daß es anderweitig schon vertraglich gebunden sei. Carter fragte Atherton, wie die Ägypter dazu stünden. Die wären der Meinung, erwiderte Atherton, Israel möge sich mit einer allgemein gehaltenen Formulierung begnügen. Das kam jedoch selbst den Amerikanern nicht ausreichend vor. Rosenne erläuterte weiter, daß nach internationalem Recht früher geschlossene Verträge Vorrang vor später geschlossenen hätten. Nähme man unseren Vorschlag nicht an, sei ein jetzt etwa zustande kommender Friedensvertrag null und nichtig. Carter sagte, er treffe sich abends mit der ägyptischen Delegation und werde das zur Sprache bringen.

Das zweite Hindernis war das Bestehen der Ägypter auf einer Koppelung des Friedensvertrages mit der Palästinenserfrage. Ich sagte Carter, daß wir die im Rahmenabkommen von Camp David übernommenen Verpflichtungen genau erfüllen wollten, unser Friedensvertrag mit Ägypten dürfe jedoch nicht zum Bestandteil eines anderen Abkommens gemacht werden. Dieser Vertrag sollte als eigenständiger geschlossen und in Kraft gesetzt werden. Im ersten amerikanischen Entwurf sei dieser Punkt enthalten gewesen und die Regierung Israels habe zugestimmt, die Ägypter hingegen abgelehnt. Sie verlangten eine engere Verknüpfung des Vertrages mit dem Palästinenserproblem. Darauf könnten wir nicht eingehen, denn dies bedeute, daß der israelisch-ägyptische Friedensvertrag ungültig werde, falls ein Abkommen über die Palästinenser nicht zu erreichen sei. Die Ägypter könnten dann behaupten, Voraussetzung für die Gültigkeit unseres Friedensvertrages sei, daß ein derartiges Abkommen geschlossen werde. Carter bemerkte, er sei gewiß, es könne nicht die Absicht Sadats sein, solche Stolpersteine auf dem Pfad zum Frieden auszulegen; wir müßten mehr Verständnis für seine Lage gegenüber den anderen arabischen Staaten aufbringen. Er sagte jedoch zu, auch dies am Abend mit den Ägyptern besprechen zu wollen.

Das dritte Hindernis, fuhr ich fort, stelle die Aufnahme diplomatischer Beziehungen und der Botschafteraustausch dar. Anfangs hätten die Ägypter zugestimmt, daß dies gleichzeitig mit der Rückverlegung unserer Truppen auf die Linie El-Arisch–Ras Mohammed stattfinden solle, nun aber wünschten sie, daß dieser Vorgang sich »nach und nach« abspiele. Sie wollten zunächst einmal einen Austausch von Geschäftsträgern, und erst nach einiger Zeit, vielleicht nachdem wir den ganzen Sinai geräumt hätten, sollten volle diplomatische Beziehungen aufgenommen werden. Dies bedeute eine Verzögerung von drei Jahren. Zugleich aber verlangten sie, wir sollten unseren Abzug beschleunigen – und zwar über das in Camp David vereinbarte Tempo hinaus – und ihnen El-Arisch bereits sechs Monate nach Unterzeichnung des Vertrages zurückgeben. Dazu bemerkte Carter, er stehe in diesem Punkt ganz auf unserer Seite. Über dieses Thema habe er selbst in Camp David mit Sadat gesprochen, und der ägyptische Staatspräsident sei, wenn auch nach einigem Zögern, einverstanden gewesen, sogleich nach Beendigung der ersten Räumungsphase volle diplomatische Beziehungen zu Israel aufzunehmen.

Während der Abwesenheit von Vance beteiligte sich Brzezinski sehr aktiv an den Beratungen, und zwar in äußerst tendenziöser Art. Hier, in Anwesenheit des Präsidenten und eines Protokollführers, der alles Gesagte festhielt, versuchte er, uns durch hinterhältiges, nur anscheinend argloses Fragen zu Positionen zu verleiten, die wir immer strikt abgelehnt hatten. So etwa hatten wir uns stets geweigert, über den künftigen Status der von uns verwalteten Gebiete zu sprechen, weil dies nicht auf der für Blair House festgelegten Tagesordnung stand, doch kaum hatten wir das Thema Botschafteraustausch nach Beendigung der ersten Phase unseres Abzuges abgehakt, fragte er sofort, ob wir danach den Arabern aus dem Gazastreifen freistellen würden, nach El-Arisch zu übersiedeln, das ja dann nach dem neuen Grenzverlauf auf ägyptischem Territorium liege. Darauf erwiderte ich, sobald normale diplomatische Beziehungen bestünden, sei auch ein ungehinderter Personenverkehr zwischen beiden Ländern, also auch zwischen Gaza und El-Arisch vorgesehen. Daß ich diesen ungehinderten Verkehr mit der Normalisierung der Beziehungen in so engen Zusammenhang brachte, paßte Brzezinski offensichtlich nicht.

Carter sagte nun, er habe vier Sachverhalte notiert, die einer Klärung bedürften: Die UN-Truppen; der Golf von Eilat als internationale Wasserstraße; die Öllieferungen und die Überprüfung des Vertrages nach Ablauf einer gewissen Frist. Ich erklärte ihm, da über diese Dinge noch verhandelt werde, hätten wir sie jetzt nicht zur Sprache bringen wollen. Über die Öllieferungen solle ein Expertengremium entscheiden, das sei bereits ausgemacht. Was die UN-Truppen anbetreffe, so sähe ich zwei Möglichkeiten, falls es den Vereinten Nationen nicht gelinge, wie im Friedensvertrag vorgesehen, ein internationales Kontingent zusammenzustellen: Entweder würde dessen Funktion von einer amerikanischen oder von einer gemischten ägyptisch-israelischen Truppe wahrgenommen werden. Auf keinen Fall würden wir vom Sinai abziehen, wenn die Kontrolle über das geräumte Gebiet einzig den Ägyptern übertragen werde.

Dann erinnerte ich den Präsidenten daran, daß ich ihm noch einige Bitten vortragen wollte, die sich auf das Verhältnis zwischen unseren beiden Ländern bezogen. Zum ersten sollten die USA die Verantwortung dafür übernehmen, daß Ägypten einen mit uns geschlossenen Vertrag später nicht einseitig aufkündige. Wir hätten Bedenken, daß Ägypten, sobald wir den Sinai geräumt hätten, die Bedingungen des Vertrages nicht mehr erfüllen könnte. Rosenne las nun einen von uns aufgesetzten Schriftsatz vor. Carter hörte lächelnd zu und bemerkte, er habe ja nicht grundsätzlich etwas dagegen, unseren Vertrag durch die USA in irgendeiner Form garantieren zu lassen, doch müsse das ja wohl nicht gerade in der von Rosenne vorgetragenen Manier geschehen. Dann wurde er ernst und fragte, ob wir etwas dagegen hätten, wenn er eine solche Erklärung auch den Ägyptern gäbe, für den Fall, daß Israel den Vertrag breche? Damit waren wir einverstanden. Nun warf Brzezinski ein, ob ein Vertragsbruch vorliege, müßten in jedem Fall allein die Amerikaner entscheiden. Carter bat um Überlassung einer Abschrift unseres Vorschlages. Es freute mich, daß er vor der Idee als solcher nicht zurückschreckte, sondern eine derartige Einbeziehung der USA in dieses Vertragsverhältnis als im amerikanischen Interesse liegend erachtete.

Zum Schluß kam ich auf die amerikanische Finanzhilfe im Zusammenhang mit dem Vorhaben zu sprechen, deren Ausführung unmittelbar durch die Räumung der Halbinsel Sinai erforderlich wurde. Es würden, so legte ich dar, durch die Rückführung unserer Streitkräfte und der Zivilbevölkerung auf israelisches Territorium enorme Kosten entstehen, Aufwendungen von mehr als zweieinhalb Milliarden Dollar allein für das Militär. Verteidigungsminister Weizman erläuterte dies im einzelnen: Es ging um den Bau neuer Luftwaffenstützpunkte; Verlegung von Einrichtungen der Bodentruppen; Anlegung einer Infrastruktur für die Versorgung der neuen Basen – also Straßen, Wasserleitungen, Stromversorgung etc. Wir überließen den Ägyptern die durch uns im Laufe von mehr als zehn Jahren errichtete Infrastruktur und einige Einrichtungen, sie bekämen »eine geordnete und gut organisierte Halbinsel Sinai« quasi als Geschenk, wir hingegen müßten uns im südlichen Negev von Grund auf neu einrichten.

Carter versprach, unsere Forderungen vom Pentagon prüfen zu lassen, er selbst sei aber nicht in der Lage, sich zur Übernahme auch nur eines minimalen Anteils der Kosten zu verpflichten. »Wir haben Ihnen jahrelang große Geldbeträge gegeben und haben eigentlich gehofft, sie reduzieren zu können, sobald der Friede in Sicht kommt.«

Solange es nur um Kosten für militärische Zwecke ging, bewahrte Carter seine Gelassenheit, hörte aufmerksam zu, versprach allerdings nichts. Als ich dann aber nochmals auf die mit der Verlegung der vierzehn zivilen Siedlungen zusammenhängenden Ausgaben zu sprechen kam, hieß es, Amerika betrachte diese Siedlungen seit je als illegal und als Hemmnis für einen Friedensschluß, und für deren Rückverlegung finanzielle Hilfe zu erwarten, sei doch wohl eine Zumutung! »Seit 1967 haben wir diesen Standpunkt eingenommen. Sie haben sich auf einen anderen gestellt. Ich werde dem Kongreß nicht vorschlagen, Ihnen hierfür Hilfsgelder zu bewilligen, denn eine derartige Vorlage könnte ich nicht rückhaltlos vertreten.«

Die Spannung und Feindseligkeit waren fast mit Händen zu greifen, ich fand es deshalb ratsam, das Thema zu wechseln. Ich ging zu den Problemen über, die für uns durch die Aufgabe der Ölvorkommen entstanden, die wir im Golf von Suez erschlossen hatten. Ich wollte, daß der Präsident der Vereinigten Staaten begriff, was uns die Unterschrift unter den Friedensvertrag rein materiell kostete und welch großen Nutzen Ägypten daraus ziehen würde. Ich wies darauf hin, daß wir uns wieder um Hilfe an ihn wenden müßten, sollte sich der gemischte amerikanisch-israelische Ausschuß von Ölexperten nicht auf Vorschläge einigen können, die Israel die Belieferung mit Öl nach dem Abzug aus den westlichen Sinai garantierten. Es sei uns nicht zuzumuten, den Ägyptern die Ölfelder zu überlassen, ohne daß ein Ausgleich für die damit ausfallende Rohölmenge gesichert werde. Zwar habe Butros Ghali zugesagt, Ägypten wolle uns das dort geförderte Öl verkaufen, doch sei die Sache zu wichtig, als daß wir uns mit einer unverbindlichen Zusage Ghalis zufriedengeben könnten.

Die Sitzung war beendet. Im Hinausgehen sagte mir Carter, er wolle abends nicht nur mit den ägyptischen Delegierten sprechen, sondern auch Sadat und Begin anrufen und ihnen klarmachen, daß die noch bestehenden Kontroversen dringend beigelegt werden müßten.

Wie üblich erwartete uns beim Verlassen des Weißen Hauses die Presse. Auf ihre Fragen erklärte ich, bei den Verhandlungen mit den Ägyptern seien Schwierigkeiten aufgetaucht, und wir hätten den Präsidenten gebeten, sie beilegen zu helfen. Carter paßte es offenbar nicht, daß von Schwierigkeiten die Rede war, und er nutzte die Gelegenheit, den Journalisten – noch vor seiner abendlichen Unterredung mit den Ägyptern – zu versichern, man solle nicht auf Schwierigkeiten bei den Verhandlungen schließen, nur weil er hinzugezogen worden sei. Vielmehr habe er jetzt erstmals seit Beginn der Konferenz in Blair House Gelegenheit, mit den Delegationen zusammenzukommen, und er wolle sich nur darüber unterrichten, welche Fortschritte bei den noch umstrittenen Komplexen gemacht würden. Die heutigen Besprechungen seien reine Routine, nichts weiter. »Es geht alles so gut, wie man erwarten kann.«

Am Abend kam Carter weder im Gespräch mit den Ägyptern noch in seinen Telefonaten mit Sadat und Begin einer Überwindung der Meinungsverschiedenheiten näher. Er gab aber nicht auf und ließ uns wissen, er wolle in zwei Tagen, am 19. Oktober, mit den beiden Delegationen ein Arbeitsessen abhalten. Um 12.30 Uhr erschien er, begleitet von Atherton und Brzezinski, in Blair House. Von ägyptischer Seite nahmen an diesem Essen Ghali, el-Bas, Ali und Gorbal teil, von unserer Seite Weizman, Barak, Rosenne und ich.

Der Präsident bemerkte einleitend, falls wir uns nicht einigen würden, werde er eigene Vorschläge machen. Er zählte sodann die vier Punkte auf, über die man sich offenbar nicht verständigen könne: Die Verpflichtungen, die Ägypten in früheren Verträgen eingegangen war; ein Zeitplan für die Aufnahme diplomatischer Beziehungen; die israelische Siedlung Naot-Sinai; der für die Ägypter bestehende Zwang, Fortschritte in der Palästinenserfrage aufzuweisen, da sie den übrigen Arabern beweisen mußten, daß sie keinen Separatfrieden abschlossen. Übrigens meinten die Ägypter immer noch, König Hussein werde sich an den Verhandlungen beteiligen, falls die Autonomie für Gaza zumindest in Sicht sei.

Ich sagte, es müsse noch ein fünftes Thema erörtert werden – die Kontrolle der Vertragseinhaltung durch UN-Kontingente. Was solle geschehen, wenn der Sicherheitsrat es ablehne, Truppen auf dem Sinai zu stationieren? Carter wollte sich etwas einfallen lassen, denn ihm war die Bedeutung dieser Frage für Israel durchaus bewußt.

Sodann wiederholten beide Delegationen alles, was sie Carter schon zwei Tage vorher gesagt hatten. Ghali und el-Bas erwähnten, daß in den Leitartikeln der ägyptischen Tageszeitungen mit Nachdruck eine Verknüpfung der Ansprüche der Palästinenser mit den israelisch-ägyptischen Friedensverhandlungen gefordert worden sei. Ghali wollte von Atherton wissen, ob König Hussein, nachdem er durch Saunders die amerikanischen Antworten auf seinen Fragebogen erhalten habe, nun an den Friedensgesprächen teilnehmen werde? Die Antwort darauf kam jedoch von seinem Landsmann Gorbal, dem Botschafter Ägyptens in den USA: Nein, Hussein wolle nicht. Der König bedankte sich bei den Amerikanern für ihre Antworten, doch sehe er keine Grundlage, die seine Teilnahme rechtfertige. Er, Gorbal, habe die arabischen Botschafter in Washington zu sich gebeten, der jordanische sei aber nicht gekommen. Man müsse den Jordaniern schon ein verlockendes Angebot machen, um sie zu bewegen, meinte er. Bei diesen Worten schauten Ägypter wie Amerikaner erwartungsvoll in unsere Richtung, doch quälte ich mir nicht einmal mehr ein Lächeln ab, als ich zum x-ten Mal diese alte Platte hörte: Bestechen wir die Araber auf Kosten der Israelis. Ich ließ sie gaffen und schwieg.

Carter suchte jedoch unermüdlich nach Kompromissen. Einerseits sei es nicht richtig, beide Komplexe so scharf zu trennen (er meinte die Palästinenserfrage und den auszuhandelnden Friedensvertrag), andererseits »hat Mosche recht, wenn er sagt, man dürfe die Einhaltung des israelisch-ägyptischen Vertrages nicht vom Verhalten der Palästinenser oder der Jordanier abhängig machen«. Mithin müsse man eine politische, nicht aber eine rechtliche Verknüpfung beider Regelungen ins Auge fassen. Er widersprach auch Ghalis Anregung, die Autonomie zunächst im Gazastreifen einzuführen. Er hielt es für falsch, in Gaza und auf der West Bank unterschiedlich zu verfahren, denn das würde alle weiteren Verhandlungen komplizieren, auch rückwirkend auf das Abkommen von Camp David, und daran dürfe nicht gerührt werden. Lasse man das zu, sei alles verloren.

Soweit er informiert sei, fuhr Carter fort, würden die Araber, auch die Saudis und die Jordanier, die Teilnahme von Vertretern der West Bank und aus Gaza an Autonomiegesprächen befürworten. Israel müsse, um das zu ermöglichen, öffentlich erklären, daß zum Zwecke der Erfüllung des Abkommens von Camp David politische Betätigung in beiden Gebieten gestattet werde. Carter forderte unser Einverständnis damit, daß die Verknüpfung der beiden Verhandlungskomplexe schriftlich festgehalten werde, und zwar nicht im eigentlichen Vertragstext, sondern in der Präambel zum Vertrag; auch solle dem Vertrag selbst ein Briefwechsel zwischen Begin und Sadat über die Beendigung der israelischen Militärregierung in den besetzten Gebieten beigefügt werden. Dafür wolle er von Sadat den sofortigen Austausch von Botschaftern nach Abschluß der ersten Phase des israelischen Abzuges aus dem Sinai verlangen. Was das UN-Kontingent betreffe, wolle er Chinesen und Russen zur Einwilligung drängen; scheitere dies, garantiere er, daß ein anderes internationales Kontingent entsandt werde – Truppen aus Kanada oder anderen befreundeten Ländern.

Meine Frage, ob Sadat bereit sei, mit uns allein über ein Autonomiestatut zu verhandeln, falls Hussein sich nicht beteiligen wolle, bejahte Carter.

Nach einer zweistündigen Diskussion beendete Carter das Arbeitsessen mit der Warnung, falls wir uns weiterhin in diese kontroversen Themen verbissen, werde daraus eine Sache der »nationalen Ehre« und alles nur noch schwerer zu bereinigen. Wir stünden, so meinte er, kurz vor der Einigung und sollten eine letzte gemeinsame Anstrengung unternehmen, um das Ziel zu erreichen.

Dieses Treffen mit dem Präsidenten hat gewiß nicht alle Differenzen bereinigt, es gab den Parteien aber wieder Auftrieb, zumindest verlor sich das Gefühl, alles sei total festgefahren.

Als man in Jerusalem die Ergebnisse unserer Gespräche mit Carter ausgewertet hatte, ließ Begin uns wissen, die Regierung wolle zu ihren Beratungen Weizman und mich zuziehen. Wir buchten also für Samstagabend, den 21. Oktober, einen Flug, damit wir rechtzeitig zur sonntäglichen Kabinettssitzung in Jerusalem eintreffen konnten. Den Ägyptern und den Amerikanern sagten wir, daß wir für ein paar Tage nach Hause reisen wollten. Freitag, einen Tag vor unserem Abflug, bat Carter Weizman und mich für 14.30 Uhr zu sich. Weil Barak und Rosenne nicht in Washington waren, baten wir, den Termin auf abends zu verschieben, doch Carter beharrte auf 14.30 Uhr, stellte aber, falls nötig, ein weiteres Treffen für den Abend in Aussicht, an dem die beiden dann teilnehmen könnten.

Jener Freitag war für uns alle ein schwerer Arbeitstag. Am Vormittag kam Weizman mit dem US-Verteidigungsminister Brown zusammen, der sich besorgt über Berichte in den Medien äußerte, Israels Abzug vom Sinai werde Kosten zwischen zwei und drei Milliarden Dollar verursachen; seine Regierung sei darüber sehr betroffen. Brown war der Meinung, es sei schon entschieden, für welche Projekte die Amerikaner die Kosten übernehmen würden. Ezer Weizman bemerkte, Präsident Carter habe die Übernahme der Kosten für zwei neue Flugplätze zugesagt, die wir im Negev anstelle der im Sinai geräumten würden anlegen müssen. Was die Kosten der Infrastruktur, die Verlegung der Bodentruppen samt ihren Einrichtungen und ähnliche Militärausgaben betreffe, sollten amerikanische Experten an Ort und Stelle die Kosten schätzen und Empfehlungen abgeben. Die Regierung wolle dann entscheiden. Weizman berichtete, Brown habe als Freund geraten, nichts zu tun, was den Eindruck erwecken könnte, unsere Friedensbereitschaft hänge davon ab, daß Amerika als Gegenleistung die entstehenden Kosten übernehme.

Brown meinte es gewiß gut, doch konnte man die unvorhergesehene wirtschaftliche Belastung, die wir auf uns nehmen sollten, nicht einfach ignorieren. Was das Öl betraf, so war endlich eine gemeinsame ägyptisch-israelische Kommission zusammengetreten, die alle möglichen Vorschläge erörterte. Für Israel verhandelten Joseph Vardi, Generaldirektor in unserem Energieministerium, und Zevi Dinstein, der Wirtschaftsattaché unserer Botschaft in Washington. Bei der Beratung der eigentlichen Wirtschaftshilfe kam man keinen Schritt voran. Darüber verhandelte unser Wirtschaftsministerium, das seinen Generaldirektor Amiram Sivan eigens nach Washington entsandte. Man hielt ihn aber hin, denn die Beamten des amerikanischen Schatzamtes hatten vom Präsidenten noch keine Anweisung erhalten, Verhandlungen aufzunehmen. Hilfe in einem Umfang, wie sie durch unseren Abzug aus dem Sinai erforderlich war, konnte nur auf Antrag des Präsidenten gewährt werden. Es war dies eine politische Entscheidung, und bevor die Experten sich damit befassen durften, mußte auf höchster Ebene, zwischen Begin und Carter, die Entscheidung fallen. Mit Vance hätte ich darüber sprechen können, doch war der nicht da, und deshalb riet ich Begin telefonisch, er möge sich mit dem US-Botschafter Lewis in Jerusalem beraten.

Das Treffen an jenem Freitag um 14.30 Uhr im Weißen Haus verlief knapp und sachlich. Außer Carter war noch Brzezinski anwesend. Ich wurde von Weizman begleitet. Carter wollte wissen, welche Differenzen, einerlei ob bedeutend oder weniger bedeutend, zwischen uns und Ägypten noch bestünden. Er wolle anschließend an dieses Gespräch gleich mit ihnen reden und uns abends noch einmal sehen. Wir sollten dann einen Vertragsentwurf bekommen, den wir nach Jerusalem mitnehmen könnten. Könnten wir uns auf einen solchen Entwurf einigen, wolle er Sadat und Begin um ihr Einverständnis ersuchen und so die Unterzeichnung des Friedensvertrages herbeiführen. Es machte mir Spaß zu beobachten, wie hartnäckig Carter war: Wie eine Bulldogge, die sich in ihr Opfer verbissen hat.

Ich sagte also, daß auf militärischem Gebiet noch die Stationierung ägyptischer Raketen umstritten sei. Die Ägypter wollten ihre Bodentruppen auf dem Sinai mit Boden-Luft-Raketen ausrüsten, doch könne man nicht behaupten, solche Raketen seien ein üblicher Bestandteil der Ausrüstung von Infanterie oder Panzertruppen, also verstoße ihre Stationierung gegen das Abkommen von Camp David. Was die politische Seite betreffe, machten uns die größten Schwierigkeiten nach wie vor die Verpflichtungen, die Ägypten in früheren Verträgen eingegangen sei. Griffen uns die Syrer auf den Golanhöhen an und bezeichneten dies als eine Verteidigungsmaßnahme, könne Ägypten ihnen aufgrund des gegenseitigen Beistandspaktes zu Hilfe kommen. Das allein schon mache unseren Friedensvertrag mit Ägypten wertlos. Brzezinski machte mehrere trickreiche Vorschläge, doch ging ich darauf nicht ein, mit der Begründung, wir müßten dazu öffentlich Rede und Antwort stehen und klar, ehrlich und überzeugend argumentieren.

Zu den von mir weiter angeführten Themen gehörte die Verknüpfung der Palästinenserfrage mit dem Friedensvertrag; Ebene und Zeitpunkt der Aufnahme diplomatischer Beziehungen; der Grenzverlauf westlich des Gazastreifens und die ungehinderte Passage israelischer Schiffe durch den Suezkanal. Der Präsident machte wie üblich seine Notizen und meinte, er hoffe sehr, uns einen endgültigen Entwurf vorlegen zu können, wenn wir abends wiederkämen.

Um 21.30 Uhr waren wir wieder im Weißen Haus, diesmal mit Rosenne, Barak und Dinitz. Auch der Präsident hatte seine Mannschaft verstärkt, und zwar um Herbert Hansell, Atherton, Quandt, Jordan und David Aaron.

Die Stimmung war gelöst, denn Carter begann gleich mit guten Neuigkeiten: Ägypten sei einverstanden, unseren Schiffen die Durchfahrt durch den Suezkanal sofort nach Ratifizierung des Friedensvertrages zu gestatten. Auch die diplomatischen Beziehungen sollten gleich auf Botschafterebene beginnen. Hingegen wollten sie dem Vertrag nicht die von uns geforderte Vorrangstellung im Hinblick auf alle anderen Verträge einräumen.

Aharon Barak zog nun eine Trumpfkarte aus dem Ärmel. Weil dies eine reine Rechtsfrage sei, hätten er und Rosenne sich in New Haven, Connecticut, von drei angesehenen Professoren für Internationales Recht der Universität Yale beraten lassen – Eugene Rostow (ehedem Unterstaatssekretär für Politische Angelegenheiten), M. S. McDougal und L. Lipson. Nach ausgiebigen Erörterungen seien diese drei amerikanischen Experten zu einer Formulierung gelangt, die so gut wie identisch sei mit der unseren, vor allem hielten sie die von den amerikanischen Unterhändlern in den Entwurf aufgenommene Klausel für nicht ausreichend.

Präsident Carter war nicht nur überrascht, er war auch gekränkt und verärgert. Und noch ärgerlicher wurde er, als ich ihm sagte, ich könne meiner Regierung nicht empfehlen, einen Entwurf anzunehmen, der eine Klausel enthalte, die von drei hervorragenden amerikanischen Juristen für wertlos erklärt worden sei. Er fragte, ob wir der Meinung seien, er, der Präsident, solle sich aus den Beratungen heraushalten und Israel wolle sie durch Rechtsexperten führen lassen?

Weder Barak, den Carter hoch schätzte, noch Rosenne konnten ihn beruhigen. Der Präsident blieb halsstarrig; er sehe nicht ein, weshalb diese Sache für uns so bedeutsam sei. Rosenne und Barak erklärten behutsam, wie schon mehrmals zuvor, wir seien im Begriff, einen Friedensvertrag mit Ägypten zu unterzeichnen, wohl wissend, daß dieses Land durch frühere Verträge verpflichtet sei, seinen arabischen Verbündeten zu Hilfe zu kommen, falls diese gegen uns Krieg führten. Deshalb müsse ausdrücklich und über alle Zweifel erhaben klargestellt werden, daß unser Vertrag mit Ägypten Vorrang habe. Carter beauftragte nun Hansell, sich mit Eugene Rostow in Verbindung zu setzen. Unterdessen befaßten wir uns mit der umstrittenen Verknüpfung von Palästinenserfrage und Friedensvertrag. Carter sagte dazu, es sei uns in Camp David gewiß klar gewesen, daß beides nicht zu trennen sei. Barak sagte darauf, sollte dieser Sachverhalt in die Präambel Eingang finden, müsse der Vertragstext selbst ein »Gegengift« enthalten, damit sichergestellt sei, daß er auch dann Geltung behalte, wenn es mit den Palästinensern zu keiner Einigung komme.

Der Ton, der nun angeschlagen wurde, war nicht mehr der einer sachlichen Beratung. Ich sagte zu Carter, er selber habe die Verknüpfung der ägyptischen mit der palästinensischen Frage eine Sache der Politik genannt, nicht eine Rechtsfrage. Hier gehe es aber einzig um die rechtliche Seite. Der Präsident blieb bei seinem polemischen Ton. »Werden Sie alle Erklärungen, die ich gebe, akzeptieren?« fragte er. »Nicht, bevor ich sie gehört habe«, erwiderte ich. Derartige Zänkereien sind mir zuwider, aber offenbar mußte es sein.

Carter benutzte bei der Erörterung der »Verknüpfung« und der Vorrangstellung des Vertrages ziemlich scharfe Worte, doch konnten wir in diesen für uns lebenswichtigen Dingen nicht zurückweichen, und dazu bestand auch kein Anlaß. Dieser oder jener Satz mochte geändert werden, nicht aber der Sinn des Ganzen. Als der Präsident einsah, daß wir unerbittlich blieben und daß es sinnlos war, weiter zu streiten, sagte er, Hansell, Barak und Rosenne sollten die umstrittenen Klauseln so formulieren, daß sie für uns annehmbar wären. Würden wir unserer Regierung den Entwurf zur Annahme empfehlen, wenn das geschähe? Barak und Rosenne bejahten, ich schloß mich ihnen an. Der Präsident sagte, er wolle am kommenden Morgen versuchen, die Ägypter zu überreden, und Atherton werde uns über den Ausgang der Sache berichten.

Es war dreiundzwanzig Uhr als wir Schluß machten. Wir waren allesamt müde und in keiner guten Stimmung. Wir verabschiedeten uns höflich, der Präsident wünschte uns gute Reise, und wir dankten dafür, daß er unseren Angelegenheiten so viel Zeit gewidmet hatte.

Um 8.30 Uhr rief mich der Präsident an, um mir mitzuteilen, er habe sich um sieben Uhr mit den Ägyptern getroffen, die Begegnung sei gut verlaufen und er bezweifle nicht, daß eine Einigung bevorstehe. Wir sollten uns doch gleich mit ihnen zusammensetzen, ich könne dann einen Entwurf mit nach Hause nehmen, dem alle drei Delegationen zustimmten.

Um 9.30 Uhr trafen wir mit den Ägyptern und den Amerikanern zusammen und hatten fünf Stunden später einvernehmlich den Wortlaut für alle Vertragsklauseln ausgehandelt. Die berichtigten Unterlagen wurden ans US-Außenministerium gegeben, und eine Stunde später, um 15.30 Uhr, bekamen wir den neuen amerikanischen Entwurf, auf den alle sich geeinigt hatten. Es war der siebente.

18.
Stimmungswechsel

Am Ende des Sabbat brachte uns eine amerikanische Militärmaschine nach New York, wo wir in ein Flugzeug der El-Al nach Israel umstiegen. An Bord lagen die israelischen Freitagszeitungen mit ihren hervorragenden Literaturbeilagen aus, die sich auch in den Massenblättern finden. Nachdem ich etliche Aufsätze und Gedichte gelesen hatte, wandte ich mich einer anderen Spalte zu, die ebenfalls regelmäßig in den Freitagsblättern erscheint und mir sehr vertraut ist – den politischen Wochenkommentaren. Die meisten äußerten sich abfällig über die Regierungspolitik, manche brachten eine nüchtern begründete Stellungnahme, sachlich geschrieben. Andere hingegen waren spitzfindig, im Ton pseudophilosophisch, anmaßend, häufig boshaft. Die Lektüre stimmte mich mutlos. Daß Landsleute unsere Position schwächten, indem sie uns zum Vorwurf machten, nicht auf die Forderungen radikaler arabischer Nationalisten einzugehen, bekümmerte mich ebenso wie die Moralpredigten von Juden, die irgendwo im Ausland lebten. Beim Lesen dieser nörgelnden Kommentare erstand vor meinem geistigen Auge das Bild des Dorfes Ma'alot in Galiläa; ich sah die Gesichter der Kinder, erschossen von arabischen Terroristen, die von der palästinensischen »Befreiungsbewegung« auf ihre mörderische Mission entsandt worden waren, und legte die Zeitungen düster gestimmt beiseite.

Die Stewardeß bereitete alles für das Essen vor; ich hatte keinen Hunger mehr und ließ mir Decke und Kissen bringen. Sie bot mir im Namen des Flugkapitäns eine Liege im Ruheraum der Besatzung an, doch lehnte ich dankend ab. Wäre ich nicht ohnehin schon so deprimiert gewesen, ich hätte angenommen und meine Abneigung gegen die Piloten der El-Al überwunden. Fast alle waren ehemalige Luftwaffenpiloten, und wenn ich früher als Chef des Stabes oder als Verteidigungsminister zugehört hatte, wie sie von überstandenen Luftkämpfen berichteten, hätte ich einen wie den anderen umarmen mögen. Sie waren unvergleichlich, voller Hingabe, bereit, alles für ihr Land zu opfern und doch – kaum vertauschten diese jungen Männer ihre Luftwaffenuniform mit der unserer zivilen Fluggesellschaft, ging mit ihnen eine Veränderung vor, obwohl sie ja noch der Reserve angehörten. Ihre Gewerkschaft verlangte von unserem bitterarmen Staat Luxusgehälter für sie, und seither hatte sich meine Zuneigung zu den ehemaligen Kampffliegern verringert. In meiner augenblicklichen Lage mochte ich ihre Gastfreundschaft also nicht annehmen, rollte mich hinter den Sitzen auf dem Fußboden zusammen und schloß meine Augen.

Nun traten mir die Gesichter anderer Menschen vor Augen, die im Laufe der Jahre nichts von ihrer Hingabebereitschaft und ihrem jugendlichen Idealismus verloren hatten: Siedler aus den Kibbuzim und Moschavim, aus Deganiah im Jordantal, aus Nahalal und Kfar Jehoschua, und aus Ein Harod im Tal Jezreel. Ich sah sie vor mir, gealtert unterdessen, Pioniere wie Chaim Sturman, Frauen wie meine Mutter, mit runzligen Gesichtern, wie sie winters bis an die Hüften im Schlamm der Obstkulturen standen, in der sengenden Sonne des Sommers neue Plantagen unweit des Jordan anlegten. Ich sah sie am Ende eines schweren Arbeitstages in die Versammlung gehen, einen langen Vortrag anhören – sie wären nie auf den Gedanken gekommen, so etwas zu versäumen, auch wenn sie todmüde waren und die Augen kaum noch offenhalten konnten.

Der Übergang von solchen Bildern in die biblischen Zeiten erfolgte schon fast von allein. König Saul fiel mir ein, der auch nach der Krönung sein Land selber bestellte, der tragische Saul, der unentwegt vom Propheten Samuel getadelt wurde, dieser König, der bis zum letzten Tag gegen Israels Feinde kämpfte. Und wie sah dieser, sein letzter Tag aus! Er, unter dessen Herrschaft Hexenkünste und Weissagungen abgeschafft worden waren, ging am Vorabend heimlich zur »Hexe von Endor«, um von ihr zu hören, wie die bevorstehende Schlacht gegen die Philister am Gilboaberge ausgehen würde. Und wen beschwor die Hexe, auf daß er dem König den Ausgang vorhersage, wenn nicht eben jenen Samuel, der Saul nun finster prophezeite: »Morgen wirst du mit deinen Söhnen bei mir sein.« Niederlage, Tod des Königs und seiner Söhne. Und als Trost: »Dies ist das Schicksal, das uns alle erwartet.« Am Ende würde Saul sich Samuel zugesellen. Und was für ein Ende – ein Anführer Israels, der sein

Leben mit dem Kampf für sein Volk begonnen hatte und es ebenso beendete, ein Anführer, der zwischen den Schlachten seine Felder bestellte und unter einer Tamariske bestattet wurde: Tod eines Kriegers und Bauern.

Das Luxushotel Madison in Washington, das State Department, das Weiße Haus und die endlosen Verhandlungen und Formulierungskunststücke, das alles verschwand im Nebel der Vergangenheit. Auch die Kritik im Kabinett, die Anwürfe in der Knesset, die mich erwarteten, verloren an Bedeutung. Die Kämpfer für Israel, die Pioniere, waren aller Schwierigkeiten Herr geworden, ehedem und auch jetzt wieder.

Ich erhob mich vom Fußboden, rasierte mich, legte die Decke zusammen und setzte mich wieder neben Rahel. Sie weiß immer, was ich brauche, auch ohne daß ich etwas sage, und sie ließ mir starken Kaffee und Croissants bringen. »Bald sind wir daheim«, sagte sie und sah mich strahlend an.

Vier Tage verbrachten Weizman und ich in Israel, dann flogen wir zurück nach Washington – es war der Morgen des 26. Oktober 1978. In diesen vier Tagen fanden zwei Kabinettssitzungen statt, eine Besprechung mit dem Ausschuß für auswärtige Angelegenheiten und Verteidigung, und eine mit der Fraktion der Likud.

Vor der ersten Kabinettssitzung trafen wir uns mit dem Premier in dessen Haus, und wie üblich gab es Tee. Begin war wie meine Eltern und andere in Rußland aufgewachsene Juden überzeugter Teetrinker, und ich könnte mir vorstellen, daß er nichts lieber täte, als den Samowar auch bei uns in Israel zum Mittelpunkt des Heimes zu machen.

Über die Vorgänge in Washington war Begin im Bilde; er kannte nicht nur alle Vorschläge auswendig, sondern auch jede einzelne Abänderung. Was wir jetzt besprechen wollten, war: »Was machen wir nun?« Ich empfahl, den Termin für die Räumung des westlichen Sinai vorzuverlegen. In diesem Fall blieb uns mehr Zeit für die Gesamträumung, in welcher wir bereits diplomatische Beziehungen zu Ägypten unterhalten würden, denn die sollten ja mit unserem Rückzug auf die Linie El-Arisch–Ras Mohammed aufgenommen werden. Ich begründete meinen Vorschlag damit, daß es für uns vorteilhaft sei, die Vertragstreue der Ägypter möglichst lange prüfen zu können, während der Ostteil des Sinai noch unserer Kontrolle unterstehe.

Begin sagte, Carter habe ihm geschrieben, daß er Sadat aufgefordert hatte, auf Raketenbatterien zu verzichten, die Siedlung Naot-Sinai aus der ersten zu räumenden Zone herauszunehmen und der Aufnahme diplomatischer Beziehungen spätestens vier Wochen nach Ende der ersten Phase unseres Abzuges zuzustimmen, und er glaube fest an eine positive Antwort von Sadat.

In bezug auf Gaza riet ich Begin, darauf zu achten, daß wir nicht verlören, was wir gerade gewonnen hatten: Anerkennung der Internationalen Grenze als Staatsgrenze zwischen Israel und Ägypten. (Der Gazastreifen liegt auf der israelischen Seite der Internationalen Grenze.) Dies war die erste unserer Grenzen überhaupt, die anerkannt wurde, wenn auch nicht von allen Staaten, so doch von den USA und Ägypten: die Grenze, die vom Mittelmeer nach Eilat verläuft. Was später aus dem Gazastreifen werden sollte, mußte man abwarten, und davon sollte die Grenzziehung nicht berührt werden. Also brauchten wir eine für beide Seiten annehmbare Klausel, die Gaza in das vorgesehene Autonomiestatut einschloß. Die Ägypter waren einverstanden damit, daß die Grenze westlich von Gaza verlaufen und von israelischen Streitkräften bewacht werden sollte; wer also die Grenze nach Gaza überschreiten wollte, mußte sich nach unseren Gesetzen richten. Davon sollten wir auf keinen Fall abgehen, riet ich.

Zu den Siedlungen schlug ich Begin vor, wir sollten dem US-Außenminister mitteilen, daß die für die »Einfrierung« gesetzte Frist verstrichen sei und daß wir planten, die vorhandenen Siedlungen in nächster Zeit durch einige hundert Familien zu verstärken. Darüber würden die Amerikaner selbstverständlich wütend werden, doch mußte ihnen klar sein, daß wir die Äußerung des Unterstaatssekretärs Harold Saunders über den »provisorischen Charakter« der Siedlungen nicht ignorieren konnten. Alles, wozu wir uns in Camp David verpflichtet hatten, sollte eingehalten werden, aber auch nicht mehr. Allerdings sagte ich auch mit Nachdruck, Ansiedlungen dürften nicht mit der Wegnahme von Land einhergehen und nicht auf arabischem Privatbesitz errichtet werden.

Auf der Kabinettssitzung und den Diskussionen mit Abgeordneten berichteten Weizman und ich über die Verhandlungen und legten die von uns jeweils bezogenen Standpunkte dar. In den internen Beratungen wurde dann auch wie erwartet scharfe Kritik an uns geübt: Wir hätten zu große Zugeständnisse gemacht. Barak und Rosenne, die Rechtsexperten der Delegation, widerlegten erfolgreich die meisten der rechtlichen Einwände, doch einige Minister und Abgeordnete hielten uns dennoch vor, wir hätten mehr herausschlagen müssen.

Es kam nun darauf an, ob die Regierung den amerikanischen Entwurf Nr. 7 annehmen würde, den wir aus Blair House mitgebracht hatten. Ich sagte meinen Kollegen unmißverständlich, man werde Israel das Scheitern der Friedensverhandlungen anlasten, falls der Entwurf nicht unverändert angenommen werde. Begin war das klar; zwar hätte er gern noch die eine oder andere Änderung vorgenommen, doch machte er sich vorbehaltlos für die Annahme stark. Von sechzehn Ministern stimmten vierzehn für die vom Premier abgefaßte Vorlage, die folgendermaßen lautete: »Die Regierung billigt im Grundsatz den Entwurf für einen Friedensvertrag zwischen Israel und Ägypten, den die zu Friedensgesprächen nach Washington entsandte Delegation vorgelegt hat. Die Regierung billigt die Änderungsvorschläge des Premierministers zu diesem Entwurf. Die Regierung hat der Delegation dementsprechend Weisung gegeben und sie befugt, die Unterhandlungen bis zur Unterzeichnung des Friedensvertrages fortzusetzen ... Der endgültige Entwurf eines Friedensvertrages mit Ägypten einschließlich aller Zusätze wird der Regierung und der Knesset zur Annahme vorgelegt.«

Trotz dieses günstigen Ergebnisses konnte ich nicht übersehen, daß sowohl im Kabinett als auch in der Fraktion der Likud, der eigentlichen Stütze der Koalitionsregierung, viele Bedenken geäußert wurden. Insbesondere sorgte ich mich um das Autonomiestatut für die arabischen Bewohner der West Bank und Gazas. Bislang war über die Art, wie die Verhandlungen geführt und das Statut angewendet werden sollten, offiziell noch nicht beraten worden, doch lag mir daran, den Premier schon jetzt wissen zu lassen, wie ich dazu stand. Ich schrieb ihm also am Vorabend der Rückreise nach Washington, ich selbst hätte gerne diese Angelegenheit in die Hand genommen, weil ich das Zusammenleben mit den Arabern ohne Preisgabe unserer Interessen für unerhört wichtig hielte. Im Hinblick auf die starke Kritik an mir seitens des Kabinetts und der Koalitionsparteien empfehle ich der Regierung jedoch, einen Verhandlungsführer in Sachen Autonomie zu bestimmen. Werde diese Aufgabe einem anderen Minister übertragen, werde das Außenministerium Beauftragte entsenden, die auf Verlangen selbstverständlich jede erdenkliche Hilfe leisten, ich selbst allerdings wolle mich nicht beteiligen.

Dies war keine Erpressung, ich hatte nicht die geringste Absicht, Begin zu nötigen, mich mit dieser Aufgabe zu betrauen, und im übrigen war ich ziemlich sicher, daß er mich die Autonomieverhandlungen nicht führen lassen wollte. Ich wollte auch meinen Status und mein Ansehen innerhalb der Regierung nicht steigern, ich schrieb einzig und allein deshalb, weil ich überzeugt war, daß nur die von mir empfohlene Politik eine Chance hätte, das Zuammenleben mit den Arabern der West Bank und des Gazastreifens günstig zu beeinflussen. Kompromisse in dieser Frage wollte ich nicht eingehen, und deshalb hielt ich es für richtig, den Premier wissen zu lassen, wo ich stand. Er mochte dann entscheiden, ob er die Sache mit mir oder ohne mich angehen wollte.

Am späten Nachmittag kamen wir in Washington an. Atherton erwartete uns, und zwar nicht nur aus protokollarischen Gründen. Er müsse uns dringend sprechen, sagte er, und kaum saßen Weizman und ich in seinem Wagen, gab er uns ein Schreiben Carters an Begin zu lesen.

Der Beschluß unserer Regierung, die Siedlungen zu verstärken, habe in Washington Empörung ausgelöst, sagte Atherton, der Präsident sei außer sich. Dies verstoße gegen das Abkommen von Camp David und gefährde ernstlich die Friedensgespräche. In Camp David habe unsere Delegation nur davon geredet, daß Frauen und Kinder zu ihren Männern in die Siedlungen ziehen sollten, eine rein humanitäre Maßnahme also; Außenminister Vance habe bereits in einer amtlichen Verlautbarung das Vorgehen Israels scharf verurteilt.

Ich sagte zu Atherton, wir hätten in Camp David nichts dergleichen gesagt, und er möge sich einmal in die Gesprächsprotokolle vertiefen. Unser Hauptargument sei gewesen – und ich selbst habe es vorgetragen –, eine Siedlung müsse eine bestimmte Personenzahl aufweisen. Unverzichtbare Dienstleistungen wie Schulen, Gesundheitsdienste, Versorgung mit Waren und die erforderliche Bewachung könne man nicht einer Handvoll Menschen wegen bereitstellen. Was nun den Wutausbruch des Präsidenten wegen des Zeitpunktes unserer Ankündigung angehe, so hätte man sich das überlegen sollen, bevor man Saunders mit Amerikas Antworten auf den königlichen Fragenkatalog zu Hussein nach Jordanien schickte. Atherton fuhr fort, der Präsident erwarte, Begin werde auf sein Schreiben hin sogleich den weiteren Ausbau der Siedlungen verbieten. Ich könne da nicht im Namen des Ministerpräsidenten antworten, entgegnete ich, doch meiner Meinung nach bestünde kaum eine Chance, daß Begin nachgebe.

Wir wandten uns nun der Fortsetzung der Verhandlungen mit den Ägyptern zu. Atherton berichtete, daß Vance wieder zurück war und sich dieser Sache widmen wollte. Er wolle uns am nächsten Tag gern sprechen, und falls wir Änderungen am Entwurf vorgenommen hätten, wolle er die vorher noch sehen. Die von den Ägyptern vorgebrachten Äußerungen habe er bereits.

Das alles erfuhren wir im Auto vom Flugplatz zum Hotel. Als Atherton uns absetzte, bemerkte er beiläufig, daß die ägyptische Delegation, wie er gehört habe, zu Konsultationen nach Kairo zurückberufen worden sei. Das überraschte mich, auch spürte ich, daß in der Art, wie Atherton diese Information gleichsam lässig fallen ließ, eine Drohung mitschwang. Ich sagte, vor unserer Abreise nach Israel hätten wir den Ägyptern gesagt, wann wir zurück sein würden; falls sie wirklich die Absicht hätten, jetzt ihrerseits abzureisen, sähe ich keinen Grund hierzubleiben. Wir würden nach Israel zurückkehren und erst dann nach Washington kommen, wenn auch die Ägypter wieder da seien; schließlich seien wir nicht hier, um Däumchen zu drehen. Die Ägypter fuhren dann aber doch nicht.

Weizman und ich gingen am nächsten Tag um 10.15 Uhr zu Vance ins Außenministerium. Vance wiederholte, was wir schon von Atherton gehört hatten und äußerte sich sehr mißbilligend über den Ausbau unserer Siedlungen. Auch beanstandete er, daß Harold Saunders, wie er sagte, in Israel persönlichen Verunglimpfungen ausgesetzt gewesen sei. Ich erwiderte, es gehe dabei nicht um Personen; hätte der Außenminister selber die amerikanischen Antworten auf Husseins Fragen bekanntgegeben, hätten wir ebenso protestiert. Ob die Regierung der USA erwartet habe, daß wir die Äußerungen Saunders schweigend hinnehmen würden. Ausgerechnet während wir mitten in den Verhandlungen über einen Modus vivendi mit den Arabern begriffen seien, machten die Amerikaner bekannt, wir würden von der West Bank, aus Gaza und Ostjerusalem abziehen und unsere Siedlungen aufgeben. Wir redeten von Koexistenz mit den Arabern, sie aber, die Amerikaner, verkündeten, wir würden die betreffenden Gebiete räumen! »Glauben Sie wirklich, Mr. Vance«, sagte ich, »daß solche Verlautbarungen seitens der Vereinigten Staaten unseren Verhandlungen mit den Arabern über die Einführung eines Autonomiestatuts förderlich sein können?« Und ob man wirklich annehme, wir würden solche Erklärungen stillschweigend hinnehmen?

Weizman pflichtete mir nachdrücklich bei. Er gab ein Bild der in Israel herrschenden Meinungen und sagte, falls irgendwer, ob Araber oder Amerikaner, glaube, unsere Räumung des Sinai zeige an, daß wir an allen anderen Fronten ebenfalls zur Räumung entschlossen seien, so sei dies ein Irrtum. Wir würden unsere Siedlungen weder auf der West Bank, noch in Gaza, noch auf den Golanhöhen aufgeben und auch unsere Streitkräfte nicht von dort abziehen.

Am Nachmittag sollte eine weitere Besprechung stattfinden. Vance hatte gehofft, wir könnten uns zu dritt zusammensetzen, doch die Ägypter hatten dies abgelehnt, also würden wir allein mit den Amerikanern reden. Beim Verlassen des Außenministeriums spürte ich, wie verändert die Atmosphäre war. Statt konstruktive Verhandlungen mit uns zu führen, setzte man uns wieder einmal auf die Anklagebank.

Die in Washington herrschende Düsternis wurde durch einen Anruf Begins etwas aufgehellt. Mit verständlicher Bewegung teilte er mir mit, er und Sadat hätten den Friedensnobelpreis verliehen bekommen. Ich gratulierte ihm aufrichtig in meinem und im Namen der übrigen Delegierten. Begin bat mich, seine Glückwünsche an Sadat durch die ägyptische Delegation übermitteln zu lassen. Das mußte ich ablehnen, denn Ali und Ghali waren einer Aufforderung, sich mit Weizman und mir zu treffen, ausgewichen. Auch wollte ich dem ägyptischen Präsidenten nicht gratulieren, ohne daß diese Gratulation durch eine an Begin gerichtete erwidert würde.

Am 28. Oktober kamen wir mit der vollzählig versammelten amerikanischen Delegation zusammen, die von Vance geleitet wurde. (Weil wir den Sabbat einhielten, erschienen die Amerikaner bei uns im Hotel.) Auf der Tagesordnung standen die von uns vorgeschlagenen Änderungen des Vertragsentwurfs, und Barak und Rosenne legten die rechtlichen Aspekte unserer Forderungen dar. Die Erörterung dieser Rechtsfragen nahm die meiste Zeit in Anspruch; mehrere Formulierungen mußten ausgearbeitet werden. Es schien, als würden einige unserer Vorschläge angenommen werden, nicht aber die, welche sich auf die wesentlichen Punkte bezogen: die Verknüpfung des israelisch-ägyptischen Vertrages mit der Palästinenserfrage und die Unvereinbarkeit der von Ägypten mit anderen arabischen Staaten geschlossenen Verträge mit dem zwischen uns beabsichtigten. Vance lehnte unsere Neuformulierungen zu diesen beiden Punkten schlicht ab, ja, er sagte rund heraus, »diese Komplexe dürfen nicht noch einmal neu verhandelt werden«. Jeder Versuch, etwas zu ändern, was mit soviel Mühe und nur dank Präsident Carters Druck auf die Ägypter erreicht sei, werde nur das Gegenteil der gewünschten Wirkung haben, meinte Vance. Die Ägypter könnten sogar alles zurücknehmen, was sie bisher zugestanden hatten.

Wir berichteten Begin telefonisch über das Ergebnis. Der Ministerpräsident schlug vor, ich solle um eine Unterredung mit Präsident Carter nachsuchen. Ich lehnte das ab, denn im Moment, sagte ich, bestehe keinerlei Aussicht, den Präsidenten dazu zu bewegen, sich unsere Auffassung zueigen zu machen. Würden wir uns treffen, dann hätte ich nur seine schärfste Kritik an unserer Siedlungspolitik zu erwarten. Sollte Begin es aber für geboten halten, Carter doch auf diese Dinge anzusprechen, sei es das beste, er schreibe ihm selber.

Da die Ägypter uns so offenkundig aus dem Weg gingen, instruierte ich unsere Delegation, keinen Kontakt mit ihnen anzustreben. Nach meiner Einschätzung mußten die Verhandlungen jetzt scheitern, oder die Ägypter würden auf uns zukommen. Und richtig, am nächsten Tag bat ihr Chef, Ali, mich um eine Zusammenkunft. Ich erklärte mich dazu bereit. Bei mir würde Weizman sein, und Ali wollte mit Butros Ghali kommen.

Sonntag um achtzehn Uhr trafen wir uns und sprachen zwei Stunden miteinander. Es wurde eines der schwierigsten aller Gespräche, brachte aber auch die gewünschte Klärung über die noch offenen Fragen.

Amerikaner und Ägypter hatten sich seit unserer Rückkehr nach Washington geradezu kindisch in die Schmollecke zurückgezogen. Wenn sie Frieden mit uns wollten, mußten sie zumindest mit uns reden. Es würde dann zu einer Einigung kommen oder auch nicht, aber Ultimaten nahmen wir keine entgegen. Selbst wenn dies Verhalten dazu dienen sollte, uns weichzumachen, erreichte es seinen Zweck nicht. Schließlich waren nicht wir es, die den Sinai räumen wollten, sondern die Ägypter wünschten uns los zu sein, und zwar mitsamt unseren Siedlungen und Streitkräften. Führten die Verhandlungen zu keinem Resultat, würde man uns zwar Sturheit vorwerfen, aber wir würden auf dem Sinai bleiben.

Vance war dies von Anfang an klar, und er tat sein Bestes, um die durch diese wenig klugen Manöver heraufbeschworenen Ärgernisse aus der Welt zu schaffen. Er verlegte sich ganz darauf, die Verhandlungen voranzutreiben und die Differenzen zwischen den Parteien auszuräumen. Leider blieben ihm aber nicht alle Entscheidungen überlassen. In einem Moment völliger Aufrichtigkeit vertraute er mir an, er könne auf einige unserer Fragen einfach nicht antworten, denn wenn er sie dem Präsidenten vorlege, bekomme er keine Antwort. Carter war um diese Zeit schweigsam und undurchdringlich in allem was uns betraf, er behauptete nach wie vor, in der Sache mit den Siedlungen von uns hintergangen worden zu sein. In Wirklichkeit verhielt es sich so: Hätte der Präsident von uns eindeutige Zusagen gewünscht, so hätte er sie verlangen müssen, bevor das Abkommen von Camp David unterzeichnet wurde. Damals war er mit der eingeschränkten Verpflichtung zufrieden, die Begin auf sich genommen hatte, folglich konnte er jetzt niemandem Vorwürfe machen außer sich selbst.

Daß Ali und Ghali uns ausgewichen waren, geschah meiner Meinung nach auf Anordnung Sadats. Er entschied, wann gesprochen wurde und wann nicht. Als Sadat die »Quarantäne« aufhob und die beiden mich besuchten, sagte ich zu Ghali, er müsse wirklich bis über die Ohren in Arbeit stecken, daß er nicht einmal zehn Minuten für ein Gespräch mit mir habe erübrigen können. Er lachte gekünstelt.

Ali war zwar Leiter der ägyptischen Delegation, Sprecher jedoch war Ghali, und so eröffnete denn auch der die Unterhaltung. Man sei besorgt wegen der »Vorkommnisse«, die sich in letzter Zeit häuften, sagte er, und meinte damit unseren Ausbau der Siedlungen und das Gerücht, die Kanzlei des Ministerpräsidenten solle nach Ostjerusalem verlegt werden.

Ich erwiderte, es sei gut, daß wir endlich miteinander reden könnten, denn nun wollten wir mal reinen Tisch machen und einander offen sagen, wo wir stünden. Ich rief ihnen in Erinnerung, daß Israel sich in Camp David verpflichtet habe, drei Monate lang keine neuen Siedlungen anzulegen, nicht aber, den Ausbau vorhandener Siedlungen einzustellen. Man möge sich ruhig darauf verlassen, daß wir nichts von dem täten, was zu unterlassen wir versprochen hätten, aber das tun würden, was wir ankündigten. Wenn sie der Ansicht seien, unsere Zusage in bezug auf die Räumung des Sinai lasse sich zwanglos auch auf den Gazastreifen und auf die West Bank ausdehnen, so sei dies ein elementarer Irrtum. Wir hätten nicht die Absicht, den Gazastreifen und die West Bank zu räumen, weder von unseren Siedlungen noch von allen unseren Streitkräften. Dieser Sachverhalt müsse als unsere Richtschnur bei den Verhandlungen begriffen werden. Für die arabische Bevölkerung von Gaza und der West Bank schlügen wir ein Autonomiestatut vor, allerdings bei Abwesenheit israelischer Siedler und Truppen. Wir wünschten nicht, die Herrschaft über die einheimischen Araber auszuüben, unser Plan sehe eine Koexistenz vor, nicht die Evakuierung. Wir würden unsere Truppen umgruppieren, sie aber nicht auf die Grenze von 1967 zurücknehmen. Unsere Streitkräfte würden entlang dem Jordan und auf den Höhenzügen stationiert werden, wo sie die Sicherheit Israels gewährleisten könnten, denn wir wollten uns weder auf die USA noch auf Ägypten verlassen.

Während meiner Ausführungen verfinsterte sich Ghalis Miene zunehmend. Ali schien dagegen unbeeindruckt. Ghali wiederholte das Verlangen der Ägypter nach Unabhängigkeit für die palästinensischen Araber. Bei allem Verständnis für unsere gegenteilige Meinung: gerade jetzt die Siedlungen auszubauen, sei doch wohl schon zeitlich ein Mißgriff. Darauf sagte ich, den Zeitpunkt hätten die Äußerungen von Saunders und die darauf in Jordanien und in Israel erfolgte Reaktion bestimmt. Wir hätten es auch nicht leicht mit unserer Öffentlichkeit, wie sie, die Ägypter, die auf andere arabische Staaten Rücksicht nehmen müßten.

Ghali ergriff sofort die Chance, mir eindringlich ihre schwierige Lage darzulegen. Saudi-Arabien habe zum Beispiel die Finanzhilfe stark gekürzt, die den Ägyptern den Ankauf der Jäger vom Typ F 15 ermöglichen sollte. Als ich entgegnete, ich hätte schon vor einer Woche, bevor wir den Beschluß zum Ausbau unserer Siedlungen gefaßt hatten, davon in der Zeitung gelesen, fand er das gar nicht lustig.

Nun griff Ali ein: Wir müßten endlich mit einer Zunge reden, uns wechselseitig keine unangenehmen Überraschungen bereiten. Tatsächlich ließ die Spannung darauf etwas nach. Weizman berichtete, in seinen Unterhaltungen mit Sadat habe der Präsident niemals gesagt, wir sollten Gaza und die West Bank räumen, er habe im Gegenteil immer wieder betont, wir müßten zu einem Modus vivendi mit den dortigen Arabern kommen. Auch Weizman betonte nachdrücklich, Israel gedenke Siedlungen und Truppen auf Dauer dort zu belassen.

Weil mir daran lag, bei diesem Gespräch alles zu erörtern, was noch strittig war, sagte ich, wir hätten auch nicht die Absicht, den Ägyptern im Gazastreifen einen besonderen Status einzuräumen. Das, so erinnerte ich sie, habe ich schon auf der Konferenz von Leeds Castle gesagt. Ghali bemerkte dazu, diese Forderung sei ein taktisches Manöver gewesen, mit dem man Jordanien an den Beratungstisch bringen wollte. Ali bestätigte dies. Als wir auf die Palästinenserfrage zu sprechen kamen, waren wir uns alle darin einig, daß es ohne das Einverständnis und die Mitarbeit der arabischen Bewohner des Gazastreifens und der West Bank kein Autonomiestatut geben könne.

Am Abend des 30. Oktober gab Vance für die Mitglieder unserer Delegation und einige seiner ranghöchsten Mitarbeiter bei sich daheim ein Essen. Sinn der Veranstaltung war zweifellos, uns zu erkennen zu geben, daß die Amerikaner uns nicht mehr so kühl behandeln wollten wie in den Tagen nach unserer Rückkehr. Deshalb wurde es auch ein wirklich angenehmer Abend. Gay und Cyrus Vance sind unübertreffliche Gastgeber, sie ungemein charmant, er die Höflichkeit selbst. Er zerlegte gekonnt den Truthahnbraten und reichte jedem das gewünschte Stück. Über die Verhandlungen wurde fast gar nicht geredet. Atherton sagte mir, daß am nächsten Tag endlich ein Treffen der drei Delegationen stattfinden würde. Ich riet Vance, bei dieser Gelegenheit das Thema Jerusalem auszuklammern, auch nicht zu fragen, ob der Premier wirklich beabsichtige, seinen Amtssitz nach Ostjerusalem zu verlegen, was übrigens nicht geplant sei. Falls es einmal dazu kommen sollte, würden wir das in aller Offenheit tun und nicht wie Diebe in der Nacht. Auch werde er ja Begin in zwei Tagen in New York treffen, da könne er ihn selbst fragen.

Begin kam am 1. November. Er war auf dem Weg zu einem Staatsbesuch in Kanada, und unterbrach die Reise in New York für ein paar Tage. Wir holten ihn vom Flugplatz ab und berieten uns mit ihm am Abend und am folgenden Morgen, bevor er Vance traf.

Begin sagte, er wolle mit Vance zwei Themen besprechen:

Wirtschaftshilfe und Verknüpfung des Friedensvertrages mit dem Autonomiestatut für die Palästinenser. Gemäß der von der Regierung getroffenen Entscheidung werde er darauf bestehen, daß jener Satz aus der Präambel entfernt werde, der die Gültigkeit des Vertrages von unserem Einvernehmen mit den Palästinensern und Jordanien abhängig machte.

Er berichtete auch, daß das Kabinett für die Prüfung des Friedensvertrages eine neue Arbeitsordnung eingeführt habe. Anfangs sei dies Aufgabe des ministeriellen Verteidigungskomitees gewesen, doch als Begin bemerkte, daß die anderen Minister darüber unzufrieden waren, entschied er, das gesamte Kabinett solle am Formulieren der einzelnen Klauseln beteiligt werden.

Vance kam mit Atherton und Saunders in Begins Suite im Hotel Regency, wo auch Weizman, Barak, Rosenne und ich uns eingefunden hatten. Anfangs ging alles glatt. Begin legte die Änderungen am Vertrag vor und begründete sie mit schlüssigen Argumenten. Er hatte auch den Entwurf eines gemeinsam von ihm und Sadat zu unterzeichnenden Schreibens mit, das sich mit dem Autonomiestatut befaßte. Vance äußerte bei manchen Vorschlägen Begins Bedenken, trotzdem kamen wir gut voran.

Schwierig wurde es, als wir an die kontroversen Hauptthemen gerieten. Vance ließ sich nicht auf Begins Forderung ein, den unseligen Satz in der Präambel des Vertrages zu ändern. Der Premier zählte alle guten Gründe auf, die für seinen Wunsch sprachen, doch keiner war neu. Barak und Rosenne hatten das alles schon getan, und zwar ebenso geschickt. Begin brachte nur einen neuen Umstand vor, und der wirkte eher wie eine Entschuldigung: Unser Kabinett habe sich einstimmig für die Änderung entschieden. Vance sagte ihm darauf lediglich, er, wie auch Carter, lehnten das ab, denn sie wüßten, die Ägypter würden darauf nicht eingehen; sollten die USA auf Sadat Druck ausüben, werde dieser als Antwort größere Forderungen stellen, und man könne wieder ganz von vorne anfangen.

Die große Überraschung kam dann bei der Besprechung der Wirtschaftshilfe. Begin bat nicht um Subventionen, sondern um ein Darlehen. »Jeden Pfennig, den wir bekommen, werden wir zurückerstatten, und unsere jährlichen Rückzahlungen werden wir pünktlich einhalten!« versicherte er.

Es fehle Israel an den Mitteln, die auf dem Sinai verbleibenden Einrichtungen aus eigener Tasche zu ersetzen, legte Begin dar. Wir sähen uns der Gefahr ausgesetzt, den Frieden gegen den Staatsbankrott einzutauschen. Es handle sich um eine Summe von 3,8 Milliarden Dollar. Darin seien die Kosten für zwei neue Luftwaffenstützpunkte und die Überführung der Siedlungen enthalten. Er habe mit dem Finanzminister vereinbart, daß wir ein Darlehen aufnehmen wollten, welches innerhalb von fünfundzwanzig Jahren mit Zinsen zwischen zwei und vier Prozent zurückgezahlt werden sollte. Er wisse, daß seine Bitte um finanzielle Hilfe für die Rückverlegung der Siedlungen den Präsidenten geärgert habe. Wir hätten sie ja auch nicht aufgeben wollen, doch dann käme kein Friede mit Ägypten zustande. Er, Begin, habe abwägen müssen zwischen dem Festhalten an den Siedlungen auf dem Sinai und dem Frieden. Er habe den Frieden gewählt. Nun wolle er gern nächste Woche seinen Finanzminister Simcha Ehrlich nach Washington schicken, damit er dort mit Finanzminister Blumenthal die näheren Einzelheiten erörtern könne.

Ich war nicht der einzige, den Begins Bitte um ein Darlehen statt um Subventionen überraschte. Weizman bemerkte, die Finanzierung der neuen Luftwaffenstützpunkte sei bereits geregelt. Vance meinte, bevor er nicht mit Carter gesprochen habe, könne er nichts sagen, und Carter seinerseits müsse erst mit den führenden Parlamentariern reden. Momentan sei dies nicht möglich, denn Carter stehe bereits im Wahlkampf. Heute sei er zum Beispiel hier in New York, um Koch in seiner Kampagne um das Bürgermeisteramt zu unterstützen.

Nun fragte ich Vance, ob wir wenigstens bekanntgeben könnten, daß er den israelischen Finanzminister nach Washington eingeladen habe, um Finanzfragen zu erörtern, doch das lehnte er ab. Er wolle sich dazu nicht äußern, bevor der Präsident und führende Parlamentarier das nicht getan hätten.

Damit war die Sitzung beendet. Begin und Vance waren anschließend mit Carter verabredet. Das war ein Kapitel für sich, denn als Begin abends zuvor bei seiner Ankunft in New York *en route* nach Kanada von Journalisten gefragt worden war, ob er mit dem Präsidenten zusammentreffen werde, hatte Begin verneint, was in den Medien dann so dargestellt wurde, als habe Carter Begin absichtlich schneiden wollen.

Während unserer Sitzung am Vormittag wurde Vance ans Telefon gebeten, begab sich nach nebenan und sagte zu Begin, als er wiederkam, der Präsident wolle ihm gern »die Hand schütteln und ihn begrüßen«. Ob Begin um 13.30 Uhr in die Wohnung von Arthur Krim kommen könne? (Krim ist ein vermögender Jude, der die Demokratische Partei unterstützt, und während dieser Wahlreise wohnte der Präsident bei ihm.) Begin sagte zu und meinte noch, daß »damit das Gerede aus der Welt sei«. Die beiden Herren sagten einander also guten Tag und damit war das erledigt.

Begin reiste nach Kanada weiter, wir zurück nach Washington, wo wir von Atherton hörten, Begins Vorschlag, den beanstandeten Satz der Präambel zu ändern, sei glattweg abgelehnt worden. Die Ägypter waren entschieden gegen jede Änderung. Wir erfuhren auch, daß Butros Ghali und el-Bas zu Konsultationen nach Kairo beordert waren und erst in einigen Tagen zurückkommen würden. Ferner erwartete uns ein Kabel aus Israel, in dem uns mitgeteilt wurde, daß die Regierung nicht den von uns empfohlenen vorzeitigen Rückzug auf die Linie El-Arisch–Ras Mohammed und die Übergabe der Stadt an die Ägypter schon sechs Monate nach Unterzeichnung des Vertrages genehmige. Vielmehr sollten wir auf alle Fälle an dem in Camp David ausgehandelten Zeitplan festhalten, also El-Arisch erst nach neun Monaten räumen. Weizman entschloß sich, sofort nach Jerusalem zu fliegen, um mit der Regierung und dem Generalstab darüber zu reden.

Als die israelische Presse berichtete, Begin habe für die Dekkung der hohen Kosten der Evakuierung des Sinai eine Anleihe statt einer Subvention erbeten, ging ein Aufschrei durch die israelische Öffentlichkeit. Finanzminister Ehrlich forderte von uns dringlich, den Sachverhalt richtigzustellen, und ich suchte Vance deshalb am 4. November, zwei Tage nach der Sitzung mit Begin, auf. Der Premier, sagte ich, wolle sich in bezug auf das erbetene Darlehen korrigieren; die 700 Millionen Dollar für den Bau der beiden Luftwaffenstützpunkte sollten als Subvention gegeben werden, der Rest als Darlehen. Darauf sagte Vance verärgert, er habe dem Präsidenten genau das berichtet, was Begin ihm aufgetragen habe, und auch auf einer Pressekonferenz eigens betont, Israel wolle kein Geschenk, sondern eine Anleihe.

Diese unselige Begegnung in New York, die Ablehnung unseres Vorschlages, die Präambel zu ändern, die Weigerung der Amerikaner, unseren Finanzminister zu empfangen, und die kurze Begrüßung zwischen Begin und Carter – all das war nicht dazu angetan, uns Mut zu machen.

Immerhin konnten wir bei den Gesprächen in Blair House

noch über zwei Themen verhandeln, die weiterer Klärung bedurften: Ein bilaterales Abkommen zwischen uns und den Amerikanern und die Anlagen zum Vertrag, die sich mit politischen und militärischen Fragen befaßten. Mit den USA wollten wir vier Übereinkünfte treffen: Erneuerung schon früher eingegangener Verpflichtungen der Vereinigten Staaten gegenüber Israel; Mitübernahme der Verantwortung für die korrekte Einhaltung des Friedensvertrages mit Ägypten durch die USA; eine Zusage der USA, bei Nichtbereitstellung von UN-Kontingenten für die Gestellung anderer Truppen zu sorgen; und die Regelung von Angelegenheiten, die sich als Folge unserer Aufgabe der Ölfelder im Sinai ergaben.

Mit den militärischen Fragen befaßte sich auf amerikanischer Seite General Lawrence, während Vance, Atherton und Rechtsberater Hansell sich alles übrige vornahmen. Abgesehen vom Öl, mit dem sich unser Energieminister Jitzhak Modai und sein Mitarbeiterstab beschäftigten, nahm unsere ganze Delegation an der Erörterung der anstehenden Fragen teil. Das zweiseitige Abkommen, die Anlagen zum Vertrag und der Vertrag selber wurden in Israel durch das gesamte Kabinett überprüft, wobei eine Fülle von Anregungen, Kritik, Billigung und Ablehnung erfolgte.

Butros Ghali kam am 9. November aus Kairo zurück. Vance wollte ihn am gleichen Nachmittag um 16.30 Uhr treffen, doch Ghali entschuldigte sich, er sei müde und wolle den Außenminister erst am nächsten Tag sehen. In Wahrheit wollte er vorher mit uns sprechen, und er kam mit Botschafter Gorbal um siebzehn Uhr auf mein Zimmer. Wir redeten drei Stunden; Weizman, zurück aus Jerusalem, und Rubinstein waren ebenfalls anwesend.

Ghali wirkte entschiedener und redete offener als gewöhnlich, zweifellos hatte er in Kairo von Sadat sehr eindeutige Anweisungen erhalten. Er machte keinen Hehl daraus, daß die Konferenz von Bagdad, die vor vier Tagen mit der schroffen Verurteilung des Abkommens von Camp David und scharfen Angriffen auf die Ägypter geendet hatte, für diese ein Schock war. Anders als von ihnen erhofft und von den Amerikanern erwartet, hatten Saudi-Arabien und Jordanien die gegnerische Seite unterstützt. Sogar Mahmud Riad, Sekretär der Arabischen Liga, selber Ägypter und ehemaliger Außenminister, hatte für die Verlegung des Sekretariats der Liga von Kairo nach Tunis gestimmt. Man hatte auch einen wirtschaftlichen und politischen Boykott Ägyptens durch alle arabischen Staaten für den Fall angekündigt, daß es mit Israel zu einer Vereinbarung gelangen sollte. Daraus mußte Ägypten schwerer Schaden erwachsen. Mehr als eine Million Ägypter hatten Arbeitsplätze in anderen arabischen Ländern; nahm man ihnen diese weg und zwang sie zur Heimkehr, dann mußten sie sich in das Heer der heimischen Arbeitslosen einreihen. Ferner würde die Sache auch greifbare finanzielle Nachteile haben: Gaben die arabischen Länder Ägypten keine Subventionen mehr und zogen sie ihre Guthaben von den ägyptischen Banken ab, könnte es zu einer wirtschaftlichen Krise kommen. Dies alles, sagte Ghali, sei der ägyptischen Öffentlichkeit nur zu wohl bewußt, alle Welt rede darüber. Gleichwohl sei Sadat fest entschlossen, an seinem Friedenskurs festzuhalten.

Wolle er nicht sein Prestige und Ansehen aufs Spiel setzen, fuhr Ghali fort, müsse Sadat deutlich machen, daß er die panarabischen Ziele und Ideale nicht aufgebe, und deshalb müsse er mehr denn je auf eine Regelung der Palästinenserfrage dringen. Es sei nun an Israel, die im Grundsatz in Camp David angenommenen Richtlinien in die Praxis umzusetzen. Ägypten habe sich auf einen Zeitplan für die Aufnahme diplomatischer Beziehungen zu Israel und für eine Normalisierung des beiderseitigen Verhältnisses festgelegt, Israel hingegen habe sich im Hinblick auf die Palästinenser noch zu nichts verpflichtet. Statt dessen führten wir unsere Siedlungspolitik fort, und Ministerpräsident Begin habe kürzlich in New York öffentlich angekündigt, Groß-Jerusalem werde auch künftig israelisches Hoheitsgebiet bleiben. Der Premier wisse doch genau, daß Jerusalem nach wie vor ein Streitpunkt sei, weshalb also rede er öffentlich und in dieser Weise darüber? Die Ägypter gerieten dadurch in eine peinliche, ja unhaltbare Lage.

Abschließend sagte er, man habe ihm in Kairo aufgetragen, darauf zu bestehen, daß dem Friedensvertrag ein von Begin und Sadat zu unterzeichnendes Schriftstück beigefügt werde, das einen detaillierten Zeitplan für die Einführung der Autonomie für die Palästinenser enthalte, und zwar sollten darin vier Phasen vorgesehen sein: Innerhalb eines Monats nach Unterzeichnung des Friedensvertrages sollten Autonomieverhandlungen zwischen Israel und Ägypten beginnen; vorab müsse vereinbart werden, daß die Wahlen zu einem Palästinenserrat (der an die

Stelle der Militärregierung treten sollte) fünf Monate nach Unterzeichnung des Friedensvertrages stattfinden sollten; einen Monat später müsse die israelische Militärregierung ihre Befugnisse dem dann gewählten Rat übertragen; und anschließend sollten die israelischen Streitkräfte auf der West Bank und im Gazastreifen umgruppiert werden.

Ghali fügte an, schon aus diesem Zeitplan sei ersichtlich, daß bis zur Einführung der Autonomie einige Zeit verstreichen werde. Deshalb wolle Ägypten ein Thema aufgreifen, über das bereits in Camp David gesprochen worden sei. Israel möge unterdessen durch einseitige Gesten seinen guten Willen demonstrieren, und zwar so rasch wie möglich, um die palästinensischen Araber auf die Seite Ägyptens hinüberzuziehen. Ghali sagte auch, welche »Gesten« ihm dabei vorschwebten: Verlegung der Obersten Behörden der israelischen Militärverwaltungen aus den arabischen Wohngebieten; Erlaubnis für die Bewohner der besetzten Gebiete, sich politisch zu betätigen; Freilassung der eingekerkerten Araber (die Strafen wegen Terrorakten verbüßten); Rückkehr von zweitausend Arabern auf die West Bank und nach Gaza, die 1967 geflüchtet waren; Errichtung einer ständigen ägyptischen Vertretung in Gaza.

Die Wahlen zu einem Palästinenserrat, erläuterte Ghali, sollten deshalb nicht später als fünf Monate nach Unterzeichnung des Friedensvertrages stattfinden, weil dadurch den anderen arabischen Staaten demonstriert würde, daß die Palästinenser bereits ihre Autonomie genössen, bevor Ägypten seine Beziehungen zu Israel vollkommen normalisiert habe.

Das also war die Marschroute, die Ghali in Kairo mit auf den Weg bekommen hatte. Besonders interessant daran war für mich das Bild Ägyptens, das sich daraus ergab – es war ein im Inneren und von außen bedrängtes Land, mehr und mehr isoliert in der arabischen und auch in der Dritten Welt. Zudem beschwerten sich die militärische Führung der Ägypter und auch die Befürworter von Sadats Friedenskurs über Israels Verhalten. Als Weizman nun sagte, unsere Regierung wolle nicht, wie von uns vorgeschlagen, in die vorzeitige Übergabe von El-Arisch einwilligen, hatten Ghali und Gorbal einen weiteren Grund zur Klage. Sie bezeichneten das geradezu als »Bruch des Abkommens«, was unsererseits als »Geste des guten Willens« gedacht war. Sie behaupteten, schon in Camp David den Eindruck gewonnen zu haben, Israel werde die ausgemachte Frist von neun auf sechs Monate verkürzen, und bei den Gesprächen mit den Militärexperten unserer Delegation seien sie auch noch bis zur vergangenen Woche davon ausgegangen. Zwar hätten wir immer gesagt, was unsere Delegation vorschlage, müsse noch von der Regierung genehmigt werden, doch daß dies nicht geschehen könne, sei ihnen gar nicht in den Sinn gekommen.

Weizman und ich sagten den beiden, Blair House sei nicht der Ort, ihre Klagen vorzubringen und Vorschläge in der Palästinenserfrage zu machen. Wir seien nur bevollmächtigt, auf dieser Konferenz über unseren Friedensvertrag zu verhandeln, nicht aber über die Palästinenser. Ghalis Bericht wollten wir nach Jerusalem übermitteln, Stellung könnten wir dazu nicht nehmen. Unter uns könne ich ihm jedoch sagen, daß Begin beabsichtige, mit den Autonomiegesprächen einen Monat nach Unterzeichnung des Vertrages zu beginnen; Israel werde sich aber nicht im voraus dazu verpflichten, fünf Monate später Wahlen zum Palästinenserrat abhalten zu lassen. Was Ghali da angesprochen habe, sei genau das, wovor wir zurückschreckten: Wir wollten das Inkrafttreten des Friedensvertrages nicht von der Autonomie der Palästinenser abhängig machen. Im Gegenteil, wir wollten erst sehen, ob die Bedingungen des Vertrages auch erfüllt würden, einschließlich des Austausches von Botschaftern und des Abschlusses von Wirtschafts- und Kulturabkommen. Erst dann könne ein Autonomiestatut in Kraft treten. Was unsere Militärverwaltungen in arabischen Wohngebieten angehe, wollten Weizman und ich dringend empfehlen, die in Gaza und in Nablus schnellstmöglich zu verlegen, was aber nicht etwa eine Beschneidung ihrer Befugnisse bedeute. Es sei weiter nichts als ein technischer Vorgang. Die von Ghali erwähnte Ständige Vertretung Ägyptens in Gaza sei schon in Camp David vorgeschlagen und von uns abgelehnt worden. Nach Herstellung diplomatischer Beziehungen könnten die Ägypter in Gaza ein Konsulat eröffnen, so wie wir beabsichtigten, eines in Alexandria einzurichten. Daß er jetzt auf einen Schlag zweitausend Flüchtlinge auf die West Bank und in den Gazastreifen zurückführen wolle, erscheine mir ungerechtfertigt, schließlich fänden laufend Familienzusammenführungen statt, wobei allerdings die Antragsteller von uns gründlich überprüft würden. Darauf könnten wir nicht verzichten. Das Verfahren als solches könnte eventuell beschleunigt werden, abschaffen lasse es sich nicht.

Ich hatte Gorbal und Ghali bei ihrem Vortrag nicht unterbrochen, und ich meinerseits ging nicht auf Argumente ein, die sie mir entgegenhielten. Sie kannten unsere Haltung ja längst und bis in alle Einzelheiten, und es gelüstete mich nicht, als Punktsieger aus einer Debatte hervorzugehen. Ich will aber nicht verschweigen, daß ich ihre Dreistigkeit bewunderte, als ich sie so reden hörte – wir gaben den ganzen Sinai auf, überließen ihnen unsere Luftwaffenstützpunkte, unsere Siedlungen und die Ölfelder, und sie hatten die Stirn, »einseitige Beweise guten Willens« von uns zu fordern, als ob unsere nun wirklich erheblichen Zugeständnisse dem Frieden zuliebe nicht schon genügt hätten! Sie wollten, daß Häftlinge freigelassen wurden, die von ordentlichen Gerichten verurteilt wegen Mordes und Sabotage im Gefängnis saßen, während derartige Täter in arabischen Ländern ohne weiteres hingerichtet worden wären – Täter noch dazu, die nach ihrer Freilassung umgehend neue Terroranschläge verüben würden. Von alledem aber sagte ich zu Ghali und Gorbal kein Wort, sie wußten das ja auch alles selbst. Ich wollte nicht Argumente widerlegen, ich wollte über den Frieden verhandeln.

Das einzig Positive, das von Ghali kam, war nicht, was er sagte, sondern das, was er nicht sagte: Er schlug nicht vor, erneut über den Vertragsentwurf zu verhandeln und diese oder jene Klausel abzuändern. Sein Vortrag klang ziemlich schroff, doch hatte ich den Eindruck, dies liege daran, daß Ägypten echte Schwierigkeiten hatte und zögere, einen Separatfrieden mit uns zu schließen. Friede, ja – mir war so, als habe sich an diesem Ziel nichts geändert und als wolle Sadat aufrichtig Frieden mit uns, aber eben keinen Separatfrieden.

Am Tag darauf, es war der 10. November 1978, flogen wir nach Toronto, um uns mit Begin zu beraten. Energieminister Modai kam ebenfalls mit, um über seine Verhandlungen in Sachen Öl zu berichten. Die Ägypter hatten es abgelehnt, uns besondere Vorrechte einzuräumen, sich vielmehr auf den Standpunkt gestellt, sobald normale Beziehungen zwischen unseren Ländern bestünden, könnten wir wie andere Länder auch, Öl von ihnen kaufen oder Bohrkonzessionen beantragen.

Auch über die Wirtschaftshilfe ließ sich nichts Positives sagen. Meine Versuche, Vance dazu zu bringen, daß er Besprechungen über dieses Thema mit Finanzminister Blumenthal zuließe, scheiterten. Nicht einmal anhören durfte sich Blumenthal, was wir vorzutragen hatten. Vance behauptete, Blumenthal sei nicht befugt dazu.

Weizman berichtete erbittert über sein Zusammentreffen mit dem Kabinett in Jerusalem. Er hatte überhaupt noch nicht den Mund aufgemacht, als er vom Erziehungsminister gefragt wurde: »Na, was haben Sie jetzt wieder verkauft?« Die Regierung verhalte sich ihrer Washingtoner Delegation gegenüber ausgesprochen feindselig.

Auf Anregung von Vance vereinbarten wir, daß dieser sich mit Begin auf dem Kennedy-Airport treffen sollte, wo der Premier auf seinem Rückflug aus Kanada Station machen würde, und kehrten dann nach Blair House zurück.

Ghali überreichte Vance die Instruktionen betreffend die Palästinenser, die Sadat ihm mitgegeben hatte, und im Weißen Haus machte man sich auf ein unerfreuliches Treffen mit uns gefaßt. Die ägyptischen Forderungen waren unhaltbar und unvertretbar, und von den Amerikanern hatten wir noch keine Reaktion auf unsere Fragen nach Wirtschaftshilfe und dem Öl. In diesem Moment (am 10. November), als der Ausbruch einer Krise unvermeidlich schien, gab Jody Powell vor der Presse eine Erklärung ab, in der er von »wachsender Sorge wegen des Ausganges der Verhandlungen« sprach und seine Ungeduld mit dem »Feilschen um Details« nicht verhehlte. Er fügte an, »keine der Parteien ist der alleinige Bösewicht in diesem Stück«, doch kommentierte die Presse das dann so, als handle es sich um eine Warnung der US-Regierung an Israel, den Fortschritt der Verhandlungen nicht weiter zu behindern.

Tags darauf erhielten wir von Atherton die ägyptischen Vorschläge zur Autonomie, zusammen mit Anregungen des US-Außenministeriums. Im ägyptischen Vorschlag war von dem gemeinsamen Schreiben Begins und Sadats die Rede, in welchem unter anderem auch der Zeitplan für die Einführung der Autonomie enthalten sein sollte, den Ghali uns bereits genannt hatte. Das geplante Schreiben sollte als Anlage in den Friedensvertrag aufgenommen werden.

Die Amerikaner ihrerseits machten einen nur geringfügig abweichenden Vorschlag: Sie wollten den Zeitplan nicht als absolut verbindlich ansehen, sondern als anstrebenswertes Ziel, damit man nicht aus Zeitgründen in Bedrängnis geriete. Mich ärgerte am Verhalten der Amerikaner nicht nur, daß sie sich voll mit der ägyptischen Haltung identifizierten, sondern daß sie von ihrem Vorschlag an uns den Ägyptern eine Abschrift zukommen ließen. Sie müssen gewußt haben, daß sie damit die Ägypter in ihrer Haltung nur bestärkten, denn die würden sich auf den Standpunkt stellen: Warum sollen wir mehr Zugeständnisse machen als die Amerikaner für geboten halten?

Atherton überreichte mir ferner den Entwurf eines Schreibens zur Unterzeichnung, mit dem ich die Ägypter informierte, welche einseitigen »Gesten« wir unmittelbar nach Unterzeichnung des Friedensvertrages und vor dem Beginn der Beratungen des Autonomiestatutes zu machen bereit seien. Die Liste dieser »Gesten« enthielt alles, was sich schon Ghali gewünscht hatte, immerhin hatten die Amerikaner in diesem Fall genügend Anstand, den Ägyptern keine Durchschrift zu schicken. Ich antwortete Atherton, ich wolle Begin, der noch in Kanada war, eine Kopie schicken, ferner eine nach Jerusalem; ich selber halte dies alles nicht für akzeptabel. Auch fand ich es richtig, ihm zu sagen, was ich davon hielt, daß die Amerikaner den Ägyptern Kopien ihrer Anregungen an uns zukommen ließen. Ein Vertrag werde nur desto mühsamer zustande kommen. Nun verabreichte Atherton mir eine Beruhigungspille: Blumenthal sei jetzt ermächtigt, sich anzuhören, was unser Finanzminister ihm vorzuschlagen habe.

Das israelische Kabinett nahm die ägyptischen Vorschläge samt den amerikanischen Anregungen ausgesprochen schlecht auf. Einige Minister empfahlen, die Verhandlungen sofort abzubrechen. Am Schluß der sonntäglichen Sitzung ließ das Kabinett verlauten, die Vorschläge der Ägypter wichen vom Abkommen von Camp David ab und seien daher unannehmbar für Israel. Die bloße Tatsache, daß solche Vorschläge überhaupt gemacht würden, erschwere die Verhandlungen erheblich und ebne den gemeinsamen Weg zum Frieden nicht im geringsten.

Auf das Gespräch mit Atherton folgte eines mit Vance. Die Stimmung war düster, die Meinungsunterschiede erheblich. Der Außenminister meinte, das in Camp David ausgehandelte Abkommen zerbröckle uns unter den Händen. Sowohl die Standpunkte der ägyptischen als auch der israelischen Regierung verhärteten sich immer mehr, das beiderseitige Mißtrauen wachse. Er habe lange mit der ägyptischen Delegation gesprochen und die Überzeugung gewonnen, Sadat werde die Beziehungen zu Israel nicht normalisieren, auch keine Botschafter austauschen, wenn El-Arisch nicht sechs Monate nach Unterzeichnung des Friedensvertrages zurückgegeben werde. Er finde auch, wir sollten dem »Fahrplan« für die Autonomieverhandlungen zustimmen und die von den Ägyptern gewünschten einseitigen »Gesten« machen.

Ich sagte zu Vance, ich verstünde recht gut, daß Sadat und seiner Regierung der Schock der Konferenz von Bagdad in die Glieder gefahren sei, wolle aber gleichwohl nicht empfehlen, auf die ägyptischen Vorschläge einzugehen – weder auf den »Fahrplan« noch auf die »Gesten«. Er, Vance, fordere unser Einverständnis zur Errichtung einer ständigen Mission der Ägypter in Gaza. Was habe es eigentlich für einen Sinn, einen Friedensvertrag zu unterschreiben, der die Grenze zwischen Ägypten und uns festlege, wenn die Ägypter innerhalb unseres Territoriums »besondere Funktionen« ausüben durften, wie sie dies verlangten? Schon auf der Konferenz von Leeds Castle war diese Ständige Vertretung mit ihren »besonderen Funktionen« aufgetaucht. Wir glaubten, die Absicht der Ägypter sei es, unsere Befugnisse im Gazastreifen zu übernehmen, und das wollten wir nicht.

Modai, der ebenfalls anwesend war, fragte, ob die USA uns helfen wollten, zu einer Einigung über den Bezug von Öl mit den Ägyptern zu kommen. Vance schüttelte den Kopf. Das müßten wir selber mit den Ägyptern aushandeln. Weizman und ich sprachen ihn auf Finanzhilfe an. Unsere Regierung, sagte ich, könne erst über den Vertrag beschließen, wenn ihr bekannt sei, wie und auf welche Weise die militärischen und zivilen Einrichtungen, die wir im Sinai räumten, ersetzt und von wem die Kosten dafür getragen würden. Darauf erwiderte Vance, die amerikanische Öffentlichkeit und beide Häuser des Parlamentes nähmen es uns übel, daß unsere Bereitschaft, Frieden zu schließen, von amerikanischer Finanzhilfe abhänge. Im übrigen sei er außerstande, auf diese Frage zu antworten. Die Behörden würden unsere Wünsche prüfen, dann gehe die Sache durch die parlamentarische Mühle, und das alles brauche Zeit.

Die Besprechung endete wie sie begonnen hatte – mit unverändert bestehenden Meinungsverschiedenheiten und in düsterer Stimmung.

Es sah so aus, als bleibe uns nur noch ein einziger Abend, denn am nächsten Tag war Vance ja mit Begin in New York verabredet, und bei weiter bestehenden Meinungsverschiedenheiten konnten wir ebensogut heimfahren. Die Regierung würde sich Begins ablehnenden Standpunkt anschließen, und damit wäre die Konferenz in Blair House gescheitert.

Die Amerikaner kamen augenscheinlich zum gleichen Urteil. Sie hatten lange nach einer Lösung gesucht, mit den Ägyptern beraten, auch mit Carter, und waren wohl zu der Einsicht gekommen, daß alles auf Messers Schneide stand. So wurden wir denn um 21.30 Uhr am gleichen Tage, dem 11. November – wir hatten schon die geschilderte Unterredung mit Vance geführt –, nochmals ins Außenministerium gebeten. Das Gebäude, das üblicherweise vom Kommen und Gehen der Diplomaten, Beamten und Journalisten summt wie ein Bienenstock, war still und bis auf die Wachen verlassen. Man führte uns in das Büro von Vance, wo bereits Atherton, Hansell und Sterner warteten. Auch wir waren zu dritt – Barak, Rosenne und ich.

Vance, der meistens den Eindruck eines emotionslosen, durch nichts zu erschütternden Menschen macht, der stets kurz und sachlich spricht, zeigte sich an diesem Abend von einer anderen Seite. Er war nachdenklich und unverkennbar besorgt. Schon seine ersten Worte machten deutlich, was ihn bewegte. Es handle sich hier, so sagte er, nicht um eine Arbeitssitzung, sondern hier werde vielmehr Geschichte gemacht. Was wir jetzt täten oder unterließen, werde entscheidende Bedeutung haben. Kämen wir zu keiner Einigung, würden künftige Generationen uns das zum Vorwurf machen. Er seinerseits werde alles tun, damit ein Resultat zustande komme.

Ich blieb stumm. Auch wenn ich glaubte, daß er es aufrichtig meinte, fand ich, er solle die Last der Verantwortung, die auf ihm lag, nachhaltig spüren. Nicht nur, daß die USA unvergleichlich viel mächtiger sind als wir, sie allein konnten den Weg aus der Sackgasse weisen, in die wir alle hauptsächlich durch amerikanisches Verschulden geraten waren.

Zur allgemeinen Überraschung kam die Aufforderung, über uns hinauszuwachsen und die Dinge so zu sehen, wie sie sich »künftigen Generationen« darstellen würden, ausgerechnet von unseren eigenen Rechtsexperten. Insbesondere Barak betonte, man werde uns weder verstehen noch vergeben, wenn uns nur wegen eines Wortes in dieser oder jener Klausel keine Einigung gelänge. Barak – wie Rosenne auch – hatte jeden Millimeter des bisher zurückgelegten Weges auf gefährliche Formulierungen geprüft, aber jetzt sagte er: »Dieser Vertrag wird eingehalten werden oder nicht, aber aus rein politischen Gründen und nicht, weil man diese oder jene Version im Text willkürlich auslegt.«

Vance schlug nun gegen den Wunsch der Ägypter vor, daß für unseren Abzug aus dem Sinai nicht ein Zeitplan maßgebend sein soll, sondern bestimmte Leitsätze; er wisse allerdings nicht, ob die Ägypter darauf eingehen würden.

Ich erwiderte, umstritten seien eigentlich im wesentlichen nur die Daten der Übergabe von El-Arisch und der Ölfelder. Diese brächten uns nicht nur täglich dreihunderttausend Dollar ein, wir hätten das Öl auch bitter nötig. Vance, der sich bislang geweigert hatte, über Öl zu reden, war jetzt dazu bereit. Ich dankte ihm, meinte aber, wir sollten das Thema nicht unter uns erörtern, mir zumindest fehlten die Fachkenntnisse, und ich sei dazu auch nicht befugt.

Hingegen wolle ich meiner Regierung, die, wie er wisse, nicht gewillt sei, El-Arisch schon nach sechs Monaten aufzugeben, noch in dieser Nacht seinen Vorschlag übermitteln und ebenfalls dem Premier, der ihn dann noch vor dem Abflug aus Kanada bekomme. Ich persönlich sei wie Weizman für eine vorzeitige Aufgabe von El-Arisch, doch müsse darüber die Regierung entscheiden. Vance sagte, er habe an diesem Tage zweimal darüber mit Carter gesprochen; dieser habe ziemlich nachdrücklich betont, Sadat habe sich zur Aufnahme von diplomatischen Beziehungen parallel zur Übergabe von El-Arisch nur einverstanden erklärt auf die von uns in Camp David gegebene Zusage hin, die Übergabe werde vier bis sechs Monate nach Unterzeichnung eines Vertrages erfolgen.

Als nächstes kam die Autonomie an die Reihe. Vance sagte, die Verhandlungen würden scheitern, wenn es nicht gelinge, die Dauer der Beratungen des Statuts von vornherein zu begrenzen. Er wisse, daß wir uns auf sechs Monate nicht einlassen wollten, schlage mithin den Ägyptern neun Monate vor. Auch jetzt wieder rief er sehr emotional die Geschichte zum Zeugen an. »Unsere Kinder werden es einmal nicht verstehen, daß wir uns nicht auf die Dauer der Autonomieverhandlungen einigen konnten. Sie werden daran zweifeln, ob wir wirklich den Frieden gewollt haben.« Ob denn neun Monate für solche Verhandlungen wirklich nicht ausreichten, fragte er mich. Im übrigen habe er diesen Vorschlag flexibel formuliert – er nenne darin einen anzustrebenden Termin, keinen, nach dem nicht mehr weiterverhandelt werden könne.

Diese Angelegenheit war überaus kompliziert, außerdem ging es schon auf Mitternacht zu. Ich sagte Vance, seine flexible Frist leuchte mir ein, ich würde aber ein Jahr vorschlagen. Im übrigen hätte er drei völlig erschöpfte Männer vor sich, die überdies keine Verhandlungsbefugnis in dieser Sache hätten. Begin betrachte gerade dieses Thema als seine persönliche Domäne, und schließlich müsse ja er das Schreiben gemeinsam mit Sadat unterzeichnen. Mir schien es das beste, wenn Vance mit Begin darüber auf dem Flugplatz in New York sprechen würde. Vance mißfiel, daß ich eine Frist von einem Jahr vorschlug. Falls Ägypten und Israel sich darauf einigten, habe er nichts dagegen, der amerikanische Vorschlag laute jedoch unverändert: neun Monate. Nun ließ Atherton die Katze aus dem Sack: Sadat wollte die Normalisierung der Beziehungen erst mit Wirksamwerden der Autonomie für die Palästinenser eintreten lassen. Darauf sagte ich, eben deshalb schlage ich ein Jahr vor, denn dann könnte die Normalisierung drei Monate vor Ende der Gespräche beginnen und wäre nicht vom Zeitpunkt ihres Abschlusses abhängig.

Um ein Uhr früh gingen wir ins Hotel zurück. Rosenne arbeitete bis vier Uhr an seinen Kabeln für Jerusalem und Begin. Wir wollten unbedingt, daß der Premier über den Verlauf des Gespräches Bescheid wußte, wenn er Vance begegnete. Rosenne fügte noch in unser dreier Namen die Empfehlung an, in dem gemeinsam von Begin und Sadat zu unterzeichnenden Schreiben sollte die voraussichtliche Dauer der Autonomiegespräche mit einem Jahr nach Ratifizierung des Friedensvertrages angegeben sein, sie sollten also noch drei Monate nach Aufnahme der diplomatischen Beziehungen und der Normalisierung des Verhältnisses zwischen beiden Ländern weitergeführt werden.

In Israel war es jetzt acht Uhr früh. Ich rief Rahel an. Sie wollte wissen, wie die Verhandlungen vorangingen, mich interessierte mehr, wie es daheim stand. Die Morgenzeitungen brachten keine besonderen Neuigkeiten, der Ausgang der Konferenz in Blair House wurde pessimistisch beurteilt. Rahel drängte mich, endlich zu schlafen, und das tat ich auch, allerdings erst, nachdem ich in der Küche eine Schüssel Cornflakes mit kalter Milch gegessen hatte. Ich hatte einen üblen Geschmack im Mund, der nicht von Hunger herrührte. Der kurze Aufenthalt in der kleinen Küche war der angenehmste Teil dieses Tages.

19.
Krise

Am Vormittag trat dann die Krise ein – ausgelöst wurde sie von den Amerikanern. Atherton rief mich an, der Präsident sei mit dem Entwurf nicht einverstanden, den wir in der vergangenen Nacht über den Ablauf der Gespräche über das Autonomiestatut ausgearbeitet hatten. Carter wollte den Satz streichen, in dem es hieß, die Aufnahme der Autonomiegespräche dürfe nicht von dem Inkrafttreten des ägyptisch-israelischen Friedensvertrages abhängig gemacht werden.

Ganz im Sinne der eindringlichen Bitte von Vance, den Vertrag doch nicht an einigen wenigen Worten scheitern zu lassen, bat ich Atherton, darauf hinzuwirken, daß der Präsident nicht an dieser Forderung festhalten möge. Der Entwurf sei bereits an den Ministerpräsidenten gekabelt worden, und würde nun dieser Satz gestrichen, müsse Begin, und zwar mit Recht, annehmen, Carter wolle uns vor Abschluß des Vertrages zu einer Einigung mit den Palästinensern zwingen, und das ausgerechnet jetzt, da König Hussein wie auch die Palästinenser das Abkommen von Camp David ausdrücklich verworfen und abgelehnt hatten, irgendwas damit zu tun zu haben.

Offensichtlich hatte man versucht, die Zustimmung des Präsidenten zu dem Entwurf zu erlangen, und als das fehlschlug, flüchtete Atherton sich in Vorwürfe gegen mich: Warum habe ich Begin den Entwurf zugehen lassen, bevor man ihn dem Präsidenten hatte zeigen können? Diese Ausrede war nur allzu durchsichtig. Ich erinnerte ihn deshalb daran, daß der Entwurf schließlich ihr eigener gewesen sei, und daß nicht wir es zu verantworten hätten, wenn sie ihn dem Präsidenten zuvor nicht gezeigt hatten. In Wahrheit handle es sich doch nur darum, daß sie ihren eigenen Vorschlag von der vergangenen Nacht zurückziehen wollten.

Um neunzehn Uhr am 12. November trafen wir uns dann am Kennedy-Airport in New York; wir kamen in der Maschine von

Vance aus Washington, Begin aus Kanada. Das Treffen währte zweieinhalb Stunden. Vance wurde von Atherton und Saunders begleitet, wir kamen als komplette Mannschaft: Begin, Finanzminister Ehrlich, Energieminister Modai, Verteidigungsminister Weizman, Barak, Rosenne, Dinitz und ich.

Von der ersten Minute an war die Spannung spürbar. Begin wollte zunächst über Finanzen reden, und Ehrlich sollte ihm deshalb einen Lagebericht geben. Vance ging darauf überhaupt nicht ein, sondern berichtete seinerseits über den Stand der Friedensgespräche. Er zählte auf, in welchen Punkten Einigung erzielt worden war und in welchen nicht. Zweck der Übung war, den Eindruck zu erwecken, als wären die meisten Hindernisse beseitigt und der Vertrag so gut wie unterschriftsreif. Die Memoranden, welche die amerikanischen Verpflichtungen in Verbindung mit dem Vertragsabschluß aufzählten, waren fertiggestellt.

Begin ließ sich aber nicht von seinem Vorsatz abbringen. Er sagte zu Vance, man habe ihn in Israel beinahe gesteinigt, als bekannt wurde, daß er die Amerikaner um eine Anleihe gebeten habe statt um Subventionen. Er habe seinen Irrtum berichtigt, aus Washington aber noch keine Reaktion gehört. Auch habe er aus Kanada mit Carter telefoniert und ihm gesagt, in Israel stelle sich die Öffentlichkeit zunehmend gegen den Abschluß des Vertrages, denn nicht nur werde dem Land ein großer Verzicht damit zugemutet, sondern nun solle es diesen Verzicht auch noch teuer bezahlen. Als unser Finanzminister über diese Dinge mit seinem amerikanischen Kollegen habe beraten wollen, sei er gleichsam im letzten Moment von der Tür gewiesen worden. Nun müsse er, Begin, darauf dringen, zu hören, wie die Amerikaner in dieser Sache verfahren wollten, und zwar wolle er das vor der nächsten Kabinettssitzung wissen.

Vance entgegnete, unser Anliegen werde in der üblichen Weise geprüft und bearbeitet, und das dauere eben seine Zeit. Begin blieb hartnäckig: Was, ganz allgemein gesagt, werde der Präsident dem Kongreß empfehlen? Vance hielt sich an sein Drehbuch: Bevor man eine Entscheidung treffen könne, müsse die Sache gründlich geprüft werden. Mehr könne Begin seiner Regierung eben nicht sagen. Begin blieb nichts weiter übrig, als, wenn auch mißmutig, sich damit zu begnügen, daß sich der amerikanische Finanzminister Blumenthal anhören wolle, was sein israelischer Kollge zu sagen habe.

Als die Hauptakteure auf die Friedensverhandlungen zu sprechen kamen, wurde der Dialog keine Spur verbindlicher. Begin fragte, ob die von Israel geforderten Äußerungen berücksichtigt worden seien. Vance darauf: Auch die Ägypter verlangten Änderungen, infolgedessen hätten die Amerikaner alle derartigen Vorschläge abgelehnt, weil andernfalls nichts von dem übrig bleibe, was man bisher erreicht habe. Begin wiederholte seine Argumente, Vance desgleichen. Keiner wollte nachgeben.

Letztes Thema war das Schreiben, das gemeinsam von Begin und Sadat unterzeichnet werden sollte, und das wir in der vergangenen Nacht so umformuliert hatten, daß ein Jahr für die Dauer der Autonomiegespräche vorgesehen wurde. Vance bemerkte dazu, die Reaktion von Sadat auf diese Anregung könne man erst in einigen Tagen erwarten, drängte Begin aber, dem Entwurf zuzustimmen. Begin lehnte mit der Begründung ab, daß wir unter Umständen außerstande wären, ein solches Versprechen einzuhalten – ein Jahr sei womöglich zu wenig. Die nun folgende Diskussion war weder konstruktiv noch besonders sachbezogen. Es ärgerte Begin, daß die Amerikaner alles ablehnten, was er vorschlug, und Vance hatte vom Präsidenten präzise Anweisungen, wie er sich im Hinblick auf Wirtschaftshilfe und die in Aussicht genommene Dauer der Autonomieverhandlungen verhalten solle. Man beschloß daher eine Pause.

Als Begin den Raum verlassen hatte, sagte Vance bitter: »Mit jeder Minute solchen Geredes entfernen wir uns vom Ziel.« Ob man vielleicht mal die Ansicht des israelischen Außenministers hören dürfe? Ich sagte, falls der Ministerpräsident dies wünsche, würde ich gern meine Meinung sagen.

Als Begin wiederkam, bereit, das Gespräch fortzusetzen, fragte Vance ihn rundheraus, ob man vielleicht die Meinung des Außenministers hören dürfe. Begin, der ohnehin zornig und nervös war, erwiderte eisig: »Bitte, wenn er Lust hat, soll er reden.« Sein Ton ließ nichts Gutes ahnen, also sagte ich auf hebräisch zu ihm, falls ich den Mund aufmache, werde ich meine Ansicht ungeschminkt zum Besten geben, und ob er das wolle. Darauf sagte Begin ebenfalls auf hebräisch, nicht er habe mich aufgefordert, meine Meinung zu sagen. Offenbar sei ja unterdessen Vance zum Leiter der israelischen Delegation aufgerückt. Nun, sagte ich, in diesem Fall schwiege ich lieber.

Öl war das nächste Thema, und unser Energieminister beklagte die Halsstarrigkeit der Ägypter. Auch hier gerieten wir in eine Sackgasse. Begin fragte, ob Vance hilfreiche Vorschläge zu machen habe, und Vance verneinte das.

Begin faßte für unsere Delegation das Ergebnis auf hebräisch zusammen: Weder was die Wirtschaftshilfe noch was das Öl angehe – zwei für uns äußerst wichtige Dinge – habe die Diskussion das geringste erbracht. Er werde nach seiner Rückkehr dem Kabinett in diesem Sinne berichten.

Vance wollte wieder auf das von Begin und Sadat gemeinsam zu unterzeichnende Schreiben zu sprechen kommen, und Begin fragte in versöhnlicherem Ton, ob ich mich dazu äußern wolle. Dies tat ich nun und legte die Gründe dar, die mich bewogen hatten, in der vergangenen Nacht einer Begrenzung der Dauer von Autonomiegesprächen zuzustimmen, vorausgesetzt, sie würde mit zwölf Monaten nach Ratifizierung des Friedensvertrages angesetzt, und daß ich auch jetzt noch dieser Meinung sei. Begin war dagegen, und ich glaubte zu wissen, was geschehen würde, wenn das Kabinett darüber beriet: Der Premier selber würde ablehnen, und die übrigen Minister sich ihm anschließen.

Nach Ende der Sitzung flog Begin weiter nach Israel, wir anderen kehrten nach Washington zurück, nicht um die Konferenz in Blair House fortzusetzen, sondern, um einen geordneten Abzug vorzubereiten. Wir ließen Amerikaner und Ägypter wissen, daß wir am Abend des folgenden Tages, am 13. November 1978 also, abreisen würden. Ghali sagte, auch er reise – man habe ihn nach Kairo zurückbeordert.

Am Spätnachmittag des nächsten Tages packte ich die Koffer, blickte mich noch einmal in der Suite des Hotels Madison um und nahm ohne Bedauern Abschied. Nicht, daß ich etwas gegen das Hotel hatte, doch waren diese Zimmer fast einen Monat lang mein Zuhause, Büro und Konferenzraum in einem gewesen, und ich sehnte mich nach der frischen Luft, der Ruhe und Behaglichkeit meines Gartens in Zahala.

Zwar verfügte auch das Delegationssekretariat über ein Konferenzzimmer, doch die internen Beratungen hatten alle bei mir stattgefunden. Wir hatten hart gearbeitet, untertags mit Ägyptern und Amerikanern verhandelt, und das oft bis in die Nacht; dann hatten wir uns bis in den frühen Morgen untereinander beraten und ab Mitternacht mit Jerusalem in Verbindung gestanden (der Zeitunterschied beträgt sieben Stunden).

Ich bin nicht übertrieben ordnungsliebend, anders als Barak, den man oft genug mit Besen und Staubtuch hantieren sehen konnte, doch vermochte ich es nach Ende der Beratungen in diesem Zimmer zwischen vollen Aschenbechern, schmutzigen Kaffeetassen, Kuchenkrümeln, Papier, Orangenschalen und Obstresten kaum noch auszuhalten.

Gab es wirklich mal eine Pause zwischen den Beratungen und dem endlosen Papierkrieg, war ich gleichwohl ans Hotel gefesselt. Die Museen waren geschlossen, wenn ich einmal frei hatte – und im übrigen kannte ich von früheren Aufenthalten in Washington das, was mich besonders interessierte. Gleiches galt für Kinos und Theater, allerdings zieht es mich zu beiden sowieso nicht sehr. Am dringendsten brauchte ich Zeit für mich, um ungestört nachdenken zu können, ohne selber sprechen oder zuhören zu müssen.

Darum verzehrte ich, wenn ich nicht dienstlich an einem Bankett teilnehmen mußte, meine Mahlzeiten allein. Anfangs machte das einen etwas befremdlichen Eindruck: Die Delegation saß gemeinsam im Restaurant des Hotels an einem Tisch, ich abseits für mich allein in einer Ecke. Daran gewöhnten sich die anderen jedoch; sie begriffen, daß ich das nicht tat, um sie zu schneiden. Wurde gemeinsam getrunken, schloß ich mich davon aus; Alkohol war mir wegen eines kürzlich aufgetretenen Magengeschwürs ohnehin verboten. Immerhin gönnte ich mir nach einem mühseligen Arbeitstag, wenn mir all das, worüber wir wieder und wieder reden mußten, so recht zum Hals heraushing, vor dem Essen einen Sherry oder auch zwei. Die kamen mich unweigerlich teuer zu stehen, doch erst am nächsten Tag.

Neben dem Bett hatte ich drei hebräische Bücher liegen, die Bibel, den *Carta Bible Atlas* der Professoren Johanan Aharoni und Michael Avi-Jonah, sowie die *Gesammelten Gedichte* von Nathan Altermann. Der Atlas half mir, die Chroniken des Alten Testaments geographisch einzuordnen. Ich bin mit dem Alten Testament ebenso vertraut wie mit der Geographie Israels, aber wer weiß schon genau, wo der »Fels Etam« steht, wo Simson sich vor den Männern Judas versteckte, die ihn den Philistern ausliefern wollten? Wo verliefen die Grenzen der Königreiche Sauls und Davids, welchen Weg nahmen die Kinder Israels, als sie von Ägypten kommend durch die Wüste des Sinai zogen, bis sie Jericho eroberten? Die Angaben darüber, die Aharoni und Avi-Jonah machen, mögen von manchen Historikern und Archäologen angezweifelt werden, ich finde sie einleuchtend. Ihren Hinweisen folgend spüre ich, daß ich in die Fußstapfen meiner Vorfahren trete, wenn ich einen Berg besteige, ein Tal durchquere.

Ich liebe es, in der Bibel zu lesen, nicht nur der Magie der Sprache wegen, auch nicht des Wortlautes wegen, sondern weil mir zwischen den Zeilen bildhaft deutlich wird, wie die Israeliten lebten, als sie ihr eigenes Land bewohnten, wie sie mit ihren Nachbarn umgingen. Simson, der sein Lebtag die Philister bekriegte, suchte gleichwohl ihre Gesellschaft. Zur Frau nahm er »ein Weib aus Timnath, eine Tochter der Philister«. Und als sie von ihrem eigenen Volke ermordet wurde und Simson ihren Tod rächte, begab er sich anschließend nach »Gaza«, mitten ins Land seiner Feinde, und lebte dort mit einer Philisterin, einer Dirne. Später verliebte er sich in Delila, ebenfalls eine Philisterin, aus dem Tale Sorek, die ihn seinen Feinden auslieferte. Dies also der Mann, der Israel »vor den Philistern bewahren« wollte und zwanzig Jahre hindurch Richter war über sein Volk. Warum suchte er die Nähe der feindlichen Nachbarn? »Ist denn nun kein Weib unter den Töchtern deiner Brüder und in allem deinem Volk, daß du hingehst und nimmst ein Weib bei den Philistern, die unbeschnitten sind?« fragten ihn seine Eltern. Warum wird die Motte vom Licht angelockt? Solcherart war dieser Mann, und die Bibel verurteilt ihn nicht.

Nach Begins Rückkehr aus Kanada und unserer aus Washington beriet sich das Kabinett eingehend, bevor es vierzehn Tage später eine Verlautbarung herausgab. Während die Beratungen noch im Gange waren, erhielt Begin ein zehnseitiges Schreiben von Sadat, der sich hauptsächlich über die von uns in Blair House eingenommene Haltung beklagte und erneut etliche Forderungen erhob, die wir in Washington zurückgewiesen hatten, darunter die Festlegung eines verbindlichen Zeitplanes für die Einführung der Autonomie der Bewohner der West Bank und des Gazastreifens. Er könne auch der Klausel 6 des Friedensvertrages (die den Vorrang des Vertrages im Falle eines Interessenkonfliktes festschrieb) nicht zustimmen.

Die Ministerkollegen im Kabinett waren enttäuscht und verbittert. Der Premier war mit leeren Händen zurückgekommen. Seine Unterredungen mit Vance und seine Telefonate mit Carter hatten nichts eingebracht. Die von uns geforderten Änderungen im Vertragstext waren abgelehnt worden. Weder bei der Wirtschaftshilfe noch beim Öl war ein Hoffnungsschimmer erkennbar. Die Ägypter stellten neue Forderungen, und es stand zu befürchten, daß die Amerikaner sie darin unterstützten.

Am 30. November 1978 gab das Kabinett folgende Stellungnahme ab:

1. Die israelische Regierung ist bereit, den Friedensvertrag mit Ägypten zu unterzeichnen, der ihr zur Beratung durch ihre Verhandlungsdelegation vorgelegt wurde, vorausgesetzt, daß auch Ägypten zur Unterzeichnung bereit ist.

2. Die neuesten Vorschläge Ägyptens weichen von den in Camp David getroffenen Vereinbarungen ab und sind für Israel nicht annehmbar.

3. Nach Unterzeichnung und Ratifizierung des Friedensvertrages mit Ägypten wird Israel dem Beginn von Verhandlungen zustimmen, welche die Einführung einer Verwaltungsautonomie in Judäa, Samaria und Gaza zum Ziele haben, wie dies in Camp David vereinbart wurde.

Daß diese Verlautbarung zustande kam, ging auf einen Vorschlag von mir zurück. Der Premier stellte sich, wenn auch mit großen Bedenken, auf meine Seite. Als ein Minister fragte, weshalb man diese Verlautbarung herausgebe, da wir damit doch auf alle Änderungen im Vertragstext verzichteten, erwiderte Begin: »Um endlich Frieden zu bekommen.«

Unser Kabinettsbeschluß beweist, daß nicht Israel sich weigerte, den mit so viel Mühe und beiderseitigen Zugeständnissen in Washington ausgehandelten Vertrag zu unterzeichnen, sondern Ägypten.

Auch was das von Begin und Sadat gemeinsam zu unterzeichnende Schreiben anging, verhielten wir uns flexibel. Begin erklärte, weder für das Inkraftsetzen der Autonomie noch für die Beendigung der Verhandlungen darüber wolle er sich im voraus auf ein Datum festlegen, doch sei er willens, ein Schreiben zu diesem Gegenstand zu unterzeichnen, falls dessen Inhalt und Formulierung vertretbar seien. So etwa sei er einverstanden, wenn man statt »nach Ablauf von zwölf Monaten« – also eines festen Termins – »möglichst bald« schreibe.

Diese Wortspielereien schienen mir nicht sehr nützlich, mir kam es darauf an, daß wir auf bestimmten elementaren Forderungen beharrten, das jedoch in einer Weise, die nicht alle weiteren Verhandlungen ausschloß.

Washington fand sich nicht mit dem Stillstand der Verhandlungen ab. Man zeigte viel Verständnis für Sadats Probleme und dafür, daß er jetzt eine härtere Haltung einnahm. Der ägyptische Vizepräsident Hosni Mubarak und Ministerpräsident Mustafa Khalil zeichneten in Washington vor Vance und Carter ein ziemlich düsteres Bild von der Lage Ägyptens. Die Konferenz von Bagdad habe auf die Regierung Ägyptens, auch auf Sadat, wie ein schwerer Schock gewirkt, der weitreichende Folgen haben müsse. Auch die Revolution im Iran zeitige ihre Auswirkungen. In allen Ländern des Islam, von Pakistan bis Saudi-Arabien und Marokko nehme der Anti-Amerikanismus zu, und Sadats Ansehen, sein Vertrauen auf Amerika, werde einer harten Prüfung unterworfen.

Carter schickte Vance nach Ägypten und Israel, um beide Seiten zur Wiederaufnahme der Verhandlungen zu bewegen. Es wurde vereinbart, daß Vance am 10. Dezember in Ägypten und zwei Tage später in Jerusalem eintreffen solle.

Am 13. Dezember fanden zwei Begegnungen mit Vance und seinen Mitarbeitern statt, die erste in kleinem Kreis, die zweite unter Beteiligung aller Mitglieder des ministeriellen Verteidigungsausschusses.

Vances Mission erbrachte keine befriedigenden Resultate; nicht nur gelang es ihm nicht, die Friedensbemühungen erneut in Gang zu bringen, um ein Haar hätte er sogar dafür gesorgt, daß sie endgültig eingestellt wurden. Die »Kompromißvorschläge«, die er aus Kairo mitbrachte, waren indiskutabel, und wie er sie vortrug war zugleich unzumutbar und wirkungslos. Vance sagte, Sadat sei, ebenso wie Israel, willens, den Friedensvertrag in der jetzigen Fassung zu unterzeichnen; er verzichte darauf, neuerliche Verhandlungen über die darin enthaltenen Klauseln zu führen, wolle keine Änderungen. Das war aber nichts als ein Trick, denn die Amerikaner hatten ihm zugesagt, bestimmte Klauseln mit »Interpretationen« zu versehen samt »rechtlichen Auslegungen«, die sie wertlos machten und sie dem Sinne nach veränderten. Sadat hatte auch seine Zusage zurückgenommen, einen Monat nach unserem Rückzug auf die Linie El-Arisch–Ras Mohammed Botschafter auszutauschen. Er sah für diesen Zeitpunkt nur die diplomatische Anerkennung sowie die Ernennung von Konsuln und Geschäftsträgern vor. Botschafter sollten erst nach Inkrafttreten des Autonomiestatutes für die Palästinenser ausgetauscht werden.

Vance bezeichnete dies als Vorschläge Ägyptens, doch seien sie für die Amerikaner durchaus annehmbar. Im übrigen sei es ihm und seinen Mitarbeitern gar nicht leicht gefallen, Sadat dazu zu veranlassen.

Wir konnten uns des Gefühls nicht erwehren, von den Amerikanern irregeführt worden zu sein, vor allem, daß sie Ägypter und uns mit verschiedenen Maßstäben bewerteten. Washington hatte sich hartnäckig geweigert, im Vertragsentwurf die von der israelischen Regierung beantragten Änderungen vorzunehmen, mit der Begründung, wenn man nur einen einzigen Stein auswechsle, müsse der ganze Bau zusammenbrechen. Sadat zuliebe zeigten sie sich aber geneigt, mehr als nur zwei Änderungen hinzunehmen. Israel hatte seine Bereitschaft erklärt, den Vertrag in der vorliegenden Form samt allen Klauseln und Ergänzungen zu unterzeichnen, allerdings nur widerstrebend und zähneknirschend. Nun aber taten die Amerikaner sich mit Sadat zusammen in der Absicht, die wichtigsten Klauseln, denen sie bereits zugestimmt hatten, unwirksam zu machen, und das wiederum zu dem Zweck, die Normalisierung der Beziehungen zwischen Ägypten und Israel mit der Autonomiefrage zu verbinden und den Ägyptern im Gazastreifen einen besonderen Status zu sichern.

Die Besprechungen mit Vance dauerten nicht lange. Als sie vorüber waren, gab die Regierung am 15. Dezember folgende Verlautbarung heraus:

1. Die israelische Regierung wird ohne Verzug den Friedensvertrag samt Anlagen unterzeichnen, der ihr am 11. November 1978 zugegangen ist . . ., die ägyptische Regierung trägt einzig und allein die Verantwortung dafür, wenn die Unterzeichnung nicht stattfindet.

2. In dieser Woche hat Ägypten durch Vermittlung des Außenministers der Vereinigten Staaten an Israel folgende neue Forderungen gestellt:

a) Austausch von Botschaftern erst nach Einführung der Autonomie für die Palästinenser, zumindest in Gaza.
b) Eine fundamentale Änderung der Klausel 4 des Vertrages betreffend die Überprüfung und Änderung der Sicherheitsvorkehrungen im Sinai nach Ablauf von fünf Jahren.
c) Eine Interpretation zu Klausel 6 des Vertrages (der Klausel, welche den »Konflikt der Verpflichtungen« betrifft), die dessen Substanz zunichte macht.

d) Festsetzung eines Termins, genannt Zieldatum, für das Inkrafttreten der Autonomie in Judäa, Samaria und Gaza.

3. Diese Forderungen Ägyptens weichen vom Abkommen von Camp David ab; sie sind nicht darin enthalten und verändern den Inhalt des obengenannten Friedensvertrages in fundamentaler Weise. Sie sind daher für Israel unannehmbar und mithin abzulehnen.

4. Die israelische Regierung weist die Haltung der USA zu den Forderungen Ägyptens und ihre Ausführungen zu denselben zurück.

5. Das (vorgeschlagene gemeinsame) Schreiben betreffend die Einführung der Autonomie bedarf der Klärung und Neuformulierung.

Vance flog zurück nach Amerika, fand aber schon auf dem Flug Gelegenheit, schlimme Bemerkungen über uns zu äußern. Ein seinem Stab beigegebener »hochgestellter Beamter« legte den Vance begleitenden Korrespondenten dar, daß die israelische Regierung eine Unterzeichnung des Friedensvertrages verhindere. Die Verlautbarung unserer Regierung nannte er »einer Erwiderung nicht würdig«.

Nachdem Vance abgereist war, schlug ich Begin vor, eine Arbeitsgruppe einzusetzen, die sich mit der Fortführung der Verhandlungen mit Ägypten befassen solle, schließlich konnten wir auch hier weiterarbeiten und brauchten nicht nach Blair House zu fliegen. Ich schlug als Leiter dieser Gruppe den Justizminister vor, denn alles, was noch zu klären blieb, hätte definitiv juristischen Charakter. Begin überlegte sich meinen Vorschlag und lehnte ihn dann ab. Was noch zu besprechen bleibe, gehöre eindeutig zu den Friedensverhandlungen als solchen, folglich müsse ich sie führen. Ich könne soviel juristische Hilfe haben wie ich brauche, im übrigen würden er und ich alles miteinander abstimmen.

Die scharfe Attacke auf Israel, welche die Amerikaner sich geleistet hatten, brachte ihnen kein Glück. Nicht nur die amerikanischen Juden protestierten, auch die amerikanische Presse bezeichnete den Ausfall der Regierung als ungerechtfertigt – es war die Rede von »overkill«. Wer eigentlich dürfe von den Israelis verlangen, daß sie Vorschläge annähmen, welche zwischen Vance und Sadat in Kairo ausgebrütet würden? Präsident Carter versprach, ein Weißbuch herauszubringen, aus dem ersichtlich werde, daß Israel der Alleinschuldige sei, doch überlegte er es sich dann wieder anders. Was er an Dokumenten vorzuweisen hatte, überzeugte nicht, und in Washington kam man nun dahinter, daß die Angriffe auf Israel den Friedensprozeß als solchen nicht etwa gefördert, sondern behindert hatten. Einziger Ausweg: Wiederaufnahme der dreiseitigen Verhandlungen zwischen Ägypten, Israel und den USA.

Vance schlug folglich Sadat und Begin ein Zusammentreffen in Europa vor. Teilnehmen sollten er, Ägyptens Außenminister Khalil und ich. Sadat und Begin stimmten zu und ich sollte Khalil am 23. Dezember 1978 in Brüssel treffen. Zweck dieses Treffens sollte laut Vance sein, ganz allgemein zu prüfen, auf welche Weise die Vertragsverhandlungen weitergeführt werden könnten. Im übrigen sollte über dieses Vorhaben besser nichts verlauten. Beide Seiten stimmten zu, und wie üblich hatte die Presse vierundzwanzig Stunden später Wind von der Sache bekommen.

Ich war Khalil bereits früher begegnet, hatte aber nie ausführlich mit ihm gesprochen. Ich wußte, er stand Sadat nahe, war ebenfalls für einen Friedensschluß mit Israel, gehörte zur Elite seines Landes und entstammte einer jener hochgebildeten, reichen Familien, welche die Inhaber hoher Ämter stellen.

Ich hatte um diese Zeit auch noch anderes in Brüssel zu tun – ich nahm an einer Sitzung des EG-Rates teil, sprach den belgischen und den deutschen Außenminister und Generalsekretär Luns von der NATO und hielt ein Arbeitstreffen mit unseren Botschaftern in Westeuropa ab. Vance sollte am 22. Dezember nachmittags eintreffen, ließ dann aber ausrichten, er werde sich verspäten. Ich wollte also mit Rahel in aller Ruhe auf dem Zimmer im Hilton essen, als Khalil mich überraschend zum Essen in sein Hotel einlud. Ich nahm gern an. Es sollte ein reines Herrenessen werden, mit sechs Personen: Khalil und sein Bruder (der Botschafter Ägyptens in Brüssel) sowie Osama el-Bas. Mich sollten Meir Rosenne und Jitzhak Minervi begleiten, unser hiesiger Botschafter.

In Khalils Hotel erwarteten uns nicht nur unsere Gastgeber, sondern ganze Rudel von Journalisten und Fernsehleuten. Khalil sagte, er plane ein privates Abendessen, wobei das Gewicht auf leckeren Speisen und zwangloser Konversation liegen solle. Mit der Arbeit wollten wir erst anfangen, wenn Vance eintreffe.

Tatsächlich war das Essen gut und die Unterhaltung offen.

Khalil ist ein Mann von Welt, charmant, höflich und seine Miene zugleich ernst und liebenswürdig. Auch als er erzählte, welch Kalamitäten sein Land sich gegenübersehe, strahlte er Selbstvertrauen aus. Kamen wir auf kontroverse Gegenstände, suchten weder er noch el-Bas ihren Standpunkt zu kaschieren, man hatte eher den Eindruck, sie fürchteten mehr ein Mißverständnis als eine Meinungsverschiedenheit. Vance kam um 23.15 Uhr, zusammen mit Saunders und Quandt, und wir begaben uns in seine Suite. Er wirkte erschöpft, hatte einen langen, schweren Tag hinter sich und nicht geschlafen. Wir vereinbarten daher, um Mitternacht Schluß zu machen und tags darauf weiterzureden.

Vance forderte mich auf zu beginnen, und ich sagte nur, Israel verharre auf seinem Standpunkt, den er seit seinem letzten Aufenthalt in Jerusalem kenne. Ich streifte kurz die strittigen Punkte, sagte, wir seien auf Einladung der Amerikaner hergekommen und würden gern hören, wie die Ägypter die Möglichkeit beurteilten, uns einem Abkommen zu nähern. Nach allem, was ich heute beim Essen gehört habe, fürchte ich, die Kluft zwischen unseren Standpunkten sei immer noch bedeutend.

Khalil meinte, er wolle jetzt nicht von Klauseln reden, sondern nur von Problemen als solchen. Ägyptens größte Sorge sei, daß es in der arabischen Welt isoliert werde, folglich müsse man den Vertrag so abfassen, daß er für die anderen arabischen Staaten akzeptabler werde. Was nicht heiße, daß ihm diese Staaten beitreten würden, doch man könne dann wenigstens darauf rechnen, daß sie sich damit abfänden.

Wir hatten darüber schon beim Essen geredet, und ich fragte ihn darum jetzt, ob dies in der Praxis heiße: Um die Zustimmung der Araber zu dem Vorgehen Ägyptens zu erlangen, solle Israel sich verpflichten, die West Bank, Ostjerusalem und den Golan zu räumen und überdies den Palästinensern die Selbstbestimmung zugestehen? Ja, bestätigte Khalil, genau dies sei der Fall. Vance war nicht erstaunt. Er wußte seit seinen Gesprächen in Kairo, daß Khalil und el-Bas die Grundlage des Vertrages zu ändern wünschten, daß Sadat dies aber noch verhinderte.

Khalil wiederholte, Details wolle er jetzt nicht erörtern, nur Substantielles. Verstünden wir einander, ließe sich schon alles auf die entsprechenden juristischen Formeln bringen. Es gehe kurz gesagt darum, daß er den Frieden mit Israel wünsche, aber nicht die Isolierung Ägyptens.

Mitternacht war nun vorbei, und wir hatten versprochen, nicht länger zu bleiben. Also verabredeten wir uns zum Frühstück.

Um den Frühstückstisch war dann eine eindrucksvolle Runde versammelt; nach der Mahlzeit bat Vance alle bis auf Khalil und mich zu gehen; wir könnten dann – auch ohne Protokoll – freier sprechen.

Nach einer guten Nacht war Vance wieder er selbst, lebhaft, aufmerksam; es entging ihm keine Nuance in Miene und Formulierung. Ich bestellte noch einen Kaffee und hörte aufmerksam zu.

Nun erwies sich, daß Khalil weder sehr genau mit dem Wortlaut des Friedensvertrages noch mit der Palästinenserfrage vertraut war. Die West Bank, Ostjerusalem und der Gazastreifen waren für ihn weniger handfeste Realität als vielmehr Phänomene. Das empfand er aber weiter nicht als hinderlich, denn ihn kümmerte im wesentlichen Ägypten und dessen Verhältnis zu den übrigen arabischen Staaten, und da nun wußte er sehr gut Bescheid. Er war Blut vom Blut und Fleisch vom Fleisch der Staatsmänner am Persischen Golf, im Sudan und in Nordafrika. Er dürfte sich nicht eins gefühlt haben mit den jeweiligen Untertanen, den Bauern und den Beduinen, nicht einmal mit den Hochschullehrern und den Studenten, aber er war aus demselben Stoff wie diejenigen, die dort Politik machten, die Angehörigen der Königshöfe, die Fürsten, welche die Macht besaßen und sie mit allen Mitteln zu behalten trachteten. So etwa meinte er, die USA und Israel sollten Sadat drängen, sich mit den gemäßigteren arabischen Staaten zu verbünden, falls solche Bündnisse noch nicht bestünden, denn einzig Ägypten könne diese Länder vor der grassierenden Radikalisierung und dem Chomeinismus schützen, welche die gesamte Region bedrohten. Dies sei aber ausgeschlossen, wenn Ägypten isoliert und quasi geächtet sei, und das wäre es, wenn der ägyptisch-israelische Friedensvertrag jene Klausel enthalte, die bestimmte, daß Ägypten den aus diesem Vertrag erwachsenden Verpflichtungen Vorrang einräume vor allen anderen Verpflichtungen, die das Land in früher geschlossenen Verträgen eingegangen war. Seit Sadats Aufenthalt in Jerusalem und der darauffolgenden Ächtung Ägyptens als Verräter an der arabischen Sache würden ägyptische Techniker in den Ölstaaten bereits durch Koreaner und Pakistani ersetzt. Daraus erwachse auch für den Westen eine Gefahr – insbesondere für die Vereinigten Staaten.

Ich entgegnete, Khalil möge sich die ägyptische Bündnispolitik doch auch einmal von Israels Standpunkt aus betrachten. Angenommen, Syrien greife auf den Golanhöhen unter dem Vorwand an, es handle sich um eine Maßnahme der Selbstverteidigung. Es könne ja vorgeben, nur »den geheiligten Boden« des Vaterlandes zurückgewinnen zu wollen – diesen Ausdruck habe auch Sadat in Jerusalem benutzt –, ohne allerdings deshalb Krieg zu führen. Nur wollten die Israelis das Land leider nicht herausgeben. Welche Verpflichtungen ergäben sich denn in solch einem Fall für Ägypten? Khalil erwiderte, Ägypten werde sich für Syrien erklären, am Krieg aber nicht teilnehmen. Überhaupt könne kein einziger arabischer Staat einen Krieg gegen Israel ohne Beteiligung Ägyptens riskieren, es bestehe mithin keinerlei Kriegsgefahr. Nun nannte ich andere Beispiele: Terrorakte der PLO von Basen im Libanon gegen unsere Zivilbevölkerung. Israel könne gar nicht anders als mit Gegengewalt reagieren, und der Libanon könne uns dann vorwerfen, wir drängen in sein Hoheitsgebiet ein. Wie würde sich in solch einem Fall unser Friedensvertrag mit Ägypten auswirken? Khalil wiederholte, Ägypten werde sich auf die Seite jener stellen, die Israel als Aggressor verurteilten, nicht aber in den Krieg eingreifen. Es werde in solch einem Fall gemeinsam mit den arabischen Staaten auf diplomatischem Wege tätig werden, nicht aber militärisch.

Als ich dann die zwischen uns bestehenden Differenzen aufzählte, die Ostjerusalem, die West Bank und einen Palästinenserstaat betrafen, erkannte Khalil allmählich, daß seine Ideallösung nicht anwendbar war: Ägypten konnte nicht zugleich Mitglied einer gemeinsamen arabischen Front gegen Israel sein und friedliche Beziehungen zu uns unterhalten. Setzten wir unsere Siedlungspolitik auf der West Bank fort, werde Ägypten mit uns keinen Botschafter austauschen, sagte er. Und ich darauf: Werde der Austausch von Botschaftern von der Einstellung der Besiedlung abhängig gemacht, würden wir den Friedensvertrag nicht unterzeichnen.

Es war ein sehr offenes Gespräch. Die Suche nach dem goldenen Mittelweg, der es Ägypten erlaubte, im Lager der anti-israelischen Araber zu bleiben und gleichwohl mit uns einen Friedensvertrag zu unterzeichnen, glich der Quadratur des Kreises. Trotzdem überkam mich keineswegs Hoffnungslosigkeit. Politik ist nicht Geometrie. Auch Nationen mit einander widerstreitenden Interessen leben nebeneinander. Man macht eben Kompromisse.

Vance beteiligte sich an diesem Gespräch so gut wie gar nicht. Nur gegen Ende meinte er, Israels Sicherheitsbedürfnis und der dringende Wunsch der Ägypter, nicht von den arabischen Staaten geächtet zu werden, seien durchaus ernst zu nehmen, und da müsse eine Lösung gefunden werden. Er halte es nicht für sinnvoll, in diesem Augenblick eine Gipfelkonferenz einzuberufen, denn dabei könne nichts herauskommen. Besser sei, die Gespräche auf der derzeitigen Ebene fortzuführen. Khalil gab eine unverbindliche Antwort, und als die für die Öffentlichkeit bestimmte Erklärung über den Verlauf des Gespräches abgefaßt wurde, achtete er darauf, daß es darin hieß, die Beauftragten sollten ihren Regierungen über die Ergebnisse der Gespräche von Brüssel berichten, und alles weitere bleibe diesen Regierungen überlassen. Damit wurde der ägyptischen und der israelischen Regierung anheimgestellt, wann und wie sie die Beratungen - wenn überhaupt - fortsetzen wollten.

Die Begegnung in Brüssel war recht interessant gewesen, aber ob sie auch nützlich war, konnte ich nicht sagen.

In Jerusalem befaßten sich zwei Kabinettssitzungen mit meinem Bericht. Meine Ministerkollegen zeigten sich recht unbefriedigt. Einige meinten, man hätte sich auf diese Gespräche überhaupt nicht einlassen sollen und machten keinen Hehl daraus, daß sie mir mißtrauten, wenngleich sie das nicht aussprachen. Offenbar glaubten sie, ich hätte insgeheim Zugeständnisse gemacht, zumindest angedeutet, wir wären zu welchen bereit, und fürchteten, ich dränge die Regierung in eine Richtung, die sie nicht einschlagen wollte. Wörtlich vorgehalten wurde mir ein Satz, den ich zurückkehrend auf dem Flugplatz Ben Gurion ausgesprochen hatte: Falls nur beide Regierungen genügend beweglich wären, halte ich es für möglich, daß wir zu einem Abkommen gelangen. Wie konnte ich nur so auf die Frage eines Korrespondenten antworten? Darauf erwiderte ich, »beweglich« sei für mich kein obszönes Wort, und es sei mir besser erschienen, Hoffnung durchscheinen zu lassen als pure Verzweiflung. Im übrigen sei es auch nicht so, daß ich an der Möglichkeit, jemals mit Ägypten Frieden zu schließen, endgültig verzweifelte.

Der Ministerpräsident stimmte bei diesen Sitzungen in den Chor der feindlichen Stimmen ein, und als er die Ergebnisse der Sitzungen zusammenfaßte und das Resultat formulierte, folgte er dem Rat jener Minister, die dafür waren, sich einer harten Sprache zu bedienen. Was dabei herauskam, klang fast so, als habe es der Sicherheitsrat der Vereinten Nationen formuliert:

1. Die Regierung hat den Bericht des Außenministers über seine in Brüssel geführten Gespräche entgegengenommen.

2. Das Kabinett wiederholt seine Verlautbarung vom 15. Dezember 1978 und bestätigt sie in allen ihren Teilen.

3. In Übereinstimmung mit diesem und vorangegangenen Beschlüssen des Kabinetts wiederholt die Regierung ihre Bereitschaft zur Fortführung der Verhandlungen mit Ägypten, mit dem Ziel, eine beiderseitig annehmbare Formulierung des hinsichtlich der Einführung eines Autonomiestatutes abzufassenden Schreibens zu finden, ohne daß darin ein Datum genannt wird, wie auch zur erneuten Beratung des Absatzes 4 des Artikels 4 des Friedensvertrages, ohne daß im voraus ein verbindliches Datum für die Überprüfung der Sicherheitsvorkehrungen festgelegt wird.

4. Das Kabinett nimmt Kenntnis von dem Schreiben des Außenministers an den Außenminister der USA vom 28. Dezember 1978, in welchem die amerikanische Auslegung von Artikel 6 (einander widersprechende vertragliche Verpflichtungen) in vollem Umfang zurückgewiesen wird. Israel wird der Regierung der Vereinigten Staaten Vorschläge unterbreiten, welche dazu dienen, diesem Artikel des Friedensvertrages einen eindeutigen, nicht mehrfach auslegungsfähigen Wortlaut zu geben.

Begin erhielt während einer der erwähnten Sitzungen ein Schreiben von Präsident Carter. Er überflog es, dann las er es uns laut vor. Mich interessierte besonders, was Carter über den Fortgang der Verhandlungen zu sagen hatte. Er meinte, nach den Gesprächen von Brüssel könnten doch die Verhandlungen zwischen uns und den Ägyptern weitergehen. Darauf mußte Begin eine Antwort geben, und er konnte nicht gut sagen, er sei an weiteren Verhandlungen nicht mehr interessiert. Schließlich ging es nicht darum, einige halsstarrige Kabinettsmitglieder bei Laune zu halten, sondern einen Friedensvertrag mit den Ägyptern zu schließen.

Am 17. Januar 1979 kamen Atherton und Hansell nach Jerusalem. Es ging um die drei umstrittenen Klauseln des Vertragsentwurfs im Artikel 6 (Absatz 2 und 5) und Artikel 4 (Absatz 4).

Die Ägypter wollten den Wortlaut geändert haben und schlugen vor, diesen Artikeln »interpretierende Anmerkungen« und »rechtliche Stellungnahmen« beizulegen, die von der amerikanischen Regierung abgefaßt werden sollten. Absatz 2 und 5 des Artikels 6 betrafen den Fall, daß Ägypten früher in Verträgen mit anderen arabischen Ländern Verpflichtungen eingegangen war, die es nicht würde einhalten können, wenn es sich an die Bestimmungen des mit uns zu schließenden Vertrages halten wollte (Vorrang der Verpflichtungen). Absatz 4 von Artikel 4 gab jeder Seite das Recht, die im Friedensvertrag ausgehandelten Sicherheitsvorkehrungen einer Überprüfung zu unterziehen. Die Amerikaner sagten in ihrer »interpretierenden Anmerkung« zu Artikel 6, dieser hindere Ägypten nicht daran, einem Lande Hilfe zu leisten, mit dem es ein gegenseitiger Beistandspakt verband oder das einem kollektiven Sicherheitsbündnis angehörte, falls es Ziel eines bewaffneten Angriffs werde. Unsere Regierung hatte diese ägyptisch-amerikanische Auslegung bereits abgelehnt, als Vance nach zwei Tagen Aufenthalt in Kairo am 13. Dezember in Jerusalem war. Atherton und Hansell sollten nun also einen Text erfinden, der allen Beteiligten annehmbar schiene.

Man beschloß, die Beratungen auf der Ebene hoher Beamter abzuhalten, allerdings ermächtigte die Regierung auf Begins Vorschlag hin ihn und mich, unsere Vertreter bei diesen Verhandlungen anzuleiten. Auf unserer Seite verhandelten Elijahu Ben Elissar, der Chef der Kanzlei des Ministerpräsidenten, ferner unter anderen Meir Rosenne, Jitzhak Zamir (Nachfolger Baraks als Generalstaatsanwalt) und Professor Ruth Lapidot von der juristischen Fakultät der Hebräischen Universität.

Für uns lag die Schwierigkeit darin, daß das US-Außenministerium bereits seine juristische Stellungnahme abgegeben hatte, wir die amerikanische Auslegung der betreffenden Artikel also bereits kannten. Dies bedeutete, daß wir uns praktisch damit einverstanden erklärten, wenn wir den Vertrag unterzeichneten. Der Ausweg bestand darin, daß die Amerikaner ihrer Interpretation eine weitere hinzufügten, mit der wir uns befreunden konnten.

Die hartnäckigen Verhandlungen dauerten eine Woche, in Wahrheit fanden sechzehn Tages- und Nachtsitzungen statt, und die Amerikaner legten zehn Entwürfe vor, ehe sie auf einen verfielen, der uns annehmbar erschien. Der Form nach war dies ein im gegenseitigen Einvernehmen verfaßtes Schreiben, das Außenminister Vance uns zukommen lassen würde. Dieses sollte nicht an die Stelle der »Interpretation« treten, die das US-Außenministerium den Ägyptern gegeben hatte, sondern ihr vielmehr beigefügt werden.

Daß wir der amerikanischen Interpretation des Artikels 6 mit so großer Skepsis begegneten, hatte seinen Grund in der Schwierigkeit, im Ernstfall festzustellen, wer der Angegriffene ist und wer der Angreifer. Nach Beendigung eines Krieges wird unweigerlich gefragt: Wer hat den ersten Schuß abgegeben? Überdies war die Sache in unserem Falle noch besonders kompliziert durch das Vorhandensein »besetzter Gebiete« und durch die »Vergeltungsmaßnahmen gegen Terroranschläge«. Syrien und Jordanien könnten die Besetzung des Westjordanlandes und der Golanhöhen als Aggression bezeichnen; ein Angriff auf uns wäre dann eine legitime Verteidigungsmaßnahme, und Ägypten dürfte ihnen zu Hilfe kommen. Schließlich könnten Vergeltungsmaßnahmen gegen die Basen von Terroristen in arabischen Ländern als Eindringen israelischer Streitkräfte in ihr Territorium und demnach als bewaffneter Angriff bezeichnet werden.

Um alledem aus dem Wege zu gehen, sollte in dem Schreiben von Vance stehen, der israelisch-arabische Konflikt müsse prinzipiell mit friedlichen Mitteln beigelegt werden, und keine Seite habe das Recht, mit militärischen Maßnahmen zu drohen, geschweige denn, welche anzuwenden. In Befolgung dieses Grundsatzes sollte Ägypten weder berechtigt noch verpflichtet sein, seinen Bündnispartnern zu helfen, falls diese mit Gewalt gegen Israel vorgingen, weil es die 1967 eroberten Gebiete besetzt halte. Entscheidend war hier der Satz: Die Anwesenheit in diesen Gebieten bedeutet keine militärische Handlung und auch keine Aggression, die ein militärisches Vorgehen gegen Israel rechtfertigt.

Hinsichtlich der Vergeltungsschläge hieß es in dem Schreiben, Aktionen, wie etwa solche gegen Terroristen, seien als Notwehr anzusehen, nicht aber als Aggression oder bewaffneter Angriff, mithin rechtfertigten sie keine Militäraktion gegen Israel.

Selbstverständlich wurde nicht nur über den Inhalt gestritten, sondern auch über die Wortwahl. Begin wünschte nicht, daß im Zusammenhang mit unserer Anwesenheit in den Gebieten von

»Besetzung« gesprochen werde. Die Amerikaner erwiderten, so sähen sie das nun mal, und daran sei nichts zu ändern. Man einigte sich dann auf den Kompromiß: »Israels Anwesenheit in den Gebieten bedeutet keine Aggression.«

Alles war schön und gut, bis Atherton und Hansell in Kairo den Ägyptern die Interpretation vorlegten, welche die Amerikaner ihrer ursprünglichen Interpretation hinzugefügt hatten. Ein Wutausbruch war die Folge. Die Amerikaner legitimierten im nachhinein unsere Eroberungen! Lieber verzichte man auf alle »Interpretationen« seitens der USA, als der uns, den Israelis, zugestandenen »Interpretation« zuzustimmen.

Dies hörten wir von Atherton, als er zurückkam.

Auch unseren Vorschlag zu Artikel 4 (4) wiesen die Ägypter zurück. Wir hatten uns mit diesem Absatz – der jeder Seite das Recht zugestand, die Sicherheitsvorkehrungen auf dem Sinai zu überprüfen – selbstverständlich nur unter der Voraussetzung einverstanden erklärt, daß etwa dann vorzunehmende Veränderungen der Zustimmung beider Parteien bedürften. Ich bezweifelte nicht, daß die Ägypter das ebenso meinten, doch in ihrer Verärgerung lehnten sie diesen Vorschlag gleich mit ab.

Begin und ich berichteten auf der nächsten Kabinettssitzung über die Antwort aus Kairo; die Regierung sprach ihr Bedauern aus, wiederholte aber ihre Bereitschaft zu weiteren Verhandlungen. Ich fragte mich, wie wohl die beiden Interpretationen der Amerikaner einzustufen seien, schließlich hatten sowohl wir als auch die Ägypter Exemplare davon in der Hand. Zwei Monate später gab uns Hansell darauf die Antwort: Da man sich endgültig auf keine der beiden Ausfertigungen habe einigen können, dürfe man sie getrost wegwerfen, sie seien bedeutungslos.

Atherton war also gescheitert. Davon abgesehen, daß er uns einen ablehnenden Bescheid aus Ägypten mitbrachte, ließ er uns jedoch auch wissen, daß die Ägypter an der Fortsetzung der Beratungen auf Ministerebene interessiert seien. Übrigens, auch wenn es Atherton und Hansell gelungen wäre, Einvernehmen über diese schwierigen Klauseln herzustellen, blieben noch genügend strittige Fragen zwischen den Parteien unbeantwortet, so etwa das gemeinsam von Begin und Sadat zu unterzeichnende Schreiben über das Inkrafttreten der Autonomie, die Aufnahme diplomatischer Beziehungen und die Öllieferungen. Wollte man wirklich den Frieden, mußte auf jeden Fall weiterverhandelt werden.

20.
Camp David II

Die Amerikaner reagierten rasch auf den Vorschlag der Ägypter, auf Ministerebene weiterzuverhandeln. Carter forderte Begin und Sadat in Briefen auf, gleich damit zu beginnen, und zwar in den USA. Der Brief war vom 2. Februar 1979 datiert und Carter meinte, man sollte mit den Beratungen bereits am 21. desselben Monats anfangen. Camp David stehe uns zu diesem Zweck zur Verfügung, wir könnten dort ungestört von äußerem Druck, insbesondere der Medien, miteinander verhandeln. Für Ägypten sollte Ministerpräsident Mustafa Khalil als Delegationsführer amtieren, für die USA Außenminister Vance, und ich selber für Israel. Carter hielt es für möglich, daß Khalil und ich schon nach wenigen Tagen nach Hause fliegen und Anweisungen unserer Regierungen einholen müßten. Er hatte es jedenfalls eilig. Nach dem Eintreffen von Carters Brief meldete sich der amerikanische Botschafter Samuel Lewis bei mir, der mich über weitere Details informierte. Diesmal wolle die amerikanische Regierung selber Vorschläge für die Beilegung der Differenzen vorlegen. Dem Präsidenten brenne die Sache auf den Nägeln, er meine, die Zeit werde langsam knapp, und es bedürfe eines energischen Anstoßes, endlich zu einem Friedensvertrag zu kommen. Möglich sei, daß Carter nach einem neuerlichen Gespräch in Camp David ein Gipfeltreffen einberufen wolle.

Die Regierung prüfte die Einladung Carters, die wir zweifellos annehmen mußten. Einige Minister befürchteten allerdings, es könnten Entscheidungen hinter dem Rücken der Regierung fallen. Begin und ich versicherten, alles, was ich in Camp David äußern werde, stünde unter dem Vorbehalt der Billigung durch das Kabinett. Nun kam der nächste Einwand: Ich hatte berichtet, daß die US-Regierung eigene Vorschläge machen werde, die aber wollte man sehen, bevor sie im Camp David auf den Tisch gelegt würden. Dagegen waren nun wieder die Amerikaner. Angeblich arbeiteten sie noch an den Entwürfen und konnten sie unmöglich vor Konferenzbeginn fertigstellen. Im übrigen sei ihnen klar, ließen sie ausrichten, daß unsere Delegation keine verbindlichen Zusagen in Camp David machen könne, sondern alles von Jerusalem billigen lassen müsse.

Die zweite Camp-David-Konferenz war kurz und unfruchtbar. Sie begann am Abend des 20. Februar und endete am Abend des 24. Februar. Alles war ausgezeichnet vorbereitet, nur das Wetter war unfreundlich. Der Schnee lag hoch, und von den Blockhütten zum Speisesaal führten vereiste Trampelpfade. Die hochgelegene Gegend war fast Tag und Nacht in dichten Nebel gehüllt, und brach die Sonne wirklich einmal einen Moment durch, dann war sie fern und winterlich.

Am Abend unserer Ankunft setzte sich Atherton mit unserer Delegation zusammen, während Saunders sich Khalil, el-Bas, Butros Ghali und den anderen Ägyptern widmete. Zu den wichtigsten Mitgliedern unserer Delegation zählten drei Rechtsexperten – Zamir, Rosenne und Jehuda Blum –, ferner Ben Elissar, der Chef der Kanzlei des Ministerpräsidenten, und Froike Poran, der Verbindungsmann Begins zum Militär.

Atherton hielt sich an Notizen, die Vance gemacht hatte und in denen erklärt wurde, wie die Amerikaner sich den Verlauf der Konferenz dachten. Er sagte, unter Berücksichtigung der derzeitigen Vorgänge im Nahen Osten – der Revolution Chomeinis im Iran, und der auf der Konferenz von Bagdad zutage getretenen Stimmung – könne dies sehr wohl die letzte Gelegenheit sein, ein Friedensabkommen zwischen Ägypten und Israel zu schaffen. Die Amerikaner hofften, wir könnten jetzt das zu Ende bringen, was wir im vergangenen September hier begonnen hatten. Ein Friedensvertrag unter Beteiligung der USA könne für die Aufrechterhaltung der Stabilität im Nahen und Mittleren Osten ein bedeutender Faktor sein. Die Amerikaner erwarteten von uns, daß wir für die noch strittigen Fragen eine Paketlösung anböten. Falls sich dies als hilfreich erwiese, wäre der Präsident bereit, eine Gipfelkonferenz einzuberufen.

Vance und ich trafen uns am folgenden Morgen. Er kam von einer Unterredung mit Khalil, und seine erste Frage lautete, wieweit meine Befugnisse reichten. Khalil sei von Sadat ermächtigt, alle notwendig werdenden Entscheidungen hier zu treffen. Ich erwiderte, meine Befugnisse reichten dazu nicht aus; ich könne über Vorschläge diskutieren, auch meinerseits – für die Regierung unverbindlich – welche machen, doch entschieden werde in Jerusalem. Vance nahm das ohne Überraschung auf und meinte, falls wir gute Fortschritte erzielten, könnten Sadat, Carter und Begin die Sache unter Dach und Fach bringen. Er schlug dann vor, er wolle zusammen mit Khalil und mir die Grundsatzfragen erörtern, während die Delegierten – im wesentlichen Juristen – danach den einvernehmlichen Wortlaut ausarbeiten sollten.

Ich fragte nach den Vorschlägen der Amerikaner. Vance meinte, man betrachte den Vertrag als etwas Eigenständiges, dessen Realisierung nicht von Verpflichtungen anderer Art abhängig gemacht werden dürfe, einerlei, ob diese vertraglich fixiert würden oder nicht. Man könne allerdings weder ignorieren, daß zwischen Ägypten und anderen arabischen Ländern vertragliche Bindungen bestünden, noch, daß zwischen dem Abschluß des Friedensvertrages und der Verabschiedung eines Autonomiestatuts für die arabischen Bewohner der Gebiete ein politischer Zusammenhang bestehe, und müsse sich auch darüber im klaren sein, daß unser Vertrag als erster Schritt auf dem Wege zu einem umfassenden Frieden mit allen arabischen Ländern zu gelten habe. Was das gemeinsame Schreiben zum Autonomiestatut angehe, so seien die Amerikaner und Ägypter bereit, das Wort »Zieldatum« durch das Wort »Ziel« zu ersetzen, der Inhalt selber aber müsse unverändert bleiben.

Am Nachmittag begann das dreiseitige Gespräch. Khalil eröffnete es mit einer ausführlichen Schilderung der politischen Lage im Nahen Osten. Er zeigte sich vor allem über die Bedrohung der Stabilität besorgt. Die Ursache der Instabilität sah er im Anwachsen des islamischen Fanatismus. Vor diesem Hintergrund erscheine es ihm völlig unangebracht, gerade jetzt ein Bündnis mit Israel zu schließen. Wichtiger sei, daß Ägypten seine Bindungen an die übrigen arabischen Länder stärke; ein israelisch-ägyptischer Friedensvertrag müsse die arabische Einheit zerstören. Länder wie der Sudan und das Scheichtum Oman, die Sadat prinzipiell unterstützten, hätten wissen lassen, daß sie die Beziehungen zu Ägypten abbrechen würden, sollte es jetzt einen Vertrag mit Israel unterzeichnen. Auch sei die ägyptische Öffentlichkeit bereits von der Stimmung in den arabischen Ländern infiziert. Er, Khalil, habe sich gegen den ausdrücklichen Wunsch Sadats gezwungen gesehen, nach einer fünfstündigen Parlamentsdebatte ein Glückwunschtelegramm an Chomeini abzusenden. Alles lief darauf hinaus, daß Khalil es derzeit für inopportun hielt, einen Separatfrieden mit Israel zu schließen. Zumindest müsse ein solcher Vertrag mit einem Zugeständnis an die Palästinenser gekoppelt sein, das ihnen die Selbstbestimmung zuerkenne. Trotz all dieser Schwierigkeiten bezeichne er sich nach wie vor als entschlossener Befürworter des Friedens und glaube, daß dieser auch erreichbar sei. Man habe letztes Jahr in Camp David schon enorm viel erreicht, und er, Khalil, sei nachdrücklich dafür, das Vereinbarte nun auch in die Praxis umzusetzen.

Statt mich mit ihm über seine Lagebeurteilung zu streiten, beschränkte ich mich darauf, Khalil zu fragen, welche praktischen Schritte er vorschlage, ein Abkommen zu realisieren. Darauf fragte er, ob ich befugt sei, solche praktischen Vereinbarungen mit ihm zu treffen. Er selber sei dazu bevollmächtigt, habe aber der israelischen Presse entnommen, daß ich nicht ermächtigt sei, verbindliche Entscheidungen zu treffen. Falls dies so sei, wolle er nicht seine Zeit damit vertun, hier mit uns zu diskutieren, denn was immer auch eventuell dabei herauskomme, wäre ja doch wertlos. Im übrigen wolle er mir ganz offen sagen, er glaube nicht daran, daß Israel aufrichtig den Frieden wünsche. Zum Beweis dafür führte er »Ihre bombastischen Ankündigungen neuer Siedlungsprojekte« und »Ihr rücksichtsloses Vorgehen« gegen die Araber in den besetzten Gebieten an.

Ich bestätigte, daß ich keine Entscheidungsbefugnis habe, sondern mich darauf beschränken müsse, strittige Punkte zu klären und meiner Regierung Empfehlungen zu geben. Diese Empfehlungen würden mal angenommen werden, mal aber auch nicht. Wenn er es für eine Zeitverschwendung halte, mit mir zu reden, sollten wir alle besser nach Hause fahren. Israel habe niemanden getäuscht. Amerikaner wie Ägypter wüßten genau, wieweit die Vollmachten unserer Delegation reichten. Präsident Carter habe in seinem Schreiben an Begin ausdrücklich erwähnt, er vermute, sowohl Khalil als auch ich würden nach einigen Tagen der Beratungen von unseren Regierungen Instruktionen einholen müssen.

Im übrigen hätte sich Israel niemals dazu bereit erklärt, den Sinai mit samt den dort entstandenen Siedlungen zu räumen, wenn es nicht aufrichtig an einen Frieden mit Ägypten interessiert gewesen sei. Ich sei mir des strategischen Wertes der Halbinsel durchaus bewußt, und es falle uns nicht leicht, sie aufzugeben. In bezug auf unsere »Rücksichtslosigkeit« in den besetzten Gebieten möge er bedenken, daß sich alle paar Tage in unseren Städten Terroranschläge ereigneten. Eine Koexistenz derart, daß der eine Teil Minen lege und Bomben werfe, während der andere sich darauf beschränke, die Opfer mit Krankenwagen abzutransportieren, sei nicht nach unserem Geschmack. Dergleichen ließen wir uns nicht bieten. Wenn zwei Imams in ihrem Dorf Abu-Dis Sprengkörper bastelten, die sie in Jerusalem zünden wollten, müßten wir ihre Häuser in die Luft jagen. Und damit würden wir fortfahren, bis der Terror endlich aufhöre. Wünsche Khalil über dieses Thema zu sprechen, könnten wir gleich bei den Frauen und Kindern beginnen, die von Terroristen ermordet worden waren, welche von Basen in den besetzten Gebieten aus operierten.

In diesem Ton ging es nun weiter. Khalil schlug einmal mehr vor, wenn sich die Araber von der West Bank nicht an Wahlen für eine Selbstverwaltung beteiligen wollten, sollten wir wenigstens im Gazastreifen die Autonomie einführen. Ich entgegnete, meine Regierung habe dies niemals ernstlich erwogen, doch wolle ich eine solche Maßnahme empfehlen, falls Ägypten darauf verzichte, anstelle König Husseins die Verhandlungen über die West Bank führen zu wollen. Sollte die Autonomie im Gazastreifen eingeführt werden, wollten wir mit niemand als mit König Hussein verhandeln, wenn es Zeit sei, auch auf der West Bank damit Ernst zu machen.

Das nun wollte Khalil wieder nicht. Er meinte, selbstverständlich habe Ägypten einen Anspruch darauf, anstelle von Jordanien über die West Bank zu verhandeln, und zwar auch über die Einführung der Selbstverwaltung dort, wenn diese im Gazastreifen bereits praktiziert werde. Auch müsse man Ägypten das Recht zugestehen, eigene Polizeikräfte in den Gazastreifen zu entsenden. Davon stehe zwar nichts im Abkommen von Camp David, und deshalb müsse das jetzt und hier beschlossen werden. Das lehnte ich ab und fragte ihn statt dessen, wie es denn mit den Öllieferungen stehe. Darüber wolle Ägypten erst nach Unterzeichnung des Friedensvertrages mit uns reden, erwiderte Khalil, das dürfe aber weder als Vorbedingung noch als Bestandteil des Friedensvertrages gelten.

Neben diesen dreiseitigen Gesprächen fanden auch zweiseitige statt, jeweils zwischen den Amerikanern und uns und den Ägyptern. Nach jeder solchen Runde präsentierten uns die

Amerikaner eine neue Version des nun schon allzu bekannten Schreibens zum Thema Einführung der Autonomie und des »einvernehmlichen Protokolls« – das war ein Protokoll über jene Teile der Verhandlungen, in denen angeblich Einvernehmen erzielt worden war. Die Kluft zwischen unseren Standpunkten wurde nicht enger, sondern weiter. Jede Seite drängte die Amerikaner dazu, die von ihr gewünschten Änderungen in die neuen Entwürfe aufzunehmen. Unsere Rechtsexperten prüften mit Argusaugen jedes neu auftauchende Wort, jede geringfügige Änderung einer Formulierung. Auch über ungenügende Aufmerksamkeit aus Jerusalem brauchten wir uns nicht zu beklagen. Natürlich wurden wir nicht angehalten, uns zu mäßigen, und es erfolgte auch kein einziger Vorschlag, wie wir etwa den Ägyptern entgegenkommen könnten.

Es hatte also wirklich keinen Wert, die Gespräche fortzusetzen. Manchmal hatte ich den Eindruck, das Khalil es darauf anlegte, die Verhandlungen zu torpedieren und den Abschluß eines Vertrages zu verhindern. Besonders deutlich wurde das, als wir über den Austausch von Botschaftern sprachen. Khalil lehnte es rundweg ab, sich darauf festzulegen. Nicht nur was den Zeitpunkt eines solchen Austausches betraf – nein, auch wenn wir El-Arisch geräumt hätten, könnte davon noch keine Rede sein. Und selbst nicht bei der Inkraftsetzung eines Autonomiestatutes. In Camp David habe Ägypten eingewilligt, diplomatische Beziehungen aufzunehmen, und daran wolle es sich halten. Nirgendwo stehe aber geschrieben, daß dies in Form eines Botschafteraustausches zu geschehen habe. Auf der Blair-House-Konferenz hatten wir uns darüber geeinigt, und im Anhang III zum Vertrag war das auch festgehalten, doch Khalil sagte, dies sei ein bloßer Entwurf, der noch nicht unterschrieben und daher unverbindlich sei. Ich fragte Vance, ob Carter nicht auch in seinem Schreiben an Begin von einem Austausch von Botschaftern gesprochen habe, doch Vance sagte, auch jenes Schreiben sei in seiner Art ein Entwurf gewesen. Ich wandte mich wieder an Khalil. Er wisse sicher, wohin ihn seine Argumentation führe; wir könnten unsere für die erste Phase des Abzuges vorgesehene Räumung der Ölfelder ohne weiteres aufschieben, und damit sei das Abkommen dann wohl hinfällig.

Auch in den bilateralen Gesprächen mit den Amerikanern kamen wir nicht vom Fleck, allerdings lag die Schuld daran im wesentlichen bei uns. Vor unserer Abreise aus Jerusalem hatte man uns damit beauftragt, alles abzuklären, was es mit den Amerikanern zu besprechen gäbe, doch als wir dann von Jerusalem eine Auflistung der von Amerika gewünschten Rüstungsgüter erbaten, die wir Vance aushändigen wollten, hieß es, das handle unser Verteidigungsministerium unmittelbar mit dem amerikanischen Verteidigungsminister Brown aus. Gleiches galt für die Wirtschaftshilfe: Auch hier sollten die Finanzminister direkt miteinander verhandeln.

Nun blieb nur noch ein Punkt zu klären, nämlich die Abfassung einer Vereinbarung zwischen den USA und Israel, die ich für ungemein wichtig hielt. Der Reaktion von Vance entnahm ich, daß auch der US-Regierung an einer solchen Vereinbarung lag, in die möglichst auch Ägypten einbezogen werde. Unsere Delegation arbeitete einen Entwurf aus, kabelte ihn nach Jerusalem und erhielt die Erlaubnis, ihn Vance zu übergeben. Er umfaßte sechs Punkte, unter anderem einen, der festhielt, in welchem Umfang die USA sich verpflichten wollten, über die Einhaltung der Friedensvertragsbestimmungen zu wachen. Ich besprach die Sache mit Vance, ging dabei in Details und hatte den Eindruck, daß diese Saat auf fruchtbaren Boden gefallen war. Jedenfalls versprach er mir, den Entwurf zunächst einmal prüfen zu lassen und ihn dann mit dem Präsidenten zu beraten.

Ich hielt meine Klagen über Khalil und die Amerikaner nach wie vor für berechtigt, betrachtete aber ebenso besorgt wie sie, was sich inzwischen im Nahen und Mittleren Osten ereignete. Daß Ägyptens Haltung sich versteifte, war nicht zu übersehen; dies lag zum einen daran, daß Sadats Berater die Oberhand gewonnen hatten, zum anderen an dem, was in der arabischen Welt vorging. Khalils Erklärungen zu diesen Vorgängen waren durchaus realistisch. Meine Besuche im Königspalast von Marokko gehörten ebenso einer fernen Vergangenheit an wie Sadats Besuch in Jerusalem.

Angesichts der wachsenden Macht der arabischen Ölländer und der Welle des religiösen Nationalismus, die über die islamischen Staaten hereinbrach, schien mir unsere Stellung im Nahen Osten sehr prekär. Der Friedensvertrag mit Ägypten stand dieser Entwicklung strikt entgegen, und es war fraglich, wieviel Zeit uns noch blieb, ihn abzuschließen. Hatten wir genügend Durchhaltevermögen und waren wir klug genug, beides zu erreichen: unsere lebenswichtigen Interessen zu wahren und den Vertrag abzuschließen?

Eigentlich hatte ich beabsichtigt, am Abend des 24. Februar nach Israel zurückzufliegen, doch Vance richtete uns aus, daß der Präsident Khalil und mich vor unserer Abreise noch einmal sprechen wollte, und zwar am Sonntagnachmittag, also am 25. Februar. Ich nahm unseren Botschafter mit, und Khalil kam mit seinem sowie Butros Ghali. Im Weißen Haus hatten dann aber nur Khalil, Vance, Brzezinski und ich Zutritt zum Präsidenten. Unsere Begleiter mußten draußen bleiben.

Ebenso wie Vance und Atherton begann Carter mit der Ermahnung, die Verhandlungen schnellstens zu beenden. Er, der Präsident der Vereinigten Staaten, müsse den Kurs der amerikanischen Politik im Nahen Osten festlegen, und er beabsichtige dies innerhalb von zehn Tagen zu tun. Gleichzeitig wolle er auch die noch zwischen Israel und Ägypten bestehenden Meinungsverschiedenheiten ausräumen. Der Vertrag könne praktisch unterzeichnet werden, die noch vorhandenen Differenzen seien unbedeutend, und wir sollten nun Eile an den Tag legen.

Er begleitete seine Worte gelegentlich mit einem dünnen, flüchtigen Lächeln, das nicht mehr war als ein Mundverziehen und seine Zähne sehen ließ. Im übrigen schaute er ernst, fast mißbilligend drein. Nach seinen einleitenden Worten forderte er Khalil auf, seinen Eindruck von dem zweiten Treffen in Camp David wiederzugeben. Der ägyptische Ministerpräsident sagte, man habe Fortschritte gemacht, und er sei wie Carter der Meinung, daß die Zeit dränge und man zum Abschluß der Beratungen kommen müsse. Saudi-Arabien berufe nach der Gipfelkonferenz in Bagdad schon die nächste ein, und Ägypten könne es sich nicht leisten, in der arabischen Welt isoliert zu werden. Man müsse also unbedingt und rasch zur entscheidenden Phase, zur Unterzeichnung des Friedensvertrages kommen.

Nun wollte Carter meine Einschätzung hören. Ich sagte, wir hätten nicht nur keinerlei Fortschritte erzielt, sondern stünden im Gegenteil schlechter da als zuvor. Der Vertrag sehe die vollständige Räumung des Sinai im Austausch gegen die vollständige Normalisierung der Beziehungen vor. Die Ägypter wollten von uns die vollständige Räumung, böten aber ihrerseits nur eine teilweise Normalisierung als Gegenleistung. Sie seien von der Zusage abgegangen, Botschafter auszutauschen, und ... Hier unterbrach mich Carter: Ich würde mich offenbar nicht mehr genau an die näheren Umstände gerade dieser Abmachung erinnern. Es sei im Gegenteil Israel gewesen, das von seiner Zusage abgerückt sei, El-Arisch vorzeitig zu räumen, woraufhin die Ägypter keinen Botschafter mehr entsenden wollten. Im übrigen wäre Sadat bei diesem Punkt gewiß ansprechbar, wenn das alles sei, was zu klären bliebe ...

Der Augenblick der Wahrheit kam, als Carter den Artikel 6 des Friedensvertrages mit der Klausel »Prioritäten der Verpflichtungen« erwähnte. Weshalb uns das eigentlich so wichtig sei, wollte er wissen. Ich wiederholte zum Ich-weiß-nicht-wievielten-Male, daß Ägypten durch Verträge mit anderen arabischen Ländern zu Beistandsleistungen verpflichtet sei, etwa Syrien gegenüber, falls dies auf dem Golan angreife. Darauf entgegnete der Präsident: »Die Ägypter bestreiten das aber!« Dabei blickte er Khalil an. Der schwieg jedoch zu Carters Behauptung. Er versprach nicht, daß Ägypten in einem solchen Fall Syrien nicht zu Hilfe kommen werde.

Ich fuhr fort: Meine Enttäuschung betreffe nicht nur die verhärtete Haltung Ägyptens, sondern auch den Umstand, daß die USA sich voll und ganz auf Sadats Standpunkt stellten. Am Beispiel des Artikels 6 werde das ganz deutlich. Vor einigen Wochen habe Außenminister Vance uns dazu einen ägyptischen Vorschlag unterbreitet, den wir abgelehnt hätten. Jetzt lege man uns Wort für Wort den gleichen Vorschlag wieder auf den Tisch, diesmal angeblich von den Amerikanern verfaßt! Nun war es an Vance zu schweigen, denn er konnte dies schlecht bestreiten.

Carter ließ den Punkt fallen und sagte: »Ich überlege, ob ich nicht Begin zum 1. März nach Washington bitten soll, denn Sie haben im Gegensatz zu Khalil keine Entscheidungsvollmacht. Begin soll herkommen, dann können wir die Verhandlungen endlich verbindlich zum Abschluß bringen.« Auch gäbe es noch etliches zu besprechen, was Israel und die USA betreffe.

Die Zusammenkunft währte eine Stunde und war weitgehend dem Monolog des Präsidenten vorbehalten. Im Gegensatz zu früheren Gelegenheiten hatte er diesmal unverkennbar nicht die Absicht, zuzuhören und sich zu informieren, sondern wollte selbst reden und Forderungen stellen. Was noch zwischen Ägypten und Israel zu klären bliebe, müsse innerhalb von Tagen erledigt werden; er sprach mit Nachdruck – wie ein Seemann, der vor Ausbruch des angekündigten Unwetters den Hafen erreichen will.

Bevor wir aus Camp David abfuhren, wurde uns Carters Einladung an Begin übergeben; er sollte zu einem Gipfeltreffen nach Washington kommen. Die Amerikaner wollten auch Sadat einladen, doch lehnte der mit der Begründung ab, Ministerpräsident Khalil habe alle erforderlichen Vollmachten. Selbstverständlich war mir klar, daß ein »Gipfeltreffen« mit Khalil als Partner für Begin eine Herabsetzung darstellte, denn schließlich war Begin Regierungschef, während Khalil zwar auch den Titel Ministerpräsident führte, in Wirklichkeit aber Sadat an der Spitze der Regierung stand. Doch was sollte man da machen? Carter hatte mich zuvor gefragt, ob die israelische Regierung mich mit den erforderlichen Vollmachten ausstatten werde, um die notwendigen Entscheidungen treffen zu können. Darauf konnte ich nur erwidern, daß dafür nicht die geringste Aussicht bestehe. Wir lächelten beide. Unter diesen Umständen und angesichts der politischen Entwicklung im Mittleren Osten und der Bedeutung, welche die Amerikaner ihr beimaßen, fand ich es angebracht, daß Begin die Einladung Carters annahm. Auch die anderen Mitglieder unserer Delegation dachten so. Ich telefonierte also mit Begin. Er wollte es sich überlegen.

Im israelischen Kabinett wurde die Einladung an jenem Sonntag, meinem letzten Tag in Washington, mit großer Heftigkeit beraten. Mehrere Minister fanden, Begin müsse ablehnen, man solle meine Rückkehr abwarten und auf einer für Dienstag angesetzten Sondersitzung des Kabinetts beraten.

Bei dieser Sitzung, die am 27. Februar stattfand, berichteten Rosenne und ich über den Verlauf der Unterredungen in Camp David und über das Gespräch mit Carter. Ich berichtete auch über die jüngsten amerikanischen Vorschläge, die ich mir von Vance hatte geben lassen. Es handelte sich dabei um die siebente Fassung des Schreibens Sadat–Begin sowie das »Einvernehmliche Protokoll«, das dazu dienen sollte, die kontroversen Vertragsklauseln zu erläutern, zu interpretieren und akzeptabel zu machen. Weder wir noch die Ägypter hatten dazu abschließend Stellung genommen. Rosenne verlas beide Dokumente vor dem Kabinett und erläuterte ihre Bedeutung. In den meisten Fällen hatten die Amerikaner sich auf den Standpunkt Ägyptens gestellt.

Beim zweiten Treffen in Camp David waren keinerlei Übereinkünfte zustande gekommen, wir hatten auch keine Empfehlungen abgegeben. Meine Kollegen im Kabinett fanden also keinen Grund, sich zu beklagen. Als ich dann aber dazu riet, Begin möge Carters Einladung annehmen, lehnten dies alle ab. Bei der Abstimmung gab es nur zwei befürwortende Stimmen, alle anderen stimmten dagegen.

Zum Abschluß der Sitzung wurde folgender Beschluß gefaßt: »Die Regierung nahm den Bericht über die Beratungen in Camp David vom Außenminister und den Mitgliedern seiner Delegation entgegen. Die Regierung ersieht daraus, daß keinerlei Fortschritte in Richtung auf ein israelisch-ägyptisches Abkommen erzielt wurden, daß sich vielmehr die ägyptische Haltung verhärtet hat. Zu früheren Vorschlägen von ägyptischer Seite, welche von der Regierung bereits als unannehmbar bezeichnet wurden, sind neue gekommen, die von der im vergangenen September in Camp David festgelegten Linie abweichen und die in der Praxis einem Friedensvertrag zwischen beiden Ländern jede Grundlage entziehen.

Die von Israel unterbreiteten Vorschläge wurden von der Gegenseite abgewiesen. Ministerpräsident Dr. Khalil beharrte auf den erwähnten Vorschlägen Ägyptens. Unter diesen Umständen ist die Regierung der Meinung, daß Ministerpräsident Begin sich nicht mit Dr. Khalil in Camp David treffen soll.

Der Ministerpräsident erhielt vom Kabinett Vollmacht, Präsident Carter im einzelnen die Gründe darzulegen, welche zu dieser Entscheidung der Regierung geführt haben.

Der Ministerpräsident erklärt sich bereit, jederzeit mit dem Präsidenten der Vereinigten Staaten die mit dem Friedensfindungsprozeß zusammenhängenden Fragen, die unterdessen eingetretene regionale Entwicklung sowie sonstige bilaterale Fragen zwischen den USA und Israel zu erörtern.«

Präsident Carter ließ sich von diesem Beschluß nicht beeindrukken. Er drängte Begin in einem Telefongespräch, am 1. März 1979 nach Washington zu kommen. Wolle Begin nicht mit Khalil sprechen, so könne er mit ihm, Carter, reden. Begin bat um einen Aufschub von einigen Tagen, der Präsident blieb aber hartnäckig. In einer weiteren, innerhalb von vierundzwanzig Stunden einberufenen Kabinettssitzung wurde schließlich die Reise des Ministerpräsidenten gebilligt. Auf mein Drängen hin bekam Begin auch alle Vollmachten, nach eigenem Gutdünken jeden Vorschlag, der im Verlauf seiner Unterredungen mit dem Präsidenten gemacht werden würde, anzunehmen, abzulehnen oder zur Beratung an sein Kabinett zu übermitteln. So hatte er wenigstens freie Hand.

21.
Der halbe Sieg

Begin flog, begleitet von den beiden Rechtsexperten Meir Rosenne und Jehuda Blum, nach Washington und begann seine Gespräche mit Carter am 1. März 1979. Drei Tage später berief der amtierende Ministerpräsident Jigael Jadin in Jerusalem eine Kabinettssitzung ein, die einen Bericht Begins erörtern sollte. Ben Elissar verlas Seite um Seite eines Dialogs zwischen Carter und Begin, wobei Begin erheblich öfter zu Wort kam als Carter. In dieser Phase waren noch keine Entscheidungen zu fällen.

Tags darauf wurde das Kabinett erneut zusammengerufen. Diesmal hatte Begin zu berichten, daß die Amerikaner ihre Position um hundertachtzig Grad geändert hätten. Er habe sich mit Carter über jene beiden schwierigen Klauseln in Artikel 6 geeinigt, die von der Priorität der Verpflichtungen und von dem gemeinsam mit Sadat abzufassenden Schreiben über die Einführung der Autonomie handelten. Begin empfahl der Regierung, die beiden neuen Fassungen anzunehmen.

Ich hatte beide Klauseln vor der Sitzung gelesen und konnte in ihrer Neufassung nichts entscheidend Neues entdecken. In dem gemeinsam zu verfassenden Schreiben war nicht mehr von »Zieldatum«, sondern von »Ziel« die Rede. Das Kabinett tagte stundenlang, und Jadin versuchte telefonisch, mit Begin einige Unklarheiten zu beseitigen. Es endete damit, daß die Regierung den Ministerpräsidenten ermächtigte, die von ihm übermittelten Vorschläge betreffend Artikel 6 anzunehmen und als »Ziel« für Verhandlungen über ein Autonomiestatut zwölf Monate zu akzeptieren. Die Abstimmung erbrachte neun Ja- und drei Gegenstimmen, bei vier Enthaltungen. Ich stimmte dafür. Zwar waren die neuen Fassungen nicht wesentlich anders als die schon bekannten, doch sah ich darin keinen Anlaß, deshalb die Aussichten auf ein Abkommen zu torpedieren.

Begin teilte Carter die Entscheidung seiner Regierung mit,

und der Präsident dankte ihm. Die halbe Arbeit war getan, aber eben nur die halbe. Begin wollte nicht mit Khalil reden, Sadat nicht mit Begin in Washington zusammenkommen, also hatte sich bislang nur Israel mit den Vereinigten Staaten geeinigt.

Carter sagte Begin nun, er nehme dessen Einladung und die von Sadat an und wolle nach Jerusalem und Kairo kommen. Er wollte die Sache nun endlich hinter sich bringen, wollte Einigung zwischen Israel und Ägypten in den noch verbliebenen strittigen Punkten herstellen und hoffte außerdem, seine Unterschrift in der jeweiligen Hauptstadt mit unter den Vertrag setzen zu können. Mittwoch, den 7. März, wollte er nach Kairo fliegen, dort am Morgen des 8. ankommen, drei Tage bleiben und Samstag, den 10. März um 20.30 Uhr in Jerusalem eintreffen.

Bei seiner Ankunft auf dem Flughafen Ben Gurion wurde alles aufgeboten, was das Protokoll für einen Präsidentenbesuch vorsieht: Ehrenformation, einundzwanzig Schuß Salut, roter Teppich, Fahnen und Ansprachen. Jeder, der in der Koalition oder Opposition etwas darstellte, war anwesend. Etwas fehlte jedoch: spontane Emotion. Seit Sadat anderthalb Jahre zuvor hier eingetroffen war, konnten andere Leute nur mit einem leicht blasierten Empfang rechnen.

In Jerusalem teilten sich die Gäste in zwei Gruppen. Der Präsident und seine Gattin waren beim Ehepaar Begin zu einem Abendessen im kleinsten Kreise, während Weizman und ich Außenminister Vance, Verteidigungsminister Brown und ihre Mitarbeiter zu einem zwanglosen Essen im Hotel König David einluden.

Formelle Gespräche begannen am folgenden Vormittag. Vance bat mich, ihn um 9.30 Uhr aufzusuchen. Ich traf Atherton und Saunders bei ihm. Eli Rubinstein begleitete mich, um Protokoll zu führen. Es war ein mehr allgemein gehaltenes Gespräch, mehrere Themen wurden gestreift. Vance gab mir die neue amerikanische Fassung für unser bilaterales »Einverständnis«. Ich las sie durch und meinte, sie sei nicht präzise genug. Meine Frage, ob Ägypten eine ähnliche Vereinbarung mit den USA wünschten, verneinte Vance.

Dann verlas Vance die amerikanische Version des gemeinsam von Sadat und Begin zu verfassenden Schreibens in bezug auf die Autonomie. Ich bat um ein Exemplar, doch Vance wollte mir keines geben. Immerhin war mir beim bloßen Zuhören aufgefallen, daß nicht mehr von »Verwaltungsrat« die Rede war.

Auch war erkennbar, daß dem Gazastreifen eine besonders ehrenvolle Stellung zuerkannt wurde. Von Verbindungsoffizieren zwischen Ägypten und Gaza war die Rede, ferner davon, daß mit der Einführung der Autonomie in Gaza begonnen und die fünfjährige Übergangszeit von da an datiert werden sollte. Ich sagte zu Vance, daß dies wohl kaum annehmbar sei, worauf er nur erwiderte, die Ägypter seien ganz meiner Meinung.

Als nächstes schlug er ein Abkommen über Öllieferungen vor: Für die Dauer von zehn Jahren solle Ägypten den USA die aus den Quellen im Sinai geförderten Ölmengen zum Weltmarktpreis verkaufen; Amerika wiederum verkaufe dann das Öl an Israel; diese Menge werde auf die uns von den Amerikanern zu liefernde Gesamtmenge angerechnet.

Schließlich kam er zum Hauptzweck unserer Unterredung: Gestern abend habe Begin im Gespräch mit dem Präsidenten auf alle Vorschläge negativ reagiert. Überdies habe er gesagt, er werde den Friedensvertrag erst nach dessen Verabschiedung durch die Knesset unterzeichnen. Nun habe Carter den ungewöhnlichen Schritt getan, selbst nach Kairo und Jerusalem zu kommen – selbstverständlich, weil er den Vertrag unterzeichnen wolle. Komme er ohne Vertrag nach Washington zurück, mache das keinen guten Eindruck. Eine Debatte in der Knesset werde gewiß alles nur noch komplizieren – wer könne schon im voraus sagen, was da alles geredet, welche Auslegungen der Vertrag erfahren und wie Kairo darauf reagieren würde. Man habe sich in Washington beim Vertrag mit Panama schon einmal in einer vergleichbaren Lage befunden. Damals habe der Präsident entschieden, erst einmal zu unterschreiben und später im Senat darüber debattieren zu lassen.

Ich erkundigte mich nicht nach Einzelheiten der Unterhaltung zwischen Carter und Begin, denn aus den wenigen Andeutungen von Vance ging ohnehin hervor, daß sie nicht sehr angenehm verlaufen sein konnte.

Während ich mit Vance sprach, machte Carter bei Staatspräsident Jitzhak Navon seine Aufwartung, besuchte das Mahnmal für die Opfer des Holocaust Jad-Waschem und den Herzlberg. Um 11.15 Uhr begann eine gemeinsame Arbeitssitzung. Die Amerikaner erschienen mit kompletter Mannschaft. Außer Carter und den Ministern Brown und Vance waren Brzezinski, Atherton, Saunders, Quandt, Hansell, Samuel Lewis, Hamilton Jordan, Jody Powell und drei weitere Mitarbeiter aus dem Weißen Haus anwesend. Begin hatte einen ebensogroßen Stab um sich geschart. Zu den Ministern Jadin, Weizman, Ehrlich, Burg, Schostak, Scharon und mir kamen noch zehn Beamte hinzu. Begin und Carter tauschten Grußadressen aus, und mit einer für ihn bezeichnenden höflichen Geste bot Begin Carter die Leitung der Sitzung an. Carter dankte, pochte scherzhaft auf die Tischplatte und eröffnete die Sitzung mit der Bemerkung, er hoffe sehr, wir seien uns alle darüber klar, wie wichtig diese wenigen uns zur Verfügung stehenden Tage seien. Wir hätten gemeinsam eine weite Strecke Weges zurückgelegt und nie die Hoffnung aufgegeben, auch wenn die Aussichten auf Erfolg noch so minimal waren. Nie zuvor habe er so schwierige Verhandlungen führen müssen. In Ägypten, von wo er gerade komme, habe er beobachten können, daß der Wunsch nach Frieden unter der Bevölkerung weit verbreitet und aufrichtig sei. Nun wünsche er, daß die letzten Voraussetzungen dafür geschaffen würden, den Vertrag zu unterzeichnen. Präsident Sadat sei ebenso daran gelegen wie ihm, daß die Verhandlungen zu einem Ende kämen. Er fürchte, es werde später so gut wie unmöglich sein, einen Vertrag zu schließen, wenn es uns jetzt nicht gelänge. Sadat sei stärkstem Druck derjenigen arabischen Länder ausgesetzt, die keinen Frieden wollten. Könnten wir jedoch die letzten Hindernisse wegräumen, so wolle Sadat nach Jerusalem kommen, um den Vertrag zu unterzeichnen, und Begin zur Unterzeichnung nach Kairo einladen. Noch heute abend wolle er, Carter, wie er es versprochen habe, Sadat in Kairo anrufen, um ihm zu sagen, ob ihm Erfolg beschieden sei oder nicht.

Begin erwiderte auf diese Ankündigung gleichsam mit einem Guß eiskalten Wassers, indem er Carter wie schon abends zuvor zu bedenken gab, bevor wir unterzeichnen könnten, müsse erstens das Kabinett gründlich über ein Autonomiestatut beraten und zweitens die Knesset über den Friedensvertrag debattieren. Dazu brauche man notgedrungen Zeit. Er schlage daher vor, der Präsident und der Außenminister sollten doch zunächst einmal alle ägyptischen Vorschläge auf den Tisch legen, die direkt oder indirekt mit dem Friedensvertrag zu tun hätten.

Begin fuhr fort – und ihm war anzusehen, wie mißvergnügt ihn diese Angelegenheit machte –: In Washington habe er sich mit Präsident Carter darauf geeinigt, in Artikel 6 des Vertrages für die Beendigung der Autonomieverhandlungen eine Zwölfmonatsfrist festzulegen; seine Regierung habe das mit Mehrheit gebilligt. Selbstverständlich könne man Sadat nicht das Recht bestreiten, nun seinerseits etwas anderes vorzuschlagen, auch dürfe man es den amerikanischen Freunden nicht verübeln, wenn sie ihre Absicht zugunsten des ägyptischen Standpunktes änderten. Das müsse nun aber zunächst einmal zur Beratung vorgelegt werden, und Israel wolle anschließend dazu Stellung nehmen.

Ich weiß nicht, ob Carter den in diesen Worten enthaltenen Vorwurf zur Kenntnis nahm, doch war er unüberhörbar: Wozu eigentlich war Begin nach Washington gerufen worden, hatte Carter Zugeständnisse machen müssen, diese durch das Kabinett billigen lassen, wenn man ihm nunmehr zumutete, weiteren Forderungen Kairos nachzugeben?

Vance verlas nun die ägyptische Formulierung des Artikel 6. Begin reagierte scharf und verärgert darauf. Auch wir seien ein unabhängiger Staat, und es stehe uns frei, Vorschläge Ägyptens anzunehmen oder abzulehnen. Diese lehnten wir ab. Begin nahm sich für die Begründung Zeit. Carter versuchte, ihm das Wort abzuschneiden, doch Begin achtete nicht darauf. Er zitierte Angriffe gegen Israel aus der ägyptischen Presse, wobei es hieß, Israel sei ein vorübergehendes Phänomen, eine Kreatur des Imperialismus. Dies, so Begin, kennzeichne den in Ägypten herrschenden Geist, man sei dort keineswegs entschlossen, sich vorbehaltlos zum Frieden zu bekennen.

Nun wurde auch Carter zornig. Ob Begin Gegenvorschläge zu machen habe? Begin schüttelte verneinend den Kopf, überlegte es sich dann aber und sagte, darüber müsse man noch nachdenken. Carter verlangte aber eine sofortige Antwort. Begin erwiderte, das brauche seine Zeit, schließlich habe man in Washington zwei Tage beraten. Carter versetzte schroff, zwei Tage stünden nicht zur Verfügung. Vance lenkte mit dem Vorschlag ein, sich doch zunächst einmal das gemeinsame Sadat-Begin-Schreiben vorzunehmen, und Carter bemerkte dazu, daß der nun vorliegende Entwurf erst nach härtesten Verhandlungen den Ägyptern abgerungen werden konnte. Er wurde verlesen, und Begin brachte seine Einwände vor. Am gravierendsten war der, der sich dagegen wandte, daß die Autonomie zunächst auf den Gazastreifen beschränkt werde, wo Ägypten durch »Verbindungsoffiziere« vertreten sein sollte; auch wünschten wir hinter den im Entwurf auftauchenden Terminus »autonome

Regierung« in Klammern das Wort »Verwaltungsbehörde« zu setzen.

Nach Begin ergriffen drei Minister – Jadin, Scharon und ich – das Wort, und um 13.30 Uhr machten wir Mittagspause. Um fünfzehn Uhr wurde die Besprechung fortgesetzt. Vance machte Vorschläge für Änderungen an Artikel 6 und an dem gemeinsamen Schreiben. Jadin und ich erhoben Einwände. Nach einer weiteren halben Stunde beantragte Carter eine Unterbrechung. Um uns auf die Fortsetzung des Gespräches einzustimmen, analysierte er noch die Lage im Nahen und Mittleren Osten und legte dar, welchen Kurs die USA zu steuern gedächten. In Washington hielt man den israelisch-ägyptischen Friedensvertrag insofern für besonders erstrebenswert, als die Amerikaner ihre Beziehungen zu den arabischen Staaten und zu Israel darauf zu stützen wünschten. Sadat habe sich, so Carter, im Gespräch generös und zu Kompromissen bereit gezeigt, und er hoffe, Israel werde sich ebenso verhalten.

Um siebzehn Uhr kamen wir erneut zusammen. Carter wollte fortfahren, Hindernisse aus dem Weg zu räumen, damit wir zu einem Einverständnis kämen, Begin hingegen wollte die Gespräche beenden, da er alles dem Kabinett vortragen müsse. Dazu bewogen ihn nicht nur seine Erschöpfung und der auf ihm lastende Druck, sondern auch der Umstand, daß er in seiner Handlungsfreiheit eingeengt war. Weder wollte noch durfte er Änderungen in Vertragstexten genehmigen, die bereits von der Regierung gebilligt worden waren.

Die Lage war jetzt paradox. Die Regierung Israels befand sich im Konflikt mit Präsident Carter, der eigens gekommen war, um zu vermitteln und den Abschluß eines Friedensvertrages zwischen Ägypten und uns herbeizuführen, der also das gleiche Ziel verfolgte wie wir. Der Konflikt ging weniger um die Substanz als um zwei Umstände technischer Art: Die israelische Regierung konnte dem Abkommen nicht zustimmen, wenn zuvor nicht bestimmte Entscheidungen widerrufen würden, wovon einige erst eine Woche zuvor getroffen worden waren; der andere Umstand war, daß nicht genug Zeit zur Verfügung stand. Begin sagte, falls man ein paar Tage mehr brauche, werde deshalb nicht gleich der Himmel einstürzen, Carter war da anderer Meinung. Der Präsident der Vereinigten Staaten verlangte kategorisch – teils, weil sein persönliches Prestige auf dem Spiel stand, teils weil er fürchtete, die Verhandlungen könnten andernfalls endgültig scheitern –, daß alle Differenzen beigelegt und noch während seines Aufenthalts hier der Vertrag unterzeichnet werden sollte.

Man darf nicht verschweigen, daß auch wir Fehler machten. Als Carter in Washington seinen Besuch in Kairo und Jerusalem ankündigte, wurde stillschweigend davon ausgegangen, daß es zur feierlichen Unterzeichnung des Friedensvertrages kommen werde. Falls Begin damals plante, vor der Unterzeichnung den Vertrag im Kabinett und im Parlament beraten zu lassen, hätte er das Carter in Washington mitteilen müssen und ihn nicht erst in Jerusalem damit überraschen dürfen. Das gleiche galt für Änderungen der Formulierungen in etlichen Artikeln des Vertrages. Als Begin sich dafür entschied, lieber nur mit Carter, nicht aber zugleich auch mit Khalil zu verhandeln, mußte er wissen, daß die Sache damit noch nicht abgetan sein konnte, daß die Ägypter ebensowenig wie wir einen Text als heilige Schrift ansehen würden, der ohne ihre Beteiligung zwischen den Amerikanern und der Gegenseite ausgehandelt worden war. Der angestrebte Friede sollte schließlich zwischen Israel und Ägypten geschlossen werden, folglich mußten wir uns mit den Ägyptern einigen.

Nach der nachmittäglichen Arbeitssitzung und vor der Nachtsitzung des Kabinetts gab der Premier im Chagall-Saal der Knesset ein Bankett für Carter. Es war eine sehr festliche Veranstaltung, künstlerisch umrahmt vom Geiger Isaac Stern, Pnina Salzman am Klavier und dem Inbal-Ballett. Die Tischreden waren allerdings nicht gerade inspirierend. Carter sagte etwas von den besonderen Beziehungen und Verpflichtungen der USA gegenüber Israel; Begin erwähnte, wie mühsam Verhandlungen seien, doch sei gewiß ein gutes Ende zu erwarten. Die Stimmung am Prominententisch war lau. Wer an den Verhandlungen teilgenommen hatte, war erschöpft und nervös. Solche Festbankette sollte man nur nach erfolgreich verlaufenen Verhandlungen veranstalten, andernfalls sind sie nichts als eine Verschwendung von köstlichen Speisen und schöner Garderobe.

Um 23.30 Uhr, gleich nach Schluß des Banketts, trat das Kabinett zusammen. Es beriet bis 5.30 Uhr. Trotz aller Kritik an den Amerikanern beharrte die Regierung nicht auf der zuvor genehmigten Fassung, sondern stimmte auf Antrag des Premiers und der Rechtsexperten dem Vorschlag Ägyptens zu, in der »Interpretation« zu Artikel 6 (5) das Wort »beeinträchtigen« durch »verletzen« zu ersetzen. In das gemeinsame Schreiben solle nicht aufgenommen werden, daß die Autonomie zunächst im Gazastreifen eingeführt werde; würde aber Ägypten darauf zurückkommen, wolle Israel dies während der Autonomieverhandlungen in Erwägung ziehen. In bezug auf das Öl wurde auf meinen Vorschlag beschlossen, Vance dahingehend zu informieren, daß wir den Ägyptern alles Öl abkaufen wollten, welches sie aus den von uns erschlossenen Quellen förderten; würde Ägypten diese Verpflichtung nicht einhalten, sollten die USA die uns fehlende Menge liefern. Dies war eine Mischung aus einem Vorschlag von uns und einem, den Vance gemacht hatte.

Der wichtigste Kompromiß, zu dem sich die Regierung bereitfand, betraf die Vereinbarung über den Austausch von Botschaftern. Es wurde beschlossen, Präsident Carter zu bitten, er möge die Ägypter wissen lassen, daß unsere Streitkräfte phasenweise aus dem Sinai abgezogen werden würden, anders ausgedrückt, wir wollten El-Arisch früher räumen als im Vertrag vorgesehen, vorausgesetzt, die Ägypter hielten sich an das, was schon einmal abgemacht und von Sadat auch Carter zugesagt worden war, nämlich, daß der Austausch von Botschaftern einen Monat nach unserem Rückzug auf die Linie El-Arisch– Ras Mohammed erfolgen solle. Die Regierung stimmte also jetzt eben jenem Vorschlag zu, den sie abgelehnt hatte, als Weizman eigens aus Blair House angeflogen kam, um ihn ihr zu unterbreiten.

Diese Beschlüsse wurden nun den Amerikanern zugeleitet, diese jedoch waren damit nicht zufrieden. Vance meinte, er sehe keinen Sinn darin, damit nach Ägypten zu fliegen, solange wir nicht der Einsetzung ägyptischer Verbindungsoffiziere im Gazastreifen zustimmten.

Am Montag, dem 12. März, kam es im Büro des Ministerpräsidenten um 10.30 Uhr zu einer weiteren Besprechung mit Carter und seinen Beratern. Auf unserer Seite war diesmal das gesamte Kabinett zugegen. Die Stimmung war trüb. Carter wie Begin waren abgespannt und ungeduldig, beide sollten mittags vor der Knesset sprechen. Begin hatte in den vergangenen zwei Nächten so gut wie nicht geschlafen, und Carter sah, wie die Zeit ihm durch die Finger rann, ohne daß sich die erwarteten Resultate einstellten. Am folgenden Tag stand seine Abreise auf dem Programm, und falls die Lage unverändert blieb, kam er mit leeren Händen nach Hause. Haupthindernis und eigentlich das einzige war nun Gaza. Carter bestand unnachgiebig darauf, daß wir den Ägyptern erlaubten, ihre Verbindungsoffiziere dort zu stationieren, die dann darauf hinwirken konnten, daß die Bevölkerung sich hinter das Autonomieprogramm stellte. Schließlich hätten Amerikaner freien Zugang zum Gazastreifen, sagte Carter, warum dann nicht auch Beauftragte Ägyptens? Begin sah darin einen ausdrücklichen Befehl Carters, uns seinen Wünschen zu fügen, und erwiderte kalt, unterzeichnen täten wir nur, womit wir übereinstimmten. In Camp David sei von ägyptischen Verbindungsoffizieren im Gazastreifen mit keinem Wort die Rede gewesen, und wir wollten auch keine dort dulden.

Über die Öllieferungen wurde auch gesprochen. Von einigen Ministern wurde das amerikanische Ansinnen zurückgewiesen, wir sollten ägyptisches Öl von einer amerikanischen Gesellschaft geliefert bekommen. Darin drücke sich ja unmißverständlich aus, daß der arabische Wirtschaftsboykott gegen Israel fortgeführt werde. Nach Unterzeichnung des Friedensvertrages und Herstellung normaler Beziehungen hätte Israel das Recht, sein Öl direkt in Ägypten zu kaufen und es mit eigenen Tankern durch den Golf von Suez zu befördern. Das sei nicht nur praktischer, sondern auch eine Frage des Prinzips.

Dann war die Sitzung beendet, und alle eilten in die Knesset.

Es standen nur drei Redner auf dem Programm – Carter, Begin und Peres –, und alle drei faßten sich kurz. Trotzdem dauerte diese Parlamentssitzung zwei Stunden, denn Begin und Peres wurden immer wieder durch Zwischenrufe unterbrochen. Es war nicht gerade ein Ruhmesblatt in der Geschichte der Knesset. Kaum trat Begin ans Rednerpult, wurde er von Geulah Cohen und Mosche Schamir (die beide glaubten, Begin habe zu große Zugeständnisse gemacht) niedergeschrien, und die kommunistischen Abgeordneten (die meinten, Begin habe zu wenig Zugeständnisse gemacht) schlossen sich ihnen an. Zwar trifft zu, was Begin zu Carter sagte, daran könne er sehen, wie lebendig unsere Demokratie sei, in manchen anderen demokratischen Ländern achten die Parteien aber mehr darauf, die Würde des Parlaments zu wahren. Bei uns war das nicht so. Die gewaltsame Entfernung von Geulah Cohen und der unaufhörliche Wortwechsel zwischen dem Parlamentssprecher und den Zwischenrufern boten ein unerfreuliches Schauspiel. Ich war beschämt und niedergeschlagen. Allein schon unsere Pflichten als Gastgeber hätten uns auferlegt, uns von einer besseren Seite zu zeigen und die Grundregeln des Anstands zu wahren.

Carter beschränkte sich darauf zu sagen, es sei ungemein wichtig, den Nahen und Mittleren Osten zu befrieden. Er ließ seine wahren Gefühle ein wenig durchblicken, als er sagte, die Völker wünschten sehnlichst den Frieden, »aber wir, die führende Schicht, haben noch nicht bewiesen, daß wir dazu imstande sind«.

Begin nahm den Handschuh auf. Wir verlangten einen Friedensvertrag, der wirklich einer sei, und deshalb stimmten wir nicht der Annullierung von Artikeln zu, die den Kern des Vertrages bildeten.

Die Sondersitzung des Parlaments fiel zufällig in die mühsamste Phase unserer Verhandlungen mit den Amerikanern. Ich fand, es sei jetzt nicht mehr an der Zeit, über den Frieden zu reden, sondern ihn wirklich zu schließen.

Um vierzehn Uhr ging das Parlament auseinander, und das Kabinett trat beim Premier zu einer Sitzung zusammen. Vance weigerte sich, nach Kairo zu fliegen: Ihm sei nicht zuzumuten, unsere Beschlüsse den Ägyptern »zu verkaufen«.

Das Kabinett beriet bis 16.30 Uhr, eine Viertelstunde später stießen Vance, Brzezinski und ihre Mitarbeiter dazu. Wieder einmal kam nichts Neues heraus. Jeder wiederholte seinen Standpunkt und seine Erläuterungen dazu. Es wurde bekannt, daß sich Carter zur Abreise am folgenden Morgen entschlossen habe. Begin machte einen Entwurf für eine gemeinsame Presseerklärung und übergab sie Vance. Darin war von fruchtbaren Verhandlungen, erzielten Fortschritten und der Notwendigkeit die Rede, weitere Gespräche zu führen. Vance las es durch und sagte, er werde den Text dem Präsidenten geben. Um 18.30 Uhr gingen wir auseinander, die Amerikaner ins Hotel König David, der Premier nach Hause. Weitere Zusammenkünfte standen nicht mehr auf dem Programm.

Um den Kabinettstisch saßen noch einige Minister, niedergeschlagen angesichts der ergebnislosen Verhandlungen, aber bemüht, doch noch einen Ausweg zu finden. Die Sache mit den »Prioritäten der Verpflichtungen« war halbwegs ins reine gebracht worden, auch der phasenweise Abzug und der Austausch der Botschafter war abgehakt. Blieben zwei harte Brocken übrig: die Öllieferungen und die Verbindungsoffiziere in Gaza.

Alle Anwesenden waren sich darin einig, daß der Besuch des Präsidenten auf keinen Fall mit einem Fehlschlag enden dürfe. Ein Minister tüftelte eine Formulierung für die Handhabung der Öllieferungen aus, die, wie mir schien, für die Amerikaner akzeptabel sein mußte. Ich rief Begin an, der gerade zu Bett gehen wollte, und berichtete. Dann schlug ich vor, gemeinsam mit einem Kollegen zu Vance zu gehen und diesen Vorschlag zu diskutieren. Begin entgegnete, ich solle das allein machen, denn als Außenminister sei ich immerhin befugt, dies und das vorzuschlagen, nur festlegen dürfe ich die Regierung selbstverständlich nicht, diese allein habe zu entscheiden.

Die nächsten zwei Stunden verbrachte ich bei Vance in dessen Hotelzimmer mit dem Versuch, Ordnung in die Dinge zu bringen. Wir hatten nun schon solange miteinander zu tun, daß wir, wie ich meine, eine gemeinsame Sprache sprachen und einander gegenseitig vertrauten. Also drängte ich Vance, die Ägypter dahin zu bringen, daß sie in dem sattsam bekannten gemeinsamen Schreiben die Erwähnung von Verbindungsoffizieren unterließen, wobei ich wiederholte, was wir schon mehrmals gesagt hatten: Die Ägypter könnten ja bei den Autonomieverhandlungen jederzeit vorschlagen, die Wahlen in Gaza vorzuverlegen. Wenn Carter der Meinung sei, die Ägypter müßten ebenso wie die Amerikaner freien Zugang nach Gaza haben, so irre er sich. Sobald jedoch nach der Räumung von El-Arisch normale Beziehungen zwischen beiden Ländern aufgenommen würden, dürfe jeder Ägypter mit einem israelischen Visum nach Gaza einreisen, wie auch jeder Israeli mit einem ägyptischen Visum Kairo besuchen könne. Mir schien, daß dieses Argument Vance einleuchtete. Er war ja ebenfalls auf der Suche nach einem Ausweg, und er versprach, den Präsidenten und die Ägypter überzeugen zu wollen.

Nun kam noch die Ölfrage. Daß die Ägypter sich in diesem Moment nicht darauf festlegen wollten, einen langfristigen Liefervertrag mit uns zu schließen, könne ich durchaus verstehen. Ägypten habe auch mit anderen Ländern keine solchen Verträge abgeschlossen. Wir könnten, so meinte ich, den Vorschlag der Amerikaner, uns durch eine amerikanische Gesellschaft beliefern zu lassen, unter zwei Voraussetzungen annehmen: Erstens müßten die USA uns garantieren, daß unser Ölbedarf für die nächsten zwanzig, nicht zehn Jahre, gedeckt werde, und zweitens müsse in den Friedensvertrag hineingeschrieben werden, daß wir einen Anspruch darauf hätten, Öl unmittelbar von Ägypten zu kaufen. Ohne eine solche Vertragsklausel bleibe der arabische Wirtschaftsboykott ungeachtet des Friedensvertrages gegen uns in Kraft. Und im Zusammenhang mit den Öllieferungen sei dies unser empfindlichster Punkt.

Vance telefonierte während dieses Gesprächs mehrmals mit Carter, und nach dem letzten Telefonat belebte er sich sichtlich. Seine Mitarbeiter würden einen Entwurf für eine Vertragsklausel aufsetzen, die meinen Vorschlag berücksichtige und dem Vertrag hinzugefügt werden solle. Was die langfristige Garantie der Öllieferungen durch die Amerikaner anging, mußte er das zunächst mit dem Präsidenten klären, doch meinte Vance, daß man uns da wohl entgegenkommen könne. Im Hotel erwartete mich Rahel, und ihr konnte ich nun voll Optimismus sagen: »Die Krise ist überstanden.«

Am nächsten Morgen erstattete ich Begin telefonisch Bericht über mein Gespräch mit Vance. Er wies darauf hin, daß ein neuer Vorschlag erst der Regierung unterbreitet werden müsse.

Schon um sieben Uhr rief Vance bei mir an und lud mich zum Frühstück ein. Er zeigte mir gleich den Entwurf eines Zusatzes zur Anlage C zum Friedensvertrag. Es hieß darin, der Friedensvertrag und die Anlage verbürgten die Aufnahme normaler Wirtschaftsbeziehungen zwischen den vertragschließenden Parteien, und darunter falle auch der Verkauf von Erdöl durch Ägypten an Israel. Israel sei berechtigt, Angebote zum Kauf von ägyptischem Erdöl zu machen, das nicht für den Eigenbedarf Ägyptens benötigt werde; Ägypten und die Eigentümer von Bohrkonzessionen würden Angebote Israels entgegennehmen und nach den gleichen Richtlinien behandeln, die für alle potentiellen Abnehmer galten.

Vance sagte sodann, die Amerikaner wären bereit, die Dekkung unseres Ölbedarfs für fünfzehn Jahre zu garantieren. Solle Israel außerstande sein, seinen Bedarf anderswo zu decken, würde Amerika das benötigte Öl liefern. Als ich halb im Scherz, halb im Ernst fragte, was denn nach Ablauf dieser fünfzehn Jahre geschehen solle, lachte Vance: Er würde sich glücklich preisen, wenn irgendwer die Deckung des amerikanischen Ölbedarfs für die kommenden fünfzehn Jahre garantieren wolle! Im übrigen dürfe man damit rechnen, daß innerhalb von zehn Jahren genügend andere Energiequellen erschlossen sein würden.

Vance erklärte mir, weshalb er mich schon so zeitig zum Frühstück gebeten habe: Der Präsident habe seinerseits Begin zum Frühstück eingeladen, und wir beide sollten daran teilnehmen. Als wir in Carters Suite kamen, war Begin schon da. Das Gespräch verlief angenehm. Carter machte selbst den Vorschlag, in die Anlage zum Vertrag aufzunehmen, daß die Vereinigten Staaten uns die Deckung unseres Ölbedarfs für fünfzehn Jahre garantieren wollten. Begin sagte, er werde das dem Kabinett zur Genehmigung vorlegen.

Zu Gaza wiederholte ich für Carter, was ich schon Vance gesagte hatte: Nach der Normalisierung der Beziehungen werde es zwischen Ägypten und Israel gemäß den im Friedensvertrag festgelegten Bestimmungen ungehinderten Personenverkehr geben, und das gelte auch für Gaza. Der Präsident erwähnte sodann die »Gesten«, die Ägypten von Israel erwarte, und von denen er sich einen günstigen Eindruck auf die Bewohner der besetzten Gebiete verspreche. Dies war kein besonders wichtiges Thema; Begin bat deshalb um eine schriftliche Formulierung und sagte wohlwollende Prüfung zu.

Als er uns verabschiedete, sagte der Präsident, er wolle Sadat über das Ergebnis seiner Unterredung mit uns unterrichten und uns das Resultat wissen lassen. Er sprach das zwar nicht aus, doch seine Miene ließ erkennen: Das letzte Hindernis ist genommen.

Der Präsident und seine Begleiter flogen um dreizehn Uhr ab, nachdem Carter und Begin am Flughafen noch kurze Ansprachen gehalten hatten. Beide gaben sich gedämpft optimistisch. Begin sagte zu Carter gewandt: »Sie haben einen Erfolg errungen. Nun ist es an den Ägyptern.« Carter bedankte sich bei Regierung und Bevölkerung Israels für deren Gastfreundschaft und fügte hinzu, man habe wirklich gute Fortschritte gemacht. Am vergangenen Abend habe es zwischen den Delegationen Israels und der Vereinigten Staaten noch langwierige Diskussionen über drei ungelöste Fragen gegeben, doch hätten diese immerhin bewirkt, daß der Premier und er selber heute vormittag wesentliche Fortschritte machen konnten.

Carters Maschine startete in Richtung Kairo, und in wenigen Stunden würden wir Ägyptens Antwort haben. Als ich zu Rahel heimfuhr und zum versprochenen schwarzen Kaffee, brach der Regen los, der sich seit einer Stunde zusammengebraut hatte, ein wahrer Segen für die blühenden Orangenhaine und die reifende Ernte, für jedes Saatkorn in der Erde, eine Wohltat für alle Bäche und Quellen.

Auf der Kabinettssitzung am folgenden Morgen um zehn Uhr, es war Mittwoch, der 14. März, eröffnete uns Begin, der US-Präsident habe ihn vor seinem Abflug aus Kairo angerufen; er habe mit Sadat gesprochen und alles stehe gut. An diesem Morgen habe er durch den amerikanischen Botschafter ein Schreiben Carters bekommen, das die Details enthielt. Sadat war einverstanden mit Neuformulierung der »Priorität der Verpflichtungen« und auch mit dem Entwurf des gemeinsamen Schreibens, in dem jetzt nichts mehr von ägyptischen Verbindungsoffizieren in Gaza stand. Erkläre sich die israelische Regierung mit dem phasenweisen Abzug aus dem Sinai einverstanden, wie er erstmals in Blair House vorgeschlagen worden war, wolle Sadat in einem an Carter gerichteten Schreiben zusagen, daß einen Monat nach Abschluß der ersten Räumungsphase Botschafter ausgetauscht würden. Auch dem vorgeschlagenen Zusatz zur Anlage C des Vertrages, die den Verkauf von Erdöl an uns zum Gegenstand hatte, stimmte er zu, ebenso der vorgeschlagenen Öffnung der Grenze zwischen Ägyptern und Israel, sobald wir El-Arisch geräumt hätten.

Begin und ich berichteten dem Kabinett in groben Zügen, was in der Nacht von Montag auf Dienstag und am Dienstagmorgen vorgegangen war. Ausführlichkeit konnten wir uns dabei sparen, denn in Israel, Ägypten und den USA hatten die Medien, jedes auf seine Weise, bereits darüber berichtet. Zum Ende der Sitzung erfolgte eine kurze Verlautbarung des Inhalts, der Ministerpräsident habe den Präsidenten der Vereinigten Staaten davon in Kenntnis gesetzt, daß die beiden noch ungelöst gebliebenen Fragen von der israelischen Regierung in positiver Weise beantwortet worden seien.

22.
Feierliche Unterzeichnung im Weißen Haus

Sadat überlegte es sich anders: Er wollte den Vertrag nicht in Jerusalem unterzeichnen, Begin sollte nicht nach Kairo kommen. Statt dessen wurde vereinbart, daß die gemeinsame feierliche Vertragsunterzeichnung am 26. März 1979 um vierzehn Uhr im Weißen Haus in Washington stattfinden sollte.

Noch blieben etliche Dinge zu regeln, vor allem war noch das Übereinkommen zwischen uns und den USA zu formulieren und die Belieferung mit Erdöl vertraglich zu fixieren. Mit letzterem befaßten sich der Ministerpräsident und der Energieminister, während ich die Formulierung des Übereinkommens vorbereitete. Ich traf am 23. März in Washington ein, also blieben mir für die Verhandlungen im Außenministerium gerade noch zwei Tage. Man bekam hier sogleich den Eindruck, daß die Amerikaner den gesamten Komplex schon für abgeschlossen hielten; der eigentliche Vertrag lag schließlich unterschriftsreif vor, das Datum der Unterzeichnung stand fest, und niemand hatte mehr rechte Lust, noch einmal Tag und Nacht über irgendwelche Einzelheiten zu debattieren. Es herrschte eher die Einstellung vor, daß die Aufarbeitung der restlichen Probleme bis nach der Vertragsunterzeichnung verschoben werden konnte. Leider trug mein eigener Ministerpräsident dazu bei, diese Tendenz zu verstärken. Während ich in einem Fernsehinterview sagte, Israel werde nicht unterschreiben, solange nicht auch die letzte noch offene Frage beantwortet sei, sagte Begin in einem anderen Interview, der Vertrag werde zum festgesetzten Termin unterschrieben.

Ich weiß nicht, ob Vance mich am Fernsehen gehört hatte, doch änderte er seine Haltung nach einem gemeinsamen Gespräch. Er krempelte sozusagen die Ärmel auf, trommelte seine Rechtsexperten zusammen, und schon ging es an die Arbeit. Die Amerikaner waren mit einigen unserer Vorschläge einverstanden, akzeptierten aber nicht alles. Da in Jerusalem entschieden worden war, daß die Regierung als letzte Instanz über den Inhalt des Übereinkommens zu befinden habe, bat ich Vance, sich nochmals mit Begin zu treffen, was er auch tat. Begin sagte mir nach diesem Gespräch, er sei zufrieden mit dem, was die Amerikaner uns zugestehen wollten.

Über die Öllieferungen sprach Begin mit Sadat selbst, der in der ägyptischen Botschaft in Washington wohnte. Die beiden einigten sich darauf, daß wir unseren Abzug von den Ölfeldern im Sinai und aus El-Arisch vorverlegten und daß Ägypten uns dafür regelmäßig zu Weltmarktpreisen mit Erdöl aus dem Sinai beliefern würde, das dann von israelischen Tankern durch den Golf von Suez transportiert werden würde. Mithin brauchten wir nicht mit anderen Interessenten Jahr für Jahr von neuem um dieses Öl zu konkurrieren.

Sadat drängte bei dieser Gelegenheit Begin, nicht auf einer schriftlichen Bestätigung dieser Abmachung zu bestehen, sondern auf sein Wort zu vertrauen, doch als wir innerhalb unserer Delegation darüber sprachen, beharrte ich darauf, daß diese Vereinbarung in einem amtlichen Dokument niedergelegt werden müsse. Ich schlug vor, in diesem Fall ebenso zu verfahren wie beim Austausch der Botschafter: Präsident Carter sollte uns ein Schreiben übermitteln, in welchem die Abmachung über die Öllieferungen bestätigt wurde. Vance war so freundlich, die Sache in die Wege zu leiten.

Am nächsten Vormittag hörte ich telefonisch von ihm. Wir sollten doch bitte das Übereinkommen und das Schreiben des Präsidenten, das die Abmachungen über die Öllieferungen bestätigte, erst nach Unterzeichnung des Vertrages verlangen. Ich fragte nicht nach dem Grund, denn er lag auf der Hand: Beide Dokumente waren den Ägyptern nicht willkommen, daher hielt man es im Weißen Haus für besser, ihr Vorhandensein erst nach Unterzeichnung des Friedensvertrages bekannt werden zu lassen.

Festakte hatten für mich noch nie einen Reiz. Wenn ich während meiner Militärzeit an einer Parade teilnehmen mußte – ob als einfacher Soldat oder als General –, hatte ich stets das Gefühl, das geht dich überhaupt nichts an. Ich schaute verstohlen auf die Uhr und wünschte, es wäre endlich vorbei. Die eindrucksvollste Parade bei uns ist die am Jahrestag der Unabhängigkeit. An ihr nahm ich meistens teil. Die denkwürdigste Parade war für mich allerdings die, die nie stattfand. Es war der erste Jahrestag der Staatsgründung, im Mai 1949. Erst einige Wochen zuvor waren die Kämpfe beendet worden, und jeder war damit beschäftigt, die gröbsten Schäden zu beseitigen und wenigstens notdürftig für einen normalen Ablauf des Alltags zu sorgen; kurz gesagt, wir hatten anderes im Kopf, als eine Parade vorzubereiten. Als an jenem denkwürdigen Tag dann doch die ersten Einheiten heranmarschierten, wurden sie von den jubelnden Zivilisten, die von keiner Absperrung behindert waren, einfach über den Haufen gerannt, mit Blumen beworfen und umarmt. Die in aller Eile errichtete provisorische Zuschauertribüne hinter dem Podest, an dem der Vorbeimarsch stattfinden sollte, brach zusammen, und Ben Gurion erklärte denn auch prompt die Parade für beendet – wie mir schien, ohne großes Bedauern. Ich hatte mit der Organisation dieser Veranstaltung nichts zu tun, konnte mich also rasch verdrücken und durch die Seitengassen nach Hause laufen.

An dieses Erlebnis denke ich seither immer mit einer gewissen Wehmut, wenn ich an irgendwelchen Festakten teilnehmen muß. Als aus Anlaß der Unterzeichnung des israelisch-ägyptischen Friedensvertrages in Washington ein Chor unter freiem Himmel sang, erging es mir nicht anders, obwohl das alles durchaus eindrucksvoll war. Während sich die geladenen Gäste zu ihren Plätzen drängten, in einiger Entfernung palästinensische Araber gegen den Frieden demonstrierten, betraten Punkt vierzehn Uhr die drei Staatsmänner das Podest, das gegenüber dem Weißen Haus errichtet war. Jeder erhielt ein Exemplar des Vertrages vorgelegt, unter den sie jetzt ihre Unterschrift setzten. Die Gäste klatschten Beifall, die Demonstranten schrien ihre Parolen, und die Fernsehkameras – ohne die ein Ereignis nun mal keines ist – surrten. Die Ansprachen waren mittelmäßig. Alle drei – Sadat, Begin und Carter – hatten während der langwierigen Verhandlungen so oft beteuert, wie notwendig der Friede sei, daß nun fast nichts mehr zu sagen blieb. Trotzdem war es ein bedeutender Augenblick, aber nicht wegen der Festveranstaltungen oder wegen der Ansprachen, sondern wegen des außerordentlichen Ereignisses, das da gefeiert wurde: die Unterzeichnung eines Friedensvertrages zwischen Israel und Ägypten, bezeugt vor aller Augen durch die Unterschrift des Präsidenten der Vereinigten Staaten. (Wenige Stunden später wurde im US-Außenministerium ohne jeden Pomp und praktisch unter Ausschluß der Öffentlichkeit das »Übereinkommen« unterzeichnet, einer der wichtigsten Verträge zwischen Israel und den USA.)

Das Präsidentenpaar gab an diesem Abend ein Festbankett für die Ehepaare Sadat und Begin und weitere sechzehnhundert geladene Gäste. Man saß an kleinen Tischen, die auf dem Rasen vor dem Weißen Haus unter einem großen Zelt aufgestellt worden waren. Meine Tischnachbarn waren das Ehepaar Vance, Arthur Goldberg mit seiner Frau, und Ephraim Katzir, unser Staatspräsident, der kurz vor dem Ende seiner Amtszeit damals gerade zu Besuch in Amerika war. Unter den Gästen waren viele prominente amerikanische Juden. Alle waren in fröhlicher Stimmung, wozu gewiß auch beitrug, daß man unter diesem riesigen Zeltdach saß und es reichlich zu trinken gab. Ich saß dicht am Eingang, mein Stuhl ragte etwas in den Gang, und immer wieder stieß jemand dagegen, schimpfte, erkannte mich, machte ein erfreutes Gesicht. Die Juden riefen mich »Moische«, die Nichtjuden titulierten mich »General«, alle fragten irgend etwas, ich antwortete irgendwas, doch war der Lärm so groß, daß man kaum ein Wort verstand. Speisen wurden gereicht, die Band spielte, und bald war die von außen eindringende winterliche Kälte von der Hitze unter dem Zeltdach besiegt. Diese Hitze und die Müdigkeit – ich hatte zwei fast schlaflose Nächte hinter mir – machten sich bemerkbar, und Gay Vance sagte mitfühlend: »Sie sehen aus, als wären Sie müde und langweilten sich.« Ich kannte sie und ihren Mann unterdessen so gut, daß ich auf ihr Verständnis zählen durfte, wenn ich mich unauffällig in mein Hotel zurückziehen würde. So verabschiedete ich mich von ihnen und meinen Tischnachbarn und verließ das Zelt.

Mein Kopf wurde wieder klar, als ich den Lärm hinter mir ließ und in die kalte Winternacht hinaustrat. Endlich war ich mit meinen Gedanken allein, Gedanken, die um den Vertrag kreisten, dessen Klauseln auf dem Papier standen und jetzt Wirklichkeit werden sollten. Mir ging durch den Kopf, was andere und was ich während der erregten Debatte in der Knesset wenige Tage zuvor gesagt hatten. Der Zeremonie und dem Festbankett in Washington war nämlich eine qualvolle moralische Bestandsaufnahme in der gesetzgebenden Versammlung Israels vorausgegangen. Auf die Entscheidung des Kabinetts vom 14. März, dem Vertrag zuzustimmen, war eine Woche später die längste und womöglich auch bedeutsamste Sitzung der Knesset gefolgt. Am 20. März tagte das Parlament zehn Stunden, tags darauf noch einmals sechs Stunden, erst dann wurde abgestimmt. Hundertachtzehn der hundertzwanzig Abgeordneten waren anwesend, fünfundneunzig stimmten für Annahme des Vertrages, achtzehn dagegen, zwei enthielten sich der Stimme und drei erklärten, sie nähmen an der Abstimmung nicht teil.

Der Ministerpräsident eröffnete die Debatte mit einer ausführlichen Schilderung der jüngsten Entwicklung, deren Höhepunkt Carters Reise nach Kairo und Jerusalem gewesen war, und berichtete über deren Resultate. Seine Ansprache wurde durch zahlreiche Zwischenrufe gestört. Begin forderte die Abgeordneten auf, für die Annahme des Vertrages einschließlich der Anlagen und Begleitschreiben zu stimmen.

Oppositionsführer Peres begann seine Rede mit der Mitteilung, daß seine Ma'arach-Gruppe der Arbeiterpartei für die Annahme des Friedensvertrages stimme, denn in ihren Augen gebe es derzeit kein anderes realisierbares Programm. Er versicherte, die Arbeiterbewegung werde nach Kräften Freunde und Gegner davon zu überzeugen suchen, daß es keinen anderen gangbaren Weg zum Frieden gebe als jenen, zu dem sich die Regierungen Israels und die der Arabischen Republik Ägypten mit Unterstützung durch die Vereinigten Staaten entschlossen hätten.

Ich kam als letzter Redner an die Reihe, bevor Begin das Schlußwort sprach. Zwar neige ich ohnedies nicht zu bloßer Rhetorik und hochtönenden Phrasen, bei dieser Gelegenheit aber hütete ich mich besonders davor. Nichts ist leichter, als in eine blumige oder bombastische Ausdrucksweise zu verfallen, wenn man von Frieden redet. Deshalb bemühte ich mich, den Abgeordneten den Vertrag so darzustellen, wie ich ihn sah, kühl und nüchtern.

Der Friedensvertrag zwischen Israel und Ägypten garantiert kein ländliches Idyll voller Liebreiz, Sonnenschein und sanfter Ruhe auf grüner Wiese, sagte ich den Abgeordneten. Er sei auch nicht die Erfüllung unseres endzeitlichen Traumes, wenn Schwerter zu Pflugscharen umgeschmiedet werden und kein Volk mehr gegen das andere die Waffen erhebt. Dies sei ein Friedensvertrag, der auch militärische Abmachungen enthalte, der die Errichtung von Luftwaffenstützpunkten vorsehe, die Verstärkung der israelischen Streitkräfte. Und es sei ein politischer Friedensvertrag, der sich den Gegebenheiten anpasse und darauf abziele, Beziehungen zwischen zwei Staaten herzustellen, die Nachbarn sind, normale Beziehungen zwischen Israel und Ägypten, wie sie zwischen anderen benachbarten Staaten anderswo in der Welt gang und gäbe sind.

Es sei ein ehrlicher Vertrag, mit dem nicht Löcher zugekleistert und die Tatsachen, mit denen wir leben müßten, vernebelt werden sollten. Auch sehe er eine Probezeit von zwei Jahren vor, während der wir weiterhin auf der Osthälfte der Halbinsel Sinai bleiben würden – auch nach Aufnahme und Normalisierung unserer Beziehungen zu Ägypten. In diesen beiden Jahren, in denen auch über ein Autonomiestatut für die besetzten Gebiete verhandelt werden solle, würde sich erweisen, wie diese Beziehungen sich anließen. Zwar würden wir in jenen zwei Jahren nicht den ganzen Sinai kontrollieren, aber doch in Scharm el-Scheich bleiben sowie unsere Luftwaffenstützpunkte und unsere Siedlungen behalten. Und dafür, daß wir die Ölquellen im Sinai aufgäben, garantierten uns die USA für fünfzehn Jahre die Belieferung mit Erdöl.

Es ist, sagte ich, ein realistischer Vertrag. Die Ägypter hätten im Laufe der Verhandlungen keinen einzigen Versuch unternommen, etwas an den Klauseln zu verändern, welche eine völlige Normalisierung der beiderseitigen Beziehungen zum Ziele hatten, sie seien solchen Klauseln auch nicht ausgewichen, hätten auch nicht durch vorläufige oder Teilabkommen die Wirkung abzuschwächen versucht, welche diese vollständige Umkehrung des Charakters der Beziehungen zwischen unseren Ländern haben mußte.

Für die Ägypter habe dieser Vertrag zwei Aspekte – es sei ein Friedensvertrag und zugleich ein Vertrag der Aussöhnung. Sein Zweck sei, den Kriegszustand zu beenden und zu friedlichen Beziehungen überzugehen; Ägypten söhne sich mit dem Vorhandensein Israels aus. Das bedeute die Rechtfertigung Israels und des von uns eingeschlagenen Weges.

Wie sehr die Kriege ihr Teil dazu beigetragen hatten, daß ein Abkommen zustande kam, unterschätze ich keinen Moment. Doch hätten wir nach unseren Siegen den Ägyptern keine Friedensbedingungen auferlegt, hätten nicht arabische Hauptstädte besetzt und die Bewohner gezwungen, Frieden mit uns zu schließen. Die vier Kriege, welche unsere Streitkräfte gegen die Ägypter zu führen genötigt waren, endeten mit der Niederlage des Gegners, und jedesmal standen Israels Truppen näher an Kairo als zuvor.

Zwar zwangen wir den Ägyptern keinen Frieden auf, doch nötigten wir sie, die eigene Lage zu analysieren und über ihre Zukunft nachzudenken. Man müsse Sadat zugute halten, daß er nach dem Jom-Kippur-Krieg von Nassers Parole abrückte: »Was uns mit Gewalt genommen wurde, holen wir mit Gewalt zurück.« Auch habe er das Nassersche – und ägyptische – Rezept abgelehnt, das besagte: »Diesmal haben wir Pech gehabt, aber wir bereiten uns schon auf den nächsten Krieg vor.« Sadat steuere nicht den nächsten Krieg, sondern den Frieden mit Israel an.

23.
Krebs

Schon seit mehr als einem Jahr fühlte ich mich körperlich nicht besonders wohl, ohne aber irgend etwas dagegen zu unternehmen, weil ich stets der Meinung war, wenn man eine Krankheit nicht zur Kenntnis nimmt, verschwindet sie von selbst. Und so war es auch – zunächst. Ich verrichtete wie üblich meine Arbeit, pflegte mein Steckenpferd, die Archäologie, wenn ich Zeit fand, aß mit gutem Appetit, ging um Mitternacht zu Bett und stand wie üblich um fünf Uhr früh auf.

Dann aber konnte ich mir nicht länger vormachen, daß ich unverändert gut bei Kräften sei. Gartenarbeit, die ich früher gern und mit Befriedigung verrichtet hatte, strengte mich jetzt an. Treppensteigen machte mir Herzklopfen, und während ich ehedem jede Anhöhe im schnellsten Gang bewältigt hatte, schnaufte ich jetzt wie eine alte Dampflokomotive bergan und war außer Puste, wenn ich oben anlangte.

Schließlich rief ich Professor Boleslaw (Bolek) Goldman, Chef der Scheba-Klinik und seit langem ein Freund der Familie an, um eine Generaluntersuchung zu verabreden. Das Problem war nur: wann? Die Verhandlungen mit Ägypten näherten sich dem Abschluß, und ich konnte den entscheidenden Sitzungen in Jerusalem und Washington nicht fernbleiben. Außerdem mußte ich offizielle Reisen in mehrere asiatische Länder unternehmen, die seit langem mit viel Mühe terminiert worden waren und die nicht umdisponiert werden konnten. Also wurde beschlossen, daß die Untersuchung nach meiner Rückkehr aus dem Fernen Osten stattfinden sollte.

Auf dem Programm standen Nepal, Birma, Singapur und Thailand, und ich machte auch noch einen Abstecher nach Hongkong. Am 23. April 1979 reiste ich ab, am 10. Mai war ich wieder zurück. Unter anderem diente die Reise dem Zweck, meinen Gastgebern den israelisch-ägyptischen Vertrag zu erläutern.

(Der ägyptische Vizepräsident Hosni Mubarak hatte in der gleichen Absicht kurz zuvor die gleichen Länder besucht.) Auch wollte ich mich näher über Vietnams militärisches Vorgehen in Kambodscha und Laos informieren und mehr über China erfahren. Hinzu kam, daß ich manche der führenden Politiker in diesen Ländern persönlich kannte und gern die Freundschaft erneuern wollte, so mit Ne Win, dem Präsidenten von Birma; mit General Kriangsak Chomanan, dem Ministerpräsidenten von Thailand; und dem Stellvertretenden Ministerpräsidenten von Singapur, Dr. Goh Kengswi. Überdies wollte ich eine Reihe bilateraler Fragen klären, teils wirtschaftlicher, teils politischer Art, mit denen unsere Botschafter Mühe hatten.

Die Besuche verliefen zufriedenstellend, und ich bekam das zu sehen und zu hören, was mich interessierte. Die politischen Gespräche waren ergiebig; die Erneuerung persönlicher Bekanntschaften erfreulich; gemeinsam interessierende Wirtschaftsfragen fanden befriedigende Antworten; und was ich von den Staatsmännern an sachkundigen Informationen erhielt, schärfte mein Verständnis für die Vorgänge im Fernen Osten erheblich, insbesondere für die Politik Chinas. Eine »Zugabe« erhielt ich in Gestalt von Henry Kissinger, der kurz nach mir in Hongkong ankam, wo er seinen Rückflug aus Peking nach Washington unterbrach. Ein gemeinsames Frühstück machte mich noch vertrauter mit dem Konflikt zwischen China und Vietnam und was davon noch zu erwarten war.

Wie nicht anders denkbar, war das Programm viel zu gedrängt. Wir waren dauernd unterwegs, flogen von einem Land ins nächste, gingen von einer Besprechung zur anderen, wurden gefeiert, mußten Besichtigungen überstehen und kamen nie rechtzeitig ins Bett. Auf die Zeremonien hätte ich gern verzichtet, nicht aber auf die Ausflüge zu exotischen Orten oder Besichtigungsfahrten zu einer Versuchsfarm. Und meine Gastgeber sorgten dafür, daß ich viel zu sehen bekam. Flugzeug, Hubschrauber und Jeep brachten mich ins Landesinnere, wo ich Dorfbewohner beobachten konnte, die noch wie ihre Vorfahren das Land bestellten. Doch wenn ich bei solchen Abstechern über Hügel oder quer durchs Gelände marschieren mußte, schienen mein Herz und meine Atmung zu rebellieren.

Bei einem Besuch der Region von Chang Mei in Thailand war ich dann am Ende meiner Kraft. Unser Ziel war ein Berg, etwa dreißig Kilometer außerhalb der Stadt, bewohnt vom

Stamme der Maew. Nahebei ist eine von ausländischen Experten, darunter auch Israelis, geleitete Versuchsfarm, die mit dem Anbau neuer Getreidearten experimentiert. Der Monsun war nicht mehr fern und das Wetter entsprechend schwül und feucht. Unsere Jeeps krochen mit Allradantrieb den steilen Bergpfad hinauf; es rüttelte uns so schlimm, daß wir uns mit beiden Händen festklammern mußten, um nicht abgeworfen zu werden. Erster Halt war die Versuchsfarm, genau um die Mittagszeit, bei größter Hitze. Man empfing uns mit Tee und einem Vortrag über das, was hier gemacht wurde.

Sprecher war ein junger Amerikaner, Sohn von Missionaren, der seit achtzehn Jahren in Thailand lebte, mehrere örtliche Dialekte beherrschte und vor allem völlig in seiner Arbeit aufging. Von ihm und seinen Kollegen erfuhren wir, daß hier in der Gegend Opium angebaut wurde, das seinen Weg in alle Welt fand. Die Mitarbeiter der Farm, die übrigens von der Weltbank finanziert wurde, wollten die Maew dazu bringen, statt dessen Kaffee zu pflanzen, der ihnen höhere Erträge bringen sollte. Ich hörte mit großem Interesse zu, denn es freute mich sehr, junge Menschen kennenzulernen, Idealisten, die unerschütterlich an das glaubten, wofür sie arbeiteten. Leider vermochte ich ihre Zuversicht nicht zu teilen, denn ich konnte mir gut vorstellen, daß die Maew, die seit je Opium anbauen und auch selber rauchen, zwar nebenher wohl ein bißchen Kaffee pflanzen, aber nicht vom Opium als von ihrem Hauptprodukt abgehen würden.

Nach dem Tee und den Erläuterungen sollten wir die Farm besichtigen. Rahel und die anderen Damen zogen es vor, im Haus zu bleiben und sich etwas zu erholen, ich hingegen interessierte mich für das, was hier gemacht wurde, und wir kletterten einen Steilhang hinauf zu einer Kaffeeplantage. Gelegentlich balancierten wir über Baumstämme, die Klüfte am Hang überbrückten. Meinen Gastgebern fiel das weiterhin nicht schwer, sie waren den Weg gewohnt, gingen auch barfuß, und überdies, um mir möglichst viel zu zeigen, besonders schnell. Ich konnte nicht mithalten und merkte nach etwa hundert Schritten, daß mich die Kräfte verließen. Ich mochte den Besuch nicht abkürzen, aber mein Herz spielte einfach nicht mehr mit. Ich blieb stehen, stellte ein paar Fragen, um, während sie antworteten, wieder zu Atem zu kommen.

Mit den übrigen Besuchern fuhren wir dann den Berg ganz hinauf, ins Dorf der Maew. Man führte uns in das Haus des

Dorfältesten, einem großen mageren Mann mit vielen Runzeln und Falten im Gesicht, von dem es hieß, er rauche von morgens bis abends Opium. Er hatte die Kontrolle über den größten Teil des Gebietes und über alle Dorfbewohner. Das Haus bestand aus einem großen Raum, der mehrere Funktionen erfüllte. In einer Ecke tummelten sich Kinder, in einer anderen standen Mais- und Reisvorräte. Trotz der Hitze dampften mitten im Raum Töpfe über offenem Feuer. Ich wollte rasch hinausgehen, doch der junge Amerikaner wies mich auf ein breites Wandbrett hin, einen Altar, auf dem Opfergaben ausgebreitet waren – Reis in Schalen, Blumen in Vasen, Gewürze, primitive Perlenstränge und Gegenstände, die ich nicht identifizieren konnte. Der junge Amerikaner, der mit den Gebräuchen des Stammes vertraut war, nannte die Maew »Spiritualisten«, das heißt, sie glaubten an die Herrschaft von Geistern, und dies hier waren Opfergaben für sie. Man unterschied zwei Arten von Geistern: Dämonen und Engel. Die bösen brachten Unheil und mußten versöhnt werden; die guten brachten Wohltaten und mußten bei Laune gehalten werden.

Zu dem Altar und den Opfergaben mußten die Geister natürlich auch Zugang haben. Deshalb waren zwei dünne Stricke vom Altar zur Fensteröffnung gespannt, zwei »Einbahnstraßen«, wie mein Führer mir erklärte. Auf der einen Schnur kamen die Geister in das Haus, auf der anderen verließen sie es wieder.

So befremdliche Bräuche mögen dem westlichen Denken absurd erscheinen, doch ich konnte mir durchaus vorstellen, was diesen Menschen ihr Glaube und ihre Riten bedeuteten. Für sie waren die Geister eine fraglose Realität und jedenfalls sehr viel mächtiger als jener Jesus, an den zu glauben der Amerikaner sie überreden wollte, abgesehen davon, daß er ihnen auch den Anbau von Kaffee statt Opium schmackhaft zu machen suchte. Ihre Realität war auch viel konkreter als irgendeine Behörde im Unterland, im fernen Bangkok etwa, mächtiger als irgend etwas sonst, denn sie hingen diesem Glauben von Kindheit und von ganzem Herzen an. Und auch daß sie Opium rauchten, machte sie nicht wankend in ihren Gebräuchen.

Die erstickende Hitze, die Höhe und die Erschöpfung waren jetzt kaum mehr erträglich. Ich schlug deshalb vor, an die frische Luft zu gehen, zurück zu unseren Fahrzeugen. Ich warf noch einen letzten verstohlenen Blick auf den Hausaltar und dachte:

Wenn du nicht machst, daß du hier rauskommst, gleitet deine Seele noch auf einem dieser Stricke in das Reich der Geister!

Wieder in Israel setzte ich mich mit Dr. Goldman in Verbindung, der für den 14. Mai 1979 eine gründliche Untersuchung durch Spezialisten seiner Klinik anordnete. Eine von ihm selbst ausgeführte Voruntersuchung, deren Resultate er mit denen verglich, die er zwei Jahre früher bei entsprechenden Tests erhalten hatte, ergab nur eine geringfügige Verschlechterung der Durchblutung. Anschließend wurde ich auf das »medizinische Fließband« gelegt und gelangte von einer Abteilung in die andere. Ein Orthopäde untersuchte die verletzte Wirbelsäule, Folge eines Erdrutsches, der mich bei einer etliche Jahre zuvor von mir vorgenommenen Ausgrabung verschüttet hatte, und stellte keine Verschlimmerung fest. Der Lungenspezialist hatte ebenfalls nichts an mir auszusetzen, der Herzspezialist stellte eine leichte Herzmuskelschwäche fest, und die Blutuntersuchung ergab Eisenmangel und Anämie.

Die Ursache meines Unwohlseins wurde in diesem Stadium nicht erkannt, ich erhielt Injektionen, schluckte Pillen, aber die Anämie besserte sich nicht. Anfang Juni wurde beschlossen, den Dickdarm zu röntgen, weil man ihn in Verdacht hatte, die Ursache des Blutverlustes zu sein. Weil ich zuvor in Ägypten wegen der Inkraftsetzung des Friedensvertrages verhandeln mußte, konnte ich erst am 21. Juni geröntgt werden. Die Untersuchung wurde von Professor Hertz vorgenommen, und dabei stellte sich dann auch die Ursache meiner Beschwerden heraus.

Nach der Röntgenaufnahme ging ich zu Dr. Goldman, der mich zusammen mit dem leitenden Chirurgen Dr. Wolfstein und Dr. Hertz erwartete. Alle drei gaben sich Mühe, zuversichtlich dreinzuschauen. Dr. Goldman sagte ohne weitere Präliminarien: »Wir haben in Ihrem Dickdarm eine Geschwulst gefunden und müssen sie so schnell wie möglich entfernen.«

»Mit Geschwulst meinen Sie vermutlich Krebs?« fragte ich.

»Das kann man erst wissen, wenn wir operiert und eine histologische Untersuchung gemacht haben. Im Moment läßt sich weiter nichts sagen, als daß auf dem Röntgenbild eine blockierende Geschwulst im Dickdarm sichtbar ist.«

Ich bat darum, telefonieren zu dürfen, und sagte Rahel, die Ärzte hätten meinen Verdacht bestätigt, ich habe Krebs und müsse schnellstens operiert werden. Dr. Goldman hörte mich das nur ungern sagen, er nahm mir den Hörer weg und stellte Rahel die Sache etwas weniger dramatisch dar, doch sie hatte sehr wohl begriffen, und es fiel ihr nicht leicht, ihre Stimme zu beherrschen.

Es hatte keinen Sinn, lange um die Dinge herumzureden, und ich fragte, wann operiert werden könne. Es war Donnerstag, elf Uhr. Am Sonntag, so erfuhr ich, könne die Operation stattfinden. Also konnte ich diesen Tag noch im Büro verbringen, die dringendsten Sachen erledigen, mir zwei Tage freinehmen und Samstagabend in die Klinik gehen.

Ich begriff durchaus, was das Untersuchungsergebnis bedeutete, fühlte mich davon aber keineswegs deprimiert, in gewisser Weise sogar erleichtert, denn endlich wußte ich, was mir fehlte. Die Ursache war einwandfrei diagnostiziert worden, die Ärzte würden sie beseitigen.

Wir tranken Kaffee und sprachen sachlich und nüchtern über die Krankheit und die Operation. Die Ärzte meinten, entscheidend würde sein, ob die Geschwulst auf eine Stelle beschränkt sei oder ob sich schon anderswo Metastasen gebildet hatten. Das könne man auf den Röntgenbildern nicht erkennen, es lasse sich erst während der Operation feststellen. Beschränke sich der Herd auf eine Stelle, sei die Angelegenheit relativ harmlos: Man werde ein Stück des Dickdarms entfernen, und nach einigen Wochen könne ich getrost wieder an meine Arbeit gehen. Im anderen Falle allerdings könnten weitere Operationen notwendig werden, auch Bestrahlungen, um eine fortschreitende Metastasenbildung zu verhindern.

Weitere Spekulationen anzustellen war nutzlos. In drei Tagen würde man das Ergebnis wissen. Immerhin ließ sich nicht vermeiden, daß wir bei dieser Unterhaltung auf den Tod zu sprechen kamen. Der Gedanke an den Tod war für mich nichts Neues, auch nichts Bestürzendes. Psychisch war ich seit langem darauf gefaßt, aus dem Leben scheiden zu müssen, die Augen zu schließen und »zu meinen Vätern versammelt zu werden«. Sagte man mir, daß ich nur noch zwei Stunden oder zwei Wochen zu leben habe, würde mich das, wie ich glaube, nicht völlig aus der Fassung bringen. Der Tod ist schließlich das absolute Ende, und ich bin, wie wohl die meisten Menschen, jederzeit darauf gefaßt. In meinem Leben hatte es Augenblicke gegeben, die ich mit gutem Grunde für meine letzten hielt, und ich wußte aus Erfahrung, daß dieser Gedanke mich nicht übermäßig bekümmerte. Ich meine, diese Neigung, den Tod zu ignorieren ist die Voraussetzung dafür, daß man zu bestimmten Handlungen bereit ist, die mit Lebensgefahr verbunden sind, zu denen es einen jedoch unwiderstehlich drängt. Wie auch immer, im Laufe der Jahre hatte der Gedanke, daß ich sterblich bin, in meinem Bewußtsein keinen Platz beansprucht, die Gewißheit, sterben zu müssen, berührte mich nicht, hatte keinen Einfluß auf meine Lebensführung. Diese wurde vielmehr bestimmt von Sehnsucht, Ehrgeiz und Zuversicht.

Da saßen wir also in Dr. Goldmans Sprechzimmer, sprachen vom Tod, wenn auch mit einigen Umschreibungen, und ich ließ mir die mir bevorstehenden Therapien erklären, falls weitere Organe befallen wären. Daran allerdings wollte ich lieber nicht denken.

Um das Gespräch mit einer heiteren Note ausklingen zu lassen, sagte ich, im vergangenen Monat sei ich vierundsechzig geworden, mein Leben sei reich gewesen und ich hätte mich nicht zu beklagen. Ich fühle mich nicht wie der Patriarch Jakob in seinem ehrwürdigen Greisenalter. Und da meine Medizinerfreunde vielleicht doch nicht so bibelfest waren, erzählte ich ihnen, was Jakob zum Pharao sagte, als er diesem von seinem Sohn vorgestellt wurde, und der Pharao ihn nach seinem Alter fragte. Jakob seufzte und klagte, er werde wohl vorzeitig sterben müssen. »Die Zeit meiner Wanderschaft ist hundertdreißig Jahre; wenig und böse ist die Zeit meines Lebens und reicht nicht heran an die Zeit meiner Väter in ihrer Wanderschaft.« (1. Mose 47,10) Der arme Vater Jakob! Hundertdreißig Jahre reichten ihm nicht. Nun ja, nach seinem Tode wurde er von den Ägyptern einbalsamiert wie einer ihrer eigenen Herrscher, und dadurch sicherten sie ihm nach seinem Tode das ewige Leben!

Es wurde Zeit; man hatte schon mehrfach aus dem Büro angerufen, wann ich endlich käme. Die Ärzte verordneten mir eine Diät bis zur Aufnahme in die Klinik und gaben mir zum Abschied als Geschenk die Erlaubnis mit, am Freitag dürfe ich tun, wozu ich Lust habe.

Das freute mich ungemein. Selbstverständlich stand mir während der Unterhaltung mit den Ärzten ständig vor Augen, daß ich ein vermutlich krebsartiges Geschwür im Darm hätte, das entfernt werden mußte, bevor es den Darm total blockierte, und ich hatte keine Lust, an die fernere Zukunft zu denken. Doch als ich hörte, der folgende Tag solle mir von Sonnenaufgang bis Sonnenuntergang frei zur Verfügung stehen, empfand ich große Vorfreude, denn ich wußte schon, was ich mit diesem Tag anfangen wollte: nach Süden fahren, in die dürre, öde Gegend jenseits von Beerscheba, wo man im Hochsommer nicht einmal Beduinen mit ihren Herden trifft. Dort wollte ich in den Wadis, den ausgetrockneten Flußbetten, nach den Resten der Behausungen und den Geräten jener Menschen suchen, die hier vor sechstausend Jahren in der Kupferzeit gelebt hatten.

Unterwegs im Wagen nach Jerusalem merkte ich, daß es überflüssig war, meinen Leibwächtern reinen Wein einzuschenken. Sie kannten mich seit Jahren und verstanden sich darauf, alles notwendige in Erfahrung zu bringen – auch jetzt kannten sie bereits die Abteilung der Klinik, in die man mich aufnehmen würde, auch schon die Nummer des Telefons, das man für mich installieren wollte.

Vom Büro rief ich Begin an, sagte, wie es um mich stand, und daß ich, falls es bei einer Operation bleibe, in drei bis vier Wochen wieder im Amt wäre. Auf meine Frage, ob er jemand anderen unterdessen mit meiner Arbeit betrauen wolle, meinte er, er selber werde das Außenministerium unterdessen leiten. Lange werde das gewiß nicht sein müssen. Ich bedankte mich für seine guten Wünsche, sagte aber, sollte ich nicht nach einer angemessenen Zeit wieder voll arbeitsfähig sein, werde ich vom Amt zurücktreten. In unserer Regierung ein Ministerium verwalten, heißt, bei Tag und Nacht mit voller Kraft zur Verfügung zu stehen. So hatte ich es bislang gehalten, und nur wenn ich meine volle Arbeitskraft zurückgewann, würde ich im Kabinett bleiben.

Besprechungen, die für die nächsten Wochen angesetzt waren, sagte ich entweder ab oder verschob sie. Eine Sache allerdings mußte noch erledigt werden, und zwar von mir. Sie betraf die jungen Leute aus Gaza, die in Ägypten studieren wollten. Es waren etwa siebentausend junge Männer und Frauen, und sie mußten die Aufnahmeprüfung für eine ägyptische Universität in Gaza vor einer Kommission der UNESCO ablegen, die aus Paris kam und die Prüfungsarbeiten nach Durchsicht an Ägypten weiterreichte. Studenten aus Gaza, die bereits in Ägypten immatrikuliert waren, mußten, wenn sie die Semesterferien in Gaza verbringen wollten, dies über das Rote Kreuz beantragen. Nun hatten wir den Ägyptern ebenso wie den Bewohnern von

Gaza offiziell mitgeteilt, daß seit Unterzeichnung des Friedensvertrages die Zwischenschaltung dieser internationalen Gremien, der UNESCO und des Roten Kreuzes, überflüssig sei; diesbezügliche Vorgänge könnten künftig direkt zwischen Israel und Ägypten abgewickelt werden.

Die Ägypter waren allerdings nicht dieser Meinung. Sie behaupteten, Gaza habe einen speziellen Status, folglich müßte alles so bleiben wie bisher, und im übrigen sei die Normalisierung der Beziehungen zwischen unseren Ländern noch nicht erfolgt.

Ich wußte, daß Ägypten sich bei dieser Überlegung von der Rücksicht auf die arabischen Staaten leiten ließ, doch wollte ich auf keinen Fall den von uns eingenommenen Standpunkt aufgeben. Mit dem Friedensvertrag hatte Israel sich verpflichtet, den gesamten Sinai zu räumen, sogar jene Siedlungen aufzugeben, die unmittelbar jenseits unserer Grenzen lagen, und diese weitreichenden Konzessionen hatten wir hauptsächlich gemacht, weil für uns der Friedensvertrag die eindeutige Beendigung des Kriegszustandes und die Aufnahme normaler Beziehungen bedeutete. Ein Bewohner von Gaza, der in Ägypten studieren wollte, also im Ausland, war unserer Meinung nach ebenso zu behandeln wie ein Israeli, der eine italienische Universität besuchen wollte. Dazu bedurfte es nicht der Vermittlung einer internationalen Agentur, sei es nun die UNESCO oder das Rote Kreuz; und wir wollten das auch nicht dulden.

Ich versicherte mich noch einmal, daß Begin in diesem Punkt ebenso dachte wie ich, schickte an Butros Ghali ein Fernschreiben, in dem ich unsere Haltung deutlich machte, und wies jene Beamten, die sich mit den ägyptisch-israelischen Beziehungen zu befassen hatten, an, meine Instruktionen aufs genaueste auszuführen und keinerlei Druck nachzugeben. (Vom Militärgouverneur in Gaza wußte ich nämlich, daß dort deshalb Demonstrationen gegen uns geplant wurden.)

Ferner wünschte ich, daß die Bewohner von Gaza verstanden, worum es hier ging, und daß nicht wir, sondern die Ägypter den Ferienaufenthalt ihrer Kinder daheim behinderten und auch weiterhin die besonderen Examen für die Aufnahme an den Universitäten Ägyptens durch die UNESCO erzwingen wollten. Zu diesem Zweck telefonierte ich mit Dr. Haidar Abdul Shafi in Gaza. Zwar hatte ich ihn seit Jahren nicht gesehen, kannte ihn aber gut. Er gehörte zu den prominentesten Pro-

PLO-Persönlichkeiten im Gazastreifen, ein extrem radikaler, hochintelligenter Nationalist, sehr gebildet und immer gut für eine offene Aussprache. Als ich noch Verteidigungsminister war, hatten wir ihn im Zusammenhang mit der Zunahme von Terrorakten im Gazastreifen des Landes verwiesen, später durfte er zurückkehren, nahm seine ärztliche Praxis wieder auf und verkündete weiter seine nationalistische Doktrin. In jüngster Zeit hatten die Bewohner von Gaza ihn zum Leiter des »Roten Halbmondes« gewählt, eine Organisation, die unter der Tarnung humanitärer Bestrebungen extreme politische Tätigkeiten ausübt.

Er schien nicht nur überrascht, sondern geradezu erfreut zu sein, daß ich ihn anrief. Nach der üblichen Begrüßung kam ich zur Sache. Was uns betreffe, so eröffnete ich ihm, könnten alle in Ägypten befindlichen Studenten aus Gaza jederzeit nach Hause kommen, und wer wolle, könnte zum Studium nach Ägypten reisen. Nur die Zwischenschaltung von Rotem Kreuz und UNESCO würden wir in Zukunft nicht mehr gestatten. Schließlich reisten im Laufe des Jahres zwischen Israel und Jordanien mehr als hunderttausend Menschen – darunter auch Studenten – unbehelligt hin und her, obwohl wir mit Jordanien keinen Friedensvertrag hätten, und weder die UNESCO noch das Rote Kreuz scherten sich darum.

Dr. Haidar meinte, er kenne unseren Standpunkt, und es seien auch nicht die Bewohner von Gaza, die auf diesen Vermittlerdiensten bestünden, sondern die Regierung in Kairo. Darauf erwiderte ich, mir liege sehr daran, daß ihm klar sei, die Studenten hätten diese Schikane nicht uns zu verdanken, und im übrigen würden wir auf unserem Standpunkt beharren. Lenkten die Ägypter nicht ein, würden die jungen Leute in Gaza zu Hause, und die in Ägypten studierenden Bewohner von Gaza in alle Ewigkeit dort bleiben müssen. Dr. Haidar sagte lachend: »Lassen Sie es nur gut sein, ich kenne sie. Ich will sehen, was sich machen läßt.«

Wir vereinbarten, daß Jossi Hadas, der Mann aus meinem Amt, der mit dieser Sache befaßt war, tags darauf nach Gaza fahren und den Bürgermeister und andere Notabeln aufsuchen sollte, darunter auch Dr. Haidar. Die Zusammenkunft sollte am Dienstsitz des Militärgouverneurs stattfinden, und man würde den prominenten Bürgern Gazas den Inhalt des an Butros Ghali gerichteten Fernschreibens verlesen und wiederholen, was ich

Dr. Haidar gesagt hatte. Ich war überzeugt, daß wir uns am Ende schon durchsetzen würden, und zwar nicht nur, weil wir im Recht waren, sondern weil die Sache drängte und ein Ausweg gefunden werden mußte.

Ich ordnete meinen Schreibtisch, sagte meinen Mitarbeitern Schalom und fuhr heim. Gut, daß es schon so spät und das Büro praktisch leer war, denn ich war nicht in der Stimmung, mich zu unterhalten.

In der Hoffnung, einmal richtig ausschlafen zu können, nahm ich am Abend eine Schlaftablette, war aber wie üblich bei Tagesanbruch wach. Der Wetterbericht sagte einen ungewöhnlich heißen Tag vorher, doch als ich früh losfuhr, ging noch eine angenehm kühlende Brise. In den Vororten von Tel Aviv herrschte dichter Verkehr, der nachließ, als wir die Küstenstraße in südlicher Richtung erreichten, und bei der Abzweigung nach Aschod lag das Gewimmel hinter uns; hier war nichts von der Welt zu spüren, die man aus den Schlagzeilen der Zeitungen kennt. Ich überlegte, ob wir weiter nach Süden fahren oder nach links abbiegen sollten, wo sich zwischen dem biblischen Javneh und der Siedlung Benaja ein Kalksteinbruch befindet. Vor Jahren hatte ich dort Reste kanaanitischer Gräber entdeckt, auch eine Höhle mit Teilen einer Graburne aus der Kupferzeit. Doch im Steinbruch wurde schon lange nicht mehr gearbeitet, und bei einem zweiten Besuch hatte ich nichts mehr gefunden. Allerdings war nicht auszuschließen, daß seither die Arbeiten wieder aufgenommen und möglicherweise weitere Gräber freigelegt worden waren.

An jedem anderen Tag wäre ich wohl hingefahren, um dies herauszufinden, heute aber war es anders. Bis dort, wo ich hinwollte, südwestlich von Beerscheba, war es noch weit, und es blieb keine Zeit für Abstecher. Ich wollte unbedingt dorthin, weil ich wußte, daß das Heer da zu Übungszwecken einen Stützpunkt gebaut hatte, komplett mit Laufgräben, Unterständen und Feuerstellungen. Falls heute nicht geübt wurde, konnte ich die freigelegte Erde daraufhin untersuchen, ob bei den Aushebungen womöglich – unbemerkt von der Truppe – Altertümer ans Licht gekommen waren.

Wir fuhren nach Beerscheba, und am Flughafen entlang ging es weiter nach Süden, den Spuren der Raupenketten unserer Panzer folgend, bis wir das Übungsgelände erreichten. Zu meiner Freude hörte man kein Schießen, keine Menschenseele war im Stützpunkt zu sehen. Offenbar wurde heute anderswo geübt. Ich stieg aus dem Wagen, kletterte in einen Graben und inspizierte die Erdwälle. Nichts. Keine einzige Scherbe. Der Stützpunkt war auf einer öden Kuppe angelegt worden, wo niemals Menschen gesiedelt hatten.

Einerlei. Ich konnte noch anderswo suchen. Ich wandte mich nach Westen, einem Wadi zu, prüfte im Gehen das Terrain nach Anzeichen von Resten ehemaliger Siedlungen. Plötzlich bemerkte ich auf einer kleinen Kuppe aufgehäufte Steine, doch im Näherkommen wurde mir klar, daß hier Beduinen gelagert hatten. Die Steine hatten zum Einschlagen von Zeltpflöcken und zur Anlage von Feuerstellen gedient.

Am Fuße des Hügels, unmittelbar am Rande des Wadis, fand ich, was ich suchte. In Spalten des Hanges steckten Tonscherben, die wohl dort hingespült worden waren, als in der Regenzeit Sturzbäche durch das Wadi strömten. Es waren nicht sehr viele Scherben, doch stammten alle aus der Kupferzeit – also von 4000 bis 3000 vor Christus. Die braune, ungeglättete Oberfläche zeigte kleine schwarze und weiße Klümpchen, welche von den alten Töpfern nicht beseitigt worden waren, als sie die Tonmasse zur Herstellung der Gefäße vorbereiteten.

Bald stellte ich fest, daß die Scherben am Rande einer alten eingehegten Wohnstatt lagen, die am Hang über dem Wadi errichtet worden sein mußte. Steine ragten aus dem Boden, und als ich sie behutsam freilegte, stieß ich auf Schichten schwarzer Asche. Hier hatte vor sechstausend Jahren ein Haus gestanden, aber Mauern und Dach, ohne Zweifel aus Lehm und Schilf, waren längst verschwunden. Übriggeblieben war der tiefergelegene feste Boden, den Wind und Regen im Laufe der Jahrhunderte mit Erde überdeckt hatten. Zwischen Erde und Asche fand ich Reste von Tongefäßen, Werkzeuge aus Feuerstein mit messerscharfen Kanten, große Kiesel aus dem Flußbett, welche die Feuerstelle gebildet hatten, flache Steine, auf denen Körner und Wurzeln zu Mehl zerstampft worden waren.

Nur sehr selten habe ich vollständig erhaltene Tongefäße aus jener Epoche gefunden. Jetzt suchte ich nicht danach, denn das hätte beschwerliche Arbeit bedeutet, und dazu fühlte ich mich außerstande. Vor der Operation sollte ich nur ganz leichte Kost essen, deshalb hatte ich mich in der Frühe mit einer Tasse Tee begnügt. Jetzt war Mittagszeit, ich war meilenweit durch die

Hitze gelaufen, es fiel mir schon schwer genug, die Steine zu bewegen, die mir aufgefallen waren.

Es war aber nicht allein Schwäche, was mich davon abhielt, den harten Boden aufzugraben. Ich war auf der Suche nach etwas ganz Besonderem, nach Steinen oder Kieseln, welche die frühen Bewohner dieser Gegend so bearbeitet hatten, daß sie Tierköpfen, Vögeln und manchmal auch menschlichen Köpfen ähnelten. Seit einigen Jahren gilt mein archäologisches Interesse der frühen Kupferzeit. Die Antiquitätenhändler in der Altstadt von Jerusalem wissen das, sie informieren mich, wenn sie solche Steine, Topfscherben oder anderes Gerät aus dieser Periode anzubieten haben. Das meiste stammt aus der Gegend von Jericho oder dem Gebiet von Bab el-Dara am Ostufer des Roten Meeres. Die Händler geben mir gern Bescheid, denn was ich sammle, interessiert die durchschnittlichen Touristen nicht. Die Stücke sind meist schadhaft, ohne Farbe und haben nicht die herkömmliche Form. Sie stammen aus der Zeit vor der Erfindung der Töpferscheibe, sind asymmetrisch, die Henkel krumm und schief.

Eine Woche zuvor hatte ich drei solcher Gefäße von verschiedenen Händlern erworben, eines von Jadschi Baba, eines von Kandu, das dritte von einem Armenier namens Moumingian, der aber unter dem Namen Abu-Salah bekannter ist. Das von ihm erworbene Gefäß war das interessanteste. Es war geborsten, und Abu-Salah, völlig in eine Partie Halma vertieft, die er nicht unterbrechen wollte, warnte mich: Es fehlten eine Menge Stücke, insbesondere vom Boden. Über das Wochenende bearbeitete ich alle drei Gefäße, reinigte sie mit Salpetersäure, vergipste die Risse, überzog die geborstenen Stellen mit Leim, und danach sahen sie aus wie zur Zeit ihrer Entstehung. Es sind keine im herkömmlichen Sinne schönen Stücke, und doch hänge ich sehr daran. Ich denke mir, selbst wenn ich nicht wüßte, wie alt sie sind, und daß es die ersten Tongefäße waren, welche die frühen Bewohner dieser Region gelernt haben herzustellen, ich würde es ihnen ansehen. Ich erkenne ihre Usprünglichkeit, ich sehe, wie eine Handvoll Lehm geknetet und geformt, in der Sonne oder am Feuer getrocknet wird, wie eine Schale entsteht, ein Behälter.

Während ich in den Siedlungsstätten der frühen Bewohner Kanaans herumstöberte, wuchs mein Interesse für jene sonderbaren Steine, die an den Stellen zu finden sind, wo ihre Häuser gestanden hatten. Um die Wahrheit zu sagen, so weiß ich auch heute noch nicht, ob ich mir nur einbilde, in diesen Steinen die Köpfe von Tieren mit Augen und Nüstern zu erkennen, oder ob es sich gar nicht um Skulpturen handelt. Ich besitze derzeit zwanzig solcher Steine; manche davon sind zweifellos von Menschenhand bearbeitet, es sieht aus, als habe jemand mit einem scharfen Feuerstein gewisse Linien eingeschnitten, Vertiefungen angebracht, die wie Augenhöhlen wirken. Geschah dies wirklich, um das herauszuarbeiten, was ich heute in diesen Steinen sehe – den Umriß eines Tieres, eines Menschen, eines Vogels? Oder projiziere ich in einfache Kiesel, die nur zum Bau von Feuerstellen benutzt wurden, etwas hinein?

Auch an jenem Freitag fand ich einige solcher Steine, von denen ich wiederum nicht mit Gewißheit sagen konnte: Waren sie von einem der frühen Bewohner so geformt worden oder war das ihre natürliche Form? Ich war erschöpft, legte die Steine in einer Reihe vor mich hin und betrachtete sie. Genaugenommen zerbrach ich mir schon nicht mehr den Kopf darüber, ob es sich um Skulpturen handelte oder nicht, sie waren eben, was sie waren. Die ehedem in diesen Bergen lebenden Kanaaniter hatten in ihnen gesehen, was sie sehen wollten, und das gleiche tat auch ich an diesem Freitag. Es waren Steine, die Köpfen von Schafen ähnelten, sicher waren es Symbole der Fruchtbarkeit gewesen, denn warum sonst sollte wohl der Herrgott ihnen diese Form gegeben haben?

Eigentlich wollte ich das Wadi durchqueren und mich am jenseitigen Ufer umsehen, doch als ich jetzt aufstand, fühlte ich mich plötzlich schwach; ich rastete noch eine Weile, dann kehrte ich schleppenden Schrittes zum Wagen zurück; vermutlich würde es später Nachmittag werden, bevor ich nach Hause kam. Es würde dann noch hell genug sein, um die gesammelten Steine in eine Reinigungsflüssigkeit zu legen, die die jahrtausendealten Schichten von Staub und Kalk ablöste. Ich rollte mich auf dem Hintersitz des Wagens zusammen, schloß das Auge und war für die Welt nicht mehr vorhanden; das Rumpeln des Wagens, der durchs Gelände holperte, bevor wir zur Straße kamen, störte mich nicht. Ich träumte.

Ob ich einschlief, nachdem ich das Auge zumachte und dann zu träumen begann, oder ob ich mich schon in die Traumszene versetzte, bevor ich einschlief, wußte ich nicht. Im allgemeinen träume ich abgerissene, rasch wechselnde Träume, oft haben sie mit den Ereignissen des vergangenen Tages zu tun und sind vergessen, sobald ich aufwache. Das heißt, ich weiß, ich habe geträumt, aber an Einzelheiten erinnere ich mich nicht. Seit einem Jahr indessen hatte ich immer wieder denselben Traum, und zwar einen, an den ich mich beim Aufwachen noch sehr gut erinnerte. Dieser Traum kam immer dann, wenn ich mich total erschöpft niederlegte, mit nur dem einen Wunsch, mich so rasch wie möglich durch Schlaf von den drückenden Lasten des Tages zu lösen. Und diesen merkwürdigen Traum hatte ich nun auch auf der Rückfahrt von dem Ausflug in die südliche Wüste mit ihren vorzeitlichen Überbleibseln.

In jenem Traum bin ich auf der Flucht. Ich haste einen Berg hinan, strebe mit äußerster Kraft der Spitze zu, denn ich weiß, dort oben bin ich sicher. Ich bin erschöpft, der Weg ist steil und mühsam, und doch eile ich weiter, ohne innezuhalten. Ich kenne den Pfad, den ich hinanlaufe, ich kenne auch mein Ziel. Ich klettere den Hang zum Norden meines Dorfes Nahalal hinauf, wo auch der Friedhof liegt, von dem aus man die Straße Haifa-Nazareth überblickt. Links von mir erhebt sich der Schmironberg, zu meiner Rechten Migdal Ha'Emek. Der Pfad führt zum Friedhof, doch ist der nicht mein Ziel, ich will weiter hinauf, auf den Gipfel, und dann noch ein Stück nach Norden, an den Ort, den wir als Kinder »das Gehölz« nannten. Hier stehen dicht an dicht Terebinthen und Eichen, im Winter wachsen Zyklamen, Anemonen und Vogelmilch zwischen den Felsen, und selbst im Sommer taugen die verdorrten Pflanzen noch als Futter für die Rinder und Ziegen des Beduinenstammes El-Mazarib, der im Wadi jenseits des Berges wohnt.

Endlich lange ich oben an, und dicht neben dem Pfad, der hier nach Westen abbiegt, befindet sich eine Höhle im Gestein. Äste einer Terebinthe verdecken ihren Eingang, doch ich kenne mich hier aus, ich schlüpfe zwischen ihnen hindurch, krieche in die Höhle. Dort ist gerade genug Platz, daß ich mich behaglich ausstrecken kann. Der Boden ist nicht hart, fast »gepolstert«, mit einer dicken Schicht von Staub und Gestein, das in feinen Splittern von Wänden und Decke bröselt, von Erde und Blättern, die Wind und Regen hier hineingefegt haben. Ich lege mich auf die rechte Seite, kuschle mich zurecht, um auf dieser »Matratze« die gewohnte Kühle zu finden, schließe das Auge und versinke in die Ruhe und Gelassenheit, nach der ich mich so sehne.

Ich bin hier hinaufgeklettert zu diesem Versteck, aber nicht Angst hat mich getrieben. Ich weiß, dort, wo ich war, möchte ich nicht bleiben, aber nicht, weil mich jemand verfolgte, der mir etwas zuleide tun möchte. Auch jetzt, wo ich hier still und entspannt liege, die klare Luft atme und dem Rascheln der Blätter im Wind lausche, ist das Gefühl von Frieden nicht dadurch verursacht, daß ich mich an meinem Zufluchtsort sicher fühle, sondern weil ich mein Ziel erreicht, die Welt hinter mir gelassen habe. So zu liegen war meine Sehnsucht, auf einer Decke aus weicher Erde und altem Laub, in einer Höhle hinter Büschen versteckt, auf einer Anhöhe mit dem Blick auf das Tal von Jezreel; stillzuliegen, zu ruhen, alles zu vergessen, nicht zu denken, nur den weichen Grund zu spüren, das Wispern der Blätter zu hören, das von fern an mein Ohr dringt.

Gegen Sonnenuntergang am Samstagabend fuhr ich in die Klinik, überließ mich Ärzten und Schwestern, die mich für die Operation vorbereiteten. Alle waren sehr nett, machten mit mir, was sie wollten, und fragten hin und wieder, wie ich mich fühle.

Am Sonntagmorgen wurden noch etliche Tests gemacht, die zufriedenstellend ausfielen, und bevor ich in die Narkose versank, konnte ich gerade noch wahrnehmen, daß ich im Operationssaal war. Mittags wachte ich in meinem Zimmer auf, Rahel saß an meinem Bett und sagte: »Es ist alles gut, alles ist gut!« Ich hätte gern gefragt, ob man noch was in meinem Bauch gefunden habe, was auf dem Röntgenbild nicht zu sehen gewesen war, ließ es aber bleiben. Ich war viel zu benommen, um zu verstehen, was man mir gesagt hätte. Ich sah Schläuche aus meiner Nase und aus den Armen sprießen, mein Puls wurde von einem Kardiographen aufgezeichnet. Der Mund fühlte sich trocken an, doch durfte ich nur die Zunge befeuchten. Schon wieder im Begriff einzuschlafen, konnte ich Rahel gerade noch bitten, mich daran zu erinnern, daß ich ihr erzähle, was ich während der Narkose geträumt hatte. Ich brachte noch heraus: »Stell dir vor, ich träumte, ich wäre wieder in Nepal. In Katmandu...«

Als ich zum zweiten Male erwachte, war ich wieder voll und ganz da. Ich verspürte Schmerzen in der Magengegend, meine Stimme war ungemein heiser, um den Bauch hatte ich einen Verband, der von einem breiten Gürtel gehalten wurde. Ich wollte nun wissen, wie es um mich stand, ob die Geschwulst schon Metastasen produziert hatte. Dr. Goldman und Dr. Wolfstein versicherten mir, außer einem Teil des Dickdarms, das sie entfernt hatten, sei kein weiteres Organ befallen. Ob die Geschwulst nun bösartig sei oder nicht, müsse die Gewebsuntersuchung ergeben, das werde noch ein paar Tage dauern.

Dafür interessierte ich mich nicht weiter, ich war überzeugt, es handle sich um eine Krebsgeschwulst, und wie es aussah oder man es auf lateinisch nannte, war mir egal. Wir besprachen den Wortlaut eines kurzen Communiqués, das jetzt herausgegeben werden mußte, und ich beharrte darauf, daß es die reine Wahrheit enthalte – »ohne blaue Farbe und ohne Rouge«, wie wir auf hebräisch sagen.

Ich fühlte mich körperlich zwar matt, aber wohl. Meine Verdauungsorgane taten ihre Pflicht, daß der Dickdarm verkürzt war, focht sie nicht an. Als ich mich am folgenden Morgen rasiert hatte, erinnerte Rahel mich, daß ich ihr meinen Katmandu-Traum erzählen wollte. Ich berichtete ihr, daß ich, während ich darauf wartete, in den Operationssaal gerollt zu werden, über unsere Fernostreise nachgedacht hatte; ich selbst hatte mein Gespräch mit Ne Win in Birma als den Höhepunkt der Reise empfunden, doch in Nepal, wo ich zum erstenmal war, hatte sich eine Episode ereignet, die ich inzwischen ganz vergessen hatte, an die ich mich nun aber erinnerte.

Unser Botschafter in Katmandu gab einen Empfang für mich, zu dem auch ein junges jüdisches Ehepaar geladen war, beide Amerikaner. Er war Computerfachmann und im Auftrag der Weltbank in mehreren Entwicklungsländern tätig gewesen. Jetzt war er in Nepal. Seine Frau stammte aus Brooklyn. Sie gab den Diplomatengattinnen Joga-Unterricht und zog nebenher ihre beiden Töchter auf. Die junge Frau hatte zwei Jahre an der Hebräischen Universität in Jerusalem studiert und sprach Hebräisch. Wir unterhielten uns sehr angeregt miteinander, beide waren blitzgescheit und hatten Sinn für Humor, und doch klaffte zwischen uns ein Abgrund. Wir lebten in verschiedenen Welten.

Sie erzählten, vor der Geburt der Kinder hätten sie viel von der Welt gesehen, doch trotz ihrer jüdischen Herkunft, ihres Studiums an der Hebräischen Universität, ihrer kulturellen Interessen seien sie nun entschlossen, den Rest ihres Lebens in dieser abgeschiedenen Weltgegend zu verbringen. Das Glücksrad war eben in Katmandu zum Halten gekommen. Hier fühlten sie sich wirklich wohl. Sie verkehrten mit Europäern, die sich ebenfalls von ihrer Heimat losgesagt hatten. Die junge Frau erzählte, sie nehme Drogen, aber nur soviel, um immer wohlgestimmt zu sein. Auch hatten sie zu einheimischen Hindus und Buddhisten Verbindung, die in Pagoden meditierten oder auf lange Wallfahrten gingen. Von außen betrachtet führten sie ein kärgliches Dasein, und nach westlichen Maßstäben ist Katmandu wahrlich kein Kulturzentrum. Und doch, hier waren sie zufrieden. Diese jungen amerikanischen Juden sehnten sich nicht im mindesten nach ihrem Heimatland oder nach Europa; was aus Israel wurde, was wir für unsere Zukunft planten, war ihnen völlig gleichgültig, weder die Vergangenheit, das jüdische Erbe, noch die Gegenwart des jüdischen Staates bedeuteten ihnen etwas.

Nach dem Empfang sagten sie, wir sollten sie doch auf einen Ausflug in einen Teil der Stadt begleiten, dessen Besichtigung bestimmt nicht auf unserem Programm stehe, und wir willigten ein, obwohl dies bei unseren nepalesischen Leibwächtern Bedenken hervorrief. So fuhren wir denn an einen Fluß außerhalb der Stadt, der in den heiligen Ganges mündet. Auf den umliegenden Hügeln standen Pagoden, und zwischen ihnen und am Ufer wimmelte es von Hindupilgern und skelettartigen, fast nackten, wild behaarten Jogis. In den Nischen der Pagoden und an deren Wände gelehnt, hielten Männer und Frauen bettelnd ihre Reisschalen vor sich hin.

Während wir zwischen den Pagoden hindurchgingen, näherte sich ein Leichenzug dem Ufer. Angehörige einer Sekte trugen einen der Ihren zu Grabe. Sie wateten einige Schritte in den Fluß hinein, öffneten die Urne mit der Asche und streuten sie aufs Wasser. Ein Weilchen sah man sie noch auf der Oberfläche treiben, dann verschwand sie; die Strömung würde sie in den Ganges tragen.

Das junge Paar, das uns hergebracht hatte, war tief beeindruckt und konnte auf der Rückfahrt von nichts anderem reden. Es war in der Tat ein bewegender Anblick gewesen, doch konnte ich deshalb noch lange nicht verstehen, weshalb diese beiden jungen Juden glaubten, hier den idealen Ort für ihr künftiges Leben gefunden zu haben. Vielleicht war ich nicht in der Lage zu begreifen, was ich dort sah. Schließlich gab es Leute, die sich ganz dem religiösen Glauben der ortsansässigen Bevölkerung verschrieben, und selbst wenn sie nicht zum Islam übertraten oder Hindus wurden, fühlten sie sich in der Atmosphäre dort wohler als im Westen.

Ich erwähnte die Angelegenheit diesen beiden gegenüber nicht mehr, war doch sehr bekümmert. Ich bedankte mich dafür, daß sie sich unseretwegen solche Umstände gemacht hatten, und nahm an, ich würde den Vorfall innerhalb kürzester Zeit vergessen. Aber dem war offenbar nicht so, denn während der Narkose fand ich mich wieder in Katmandu, und zwar schwebte ich über dem Fluß und stieg unaufhaltsam zum Himmel auf. Ich war nicht zu Asche geworden, aber auch kein körperhaftes Wesen mehr. Noch im Erwachen sah ich die Welt unter mir immer kleiner werden, während ich immer höher aufstieg, und endlich verschwand sie ganz unter mir. In diesem Moment hörte ich irgendwie auf zu existieren, wurde Teil der Luft um mich her. Ein merkwürdiger Traum.

Nach einigen Tagen konnte ich bereits meine engsten Mitarbeiter um mein Bett versammeln, und eine Woche nach der Operation verließ ich die Klinik. Schließlich waren meine Gliedmaßen nicht beeinträchtigt, der Magen war zugenäht, warum also im Krankenhaus liegen, wenn ich statt dessen zu Hause umhergehen, mich langsam wieder an den Alltag gewöhnen konnte? Außerdem fand Samstagabend zwischen einer israelischen Amateurauswahl und einer professionellen amerikanischen Mannschaft ein aufregendes Korbballspiel statt. Selbstverständlich würden die Amerikaner gewinnen, aber das bedeutete nicht, daß ich nicht wie üblich unseren Spielern vor Beginn die Hand drückte. Der Kardiologe, Dr. Kischon, war nicht sehr begeistert, er meinte, ich müsse Treppen steigen und würde mich aufregen, das könne mir schaden. Ich versicherte ihm, ich wolle die Treppen Stufe um Stufe nehmen, und im übrigen sei nicht ich es, der sich heiser schreie bei einem solchen Spiel, das tue Rahel. Wenn unser bester Spieler, Micky Berkowitz, einen schier unmöglich scheinenden Wurf in den Korb plazierte, rief Rahel aus Leibeskräften Bravo.

In den folgenden Tagen verblichen die Eindrücke meiner Fernostreise, im Meer der Erinnerungen blieben nur einige Inseln scharf umrissen stehen: Dazu gehörte der Besuch der Shveh-Dagon-Pagode in Birma. Auf einer Rundfahrt durch Rangun besichtigten wir selbstverständlich diese Pagode, die herrlichste, eindrucksvollste, die ich je sah. In ihrer Größe, Pracht und Schönheit ist sie wohl unübertroffen. Außen ist sie mit Gold plattiert, die Kuppel mit Edelsteinen besetzt. Auch die Hallen im Inneren, in denen zahlreiche Buddhastatuen stehen, sind mit Gold, Silber und Edelsteinen geschmückt.

Am meisten beeindruckte Rahel und mich jedoch jene Halle, welche die Gaben enthält, die man Buddha dargebracht hat. Pilger, die große Entfernungen zurücklegten, so hörten wir, brachten wertvolle Geschenke, und tatsächlich sah man überall die herrlichsten Dinge aufgestellt, Figuren und Gefäße aus Gold, Silber und Elfenbein, Brokate und kunstvolle Stickereien, alles sehr wertvoll. Doch uns fiel besonders eine Puppe auf, die allein auf einem Wandbrett stand, um den Hals eine Kette, gekleidet in ein besticktes Gewand, aber die Puppe als solche ein ganz billiges Ding, wie man es bei jedem Händler für wenig Geld bekommt. Der uns begleitende Mönch sah, daß wir erstaunt davor stehenblieben und erklärte, ein kleines Mädchen habe diese Puppe gebracht und gesagt, dies sei sein kostbarster Besitz. Es liebe diese Puppe über alles und deshalb wolle es sie Buddha schenken.

Am wichtigsten in Birma war für mich das Zusammentreffen mit Ne Win. Wir sprachen hauptsächlich über Chinas Reaktion auf die Invasion Kambodschas durch Vietnam und über die birmesische Innenpolitik. Dem Reisenden fällt sogleich der Unterschied zwischen Birma und benachbarten Ländern wie Thailand, Singapur oder den Philippinen auf; in Birma trifft man wenige Fremde. Der Lebensstandard ist niedrig, westliche Einflüsse kaum vorhanden. Ne Win erläuterte sehr offen seine politische Linie. Die Regierung ermutige weder den Tourismus noch ausländische Investoren, im Gegenteil, man gebe sich alle Mühe, beide fernzuhalten. Besuchervisa wurden nur selten erteilt, und die auch nur für sieben Tage. Ne Win kannte sehr wohl die wirtschaftlichen Vorteile des Tourismus, doch sagte er: »Stellen Sie sich vor, wie dadurch der Charakter unseres Landes und seiner Bewohner verändert würden. Nachtclubs und Luxusrestaurants würden aus dem Boden schießen, die jungen Leute würden sich, um schnell zu Geld zu kommen, ganz auf die Touristen einstellen, Bauern ihre Dörfer verlassen und in die Städte strömen, die Straßen überquellen von amerikanischen Automobilen, statt unserer traditionellen Kleidung würde alle Welt Jeans und grelle Hemden tragen. Birma würde aufhören, Birma zu sein.« Und solange er, Ne Win, noch etwas zu sagen habe, wolle er Charakter und Unabhängigkeit Birmas nach

Kräften bewahren. Die Birmesen könnten sich selber ernähren, es gebe genügend Wasser und kultivierbares Land, man könne Reis anbauen, Rinder züchten, Fische fangen, das sehr begehrte Teakholz exportieren. Tausende von Elefanten arbeiteten in den Teakwäldern, transportierten die Stämme zu den Flüssen, von wo sie in die Häfen gelangten. Das, so schloß Ne Win, sei Birma und er wolle keine Fremden im Lande dulden, keine Touristen, keine Investoren, keine »Entwicklung«, wenn die bedeute, daß Birma zum Satelliten des Westens werde, seine Tradition, seine politische, wirtschaftliche und kulturelle Eigenständigkeit verlöre.

Zum Abschied sah er mich fest an, schüttelte mir die Hand und sagte: »Mein lieber General Dajan, ich habe mein Leben lang davon geträumt, daß Birma unabhängig werden soll. Jetzt sind wir es, und ich lasse nicht zu, daß wir diese Unabhängigkeit verlieren. Schon gar nicht für leicht gewonnenes Geld.« Ich war nicht an seiner Stelle, hatte also nicht darüber zu urteilen, ob er mit seiner Haltung im Recht war. Aber seine Worte machten tiefen Eindruck auf mich. Schließlich kam ich aus Israel, und wer weiß besser als ich, was aus unserem Lande geworden ist, seit die ersten Siedler den Kibbuz Deganiah am See Genezareth gründeten, wo ich geboren bin, und seit dem Entstehen der genossenschaftlichen Siedlung Nahalal im Tale Jezreel, wo ich aufwuchs?

Sonntag, den 15. Juli, genau drei Wochen nach der Operation, war ich wieder voll arbeitsfähig. Ich fuhr morgens zur Kabinettssitzung nach Jerusalem, schüttelte meinen Kollegen die Hand, als käme ich soeben von einer Auslandsreise zurück, und berichtete in großen Zügen über die außenpolitische Entwicklung. Anschließend ging ich in mein Büro, wo mich wie üblich eine Menge Arbeit erwartete, nahm ebenfalls wie üblich, ein leichtes Mittagessen zu mir und fuhr abends heim nach Zahala.

In bezug auf meine Gesundheit gab es drei Probleme. Mein Körper war von dem Eingriff geschwächt, und die Ärzte überlegten, ob sie mit Injektionen und Tabletten nachhelfen oder ihn sich selber überlassen sollten. Sie entschieden sich für letzteres, was mir sehr recht war, denn ich schätze Rahels Kochkünste mehr als Spritzen, und an Tabletten habe ich nie geglaubt.

Zweiter Punkt war meine Heiserkeit. Dr. Rubinstein kannte meine Probleme mit Kehle und Stimmbändern, die infolge des schon erwähnten Mißgeschicks bei einer Ausgrabung gelitten hatten und nun durch die Einführung einer Plastikröhre während der Operation wiederum überbeansprucht waren. Er meinte, wie schon beim erstenmal werde sich meine Stimme nach einigen Monaten normalisieren.

Dritter Punkt, und darüber schienen die Ärzte am meisten besorgt, war mein Blut. Man erklärte mir, jede Krebsgeschwulst sondere bestimmte Stoffe ins Blut ab, nach der Operation müßten diese jedoch verschwinden. Ich verstand keineswegs alles, was man mir sagte, nur das wichtigste: »Das Blut ist sauber«, hieß es nach der letzten Untersuchung.

Nachdem ich aus der Klink entlassen war, kam Dr. Wolfstein noch einige Male zu mir nach Hause, untersuchte meinen Bauch, maß den Blutdruck, zog die letzten Fäden. Dann kam er nicht mehr, zeigte sich uninteressiert. Als ich ihn fragte, weshalb, meinte er nur: »Ich behandle Kranke, nicht Gesunde.«

24.
Rücktritt

Im Oktober 1979 erklärte ich dem Ministerpräsidenten meinen Rücktritt. Begin sagte zwar, das tue ihm leid, ich glaube aber, er atmete auf. Nachdem die Verhandlungen über den Friedensvertrag beendet und dieser unterzeichnet war, wäre es uns wohl nicht möglich gewesen, weiter so zusammenzuarbeiten wie bisher. Das wußten wir beide. Außerdem war ich es leid, von meinen Kollegen im Kabinett unentwegt beschuldigt zu werden, meine Befugnisse zu überschreiten und zu sehr zu Kompromissen mit Amerikanern und Ägyptern zu neigen. Begin zog auch wieder die Zügel an und wollte alles im voraus wissen, was ich etwa an Vorschlägen oder Ideen vorzubringen hätte.

Da der Beginn der Autonomieverhandlungen vor der Tür stand, dürfte ihn mein Rücktritt besonders erleichtert haben, denn hier hatten wir grundverschiedene Ansichten. Wir gingen auf Distanz zueinander, und Begin zog mich immer weniger zu Rate. Er gab sich jetzt den Anschein intellektueller Überlegenheit und schien keinen Moment daran zu zweifeln, daß es unserer Außenpolitik nur guttun könnte, wenn er immer häufiger selber eingriff. Ich hielt von seiner Befähigung nicht so viel, aber schließlich war er der Ministerpräsident, er trug die Verantwortung für die Regierungspolitik, folglich hatte er das Recht zu entscheiden, wie diese aussehen sollte.

Auch ohne die Autonomieverhandlungen hätten wir uns wohl getrennt, doch diese schufen einen unüberwindlichen Gegensatz. Unsere Meinungen darüber, was mit den arabischen Bewohnern von Judäa, Samaria und dem Gazastreifen zu geschehen habe, gingen allzuweit auseinander. Begin und seine Partei wollten diese Gebiete der Oberhoheit Israels unterstellen, wobei ich allerdings nicht glaube, daß sie genaue Vorstellungen davon hatten, welchen Status die arabischen Bewohner dann erhalten sollten. Begins Reden konnte ich nur entnehmen, daß er an eine Autonomie innerhalb des israelischen Staates dachte.

Ich hingegen fand, man könne diesen Arabern unsere Oberhoheit nicht gegen ihren Willen aufzwingen. Im übrigen bestand ja auch die Gefahr, daß Israel seinen spezifisch jüdischen Charakter verlieren würde, falls viele oder sogar alle diese Araber israelische Staatsbürger werden wollten.

Meiner Ansicht nach mußte ein Modus vivendi zwischen uns und diesen Arabern gefunden werden, der einerseits unsere vitalen Interessen berücksichtigte, zugleich aber den Arabern die Möglichkeit beließ, so zu leben, wie sie es wünschten. Wir müßten dafür sorgen, daß westlich des Jordan kein palästinensischer Staat entstand, daß wir auf der West Bank Truppen und militärische Einrichtungen unterhalten und auch zivile Siedlungen errichten durften, vorausgesetzt, letzteres geschah nicht auf Kosten der Araber. Siedlungen sollten nur auf unkultiviertem, in Staatseigentum befindlichem Land errichtet werden oder auf Land, das wir den Arabern abkauften.

An einen »territorialen Kompromiß« – die Teilung des Westjordanlandes zwischen Jordanien und uns – glaubte ich nicht, im Gegenteil, ich meinte, das Gebiet zwischen Israel und dem Jordan solle gemeinsam von Juden und Arabern bewohnt werden. Die jüdischen Siedlungen sollten der israelischen Regierung unterstehen, die Araber mochten entscheiden, ob sie Bürger Jordaniens oder Israels sein oder ihre eigene Verwaltung haben wollten. Im Moment kam es mir so vor, als wünschten sie von allen drei Möglichkeiten zu profitieren. Auf bestimmten Gebieten, etwa in der Landwirtschaft und im Gesundheitsdienst, würden sie sich vermutlich an Israel halten wollen, denn das brachte ihnen mehr Vorteile als eine Verbindung zu Jordanien. Auf anderen Gebieten wünschten sie sich wohl unabhängige Einrichtungen und überdies eine gewisse Bindung an Jordanien.

Die israelischen Siedlungen dort erschienen mir aus zwei Gründen besonders wichtig: Judäa und Samaria gehörten historisch gesehen zu unserer Heimat, und nichts durfte geschehen, was Juden dort zu Landfremden machte. Auch wenn Israel sein Hoheitsgebiet nicht um Judäa und Samaria erweiterte, mußte verhindert werden, daß diese Teile unter fremde Oberherrschaft kamen. Ferner war die Besiedlung dieser Gebiete durch Juden für die Sicherheit Israels unabdingbar. Die Frühwarnsysteme und andere militärische Einrichtungen waren ebenso unverzichtbar wie die Stationierung von Truppen, deren Aufgabe einzig darin bestehen mußte, den angrenzenden schmalen, aber dichtbesiedelten Streifen unseres Landes zu schützen, der ans Mittelmeer stößt. Unsere Truppen sollten nicht in den arabischen Wohngebieten der West Bank stationiert werden, sie wären in großen jüdischen Siedlungen im Jordantal, in der Region Etzion südlich von Jerusalem und den Bergen von Samaria viel besser am Platz; auch würden sie dort nicht wie fremde Eroberer wirken, sondern ihre Schutzfunktion würde deutlich sichtbar sein.

Möglich, daß Israel und die Araber im Laufe der Zeit zu einem anders gearteten Arrangement kamen, doch wie immer das aussehen mochte, es setzte ein gegenseitiges Einvernehmen voraus. Bis dahin sollte das Westjordanland weder in einen Palästinenserstaat verwandelt, noch israelischer Oberhoheit unterstellt werden. Dies war zumindest meine Ansicht.

Als unsere Regierung den ersten Entwurf für ein Autonomiestatut diskutierte, war man der Meinung, die Frage der Souveränität solle ausgeklammert werden. Der betreffende Abschnitt lautete: »Israel beharrt auf seinem Recht, die Souveränität über Judäa, Samaria und den Gazastreifen auszuüben, doch angesichts der Tatsache, daß andere Ansprüche erhoben werden, wird im Interesse einer friedlichen Einigung vorgeschlagen, die Souveränität über diese Gebiete jetzt nicht zu erörtern.«

Nach Unterzeichnung des Abkommens von Camp David und des Friedensvertrages mit Ägypten mit der Auflage, demnächst mit den Autonomieverhandlungen zu beginnen, änderte die Regierung ihren Standpunkt. Der Ministerpräsident wünschte den obigen Wortlaut durch einen anderen zu ersetzen, der folgendermaßen lautete: »Nach Ablauf der fünfjährigen Übergangszeit wird Israel auch weiterhin seinen Anspruch auf die Souveränität über israelisches Territorium – Judäa, Samaria und den Gazastreifen – aufrechterhalten.« Die Frage der Souveränität sollte also nicht mehr offen bleiben. Um die ganze Bedeutung dieser Änderung zu erkennen, muß man auch den vorhergehenden Satz lesen, in dem es heißt, Israel werde der Gründung eines Palästinenserstaates nicht zustimmen. Das hieß, klar ausgedrückt, die Araber sollten nicht auf einen palästinensischen Staat hoffen, diesen würden wir nicht zulassen, und überdies sollten sie schon jetzt wissen, daß es unsere Absicht war, die Oberhoheit über das gesamte Westjordangebiet auszuüben.

Auch ich war grundsätzlich gegen das Entstehen eines Palästinenserstaates, doch meinte ich, man könne sehr wohl Gespräche mit den palästinensischen Arabern führen, wenn man ihnen nicht nur dies sagte, sondern ihnen auch versicherte, wir gedächten dieses Gebiet nicht ohne ihre Einwilligung zu annektieren. Als das Kabinett darüber abstimmte, wurde ich ebenso überstimmt wie in der Frage, ob im Interesse des Staates Land aus arabischem Privatbesitz enteignet werden dürfe. Beide Male setzte der Ministerpräsident sich durch.

Weil ich in so wichtigen Fragen anderer Meinung war, fand ich, daß ich nicht länger der Regierung angehören könne. Während der Autonomieverhandlungen und bei den Vorschlägen der Regierung für eine dauerhafte Regelung, mußten diese Gegensätze immer wieder aufbrechen. Mir war auch klar, daß die Palästinenser offiziell keine Delegierten zu solchen Verhandlungen schicken würden, deshalb meinte ich, man müsse inoffiziell mit ihnen reden – sowohl mit den Gemäßigten wie mit den Extremisten –, müsse ihre Ansichten hören, nach Möglichkeiten der Übereinstimmung suchen und, sobald sich solche fanden, unsere politische Linie und unser Vorgehen darauf einstellen. Kam es zu keiner Übereinkunft, wäre ich willens gewesen, unsere Militärregierungen in den von uns verwalteten Gebieten aufzulösen und durch unsere Ministerien Kontakt zu den Arabern zu halten, etwa durch das Gesundheits-, Landwirtschafts- oder das Justizministerium. Jedenfalls hatte ich geglaubt, wir hätten mit unserem ersten Vorschlag für die Autonomie einen Weg betreten, auf dem es keine Umkehr gab.

In meinem letzten Amtsjahr als Außenminister hatte ich zahlreiche prominente Araber in Judäa, Samaria und im Gazastreifen kennengelernt, die unterschiedliche politische Richtungen vertraten. Darunter waren Gemäßigte wie Aziz Shahada aus Ramallah; Elias Frej, der christliche Bürgermeister von Bethlehem; Dr. Hatem Abu Gazala aus Gaza und Extremisten wie Dr. Ahmed Hamze el-Natshe aus Hebron oder Dr. Haidar Abdul Shafi aus Gaza. Anwar el-Hatib und Hikmat el-Masri waren für den Anschluß an Jordanien; Fahd Kawasme, der Bürgermeister von Hebron, hingegen wollte von den Haschemiten nichts wissen. Diese und andere, mit denen ich sprach, spiegelten das gesamte Spektrum der Meinungen wider, die unter den arabischen Bewohnern der verwalteten Gebiete verbreitet waren, und keiner von ihnen machte aus seinem Herzen eine Mördergrube. Übrigens lehnte es auch keiner ab, mit mir zu sprechen.

Diese Gespräche ermutigten mich, denn selbst mit den entschiedensten Extremisten fand ich irgendwie eine gemeinsame Ausgangsbasis für einen Dialog, und irgendwann hoffte ich, auch mit ihnen zu einer Übereinkunft gelangen zu können, zumindest für eine Übergangszeit, die der in Camp David festgelegten entsprach und die auch ich für angemessen hielt.

Meine Zuversicht hätte wohl jeden überrascht, der ein Protokoll (wenn es das gäbe) solcher Gespräche gelesen und die Aussagen der Araber für bare Münze genommen hätte. Schließlich sagte jeder einzelne, er sei für einen Palästinenserstaat. Als Führung erkannten sie nur die PLO an, unsere Siedlungen sollten verschwinden – zumindest einer arabischen Regierung unterstellt werden, sei das nun eine palästinensische oder eine jordanische. Und unsere Truppen müßten selbstverständlich wieder auf die Grenzen von 1967 zurückgehen. Diese Ansichten äußerten Männer der Linken ebenso wie die der Rechten, Pro- und Anti-Jordanier, und es überraschte mich keinen Augenblick. Denn das waren ihre Ziele. Nur – man mußte unterscheiden zwischen dem, was sie sich wünschten und dem, womit sie sich unter bestimmten Gegebenheiten abfinden würden.

Aufschlußreich fand ich ihre Haltung zur PLO. Am unnachgiebigsten drängten die Gemäßigten darauf, daß jede Regelung zwischen uns der Zustimmung der PLO bedürfe; dies waren meist die Häupter vornehmer Familien, vermögende Leute, die Söhne und Brüder in Jordanien hatten, im Libanon, in den Golfstaaten, in Europa. Ihre Motive waren nicht ideologischer Art, sie fürchteten sich vielmehr vor Racheakten der Terroristen. Sie gaben unter vier Augen zu, daß sie ihr Leben und das ihrer Familien nicht aufs Spiel setzen wollten. Hatten nicht vierzehn arabische Staaten auf der Konferenz von Rabat die PLO als einzige Vertreterin der Palästinenser anerkannt? Hatte das nicht sogar König Hussein tun müssen? Und da sollten ausgerechnet sie sich anders verhalten? Von den Extremisten gingen einige noch weiter. Sie verlangten, daß wir unsere Gespräche im Gebäude der Militärregierung abhielten, so konnten sie gegenüber der PLO behaupten, sie seien vom Militärgouverneur hinbefohlen worden.

Es liegt mir fern, die von der PLO ausgehenden Drohungen zu bagatellisieren. Allerdings wurden sie nicht immer ausgeführt. Die PLO hatte zum Beispiel die arabischen Bewohner der besetzten Gebiete angewiesen, keine eigenen Bürgermeister zu wählen, sondern die örtliche Verwaltung den israelischen Militärbehörden zu überlassen – damit alle Welt sähe, es handelte sich um eine Besatzungsmacht. Die Araber aber wählten trotzdem ihre eigenen Bürgermeister. Die PLO war auch dagegen, daß Araber aus diesen Gebieten in Israel Arbeit annahmen, und das nicht nur mit Worten. Terroristen schossen mehr als einmal auf Busse mit arabischen Arbeitern. Doch führte der Terror nicht zum gewünschten Ziel, und diese Überfälle hörten allmählich auf.

Es kam also darauf an, was die arabischen Einwohner der West Bank wollten und darauf, was Israel tun würde. In den großen Städten – in Nablus, Hebron, Jenin und Gaza – wollten die Araber ihre eigenen Führer wählen und sich weder von Jassir Arafat noch von George Habasch regieren lassen. Sie wollten zwar auch keine Delegierten zu den Autonomiegesprächen entsenden, doch die von ihnen gewählten Bürgermeister würden gewiß gemeinsame Beratungen abhalten und auch bereit sein, praktische Fragen mit uns zu erörtern.

Zeit und Ereignisse waren nicht spurlos vorübergegangen. Prominente Araber, mit denen ich vor Unterzeichnung des Friedensvertrages gesprochen hatte, wollten damals nicht glauben, daß Sadat mit Israel Frieden schließen würde, ohne daß zuvor zwischen uns und den Palästinensern eine Vereinbarung getroffen worden war; sie waren auch davon überzeugt, die Vereinigten Staaten und Ägypten würden durchsetzen, daß wir zuvor auf die Grenzen von vor dem Mai 1967 zurückgingen, uns damit einverstanden erklärten, daß ägyptische Truppen während der fünfjährigen Übergangszeit im Gazastreifen, jordanische in Judäa und Samaria stationiert würden. Alle ihre Hoffnungen wurden zunichte – Ägypten schloß Frieden, mit den Palästinensern gab es kein Abkommen, und in den von uns verwalteten Gebieten tauchten weder ägyptische noch jordanische Streitkräfte auf. Sie sahen, daß die Geschichte sie überging, und änderten ihre Haltung. Blieben ihre Wünsche auch künftig unerfüllt, würden sie sich mit dem begnügen, was ihnen noch zumutbar erschien.

Und daraus würde sich, wie ich meinte, ein Modus vivendi auch mit den palästinensischen Arabern ergeben. Auch wenn sie sich weigerten, an Autonomieverhandlungen teilzunehmen, konnte Israel selbst doch Veränderungen herbeiführen, etwa die Militärregierungen auflösen. Die Araber würden sich irgendwie damit abfinden, daß Israel weiterhin in Gaza, in Judäa und Samaria Siedlungen und Streitkräfte unterhielt.

Bei meinen Gesprächen mit Arabern ergab sich auch, daß ihre Haltung zu Jordanien von zwei Gesichtspunkten bestimmt wurde. Grundsätzlich verlangten sie die Errichtung eines Palästinenserstaates, doch was ihre Verbindung zu Jordanien anging, so sahen sie die Realitäten sehr deutlich. Sie betonten ausnahmslos, daß diese Verbindungen unbedingt erhalten bleiben müßten, aber nicht Husseins wegen. Die prominenten Linken hatten für die Monarchie im allgemeinen nichts übrig und für Hussein im besonderen schon gar nicht. Und selbst die Rechten, die sich eine offene Kritik an Hussein versagten, meinten doch, das Regime in Jordanien müsse demokratisch werden. Auch sie hielten die Verbindung zwischen Jordanien und der West Bank für lebenswichtig, denn die Bewohner und ihre Wirtschaftsweise unterschieden sich in nichts voneinander, kaum eine Familie in Gaza, Judäa oder Samaria, seien es nun arme oder vermögende Leute, hatte keine Verwandten in Jordanien. Und Jordanien war der Hauptabnehmer ihrer Erzeugnisse: Ziegelsteine, Olivenöl, Seife oder Trauben. Es war außerdem die Brücke zu den weiteren arabischen Ländern – Irak, Saudi-Arabien, Syrien, Libanon.

Auf meine Frage, wie sie sich denn verfassungsrechtlich eine Bindung an das Königreich Jordanien dächten, sprachen sie von einer Föderation oder möglicherweise unmittelbaren Beziehungen zwischen Jordanien und einzelnen Bezirken der von uns verwalteten Gebiete. So etwa könnten die Bezirke Jerusalem, Gaza, Nablus und die Bergregion Hebron jeweils ihre eigenen Beziehungen zu Jordanien unterhalten. Das stand bereits in deutlichem Gegensatz zu dem Konzept eines Palästinenserstaates. Die Verbindung zu Jordanien, dies schien mir erwiesen, war für ihre Zukunft unerläßlich, war lebendige Wirklichkeit, der Palästinenserstaat hingegen mehr ein Schlachtruf, wenngleich sich darin auch ein Herzenswunsch ausdrückte. Doch dieser Wunsch entsprang, recht betrachtet, mehr der Unzufriedenheit mit den bestehenden Zuständen, reflektierte weniger die kühle Planung eines unabhängigen Nationalstaates.

Ermutigend empfand ich in meinen Gesprächen mit den Arabern, daß sie deutlich spüren ließen, wie wichtig ihnen war, ihre Verbindungen zu Israel nicht abreißen zu lassen, und welches Grauen ihnen der Gedanke an einen neuen israelisch-arabischen Krieg verursachte. Keiner wünschte sich die geschlossenen Grenzen von 1967 zurück, den Stacheldraht und die Minenfelder; sie wollten auch weiterhin die Vorteile genießen, die ihnen der ungehinderte Zugang nach Israel bot. Und niemand wünschte eine neuerliche Teilung Jerusalems, wo Araber und Juden sich jetzt frei bewegen konnten. Insbesondere die Bewohner des Gazastreifens befürworteten die Offenhaltung der Grenze, denn es gab dort nicht genug Arbeit, und viele, die dann in Israel nicht mehr ihr Brot verdienen oder ihre Erzeugnisse absetzen könnten, wären wie vor 1967 auf die Mildtätigkeit der Palästinenserhilfsorganisation der UN angewiesen. Überdies bedeutete die offene Grenze für Araber aus Gaza, daß sie ungehindert israelisches Territorium auf dem Weg nach Jerusalem, Hebron, Nablus und Jordanien durchqueren konnten, während sie andernfalls im Gazastreifen isoliert gewesen wären. Gelegentlich war die Rede von einem Korridor von Gaza nach Jordanien, doch hatten die Araber unterdessen selber gemerkt, daß dies zum einen nicht sehr praktisch, zum anderen aber auch gar nicht so wünschenswert war.

Bei meinen Gesprächen bekam ich jedenfalls von den Arabern unmißverständlich zu hören, daß sie die bestehenden Differenzen auf dem Wege politischer Gespräche beizulegen wünschten und nicht durch Krieg. Das war bereits während des Jom-Kippur-Krieges deutlich geworden; damals enthielten sie sich nämlich peinlich aller Aktionen gegen uns, und zwar auch in den allerersten Tagen, als viele – übrigens auch im Ausland – glaubten, wir gingen einer Niederlage, Ägypten und Syrien endlich dem Sieg entgegen. Noch erinnerten sie sich nämlich sehr wohl der Ereignisse von 1948, als die arabischen Invasionsheere anfangs siegreich vordrangen, und sie wußten nur allzu gut, daß alles zerstört werden und sie als Flüchtlinge umherirren würden, falls die Kriegshandlungen die eigenen Wohngebiete erreichten. In allen Kriegen, die von den arabischen Ländern gegen Israel entfesselt worden waren, hatten gerade diese Menschen nichts gewonnen, aber immer viel verloren. Syrien hatte die Golanhöhen nicht zurückerobert, Ägypten nicht den Sinai, den es 1967 verlor; und als sie es 1973 mit dem Überraschungsangriff an Jom Kippur versuchten, endete es damit, daß die Israelis am Ende näher vor Damaskus und Kairo standen, als je zuvor.

Ich erkannte, daß den Arabern genau bewußt war, wie es sich

mit diesen Dingen verhielt. Es war ihnen klar, daß wir weder Beerscheba aufgeben würden noch die Gruppe von Siedlungen bei Etzion in den Bergen von Judäa, weder Ramot Eschkol, unsere Vorstadt von Ostjerusalem, noch die Siedlungen im Jordantal. Sie wußten sehr gut, daß das Zusammenleben zwischen ihnen und uns nicht auf Tel Aviv und Haifa beschränkt sein würde, sondern auch in Kirjat Arba und Ma'aleh in Judäa stattfinden müßte. Sie kannten auch die Konsequenzen, wenn man darauf verzichtete, die eigenen Forderungen durch einen Krieg durchzusetzen. Das hieß nämlich, sich für Verhandlungen entscheiden. Derzeit verfügten die arabischen Bewohner der von uns verwalteten Gebiete nicht über eine eigene Führungsschicht, auch nicht über die Kraft und die Fähigkeit, sich von der PLO freizumachen. Deshalb war es an Israel, die geeigneten Maßnahmen zu ergreifen. Man mußte ein Regime einführen, das für die Araber annehmbar war, das sie sich im Vergleich zu uns nicht als Menschen zweiter Klasse fühlen und ihnen Spielraum für eine selbstgewählte Lebensweise ließ.

Nach Unterzeichnung und Inkraftsetzung des israelisch-ägyptischen Friedensvertrages und nach Aufnahme der Autonomieverhandlungen fand ich Gelegenheit, mit zwei prominenten extremistischen Arabern zu sprechen, mit Dr. Natshe und Dr. Haidar Shafi. Man wird sich erinnern, daß ich mit Haidar, der auf seiten der PLO stand, vor meiner Operation noch wegen der Studenten aus Gaza gesprochen hatte, und auch, daß ich ihn als Verteidigungsminister eine Weile aus Gaza ins Exil geschickt, ihm dann aber nach zweieinhalb Monaten die Rückkehr erlaubt hatte. Übrigens war das nicht seine erste Verbannung. Im Jahre zuvor, 1969, hatte ich ihn auf den Sinai in das Beduinenlager Nahal verbannt. Damals wollte ich die Stromversorgung von Gaza verbessern, indem ich es an die israelische Stromversorgung anschließen ließ. Die Ägypter, die bis 1967 in Gaza die Herrschaft ausübten, hatten nur etliche altmodische und ziemlich unbrauchbare Generatoren hinterlassen, die zu wenig und zu schwachen Strom erzeugten und überdies häufig ganz ausfielen. Haidar protestierte lautstark gegen mein Vorhaben, und zwar nicht etwa, weil das für die Araber in Gaza keine Verbesserung bedeutet hätte, dies bestritt er keinen Moment, nur war es eben eine politische Maßnahme, darauf angelegt, den Arabern die israelische Besetzung schmackhaft zu machen. Da ich ihn in mehreren Gesprächen nicht umstimmen konnte und befürchten mußte, daß andere sich durch seine Brandreden zu Sabotageakten aufgefordert fühlen könnten, wurde er in die Verbannung geschickt. Nachdem die alten Generatoren durch neue ersetzt waren, und die Stromversorgung ein Vierteljahr funktionierte, ließ ich ihn zurückkommen, denn ich glaubte, er werde seine Freunde jetzt nicht mehr zu Aktionen auffordern, wären deren Opfer doch allein die Araber von Gaza gewesen. Denn nicht nur das Licht wäre ausgegangen, sondern auch die elektrischen Pumpen, von denen die Bewässerung der Gemüse- und Obstplantagen abhing, wären ausgefallen. Nun, ich hatte recht; Haidar änderte zwar nicht seine Meinung, doch er fand sich damit ab, daß seine Landsleute israelischen Strom benutzten.

Ich bewunderte ihn dafür, daß er bei Gesprächen mit mir und Angehörigen unserer Verwaltung niemals einen Hehl aus seiner Meinung machte. Er hielt auch dann nicht den Mund, wenn er mit Bestrafung rechnen mußte. Es mag sein, daß er Verbindung zu Terrororganisationen hatte, aber nachweisen konnten wir ihm das nie, und ich neigte daher zu der Annahme, daß er sich darauf beschränkte, unüberhörbar seine Überzeugung zum Ausdruck zu bringen.

So war denn auch das Gespräch, das ich jetzt, nach Unterzeichnung des Friedensvertrages mit ihm führte, wiederum ergiebig. Seine Meinung war insofern unverändert, als er unsere Verwaltung durch eine unabhängige palästinensische ersetzt sehen wollte. Doch so, wie er sich ehedem mit der Strombelieferung abgefunden hatte, erkannte er auch die derzeitigen Realitäten an. Sollte es zur Gründung eines Palästinenserstaates kommen, sagte er, so sei er für durchlässige Grenzen. Im Gazastreifen liege die ärztliche Versorgung unterdessen in Händen der Araber, erzählte er, doch die scheuten sich keineswegs, in unklaren Fällen den Rat ihrer israelischen Kollegen einzuholen, und zwar aus freien Stücken. Das finde er auch durchaus in Ordnung. »Warum soll der Patient unnötig leiden, bloß weil eine spezielle Behandlung, die er braucht, in Gaza nicht vorgenommen werden kann?«

»Ganz richtig«, entgegnete ich. »Wie mit dem Strom. Wenn man bloß ausgediente Generatoren hat, warum dann nicht von uns einen besseren Service akzeptieren?«

»In Nahal war es gar nicht so übel«, schmunzelte er.

Ich sah ihn seit Jahren zum erstenmal und fand ihn eigentlich unverändert. Sein Haar war zwar schütter geworden, aber das dunkelhäutige Gesicht immer noch fast faltenlos. Sein Lächeln war unverändert liebenswürdig. Ein armenisches Sprichwort sagt: »Behandle einen Feind gut, denn bedenke, du hast ihn zu deinem Feind gemacht.« Was Haidar Shafi von mir hielt, wußte ich nicht, doch gelegentlich – und dies war eine solche Gelegenheit – spürte ich deutlich, daß der Keil, der zwei Parteien auseinandertreibt, auch als Brücke dienen kann.

Dr. Natshe kannte ich überhaupt nicht; General Danny Matt, der Oberkommandierende der Militärverwaltung, hatte mich auf ihn aufmerksam gemacht. Natshe habe in den Distrikten Hebron und Bethlehem erheblichen politischen Einfluß, und ich müsse den Mann unbedingt einmal kennenlernen. Er gelte viel in Kreisen der Intellektuellen, und als Oberhaupt einer Familie von den Ausmaßen eines Stammes – es gab so gegen fünftausend Verwandte! – genieße er besonders in Hebron äußerst großes Ansehen. Sollten jemals Bürgermeisterwahlen stattfinden, werde er wohl gewählt werden, wenn er sich nominieren lasse.

Natshe war seit langem leitender Funktionär der palästinensischen kommunistischen Organisation im Westjordanland und gehörte der pro-sowjetischen Richtung an. 1967 wurde er unter der Regierung Rabin wegen subversiver Betätigung gegen die Militärverwaltung des Landes verwiesen. Im Exil ernannte ihn die PLO dann zum Mitglied des Palästinensischen Nationalrates.

In Auftreten und Aussehen war er kein Araber; er war hellhäutig, hatte ein fleischiges Gesicht, trug europäische Kleidung und redete starr dogmatisch wie ein eingefleischter Kommunist. Er hatte in Frankreich Medizin studiert, dort eine Französin geheiratet, war mehrere Jahre in Marokko als Arzt tätig gewesen und seit seiner Rückkehr Direktor des Krankenhauses von Bethlehem. Als er, des Landes verwiesen, in Amman lebte, besuchte ihn seine Frau dort häufig. Beide verabscheuten das Regime der Haschemitenfamilie. Er sagte, in Amman habe er die zwei schlimmsten Jahre seines Lebens verbracht, nicht weil es ihm an irgendwas gemangelt habe, sondern weil er die Herrschaft Husseins unerträglich fand. Ihm war klar, daß zwischen den Bewohnern Jordaniens und denen des Westjordanlandes Bindungen bestanden, die man nicht einfach zerschneiden durfte, doch falls diese Bindungen sich irgendwie politisch manifestieren sollten, müsse zunächst einmal das jordanische Regime verschwinden. Die Monarchie sei untragbar.

In bezug auf Israel war er der Meinung, daß die Grenzen auf jeden Fall offen bleiben müßten. Er erzählte mir, viele Jerusalemer Juden ließen ihre Zähne in Bethlehem behandeln, denn das sei viel billiger, und umgekehrt bediene sich seine Klinik der Dienste eines Röntgenologen aus Jerusalem, eines gewissen Dr. Cohen, denn sie selber hätten leider keinen Spezialisten auf diesem Gebiet.

Für das Abkommen von Camp David fand er kein gutes Wort. Amerikaner und Sadat hätten gemeinsam um den Preis eines Friedens mit Israel die Palästinenser verschachert. Ein umfassender, echter Friede könne nur erreicht werden, wenn man sämtliche Beteiligte, also auch die Palästinenser, nach Genf an den Konferenztisch bringe, unter dem gemeinsamen Vorsitz eines Russen und eines Amerikaners. Ohne die Mitwirkung der Sowjetunion könne es im Nahen und Mittleren Osten keinen dauerhaften Frieden geben.

Natshe unterschied sich von allen anderen mir bekannten palästinensischen Arabern. Im Gespräch mit ihm glaubte ich mich manchmal nach Rumänien – das einzige kommunistische Land, das ich je besucht hatte – und in eine Unterhaltung mit einem Parteifunktionär versetzt. Ob er wirklich selber daran glaubte, daß die Entwicklung in unserer Region nach den von ihm skizzierten Linien verlaufen werde, weiß ich nicht. Als altgedienter Kommunist war er aber gewohnt, mit Realitäten umzugehen, und daß die USA, Ägypten und Israel ein Rahmenabkommen über die besetzten Gebiete getroffen hatten, war eine solche Realität. Seine politischen Ansichten würde er nicht ändern, auch seine von der Ideologie bestimmten Hoffnungen nicht, doch in der täglichen Praxis ließ er die in Bethlehem und Jerusalem herrschende Wirklichkeit gelten, fand sich damit ab, daß Juden und Araber nicht mehr streng getrennt voneinander lebten.

Was mich am meisten überraschte, war seine Bemerkung, er und seine Familie wollten lieber in Bethlehem »unter der israelischen Besatzung« als in Jordanien und Marokko oder jedem anderen arabischen oder europäischen Land leben. Und das nicht nur, weil er hier für die Befreiung seiner Heimat kämpfen konnte, sondern weil es ihm hier einfach besser gehe als irgendwo sonst!

Der entscheidende Moment für mein Verbleiben im Amt kam, als Ministerpräsident Begin mit mir über die personelle Zusammensetzung der Gruppe sprechen wollte, welche die Autonomieverhandlungen führen sollte. Er ging ohne Umstände auf den Kern der Sache los: »Sind Sie bereit, die Gruppe zu leiten?« Ich lehnte ab. »Ganz bestimmt nicht?« – »Ganz bestimmt nicht.«

Der Kandidat, der an meine Stelle trat, war bereits ausersehen. »Was halten Sie von Dr. Burg? [Das war der Innenminister.] Ein gescheiter Mann.« Ich entgegnete, er möge Burg nehmen oder wen er wolle, das sei mir einerlei. Damit war das Gespräch zu Ende, und wir wußten beide, was das bedeutete.

Am 2. Oktober 1979 setzte ich ihm schriftlich auseinander, warum es mir nicht möglich war, weiterhin der Regierung anzugehören, und brachte meine Einwände gegen die Art und Weise vor, wie die Autonomieverhandlungen geführt wurden:

Seit Ende des Sechs-Tage-Krieges hatte ich die Meinung vertreten, die Art der Beziehungen zwischen uns und den Arabern (nicht mit der PLO!) in den von uns verwalteten Gebieten sei von prinzipieller Bedeutung, und es war mir auch nicht schwer gefallen, mich verständlich zu machen. Jetzt, da sowohl innen- wie auch außenpolitisch nichts gravierender war als gerade dieses Problem – denn einerlei, ob wir mit Europäern, Amerikanern oder Asiaten zu tun hatten, die Gespräche kamen früher oder später immer auf diesen Punkt –, gerade jetzt also sei es unbedingt notwendig, daß der Außenminister Israels an der Ausarbeitung des politischen Kurses persönlich beteiligt sei, daß er sich voll damit identifizieren könne, andernfalls sei es ihm unmöglich, die Außenpolitik seines Landes glaubhaft zu vertreten.

Es sei indessen kein Geheimnis, daß ich sowohl mit der Art und Weise, wie die Autonomieverhandlungen geführt wurden, als auch mit unserem Kurs insgesamt nicht einverstanden sei. Auch auf unser Vorgehen in den verwalteten Gebieten treffe dies zumindest teilweise zu. Es sei wohl nicht notwendig, ins Detail zu gehen. Gegen die Einsetzung des Sechserkomitees, das mit den Verhandlungen beauftragt wurde, hatte ich Einwände vorgebracht (und die Mitarbeit verweigert). Auch sei ich bedauerlicherweise gezwungen gewesen, im Kabinett gegen etliche Grundsatzbeschlüsse zu stimmen, so gegen die Enteignung »steinigen Landes«; die Gründung der Siedlung Eilon Moreh und die »Erläuterungen der Haltung, die Israel gegenüber den vorgeschlagenen Prinzipien einer Regelung der Autonomie einnimmt«.

Als die Verhandlungen über die Autonomie begannen, hielt ich es durchaus noch für möglich, daß ich mich mit meiner Annahme, die Verhandlungen würden ergebnislos bleiben, irren könnte. Jetzt, nach vier Monaten, waren so gut wie keine Resultate erzielt. Aber es kam nicht darauf an, ob ich recht behielt oder nicht, unerträglich schien mir, daß ich als Außenminister mich nicht mit den wesentlichen Dingen befassen konnte, sondern auf Randprobleme beschränkt blieb. Ich schlug daher vor, etwa Mitte Dezember zurückzutreten, nachdem ich noch einige Verpflichtungen erfüllt haben würde (unter anderem eine offizielle Reise nach Straßburg sowie eine nach Mexiko). Selbstverständlich sei ich auch bereit, früher zurückzutreten, falls Begin dies wünsche. Ich schloß den Brief »mit großer Freundschaft und hoher Wertschätzung«.

In der Woche darauf kamen wir ein letztes Mal auf dieses Thema zu sprechen, allerdings nur kurz, denn ich sagte Begin, er kenne meinen Standpunkt genau, und der lasse sich in einem einzigen Satz zusammenfassen: Die Dinge, die mich interessierten, waren mir aus der Hand genommen, und was ich zu tun bekam, interessierte mich nicht. Ich sei nicht der Regierung beigetreten, um an diplomatischen Empfängen teilzunehmen, mein Interesse gelte unserem Zusammenleben mit den Arabern. Ich erinnerte ihn daran, daß ich ihm eines Tages vorgeschlagen hatte, mein Amt aufzugeben und als sein Berater einzig für diesen Bereich tätig zu werden, auch ohne Kabinettsrang. Doch nun werde alles auf eine mir nicht zusagende Weise gehandhabt. Innenminister Burg bestimmte den Kurs, der Außenminister, dessen Aufgabe dies eigentlich sein sollte, müsse untätig bleiben. Das sei objektiv betrachtet schlichtweg absurd. Mir war durchaus bekannt, unter welchen Umständen Dr. Burg Leiter der Gruppe wurde, die für Israel die Autonomieverhandlungen führen sollte. Burg war der Chef der Nationalreligiösen Partei, und weder diese noch Begins Likud waren begeistert von der Art, wie ich die Friedensverhandlungen mit Ägypten geführt hatte. Die Wahrheit lautete schlicht: Diese Regierung vertraute mir nicht. Ich hatte nicht die Absicht, eine Palastrevolte herbeizuführen, indem ich forderte, an Burgs Stelle die Autonomieverhandlungen zu leiten. Ich wollte wirklich nichts weiter als zurücktreten.

Begin bedauerte meinen Entschluß. Ich mache es ihm nicht gerade leicht, sagte er. Aber nichts in seinen Worten ließ darauf schließen, daß er die Lage ändern wollte. Er bat mich, vor der nächsten Kabinettssitzung am 21. Oktober niemand etwas von meiner Absicht zu sagen.

Zwei Tage nach der Kabinettssitzung gab der Ministerpräsident am Ende einer Nachtsitzung der Knesset offiziell meinen Rücktritt vom Amt bekannt. Er verlas das Gesetz, das in einem solchen Fall Anwendung findet, äußerte sich anerkennend über meine Arbeit in der Regierung und den Anteil, den ich beim Zustandekommen des Friedensvertrages mit Ägypten gehabt hatte. Als er das Rednerpult verließ, ging ich auf ihn zu, wir schüttelten uns die Hände und wünschten uns gegenseitig alles Gute.

Ich hatte meinen Platz nun nicht mehr am Kabinettstisch, der in der Mitte des hufeisenförmigen Plenarsaals steht. Die Sitzordnung richtet sich nach der zahlenmäßigen Stärke der Fraktionen. Je mehr Abgeordnete eine Partei in der Knesset hat, desto mehr Plätze stehen ihr in den vorderen Bankreihen zu. Als einfacher Abgeordneter nach dem Rücktritt des Kabinetts Golda Meïr und vor meinem Eintritt in die Regierung Begin hatte ich meinen Platz auf der hintersten Bank ganz links, wie es einem Abgeordneten der Arbeiterpartei zukam. Regierungschef war zu jener Zeit Rabin, und mit dessen Regierung und seinen Auffassungen hatte ich nichts im Sinn. Mein Nachbar war damals der Beduine Hamad Abu-Rabia, Scheich des Stammes Abu-Rabia aus dem Negev, südlich von Beerscheba. Wir standen auf gutem Fuß miteinander, und er war mir recht nützlich, denn immer, wenn ich bei einer Abstimmung für die Regierung votieren wollte, stieß Hamad mich vorsichtshalber an und flüsterte: »Arpa idek – heb deine Hand!«

Ich saß nun wieder auf der letzten Bank, diesmal allerdings ganz rechts, neben Mosche Schamir, und neben diesem saß Geulah Cohen. Beide waren aus dem Likud-Block ausgetreten und hatten eine unabhängige, extrem nationalistische Partei gegründet. Ich begrüßte meinen neuen Nachbarn, nur konnte ich diesmal von ihm keine rechtzeitige Ermahnung erwarten, denn, wie ich ihm versicherte, bestünde nicht die Gefahr, daß wir jemals gleich votieren würden. »Dank sei dem Herrn«, sagte er darauf nur, und wir lachten beide.

Mein Sitzplatz in der Knesset paßte durchaus zu meinen politischen Ambitionen. Als Abgeordneter wollte ich mich nicht noch einmal aufstellen lassen, auch nicht in einer künftigen Regierung mitwirken. Meinen politischen und sozialen Auffassungen nach gehörte ich zur sozialistischen Arbeiterbewegung, doch die Arbeiterpartei wollte mich nicht mehr haben, nachdem ich den »Verrat« begangen hatte, unter Begin ein Ministeramt anzunehmen. Ich hatte auch keine Lust, um Wiederaufnahme zu bitten. Obwohl ich der Koalitionsregierung des Likud-Blocks angehört hatte, war ich keiner der Parteien beigetreten, welche die Koalition bildeten, weder stand mir der Sinn danach, selber eine Partei zu gründen, noch mich einer der kleineren Parteien anzuschließen.

Mit meinem Eintritt in die Armee hatte meine Tätigkeit für das öffentliche Wohl begonnen. Ich war vom Gefreiten zum Unteroffizier und schließlich zum Chef des Stabes aufgestiegen. Wenige Monate nach dem Ende des Sinai-Feldzuges im Jahre 1956 endete meine vierjährige Amtszeit als Chef des Stabes, und ich begann als Zivilist ein neues Leben. Ich ging in die Politik, beteiligte mich an einem Wahlkampf, wurde Abgeordneter und unter Ben Gurion Landwirtschaftsminister. Als Ben Gurion sich ins Privatleben zurückzog, blieb ich weiter in der Knesset, hatte unter aufeinanderfolgenden Koalitionsregierungen Ämter inne, darunter sieben Jahre das Verteidigungsministerium. Kurz vor dem Sechs-Tage-Krieg, im Mai 1967, wurde ich unter Levi Eschkol zum erstenmal Verteidigungsminister, und ich blieb es auch unter Golda Meïr. Nach dem Jom-Kippur-Krieg kandidierte ich wiederum auf ihrer Liste für die Knesset, und wieder wurde ich in ihrer Regierung Verteidigungsminister. Unter Rabin übernahm ich kein Amt, dies tat ich erst wieder unter Begin. Als ich das nach zweieinviertel Jahren aufgab, hatte ich über zwanzig Jahre als Politiker hinter mir, die weitaus meiste Zeit als Kabinettsmitglied.

Mir schien nun, daß ich mit diesen beiden Laufbahnen – der des Soldaten und der des Politikers – genügend getan hatte und daß es für mich an der Zeit sei, abzutreten. Hatte ich etwas mir wichtig Scheinendes zu sagen, würde ich das auch in Zukunft tun können, niemand würde mich hindern zu schreiben, Vorträge zu halten, mit den Juden in der Diaspora zusammenzukommen. Aber ein Amt würde ich nicht mehr übernehmen. Ich hatte mit angesehen, wie Chaim Weizmann, Ben Gurion, Golda

Meïr sich bis zuletzt an ihre Ämter klammerten. So wollte ich mich nicht verhalten. Nie hatte ich mich vorgedrängt, nie Ansprüche auf einen Posten erhoben, nie Parteigänger gesammelt. Übernahm ich ein Amt, dann, weil man mich darum bat, und ich war seit jeher entschlossen gewesen, selbst zu bestimmen, wann ich mich aus dem öffentlichen Leben zurückziehen würde. Niemand sollte mich rauswerfen müssen. Der neue Platz, den ich in der Knesset zugewiesen erhielt, war passend gelegen – nahe am Ausgang.

Es war beinahe Mitternacht, als ich die Knesset verließ, vor der mein Rücktritt bekanntgegeben worden war. Noch standen mir Dienstwagen und Chauffeur zur Verfügung, doch während ich sonst die Heimfahrt im Halbschlaf zurückzulegen pflegte, hielten mich diesmal gemischte Gefühle wach – Erleichterung, zugleich aber auch Enttäuschung.

Rahel erwartete mich mit einem Topf Suppe. Beim Essen beschlossen wir, alle Entscheidungen, die nun zu treffen waren, auf morgen zu verschieben. Ich schlenderte anschließend noch durch den Garten, und die hier herrschende Stille, der Anblick der Kiefern und Rosenbeete vor dem Hintergrund alter Mosaike beruhigte mich. Nur das Summen der in der Ferne vorüberfahrenden Autos unterbrach gelegentlich die nächtliche Stille.

Im Hause war es friedlich, die Antiken lagen gelassen auf ihren Regalen, nur eine Statue störte den Frieden. Als ich näher herantrat, starrte sie mich bösartig an, den Mund widerwillig verzogen. Es handelte sich um einen lebensgroßen Kopf aus der Zeit Ramses II., von dem man annimmt, er sei zur Zeit der Flucht der Kinder Israels im 13. Jahrhundert v. Chr. Pharao gewesen. Ich nannte diesen Kopf den »ägyptischen Gouverneur«. Er war in Rafah gefunden worden, und ich hatte ihn in Jerusalem von Hadsch Omar, dem Händler, erstanden. Als ich wieder einmal bei ihm nachfragte, ob er etwas Interessantes habe, brachte er diesen Kopf zum Vorschein, der in einem Pappkarton, in eine arabische Zeitung gewickelt, in einem Winkel stand. Ausgestellt war er nicht, denn für die üblichen Touristen taugte er nicht. Auf den ersten Blick schien es eine nachlässige, primitive Arbeit zu sein. Der Kopf saß übergangslos auf den Schultern, die Augen waren tief eingesunken, die breiten Lippen zusammengepreßt. Die Beschaffenheit des Steins hatte den Bildhauer daran gehindert, Feinheiten anzubringen, auch die Oberfläche fühlte sich rauh an. Als Hadsch Omar den Kopf auf seinen Tisch stellte, klopfte mein Herz heftiger. Ja, dies war eine wirklich alte Skulptur, vermutlich ägyptische Arbeit, entstanden im Gazastreifen. Ich war überzeugt, es nicht mit einer Imitation zu tun zu haben. Mir fiel ein, daß diese Art Stein – auf arabisch Jiri, in der Gegend aber meist Meerstein genannt – ägyptische Gräber unweit Gaza bei Dir-el-Balah schmückte. Auch die berühmte Stele Ramses II. war aus solchem Stein gemacht – eine aufrechtstehende Tafel mit dem Namen des Pharao darauf, die an der Küste bei Tel Akluk gefunden wurde, ebenfalls im Gazastreifen.

Hadsch Omar brachte Wasser, und wir reinigten die Skulptur. Dabei stellte sich heraus, warum ich anfangs geglaubt hatte, der Kopf gehe ohne Hals in die Schultern über, er war nämlich mit einem für die damalige Zeit typischen Tuch verhüllt, das von beiden Seiten des Gesichts bis auf die Brust reichte. Schon die erste grobe Reinigung erwies, daß keine neueren Meißelspuren vorhanden waren. Auf meine Frage, woher er die Skulptur habe, antwortete Hadsch Omar ohne zu zögern, er habe sie von Bedoui gekauft, einem mir gut bekannten Antikenhändler in Rafah. Bedoui zufolge war der Kopf in der Nähe von Tel Zuarub gefunden worden. Ich verließ mich auf diese Auskunft, denn Hadsch Omar wußte, daß ich jederzeit bei Bedoui nachfragen konnte.

Über den Preis wurden wir uns rasch einig. Hadsch Omar verlangte zehntausend israelische Pfund. Nun saß ich in der Klemme, denn war der Kopf eine Fälschung, war er keinen Pfennig wert, war er aber echt, so war er sehr wertvoll. Ich sagte, mehr als fünftausend könne ich nicht zahlen. Ich hatte noch nicht ganz zu Ende gesprochen, da packte er meine Hand und rief »Mabruk!«, was auf arabisch »mit meinem Segen« bedeutet. Damit war das Geschäft abgeschlossen. Ich hätte ihn wohl weiter herunterhandeln können, wäre ich in der Stimmung gewesen, doch mir gefiel der Kopf einfach zu gut.

Nun wollte ich mir den Fundort genauer ansehen, bat aber zuvor meinen Freund Gibeon, den Ägyptologen der Universität Tel Aviv, meine Erwerbung zu begutachten. Er kam gleich herüber, prüfte die Skulptur gewissenhaft, während ich voller Spannung zusah, und sagte sodann: »Ein ausgezeichnetes Stück. Echt ägyptische Arbeit. Sehr interessant.« Seines Wissens war bislang nirgendwo in Israel ein so großes Stück gefunden worden; es kamen zwar immer wieder kleine Figurinen ägyptischer Herkunft ans Licht, aber keine lebensgroße Steinbüste. »Als Sie mich eben anriefen und mir das Ding beschrieben, glaubte ich sofort, man habe Sie reingelegt, und habe mir unterwegs einen kleinen Vortrag ausgedacht, mit dem ich Sie ermahnen wollte, künftig vorsichtiger zu sein. Ein Glück, daß ich unrecht habe. Der Kopf ist echt.« Ich tröstete ihn – sein Vortrag sei gewiß nicht verschwendet, denn schon beim nächsten Kauf würde man mich gewiß übers Ohr hauen.

Eine Woche später, am Tage des islamischen Festes Id-el-Fitr, mit dem das Ende des Ramadan begangen wird, machte ich mich auf nach Tel Zuarub. Ich kannte die Gegend, in der Ausgrabungen vorgenommen wurden, schon lange. Der Name, der sich von dem vermögenden Grundbesitzer Scheich Zuarub ableitet, erscheint auf keiner Karte. Ich kam mittags in Rafah an und machte dem Scheich einen Besuch. Er hieß mich herzlich willkommen. Wir hatten uns etliche Jahre nicht gesehen. Kennengelernt hatten wir uns, als ich Verteidigungsminister und für die Verwaltung dieser Gebiete zuständig war. Wir hatten damals den Arabern vorgeschlagen, sie in neuen Anbaumethoden zu unterrichten. Der Scheich hatte nur zu gern den Rat befolgt, frühreifende Erdbeeren anzupflanzen. Wir zeigten ihm, wie man das macht, auch, wie man die Früchte für den Versand verpackt, und er führte mir, als ich Monate später einmal vorbeikam, strahlend das Resultat vor. Seine Landarbeiter verpackten massenhaft Erdbeeren für den europäischen Markt, und der Erlös daraus überstieg seine kühnsten Erwartungen. Das, sagte er mir, sind keine Erdbeeren, das ist pures Gold! Und es war nicht nur der Erlös, der ihn so entzückte, die Früchte selber sahen köstlich aus, groß, rot und saftig. Das Klima und der sandige Boden machen Gaza zum idealen Anbaugebiet für frühreifende Früchte.

Nun kamen der Bürgermeister und andere Notabeln dazu, und in dem geräumigen Salon des Scheichs wurden wir mit Obst, Kaffee und Kuchen bewirtet. Als ich dem Scheich den Zweck meines Besuches nannte, rief er seinen Sohn Jihje, der mit allem, was sich im näheren Umkreis ereignete, vertraut war. Er meinte, Bedoui sei heute nicht da; den Kopf hätten Kinder beim Spielen auf dem Tel gefunden und ihn dem Händler gebracht.

Ich wäre gern aufgebrochen, blieb aber noch auf einen weiteren Kaffee und auch, um vom Scheich und seinen Gästen zu hören, wie es in Rafah ginge. Keiner hatte zu klagen. Sie verdienten ausreichend, verkauften Obst und Frühgemüse in Tel Aviv zu guten Preisen, und wer in Israel Arbeit hatte, erhielt auskömmlichen Lohn. Nur, leider, tauge unser Geld nichts, es verliere dauernd an Wert, also müsse man es schnell umtauschen, in jordanische Dinar oder ägyptische Pfund, meist jedoch kaufe man Gold dafür. Und wirklich, fast jede Frau, die mir in Rafah begegnete, trug goldene Armreifen.

Ich fragte, wie es denn in El-Arisch aussehe, das wir ja vorzeitig geräumt hatten und das jetzt von den Ägyptern verwaltet wurde. Eine direkte Antwort erhielt ich darauf von keinem, doch war immerhin so viel herauszuhören, daß die Einwohner von El-Arisch alles andere als zufrieden seien. Der ägyptische Staatspräsident hatte ihnen Entwicklungsprojekte und die Errichtung von Industriebetrieben in Aussicht gestellt, doch von alledem sei nichts realisiert. Wer von den Bewohnern bei der israelischen Verwaltung angestellt war, wurde von den Ägyptern als »Verräter« bezeichnet. Nachdem die Grenze geschlossen worden war, wurden diejenigen, die bis dahin in Israel Arbeit gehabt hatten, arbeitslos. Deshalb gingen viele illegal über die Grenze, um etwas zu verdienen.

Nach einem herzlichen Abschied fuhr ich nach Tel Zuarub. Hier war offenbar gegraben worden, und in einer der oberen Schichten fand ich Teile einer Marmorplatte aus römischer Zeit. In tieferen Schichten steckten kanaanitische Tonscherben. Ich suchte die Stelle, an der die Kinder den Kopf gefunden hatten, kratzte etwas herum und stieß auf Teile eines typisch ägyptischen Gefäßes mit engem Hals, das mit einem blauen Streifen verziert war. Ich sammelte die Fragmente ein und verließ den Grabhügel in bester Stimmung. Die Erlebnisse dieses Tages – die Entdeckung des »Geburtsortes« des »ägyptischen Gouverneurs«, das Treffen mit dem Scheich, das Gespräch mit den Notabeln –, das alles war wie aus einem Guß, verband die Vergangenheit mit der Gegenwart, uns, die Araber, das uralte Israel.

Die Beziehungen zwischen den palästinensischen Arabern und uns waren früher nicht idyllisch und sind es auch jetzt nicht. Unsere Ansichten darüber, was aus dem Westjordanland werden soll, gehen auseinander, insbesondere, was die Gründung eines Palästinenserstaates betrifft. Es herrscht keine brüderliche, nicht einmal Vetternliebe zwischen den Palästinensern und den Israelis. Nicht nur im Libanon haben PLO, die Nationale Befreiungsfront und weitere Terrororganisationen ihren Rückhalt, sondern auch in Judäa, Samaria und im Gazastreifen. Araber, die in unserer Nachbarschaft leben, deponieren Sprengladungen auf Marktplätzen in Jerusalem und Tel Aviv, auf Eisenbahnschienen und in Bussen, und man darf wohl davon ausgehen, daß Freunde und Angehörige dieser Terroristen von deren Tätigkeit wissen. Gleichwohl lebt die überwältigende Mehrheit der Araber in den besetzten Gebieten mit den Israelis in Frieden. Täglich kommen zwischen siebzig- und hunderttausend ins Land, um zu arbeiten oder ihre Waren zu verkaufen. Die hunderttausend arabischen Bewohner Jerusalems kommen ohne Streit, Konflikte oder politische Gewaltakte mit den jüdischen Bewohnern der Stadt aus, was während der britischen Mandatsherrschaft nicht der Fall war.

Es besteht eine freiwillige Zusammenarbeit zwischen Juden und Arabern in der Landwirtschaft, dem Gesundheitswesen und bei anderen wirtschaftlichen und sozialen Tätigkeiten (wobei in den meisten Fällen israelische Experten den Arabern behilflich sind). Halte ich mich in einer arabischen Siedlung im Westjordanland auf, erfüllt es mich mit Befriedigung und Stolz, daß wir nach dem Sechs-Tage-Krieg alle Barrieren beseitigt und »offene Brücken« nach Jordanien zugelassen haben. In Industriebetrieben, auf Baustellen, in den großen Hotels begegne ich sehr häufig Arabern, die fließend Hebräisch sprechen, und viele haben verantwortungsvolle Positionen inne. Mir sind die Menschen, die das Land bebauen, selbstverständlich am nächsten, und wenn ich mit einem arabischen Landarbeiter im Schatten eines Feigenbaumes plaudere, ihn in seinem Haus besuche, dann wächst meine Zuversicht, daß wir in Freundschaft miteinander leben werden.

Auf dem Rückweg von Rafah und Tel Zuarub durch den Gazastreifen bog ich in Dir-el-Balah von der Hauptstraße auf einen Nebenweg ab, der zum »Hain des Richters« führt. Hier hat die israelische Archäologin Dr. Trude Dothan die dem menschlichen Leib nachgebildeten Särge ägyptischer Gouverneure ausgegraben, welche auf einem kanaanitischen Friedhof beigesetzt worden waren. Während ich dort umherwanderte, sah ich einen alten Bekannten, einen Beduinen namens Hammed, auf mich zukommen. Er wohnt in den nahen Sanddünen, und eines seiner Kinder hatte ihn auf mich aufmerksam gemacht. Wir wechselten, wie es üblich ist, die drei Wangenküsse und die Begrüßungsrede. Hammed ist ein bemerkenswerter Mann. Ich kenne keinen Juden oder Araber, der eine solche Spürnase für in der Erde verborgene Antiken hat. Als echter Beduine hat er schon als Kind nach verirrten Ziegen suchen oder Diebe aufspüren müssen und einen unübertrefflichen Spürsinn dafür entwickelt, wo etwas vergraben sein könnte.

Für Hammed habe ich eine Schwäche. Nicht nur, weil er ein »Professioneller«, sondern weil er ein Original ist. Ich darf darauf rechnen, daß er mich nicht anlügt, aber die ganze Wahrheit sagt er auch nicht, behauptet er auch nicht. Er sagt lieber »vielleicht« als »bestimmt«.

Ich fragte, was er denn so treibe. Nun, bis vor kurzem habe er mit Dr. Dothan gearbeitet, aber nun lungere er nur so herum. Am kommenden Tag wolle er nach Jordanien. Und als gäbe es da einen Zusammenhang, wechselte er das Thema. Den Beduinen im Gazastreifen und im Sinai gehe es jetzt glänzend, sagte er, denn nun verlaufe zwischen Ägypten und Israel endlich wieder eine Grenze. Er selber halte sich von solchen Tätigkeiten selbstverständlich fern, doch die Schmuggler verdienten sich eine goldene Nase. Wer könne sie schon auf den Pfaden im Sinai des Nachts kontrollieren, wenn sie zwischen dem jetzt ägyptischen El-Arisch und dem israelischen Gaza mit Fernsehgeräten und sonstigen elektrischen Apparaten hin und her wanderten?

Da konnte ich nur schmunzeln. In unserem Streben nach der Normalisierung der Beziehungen zwischen Ägypten und Israel waren wir noch weit vom Ziel entfernt, doch die »internationalen Verbindungen« waren lebhaft wie eh und je.

Bevor wir uns trennten, zog Hammed einen kleinen Skarabäus aus der Tasche, auf dem in ägyptischen Hieroglyphen eingeritzt stand: »Amon Ra. Herr des Lebens«. »Ein Geschenk«, sagte er. Ich stopfte ihm einen Geldschein in die Tasche, murmelte dabei: »Für die Kinder« und versprach, ihn wieder zu besuchen. Ich ging zum Wagen zurück, Hammed verschwand in seinen Dünen.

Daheim schaffte ich auf einem Regal nahe dem Schreibtisch

Platz für meinen Ägypter. Im allgemeinen ähneln sich Gesichter ägyptischer Skulpturen, sie sind zart, wohlgeformt und ausdruckslos. Dieses war anders, ganz gewiß war es einem wirklichen Gesicht nachgebildet, dem eines starken, virilen, bösartigen, mächtigen Mannes, und deshalb nannte ich ihn auch den »ägyptischen Gouverneur von Rafah«. Irgendwo tief in jenem Grabhügel von Zuarub liegt der Torso, womöglich mit einem Zepter in der Hand, was damals bei Herrschern nicht selten war. Vor mehr als dreitausend Jahren lebten dort die Kanaaniter, doch es waren Ägypter, die die alte Küstenstraße entlang dem Mittelmeer beherrschten, »die Straße am Meer«. Und dieser Mann, dessen zorniges Abbild jetzt in meinem Arbeitszimmer stand, war gewiß der gestrenge Statthalter seines Königs, Pharao Ramses II., dem die Kinder Israels so viel Ärger bereitet hatten.

Als ich in jener Nacht, die auf meinen Rücktritt folgte, noch eine Weile am Schreibtisch saß, bevor ich zu Bett ging, beunruhigte mich der böse Blick des »Gouverneurs von Rafah« keineswegs. Ich war aber auch nicht gerade übermäßig glücklich darüber, mein Amt niedergelegt zu haben. Gewiß, ich brauchte morgen nicht nach Jerusalem ins Büro zu fahren, brauchte die Last der Verantwortung nicht mehr zu tragen, mußte mich nicht mehr über meine Kabinettskollegen ärgern. Aber war dies wirklich das, was ich mir wünschte?

Ich ließ die Gedanken in die jüngste Vergangenheit schweifen, vergegenwärtigte mir die wachsende Kluft zwischen dem Premier und mir, unsere Meinungsverschiedenheiten bei der Beurteilung der Beziehungen zu den palästinensischen Arabern. Ich war ja nicht zurückgetreten, weil mir die Mühen und die Last zu schwer geworden waren, sondern einzig, weil ich mich nicht mit einer Politik abfinden konnte, die meinen Auffassungen zuwiderlief. Das hatte den Ausschlag gegeben. Ein Tag der Freude war dies nicht gewesen, aber immerhin ein Tag der Wahrheit.

Anhang

Autonomiestatut für in Judäa, Samaria und im Bezirk Gaza ansässige palästinensische Araber, gültig mit Abschluß eines Friedensvertrages

Entwurf, übersandt an Staatspräsident Sadat von Ministerpräsident Begin und von diesem am 28. Dezember 1977 in der Knesset bekanntgemacht:

1. Die Militärverwaltung in Judäa, Samaria und im Gaza-Distrikt wird abgeschafft.
2. In Judäa, Samaria und im Gaza-Distrikt wird die Selbstverwaltung der arabischen Einwohner durch sie selbst und für sie selbst eingeführt.
3. Die Einwohner Judäas, Samarias und des Gaza-Distrikts werden einen Verwaltungsrat wählen, der sich aus elf Mitgliedern zusammensetzen wird. Der Verwaltungsrat wird seine Tätigkeit gemäß den in diesem Dokument niedergelegten Prinzipien ausüben.
4. Jeder Einwohner, der 18 Jahre oder älter ist, wird, ungeachtet seiner Staatsangehörigkeit oder Staatenlosigkeit, bei den Wahlen für den Verwaltungsrat stimmberechtigt sein.
5. Jeder Einwohner, der am Tage der Vorlage der Kandidatenliste für den Verwaltungsrat 25 Jahre oder älter ist, ist berechtigt, in den Verwaltungsrat gewählt zu werden.
6. Der Verwaltungsrat wird in allgemeinen, direkten, persönlichen, gleichen und geheimen Wahlen gewählt.
7. Die Amtszeit des Verwaltungsrats wird sich auf vier Jahre vom Tage der Wahl an belaufen.
8. Der Rat wird seinen Sitz in Bethlehem haben.
9. Alle Verwaltungsfragen, welche die arabischen Einwohner von Judäa, Samaria und des Gaza-Distriks betreffen, werden in die Zuständigkeit des Verwaltungsrats fallen.
10. Der Verwaltungsrat wird die folgenden Behörden schaffen: Abteilung für Erziehungswesen, Abteilung für religiöse Fragen, Finanzabteilung, Verkehrsabteilung, Abteilung für Bauwesen und Wohnungsfragen, Abteilung für Industrie, Handel und Tourismus, Landwirtschaftsabteilung, Abteilung für das Gesundheitswesen, Abteilung für Arbeits- und Sozialfragen, Abteilung für die Wiedereingliederung von Flücht-

lingen, Abteilung für Rechtsfragen und die Überwachung der örtlichen Polizeikräfte. Der Verwaltungsrat wird Verordnungen für die Ausübung der Tätigkeit dieser Behörden erlassen.

11. Für Sicherheit und öffentliche Ordnung in den Gebieten Judäa, Samaria und Gaza-Distrikt werden die israelischen Behörden zuständig sein.

12. Der Verwaltungsrat wird seinen Vorsitzenden selbst wählen.

13. Die erste Sitzung des Verwaltungsrats wird 30 Tage nach der Veröffentlichung der Wahlergebnisse einberufen.

14. Den Einwohnern Judäas, Samarias und des Gaza-Distrikts wird es ungeachtet ihrer Staatsangehörigkeit oder Staatenlosigkeit freigestellt sein, entweder die israelische oder die jordanische Staatsangehörigkeit anzunehmen.

15. Einwohner der Gebiete Judäa, Samaria und des Gaza-Distrikts, die die israelische Staatsangehörigkeit beantragen, werden diese gemäß den Gesetzen dieses Staates über die Staatsangehörigkeit erhalten.

16. Einwohnern Judäas, Samarias und des Gaza-Distrikts, die sich gemäß der ihnen gewährten Option für die israelische Staatsangehörigkeit entscheiden, wird in Übereinstimmung mit dem Wahlrecht die Ausübung des aktiven und passiven Wahlrechts für die Knesset zustehen.

17. Einwohnern Judäas, Samarias oder des Gaza-Distrikts, die jordanische Staatsbürger sind oder die gemäß der ihnen gewährten Option jordanische Staatsbürger werden, wird das aktive und passive Wahlrecht für das Parlament des Haschemitischen Königreichs Jordanien gemäß dem jordanischen Wahlgesetz zustehen.

18. Fragen, die sich im Zusammenhang mit der Beteiligung der Einwohner Judäas, Samarias und des Gaza-Distrikts an Wahlen für das jordanische Parlament ergeben, werden Gegenstand von Verhandlungen zwischen Israel und Jordanien sein.

19. Ein Ausschuß aus Vertretern Israels, Jordaniens und des Verwaltungsrats wird gebildet werden, um das in Judäa, Samaria und dem Gaza-Distrikt geltende Recht zu prüfen und zu entscheiden, welche Gesetze gültig bleiben und welche abgeschafft werden sollen, sowie welche Befugnisse zum Erlaß von Verordnungen der Verwaltungsrat haben soll. Der Ausschuß wird einstimmig beschließen.

20. Einwohner Israels werden das Recht haben, in den Gebieten Judäas, Samaria und Gaza-Distrikt Land zu erwerben und sich dort niederzulassen. Arabische Einwohner von Judäa, Samaria und dem Gaza-Distrikt, die gemäß der ihnen gewährten Option israelische Staatsbürger werden, werden das Recht haben, in Israel Land zu erwerben und sich dort niederzulassen.

21. Ein Ausschuß aus Vertretern Israels, Jordaniens und des Verwaltungsrats wird eingesetzt werden, um die Bestimmungen über Einwanderung in die Gebiete Judäa, Samaria und Gaza-Distrikt festzulegen. Der Ausschuß wird die Bestimmungen festlegen, nach denen es außerhalb Judäas, Samarias und des Gaza-Distrikts lebenden arabischen

Flüchtlingen gestattet werden soll, in vernünftigem Umfang in diese Gebiete einzuwandern. Der Ausschuß wird seine Entscheidungen einstimmig treffen.

22. Einwohnern Israels und Einwohnern von Judäa, Samaria und dem Gaza-Distrikt wird Freizügigkeit und freie wirtschaftliche Betätigung in Israel, Judäa, Samaria und dem Gaza-Distrikt gewährleistet werden.

23. Der Verwaltungsrat wird eines seiner Mitglieder benennen, das ihn bei der israelischen Regierung zwecks Beratung gemeinsam interessierender Angelegenheiten vertreten wird; sowie eines seiner Mitglieder, das den Rat bei der Regierung von Jordanien zwecks Beratung gemeinsam interessierender Angelegenheiten vertreten wird.

24. Israel hält an seinem Recht und an seinem Anspruch auf Souveränität über Judäa, Samaria und den Gaza-Distrikt fest. Da es weiß, daß andere Ansprüche existieren, schlägt es im Interesse einer Einigung und des Friedens vor, die Frage der Souveränität über diese Gebiete offen zu lassen.

25. Was die Verwaltung der heiligen Stätten der drei Konfessionen in Jerusalem betrifft, wird ein besonderer Vorschlag ausgearbeitet und vorgelegt werden, der auch vorsehen wird, daß allen Gläubigen freier Zugang zu den ihnen heiligen Stätten gewährleistet wird.

26. Diese Prinzipien sollen nach Ablauf von fünf Jahren einer Überprüfung unterzogen werden.

Ein Rahmen für den Frieden im Nahen Osten, vereinbart in Camp David

Mohammed Anwar el-Sadat, Präsident der Arabischen Republik Ägypten, und Menachem Begin, Ministerpräsident von Israel, konferierten vom 5. bis zum 17. September in Camp David mit dem Präsidenten der Vereinigten Staaten von Amerika, Jimmy Carter, und sie einigten sich auf den folgenden Rahmen für den Frieden im Nahen Osten. Sie laden andere Parteien im arabisch-israelischen Konflikt ein, sich ihm anzuschließen.

Präambel

Die Suche nach dem Frieden im Nahen Osten muß durch folgendes bestimmt werden:

– Die anerkannte Grundlage für eine friedliche Regelung des Konflikts zwischen Israel und seinen Nachbarn ist die Resolution 242 des Sicherheitsrats der Vereinten Nationen in allen ihren Teilen.

– Nach vier Kriegen innerhalb von 30 Jahren erfreut sich der Nahe Osten, Wiege der Kultur und Geburtsstätte dreier großer Religionen, trotz intensiver menschlicher Bemühungen noch immer nicht der Segnungen des Friedens. Die Bevölkerung des Nahen Ostens ersehnt den

Frieden, damit die großen menschlichen und natürlichen Ressourcen dieser Region für Zwecke des Friedens verwendet werden können und dieses Gebiet zu einem Modell für die Koexistenz und Zusammenarbeit unter den Völkern zu werden vermag.

– Die historische Initiative Präsident Sadats in Gestalt seines Besuchs in Jerusalem und der Empfang, den ihm das Parlament, die Regierung und das Volk von Israel bereitet haben, der Gegenbesuch von Ministerpräsident Begin in Ismailia, die von beiden politischen Führern unterbreiteten Friedensvorschläge sowie die warme Aufnahme dieser Missionen durch die Völker beider Länder haben eine beispiellose Gelegenheit für den Frieden geschaffen, die nicht verlorengehen darf, wenn dieser Generation und künftigen Generationen die Tragödien des Krieges erspart bleiben sollen.

– Die Bestimmungen der Charta der Vereinten Nationen und die anderen anerkannten Normen des Völkerrechts und der Legitimität bilden heute anerkannte Standards für die Gestaltung der Beziehungen zwischen allen Ländern.

– Um ein Verhältnis des Friedens im Geiste von Artikel 2 der Charta der Vereinten Nationen herzustellen, sind künftige Verhandlungen zwischen Israel und jedem seiner Nachbarn, der bereit ist, mit ihm über Frieden und Sicherheit zu verhandeln, zum Zweck der Durchführung aller Bestimmungen und Grundsätze der Resolutionen 242 und 338 notwendig.

– Der Frieden erfordert die Respektierung der Souveränität, der territorialen Integrität und der politischen Unabhängigkeit eines jeden Staates in der Region und seines Rechtes, in Frieden innerhalb sicherer und anerkannter Grenzen frei von der Androhung oder Anwendung von Gewalt zu leben. Fortschritte in Richtung auf jenes Ziel vermögen die Bewegung auf ein neues Zeitalter der Versöhnung im Nahen Osten zu beschleunigen, das von Zusammenarbeit bei der Förderung der wirtschaftlichen Entwicklung, Aufrechterhaltung der Stabilität und Gewährleistung der Sicherheit gekennzeichnet ist.

– Die Sicherheit wird gefördert durch ein Verhältnis des Friedens und durch Zusammenarbeit zwischen Völkern, die sich normaler Beziehungen erfreuen. Darüber hinaus können die Parteien gemäß den Bestimmungen von Friedensverträgen auf der Grundlage der Gegenseitigkeit besonderen Sicherheitsvorkehrungen zustimmen, wie entmilitarisierten Zonen, Zonen mit Rüstungsbegrenzung, Frühwarnstationen, der Anwesenheit internationaler Streitkräfte, Verbindungsstellen, vereinbarten Maßnahmen der Überwachung und anderen einvernehmlich als nützlich erachteten Vorkehrungen.

Unter Berücksichtigung dieser Faktoren sind die Parteien entschlossen, eine gerechte, umfassende und dauerhafte Regelung des Konflikts im Nahen Osten durch den Abschluß von Friedensverträgen zu erreichen, die sich auf die Resolutionen 242 und 338 des Sicherheitsrats in allen ihren Teilen gründen. Sie verfolgen das Ziel, Frieden und gutnachbarliche Beziehungen zu erreichen. Sie erkennen an, daß der Frieden, wenn er von Dauer sein soll, alle jene einbegreifen muß, die von dem Konflikt auf das tiefste betroffen wurden. Sie stimmen deshalb darin überein, daß dieser Rahmen angemessenerweise von ihnen so konzipiert ist, daß er eine Grundlage für den Frieden nicht nur zwischen Ägypten und Israel, sondern auch zwischen Israel und jedem anderen Nachbarn abgibt, der bereit ist, auf dieser Grundlage mit Israel über Frieden zu verhandeln. Mit diesem Ziel vor Augen sind sie übereingekommen, folgendermaßen zu verfahren:

A. Westjordanland [West Bank] und Gaza

1. Ägypten, Israel, Jordanien und die Vertreter des palästinensischen Volkes sollten an Verhandlungen zur Regelung des palästinensischen Problems in allen seinen Aspekten teilnehmen. Um dieses Ziel zu erreichen, sollten die Verhandlungen in bezug auf das Westjordanland und Gaza in drei Phasen vonstatten gehen:

(A) Ägypten und Israel stimmen darin überein, daß zur Gewährung einer friedlichen und geordneten Übertragung der Autorität und mit Rücksicht auf die Sicherheitserfordernisse aller Parteien Übergangsregelungen für das Westjordanland und Gaza für einen Zeitraum von höchstens fünf Jahren getroffen werden sollten. Um den Bewohnern die volle Autonomie zu gewähren, werden gemäß diesen Regelungen die israelische Militärregierung und ihre Zivilverwaltung abgezogen, sobald von den Bewohnern dieser Gebiete eine Selbstverwaltungs-Körperschaft frei gewählt worden ist, die die bestehende Militärregierung ablöst. Um die Einzelheiten einer Übergangsregelung auszuhandeln, wird die Regierung von Jordanien eingeladen werden, an den Verhandlungen auf der Basis dieses Rahmens teilzunehmen. Diese neuen Regelungen sollten dem Prinzip der Selbstverwaltung durch die Bewohner dieser Gebiete und den legitimen Sicherheitserfordernissen der beteiligten Parteien gebührend Rechnung tragen.

(B) Ägypten, Israel und Jordanien werden die Modalitäten für die Errichtung der gewählten Selbstverwaltungs-Körperschaft im Westjordanland und in Gaza vereinbaren. Die Delegationen Ägyptens und Jordaniens können Palästinenser aus dem Westjordanland und Gaza und, im gegenseitigen Einvernehmen, auch andere Palästinenser einschließen. Die Parteien werden eine Vereinbarung aushandeln, in der die von der Selbstverwaltungs-Körperschaft im Westjordanland und in Gaza wahrzunehmenden Befugnisse und Pflichten festgelegt werden. Es wird ein Rückzug israelischer Streitkräfte und eine Umgruppierung der verbleibenden israelischen Streitkräfte in näher bezeichnete Sicherheitsstandorte erfolgen. Die Vereinbarung wird ferner Vorkehrungen für die Gewährleistung der inneren und äußeren Sicherheit sowie der öffentlichen Ordnung einschließen. Es wird eine starke örtliche Polizeitruppe aufgestellt werden, die auch jordanische Staatsbürger einschließen kann. Darüber hinaus werden israelische und jordanische Kräfte an gemeinsamen Streifengängen und an der Besetzung von Kontrollstellen teilnehmen, um die Sicherheit der Grenzen zu gewährleisten.

(C) Sobald die Selbstverwaltungs-Körperschaft (Verwaltungsrat) im Westjordanland und in Gaza errichtet ist und ihre Tätigkeit aufgenommen hat, beginnt die Übergangszeit von fünf Jahren. So rasch wie möglich, aber nicht später als im dritten Jahr nach Beginn der Übergangszeit, werden Verhandlungen stattfinden, um den endgültigen Status des Westjordanlandes und Gazas und deren Verhältnis zu ihren Nachbarn festzulegen und zum Ende der Übergangszeit einen Friedensvertrag zwischen Israel und Jordanien abzuschließen. Diese Verhandlungen werden von Ägypten, Israel, Jordanien und gewählten Vertretern der Bewohner des Westjordanlandes und Gazas geführt. Es werden zwei getrennte, aber miteinander in Verbindung stehende Ausschüsse einberufen; der eine wird aus Vertretern der vier Parteien bestehen und über den endgültigen Status des Westjordanlandes und Gazas sowie deren Verhältnis zu ihren Nachbarn verhandeln und befinden, der andere wird aus Vertretern Israels sowie Vertretern Jordaniens zusammen mit gewählten Vertretern der Bewohner des Westjordanlandes und Gazas bestehen und unter Berücksichtigung der bezüglich des endgültigen Status des Westjordanlandes und Gazas erreichten Vereinbarung einen Friedensvertrag zwischen Israel und Jordanien aushandeln. Die Verhandlungen werden sich auf alle Bestimmungen und Grundsätze der Resolution 242 des Sicherheitsrats der Vereinten Nationen gründen. Die Verhandlungen werden unter anderem den genauen Verlauf der Grenzen und die Art der Sicherheitsvorkehrungen festlegen. Die aus den Verhandlungen hervorgehende Regelung muß ferner den legitimen Rechten des palästinensischen Volkes und seinen rechtmäßigen Bedürfnissen Rechnung tragen. Auf diese Weise werden die Palästinenser an der Bestimmung ihrer Zukunft beteiligt – durch:

1) die Verhandlungen zwischen Ägypten, Israel, Jordanien und den Vertretern der Bewohner des Westjordanlandes und Gazas mit dem Ziel, sich auf den endgültigen Status des Westjordanlandes und Gazas und die Regelung anderer offener Fragen zum Ende der Übergangszeit zu einigen;
2) die Unterwerfung dieser Übereinkunft unter das Votum der gewählten Vertreter der Bewohner des Westjordanlandes und Gazas;
3) die Vorkehrung, daß die gewählten Vertreter der Bewohner des Westjordanlandes und Gazas darüber entscheiden, wie sie sich im Einklang mit den Bestimmungen dieser Übereinkunft selbst regieren wollen;
4) die Teilnahme an der Arbeit des Ausschusses, der einen Friedensvertrag zwischen Israel und Jordanien aushandelt, in der oben dargelegten Form.

2. Es werden alle notwendigen Maßnahmen ergriffen und Vorkehrungen getroffen, um die Sicherheit Israels und seiner Nachbarn während der Übergangszeit und danach zu gewährleisten. Um bei der Gewährleistung dieser Sicherheit behilflich zu sein, wird die Selbstverwaltungs-Körperschaft eine starke örtliche Polizeitruppe aufstellen. Sie wird sich aus Bewohnern des Westjordanlandes und Gazas rekrutieren.

Die Polizei wird in Angelegenheiten der inneren Sicherheit laufend Kontakt zu den dazu bestimmten israelischen, jordanischen und ägyptischen Beamten halten.

3. Während der Übergangszeit werden Vertreter Ägyptens, Israels, Jordaniens und der Selbstverwaltungs-Körperschaft einen Ständigen Ausschuß bilden, der durch Vereinbarung über die Modalitäten der Wiederaufnahme von Personen, die 1967 aus dem Westjordanland und Gaza ausgesiedelt wurden, entscheiden und im Zusammenhang damit die zur Verhütung von Unruhe und Unordnung notwendigen Maßnahmen ergreifen soll. Andere Angelegenheiten von gemeinsamem Belang können ebenfalls von diesem Ausschuß behandelt werden.

4. Ägypten und Israel werden miteinander und mit anderen interessierten Parteien in dem Bemühen zusammenarbeiten, vereinbarte Verfahrensregeln für eine schnelle, gerechte und dauerhafte Verwirklichung der Lösung des Flüchtlingsproblems zu treffen.

B. Ägypten–Israel

1. Ägypten und Israel verpflichten sich, zur Regelung von Streitfragen nicht auf die Androhung oder Anwendung von Gewalt zurückzugreifen. Alle entstehenden Streitfälle sollen im Einklang mit den Bestimmungen von Artikel 33 der Charta der Vereinten Nationen durch friedliche Mittel beigelegt werden.

2. Um Frieden zwischen ihnen herbeizuführen, kommen die Parteien überein, in redlicher Absicht zu verhandeln mit dem Ziel, innerhalb von drei Monaten nach Unterzeichnung dieser Rahmenvereinbarung einen Friedensvertrag miteinander abzuschließen, und sie laden die anderen Konfliktparteien ein, parallel hierzu Verhandlungen aufzunehmen und ähnliche Friedensverträge abzuschließen mit dem Ziel, einen umfassenden Frieden in der Region zu erreichen. Die Rahmenvereinbarung für den Abschluß eines Friedensvertrags zwischen Ägypten und Israel wird als Richtschnur für die Friedensverhandlungen zwischen ihnen dienen. Die Parteien werden die Modalitäten und den Zeitplan für die Verwirklichung ihrer Verpflichtungen aus dem Vertrag vereinbaren.

C. Damit zusammenhängende Grundsätze

1. Ägypten und Israel erklären, daß die nachstehend angeführten Grundsätze und Bestimmungen auf die Friedensverträge zwischen Israel und jedem seiner Nachbarn – Ägypten, Jordanien, Syrien und Libanon – Anwendung finden sollten.

2. Die Signatare sollen Beziehungen untereinander herstellen, wie sie für Staaten, die miteinander in Frieden leben, normal sind. Zu diesem Zweck sollten sie sich verpflichten, alle Bestimmungen der Charta der Vereinten Nationen einzuhalten. Die in dieser Hinsicht zu unternehmenden Schritte schließen folgendes ein:

(a) die volle Anerkennung;
(b) die Einstellung des wirtschaftlichen Boykotts;

(c) die Gewähr, daß unter ihrer Hoheitsgewalt die Bürger der anderen Parteien volle Rechtssicherheit genießen.

3. Die Signatare sollten die Möglichkeiten zu wirtschaftlicher Entwicklung im Zusammenhang mit den endgültigen Friedensverträgen prüfen mit dem Ziel, zur Schaffung der Atmosphäre des Friedens, der Zusammenarbeit und der Freundschaft beizutragen, die ihr gemeinsames Ziel ist.

4. Zur Regulierung gegenseitiger finanzieller Ansprüche können Regulierungsausschüsse eingesetzt werden.

5. Die Vereinigten Staaten sollen eingeladen werden, an den Gesprächen über Angelegenheiten teilzunehmen, die im Zusammenhang mit den Modalitäten der Durchführung der Verträge und der Aufstellung eines Zeitplans für die Ausführung der Verpflichtungen der Parteien stehen.

6. Der Sicherheitsrat der Vereinten Nationen soll ersucht werden, die Friedensverträge zu billigen und sicherzustellen, daß ihre Bestimmungen nicht verletzt werden. Die Ständigen Mitglieder des Sicherheitsrats sollen ersucht werden, die Friedensverträge zu garantieren und die Einhaltung ihrer Bestimmungen sicherzustellen. Sie sollen ferner ersucht werden, ihre Politik und Handlungsweise auf die in dieser Rahmenvereinbarung eingeschlossenen Verpflichtungen abzustimmen.

Ein Rahmen für den Abschluß eines Friedensvertrags zwischen Ägypten und Israel

Um untereinander Frieden zu erreichen, kommen Israel und Ägypten überein, in redlicher Absicht miteinander zu verhandeln mit dem Ziel, innerhalb von drei Monaten nach Unterzeichnung dieser Rahmenvereinbarung einen Friedensvertrag miteinander abzuschließen.

Es wird vereinbart:

Der Verhandlungsort wird an einem Platz oder an Plätzen, auf die man sich einigt, unter der Flagge der Vereinten Nationen stehen.

Alle Grundsätze der UN-Resolution 242 werden auf die Beilegung des Streites zwischen Israel und Ägypten Anwendung finden.

Soweit nicht anderweitig vereinbart, werden die Bestimmungen des Friedensvertrags zwei bis drei Jahre nach Unterzeichnung des Friedensvertrags verwirklicht sein.

Folgende Angelegenheiten werden zwischen beiden Parteien vereinbart:

a) die volle Ausübung der ägyptischen Souveränität bis zur international anerkannten Grenze zwischen Ägypten und dem Mandatsgebiet Palästina;
b) der Abzug der israelischen Streitkräfte aus Sinai;
c) die Benutzung der Flugplätze, die die Israelis bei El Arisch, Rafah, Ras en Nagb und Sharm el Sheikh hinterlassen, für ausschließlich

zivile Zwecke, einschließlich einer möglichen kommerziellen Nutzung durch alle Länder;

d) das Recht der freien Durchfahrt israelischer Schiffe durch den Golf von Suez und den Suezkanal gemäß der für alle Staaten geltenden Konvention von Konstantinopel aus dem Jahre 1888; die Straße von Tiran und der Golf von Akaba [Eilat] sind internationale Wasserstraßen, die allen Ländern für unbehinderte und nicht aufzuhebende Freiheit der Schiffahrt und der Überfliegung offenstehen müssen;

e) der Bau einer Landstraße zwischen Sinai und Jordanien bei Eilat mit Garantie der freien und friedlichen Benutzung durch Ägypten und Jordanien;

f) die Stationierung der nachstehend aufgeführten militärischen Kräfte.

Stationierung von Streitkräften

A. In dem Gebiet, das sich etwa 50 km östlich des Golfes von Suez und des Suezkanals erstreckt, wird nicht mehr als eine Division (motorisiert oder Infanterie) der ägyptischen Streitkräfte stationiert.

B. In einem Gebiet westlich der internationalen Grenze und des Golfs von Akaba mit einer Tiefe von 20 bis 40 km werden nur Truppen der Vereinten Nationen und zivile Polizeikräfte stationiert, die mit leichten Waffen zur Wahrnehmung normaler Polizeifunktionen ausgerüstet sind.

C. In dem Gebiet innerhalb von 3 km östlich der internationalen Grenze werden beschränkte israelische Streitkräfte in Stärke von höchstens vier Infanteriebataillonen sowie Beobachter der Vereinten Nationen anwesend sein.

D. Grenzschutz-Einheiten in Stärke von höchstens drei Bataillonen werden die zivile Polizei bei der Aufrechterhaltung der Ordnung in dem Gebiet ergänzen, das nicht zu den vorstehend aufgeführten Bereichen gehört.

Die genaue Begrenzung der vorstehend genannten Gebiete wird in den Friedensverhandlungen festgelegt.

Frühwarnstationen sind gestattet, um die Einhaltung der Vertragsbestimmungen sicherzustellen.

Truppen der Vereinten Nationen werden stationiert: (a) in einem Teil des Gebiets in Sinai, das innerhalb von etwa 20 km entlang dem Mittelmeer und der internationalen Grenze liegt, und (b) im Gebiet von Sharm el Sheikh, um die Freiheit der Durchfahrt durch die Straße von Tiran zu gewährleisten; und diese Truppen werden so lange nicht abgezogen werden, wie ihr Abzug nicht vom Sicherheitsrat der Vereinten Nationen mit dem einheitlichen Votum der fünf Ständigen Mitglieder gebilligt wird.

Nach Unterzeichnung eines Friedensvertrags und nach Beendigung des vorläufigen Abzugs werden normale Beziehungen zwischen Ägypten und Israel hergestellt, die die volle Anerkennung einschließlich der Aufnahme diplomatischer, wirtschaftlicher und kultureller Beziehungen, die Aufhebung des Wirtschaftsboykotts und der Beschränkungen der Freizügigkeit von Waren und Menschen sowie die gegenseitige Gewährleistung der Rechtssicherheit für alle Bürger einschließen.

Vorläufiger Abzug

Drei bis neun Monate nach Unterzeichnung des Friedensvertrags werden sich alle israelischen Streitkräfte ostwärts hinter eine Linie zurückziehen, die von einem Punkt östlich von El Arisch bis Ras Mohammed reicht und deren genauer Verlauf durch Vereinbarungen festgelegt wird.

Briefwechsel zu den Vereinbarungen von Camp David zwischen den Regierungschefs von Ägypten, Anwar el-Sadat, sowie von Israel, Menachem Begin, und dem Präsidenten der Vereinigten Staaten, Jimmy Carter (Auswahl. Fortgelassen sind die Begleitschreiben Carters, mit denen er lediglich Schreiben Sadats an Begin weiterleitete und umgekehrt.)

Sadat an Carter, 17. September 1978
Betrifft: Israelische Siedlungspolitik

Sehr geehrter Herr Präsident,

im Zusammenhang mit der »Rahmenvereinbarung für eine Regelung in Sinai«, die heute abend unterzeichnet werden soll, möchte ich den Standpunkt der Arabischen Republik Ägypten in bezug auf die Siedlungen bekräftigen:

1. Alle israelischen Siedler müssen aus dem Sinai gemäß einem Zeitplan innerhalb der Zeitspanne abgezogen werden, die für die Durchführung des Friedensvertrags festgesetzt wird.
2. Die Zustimmung der israelischen Regierung und der verfassungsmäßigen Institutionen zu diesem Grundprinzip ist deshalb eine Vorbedingung für die Aufnahme von Friedensverhandlungen zum Zwecke des Abschlusses eines Friedensvertrags.
3. Sollte Israel es versäumen, dieser Verpflichtung nachzukommen, soll die »Rahmenvereinbarung« null und nichtig sein.

Mit vorzüglicher Hochachtung
Mohammed Anwar el-Sadat

Begin an Carter, 17. September 1978
Betrifft: Israelische Siedlungspolitik

Sehr geehrter Herr Präsident,

ich beehre mich, Ihnen mitzuteilen, daß ich innerhalb von zwei Wochen nach meiner Rückkehr im israelischen Parlament (der Knesset) einen Antrag einbringen werde, folgende Frage zu entscheiden:

Für den Fall, daß im Verlauf der Verhandlungen zum Abschluß eines Friedensvertrags zwischen Israel und Ägypten eine Einigung über alle offenen Fragen zustande kommt, »sind Sie für eine Rückführung der israelischen Siedler aus den nördlichen und südlichen Sinai-Gebieten, oder sind Sie für die Belassung der genannten Siedler in jenen Gebieten?«

Die Abstimmung über diese Frage, Herr Präsident, wird völlig ohne den üblichen parlamentarischen Fraktionszwang erfolgen, so daß jedes Mitglied der Knesset ungeachtet der Tatsache, daß die Koalition gegenwärtig von 70 der 120 Mitglieder unterstützt wird, meines Erachtens sowohl auf den Regierungs- als auch auf den Oppositionsbänken in der Lage ist, entsprechend seiner eigenen Gewissensentscheidung zu stimmen.

Mit vorzüglicher Hochachtung
Menachem Begin

Sadat an Carter, 17. September 1978
Betrifft: Status Jerusalems

Sehr geehrter Herr Präsident,

ich schreibe Ihnen, um den Standpunkt der Arabischen Republik Ägypten in bezug auf Jerusalem zu bekräftigen:

1. Das arabische Jerusalem ist integrierender Teil des Westjordanlandes. Juristische und historische Rechte der Araber in der Stadt müssen geachtet und wiederhergestellt werden.

2. Das arabische Jerusalem sollte arabischer Souveränität unterstehen.

3. Die palästinensischen Bewohner des arabischen Jerusalem haben Anspruch darauf, ihre legitimen nationalen Rechte auszuüben, da sie Teil des palästinensischen Volkes im Westjordanland sind.

4. Die einschlägigen Resolutionen des Sicherheitsrats, im besonderen die Resolutionen 242 und 267, müssen auf Jerusalem angewandt werden. Alle Maßnahmen, die seitens Israels ergriffen worden sind, um den Status der Stadt zu verändern, sind null und nichtig und sollten rückgängig gemacht werden.

5. Alle Völker müssen freien Zugang zu der Stadt haben und ohne Unterschied und Diskriminierung freie Religionsausübung und das Recht des Besuchs der heiligen Stätten sowie des Transits zu ihnen genießen.

6. Die heiligen Stätten jedes Glaubens können der Verwaltung und Kontrolle von Vertretern desselben unterstellt werden.

7. Die lebenswichtigen Funktionen der Stadt sollten ungeteilt sein, und ein gemeinsamer Stadtrat aus einer gleich großen Zahl von arabi-

schen und israelischen Mitgliedern kann die Ausführung dieser Funktionen überwachen. Auf diese Weise soll die Stadt ungeteilt sein.

Mit vorzüglicher Hochachtung
Mohammed Anwar el-Sadat

Begin an Carter, 17. September 1978

Betrifft: Status Jerusalems

Sehr geehrter Herr Präsident,
ich beehre mich, Ihnen, Herr Präsident, mitzuteilen, daß das israelische Parlament (die Knesset) am 28. Juni 1967 ein Gesetz verabschiedet und gebilligt hat, das besagt: »Die Regierung ist ermächtigt, durch Erlaß das Recht, die Jurisdiktion und die Verwaltung des Staates auf jeden Teil von Eretz Yisrael (Land Israel–Palästina) gemäß jenem Erlaß zur Anwendung zu bringen.«

Auf der Grundlage dieses Gesetzes verfügte die Regierung von Israel im Juli 1967, daß Jerusalem eine unteilbare Stadt ist, die Hauptstadt des Staates Israel.

Mit vorzüglicher Hochachtung
Menachem Begin

Sadat an Carter, 17. September 1978

Betrifft: Vertretung arabischer Interessen

Sehr geehrter Herr Präsident,
im Zusammenhang mit der »Rahmenvereinbarung für den Frieden im Nahen Osten« richte ich dieses Schreiben an Sie, um Sie über den Standpunkt der Arabischen Republik Ägypten in bezug auf die Verwirklichung der umfassenden Regelung zu unterrichten.

Um die Durchführung der das Westjordanland und Gaza betreffenden Bestimmungen sicherzustellen und die legitimen Rechte des palästinensischen Volkes zu gewährleisten, ist Ägypten bereit, nach Konsultationen mit Jordanien und den Vertretern des palästinensischen Volkes die arabische Rolle zu übernehmen, die sich aus diesen Bestimmungen ergibt.

Mit vorzüglicher Hochachtung
Mohammed Anwar el-Sadat

Carter an Sadat, 22. September 1978

Betrifft: Status Jerusalems

Sehr geehrter Herr Präsident,

ich habe Ihr Schreiben vom 17. September 1978 erhalten, in dem Sie den ägyptischen Standpunkt in bezug auf Jerusalem darlegen. Ich übersende Ministerpräsident Begin eine Abschrift des Schreibens zu seiner Information.

Der Standpunkt der Vereinigten Staaten in bezug auf Jerusalem bleibt so, wie er von Botschafter Goldberg vor der Generalversammlung der Vereinten Nationen am 14. Juli 1967 und in der Folge von Botschafter Yost vor dem Sicherheitsrat der Vereinten Nationen am 1. Juli 1969 dargelegt wurde.

Mit vorzüglicher Hochachtung
Jimmy Carter

Carter an Begin, 22. September 1978

Betrifft: Palästinenser-Problem

Sehr geehrter Herr Ministerpräsident,

ich bestätige hiermit, daß Sie mich über folgendes unterrichtet haben:

A) In jedem Absatz des Dokuments mit der Rahmenvereinbarung werden die Bezeichnungen »Palästinenser« und »palästinensisches Volk« von Ihnen heute und in Zukunft als »palästinensische Araber« ausgelegt und verstanden.

B) In jedem Absatz, in dem der Ausdruck »Westjordanland« erscheint, wird er von der Regierung von Israel heute und in Zukunft als Judäa und Samaria verstanden.

Mit vorzüglicher Hochachtung
Jimmy Carter

Friedensvertrag zwischen der Arabischen Republik Ägypten und dem Staat Israel

Die Regierung der Arabischen Republik Ägypten und die Regierung des Staats Israel

Präambel

überzeugt von der dringenden Notwendigkeit, einen gerechten, umfassenden und dauerhaften Frieden im Nahen Osten in Übereinstimmung mit den Resolutionen 242 und 338 des Sicherheitsrats zu schaffen;

unter Bekräftigung ihres Festhaltens an dem »Rahmen für den Frieden im Nahen Osten, vereinbart in Camp David«, vom 17. September 1978;

mit der Feststellung, daß der genannte Rahmen in angemessener Weise dazu bestimmt ist, eine Grundlage zu bilden für den Frieden nicht nur zwischen Ägypten und Israel, sondern auch zwischen Israel und jedem seiner anderen arabischen Nachbarn, der bereit ist, mit ihm auf dieser Grundlage über Frieden zu verhandeln;

in dem Wunsche, den Kriegszustand zwischen ihnen zu beenden und einen Frieden zu schaffen, in dem jeder Staat der Region in Sicherheit leben kann;

in der Überzeugung, daß der Abschluß eines Friedensvertrags zwischen Ägypten und Israel ein bedeutender Schritt in dem Streben nach einem umfassenden Frieden in der Region und nach der Regelung des arabisch-israelischen Konflikts in allen seinen Aspekten ist;

unter Einladung der anderen arabischen Konfliktparteien dieses Streites, sich dem Prozeß des Friedens mit Israel anzuschließen, der von den Grundsätzen des genannten Rahmens geleitet wird und auf ihnen beruht;

ferner in dem Wunsche, freundschaftliche Beziehungen und Zusammenarbeit untereinander in Übereinstimmung mit der Charta der Vereinten Nationen und mit den für internationale Beziehungen in Friedenszeiten gültigen Prinzipien des Völkerrechts zu entwickeln;

vereinbaren in freier Ausübung ihrer Souveränität zur Ausfüllung des »Rahmens für den Abschluß eines Friedensvertrags zwischen Ägypten und Israel« die folgenden Bestimmungen:

Artikel I

1. Der Kriegszustand zwischen den Parteien wird beendet, und mit dem Austausch der Ratifikationsurkunden zu diesem Vertrag wird zwischen ihnen Frieden geschlossen.

2. Israel zieht alle seine bewaffneten Kräfte und sein Zivilpersonal aus Sinai hinter die internationale Grenze zwischen Ägypten und dem Mandatsgebiet Palästina zurück, wie in dem anhängenden Protokoll (Anhang I) vorgesehen, und Ägypten nimmt die Ausübung seiner vollen Souveränität über Sinai wieder auf.

3. Nach Abschluß des in Anhang I vorgesehenen vorläufigen Rückzugs nehmen die Parteien normale und freundschaftliche Beziehungen gemäß Artikel III, 3 auf.

Artikel II

Die ständige Grenze zwischen Ägypten und Israel ist die anerkannte internationale Grenze zwischen Ägypten und dem ehemaligen Mandatsgebiet Palästina, wie sie auf der als Anhang II beigefügten Karte verzeichnet ist; dies berührt nicht die Frage des Status des Gaza-Streifens. Die Parteien erkennen diese Grenze als unverletzlich an. Jede von ihnen wird die territoriale Integrität der anderen, einschließlich ihrer Hoheitsgewässer und ihres Luftraumes, respektieren.

Artikel III

1. Die Parteien werden untereinander die Bestimmungen der Charta der Vereinten Nationen und die für zwischenstaatliche Beziehungen in Friedenszeiten gültigen Prinzipien des Völkerrechts anwenden. Sie werden im besonderen

a) gegenseitig die Souveränität, territoriale Integrität und politische Unabhängigkeit anerkennen und respektieren;
b) gegenseitig das Recht anerkennen und respektieren, in Frieden innerhalb sicherer und anerkannter Grenzen zu leben;
c) sich der Androhung und Anwendung von Gewalt gegeneinander, sei es in direkter oder indirekter Weise, enthalten und alle zwischen ihnen entstehenden Streitfälle mit friedlichen Mitteln regeln.

2. Jede der beiden Parteien verpflichtet sich zu gewährleisten, daß von ihrem Gebiet, von ihrer Befehlsgewalt unterstehenden Kräften oder irgendwelchen anderen in ihrem Gebiet befindlichen Kräften keinerlei Akte oder Drohungen der Kriegführung, Feindseligkeit oder Gewalttätigkeit gegen die Bevölkerung, die Bürger oder Sachwerte der anderen Seite ausgehen oder unternommen werden. Jede Partei verpflichtet sich ferner, von der Organisation, Anstiftung, Anregung und Unterstützung von Akten oder Drohungen der Kriegführung, Feindseligkeit, Unterwühlung oder Gewalttätigkeit gegen die andere Partei sowie der Teilnahme an solchen Akten allerorts Abstand zu nehmen, und verpflichtet sich zu gewährleisten, daß gerichtlich verfolgt wird, wer solche Akte verübt.

3. Die Parteien stimmen darin überein, daß das zwischen ihnen hergestellte normale Verhältnis volle Anerkennung, diplomatische, wirtschaftliche und kulturelle Beziehungen sowie die Aufhebung wirtschaftlicher Boykotte und diskriminierender Schranken für die Freizügigkeit von Menschen und Gütern einschließt, und sie werden gewährleisten, daß ihre Bürger auf Gegenseitigkeit volle Rechtssicherheit genießen. Das Verfahren, gemäß dem sie sich zur Herstellung eines solchen Verhältnisses parallel zur Durchführung der anderen Bestimmungen dieses Vertrages verpflichten, ist in dem anhängenden Protokoll (Anhang III) festgelegt.

Artikel IV

1. Um beiden Parteien auf der Grundlage der Gegenseitigkeit maximale Sicherheit zu gewähren, werden vereinbarte Sicherheitsregelungen eingeführt, die Zonen mit Beschränkung der militärischen Kräfte auf ägyptischem und israelischem Gebiet sowie Truppen und Beobachter der Vereinten Nationen einschließen; Art und Zeitplan dieser Maßnahmen sind im Anhang I im einzelnen beschrieben. Die Parteien können weitere Sicherheitsregelungen vereinbaren.

2. Die Parteien erklären sich mit der Stationierung von Personal der

Vereinten Nationen in den in Anhang I bezeichneten Gebieten einverstanden. Die Parteien vereinbaren, daß sie nicht den Abzug des Personals der Vereinten Nationen verlangen werden und daß dieses Personal – soweit die Parteien nichts anderes vereinbaren – nicht abgezogen wird, sofern sein Abzug nicht vom Sicherheitsrat der Vereinten Nationen unter Zustimmung seiner fünf ständigen Mitglieder gebilligt wird.

3. Es wird eine Gemischte Kommission eingesetzt, um die Durchführung des Vertrages gemäß den Bestimmungen von Anhang I zu fördern.

4. Die in den Absätzen 1 und 2 dieses Artikels vorgesehenen Sicherheitsregelungen können auf Ersuchen jeder der beiden Parteien überprüft und im gegenseitigen Einvernehmen der Parteien geändert werden.

Artikel V

1. Schiffe Israels und für Israel bestimmte oder von dort kommende Frachtgüter genießen das Recht der freien Passage durch den Suezkanal und durch seine Zugänge im Golf von Suez und im Mittelmeer gemäß der für alle Staaten geltenden Konvention von Konstantinopel von 1888. Israelische Staatsangehörige, Schiffe und Frachtgüter sowie Personen, Schiffe und Frachtgüter, die nach Israel gehen oder von dort kommen, erfahren in allen mit der Benutzung des Kanals zusammenhängenden Angelegenheiten nichtdiskriminierende Behandlung.

2. Die Parteien betrachten die Straße von Tiran und den Golf von Akaba als internationale Wasserstraßen, die allen Staaten für unbehinderte und nicht aufzuhebende Freiheit der Schiffahrt und des Überfliegens offenstehen. Die Parteien werden gegenseitig das Recht auf Zugang zu jedem der beiden Länder durch Befahren oder Überfliegen der Straße von Tiran und des Golfes von Akaba respektieren.

Artikel VI

1. Dieser Vertrag berührt in keiner Weise die Rechte und Pflichten der Parteien aus der Charta der Vereinten Nationen, und er darf auch nicht in diesem Sinne ausgelegt werden.

2. Die Parteien verpflichten sich, nach Treu und Glauben ihre Pflichten aus diesem Vertrag zu erfüllen ohne Rücksicht auf das Handeln oder Nichthandeln irgendeiner anderen Partei und unabhängig von jeglichem nicht zu diesem Vertrag gehörenden Instrument.

3. Sie verpflichten sich ferner, alle erforderlichen Maßnahmen zu ergreifen, um auf ihre Beziehungen die Bestimmungen der multilateralen Konventionen anzuwenden, deren Vertragsparteien sie sind, einschließlich entsprechender Notifizierung an den Generalsekretär der Vereinten Nationen und andere Depositare von solchen Konventionen.

4. Die Parteien verpflichten sich, keine Verpflichtung einzugehen, die im Konflikt mit diesem Vertrag stehen würde.

5. Vorbehaltlich Artikel 103 der Charta der Vereinten Nationen, sind im Falle eines Konflikts zwischen den Pflichten der Parteien aus dem

vorliegenden Vertrag und irgendeiner anderen Verpflichtung die Pflichten aus diesem Vertrag verbindlich und zu erfüllen.

Artikel VII

1. Streitigkeiten, die sich aus der Anwendung oder Auslegung dieses Vertrages ergeben, sind auf dem Verhandlungswege beizulegen.

2. Derartige Streitfälle, die nicht durch Verhandlungen beigelegt werden können, sind durch Vermittlung zu lösen oder einem Schiedsgericht zu unterbreiten.

Artikel VIII

Die Parteien vereinbaren die Bildung eines Regulierungsausschusses für die gegenseitige Regelung aller finanziellen Ansprüche.

Artikel IX

1. Dieser Vertrag tritt mit Austausch der Ratifikationsurkunden in Kraft.

2. Dieser Vertrag hebt das Abkommen zwischen Ägypten und Israel vom September 1975 auf.

3. Alle Protokolle, Anhänge und Karten, die diesem Vertrag beigefügt sind, gelten als integraler Bestandteil des Vertrages.

4. Der Vertrag wird dem Generalsekretär der Vereinten Nationen zur Registrierung gemäß den Bestimmungen von Artikel 102 der Charta der Vereinten Nationen zugeleitet.

Geschehen zu Washington, D. C., am 26. Tage des März 1979 in drei Ausfertigungen in englischer, arabischer und hebräischer Sprache, von denen jede Fassung gleichermaßen authentisch ist. Im Falle einer Divergenz der Auslegung ist der englische Wortlaut maßgebend.

Für die Regierung der Arabischen
Republik Ägypten
Sadat

Für die Regierung des
Staates Israel
M. Begin

Bezeugt durch:
Jimmy Carter
Präsident der Vereinigten Staaten von Amerika

Anhang I: Protokoll über den israelischen Abzug und die Sicherheitsregelungen

Artikel I: Plan des Abzugs

1. Israel wird den Abzug aller seiner bewaffneten Kräfte und seines Zivilpersonals aus Sinai spätestens drei Jahre nach dem Datum des Austausches der Ratifikationsurkunden zu diesem Vertrag abschließen.

2. Um die gegenseitige Sicherheit der Parteien zu gewährleisten, wird die Durchführung des phasenweisen Rückzugs von den militärischen Maßnahmen und der Einrichtung von Zonen – im folgenden »die Zonen« genannt – begleitet, wie sie in diesem Anhang und in Karte 1 beschrieben sind.

3. Der Abzug von Sinai erfolgt in zwei Phasen:

a) vorläufiger Rückzug hinter die Linie von einem Punkt östlich von el-Arisch nach Ras Mohammed, wie auf Karte 2 verzeichnet, binnen neun Monaten nach dem Datum des Austausches der Ratifikationsurkunden zu diesem Vertrag;

b) endgültiger Abzug von Sinai hinter die internationale Grenze spätestens drei Jahre nach dem Datum des Austausches der Ratifikationsurkunden zu diesem Vertrag.

4. Unmittelbar nach dem Austausch der Ratifikationsurkunden zu diesem Vertrag wird eine Gemischte Kommission gebildet, um während des Rückzugs Bewegungen und Zeitpläne zu überwachen und zu koordinieren und innerhalb des durch Absatz 3 gesetzten Rahmens Programme und Zeitpläne im erforderlichen Maße anzupassen. Einzelheiten bezüglich der Gemischten Kommission sind in Artikel IV der beigefügten Anlage geregelt. Die Gemischte Kommission wird nach Vollendung des endgültigen israelischen Abzugs aus Sinai aufgelöst.

Artikel II: Festlegung der endgültigen Linien und Zonen

1. Um beiden Parteien nach dem endgültigen Abzug maximale Sicherheit zu gewähren, werden die in Karte 1 verzeichneten Linien und Zonen folgendermaßen festgelegt bzw. organisiert:

A. Zone A

1) Zone A wird im Osten durch Linie A (rote Linie) und im Westen durch den Suezkanal und die östliche Küste des Golfes von Suez begrenzt, wie auf Karte 1 dargestellt.

2) In dieser Zone wird eine ägyptische Streitmacht in Stärke von einer motorisierten Infanterie-Division nebst deren militärischen Anlagen und Feldbefestigungen stehen.

3) Die Hauptelemente dieser Division bestehen aus
   a) drei motorisierten Infanterie-Brigaden;
   b) einer Panzerbrigade;
   c) sieben Feldartillerie-Bataillonen mit höchstens 126 Geschützen;
   d) sieben Luftabwehr-Bataillonen mit Boden-Luft-Flugkörpern auf

Einzel-Abschußvorrichtung sowie höchstens 126 Luftabwehr-Kanonen mit Kaliber 37 mm und darüber;
e) höchstens 230 Panzern;
f) höchstens 480 gepanzerten Mannschaftsfahrzeugen aller Typen;
g) einer Gesamtstärke von höchstens 22000 Mann.

B. Zone B
1) Zone B wird begrenzt durch Linie B (grüne Linie) im Osten und Linie A (rote Linie) im Westen, wie auf Karte 1 dargestellt.
2) In Zone B werden ägyptische Grenzschutzeinheiten in Stärke von vier Bataillonen, die mit leichten Waffen und Räderfahrzeugen ausgerüstet sind, die Sicherheit gewährleisten und die zivile Polizei bei der Aufrechterhaltung der Ordnung unterstützen. Die Hauptelemente der vier Grenzschutz-Bataillone bestehen aus höchstens 4000 Mann Gesamtstärke.
3) An der Küste dieser Zone dürfen landgestützte Küstenfunkstellen der Grenzschutzeinheiten mit geringer Reichweite und Leistung eingerichtet werden.
4) In Zone B werden Feldbefestigungen und militärische Anlagen für die vier Grenzschutz-Bataillone eingerichtet.

C. Zone C
1) Zone C wird begrenzt durch Linie B (grüne Linie) im Westen und die internationale Grenze sowie den Golf von Akaba im Osten, wie auf Karte 1 dargestellt.
2) In Zone C werden nur Truppen der Vereinten Nationen und ägyptische zivile Polizei stationiert.
3) Die mit leichten Waffen ausgerüstete ägyptische zivile Polizei übt in dieser Zone normale Polizeifunktionen aus.
4) Die Streitmacht der Vereinten Nationen wird in der Zone C stationiert und übt dort die in Artikel VI dieses Anhangs definierten Funktionen aus.
5) Die Streitmacht der Vereinten Nationen wird vorwiegend in Lagern stationiert, die innerhalb der folgenden, auf Karte 1 verzeichneten Stationierungsgebiete liegen, und sie wird ihre genauen Standorte nach Konsultationen mit Ägypten festlegen
   a) in demjenigen Teil des Gebiets in Sinai, der rund 20 km landeinwärts vom Mittelmeer liegt und an die internationale Grenze anschließt;
   b) im Gebiet von Sharm el-Sheikh.

D. Zone D
1) Zone D wird begrenzt durch Linie D (blaue Linie) im Osten und die internationale Grenze im Westen, wie auf Karte 1 dargestellt.
2) In dieser Zone werden eine begrenzte israelische Streitmacht von vier Infanterie-Bataillonen nebst ihren militärischen Anlagen und

Feldbefestigungen sowie Beobachter der Vereinten Nationen stehen.

3) Zu den israelischen Truppen in Zone D werden keine Panzer, keine Artillerie und keine Luftabwehr-Flugkörper, außer Boden-Luft-Flugkörpern auf Einzel-Abschußvorrichtung, gehören.

4) Die Hauptelemente der vier israelischen Infanterie-Bataillone bestehen aus höchstens 180 gepanzerten Mannschaftsfahrzeugen und höchstens 4000 Mann Gesamtstärke.

2. Der Übergang über die internationale Grenze wird nur über Grenzkontrollstellen erlaubt, die von jeder der beiden Parteien festgelegt werden und ihrer Kontrolle unterstehen. Der Grenzübertritt erfolgt gemäß den Gesetzen und Bestimmungen des jeweiligen Landes.

3. In den Zonen sollen sich nur diejenigen Feldbefestigungen, militärischen Anlagen, Truppen und Waffen befinden, die durch diesen Anhang ausdrücklich zugelassen werden.

Artikel III: Ordnung für die militärische Luftfahrt

1. Flüge von Kampfflugzeugen sowie Aufklärungsflüge Ägyptens und Israels dürfen nur über den Zonen A bzw. D stattfinden.

2. In den Zonen A bzw. D werden nur unbewaffnete, nicht für Kampfeinsatz bestimmte Flugzeuge Ägyptens und Israels stationiert.

3. In Zone B werden nur unbewaffnete ägyptische Transportflugzeuge starten und landen, und es dürfen in Zone B höchstens acht Flugzeuge dieser Art unterhalten werden. Die ägyptischen Grenzschutzeinheiten dürfen in Zone B mit unbewaffneten Hubschraubern zur Ausübung ihrer Funktionen ausgerüstet werden.

4. Die ägyptische zivile Polizei in Zone C darf mit unbewaffneten Polizeihubschraubern zur Ausübung normaler Polizeifunktionen ausgerüstet werden.

5. In den Zonen dürfen nur zivile Flugplätze angelegt werden.

6. Unbeschadet der Bestimmungen dieses Vertrages sind in den Zonen und im Luftraum über den zugehörigen Territorialgewässern nur diejenigen Aktivitäten der militärischen Luftfahrt erlaubt, die in diesem Anhang ausdrücklich zugelassen sind.

Artikel IV: Ordnung für die militärische Schiffahrt

1. Ägypten und Israel dürfen an den Küsten der Zonen A bzw. D Kriegsschiffe stationieren und operieren lassen.

2. In den Territorialgewässern der Zone B dürfen leicht bewaffnete ägyptische Küstenwachtboote stationiert sein und operieren, um die Grenzschutzeinheiten in der Ausübung ihrer Funktionen in dieser Zone zu unterstützen.

3. In den Territorialgewässern der Zone C wird leicht bewaffnete ägyptische zivile Polizei mit leichten Booten normale Polizeifunktionen ausüben.

4. Nichts in diesem Anhang darf so ausgelegt werden, als beeinträch-

tige es das Recht der friedlichen Passage von Kriegsschiffen jeder der beiden Parteien.

5. In den Zonen dürfen nur zivile Seehäfen und Küstenanlagen gebaut werden.

6. Unbeschadet der Bestimmungen dieses Vertrages sind in den Zonen und den zugehörigen Territorialgewässern nur diejenigen Aktivitäten der Kriegsmarine erlaubt, die durch diesen Anhang ausdrücklich zugelassen sind.

Artikel V: Frühwarnsysteme

Ägypten und Israel dürfen Frühwarnsysteme nur in den Zonen A bzw. D errichten und betreiben.

Artikel VI: Operationen der Vereinten Nationen

1. Die Parteien werden die Vereinten Nationen ersuchen, Truppen und Beobachter abzustellen, um die Durchführung dieses Anhangs zu überwachen und sich nach Kräften zu bemühen, Verletzungen seiner Bestimmungen zu verhindern.

2. Bezüglich dieser Truppen und Beobachter der Vereinten Nationen kommen die Parteien überein, in angemessener Weise um die folgenden Vorkehrungen zu ersuchen:

a) Betrieb von Kontrollpunkten, Streifengängen und Beobachtungsposten längs der internationalen Grenze, längs Linie B und innerhalb von Zone C;
b) periodische Verifizierung der Durchführung der Bestimmungen dieses Anhangs, die mindestens zweimal monatlich vorzunehmen ist, sofern die Parteien nichts anderes vereinbaren;
c) zusätzliche Verifizierungen binnen 48 Stunden nach Erhalt eines Ersuchens von einer der beiden Parteien;
d) Gewährleistung der Freiheit der Schiffahrt durch die Straße von Tiran entsprechend Artikel V des Friedensvertrags.

3. Die in diesem Artikel für jede der Zonen beschriebenen Vorkehrungen werden in den Zonen A, B und C durch die Streitmacht der Vereinten Nationen und in der Zone D durch Beobachter der Vereinten Nationen ausgeführt.

4. Die Verifizierungsteams der Vereinten Nationen werden von Verbindungsoffizieren der jeweiligen Partei begleitet.

5. Die Streitmacht und die Beobachter der Vereinten Nationen werden ihre Feststellungen beiden Parteien mitteilen.

6. Die Streitmacht und die Beobachter der Vereinten Nationen, die in den Zonen operieren, werden Bewegungsfreiheit und die sonst für die Erfüllung ihrer Aufgaben erforderlichen Erleichterungen genießen.

7. Die Streitmacht und die Beobachter der Vereinten Nationen sind nicht befugt, das Überschreiten der internationalen Grenze zu gestatten.

8. Die Parteien werden sich über die Nationen einigen, aus denen die Streitmacht und die Beobachter der Vereinten Nationen rekrutiert wer-

den sollen. Sie werden nur aus Nationen rekrutiert werden, die keine ständigen Mitglieder des Sicherheitsrats der Vereinten Nationen sind.

9. Die Parteien sind damit einverstanden, daß die Vereinten Nationen die Befehlsregelungen treffen, die am besten geeignet sind, die wirksame Erfüllung ihrer Aufgaben zu gewährleisten.

Artikel VII: Verbindungssystem

1. Nach Auflösung der Gemischten Kommission wird zwischen den Parteien ein Verbindungssystem eingerichtet. Dieses Verbindungssystem ist dazu bestimmt, eine wirksame Methode zu bieten, um den Fortgang der Durchführung der Verpflichtungen gemäß diesem Anhang zu beobachten, Probleme zu lösen, die im Laufe der Durchführung auftreten können, und andere ungelöste Fragen den jeweiligen höheren militärischen Dienststellen der beiden Länder zur Erwägung zu unterbreiten. Es ist ferner dazu bestimmt, Situationen zu verhindern, die sich aus Irrtümern oder Fehlinterpretationen seitens der einen oder der anderen Partei ergeben.

2. Ein ägyptisches Verbindungsbüro wird in der Stadt el-Arisch eingerichtet und ein israelisches Verbindungsbüro in der Stadt Beerscheba. Jedes Büro wird von einem Offizier des jeweiligen Landes geleitet, dem eine Anzahl weitere Offiziere zur Seite steht.

3. Zwischen den beiden Büros wird eine direkte Telefonverbindung eingerichtet, und ebenso werden von beiden Büros direkte Telefonverbindungen mit dem Kommando der Vereinten Nationen unterhalten.

Artikel VIII: Achtung vor Kriegsgedenkstätten

Jede der beiden Parteien verpflichtet sich, die zum Andenken an Soldaten der anderen Partei errichteten Kriegsgedenkstätten, das heißt die von Israel in Sinai errichteten und die von Ägypten in Israel zu errichtenden, in gutem Zustand zu erhalten, und sie wird den Zutritt zu solchen Gedenkstätten gewähren.

Artikel IX: Interimsregelung

Der Rückzug der israelischen Streitkräfte und des Zivilpersonals hinter die vorläufige Rückzugslinie sowie das Verhalten der Streitkräfte der beiden Parteien und der Vereinten Nationen bis zum endgültigen Abzug richten sich nach der beigefügten Anlage sowie nach den Karten 2 und 3.

Anlage zu Anhang I

Die umfangreiche Anlage zu Anhang I, die hier nicht wiedergegeben werden kann, enthält die Detailregelungen für den vorläufigen Rückzug der israelischen Truppen bis zur Linie el-Arisch–Ras Mohammed, die Aktivität der UN-Truppen während dieser Phase, die Tätigkeit und

Arbeitsweise der Gemischten Kommission, die Ordnung in der vorläufigen Pufferzone zwischen den Rückzugsphasen 1 und 2, die Übergabe von Anlagen der Infrastruktur und die Luftüberwachung. Die wichtigsten Bestimmungen lassen sich wie folgt zusammenfassen:

Während der ersten Rückzugsphase bleiben die Überwachungsbestimmungen des Abkommens von 1975 in Kraft, allerdings mit wechselndem geographischem Anwendungsbereich. Die israelischen Truppen ziehen sich in fünf Etappen auf die vorläufige Rückzugslinie zurück; ihnen rücken UN-Truppen nach und errichten jeweils interimistische Pufferzonen. Sieben Tage nach dem israelischen Abzug rücken ägyptische Truppen bzw. Grenzschutzeinheiten in die geräumten Gebiete ein, jedoch nur in dem Maße, wie es in Artikel II des Anhangs I vorgesehen ist.

Zeitplan der Räumung:

binnen 2 Monaten das Gebiet an der Mittelmeerküste bis el-Arisch (Zone I);

binnen 3 Monaten das Hinterland des Ölgebiets um Abu Rodeis (Zone II);

binnen 5 Monaten das Gebiet östlich von Zone II bis zur vorläufigen Rückzugslinie (Zone III);

binnen 7 Monaten die Südwestecke der Halbinsel Sinai (Zone IV);

binnen 9 Monaten das restliche Gebiet bis zur vorläufigen Rückzugslinie (Zone V); das sind die Gebiete östlich der Pässe Mitla und Gidi sowie ein Gebietsstreifen westlich des Berges Sinai.

Zu den Aufgaben der Gemischten Kommission gehören u.a. die Überwachung der zur Ausführung von Rückzug und Wiederbesetzung erforderlichen militärischen Bewegungen; die Demarkation aller Linien und Zonen sowie der internationalen Grenze; die Errichtung von Übergangsstellen über die vorläufige Rückzugslinie.

Westlich der vorläufigen Rückzugslinie wird interimistisch eine Pufferzone eingerichtet, die bis zum endgültigen Abzug von UN-Truppen kontrolliert wird. Israel darf in der Pufferzone vier militärische Beobachtungsposten unterhalten.

Alle Anlagen der Infrastruktur in den zu räumenden Gebieten, besonders Flughäfen, Straßen, Wasserwerke, Häfen, werden unter Aufsicht der Gemischten Kommission unversehrt übergeben; Minenfelder und sonstige militärische Sperren sind zu zerstören; wo dies nicht möglich ist, sind Lagepläne zu übergeben.

Die Vereinigten Staaten werden ersucht, bis zur Vollendung des Abzugs (in drei Jahren) Überwachungsflüge über dem gesamten Gebiet durchzuführen und ihre Frühwarnstationen im Gebiet der Pässe Gidi und Mitla weiter zu betreiben.

Anhang III: Protokoll über die Beziehungen zwischen den Vertragsparteien

Artikel 1: Diplomatische und konsularische Beziehungen

Die Parteien kommen überein, diplomatische und konsularische Beziehungen herzustellen und nach Abschluß des vorläufigen Rückzugs Botschafter auszutauschen.

Artikel 2: Wirtschafts- und Handelsbeziehungen

1. Die Parteien kommen überein, alle diskriminierenden Schranken für normale Wirtschaftsbeziehungen zu beseitigen und nach Abschluß des vorläufigen Rückzugs die wirtschaftlichen Boykottmaßnahmen auf beiden Seiten aufzuheben.

2. Zum frühestmöglichen Zeitpunkt und spätestens sechs Monate nach Abschluß des vorläufigen Rückzugs werden die Parteien in Verhandlungen mit dem Ziel eintreten, ein Handelsabkommen zum Zwecke der Förderung nützlicher Wirtschaftsbeziehungen abzuschließen.

Artikel 3: Kulturelle Beziehungen

1. Die Parteien kommen überein, nach Abschluß des vorläufigen Rückzugs normale kulturelle Beziehungen herzustellen.

2. Sie sind sich darüber einig, daß ein Kulturaustausch in allen Bereichen wünschenswert ist, und werden zum frühestmöglichen Zeitpunkt und spätestens sechs Monate nach Abschluß des vorläufigen Rückzugs in Verhandlungen mit dem Ziel eintreten, zu diesem Zwecke ein Kulturabkommen abzuschließen.

Artikel 4: Freizügigkeit

1. Nach Abschluß des vorläufigen Rückzugs wird jede der beiden Parteien die freie Bewegung von Staatsbürgern und Fahrzeugen der anderen Partei nach ihrem Hoheitsgebiet und innerhalb desselben gemäß den allgemeinen Regelungen gestatten, die auf Staatsbürger und Fahrzeuge anderer Länder angewandt werden. Keine der Parteien wird diskriminierende Beschränkungen für die freie Bewegung von Personen und Fahrzeugen aus ihrem Hoheitsgebiet in das Hoheitsgebiet der anderen verfügen.

2. Der gegenseitige ungehinderte Zugang zu Orten von religiöser und historischer Bedeutung wird auf der Grundlage der Nichtdiskriminierung gewährt.

Artikel 5: Zusammenarbeit zu Zwecken der Entwicklung und gutnachbarlicher Beziehungen

1. Die Parteien erkennen die Gegenseitigkeit des Interesses an gutnachbarlichen Beziehungen an und kommen überein, Mittel zur Förderung solcher Beziehungen in Erwägung zu ziehen.

2. Die Parteien werden zur Förderung von Frieden, Stabilität und Entwicklung in ihrer Region zusammenarbeiten. Jede von ihnen erklärt sich bereit, Vorschläge, die die andere Partei zu diesem Zwecke zu machen wünscht, in Erwägung zu ziehen.

3. Die Parteien werden darauf bedacht sein, das gegenseitige Verständnis und die gegenseitige Toleranz zu fördern, und sie werden sich dementsprechend feindseliger Propaganda gegeneinander enthalten.

Artikel 6: Verkehr und Fernmeldeverbindungen

1. Die Parteien erkennen als gegenseitig anwendbar die Rechte, Vorrechte und Verpflichtungen an, die in den Luftverkehrsabkommen vorgesehen sind, zu deren Signataren sie beide gehören – besonders in der Konvention über die Internationale Zivilluftfahrt von 1944 (Konvention von Chicago) und in dem Internationalen Luftverkehrs-Transit-Abkommen von 1944.

2. Nach Abschluß des vorläufigen Rückzugs wird ein etwaiger nationaler Notstand, der seitens einer der Parteien gemäß Artikel 89 der Konvention von Chicago ausgerufen wird, auf die andere Partei nicht auf diskriminierender Grundlage angewandt werden.

3. Ägypten erklärt sich einverstanden, daß die Benutzung der von Israel bei el-Arisch, Rafah, Ras-el-Nagb und Sharm-el-Sheikh zurückgelassenen Flugplätze nur zu zivilen Zwecken, einschließlich der möglichen kommerziellen Nutzung seitens aller Staaten, erfolgen wird.

4. Zum frühestmöglichen Zeitpunkt und spätestens sechs Monate nach Abschluß des vorläufigen Rückzugs werden die Parteien in Verhandlungen zum Zwecke des Abschlusses eines Zivilluftfahrtabkommens eintreten.

5. Die Parteien werden die Straßen- und Eisenbahnverbindungen zwischen ihren Ländern wieder öffnen und unterhalten und die Schaffung weiterer Straßen- und Bahnverbindungen in Erwägung ziehen. Die Parteien kommen ferner überein, daß in der Nähe von Eilat eine Autobahn zwischen Ägypten, Israel und Jordanien mit garantierter freier und friedlicher Passage für Personen, Fahrzeuge und Güter zwischen Ägypten und Jordanien, unbeschadet ihrer Souveränität über den in ihr jeweiliges Territorium fallenden Teil der Autobahn, gebaut und unterhalten wird.

6. Mit Abschluß des vorläufigen Rückzugs werden normale Post-, Telegramm-, Telex-, Telefax-, Funk- und Kabelverbindungen sowie Fernseh-Relais-Dienste über Kabel, Funk und Satelliten zwischen den beiden Parteien gemäß allen relevanten internationalen Konventionen und Bestimmungen hergestellt.

7. Mit Abschluß des vorläufigen Rückzugs wird jede der beiden Parteien Schiffen und Frachtgütern der anderen Partei sowie auch für andere Länder bestimmten oder von dort kommenden Schiffen und Frachtgütern normalen Zugang zu ihren Häfen gewähren. Ein solcher Zugang wird unter den Bedingungen gewährt, die generell auf Schiffe und Frachtgüter anderer Länder anwendbar sind. Artikel V des Frie-

densvertrags wird mit dem Austausch der Ratifizierungsurkunden des besagten Vertrages rechtswirksam.

Artikel 7: Genuß der Menschenrechte
Die Parteien bekräftigen ihre Pflicht zur Achtung und Wahrung der Menschenrechte und Grundfreiheiten für alle, und sie werden diese Rechte und Freiheiten im Einklang mit der Charta der Vereinten Nationen fördern.

Artikel 8: Territorialgewässer
Unbeschadet der Bestimmungen von Artikel V des Friedensvertrags erkennt jede der beiden Parteien das Recht von Schiffen der anderen Partei auf friedliche Passage durch ihre Territorialgewässer gemäß den völkerrechtlichen Bestimmungen an.

Vereinbartes Protokoll zu den Artikeln I, IV, V und VI sowie zu Anhang I und III

Artikel I

Die Wiederaufnahme der Ausübung der vollen Souveränität über Sinai durch Ägypten, die in Absatz 2 von Artikel I vorgesehen ist, soll in bezug auf jedes Gebiet jeweils nach dem Abzug Israels aus diesem Gebiet erfolgen.

Artikel IV

Zwischen den Parteien ist vereinbart, daß die in Artikel IV (4) vorgesehene Überprüfung vorgenommen wird, wenn eine der beiden Parteien sie verlangt, und zwar beginnend innerhalb von drei Monaten nach einem solchen Verlangen, daß aber jegliche Änderung nur im gegenseitigen Einvernehmen beider Parteien erfolgen kann.

Artikel V

Der zweite Satz von Absatz 2 des Artikels V soll nicht als Einschränkung des ersten Satzes dieses Absatzes ausgelegt werden. Vorstehendes darf nicht so ausgelegt werden, als widerspreche es dem zweiten Satz des Absatzes 2 von Artikel V, der lautet:

»Die Parteien werden gegenseitig das Recht auf Zugang zu jedem der beiden Länder durch Befahren oder Überfliegen der Straße von Tiran und des Golfes von Akaba respektieren.«

Artikel VI (2)

Die Bestimmungen des Artikels VI sollen nicht im Widerspruch zu den Bestimmungen des in Camp David vereinbarten Rahmens für den Frieden im Nahen Osten ausgelegt werden. Vorstehendes darf nicht so ausgelegt werden, als widerspreche es den Bestimmungen von Artikel VI (2) des Vertrages, der lautet:

»Die Parteien verpflichten sich, nach Treu und Glauben ihre Pflichten aus diesem Vertrag zu erfüllen ohne Rücksicht auf das Handeln oder Nichthandeln irgendeiner anderen Partei und unabhängig von jeglichem nicht zu diesem Vertrag gehörenden Instrument.«

Artikel VI (5)

Zwischen den Parteien ist vereinbart, daß nicht geltend gemacht wird, dieser Vertrag genieße Vorrang gegenüber anderen Verträgen oder Abkommen, oder andere Verträge oder Abkommen genössen Vorrang gegenüber diesem Vertrag. Vorstehendes darf nicht so ausgelegt werden, als widerspreche es den Bestimmungen von Artikel VI (5) des Vertrages, der lautet:

»Vorbehaltlich Artikel 103 der Charta der Vereinten Nationen, sind im Falle eines Konflikts zwischen den Pflichten der Parteien aus dem vorliegenden Vertrag und irgendeiner anderen Verpflichtung die Pflichten aus diesem Vertrag verbindlich und zu erfüllen.«

Anhang I

Artikel VI, Absatz 8, von Anhang I bestimmt folgendes:

»Die Parteien werden sich über die Nationen einigen, aus denen die Streitmacht und die Beobachter der Vereinten Nationen rekrutiert werden sollen. Sie werden nur aus Nationen rekrutiert werden, die keine ständigen Mitglieder des Sicherheitsrats der Vereinten Nationen sind.«

Die Parteien sind wie folgt übereingekommen:

Bezüglich der Bestimmungen von Absatz 8 des Artikels VI von Anhang I werden die Parteien, wenn zwischen ihnen kein Einvernehmen erzielt wird, einen Vorschlag der Vereinigten Staaten betreffend die Zusammensetzung der Streitmacht und der Beobachter der Vereinten Nationen annehmen oder unterstützen.

Anhang III

Der Friedensvertrag und der zugehörige Anhang III sehen die Herstellung normaler wirtschaftlicher Beziehungen zwischen den Parteien vor. In Übereinstimmung damit wird vereinbart, daß solche Beziehungen normale kommerzielle Verkäufe von Öl durch Ägypten an Israel einschließen und daß Israel voll berechtigt ist, Gebote auf Öl ägyptischen Ursprungs, das für den inländischen Ölverbrauch Ägyptens nicht benötigt wird, zu machen und daß Ägypten und seine Ölkonzessionäre solche von Israel gemachten Gebote auf der gleichen Grundlage und zu den gleichen Bedingungen annehmen werden, wie sie auch für andere Bieter auf solches Öl gelten.

Für die Regierung der Arabischen Republik Ägypten:
Sadat

Für die Regierung des Staates Israel:
Begin

Bezeugt durch: *Jimmy Carter,*
Präsident der Vereinigten Staaten von Amerika

Briefe zum Friedensvertrag

Betrifft: Westjordanland und Gaza – Austausch von Botschaftern – amerikanische Garantie

Gemeinsames Schreiben Staatspräsident Sadats und Ministerpräsident Begins an Präsident Carter betr. Westjordanland und Gaza

Sehr geehrter Herr Präsident,

dieses Schreiben dient der Bestätigung, daß Ägypten und Israel wie folgt übereingekommen sind:

Die Regierungen Ägyptens und Israels erinnern daran, daß sie in Camp David die als Anlage beigefügten Dokumente »Ein Rahmen für den Frieden im Nahen Osten, vereinbart in Camp David« und »Ein Rahmen für den Abschluß eines Friedensvertrags zwischen Ägypten und Israel« vereinbart und diese am 17. September 1978 im Weißen Haus unterzeichnet haben.

Zum Zweck der Erreichung einer umfassenden Friedensregelung gemäß den vorstehend angeführten Rahmenvereinbarungen werden Ägypten und Israel die Verwirklichung jener Bestimmungen voranbringen, die das Westjordanland und den Gaza-Streifen betreffen. Sie sind übereingekommen, die Verhandlungen innerhalb eines Monats nach dem Austausch der Ratifizierungsurkunden zu dem Friedensvertrag aufzunehmen. In Übereinstimmung mit dem »Rahmen für den Frieden im Nahen Osten« wird das Haschemitische Königreich Jordanien eingeladen, an diesen Verhandlungen teilzunehmen. Die Delegationen Ägyptens und Jordaniens können Palästinenser vom Westjordanland und aus dem Gaza-Streifen oder, im gegenseitigen Einvernehmen, auch andere Palästinenser einschließen. Zweck dieser Verhandlungen soll sein, vor den Wahlen eine Einigung über die Modalitäten der Errichtung einer gewählten Selbstverwaltungs-Körperschaft (Verwaltungsrat) zustande zu bringen, deren Befugnisse und Pflichten zu definieren und andere damit zusammenhängende Fragen zu regeln. Für den Fall, daß Jordanien beschließt, nicht an den Verhandlungen teilzunehmen, werden diese von Ägypten und Israel geführt.

Die beiden Regierungen kommen überein, zügig und in redlicher Absicht zu verhandeln, um diese Verhandlungen zum frühestmöglichen Zeitpunkt abzuschließen. Sie kommen ferner überein, daß das Ziel der Verhandlungen die Errichtung der Selbstverwaltungs-Körperschaft im Westjordanland und in Gaza ist, um den Einwohnern dieser Gebiete die volle Autonomie zu verschaffen.

Ägypten und Israel setzen sich zum Ziel, die Verhandlungen innerhalb eines Jahres zum Abschluß zu bringen, damit Wahlen so rasch wie möglich nach dem Zustandekommen einer Vereinbarung zwischen den Parteien abgehalten werden können. Die Selbstverwaltungs-Körperschaft, auf die im Dokument »Rahmen für den Frieden im Nahen Osten« Bezug genommen ist, wird innerhalb eines Monats nach ihrer

Wahl errichtet und ins Amt eingeführt, womit der Übergangszeitraum von fünf Jahren beginnt. Die israelische Militärregierung und ihre Zivilverwaltung werden abgezogen und durch die Selbstverwaltungs-Körperschaft ersetzt, wie dies im Dokument »Rahmen für den Frieden im Nahen Osten« vorgesehen ist. Daraufhin erfolgen der Abzug israelischer Streitkräfte in näher bezeichnete Sicherheitsstandorte.

Dieses Schreiben dient ferner der Bestätigung unserer Auffassung, daß sich die Regierung der Vereinigten Staaten in allen Phasen der Verhandlungen voll und ganz an diesen beteiligen wird.

Mit vorzüglicher Hochachtung

Für die Regierung der Arabischen Republik Ägypten	Für die Regierung Israels
Sadat	*Begin*

Schreiben Präsident Carters an Ministerpräsident Begin

Sehr geehrter Herr Präsident,

ich möchte Ihnen bestätigen, daß die Vereinigten Staaten vorbehaltlich ihrer Verfassungsvorschriften

im Falle einer tatsächlichen oder angedrohten Verletzung des Friedensvertrags zwischen Ägypten und Israel auf Ersuchen einer der Parteien oder beider Parteien mit beiden diesbezügliche Konsultationen aufnehmen und andere von ihnen als angemessen und hilfreich erachtete Maßnahmen ergreifen werden, um die Erfüllung des Vertrages zu erreichen.

Die Vereinigten Staaten werden Überwachung aus der Luft betreiben, wie von den beiden Parteien gemäß Anhang I des Vertrages erbeten.

Die Vereinigten Staaten sind der Auffassung, daß die Vertragsbestimmung bezüglich der Stationierung von Personal der Vereinten Nationen in der bezeichneten Zone begrenzter Truppenstärken vom Sicherheitsrat der Vereinten Nationen verwirklicht werden kann und sollte. Die Vereinigten Staaten werden größte Anstrengungen unternehmen, den erforderlichen Beschluß des Sicherheitsrats herbeizuführen. Sollte der Sicherheitsrat die in dem Vertrag erbetenen Vorkehrungen nicht treffen und ausführen, ist der Präsident bereit, die erforderlichen Schritte zu unternehmen, um die Aufstellung und den Unterhalt einer akzeptablen multinationalen Alternativ-Streitmacht sicherzustellen.

Mit vorzüglicher Hochachtung

Jimmy Carter

Schreiben Staatspräsident Sadats und Ministerpräsident Begins an Präsident Carter betr. Austausch von Botschaftern

Sehr geehrter Herr Präsident,

in Beantwortung Ihrer Anfrage kann ich Ihnen bestätigen, daß Ägypten innerhalb eines Monats nach Abschluß des Rückzugs Israels auf die vorläufige Linie, wie sie im Friedensvertrag zwischen Ägypten und Israel vorgesehen ist, einen ständigen Botschafter nach Israel entsenden und einen israelischen ständigen Botschafter in Ägypten aufnehmen wird.

Mit vorzüglicher Hochachtung
Mohammad Anwar el-Sadat

Sehr geehrter Herr Präsident,

ich freue mich, Ihnen bestätigen zu können, daß die Regierung von Israel mit dem Verfahren einverstanden ist, das in Ihrem Schreiben vom 26. März 1979 enthalten ist und folgendes ausführt:

»Ich habe Ihr Schreiben von Präsident Sadat erhalten, das besagt, daß Ägypten innerhalb eines Monats nach Abschluß des Rückzugs Israels auf die vorläufige Linie auf dem Sinai, wie es im Friedensvertrag zwischen Ägypten und Israel vorgesehen ist, einen ständigen Botschafter nach Israel entsenden und einen israelischen ständigen Botschafter in Ägypten aufnehmen wird.«

Mit vorzüglicher Hochachtung
Menachem Begin

Verständigungs-Memorandum zwischen den Vereinigten Staaten und Israel vom 26. März 1979 über Sicherheitsgarantien

In Anerkennung der Bedeutung des Abschlusses eines Friedensvertrags zwischen Israel und Ägypten und in Erwägung der Wichtigkeit einer vollständigen Erfüllung des Friedensvertrags für Israels Sicherheitsinteressen und des Beitrags des Abschlusses des Friedensvertrags für die Sicherheit und die Entwicklung Israels sowie seiner Bedeutung für Frieden und Stabilität in der Region und für die Aufrechterhaltung des Weltfriedens und der internationalen Sicherheit und

in Anerkennung der Tatsache, daß der Rückzug aus Sinai Israel zusätzliche Sicherheitsprobleme sowie militärische und wirtschaftliche Lasten auferlegt,

bestätigen die Regierungen der Vereinigten Staaten von Amerika und des Staates Israel, vorbehaltlich ihrer verfahrensmäßigen und gesetzlichen Vorschriften, folgendes:

1. Im Lichte der Rolle, welche die Vereinigten Staaten bei der Erzie-

lung des Friedensvertrags spielten, und des Wunsches der Parteien, daß die Vereinigten Staaten ihre unterstützenden Bemühungen weiterführen, werden die Vereinigten Staaten geeignete Maßnahmen ergreifen, um die vollständige Erfüllung des Friedensvertrags zu fördern.

2. Sollte den Vereinigten Staaten überzeugend dargelegt werden, daß eine Verletzung oder die Drohung einer Verletzung des Friedensvertrags vorliegt, so werden die Vereinigten Staaten mit den Parteien Konsultationen führen über Maßnahmen, um die Verletzung zu unterbinden bzw. zu verhindern, die Einhaltung des Friedensvertrags sicherzustellen, freundliche und friedliche Beziehungen zwischen den Parteien zu stärken und den Frieden in der Region zu fördern, und sie werden diejenigen Maßnahmen zur Abhilfe ergreifen, die sie für erforderlich halten; dazu können die unten beschriebenen diplomatischen, wirtschaftlichen und militärischen Maßnahmen gehören.

3. Die Vereinigten Staaten werden eigenen Aktionen Israels in Erwiderung auf solche nachweislichen Verletzungen des Friedensvertrags die Unterstützung leisten, die sie für angemessen halten. Im besonderen werden die Vereinigten Staaten, wenn eine Verletzung des Friedensvertrags als Bedrohung der Sicherheit Israels angesehen wird – darunter u.a. eine Blockade der israelischen Benutzung internationaler Wasserstraßen, eine Verletzung der Bestimmungen des Friedensvertrags hinsichtlich der Streitkräfte-Begrenzungen oder ein bewaffneter Angriff auf Israel –, bereit sein, als dringliche Angelegenheit Maßnahmen in Erwägung zu ziehen wie die Verstärkung der Präsenz der Vereinigten Staaten in der Region, die Zufuhr außerordentlicher Versorgungslieferungen nach Israel und die Ausnutzung ihrer Rechte zur See zum Zwecke der Unterbindung der Verletzung.

4. Die Vereinigten Staaten werden die Rechte der beiden Parteien auf Zugang zu jedem der beiden Länder durch Befahren oder Überfliegen der Straße von Tiran und des Golfes von Akaba gemäß dem Friedensvertrag unterstützen.

5. Die Vereinigten Staaten werden sich in den Vereinten Nationen jeder Aktion oder Resolution widersetzen, die nach ihrer Ansicht den Friedensvertrag beeinträchtigt, und sie werden nötigenfalls dagegenstimmen.

6. Vorbehaltlich der Ermächtigung und Bewilligung durch den Kongreß, werden die Vereinigten Staaten sich bemühen, Ersuchen Israels um militärische und wirtschaftliche Hilfe zu berücksichtigen, und sie werden sich bemühen, positiv darauf zu reagieren.

7. Die Vereinigten Staaten werden weiterhin auf Waffenlieferungen an jedes beliebige Land Restriktionen anordnen, die eine unautorisierte Weitergabe dieser Waffen an ein drittes Land verbieten. Die Vereinigten Staaten werden keine Waffen für einen Einsatz in einem bewaffneten Angriff gegen Israel liefern und den Transfer solcher Waffen nicht genehmigen, und sie werden Schritte unternehmen, um einen derartigen unautorisierten Transfer zu verhindern.

8. Bestehende Abkommen und Zusicherungen zwischen den Verei-

nigten Staaten und Israel werden durch den Abschluß des Friedensvertrags nicht beendet oder geändert, ausgenommen diejenigen in den Artikeln 5, 6, 7, 8, 11, 12, 15 und 16 des Verständigungs-Memorandums zwischen der Regierung der Vereinigten Staaten und der Regierung Israels (amerikanisch-israelische Zusicherungen) vom 1. September 1975.

9. Dieses Verständigungs-Memorandum hält das volle Einverständnis zwischen den Vereinigten Staaten und Israel über alle darin zwischen ihnen behandelten Angelegenheiten fest und wird gemäß seinen Bestimmungen erfüllt werden.

Für die Regierung der Vereinigten Staaten von Amerika
Cyrus A. Vance

Für die Regierung Israels
Mosche Dajan

Verständigungs-Memorandum vom 26. März 1979 zwischen den Vereinigten Staaten und Israel über Vorkehrungen zur Versorgung mit Öl

Die im Anhang wiedergegebene, am 1. September 1975 zwischen der Regierung der Vereinigten Staaten und Israel getroffene Abmachung über die Ölversorgung bleibt in Kraft. Ein Verständigungs-Memorandum wird vereinbart und abgeschlossen, um eine Regelung der Versorgung mit Öl für einen Gesamtzeitraum von fünfzehn Jahren, einschließlich der in der Abmachung vom 1. September 1975 vorgesehenen fünf Jahre, zu treffen.

Die Parteien werden sich innerhalb von 60 Tagen nach dem Inkrafttreten des Friedensvertrages zwischen Ägypten und Israel gegenseitig über das Verständigungs-Memorandum einigen, eingeschlossen der Beginn dieser Regelung und die Preisbestimmungen.

Es ist die Absicht der Parteien, daß die von Israel für das von den Vereinigten Staaten unter dieser Abmachung gelieferte Öl gezahlten Preise den zur Zeit des Transfers geltenden Weltmarktpreisen vergleichbar sein sollen und daß den Vereinigten Staaten in jedem Fall durch Israel die Kosten erstattet werden, die den Vereinigten Staaten dadurch entstehen, daß sie Israel unter dieser Abmachung Öl liefern.

Die in der Abmachung vom 1. September 1975 vorgesehenen Experten treten auf Ersuchen zusammen, um die Fragen zu erörtern, die sich aus dieser Beziehung ergeben.

Die Regierung der Vereinigten Staaten verpflichtet sich, umgehend die zusätzlichen gesetzlichen Vollmachten zu beantragen, die für die vollständige Inkraftsetzung dieser Regelung erforderlich sind.

Für die Regierung von Israel
Mosche Dajan

Für die Regierung der Vereinigten Staaten
Cyrus A. Vance

Anhang zum Memorandum

Israel wird seine eigenen, unabhängigen Maßnahmen für seine Ölversorgung zur Deckung seines Bedarfs über die normalen Wege treffen. Im Falle, daß Israel nicht in der Lage sein sollte, seinen Bedarf auf diese Weise zu decken, wird die Regierung der Vereinigten Staaten, wenn ihr durch die israelische Regierung von dieser Tatsache Mitteilung gemacht wird, fünf Jahre lang folgendermaßen verfahren; nach Ablauf dieser Zeitspanne kann jede der beiden Seiten diese Abmachung mit einjähriger Kündigungsfrist beenden:

a) Wenn das von Israel für die Befriedigung seines gesamten normalen Bedarfs für den inländischen Verbrauch benötigte Öl nicht zum Kauf zur Verfügung steht unter Umständen, da für die Fähigkeit der Vereinigten Staaten, Öl zur Befriedigung ihres normalen Bedarfs zu beschaffen, keine quantitativen Beschränkungen bestehen, wird die Regierung der Vereinigten Staaten Israel unverzüglich Öl zum Kauf zur Verfügung stellen, um den gesamten oben genannten Bedarf Israels zu decken. Wenn Israel nicht in der Lage ist, sich die erforderlichen Mittel für den Transport dieses Öls nach Israel zu beschaffen, wird die Regierung der Vereinigten Staaten jede Anstrengung unternehmen, um Israel zu helfen, sich die notwendigen Transportmittel zu beschaffen.

b) Wenn das von Israel für die Befriedigung seines gesamten normalen Bedarfs für den inländischen Verbrauch benötigte Öl nicht zum Kauf zur Verfügung steht unter Umständen, da quantitative Beschränkungen durch Embargo oder andere Umstände es auch den Vereinigten Staaten unmöglich machen, ihren normalen Bedarf zu decken, wird die Regierung der Vereinigten Staaten unverzüglich gemäß der Einsparungs- und Zuteilungsformel der Internationalen Energie-Agentur, wie sie von der Regierung der Vereinigten Staaten angewandt wird, Israel Öl zum Kauf zur Verfügung stellen, um den wesentlichen Bedarf Israels zu decken. Wenn Israel nicht in der Lage ist, sich die erforderlichen Mittel für den Transport dieses Öls nach Israel zu beschaffen, wird die Regierung der Vereinigten Staaten jede Anstrengung unternehmen, um Israel zu helfen, sich die notwendigen Transportmittel zu beschaffen.

Experten aus Israel und den Vereinigten Staaten werden alljährlich oder häufiger auf Ersuchen einer der beiden Parteien zusammentreten, um Israels weiteren Ölbedarf zu prüfen.

Vorstehende Dokumente wurden entnommen aus *Europa-Archiv,* Folge 4/1978, 2/1979, 9/1979 © Verlag für Internationale Politik, GmbH, Bonn [wodurch sich die unterschiedlichen Bezeichnungen und Schreibweisen erklären. *Anm. d. Red.*]

Resolution 242 vom 22. November 1967

»Indem der Sicherheitsrat seiner andauernden Beunruhigung über die ernste Lage im Nahen Osten Ausdruck verleiht, indem er unterstreicht, daß es nicht angeht, Territorium durch Krieg zu erobern, und daß es notwendig ist, für einen gerechten und dauernden Frieden zu wirken, der es jedem Staat der Region erlaubt, in Sicherheit zu leben, indem er ferner unterstreicht, daß alle Mitgliedsstaaten durch ihre Annahme der Charta der Vereinten Nationen sich verpflichtet haben, gemäß Artikel zwei der Charta zu handeln.

1. Bekräftigt [der Weltsicherheitsrat, *die Red.*], daß die Einhaltung der Prinzipien der Charta die Schaffung eines gerechten und dauerhaften Friedens im Nahen Osten erfordert, welcher die Anwendung der beiden folgenden Prinzipien einschließen sollte: Rückzug israelischer Streitkräfte aus (den) Gebieten, die während des jüngsten Konfliktes besetzt worden sind, Einstellung jeglicher kriegerischer Erklärungen oder jeglichen kriegerischen Zustandes sowie Respektierung und Anerkennung der Souveränität, der territorialen Integrität und der politischen Unabhängigkeit jeglichen Staates der Region und dessen Rechts, in Frieden innerhalb sicherer und anerkannter Grenzen frei von Drohungen oder Gewaltakten zu leben.

2. Der Sicherheitsrat bekräftigt ferner die Notwendigkeit, a) die freie Schiffahrt auf internationalen Wasserstraßen in der Region zu garantieren, b) eine gerechte Regelung des Flüchtlingsproblems zu verwirklichen, c) die territoriale Unverletzlichkeit und politische Unabhängigkeit jedes Staates der Region durch Maßnahmen zu garantieren, welche die Schaffung entmilitarisierter Zonen einschließen.

3. Der Sicherheitsrat ersucht den Generalsekretär, einen Sondervertreter zu bestimmen, der sich in den Nahen Osten begibt, um dort Kontakte mit den interessierten Staaten herzustellen und zu unterhalten, um Übereinstimmung herzustellen und an den Bemühungen mitzuwirken, die auf eine friedliche Lösung in gegenseitigem Einvernehmen hinzielen gemäß den Bestimmungen und Grundsätzen der vorliegenden Resolution.

4. Der Sicherheitsrat ersucht den Generalsekretär, dem Sicherheitsrat so schnell wie möglich über den Fortschritt der Bemühungen des Sondervertreters zu berichten.«

Resolution 338 vom 22. Oktober 1973

»Der Sicherheitsrat

1. ruft alle Parteien der gegenwärtigen Kämpfe auf, die Kampfhandlungen sofort, spätestens zwölf Stunden nach Annahme dieser Entschließung, auf der Grundlage der gegenwärtigen Kampflinien einzustellen.

2. fordert die betreffenden Parteien auf, die Resolution 242 (1967) in allen ihren Teilen sofort nach der Feuereinstellung zu verwirklichen.

3. beschließt, daß sofort und parallel zu der Feuereinstellung zwischen den betroffenen Parteien unter einer geeigneten Schirmherrschaft Verhandlungen über einen gerechten und dauerhaften Frieden im Nahen Osten beginnen.«

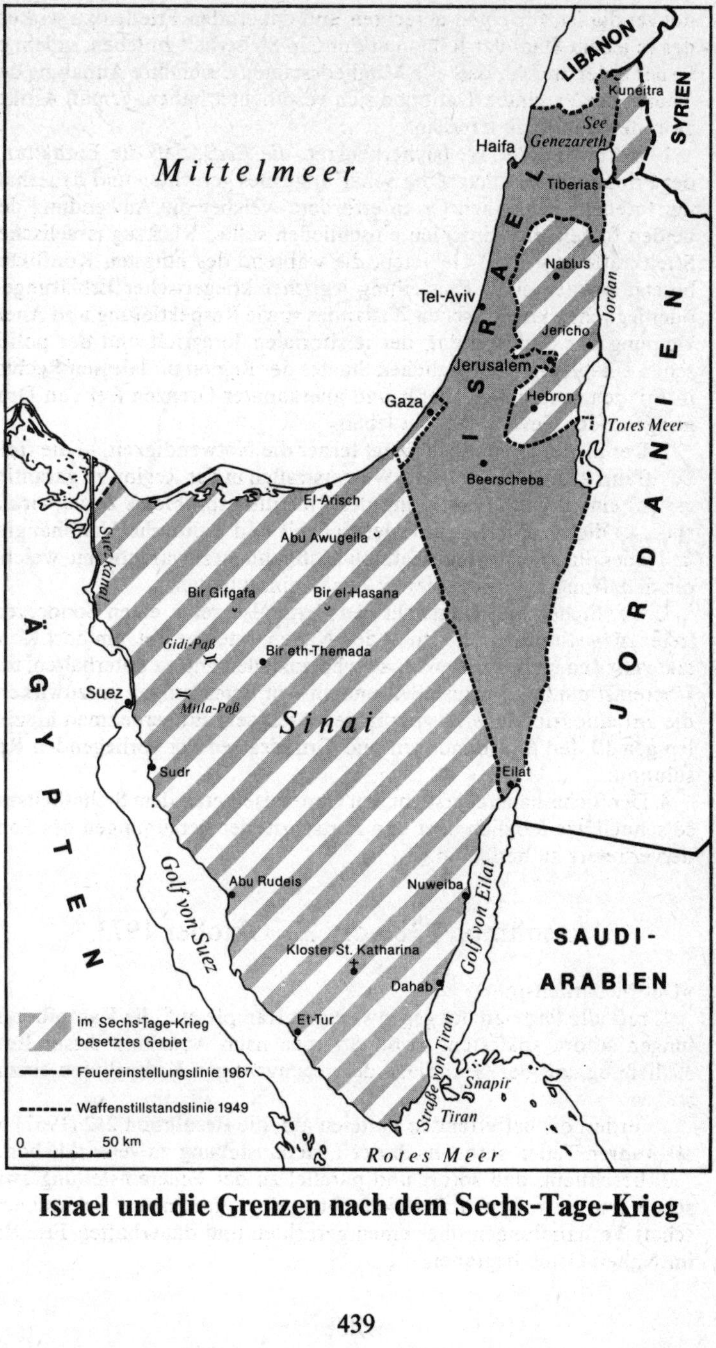

Israel und die Grenzen nach dem Sechs-Tage-Krieg

Sinai-Halbinsel

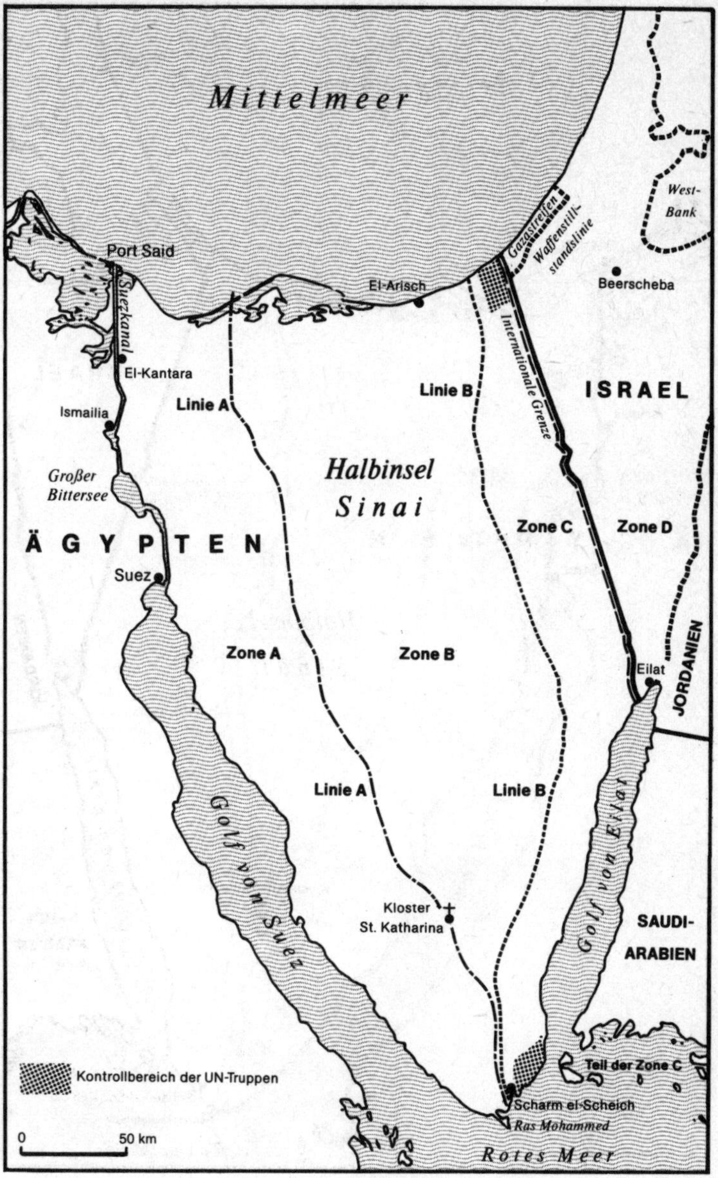

Sinai-Halbinsel
Karte 1 an Anhang I zum Friedensvertrag

Sinai-Halbinsel
Karte 2 an Anhang I zum Friedensvertrag

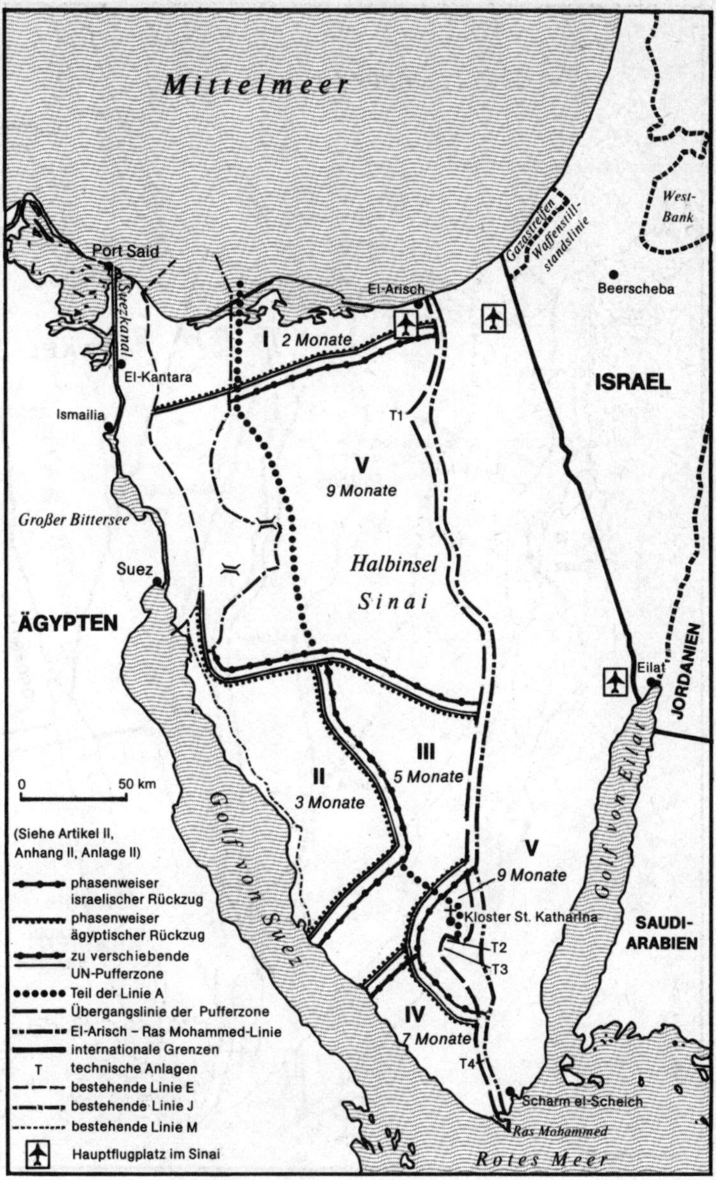

Rückzugsphasen auf die El-Arisch – Ras Mohammed-Linie

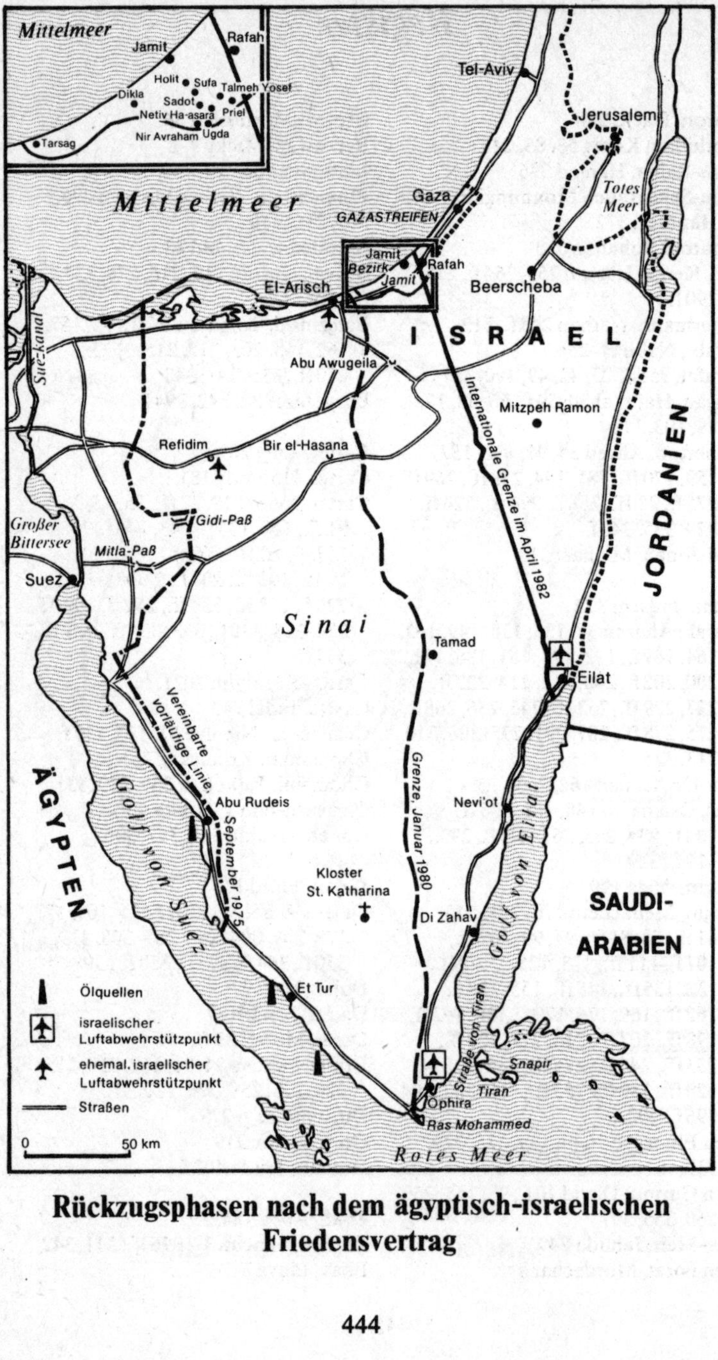

Rückzugsphasen nach dem ägyptisch-israelischen Friedensvertrag

Register

Bildnachweis: Alle Abbildungen *Süddeutscher Verlag,* München